『 데 드 핸 드 』 에 보 내 는 찬 사

두 초강대국 사이에 벌어진 끔찍한 인류 최후의 날 경쟁을 밝혀내고 어떻게 대량 살상 무기가 여전히 인류를 위험에 처하게 하는지 풍부한 증거를 제시하며 서술하였다.

－퓰리처상 수여의 말

연구와 글쓰기를 결합한 멋진 작품. 섬뜩하게 독자를 사로잡는다.

－존 르 카레, 『추운 나라에서 돌아온 스파이』의 지은이

탁월한 역사서다. 풍부한 세부 묘사와 흥미를 끄는 이야기를 두루 갖추고 있다. 냉전 시기의 무기 경쟁에 관한 한 이 책은 다른 어떤 책보다도 그 내막을 생생히 보여준다. 데이비드 호프먼은 광범위한 인터뷰와 기밀 해제된 문서를 바탕으로 이제까지 알려진 적이 없는 소련의 생물학무기와 핵무기 개발 프로그램의 전모를 드러낸다. 매혹적이고 무시무시하다. 이야기를 따라가노라면 마치 스릴러 소설을 읽는 듯한 느낌이 든다.

－라지브 찬드라세카란, 『그린존』의 지은이

『데드핸드』에서 데이비드 호프먼은 가장 끈질기게 이어져온, 그리고 그 과정에서 야기된 냉전의 비밀을 폭로한다. 대량 살상 무기를 이용한 전쟁을 위한 구체적인 계획과 체계, 궁극적으로는 문명의 말살을 야기할 자동 장치가 고안되고 존재했다. 이 책이 밝힌 여러 사실은 충격적이다. 지은이의 지적인 서술을 따라가며 독자들은 눈을 떼지 못할 것이다. 역사 탐사의 역작이다.

－스티브 콜, 『유령 전쟁Ghost Wars』의 지은이

냉전이 저물어가던 시절 두 초강대국이 벌인 무기 경쟁에 관한 놀랍고도 흥미로운 이야기. 더할 나위 없는 연구와 유려한 서술, 새롭게 밝히는 사실로 가득하다.

－릭 앳킨슨, 퓰리처상 수상작 『여명의 군대An Army at Dawn』의 지은이

파멸을 초래하는 냉전 시대의 무기 경쟁을 다룬 결정판을 쓸 만한 사람으로 데이비드 호프먼을 능가할 이는 없다. 호프먼은 주요 인물들을 인터뷰하고, 아무도 발견하지 못한 문서 보관소를 파헤치고, 옛 소련의 군사-산업 시설이 있던 황무지를 샅샅이 돌아다녔다. 스릴 넘치는 이야기가 이어지고 등장인물들은 생생하게 살아 움직인다. 대량 살상 무기 확산을 저지하기 위해 분투하는 오늘날의 정책 입안자들은 이 책에서 많은 교훈을 얻을 수 있다. 이 책은 놀라운 성취다.

—마이클 돕스, 『0시 1분 전: 인류 역사상 가장 위험했던 순간One Minute to Midnight』의 지은이

『데드핸드』는 스케일이 크지만 긴박감이 넘치는 책이다. 마치 영화 《본 아이덴티티》처럼 빠른 장면 전환이 이뤄지고 거침없이 날짜변경선을 넘나든다. 호프먼은 독자들이 지루해할 시간을 주지 않는다. 때로 지나치게 친절한 그의 글은 존 루이스 개디스보다는 톰 클랜시에 가깝다.

—『뉴욕타임스』

'알려지지 않은 이야기untold story'란 제목을 단 많은 책들이 보통은 그 이름값을 못하는 경우가 많다. 대강의 역사가 널리 알려진 냉전을 다루는 책이라면 더더욱 그렇다. 그러나 이 빈틈없는 연구와 재미가 결합한 책은 과연 그 부제에 걸맞은 값을 하고 있다. 이 책은 1980년대 로널드 레이건과 미하일 고르바초프의 상호 작용에 섬세한 세부 사항을 새로이 살 붙였을 뿐만 아니라 마거릿 대처와 영국 정보기관의 역할에도 상당한 비중을 두었다. 또한 이 책은 소련 군산복합체 내부의 어둡고 강박적인 부분을 포착함으로써 새로운 논의 지반을 내놓는다.

—『포린어페어스』

지구를 수도 없이 파괴하고도 남을 대량 살상 무기를 가지고도 왜 모스크바와 워싱턴은 실로 미쳤다고밖에 할 수 없는 상호 확증 자살의 단계로 진입한 것일까? 노련한 국제부 기자 데이비드 E. 호프먼은 과거 두 나라의 피해망상을 생생하게 해부해 보인다. 시간이 흘러도 여전한 오늘날의 피해망상들에 대해서 이 퓰리처상 수상작의 이야기는 단순한 역사 이상의 의미를 가지고 있다.

—『가디언』

DEAD
데드핸드
HAND

THE DEAD HAND

데드핸드

레이건과 고르바초프, 그리고 인류 최후의 날 무기

데이비드 E. 호프먼 지음 | 유강은 옮김

미지북스

이 책에 등장하는 주요 장소

대서양

북극해

영국

북해

노르웨이

스웨덴

바렌츠 해

핵 원자로와
핵폐기물 투기 장소
(대략적인 위치)

네덜란드

덴마크

핀란드

서독

발트해

헬싱키

카라 해

동독

레닌그라드

라고다 호

오네가 호

체코슬로바키아

마티아스 루스트의
비행경로

폴란드

체르노빌

오볼렌스크

모스크바

키로프

소 비 에 트 사 회

키예프

세르푸호프-15

루마니아

우크라이나

아르자마스-16

페름

그로트

니즈니타길

드네프르 강

스베르들롭스크
1979년 탄저병 발생 현장

흑해

크림 반도

첼랴빈스크-70

얄타

첼랴빈스크

프리볼노예

카푸스틴야르

포로스 반도
1991년 쿠데타 중에
고르바초프는 이곳에
억류되었다

스타브로폴

노보시비르스크

콜초

터키

1984년 페리미터 시험 발사

스테프노고르스크

시리아

카자흐스탄

파블로다르

세미팔라틴스크

이라크

카스피 해

아랄 해

튜라탐

우스티카메노고르스크

보즈로즈데니예 섬

사리샤간

발하슈 호

이란

알마티

사우디아라비아

아프가니스탄

파키스탄

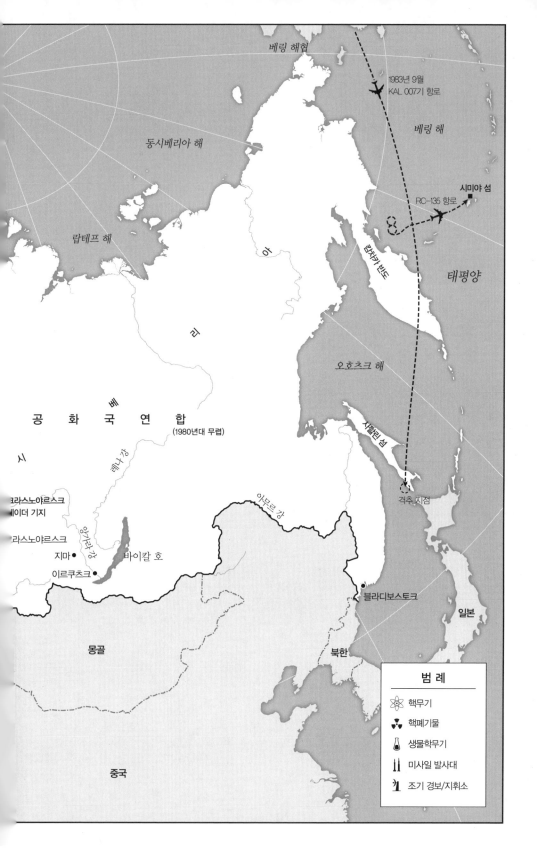

나의 부모님

하워드 호프먼과 비벌리 호프먼 두 분에게

우리는 과학 덕분에 질병을 정복하고 우리에게 활력을 주는 생명을 진짜로 이해하게 되리라는 확신에 찬 기대를 품게 되었다. 그리고 이제 원자를 분해해서 이제까지 태양과 별들만이 낼 수 있었던 에너지를 방출하고 있다. 그러나 우리는 원자에너지를 살인에 이용했으며 이제 질병에 관한 지식을 가지고 무기를 만들고 있다.

_시어도어 로즈베리, 『평화인가 역병인가: 생물학전을 피하는 법
Peace or Pestilence: Biological Warfare and How to Avoid It』, 1949.

정체불명의 전염병

"당신 병원에 있는 환자 중에 혹시 죽어가는 사람이 있나요?" 1979년 4월 4일 수요일, 야코프 클리프니처는 마르가리타 일리옌코에게 전화를 걸어 이렇게 물었다. 일리옌코는 우랄 산맥에 자리한 소련의 중심 산업 도시 스베르들롭스크*에 있는, 병상 100개를 갖춘 중간 규모의 24호 병원의 수석 외과 의사였다. 일리옌코의 병원은 규모가 더 큰 20호 병원에 환자를 보내곤 했는데, 클리프니처는 이 병원의 수석 의사였다. 클리프니처는 중증 폐렴과 흡사한 병에 걸려 사망한 이상한 환자 두 명을 목격한 참이었다. 클리프니처는 일리옌코에게 이 환자들이 "당신네 병원 환자"라고 말했다. 아니오, 제가 아는 한 사망자는 없습니다, 하고 일리옌코는 앞선 질문에 대답했다. 다음 날 클리프니처는 다시 전화를 걸었다.

---

* 1991년에 예카테린부르크라는 옛 이름으로 바뀌었다.

이번에는 더 완고한 어조였다. "아직도 죽어가는 환자 없어요?" 그의 병원에서는 폐렴과 유사한 증상으로 또 다른 사망자가 나온 상태였다. "요즘 누가 폐렴으로 죽어요?" 일리옌코가 믿지 못하겠다는 듯이 대꾸했다. "아주 드문 일이잖아요."

그런데 얼마 지나지 않아 일리옌코의 병원에서도 환자들이 죽기 시작했다. 앰뷸런스와 자동차에 실려온 환자들은 고열과 두통, 기침, 구토, 오한, 가슴 통증 등을 호소했다. 환자들은 병원 복도를 비틀거리며 걸어와서 침대에 누웠다. 20호 병원의 입원 책임자인 로자 가지예바는 4월 5일부터 6일까지 야간 근무 중이었다. 가지예바는 이렇게 회고했다. "응급처치를 받고 몸이 나아진 사람들 몇몇은 집으로 가려고 했습니다. 나중에 이 사람들은 길거리에서 발견됐어요. 의식을 잃은 상태로요." 가지예바는 한 환자에게 인공호흡으로 심폐 소생술을 시행했지만 결국 사망했다. "그날 밤 네 명이 죽었습니다. 아침까지 기다릴 수가 없더군요. 겁이 났어요."

4월 6일 아침, 일리옌코는 병원으로 달려가서 사무실에 가방을 던져 놓고는 흰 가운을 걸치고 병실로 향했다. 한 환자가 두 눈을 치켜뜬 채 자신을 올려다보고는 이내 숨을 거뒀다. "사망한 시신들과 아직 목숨이 붙은 사람들이 함께 누워 있었습니다. 이건 악몽이라는 생각이 들었습니다. 뭔가 아주 잘못된 게 분명했어요."

순식간에 희생자들에게 죽음이 닥쳤다. 일리옌코는 지역 공공의료 위원회에 위급 상황이 발생했다고 보고했고, 곧 40호 병원에서 모든 환자를 전염병 병동에 수용할 준비를 하고 있다는 지침을 받았다. **전염병이 발생했다**는 말이 퍼졌고 그와 함께 공포도 확산되었다. 일부 직원들은 출근하지 않았고, 이미 출근해서 일하고 있는 직원들은 가족들에게 노출되지 않도록 퇴근을 하지 않았다. 얼마 뒤 소독 노동자들이 방호복 차림으로 20호 병원에 도착했다. 일리옌코는 이 노동자들이 일반적인 살균제인 염소를 사방에 살포하고 다녔다고 회상했다. "사람들은 그 모습을 보면서 공포에 사로잡혔습니다."[1]

인구 120만 명의 스베르들롭스크는 소련에서 열 번째로 큰 도시이자 군산복합체의 중핵 지대였다. 이 도시의 대포용 제철 산업과 소련 최고의 기계공학 학교는 2차 대전 당시와 전후에 스탈린이 추진한 현대화가 남긴 유산이었다. 1976년 이래 이 지역은 젊고 야심 찬 당 서기 보리스 옐친의 지도하에 있었다.

20호 병원과 24호 병원은 도시의 중심부에서 아래로 기울어진 남쪽 끝에 있었다. 거리에는 작은 목조주택이 줄지어 있었고, 높다란 울타리 사이로 황량한 5층짜리 아파트 건물들과 상점, 학교들이 서 있었다. 일리옌코의 병원이 자리한 치칼롭스키 지역에는 도자기 공장이 있었는데, 이 공장에서는 높다란 창문이 달린 동굴 모양의 건물에서 수백 명이 교대로 일을 했다.

그로부터 북북서쪽으로 1마일(약 1.6킬로미터)도 안 되는 거리에는 32호 기지가 있었다. 2개 전차사단을 위한 육군 기지로 주변은 대부분 주거 지역이었다. 기지와 인접한 곳에는 접근이 금지된 군 미생물학 시설이 있었다. 탄저균을 비롯한 치명적인 병원균을 다루는 실험실과 연구 및 시험 센터로 이루어진 19호 기지로 국방부 제15위원회가 운영하고 있었다. 1979년 4월 2일 월요일 아침부터 초저녁까지 19호 기지에서 도자기 공장 쪽으로 바람이 불었다.[2]

19호 기지는 24시간 3교대로 운영되면서 탄저균을 실험하고 대량 제조하고 있었다. 발효조에서 배양된 탄저균은 액체 배양배지에서 분리, 건조한 뒤 에어로졸 형태로 쓸 수 있게 다시 미세 분말로 만들어졌다. 기지의 노동자들은 정기적으로 예방접종을 받았다. 매우 위험한 작업이었다.

탄저병은 '바실루스 안트라시스Bacillus anthracis' 박테리아 포자가 피부나 음식물, 호흡 등을 통해 신체에 들어갈 때 생기는 치명적인 전염병이다. 이 세균이 생성해서 배출하는 독소는 이를 치료하지 않으면 순식간에 감염자를 사망에 이르게 할 수 있다. 러시아에서는 이 병을 '시베리아 종기Sibirskaya yazva'라고 불렀다. 피부의 상처로 감염될 때 검은 종기가 생겼기 때문이다. 자연 상태에서 이 병은 감염된 동물과의 접촉을 통해 퍼진다. 대개 흙에서 포자를 섭취하는 소, 염소, 양 등의 방목 가축이 주요 경로다. 흡입 변종은 사람에게 위험하다. 사람이 폐로 포자를 흡입해서 감염된 경우 치료를 받지 않으면 사망한다. 탄저균 1그램에는 약 1조 개의 포자가 들어 있다. 무색무취의 포자는 대단히 안정적이며 50년이 넘도록 잠복할 수 있다. 이런 이유들 때문에 탄저균은 생물학무기에 아주 적합했다. 한 추정치에 따르면, 50만 명이 거주하는 도시에 바람을 안고 1.9킬로미터 너비로 탄저균 포자 50킬로그램을 방출하면 12만 5,000명이 감염된다. 그리고 그중 9만 5,000명이 사망한다.[3]

19호 기지에서 정확히 무슨 일이 벌어졌는지는 아직도 수수께끼이다. 한 설명에 따르면 필터 하나를 빼놓고 새것으로 제대로 교체하지 않아서 탄저균 포자가 대기 중에 방출되었다고 한다.[4]

남쪽의 여러 마을에서 양과 소가 죽기 시작했다. 비록 흔한 일은 아니었지만 농촌 지역에서는 과거에도 탄저병이 있었다. 그와 동시에 사람들이 아프기 시작했다. 병원에 입원한 사람들에 대한 최초의 기록은 4월 4일 수요일부터 등장한다. 그날은 일리옌코가 클리프니처의 전화를 받은 날이었다. 일리옌코는 이렇게 말한다. "우리가 보기에 이상한 일은 주로 남자들이 죽어갔다는 겁니다. 여자는 많지 않았고 어린이는 한 명도 없었습니다."[5] 일리옌코는 사망자들의 이름과 나이, 주소, 추정 사인을 기록하기 시작했다. 하지만 도대체 무슨 일이 일어나고 있는 건지, 왜 이런 일이 벌어지는지는 알지 못했다.

비상사태가 심각해지자 4월 10일 40호 병원은 스베르들롭스크의학연구소의 강사로 일하다가 은퇴한 병리학자 파이나 아브라모바를 불러들여서 주말에 사망한 37세 남자를 부검해달라고 요청했다. 이 남자는 전차사단이 있는 32호 기지에서 예비군 업무를 보다가 근처 마을에 있는 집으로 돌아간 뒤 별다른 뚜렷한 이유도 없이 갑자기 건강이 악화되어 죽었다고 했다. 맹렬한 성격의 전문가인 아브라모바는 시체를 보고 당황했다. 남자는 독감이나 폐렴의 전형적인 증상이 전혀 없었다. 그러나 부검 결과는 림프절과 폐의 감염을 나타냈다. 그녀는 남자에게 뇌출혈이 있었다는 것도 발견했다. '추기경 모자'라고 알려진, 뇌를 삥 두른 뚜렷한 붉은 띠가 있었던 것이다.[6]

아브라모바는 이렇게 회고했다. "우리는 이런 증상이 어떤 다른 질병 때문에 생겨났는지 생각하기 시작했습니다. 책을 찾아보고 이것저것 모조리 뒤져보니 탄저병과 비슷했습니다."

그날 저녁 아브라모바는 한 환영회에 참석했는데, 후배인 레프 그린베르크도 참석했다. 그린베르크는 두꺼운 안경에 검은 머리와 턱수염이 인상적인 젊은 병리학자였다. 아브라모바는 환영회에서 둘이 춤을 출 기회가 생겼을 때 귓속말로 그린베르크에게 그날 자신이 부검한 남자의 사인을 탄저병으로 진단했다고 말했다. 그린베르크는 깜짝 놀랐다. "저는 이 황폐한 스베르들롭스크 어디에서 탄저병이 생길 수 있느냐고 물었습니다."

다음 날, 그린베르크는 직접 증거를 살펴볼 수 있었다. 지시를 받아 일리옌코의 병원에 온 참이었다. "끔찍한 광경을 보았습니다. 여자 셋이었는데, 똑같은 변화가 있었습니다. 폐와 림프절에 뚜렷한 출혈성 변화가 있었고, 림프절 조직에서 출혈이 계속됐습니다." 아브라모바가 부검을 하면서 표본과 자료를 챙겼다.

질병 발생 소식은 모스크바에도 전해졌다. 4월 11일 늦은 시각, 모스크바의 보트킨병원 내에 자리한 중앙대학원의 전염병학과장인 블라디미르 니키포로프가 스베르들롭스크에 도착했다. 1950년대에 19호 기지에서 일한 적이 있는 보건부 차관 표트르 부르가소프도 도착했다. 4월 12일 오후 2시, 니키포로프는 관련된 모든 의사들을 한자리에 모아놓고 관찰하고 부검한 내용에 대해 물었다. 아브라모바가 마지막으로 발언했다. "탄저병입니다."

저명하고 품위 있는 과학자로 평생 탄저병을 연구한 니키포로프는 자신도 아브라모바의 의견에 동의한다고 밝혔다. 그는 탄저병은 사람에게서 사람으로 퍼질 수 없다고 의사들을 안심시켰다. 그런데 어디서 생겨난 것일까? 부르가소프는 도시에서 15킬로미터 떨어진 한 마을에서 나온 오염된 고기가 원천이라고 단언하듯 말했다. 아무도 의견을 내놓지 않았다. 누구도 확실히 알지 못했다. 무서운 불확실성이었다.

치칼롭스키 주민들은 오염된 고기를 조심하라는 말을 들었다. 광범위한 예방접종이 시작되었다. 일리옌코의 기록에 따르면 그때부터 총 4만 2,065명이 예방접종을 받았다. 4월 18일자로 신문 크기의 전단이 배포되었다. 상점이 아닌 곳에서 고기를 사지 말고, 복통과 고열에 이은 두통이나 열병, 오한, 기침 등과 같은 탄저병 증상을 조심하며, 허가 없이 동물을 도살하지 말라고 경고하는 내용이었다.[7] 지역 소방대에서 건물과 나무를 물로 씻어냈고 경찰은 집 잃은 개를 총으로 쏴 죽였으며 비포장도로에는 새로 아스팔트가 깔렸다.

일리옌코는 4월 20일 다음과 같이 기록했다. "358명 발병. 45명 사망. 40호 병원에 214명 입원 중." 어느 누구도 기록하는 것을 그만두라고 요구하지 않았다. 일리옌코는 집에 기록을 보관해두었다. 그녀의 병원에서 사망한 45명은 일부일 뿐이었다. 탄저병으로 인한 총 사망자 수는 60명이 넘었다.

포자는 계속해서 불어오는 바람에 실려 19호 기지 남쪽에 있는 도자기 공장을 거쳐 떠다녔다. 책임 기술자인 블라들렌 크라예프는 탄저병이 발생했을 당시 직원 2,180명과 함께 공장에 있었다. 그는 당시 공장에 외부 공기를 빨아들여 가마에 주입하고 노동자들에게도 환기를 시켜주는 통풍기가 있었다고 회고했다. 처음 몇 주 동안 18명가량의 노동자가 사망했다. 당시 교과서에 설명되어 있던 2~7일의 탄저병 잠복기를 감안할 때 예상을 훌쩍 뛰어넘은 7주 동안 비상사태는 계속되었다.[8]

그린베르크는 니키포로프가 모든 사망자를 부검하라는 이상한 지시를 내렸다고 회고했다. 원래 정부 규정대로라면 포자가 확산될 가능성 때문에 탄저병 사망자의 부검은 금지되어 있었는데도 그런 결정을 내렸다는 것이다. 두 병리학자, 그린베르크와 아브라모바는 긴긴 하루하루를 보내면서 남의 눈에 띄지 않게 기록을 하기 시작했다. 주로 카드에 기록을 했지만 때로는 공식 보고서를 쓴 뒤 복사를 해두기도 했다. 아브라모바는 "아무도 방해하지 않았다"고 회고했다. 지역 보건부장은 그들을 찾아와서 "이 일에 관해 말을 아끼고 전화로 이야기하지 말라"고 했을 뿐이었다.

두 사람은 42명의 부검을 실시했다. 탄저병 때문에 폐와 림프절이 손상된 게 보였다. 그린베르크는 호흡기 탄저병을 의심했지만 확실한 것은 알지 못했다. "명확하게 알지는 못했지만 이 병에 관해 많은 이야기를 하지는 않았습니다. 솔직히 말하면, 우린 아주 지쳐 있었어요. 힘든 일이었고, 저 자신을 예로 들면 흡사 전시 상황에서 일하는 것처럼 느껴졌습니다. 40호 병원의 센터로 가져다주는 음식을 받아먹었습니다. 염소가 엄청나게 많았어요. 매일같이 소독을 했지요. 그리고 근무시간이 끝나면 전차를 타고 집으로 갔는데, 사람들이 화들짝 놀라서 피하더군요. 염소 냄새가 났으니까요. 제 기억으로는 10일째 되는 날, 그러니까 두 번째 주 주말쯤에 자료를 기록해두는 일에 관해 생각했습니다. 보관해서 연구해야 하니까요."

그린베르크는 비록 금지된 일이었지만 사진가 친구를 설득해 비밀리에 동독제 슬라이드 필름으로 부검 현장을 컬러 사진으로 찍었다. 아브라모바도 조직 샘플을 보관해두었다.

5월에 접어들어 비상사태가 진정됨에 따라 니키포로프는 병원 업무에 참여했던 모든 사람들을 불러 모아놓고 말했다. 탄저병은 부패한 고기에서 생겨난 거라고. 그러나 아브라모바에게는 조용히 조사를 계속하라고 말했다. 양다리를 걸친 셈이었다. 그는 공개적으로 국가의 관리였고 공식적인 이야기에 충실했다. 그러나 다른 한편으로 병리학자들에게는 그들이 수집한 증거를 감추고 보호하라는 은밀한 신호를 보냈다. 니키포로프는 나중에 심장마비로 죽었다. "우리는 그가 진실을 알고 있었다고 확신합니다." 그린베르크의 말이다.[9]

그러나 소련 국민과 외부 세계는 진실을 알지 못했다.

핵전쟁을 대비한 야경 활동

작업 교대는 1983년 9월 26일 오후 7시에 시작되었다. 스타니슬라프 페트로프 중령은 모스크바 남쪽에 있는 세르푸호프-15$^{Serpukhov-15}$ 기지에 도착했다. 세르푸호프-15는 극비 미사일 공격 조기 경보 기지로 위성들로부터 신호를 받았다. 페트로프는 외출복을 벗고 소련 우주군복으로 갈아입었다. 그로부터 한 시간 동안 그를 비롯한 10여 명의 전문가들은 업무를 인계할 장교들에게 질문을 던졌다. 뒤이어 페트로프의 부하들은 2열로 서서 그에게 업무 보고를 했다. 열두 시간의 업무가 시작되었다.[10]

페트로프는 편안한 회전의자에 팔을 걸치며 앉았다. 그가 자리한 지휘소에서는 창문을 통해 조기 경보 기지의 메인 플로어가 내려다보였다. 그의 앞에는 본부 및 전자 모니터와 연결된 전화들이 놓여 있었다. 플로어 뒤편에는 전문가들과 그들이 사용하는 계기반으로부터 멀리 떨어져 있는 벽에 대형 지도가 걸려 있었다. 지도 한가운데 북극이 있었다. 북극 위 뒤쪽으로—마치 우주에서 보는 것처럼—캐나다와 미국이 뒤집혀 보였다. 북극 아래에는 소련의 광대한 땅이 펼쳐져 있었다. 혹시라도 핵미사일이 발사되는 경우에 날아갈 경로를 나타낸 지도였다. 지도에는 미국의 미니트맨Minuteman 미사일이 배치된 기지들의 위치도 표시돼 있었다. 페트로프는 이 기지들에 핵탄두를 탑재한 대륙간탄도미사일 1,000기가 배치되어 있다는 것을 알고 있었다. 35분 만에 북극권을 가로질러 소련에 도달할 수 있는 미사일들이었다. 메인 플로어에서는 10여 명이 단 하나의 임무를 위해 전자 계기반을 모니터했다. 위성을 이용해 미사일 발사 지점을 포착하고 소련 지도자들에게 무엇을 해야 할지 결정하는 10분에서 기껏해야 12분의 시간을 확보해주는 임무였다.

44세의 페트로프는 26년 동안 군에 복무하면서 교전 알고리즘 부서의 차장까지 올랐다. 그는 군인이라기보다는 기술자에 가까웠다. 그는 수식 작성과 그 논리를 좋아했으며, 보통 영어를 기반으로 한 컴퓨터 언어를 사용했다. 그는 거의 매일같이 지휘관 자리보다는 가까운 건물의 책상에 앉아 분석가로 일했다. 끊임없이 결함을 수정하고 소프트웨어를 미세 조정했다. 그리고 한 달에 두 번은 시스템 전반을 파악하기 위해 업무를 교대했다.

11년 전 페트로프가 처음 기지에 왔을 때 이곳은 아직 장비의 포장도 풀지 않고 방도 비어 있는 상태였다. 하지만 지금은 빽빽한 전자 신경의 중추로 성장해 있었다. 미국의 미사일 기지를 감시하기 위해 지구 궤도를 도는 일곱 개의 위성을 관할하며 보통 여섯 시간 단위로 임무를 수행했다. 가로 150, 세로 180센티미터 크기의 원통 모양의 위성들은 지휘 센터에 연속적으로 데이터를 보냈다.[11] 센터의 중추부인 M-10은 소련에 존재하는 최고의 슈퍼컴퓨터로 데이터를 분석하고 미사일 공격의 징후를 탐색하는 기능을 했다.

이 위성 시스템은 '눈'이라는 뜻의 '오코Oko'라고 불렸는데, 페트로프에게 개별 위성은 1부터 9까지의 단순한 숫자에 지나지 않았다. 이날 밤, 5호 위성이 궤도 최고점인 지구 상공 약 3만 1,999킬로미터 지점에 다다랐다. 위성은 우주에서 미사일 발사를 발견하기 위해 적외선 센서를 이용해서 지구의 가장자리를 탐지했다. 위성은 어두운 우주를 배경으로 로켓 엔진에서 나오는 열을 감지할 수 있었다. 그러려면 위성이 적절한 위치에 자리를 잡고 지구가 우주의 어둠과 만나는 먼 지점을 주시하는 정밀한 기술이 필요했다. 전체 위성 함대 중에서도 5호 위성은 최고의 감도를 자랑했다. 하지만 탐지 작업은 시간에 따라 복잡해졌다. 이 위성은 페트로프가 근무하는 시간에 일출부터 일몰 시간까지 지나가는 미사일 기지들을 탐지했다. 해질 무렵은 대개 흐릿하고 뿌연 상태여서 위성과 컴퓨터가 오인을 일으키기 쉬웠다. 담당 기사는 이런 문제를 알았기 때문에 더 주의 깊게 관찰해야 했다.

보통 각 위성이 15~20개의 관심 대상을 골라내면 세르푸호프-15 기지의 컴퓨터가 각각의 데이터를 검토하며 로켓 불꽃의 특징들과 대조한다. 미사일로 여겨지지 않으면 컴퓨터가 해당 목표물을 삭제하고 새로운 대상을 검토한다. 컴퓨터는 우주에서 연속적으로 들어오는 데이터를 계속 대조한다. 위성들에는 광학 망원경도 달려 있어서 지구를 관찰할 수 있다. 이 망원경은 일종의 예비용으로 지상의 관제사들은 이를 이용해 미사일 공격을 눈으로 탐지할 수 있지만 시야가 명확하지는 않다— 사실 망원경으로 식별하려면 특수 기사들이 어두운 방에 두 시간 동안 앉아 있어야 한다.

이날 밤, 5호 위성은 평소보다 많은 데이터를 보내오고 있었다. 15~20개의 목표물이 아니라 30개가 넘는 목표물을 컴퓨터에 전송했다. 페트로프는 위성의 감도를 높여서 데이터가 많아진 것이라고 짐작했다. 위성이 궤도의 최고점에 접근해 미국의 미사일 기지들을 감시하는 위치에 자리를 잡을 무렵 사람들은 화면을 주시했다. 오후 10시, 페트로프는 잠시 쉬면서 차를 마셨다.

페트로프와 부하들은 러시아 북부 플레세츠크 기지에서 소련이 실시한 시험 발사뿐만 아니라 캘리포니아 밴덴버그 공군기지와 플로리다 케이프커내버럴 기지에서 시험 발사하는 모습도 여러 차례 본 적이 있다. 그들은 위성 시스템 덕분에 로켓이 하늘로 올라간 직후 불길을 내뿜는 순간을 곧바로 탐지할 수 있었다. 시험 발사가 실패하는 장면도 몇 차례 목격했다.

페트로프가 조기 경보 센터에서 일을 한 오랜 시간 동안 사람들은 바쁘게 뛰어다녔다. 위성 시스템은 1982년 말 미처 준비가 끝나기도 전에 가동되었다. 페트로프와 부하들은 나라를 위해 중요한 프로젝트이기 때문에 단점은 걱정하지 말라는 말을 들었다. 단점은 나중에 고칠 테고, 여러분은 이런 문제들을 벌충할 수 있으며, 지금은 다른 방법을 찾아보라는 것이었다. 페트로프는 왜 그렇게 서두르는지 알고 있었다. 미국과 소련은 일촉즉발의 태세로 미사일을 가지고 서로 위협하고 있었다. 두 초강대국은 격납고와 바닷속에 감춰둔 잠수함, 폭격기 등에 발사 태세를 갖춘 1만 8,400개의 핵탄두를 보유하고 있었다. 또한 유럽의 냉전 대치 전선을 따라 많은 소형 전술 핵무기가 늘어서 있었다. 핵 공격이 벌어지는 날에는 몇 분 안에 보복 결정을 내려야 할 테고, 따라서 두 초강대국은 경보를 발령하기 위한 소중한 시간을 얻으려고 막대한 노력을 기울였다. 지구의 굴곡진 부분들 뒤로 펼쳐진 영역을 감지하지 못하는 지상 레이더로는 최종 7~10분 전까지밖에 날아오는 미사일을 탐지할 수 없었다. 그러나 조기 경보 위성이 있으면 더 일찍 미사일 발사 지점을 간파할 수 있었다. 미국인들은 이미 소련 미사일 기지를 감시하기 위한 위성을 배치한 상태였다. 소련은 따라잡기 위해 서둘렀다. 급히 세르푸호프-15 기지를 건설하고 자체 위성을 띄워올렸다.

소련을 지배하는 노인들은 한시도 공포에서 벗어나지 못했다. 국가 보안위원회KGB 의장 출신으로 노인들을 이끌던 유리 안드로포프 서기장은 가뜩이나 허약하고 망상증적인 인물이었는데 1983년 가을에는 신부전을 앓고 있었다. 그들은 기습 공격을 당해 모스크바의 지도부가 크렘린을 탈출하기도 전에 전부 몰살당할지도 모른다는 두려움을 떨치지 못했다. 지도부가 모조리 사망하면, 즉 기습 공격으로 경보도 발령하지 못한 채 몰살된다면, 보복하겠다는 위협 자체가 의미 없어진다. 따라서 페트로프의 임무는 대단히 중요한 것이었다. 위성, 안테나, 컴퓨터, 망원경, 지도, 작전 지휘 센터—이것들은 핵전쟁을 대비한 야경 활동이었다.

페트로프도 이 사실을 알고 있었지만 설마 두 초강대국이 치고받으리라고는 생각하지 않았다. 결과가 너무나도 참혹할 것이기 때문이었다. 페트로프는 소련 지도자들을 거만하고 이기적인 존재들이라고 생각했고 —마음속으로—당 우두머리들을 경멸했다. 그는 미국을 적으로 내세우는 지도자들의 호언장담을 진지하게 받아들이지 않았다. 그러나 최근 몇 달 동안 드러난 흥분 상태는 무시하기 힘들었다. 로널드 레이건 대통령은 지난 3월 소련을 "악의 제국"이라고 지칭했고, 페트로프가 작전 지휘 센터에서 야간 근무를 하기 불과 몇 주 전에는 소련 공군이 극동에서 한국 민항기를 격추해 269명이 사망하는 사건도 있었기 때문이다.

페트로프는 자신을 전문가, 즉 기술자라고 보았고 힘든 곤경을 극복하는 일에 자부심을 느꼈다. 그는 자신이 맡은 임무가 거대하다는 사실을 이해했다. 조기 경보에서는 잘못된 경보의 여지가 없어야 했다. 상부에서도 계속해서 그의 팀에게 오류의 가능성을 근절할 것을 요구했다. 하지만 조기 경보 시스템이 제대로 작동하도록 온 힘을 기울였음에도 장치에는 계속해서 문제가 생겼다. 지구의 운명을 결정하는 시스템이 기능 장애에 시달리고 있었던 것이다. 1972년부터 1979년까지 시험 단계에서 1차로 쏘아올린 위성 열세 개 가운데 일곱 개만이 100일 넘게 움직였다.[12] 미국의 미사일 기지를 감시하는 데 충분할 만큼의 위성을 유지하려면 계속해서 쏘아올려야 했다. 하지만 위성에서 지구로 전송하는 데이터가 갑자기 끊기는 일은 여전히 허다했다.

오전 0시 15분, 페트로프는 깜짝 놀랐다. 방 위쪽으로 평소에는 아무 내용도 뜨지 않는 얇은 패널이 있었다. 보통은 다들 그 패널이 있는지도 모를 정도로 잠잠한 패널이었다. 그런데 갑자기 패널이 환해지면서 붉은 글씨가 나타났다. **발사.**

사이렌 소리가 울려퍼졌다. 북극이 포함된 커다란 지도에 표시된 미국의 미사일 기지 중 한 곳에 불빛이 켜졌다. 모두의 시선이 지도에 쏠렸다. 전자 패널들에서는 미사일 발사 소식이 전해졌다. 게시판에는 "매우 확실하다"는 말이 떴다. 전에는 한 번도 없던 일이었다. 메인 플로어에 있던 계기반 기사들은 자리를 박차고 일어섰다. 그리고는 일제히 유리창 뒤에 있는 페트로프를 바라보았다. 근무자 가운데는 페트로프가 최고 지휘관이었다. 그는 지시를 내리기 시작했다. 무슨 일이 벌어지는 건지 그도 확실히 알지 못했다. 모두에게 자리에 앉아서 시스템을 점검해 보라고 지시했다. 우선 실제 상황인지 아니면 시스템 결함인지 알아내야 했다. 전체적인 점검에 10분이 걸릴 텐데, 실제 미사일 공격 상황이라면 10분 동안 기다릴 여유가 없었다. 위성은 제대로 있나? 컴퓨터는 멀쩡하게 돌아가고 있나?

모두들 우왕좌왕하는 가운데 페트로프는 앞에 놓인 모니터들을 유심히 바라보았다. 화면에는 광학 망원경에서 전송된 데이터도 있었다. 미사일이 발사됐다면 조만간 망원경에 나타날 것이다. 어디로 향하고 있나? 궤적은 어떤가? 아무런 표시도 없었다. 어두운 방에 앉아 있는 전문가들도 망원경을 주시하고 있었지만 아무것도 보이지 않았다. 컴퓨터 전문가들은 프린터에서 토해내는 수치들을 점검해야 했다. 페트로프는 자신의 모니터에 나타난 데이터도 자세히 들여다보았다. 기술적인 오류일까?

페트로프는 그렇지 않은 경우에 대비해 여러 가능성을 따져보기 시작했다. 미사일이 한 발뿐이라면 우발적이거나 승인되지 않은 상태로 발사된 것이 아닐까? 그건 아닐 거라고 결론지었다. 그는 온갖 안전장치와 예방책을 알고 있었다―누가 단독으로 미사일을 발사하지는 못한다. 장교 둘이 공모해서 미사일을 발사했을 리도 없어 보였다. 미사일 한 발이 발사됐다면 도대체 무슨 의미일까? 핵전쟁을 개시하는 방식은 아니었다. 그는 여러 해에 걸쳐 핵전쟁은 대대적인 공격으로만 시작된다고 배웠다. 다시 혼잣말을 했다. 이건 핵전쟁을 개시하는 방식이 아니야.

그의 한 손에 마이크가 들려 있었다. 메인 플로어와 연결된 인터폰이었다. 페트로프는 다른 한 손으로 각각의 레이더를 비롯해 조기 경보 시스템 전체를 감독하는 상부 지휘관들에게 전화를 걸려고 수화기를 집어들었다. 빨리 결론을 내려야 했다. 감독자들은 무슨 일이 벌어지고 있는지를 알고 싶어할 것이다. 아직 점검이 끝나지 않았지만 더는 기다릴

데드핸드

수 없었다. 그는 당직 장교에게 딱 부러지는 어조로 말했다.

"보고 드립니다. 잘못된 경보입니다."

확실히 알지 못했다. 본능적인 판단일 뿐이었다.

"알았다." 장교가 대답했다. 페트로프는 가슴을 쓸어내렸다. 장교는 이유를 묻지 않았다.

수화기는 여전히 손에 있었고 당직 장교가 아직 전화를 끊지 않은 바로 그때, 페트로프는 다시 소스라치게 놀랐다. 2분 뒤의 일이었다.

패널이 번쩍였다. 또 다른 미사일이 발사된 것이다! 그리고 세 번째, 네 번째, 다섯 번째 미사일이 발사되었다. 이제 시스템은 폭주 상태에 빠져들었다. 추가된 신호들 때문에 새로운 경보가 발령되었다. 패널의 붉은 글자들이 번쩍거리며 **미사일 공격**을 알리기 시작했고, 군 상급 단위에 자동적으로 전자 신호가 전송되었다. 페트로프는 기겁했다. 다리가 마비된 것 같았다. 빨리 생각을 해야 했다.

페트로프는 미사일 공격의 경우에 핵심적인 결정권자가 참모본부임을 알고 있었다. 이론상 경보가 사실로 확인되면 참모본부에서 보복 지시를 할 것이다. 그러면 미사일이 준비되고, 목표물이 입력되고, 격납고의 해치가 열린다. 소련 정치 지도부에 경계 태세가 발동된다. 결정을 내릴 시간은 불과 몇 분뿐이다.

사이렌 소리가 울려퍼졌다. 붉은 신호가 번쩍거렸다.

페트로프는 결정을 내렸다. 그는 과거에도 시스템 결함이 있었다는 것을 알고 있었다. 망원경으로는 미사일이 보이지 않았다. 위성은 모두 제자리에 있었다. 아직 레이더에 뜨지 않았을 가능성도 있지만 레이더 기지들에서는 미사일이 날아온다는 표시가 전혀 없었다.

페트로프는 당직 장교에게 다시 말했다. 잘못된 경보입니다.

이 내용은 상부 각급 단위로 전달되었다.

이 책은 무기 경쟁이라는 고속 열차의 브레이크를 밟으려고 애쓴 사람들
―대통령, 과학자, 기술자, 외교관, 군인, 스파이, 학자, 정치인 등등―
의 이야기다. 그들은 무기의 설계자와 관리자로서 겪은 개인적인 경험들
을 통해, 또는 전쟁이 야기할 결과에 대한 두려움이나 이 무기들로 인해
국민들에게 지워지는 부담 때문에 공포의 균형에서 뒷걸음질을 쳤다.

　　이 드라마의 중심에는 두 주인공이 있다. 둘 다 낭만주의자이자 혁
명가로서 고조되는 위험을 감지하고 기존 질서에 도전했다. 소련 최후의
지도자인 미하일 고르바초프는 무력 사용을 혐오했으며 곤경에 처한 조
국을 구하겠다는 염원에서 개방과 '신사고'를 옹호했다. 그에 비해 미국
의 제40대 대통령인 로널드 레이건은 소통의 달인이자 이상의 횃불로서
자본주의와 미국의 독창성이 승리할 것을 한 치도 흔들리지 않고 신봉했
다. 그는 핵무기를 영원히 폐기하는 미래를 꿈꾸었다.

　　두 사람은 외롭지 않았다. 상상력과 결단력, 간지奸智와 양심을 두루

갖춘 다른 많은 이들이 위험을 제어하려고 노력했다. 이 책에서 추구하는 목표는 냉전의 무기 경쟁이 종언을 고한 과정과 그 위험이 남긴 유산에 관한 이야기를 들려주는 것이다—그것도 양쪽 모두의 이야기를. 과거에는 한쪽만을 반영하는 미국 승리주의로 인해 역사가 가려지는 일이 허다했다. 또한 소련에서 실제로 어떤 일이 벌어졌는지 그리고 왜 일어났는지 그 전모를 감춰버린 모스크바의 비밀주의와 거짓 정보도 역사에 그림자를 드리웠다. 새로운 증거가 드러난 지금은 소란스러웠던 고르바초프 통치 시기에 크렘린의 닫힌 문 안에서 어떤 논의가 펼쳐졌는지를 좀 더 분명하게 볼 수 있다. 바로 이곳에서 이뤄진 논의와 회의, 문서와 전화를 통해 고르바초프는 사람들을 능숙하게 유도하고 구워삶으면서 소련 군산복합체의 견고하고 강력한 세력들과 대결했으며 급진적인 방향 전환을 개시했다. 그리고 바로 이 지점에서 그는 소련의 미사일 시스템 전체를 포기하고, 전 지구적인 대결에서 발을 빼며 군사 지출과 유럽 주둔군을 감축했고, 입안자와 기술자들이 그의 책상 위에 올려놓은 소련의 거대한 '스타워즈' 미사일 방어 시스템 구상의 청사진을 집어들어 책상 맨 아래 서랍에 깊숙이 넣어두기로 결정했다. 새로 드러난 증거들, 특히 여러 사람들의 일기와 당대의 문서들을 보면, 고르바초프와 레이건이 서로를 어떻게 보았는지, 그들의 인식이 어떻게 행동으로 이어졌는지, 그들이 내부의 갈등과 이데올로기, 그동안 쌓인 막대한 불신과 어떻게 씨름하면서 또 주저주저하며 세계를 대결의 시기에서 끌어냈는지 더 분명하게 알 수 있다.

핵무기가 이 시대를 압도한 위협이었던 건 분명하지만 또 다른 끔찍한 대량 살상 무기가 플라스크와 발효조에서 자라나고 있었다. 1975년부터 1991년까지 소련은 암암리에 세계 최대의 생물학무기 개발 프로그램을 쌓아올렸다. 소련 과학자들은 유전공학 실험을 통해 막을 도리가 없는 질병을 야기하는 병원균을 만들어냈다. 소련의 공장장들은 주문이 들어오면 바로 몇 톤씩 세균을 생산할 준비가 되어 있었다. 수많은 사람들을 감염시켜 죽일 수 있는 세균을 말이다. 이 책에서 우리는 제멋대로 뻗어나간 이런 불법적인 시도의 기원과 확대를 탐구하게 될 것이다. 러시아는 이 사실에 대해 아직도 충분한 설명을 하지 않고 있다.

냉전 종언에 관한 대부분의 글들은 베를린 장벽이 붕괴된 1989년 11월이나 크렘린에서 소련 국기가 내려진 1991년 12월의 시점에서 멈춰 선다. 나는 이 책에서 더 나아가려고 한다. 이 책은 긴장이 정점에 달한 1980년대 초반에서 시작해 레이건과 고르바초프 시기의 두드러진 사건들을 살펴본 뒤 소련이 붕괴하면서 생겨난 시간과의 싸움, 즉 소련이 남긴 핵무기와 생물학무기의 위험이 어떻게 수면 위로 부상하게 되었는지, 그리고 그것들을 어떻게 급박하게 추적해나갔는지를 보여줄 것이다.

이 책은 대결과 분노, 위험의 시기였던 1983년의 '전쟁 소동'으로 막을 연다. 그러나 이 '소동'과 당시의 공포를 이해하려면 그에 앞서 몇 십 년 동안 드리워진 먹구름, 즉 거대한 의지의 충돌과 억제를 위한 사투를 살펴보아야 한다. 1947~1991년 미국과 소련이 냉전을 벌이는 동안 실제 전투에서 원자폭탄이 사용된 적은 없다. 하지만 양쪽은 미사일과 잠수함, 전략폭격기에 수천 개의 핵무기를 배치하는 식으로 서로를 공포의 균형 속에 붙잡아두었다. 수십 년에 걸쳐 어마어마한 파괴력을 실어나를 무기가 발명되고 개조됨에 따라, 또 전례가 없이 신속한 발사 능력과 정밀도, 방어 불가능성을 달성해감에 따라 위험은 점점 커져만 갔다.

초창기 핵전략가 중 한 명인 버나드 브로디의 표현을 빌리자면, 원자폭탄은 전쟁의 양상을 영원히 바꾸는 "절대 무기"였다.[1] 원자폭탄으로 인해 전쟁 초기부터 평범한 민간인이 사망할 가능성도 대단히 커졌다.

1983년 한 연구에서 하버드대학교 교수 여섯 명은 이렇게 말했다. "핵무기로 인해 역사상 최초로 군대를 물리치거나 쳐부수기도 전에 한 나라를 파괴할 수 있는 가능성이 생겨났다." 그리고 핵전쟁은 역사상 어느 전쟁보다도 더 빠르게 닥칠 게 분명했다. 게다가 핵전쟁은 순식간에 끝나 버릴 터였다. 지도자들이 결정을 재고하거나 마음을 바꾸기도 전에 핵전쟁이 시작될 수 있었다. 핵전쟁은 잘못된 경보였다는 사실을 미처 발견하기도 전에 수백만의 목숨을 앗아갈 수 있었다.[2]

냉전 초기부터 미국은 소련에 단 한 번의, 그러나 소련의 도시들과 산업을 완전히 파괴해버릴 수 있는 공격을 가하겠다고 위협했다. 이때 미국이 처음 개발한 핵무기는 하나의 무게가 수천 파운드(1,000파운드는 약 454킬로그램)에 달해 둔중한 전략폭격기로 운반해야 했다. 이렇게 하면 목표물까지 도달하는 데 몇 시간이 걸렸다. 하지만 반세기 뒤에는 30분 만에 대양을 가로질러 미사일 탄두를 날릴 수 있게 되었다. 1997년 미 해군 전략시스템계획국 국장 G. P. 나노스 해군 소장은 트라이던트 잠수함의 길이—170미터—를 반경으로 원을 그렸을 때 7,400킬로미터 떨어진 곳에서 트라이던트Ⅱ D5 미사일 탄두로 이 원 안에 정확하게 타격할 수 있다고 말했다.[3]

그러나 이처럼 파괴력과 치명적인 정확도가 달성되자 언젠가 이 미사일의 발사 버튼을 눌러야 할지도 모르는 이들의 마음속에 엄청난 공포가 생겨났다.

미국에서 핵전쟁을 수행하기 위한 기본 계획이 처음 작성된 것은 드와이트 아이젠하워 대통령의 임기 말인 1960년의 일이다. 단일통합작전계획Single Integrated Operational Plan, SIOP의 범위는 어마어마한 수준이었다. 그에 따르면 경보 시간이 충분한 경우, 미국과 그 동맹국들은 소련과 중국 그리고 그들의 위성국가들을 향해 약 3,500개의 전략 핵무기 전부를 발사하도록 되어 있었다. 아이젠하워는 과학 보좌관인 조지 B. 키샤코스키를 1960년 11월 3~5일 네브래스카 주 오펏에 있는 전략공군사령부에 파견해 새로 작성된 계획을 검토하게 했다. 키샤코스키는 아이젠하워에게 이 계획이 "불필요하고 바람직하지 않은 지나친 살상을 야기할 것"이라고 보고했다. 아이젠하워는 이 추정치—목표물의 수와 각 목표물에 투하될 과다한 폭탄의 수—를 듣고 "깜짝 놀랐다"고 그의 해군 보좌관인 E. P. '피트' 오런드 대령에게 털어놓았다.[4]

존 F. 케네디 대통령도 마찬가지로 동요했다. 1961년 9월 14일, 케네디는 전쟁 계획에 관한 브리핑을 받자마자 딘 러스크 국무장관에게 자기 생각을 토로했다. "그러고도 우리는 인류라고 자처하는군요."[5]

케네디와 로버트 S. 맥나마라 국방장관은 아이젠하워 시대의 대량 보복 개념이 불편했다. 두 사람은 처음에는 베를린, 그다음에는 쿠바를 놓고 긴장의 불길이 타오르는 것을 보면서 소련과 직면한 경쟁이 파편적이고 복잡한 상황 속에서 일어나는 것을 감안할 때 단 한 차례의 거대한 핵 타격 개념은 적합하지 않다고 생각했다. 1962년 봄과 여름에 기존의 전쟁 계획을 수정해 새롭게 만든 계획에서는 핵 공격을 벌일 경우 대통령이 좀 더 유연하게 선택할 수 있는 여지가 많아졌다. 예비 전력을 아껴두거나 인구 중심지와 산업 시설을 피하고 일부 나라를 목표물에서 배제할 수 있었다. 1962년 10월의 쿠바 미사일 위기 직전에 발효된 새로운 계획의 핵심적인 특징은 도시나 산업이 아니라 소련의 무기를 주요 목표로 삼는 것이었다. 이른바 대對병력counterforce 구상이다. 서로 장전한 총을 겨누는 상황을 생각해보면 대병력 구상은 적의 손에 있는 권총을 쏴서 떨어뜨리려는 시도였다.[6] 도시보다는 미사일을 겨냥하는 게 더 인도적인 것처럼 보였다. 하지만 대병력 구상에서도 무척이나 불길한 질문들이 제기되었다. 이렇게 하면 제한된 핵 공격이 가능하다는 함의가 있기 때문에 핵무기 사용에 대한 유혹이 더 커지는 게 아닌가? 그리고 이 구상이 성공을 거두려면 대병력 공격을 먼저 실행해야 하지 않을까? 상대방보다 먼저 선제공격을 해야 하니까 말이다. 이것은 향후 수십 년 동안 맞닥뜨리게 될 두려움이었다. 언제라도 청천벽력 같은 선제공격을 당해 순식간에 무장해제당할 수 있었다.

케네디는 도시를 공격 대상에서 제외하려고 했지만 맥나마라는 시간이 지나면서 끝이 보이지 않는 군비 확대를 통해 값비싼 새로운 무기 경쟁을 시작하지 않고는 소련의 모든 무기를 겨냥하는 것이 불가능하다는 사실을 깨달았다. 그 결과 맥나마라는 '확증 파괴assured destruction'라고 이름 붙인 전략으로 돌아섰다. 이 전략에서는 소련 인구의 20~25퍼센트와 산업 기반의 50퍼센트를 파괴하는 데 필요한 만큼의 핵무기가 요구되었다. 맥나마라는 미니트맨 미사일의 제조를 1,000기로 제한했다. 국방부 분석가들은 다음과 같은 결론을 내렸다. "미니트맨 미사일 1,000기, 폴라리스 잠수함 41척, 전략폭격기 500대가량으로 그 수를 제한하는 주된 이유는 더 많이 보유해봤자 비용만 들고 효과는 별로 없기 때문이다." 맥나마라는 소련도 안정 수준에 도달—그리하여 핵무기 제조를 중단—할 것으로 기대했다.[7] 맥나마라를 비판하는 어떤 사람은 '확증 파괴'에 '상호'라는 말을 덧붙일 것을 제안했고, 그 결과 '상호 확증 파괴Mutual Assured Destruction', 일명 매드MAD가 탄생했다. 똑같이 공격에 취약하고 서로 억제를 한다는 이 개념은 많은 미국인들 사이에서 냉전을 정의하는 말이 되었다.[8]

전 지구적 대결에 빠져든 미국과 소련은 서로 전혀 다른 역사와 지리, 문화와 경험에 뿌리를 두고 있었다. 두 초강대국은 의심의 장막을 통해 서로를 엿보면서 종종 상대방의 의도와 행동을 잘못 판단했다. 두 나라는 서로를 기만하면서 결국 위험을 키우기만 했다. 1983년 하버드대학교 교수들은 이렇게 지적했다. "미국은 소련의 행동을 예측할 수 없다. 소련 내에서 무슨 일이 벌어지고 있는지에 관한 정보가 전혀 없기 때문이다. 또 소련도 많은 정보가 없기 때문에 미국의 행동을 예측하지 못한다."

이런 사정을 분명하게 보여주는 초기의 사례가 이른바 미사일 격차 missile gap라는 말이다. 소련은 1957년 8월 26일 전방위 대륙간탄도미사일을 처음 시험했다고 발표한 뒤 10월 4일에는 세계 최초의 인공위성인 스푸트니크호를 궤도에 성공적으로 안착시켰다. 그 뒤 4년 동안 니키타 흐루쇼프 총리는 소련이 미사일을 "소시지처럼" 줄줄이 만들어내고 있다는 주장으로 서구를 교란시켰다. 슈퍼미사일을 '연속 생산'과 '대량 생산'으로 만들어내고 있다는 것이었다. 존 F. 케네디는 1960년 선거 운동에서 '미사일 격차'에 관해 경종을 울렸지만 나중에 알고 보니 격차 같은 건 없었다.[9] 흐루쇼프가 엄포를 놓아 약점을 감춘 것이었다.

흐루쇼프가 핵무기와 미사일을 쿠바에 배치하는 엄청난 도박을 감행한 1962년 10월 쿠바 위기 때는 가까스로 파국을 피했다. 벼랑 끝 정책은 케네디와 흐루쇼프가 자제력을 발휘하면서 끝이 났다. 그러나 흐루쇼프가 핵무기를 철수시킨 한참 뒤이자 1964년 권좌에서 밀려난 뒤에도 소련 지도자들의 마음속에는 쿠바 위기의 기억이 끈질기게 남아 있었다. 미국에 열세라는 사실이 두려웠던 것이다. 1960년대 중반부터 소련의 미사일 생산은 급격하게 늘어났다. 매년 수백 개의 미사일이 쏟아져나왔다.

미국과는 전혀 다른 프리즘으로 상대를 보던 소련은 핵무기를 직설적인 억제 수단으로 여겼다. 소련은 공격을 당하면 압도적인 징벌을 가하려고 했다. 많은 설명에 따르면 초기 몇 십 년 동안 소련은 미국과 달리 제한된 핵 공격 구상을 채택하지 않았다. 소련은 원자폭탄이 한 발만 사용돼도 곧바로 확전이 벌어질 것이라고 생각했고, 따라서 전면전에 대비했다.[10] 그들은 상호 취약성이 안정으로 이어질 수 있다는 미국의 생각을 크게 신뢰하지 않았다. 그들은 두 강대국이 끊임없이 앞서 나가려고 기를 쓸 것을 걱정했고, 이런 시도에 자원을 쏟아부었다. 그러다 1970년대 초에 마침내 소련이 미국과 동등한 수준에 도달하자 사고에 변화가 생기기 시작했다. 소련은 초창기처럼 1차 선제공격을 가하겠다고 위협하는 대신 확증 보복, 즉 2차 공격을 준비하는 태세로 나아갔다. 또한 미국과 처음으로 전략 무기 제한 협상을 시작했고, 데탕트가 활기를 띠었다.[11]

소련의 군사력 증강을 밀어붙인 것은 뒤에 숨은 강력한 세력, 곧 방위 사업가들이었다. 레오니트 브레즈네프는 나이 든 아첨꾼들로 이뤄진 제대로 기능하지 못하는 집단을 합의제로 통치했는데, 1970년대 중반에 이르러서는 건강이 나빠져 사실상 지도를 중단했다. 사업가들이 그 공백을 메웠다. 그들은 어떤 무기를 생산할지에 대해 커다란 영향력을 발휘했다. 일부 설명에 의하면 군부보다도 영향력이 컸다. 차세대 대륙간 탄도미사일 채택을 놓고 벌어진 격렬한 내부 갈등이 최고조로 치달았던 것이 두드러진 예이다. 1969년 7월, 곤란한 입장에 처한 브레즈네프가 얄타 근처에 있는 휴양 별장에 최고 군사 지도자들과 미사일 설계자들을 불러모았다. 이 경쟁을 계기로 가장 유명한 설계자로 손꼽히는 미하일 얀겔과 블라디미르 첼로메이가 맞붙게 되었다. 얀겔은 탄두가 네 개인 SS-17 미사일을 제안했다. 새로 건조된 강화 격납고에 잘 맞게 설계된 이 미사일은 소련이 공격당할 경우 확실한 보복을 하는 데 가장 적합했지만 값이 비쌌다. 반면 첼로메이는 처음에는 강화하지 않은 기존 격납고에 보관하는 자신의 구형 SS-11 미사일을 개량하자고 제안하면서 대신 더 많은 탄두가 달린 미사일을 더 싸게 제작할 수 있다고 군에 제시했다. 적에게 1차 선제공격을 가하겠다고 위협하기에 완벽한 미사일이었다. 첼로메이는 회의가 진행되는 동안 입장을 바꿔 신형 미사일인 SS-19를 제안했다. 탄두가 여섯 개인 이 미사일 또한 값비싼 강화 격납고를 새로 지어야 했다. 과학아카데미 원장으로 브레즈네프의 신임을 받던 므스티슬라프 켈디시가 이 논쟁을 해결하기 위한 위원회 위원장으로 임명되었다. 하지만 논쟁은 해결되지 않았고, 얄타에서 자리를 박차고 일어난 켈디시는 서로 미사일을 제조하려고 경쟁하고 있지만 이 나라는 아직 전략적 교의도 결정하지 않았다고 개탄했다. 선제공격을 가하겠다고 위협하려는 것인지 보복을 위한 전력을 보전하려는 것인지 정해지지 않았다는 것이다. 결국 켈디시는 경쟁을 해결하지 못했고, 많은 경비를 필요로 하는 세 가지 미사일 개발안이 모두 승인되었다. 이런 식의 결정 때문에 결국 소련은 파산하게 된다.[12]

1970년대에 미국은 한 개가 아닌 세 개의 탄두를 탑재할 수 있는 미니트맨Ⅲ 미사일을 배치하기 시작했다. 이 새로운 장치는 다탄두각개목표재돌입탄도탄Multiple Independently-targetable Re-Entry Vehicle, 일명 MIRV라는 이름이 붙었다. 각각의 탄두로 서로 다른 목표물을 겨눌 수 있는 이 무기가 등장한 뒤 비축 무기의 수가 새로운 차원으로 급격하게 늘어나기 시작했다. 소련은 미국과 경쟁하면서 결국 이 기술을 능가했는데, 1970년대 중반에는 신세대 지상 발사 미사일을 배치하기 시작했다. 그중 하나인 SS-18은 미국의 미사일보다 유효 탑재량이 7~8배가 많았다. 실제로 한때 거대한 SS-18 미사일에 서른여덟 개에 달하는 탄두를 탑재하는 계획이 수립된 적도 있다.

비축 무기가 늘어남에 따라 미국의 전쟁 계획도 더욱 복잡해졌다. 리처드 닉슨 대통령은 취임 1주일 뒤인 1969년 1월 27일 펜타곤을 찾아 단일통합작전계획에 관한 브리핑을 받았다. 닉슨 행정부에서 국가안보보좌관을 지내고 후에 국무장관에 오르는 헨리 키신저는 이렇게 회고했다. "대통령은 브리핑을 듣고도 열정에 사로잡히지 않았다." 닉슨은 핵전쟁이 벌어질 경우 자신에게 세 가지 임무가 주어질 것이라는 말을 들었다. 첫째 가장 시급한 군사 목표물, 둘째 2차 군사 목표물, 셋째 산업시설과 도시 목표물에 대한 공격 임무가 그것이다. 대통령이 첫 번째와 두 번째 공격을 지시하면 도시 지역은 파괴를 면하게 된다. 세 목표물을 모두 공격하면 전면전이 벌어진다. 그러나 닉슨이 비상사태에서 직면하게 될 선택들은 정신이 멍해질 정도로 복잡했다. 세 가지 주요 임무에 따라 구성된 다섯 가지 공격 선택권이 있었고, 총 90가지에 달하는 하위분류가 있었다.[13] 1969년 5월 11일, 닉슨은 통신 장비로 가득한 보잉707 국가비상공중지휘소에 탑승해 핵전쟁 대비 훈련에 참여했다. 백악관 비서실장인 H. R. 홀드먼은 일기에 이렇게 적었다. "꽤 무서웠다. 정보 브리핑과 작전 브리핑을 전부 실시했다―현실적으로 보이려고 통신 두절 사태도 포함시켰다." 홀드먼은 닉슨이 "우리의 핵전력과 살상 결과에 관해 많은 질문을 던졌다"고 덧붙였다. "가벼운 일격으로 수백만 명의 사망자가 발생한다는 사실을 걱정하는 게 분명했다."[14]

소련 지도자들도 똑같은 두려움에 사로잡혔다. 1972년, 참모본부는 미국의 선제공격을 받은 뒤 벌어질 핵전쟁에 관한 연구 결과를 지도부에 제출했다. 참모본부의 보고에 따르면, 군은 전체 병력의 10분의 1로 줄어들고 8,000만 명의 시민이 사망하며 소련 산업의 85퍼센트가 파괴될 것으로 추산되었다. 당시 자리에 있던 아드리안 다닐레비치 장군은 브레즈네프와 알렉세이 코시긴 총리가 보고를 듣고 깜짝 놀라는 모습이 역력했다고 말한다. 다음으로 모조 탄두를 장착한 대륙간탄도미사일 세 발을 발사하는 계획이 잡혀 있었다. 브레즈네프에게 연습용 버튼이 제공되었다. 적절한 순간에 버튼을 누르면 되었다. 국방장관 안드레이 그레츠코가 브레즈네프 옆에 서고 다닐레비치가 그레츠코 옆에 섰다. 다닐레비치의 회고를 들어보자. "버튼을 누를 시간이 됐을 때 브레즈네프는 동요하고 얼굴은 창백했으며 손은 떨고 있었다. 그는 그레츠코에게 버튼을 눌러도 실제로 발사되는 게 아니라는 사실을 몇 번이고 확인했다." 브레즈네프가 그레츠코를 보면서 물었다. "이거 단순한 연습인 게 분명하지요?"[15]

핵무기의 압도적인 파괴력을 인지한 닉슨은 1969년 생물학무기를 포기하기로 결정했다. 1972년, 소련과 미국을 비롯한 70여 개 국가는 생물학무기 및 독성무기 금지 협약Biological and Toxin Weapons Convention*에 서명했다. 생물학무기와 운반 수단의 개발, 생산을 금지하는 4쪽짜리 국제 협약이었다. 이 조약은 1975년 발효되었다. 그러나 소련은 곧바로 조약 서명을 뒤집었다. 브레즈네프는 민간사업으로 위장한 채 은밀하게 소련의 세균전 노력을 확대하는 비밀 계획을 승인했고, 소련의 생물학무기 개발 프로그램은 보이지 않는 곳에서 무기 경쟁의 어두운 이면으로 점점 더 확대되었다.

생물학무기 금지 조약은 데탕트의 정점에서 이루어졌다. 데탕트란 소련을 각종 새로운 국제 협정과 협약의 거미줄로 에워싸 냉전의 위협을 줄이고 관리 가능하게 만들려는 닉슨의 정책이었다. 데탕트의 주요 성과는 1972년 5월 26일 모스크바에서 닉슨과 브레즈네프가 1차 전략무기제한협상Strategic Arms Limitation Talks, SALT I에 서명한 일이었다. 이 합의에서 가장 중요한 부분은 탄도탄요격미사일제한협정Anti-Ballistic Missile Treaty으로, 이

---

* 일명 생물학무기금지협약. 이 책에서는 두 용어를 혼용하며 간혹 일반명사로 생물학무기 금지 조약이라고도 한다.

협정 덕분에 막대한 비용이 소요되는 미사일 방어 무기 경쟁 가능성에 사실상 종지부가 찍혔다.[16] 그러나 공격 무기, 곧 크기와 파괴력이 점차 커지고 있던 미사일의 경우 1차 전략무기제한협상은 기본적으로 미봉책에 지나지 않았다. 이 협상으로 양쪽의 지상과 잠수함 기반 미사일의 고정 발사 장치는 동결되었지만 동결될 미사일이나 탄두의 정확한 수는 협상에 포함되지 않았다. 1차 전략무기제한협상과 데탕트를 옹호하는 핵심적인 주장은 미사일과 발사 장치의 동등한 수준은 전반적인 전략적 균형만큼 중요하지 않으며, 이 점에서 양쪽은 대략 동등하다는 것이다. 따라서 미국이 새로운 미사일을 제조하는 순환 과정을 중단하면 소련도 중단할 가능성이 크다는 추론으로 이어진다. 키신저는 말한다. "그리고 우리가 하나의 나라로서 자문해야 하는 질문 중 하나는 도대체 전략적 우위란 무엇인가 하는 물음이다. 이런 숫자 차원에서의 전략적 우위의 정치적, 군사적, 작전적 의미는 무엇인가? 우리는 그 전략적 우위를 가지고 무엇을 하는가?"[17]

데탕트는 1970년대 말에 무너졌다. 소련이 전략적 우위에 도달하고 있다는 서구의 공포가 이 과정에서 한몫을 했다. 미국의 방위 정책 보수주의자들과 매파 전략가들의 소수 집단이 소련의 의도와 행동에 관해 경보를 울렸다. 시카고대학교의 앨버트 월스테터는 미국의 정보 집단이 소련의 군사 지출과 무기 현대화를 과소평가했는지를 묻는 일련의 영향력 있는 논문을 발표했다. 한 세대 동안 미국 정부의 '현자賢者' 중 한 명으로 손꼽히며 1차 전략무기제한협상의 군축 협상가이자 해군장관을 지낸 폴 니츠도 1976년 1월 『포린어페어스Foreign Affairs』에 논문을 기고했다. 니츠는 이 글에서 소련은 핵무기의 동등한 수준이나 본질적인 균형에 만족하지 않으며 "양적인 핵 우위뿐만 아니라 이론적인 전쟁 승리 능력을 달성하기 위한 우위까지 추구할 것"이라고 경고했다.[18]

이런 주장—소련이 미국에 대한 우위를 추구하며 핵전쟁을 벌여 승리할 준비를 하고 있다—은 입증할 수는 없었지만 베트남 전쟁과 워터게이트 사건 직후 깊은 불확실성에 빠져 있던 미국에서 확고한 발판을 구축했다. 1976년 미국 중앙정보국CIA은 소련의 의도를 조사하기 위해 이례적인 경쟁을 벌였다. 입수한 정보를 평가하기 위해 두 개의 팀을 구성했는데, 내부 분석가들을 외부인들로 이뤄진 팀과 경쟁을 붙인 것이다. 두 팀 모두에게 똑같은 자료가 주어졌다. 중앙정보국의 내부 인원은 A팀, 외부인은 B팀이었다. 하버드대학교 역사학 교수로 오래전부터 소련 공산주의를 열렬히 비판하던 리처드 파이프스가 B팀을 이끌었다. B팀의 다른 성원들도 소련이 군사적 우위를 추구한다고 경고해온 데탕트 비판론자들로 충원됐다. 11월에 완성된 B팀의 보고서에 따르면 소련의 의도는 분명했다. 모스크바는 우위를 달성하려는 위험한 노력을 경주하고 있으며, 중앙정보국은 그런 시도를 대단히 과소평가했다는 것이 그들의 결론이었다. 그들에 따르면 소련 지도자들은 "핵 안정이나 상호 확증 파괴, 전략적으로 충분한 수준 등의 측면이 아니라 효율적인 핵 교전 역량의 달성이란 관점에서 사고"했다.[19]

평가에 참여한 다른 한쪽인 A팀은 이런 정도로 경계심을 품지 않았다. A팀은 소련이 핵 교전 역량과 우위를 달성하기를 원할 수는 있지만 그것은 현실적이고 실제적인 목표는 아니라고 했다. 최종 마무리된 종합적인 연간 정보 평가는 소련은 "장래 미국의 행동이나 미국의 향후 전략적 역량과 비교하여 그들 자신의 역량에 관해 확신할 수 없다"는 A팀의 견해를 따랐다. 국무부의 최고위 정보 관리는 훨씬 더 신중한 태도를 보였다. 그의 말에 따르면 소련 지도자들은 "예측 가능한 미래의 현실적인 목표로 '전쟁 승리'나 '전쟁 생존'이라고 말할 수 있는 위치를 달성하는 걸 생각하지 않았다".[20]

훗날 B팀에서 내놓은 조사 결과의 많은 부분이 과장된 내용이었다는 것이 드러났다. 소련의 미사일 정확도와 무기의 현대화 속도는 부풀려진 것이었다. 그러나 당시 그들의 결론은 불길해 보였고, 결국 데탕트라는 관에 다시 한 번 못을 박았다. 1977년 7월, 파이프스 교수는 『코멘터리Commentary』라는 저널에 「왜 소련은 핵전쟁을 벌여 승리할 수 있다고 생각하는가」라는 제목의 논문을 기고했다. 또 니츠와 파이프스 등은 B팀 활동을 마무리한 직후에 소련의 군사력 증강에 관해 국민적인 경각심을 일깨우기 위한 압력 단체인 '현존하는 위험에 대응하기 위한 위원회Committee on the Present Danger'의 창설을 도왔다. 전前 캘리포니아 주지사로 사회, 경제, 국방 부문 보수주의자들의 지지 기반을 바탕으로 대통령을 노리던 로널드 레이건도 이 위원회의 일원이었다. 위원회는 1977년부터 1979년까지 당시 교섭 중이던 2차 전략무기제한협상에 반대하는 캠페인을 벌이며 소련의 SS-18 미사일 한 발로 파괴될 수 있는 미국 도시들을 표시한 지도를 배포했다.[21]

브레즈네프가 와병 중이던 이 시기에 소련 지도부는 큰 실책을 범했다. 미국과 그 동맹국들에서 우려를 불러일으킬 것을 예상하지 못한 채 신세대 중거리 미사일인 SS-20 파이오니어를 유럽에 배치한 것이다. 나토NATO는 교섭을 제안하면서도 대항 전력으로 퍼싱 II 미사일과 지상 발사 순항 미사일을 유럽에 배치하는 것으로 대응했다. 새로운 무기 경쟁이 달아올랐다. 모스크바의 지도자들은 1979년 12월 아프가니스탄 침공으로 다시 실책을 범했다. 브레즈네프와 2차 전략무기제한협상에 서명했던 지미 카터 대통령은 상원에서 이 조약을 철회했고, 데탕트는 숨을 거두었다.

1980년 여름, 카터는 재선에서 레이건의 도전을 받는 가운데 모스크바와 긴장이 심화되는 상황에 직면해 있었다. 그는 핵전쟁에 관한 두 개의 비밀 명령을 승인했다. 6월 30일 서명한 대통령령 58호에서는 대통령을 비롯한 정부 지도자들을 핵 공격에서 보호하기 위해 수십억 달러를 들여 프로그램을 준비하도록 요구했다. 또 7월 25일 서명한 대통령령 59호에서는 핵전쟁이 벌어질 경우 대통령이 재량권을 갖게 되는 공격 목표물 선택 명단의 개정, 확대판이 발효되었다. 새로운 계획에서는 군사 목표물과 전쟁 지원 산업뿐만 아니라 소련의 정치 지도부를 공격하는 데도 초점을 맞추었으며, 장기전과 더불어 제한된 핵 공격을 구상했다. 카터는 통신과 위성을 향상시킬 것을 지시했다. 핵 교전이 시작된 뒤 대통령이 실시간으로 군사 목표물을 선택하기 위해서였다. 펜타곤의 한 고위 관리에 따르면, 대통령령 59호의 의도 중에는 소련 지도부에게 아주 구체적이고 끔찍한 사실을 알리는 것도 있었다. 미국의 핵무기 조준경에 그들 하나하나가 들어 있었던 것이다.[22]

1982년에 이르러 두 초강대국의 전략 무기를 합하면 히로시마 핵폭탄 100만 개의 폭발력과 맞먹었다. 소련 지도자들은 이런 엄청난 무기를 보유하고도 미처 대응하기도 전에 자신들의 목숨을 노린 미사일 공격으로 몰살될지도 모른다고 걱정했다. 그들은 확실한 보복 공격을 보장하는 시스템을 만들기 위한 계획을 세웠다. 소련은 '데드핸드Dead Hand'라는 이름으로 알려진 완전 자동 시스템을 구상했다. 컴퓨터가 자동으로 발사 명령을 내리는 시스템이었다. 그러나 생각을 바꾸어 수정된 시스템을 만들어냈다. 지하 깊숙이 묻힌 지구 모양의 콘크리트 벙커에서 살아남은 소수의 당직 장교들이 모든 지상 기반 미사일의 발사 결정을 내리는 시스템이었다. 이 시스템은 1984년 11월 충분한 시험을 거쳐 몇 달 뒤에 실전 배치되었다. 두 초강대국의 불신이 정점에 달했을 때 한쪽에서는 이미 '최후의 날 장치Doomsday Machine'를 만들어놓고 있었다.

이 책은 인터뷰와 회고록, 일기, 뉴스 기사, 문서 자료 등을 바탕으로 한 것이다. 소련 공산당 중앙위원회 국방부 내부 문서 자료가 특히 소중한 원천이었다. 이 책에서 처음 공개된 이 문서들을 통해 고르바초프 시절 핵심적인 소련 관계자들의 결정과 생각이 새롭게 밝혀졌다. 이 문서들을 보면 고르바초프가 어떻게 장성들과 강력한 군산복합체에 맞섰는지, 그리고 소련이 어떻게 세균전 프로그램을 은폐했는지를 알 수 있다. 항공기와 로켓 설계자인 비탈리 카타예프가 이 문서들을 수집한 주인공이다. 1974년, 카타예프는 우크라이나의 드네프로페트롭스크에 있는 미사일 기지에서 크렘린 정책 결정의 심장부인 중앙위원회 간부로 전속되었고, 거의 20년 동안 중앙위원회에서 일하면서 꼼꼼하게 일기를 쓰고 문서 원본 묶음을 보관했다. 카타예프는 미사일과 그 설계자들 그리고 정치 지도자들을 잘 알고 있었다. 이 책에 등장하는 다른 많은 이들과 마찬가지로 그 역시 직접적인 경험을 통해 무기 경쟁이 무지막지한 무절제 경쟁으로 바뀌었다는 것을 깨닫게 되었다.

1991년 소련이 붕괴한 뒤 거의 곧바로 예상하지 못한 새로운 위협들이 표면에 떠올랐다. 핵탄두를 적재한 낡아빠진 열차들이 속속 동유럽과 중앙아시아에서 러시아로 달려갔고, 창고마다 고농축 우라늄과 플루토늄이 몇 톤씩 무방비 상태로 널브러져 있었으며, 미생물학자와 핵폭탄 설계자들은 절망적인 생활고에 쪼들린 채로 방치되어 있었다. 나는 이 책에서 이런 상황을 포착하고 위험을 봉쇄하려고 노력한 개인들의 분투를 추적한다. 그들은 부분적인 성공만을 거두었다. 냉전의 유산인 문명을 파괴할 수 있는 무기는 지금도 우리 곁에 있다. 이 무기들은 우리 시대의 '데드핸드'다. 그것을 만들어낸 사람들이 무대에서 퇴장하고 난 오랜 뒤에도 지구를 괴롭히는 치명적인 무기인 것이다.

1부

인류 최후의 날 무기

1

벼랑 끝에서

1979년 7월 31일, 로널드 레이건은 북미방공사령부* 본부인 콜로라도 주 샤이엔 산 기지의 25톤급 방폭문을 열고 들어갔다. 문 안쪽에는 원자 폭탄으로부터 보호하기 위해 600미터 두께의 화강암으로 둘러싸인 1만 8,000제곱미터 넓이의 방과 터널로 이루어진 공간이 있었다. 탄소강 판 금으로 지어진 내부의 열다섯 개 건물은 1,319개의 거대한 스프링이 떠 받치고 있었다. 하나당 약 450킬로그램이 나가는 이 스프링들은 충격을 완화하기 위한 장치였다. 1960년대 초에 지어진 이 기지는 핵 공격을 감 시하기 위한 위성과 레이더 시스템의 신경 중추였다.[1]

1976년 공화당 지명전에 나섰다가 제럴드 포드에게 밀린 레이건은 다시 대통령 출마를 준비하고 있었다. 이날은 핵무기에 관한 브리핑을 듣기 위해 로스앤젤레스에서 날아온 참이었다. 선거 운동 정책 보좌관

---

*1981년 북미항공우주방위사령부(North American Aerospace Defense Command)로 명칭이 바뀐다.

인 마틴 앤더슨이 레이건과 동행했고, 시나리오 작가이자 프로듀서로 할리우드 시절부터 레이건과 친분이 있고 그에게 이 시설을 방문하자고 제안한 더글러스 모로도 함께였다.[2] 앤더슨은 산 바깥쪽의 500미터 길이의 터널로 들어가는 북문에서 볼 때는 기지가 크게 인상적이지 않았다고 회상했다. 하지만 산속 깊숙이 들어가 거대한 방폭문 앞에 서자 엄청난 규모가 눈에 들어왔다. 세 사람은 미국과 소련의 상대적인 핵 역량에 관한 브리핑을 받은 뒤 거대한 북아메리카 전자 지도가 걸린 지휘 센터를 둘러보았다. 앤더슨은 사령관인 공군 장군 제임스 힐에게 만약 소련의 SS-18 미사일이 지휘 센터 몇 백 미터 지점에 떨어지면 어떻게 되느냐고 물었다. 소련은 이미 SS-18을 배치해놓은 상태였고 개량형이 비행 시험 중이었다. 힐이 대답했다. "우리를 날려버릴 겁니다." 앤더슨은 이 말을 들었을 때 "레이건이 믿기지 않는다는 표정을 지었다"고 회상했다. "논의는 계속되었고, 우리는 소련이 미국의 한 도시에 한 발의 핵미사일을 발사하면 정말로 어떤 일이 벌어지는가에 대한 답을 재촉했다."

힐은 이렇게 대답했다. "미사일이 발사되는 순간 경로를 알아내겠지만, 핵폭탄이 떨어질 도시의 관리들에게 경고할 수 있을 때쯤이면 10분이나 15분 정도밖에 남은 시간이 없을 겁니다. 우리가 할 수 있는 건 그것이 전부입니다. 막을 수는 없습니다."

로스앤젤레스로 돌아오는 비행기 안에서 레이건은 심각한 걱정에 빠졌다. 앤더슨의 회고다. "레이건은 미국이 소련의 미사일을 방어하지 못한다는 걸 믿을 수 없었습니다." 레이건은 천천히 고개를 젓더니 이렇게 말했다. "그 많은 돈을 쓰고 이렇게 많은 장비가 있는데 핵미사일이 우리 땅에 떨어지는 걸 막기 위해 할 수 있는 일이 없다니요." 비행기가 착륙할 무렵 레이건은 미국 대통령이 핵 공격에 직면할 때 맞닥뜨리게 되는 딜레마에 관해 숙고했다. 레이건은 말했다. "대통령이 선택할 수

데드핸드

있는 건 버튼을 누르느냐 아무것도 안 하느냐 둘 중 하나군요. 둘 다 좋지 않아요. 핵미사일에 맞서 우리 자신을 방어할 수 있는 방도를 마련해야 합니다."[3]

레이건은 철두철미한 반공주의자에다 국방에서는 강경론자였다. 그는 1979년 여름 2차 전략무기제한협상에 반대하는 언론사 합동 라디오 연설에서 이 조약이 소련에 유리하다고 목소리를 높였다.[4] 하지만 새로운 선거 운동을 시작할 무렵, 레이건의 보좌관들은 그가 핵무기와 전쟁에 관해 공공연하게 말을 하면 유권자들이 놀랄 가능성이 크다고 생각했다. 샤이엔 산 기지를 방문한 몇 일 뒤인 8월 초 앤더슨이 작성한 제안서에 이들이 평가한 위험성이 잘 나타나 있다. 당시 레이건의 선거 운동 진영에는 국방과 대외 정책 전문가 몇 명이 파트타임으로 참여하고 있었지만 상임 정책 보좌관은 스탠퍼드대학교 후버연구소Hoover Institution에서 온 휴직 중인 보수파 경제학자 앤더슨뿐이었다. 앤더슨은 그전에 경제와 에너지에 관해 몇 가지 제안서를 쓴 바 있었다. 그는 10쪽짜리 정책 제안서 3호 「대외 정책과 국가 안보Foreign Policy and National Security」에서 레이건이 유권자들을 불안하게 만들지 않으면서도 어떻게 하면 핵전략에 관해 말할 수 있을까를 놓고 씨름했다.

앤더슨은 국방에 관한 레이건의 강경한 견해가 정치적으로 불리하게 작용한다는 사실, 즉 국민들은 그가 경험이 부족하고 나라를 또 다른 '베트남 전쟁'으로 몰아넣을지도 모른다고 걱정하는 것을 인정했다. 그러나 앤더슨이 덧붙인 것처럼 "이제 상황이 크게 바뀌었다". 소련의 군사력 증대가 "점차 미국의 국가 안보에 대한 명백하고 현존하는 위험으로 인식되고 있었던 게" 그 이유였다. 하지만 앤더슨은 레이건이 이 주제를 곧바로 다룰 수는 없다고 경고했다. "역효과만 낳는 지나치게 공세적인 자세"로 유권자들에게 겁을 주는 대신 국민적인 분위기를 활용할 방도를 찾아야 했다.

앤더슨은 '국가 방위'라는 제목 아래 개략적으로 세 방향의 선거 운동 방안을 설명했다. 하나는 현재 미국이 따르는 방침을 계속 따르면서, 즉 2차 전략무기제한협상에 계속 의존하면서 "소련을 달래고 비위를 맞추려고" 노력하는 것이다. 앤더슨은 이 방안을 "위험하고 어리석은 행동"이라고 비판하며 폐기를 주장했다. 또 다른 방안은 미국이 "소련의 군사력 증강"에 맞서기 위해 국방비 지출을 급격하게 늘려야 한다고 주장하는 것이다. 앤더슨은 이 방안에 "심각한 문제"가 있다고 평가했다. 유권자들이 떨어져나갈 수 있기 때문이다. 그는 "미국이 공격용 미사일 역량을 크게 증강하는 것은—특히 레이건에게—유권자들의 정서를 건드리는 강력한 사안으로 이내 정치적인 문제가 될 것"이라고 경고했다. 뒤이어 앤더슨은 세 번째 방안을 제시하며 레이건에게 이른바 '보호 미사일 시스템Protective Missile System' 개발을 제안할 것을 추천했다. 1972년의 탄도탄요격미사일제한협정으로 미사일 방어가 금지되어 있지만 "어쩌면 지금이야말로 이 개념을 재고할 때"인지도 몰랐다. 앤더슨은 미사일 방어가 단순한 핵 보복이나 복수보다 "미국 국민들에게 훨씬 더 호소력이 클 것"이라고 주장했다.[5]

레이건은 정책 제안서 3호의 권고에도 그 뒤 15개월 동안 펼쳐진 선거 운동에서는 미사일 방어에 관해 말하지 않았다. 이 주제는 너무도 미묘한 문제였다. 이 주제에 관한 언급이 공화당 강령에 삽입되긴 했지만 선거 운동 중 가두연설에는 포함되지 않았고 대외 정책에 관한 주요 연설에서도 중요하게 부각되지 않았다.

그렇다 하더라도 레이건은 핵무기에 관해 급진적인 생각을 갖고 있었다. 레이건은 핵무기 폐기를 꿈꾸었다. 그는 개인적으로 상호 확증 파괴 개념에 거부감을 느꼈다.[6] 또한 자신이 대통령이 되어 갑작스러운 위기가 발생했을 때 직접 핵무기에 관한 결정을 내려야 한다는 생각에 진저리를 쳤다. 그는 핵폭발이 지구 종말로 이어질 것을 걱정하면서 성경의 아마겟돈 이야기에 믿음을 나타냈다. 1981년 이스라엘이 이라크의 원자로를 폭격한 날 그는 일기에 "맹세컨대 아마겟돈이 가까이 왔다고 믿는다"고 썼다.[7] 그는 책상 서랍에 3×5 사이즈의 색인카드를 모아두었다. 그중 하나에는 아이젠하워 대통령이 1953년 유엔에서 한 연설 '평화를 위한 원자력Atoms for Peace'의 한 구절이 적혀 있었다. 아이젠하워는 이 연설에서 미국이 "무시무시한 원자력의 딜레마"를 해결하는 데 기여할 것이라고 약속했다. "불가사의한 인간의 창의력이 인간의 죽음에 기여하는 게 아니라 생명에 봉헌할 수 있는 방도를 전심전력을 다해 찾겠다"는 내용이었다.[8]

이런 견해와 함께 레이건의 사고를 인도한 것은 또 다른 확신과 경험이었다. 레이건은 1940년 영화 《공중의 살인Murder in the Air》에서 비밀경호국 요원 배스 밴크로프트 역을 맡았다. 그는 스파이를 저지해 비행기를 격추할 수 있는 일급기밀 살인광선 무기를 막는다.[9] 공상적인 내용의 영화였지만 레이건은 "진보야말로 우리의 가장 중요한 제품입니다"라는 슬로건으로 제너럴일렉트릭의 상품을 홍보하던 시절부터 미국의 기술력과 문제 해결 능력에 깊은 신뢰를 보냈다. 그는 미국배우조합Screen Actors Guild을 창설한 변호사이자 친구인 로렌스 W. 베일렌슨이 쓴 책에서도 영향을 받아 소련과 맺은 조약을 불신했다. 이 책에서 베일렌슨은 국가는 자신들의 이익에 유리할 때만 조약을 준수한다고 주장했다.[10] 한편 레이건은 미국배우조합의 경험을 통해 자신이 협상가로서 솜씨가 있다고 확신하게 되었다―소련 지도자들의 인간적인 면에 호소할 수 있다면 그들을 설득할 수 있다고 믿었던 것이다.

이 모든 생각들이 레이건의 머릿속에서 평화롭게 공존했다. 레이건은 여러 다른 생각을 동시에 품는 놀라운 능력이 있었고, 필요에 따라 이 생각들을 배치하고 어떨 때는 감추기도 했다. 레이건을 경직된 이데올로그로 보는 정형화된 시각으로는 그의 가장 중요한 성격이라고 할 수 있는 이런 다채로운 모습과 자유자재로 변신하는 태도를 설명하지 못한다. 1980년, 그는 핵무기를 탑재하는 미사일, 폭격기, 잠수함의 현대화를 비롯해서 대대적인 군비 확대가 필요한 이유를 내세우며 대통령 선거 운동을 벌였다. 하지만 그는 핵무기를 폐기해야 한다는 자신의 생각에 관해서는 침묵을 지켰다. 이 '소통의 달인Great Communicator'은 원자폭탄 없는 세상이라는 자신의 꿈에 대해서는 소통하지 않았다. 그러나 레이건의 선거 운동 보좌관들은 그가 사석에서 핵무기 폐기에 관해 말하는 것을 들었고, 그럴 때면 그 말을 어떻게 이해해야 할지 확신이 서지 않았다. 앤더슨은 회고했다. "선거 운동원 가운데 비축 핵무기를 줄이자는 그의 생각에 진지하게 이의를 제기하는 이는 아무도 없었습니다. 다른 한편, 전직 선거 운동원으로서 인정하기 힘든 이야기지만, 그런 일이 일어날 가능성이 조금이라도 있다고 믿는 사람도 전혀 없었습니다. 레이건이 사석에서 그가 가진 꿈, 즉 우리 모두가 언젠가는 핵무기가 모두 사라진 세계에서 살게 되리라는 꿈에 관해 말하기 시작하면 우리는 그냥 미소를 지었죠."

1980년 당시 레이건은 정치적 전술상의 이유 때문에 커다란 정치적 부담 없이 선거 연설에서 제기할 수 있는 두 가지 주제에 초점을 맞추었다. 2차 전략무기제한협상에 반대하는 한편 소련이 군사적인 우위를 추구하고 있다고 경고하는 것이었다.[11] 레이건은 니츠와 월스테터, 파이프스 등의 경고, 즉 소련이 미국에 대해 '취약점window of vulnerability'을 제기하고 있다는 경고를 소리 높여 외쳤다. 1980년 8월 18일 시카고에서 열린 해외파병참전군인회 총회에서 레이건은 대외 정책에 관한 연설을 하며 "(크렘린 지도자들은) 전쟁을 원하지 않는다. 세계를 원할 뿐이다"라는 니츠의 발언을 인용했다. 그러고는 다음과 같이 덧붙였다. "이런 이유로 그들은 군사적인 노력의 많은 부분을 전략 핵무기 개발 프로그램에 쏟아붓고 있습니다. 전략 핵무기 분야에서는 우리에게 불리한 쪽으로 균형이 기울고 있으며, 만약 현 행정부가 정한 방침을 계속 따른다면 앞으로도 균형이 기울 것입니다. 소련인들이 원하는 것은 평화와 승리입니다. 우리는 이 점을 이해해야 하며, 그것이 우리에게 무엇을 의미하는지를 알아야 합니다. 소련은 군사력에서 우위를 추구하며, 대결이 벌어질 경우 우리에게는 굴복이냐 충돌이냐 하는 받아들이기 힘든 선택만이 남겨질 겁니다."[12]

부드러운 목소리와 약간 위로 젖혀 쓴 모자, 주름살이 보이는 미소, 구식 양복과 미국이 지도력을 발휘했던 1950년대에 대한 희미한 향수로 무장한 레이건은 뚜렷한 목적의식과 꺾이지 않는 낙관주의를 국민들에게 투사했다. 그것도 미국인들이 의심에 시달리던 시절에 말이다. 레이건이 대통령 출마를 공식 발표하기 9일 전인 1979년 11월 4일, 이란 학생들이 테헤란의 미국대사관을 점령하고 미국인들을 인질로 잡는 사건이 터졌다. 12월에는 소련이 아프가니스탄을 침공했다. 유권자들은 베트남과 워터게이트, 높은 인플레이션과 에너지 부족 사태를 거치면서 피로감에 절어 있었다. 카터 대통령은 국민들에게 희생과 절제가 필요하다고 말하고 있었다. 이와 대조적으로 레이건은 미국인들이 풍요의 나날을 되찾을 수 있다는 무한한 희망을 던져주었다.[13]

이러한 낙관주의는 소련과 경쟁하겠다는 레이건의 야심에도 흘러넘쳤다. 레이건은 공산주의와 사회주의는 결국 미국의 길이 승리를 거두는 가운데 굴복할 것이라고 믿었다. 다른 이들이 소련을 유감스럽지만 영원히 존재할 전 지구적 권력의 요새라고 본 반면, 레이건은 소련을 상대로 현 상태를 뒤집기 위한 가차 없는 경쟁을 구상했다. 훗날 레이건은 이렇게 회고했다. "자본주의가 거대하고 역동적인 성공을 거둔 덕분에 공산주의에 맞서 싸우는 우리에게 유력한 무기가 생겼다─돈 말이다. 소련인들은 무기 경쟁에서 절대 이기지 못한다. 우리는 언제까지고 그들보다 많은 돈을 쓸 수 있다."[14] 그는 1980년 선거 운동 연설에서 "우리 체제의 위대함과 미국의 이상의 힘을 본보기로 보여주고" 싶다고 선언했다. 계속해서 그는 말한다.

> 진실을 말하자면 우리는 소련 국민들이 역사의 역류에 갇히기보다는 자유와 존엄을 누리며 사는 모습을 보고 싶다. 레닌─마르크스주의 철학의 가장 커다란 오판은 스스로 '미래의 물결'이라고 생각한 것이다. 레닌─마르크스주의의 모든 것이 원시적이다. 자유로운 창의성 대신에 강요가, 법률 대신에 강제가, 교역 대신에 군사주의가, 자결권 대신에 제국 건설이 있으며 선택된 소수의 호화를 위해 다수가 희생된다. 우리는 봉건주의 시대 이래로 이와 비슷한 체제를 본 적이 없다.

소련 체제가 후진적이고 자유를 제한한다는 레이건의 설명은 예리한 통찰이었다. 그러나 이 주장에는 모순도 숨어 있었다. 소련이 '원시적이고' 안에서부터 썩어들고 있는데 어떻게 군사적으로 위협이 될 수 있단 말인가? 소련 내에서는 국민들이 배급을 받기 위해 줄을 늘어선다는데 어떻게 해외에서는 전 지구적인 무기 경쟁을 감당할 수 있는가? 당시 많은 이들이 제시한 답은 소련에서는 군대가 자원을 가장 먼저 챙기기 때문에 나머지 부문이 고통을 겪는 동안에도 국방 부문은 배를 불린다는 것이었다. 맞는 말이었다. 소비에트 국가의 초군사화는 이 나라가 보유한 자원의 막대한 부분을 빨아들였다. 그리고 많은 경우에 내부의 부패가 군사력의 활력을 빼앗는다는 것도 맞는 말이었다. 소련의 국방 기구는 레이건이 꼬집은 체제의 다른 약점으로 인해 손상되었다. 소련에는 심판의 날이 다가오고 있었다. 레이건은 비록 모든 자세한 내용을 분명하게 알지는 못했지만 커다란 그림을 아주 잘 이해하는 것처럼 보였다. 소련 체제 전체가 비틀거리고 허약해진 상태였다.

소련의 지도자들이 카터를 신뢰했던 것은 아니지만 레이건의 등장에는 분노와 망상증으로 가득한 반응을 보였다. 레이건은 대통령에 취임하고 첫 번째 기자회견에서 크렘린이 여전히 "세계 지배를 추구하고, 따라서 냉전이 지속될 것인지" "어떤 상황에서 데탕트가 가능한지" 등의 질문을 받았다. 레이건은 데탕트는 "소련이 자신의 목적을 추구하는 데 활용한 일방통행"이었다고 대답하면서 이렇게 덧붙였다. "(소련 지도자들은) 공개적이고 공공연하게 자신들이 유일하게 인정하는 윤리는 그들의 대의를 증진하는 것뿐이라고 선언했습니다. 그들에게는 이런 대의를 달성하기 위해 어떤 범죄라도 저지르고, 거짓말을 하고, 속일 수 있는 권리를 챙겨두는 건 부도덕한 게 아니라 도덕적인 것이 됩니다. 그런데 우리는 그들과 다른 기준에 따라 행동합니다. 그들과 거래를 할 때는 데탕트 시기일지라도 이 점을 염두에 두어야 합니다."

워싱턴 주재 대사를 역임한 아나톨리 도브리닌의 회상에 따르면, 당시 모스크바의 늙은 지도자들은 무엇보다도 1970년대 말에 달성했다고 생각한 전략적 균형의 유지를 원했다. "입으로는 온갖 혁명적인 미사여구를 늘어놓으면서도 실상 그들은 변화를 싫어했다." 그들은 정치적인 협력은 불가능하다 할지라도 어떤 형태로든 군사적 데탕트를 원했다. 하지만 데탕트 시대는 이미 끝난 상태였다. 레이건은 데탕트를 믿지 않았다. 도브리닌은 말한다. "지금 와서 돌아보면, 그때 나로서는 카터보다 더 나쁜 부류의 상대를 상상하기가 불가능했던 것 같다. 하지만 얼마 지나지 않아 레이건이 내세우는 이데올로기와 선전으로 볼 때 그가 훨씬 더 악질이고 위협적이라는 사실이 분명해졌다."[15]

그렇다 하더라도 레이건 집권 첫해에 소련은 그가 추구하는 의제에서 우선순위가 아니었다. 세금 인하와 예산 삭감, 국방 재무장 등을 승인하도록 의회를 밀어붙이는 게 그의 첫 번째 과제였다. 레이건은 소련을 다루는 문제를 심각하게 고려하기에 앞서 우선 명백한 군사력 증강에 착수해야 한다고 생각했다. 레이건은 카터가 취소한 B-1 폭격기 제조를 재개하고, 지상 기반의 신형 미사일 MX를 위한 새로운 배치 방식 문제와 정확도와 사거리를 향상한 신형 트라이던트 II D-5 잠수함 발사 탄도미사일의 제조 문제를 해결했다. 또한 소련을 겨냥한 해군과 공군의 공세적인 기동 연습을 비밀리에 승인했다. 중앙정보국장 윌리엄 케이시는 소련을 에워싸는 것을 목표로 지구 곳곳에서 비밀공작을 확대했다. 그러는 동안 레이건은 초강대국 간의 외교에 관해서는 서두르지 않았다. 소련 지도자들과 만나거나 회담을 열지 않은 것이다.

1981년 3월 30일 워싱턴 힐튼호텔 앞에서 존 힝클리 2세의 총격 암살 시도에서 살아난 뒤, 레이건은 무기 경쟁을 끝내기 위해 자신이 무슨 일을 할 수 있는지에 관해 생각하기 시작했다. 훗날 그는 이렇게 회상했다. "죽음의 문턱을 경험하면서 하느님이 내게 주신 시간 동안 핵전쟁의 위협을 줄이기 위해 할 수 있는 모든 일을 해야 한다는 생각이 들었다. 나를 세상에 남겨두신 이유가 있을 거라고 생각하면서 말이다." 레이건은 병원에서 퇴원하고 첫 번째 주에 노란 리걸 패드 용지를 꺼내 친필로 브레즈네프에게 보내는 개인적인 편지를 썼다. 그는 아직 실내복에 파자마 차림인 채로 4월 13일 회의에 모인 참모들에게 편지를 건넸다. 국무부 관계자들은 편지가 마음에 들지 않는다며 딱딱한 메시지로 다시 고쳐 썼다. 레이건은 그들이 고친 편지를 내켜하지 않았고, 결국 브레즈네프는 두 통의 편지를 받았다. 공식적인 편지와 레이건의 친필 편지 한 통씩 말이다.[16] 백악관 비서실장 제임스 A. 베이커 3세가 기억하는 바로는 이 편지는 이를테면 "레이건의 101가지 설교"였다. "이 설교에서 레이건은 소련의 경제와 정치, 국제 관계는 잘못된 반면 미국은 올바르다고 말했다. 대통령은 마치 브레즈네프는 이런 문제를 알지 못하며, 이 말을 들으면 제정신을 차릴 것이라고 생각하는 듯했다."[17] 이에 대해 브레즈네프는, 도브리닌의 회상에 따르면, "일반적인 논쟁적 형식으로" 대답을 보내왔다. 회신에 개인적인 속내는 전혀 담겨 있지 않았다. 레이건은 "브레즈네프로부터 냉담한 대꾸"가 있었노라고 기억했다.[18]

1981년 7월 19일 오타와에서 열린 경제 정상회담 중에 프랑스의 프랑수아 미테랑 대통령은 사적인 자리에서 레이건에게 다소 충격적인 소식을 전해주었다. 프랑스가 모스크바 현지에서 고용한 '페어웰Farewell'이라는 암호명의 변절자로부터 귀중한 첩보 내용을 입수했다는 것이었다. 그는 바로 블라디미르 베트로프 대령으로 소련 국가보안위원회 기술국에서 수집한 정보를 평가하는 기술 전문가였다. 기술국은 서구의 최신 첨단 기술을 찾아내서 훔치는 일을 하는 곳이었다. '라인XLine X'라는 이름의 국가보안위원회의 특별 부서가 기술 절취를 도맡았다. 베트로프는 서구를 돕겠다는 생각에서 이 프로그램에 관한 국가보안위원회의 문서 4,000부를 비밀리에 복사해두었다. 이 자료는 8월에 조지 H. W. 부시* 부통령에게 전달되었다. 곧바로 중앙정보국에도 자료가 전달되었다.

후에 레이건 밑에서 국가안전보장회의 간부로 일하게 되는 국방부

---

* 아버지 부시.

관리 출신 토머스 C. 리드의 기억에 따르면 이 자료는 "곧바로 파란을 일으켰다. 문서 파일의 내용은 놀라울 정도로 분명했다. 이 문서들에 의해 소련이 미국을 비롯한 서구의 연구소와 공장, 정부 기관에 얼마나 많이 침투해 있는지가 드러났다".[19]

베트로프는 서구 각국에 있는 소련 국가보안위원회 지부 열 곳에서 활동하는 라인X 소속의 간부 200여 명의 이름을 폭로했다. "이 자료를 읽다보니 최악의 악몽이 현실이 되고 있었습니다. 1970년 이래 라인X는 수천 개의 문서와 샘플 제품들을 손에 넣었고, 결과적으로 소련 군부와 민간 부문이 서구, 특히 미국에 대한 연구를 대대적으로 운영하고 있다는 것이 드러났습니다. 우리의 과학이 소련의 국방을 지원하고 있는 셈이었죠."[20] 백악관 관리 거스 와이스의 말이다.

레이건은 라인X 간부들을 적발해서 추방하는 대신 '페어웰' 문서를 이용해 소련과 경제 전쟁을 치르는 비밀 계획을 승인했다. 라인X 간부들에게 일정한 시간이 경과한 뒤 자동으로 파괴되는 기술을 비밀리에 제공하는 계획이었다. 와이스가 이런 구상을 케이시에게 전달했고, 케이시가 레이건에게 제안했다. 중앙정보국은 미국 산업계와 손을 잡고 소련 국가보안위원회의 구입 목록에 맞춰 그쪽이 입수할 제품을 개조했다. 와이스에 따르면 "개조된 컴퓨터 칩들이 소련의 군사 장비에 끼워졌고, 송유관에는 결함이 있는 터빈이 장착되었으며, 화학 공장 여러 곳과 트랙터 공장 한 곳에서는 생산 계획이 잘못되어 생산에 차질이 생겼다. 펜타곤은 스텔스 항공기, 우주 방어, 전술 항공기 등에 관한 허위 정보를 보냈다".

석유와 가스 장비가 소련이 원하는 목록의 상위에 있었는데, 소련은 유럽으로 이어지는 새로운 거대 송유관을 설치하기 위해 밸브와 압축 펌프, 저장 시설 등을 자동화하는 정교한 제어 시스템을 필요로 했다. 국가보안위원회는 미국에서 송유관 기술을 사들이지 못하자 캐나다 회사에

데드핸드

서 매입했다. 하지만 베트로프에게 정보를 얻은 중앙정보국은 캐나다에서 판매한 소프트웨어가 얼마 뒤에 고장이 나도록 장치를 했다. 송유관의 연결 부분과 용접점이 감당할 수 있는 수준을 훨씬 뛰어넘는 압력이 가해지도록 펌프 속도와 밸브 설정을 수정한 것이다. 어느 날 송유관 시스템이 폭발했다. 리드의 기억에 따르면 "그 결과로 핵폭발을 제외한 사상 최대의 폭발이 일어나 우주 공간에서도 불길이 보였다". 리드가 기억하기로는 국가안전보장회의에서 "거스 와이스가 복도를 따라 내려와 동료 간부들에게 걱정하지 말라고 말한" 바로 그날 폭발을 계기로 미국 정부 안에서 걱정스러운 시각이 나타나기 시작했다. 이 폭발은 레이건의 대결 정책이 낳은 첫 번째 결실 중 하나였다.

소련 지도자들은 신경과민에 걸렸다. 그들은 1981년 어느 때인가 미국이 소련의 해군 기지들과 극동에 있는 사령관들을 연결하는 극비 군사 전신을 도청하고 있다는 걸 눈치챘다. 미국 잠수함들이 '아이비 벨Ivy Bells'이라는 암호명의 작전으로 오호츠크 해에 도청기를 설치했던 것이다. 미 해군의 정찰 잠수함인 USS시울프호가 사고로 소련의 해저 전신선 바로 위에 멈춰선 적이 있는데, 그때 소련인들이 눈치를 챘을 수도 있다. 설사 그것이 아니더라도 미 국가안전보장국National Security Agency, NSA*에서 일한 적이 있는 로널드 펠턴은 1980년 소련인들에게 돈을 받고 아이비 벨에 관한 정보를 팔기 시작했다.[21] 어쨌든 도청기의 존재를 알게 된 소련인들은 곧바로 청소선을 보내 극비 장치를 찾아 해저에서 끌어올렸다. 오해의 여지 같은 건 없었다. 안쪽 한 부분에 "미국 정부의 자산임"이라는 글귀가 있었다.[22]

1981년 5월, 브레즈네프는 모스크바에서 열린 국가보안위원회 주요

---

* 1952년 설치된 미 국방부 소속의 정보 수집 기관.

회의에서 비밀 연설을 통해 레이건의 정책을 비난했다. 국가보안위원회 의장 유리 안드로포프는 훨씬 더 극적인 연설을 했다. 미국의 새 행정부가 적극적으로 핵전쟁을 준비하고 있다고 발표한 것이다. 안드로포프는 이제 미국이 선제 핵 공격을 할 가능성이 있으며, 소련 첩보 활동의 최우선 과제는 미국과 나토의 핵 위협에 관한 정보를 수집하는 일이 되어야 한다고 말했다. 그는 국가보안위원회와 군사정보국GRU이 세계 각지에서 정보를 수집하는 새로운 프로그램을 개시한다고 발표했다. 핵미사일 공격을 뜻하는 '라케트노-야데르노예 나파데니예Raketno-Yadernoe Napadenie'의 머리글자를 딴 '리안RYAN'이라는 암호명이 붙었다. 군사정보국이 소련을 선제공격하기 위한 서구의 군사 준비 태세를 감시하는 일을 맡았고, 국가보안위원회는 미국과 나토 동맹국의 공격 결정을 사전에 포착해 경보하는 임무를 맡았다. 1981년 11월, 첫 번째 지시가 국가보안위원회 지부들에 내려졌다.[23]

레이건이 회고록에서 한 말을 빌리면 그는 대통령으로 일하는 동안 지갑이나 돈, 운전면허증, "열쇠 같은 건 주머니에 넣고 다니지 않았다—오직 우리가 아는 지구의 대부분을 절멸시킬 수 있는 비밀 암호만 갖고 다녔다". 코트 안에 플라스틱 코팅이 된 작은 카드를 지니고 있었는데, 여기에는 "핵무기 발사 명령을 내리는 사람이 실제 미합중국 대통령이라는 걸 확인해주기 위해 펜타곤에 통보하게 될 암호가 나열되어 있었다". 레이건은 비상시에 핵 공격에 어떻게 대응할지 여러 가지 방안 중에서 선택을 해야 했다. "그러나 모든 게 순식간에 벌어지기 때문에 이런 위기 상황에서 얼마나 많은 계획이나 판단력을 적용할 수 있을지 궁금했다. 이따금 우리의 동부 연안 앞바다에 핵미사일을 탑재한 소련 잠수함들이 어슬렁거렸다. 6~8분 안에 백악관을 방사성 잔해 더미로 뒤바꿀 수 있는 미사일이었다. 레이더 화면에서 삐 소리가 나면 아마겟돈을 발동할지를 6분 안에 결정해야 한다! 이런 촉박한 시간에 어떻게 판단력을 발휘할 수 있을까?"

1982년 초, 레이건은 이 방안들을 더 자세하고 불안하게 살펴보았다. 그는 임기 첫해 국가안보보좌관으로 일한 리처드 앨런이 사임하자 신임하는 친구 윌리엄 P. 클라크에게 도움을 구했다. 레이건이 캘리포니아 주지사를 하던 시절 비서실장을 지내고 뒤에 캘리포니아 대법원 판사를 역임한 인물이었다. 레이건과 클라크는 둘 다 말을 타고 캘리포니아 언덕을 돌아다니는 걸 좋아했다. 백악관에서 클라크는 짙은 색 양복에 검은색의 값비싼 수제 카우보이 부츠를 신은 인상적인 모습이었다. 클라크는 1981년 국무부 부장관으로 일한 경력이 있었지만 그 밖에는 국가안보 경험이 거의 없었다. 하지만 그는 무엇보다도 레이건의 신임을 받았고, 또 대통령이 추구하는 정치적, 사회적 보수주의와 확고한 반공주의를 똑같이 신봉했다.

국가안보보좌관에 임명된 클라크는 토머스 C. 리드와 함께 백악관에 들어갔다. 리드는 한때 캘리포니아 로렌스리버모어국립연구소에서 핵무기를 설계하는 일을 했다. 그는 레이건이 처음 캘리포니아 주지사가 됐을 때 주지사 사무실에서 일했고, 1970년 재선 운동에도 참여했다. 또한 워싱턴에서도 일한 경험이 있었다. 그는 1973년 국방부 통신 지휘 통제시스템 국장을 맡아 핵무기 통신 시스템을 현대화하는 일을 했다. 그 뒤에는 제럴드 포드 대통령 밑에서 공군장관으로 일했다. 그는 북미방공사령부와 다른 군사기지들을 펜타곤의 워룸war room*과 연결하는 전 지구

* 전쟁 발발 시 군 통수권자와 핵심 참모들이 모여 상황을 한눈에 파악하고 작전을 협의하는 곳.

적 군사 통신의 작동에 대해 잘 알고 있었다.

리드는 백악관으로 옮겨오고 나서 통신이 단절되는 사태가 생길까 걱정이 되었다. 대통령과 연락하는 통신 네트워크는 그 연원이 아이젠하워 시절로 거슬러 올라가는데 그즈음에 와서는 전화, 라디오, 은신처 등이 온통 뒤죽박죽인 상태였다. 핵 공격이 벌어질 경우 대통령을 대피시키는 시스템을 점검해보니 더욱 불안해졌다. 대통령이 미처 헬리콥터로 백악관을 빠져나오기도 전에 핵미사일이 떨어질 수 있었다. 1980년 카터가 내린 대통령령에서는 대통령의 지휘 통제 시스템을 개선하고 운영위원회를 구성하도록 정하고 있었다. 리드가 운영위원회 의장을 맡았다. 그는 카터의 대통령령이 관료주의로 인해 엉망진창이 되고 국방부가 어떤 행동도 주저하고 있다는 걸 알아챘다.[24] "제가 본 시스템은 공격이 일어나고 몇 분 만에 지도자 없이 우왕좌왕할 것 같았습니다."

지도부가 몰살될지도 모른다는 이런 공포는 당시 모스크바와 워싱턴 사이에서 생겨나던 거대한 긴장의 한 징후에 지나지 않았다. 무기 기술이 급속하게 발전함에 따라 전광석화 같은 공격으로 몇 분 안에 상대방을 쓸어버릴 수 있었다. 미국인들은 핵미사일을 탑재한 소련의 잠수함이 동부 연안에 나타나거나 북극에서 떠오르는 것을 걱정했다. 소련인들은 유럽에 배치된 미국의 미사일이 크렘린에 도달할 것을 두려워했다. 1982년 초여름, 펜타곤은 125쪽짜리 5개년 국방 계획안을 회람시켰다. 미군이 장기 핵전쟁을 치르면서 소련 지도부를 몰살할 준비를 해야 한다고 호소하는 내용이었다. 이 문서는 미군이 "소련의 군대와 정치의 권력 구조 전체를 무력화할" 수 있어야 한다고 주장했다.[25]

소련은 나토가 1983년 서독에 배치하려고 준비 중인 퍼싱 II 중거리 미사일을 특히 걱정스럽게 바라보았다. 크렘린은 미국이 부인하지만 이 미사일의 사거리가 모스크바까지 도달한다고 걱정했다.

1982년 2월, 리드는 앞으로 몇 주 동안 정기적인 고위 핵무기 훈련이 계획되어 있다는 것을 알게 되었다. 펜타곤의 워룸인 국가군사지휘본부가 비상사태 시 대통령과 국방장관을 제대로 지원할 수 있는지를 시험하기 위한 훈련이었다. 국가군사지휘본부는 샤이엔 산 기지로부터 핵 공격에 관한 첫 통보를 받도록 되어 있었다. 리드는 이 훈련을 계기로 레이건을 끌어들여 낡은 시스템을 철저히 조사하기로 했다. 2월 27일, 리드와 클라크를 비롯한 백악관 직원 몇 명이 레이건에게 기본적인 내용을 설명했다—비상사태 발생 시 어떻게 대통령이 정보를 듣고, 신변 보호를 받으며, 군에 메시지를 전달하는가 하는 내용이었다. "우리는 핵 교전이 시작되는 방식과 대응할 수 있는 시간, 대통령이 활용할 수 있는 전력 등을 설명했습니다."

'아이비리그Ivy League'라는 암호명이 붙은 공식 훈련은 1982년 3월 1일 월요일 백악관 상황실에서 시작되었다.[26] 전 국무장관 윌리엄 P. 로저스가 대통령 역할을 맡았다. 대역을 쓴 이유는 실제로 비상사태가 벌어질 때 대통령이 어떻게 행동할지 드러내지 않기 위해서였다. 훈련은 위협 수준에 관한 브리핑으로 시작되었다. 리드는 회고했다. "정보장교 한 명이 소련의 전투서열*을 펼쳐 보인 뒤 경보 시스템이 모의 미사일 발사와 타격 예측을 보고하기 시작했습니다. 불과 몇 분 뒤 비좁은 지하실의 스크린에서 미국의 모의 타격 지도에 빨간 점들이 나타나기 시작했습니다. 첫 번째 점들로 워싱턴이 잿더미가 되었기 때문에 이 브리핑은 중부 평원 상공의 공중지휘소에서 진행된다고 가정됐습니다."

리드는 계속해서 말을 이었다. "대통령이 커피를 한 모금 들이켜기

---

* 부대에 관한 각종 사항을 담은 정보. 부대명, 병력, 지휘 기구, 장비의 배치와 이동, 지휘관에 관한 정보 등을 포함한다.

도 전에 지도가 빨간색 바다가 됐습니다. 미국의 모든 도시 중심부와 군사 시설이 사라져버렸습니다. 그리고 대통령이 믿을 수 없다는 표정으로 지켜보는 가운데 소련 공군 비행기들과 2차로 발사된 미사일들이 날아오는 게 보였습니다. 이후 30분 동안 더 많은 빨간 점들이 생존자들을 쓸어버리며 빨간 바다에 그나마 남아 있던 구멍을 채웠습니다."

대역인 로저스는 탁자 상석에 앉아 있었고 레이건은 바로 옆에 있었다. 로저스는 계획을 따라가면서 그때그때 어떻게 대응해야 하는지, 어떤 방안을 선택할 수 있고 시간은 얼마나 있는지 등을 물었다. 레이건은 커피 잔을 움켜쥔 채 순식간에 잿더미가 된 상황에 놀란 표정이었다.[27] "레이건 대통령은 한 시간도 안 되는 사이에 미합중국이 사라지는 모습을 본 겁니다." 리드가 그날의 기억을 떠올리며 말을 이었다. "3월의 그날 로널드 레이건은 소련이 핵 공격을 가한다면 어떤 모습일지 정확히 이해하게 된 게 분명합니다."

그날 저녁, 레이건과 보좌관들, 펜타곤의 몇몇 고위 관리들이 다시한 번 상황실에 모였다. 이번에는 대통령 대역이 없었다. 레이건은 비밀핵전쟁 계획인 단일통합작전계획에 관한 자세한 브리핑을 받았다. 레이건이 취해야 하는 정확한 단계별 조치에 관한 브리핑이었다. 리드의 말에 따르면 1980년 선거 뒤 처음으로 이 계획에 관해 브리핑을 받는 것이긴 했지만 레이건은 이에 관해 아는 게 많지 않았다. 리드의 말이다. "단일통합작전계획 브리핑은 소련의 공격에 관한 앞서의 발표만큼이나 무시무시한 내용이었습니다. 레이건은 자신이 고개만 한 번 까딱하면 제국러시아의 모든 영광, 우크라이나 농민들의 모든 꿈과 희망, 카자흐스탄의 모든 개척 정착촌이 깡그리 사라진다는 것을 분명히 알게 됐습니다. 미국 시민들에게 아무런 해도 끼치지 않은 수천만 명의 여성과 어린이가 순식간에 하얀 재로 뒤바뀔 수 있었습니다."

세 번째 회의에서 대통령은 클라크와 리드만을 대동한 채 전쟁 계획에 준비된 방안을 선택하고 주머니에 있는 카드를 꺼내 본인 확인 암호를 기입하는 절차를 연습했다. 그것으로 훈련은 끝이 났다. 그러나 리드가 말한 것처럼 "분명히 말하건대 레이건의 마음속에서 훈련은 전혀 끝난 게 아니었다. (훈련은) 그에게 정말로 일어난 어떤 일이었다. 그는 빨간 점들로부터 보호를 받을 필요성에 온 정신을 집중했다".

1982년 초, 레이건은 소련과의 대결, 그 내부에서부터 대결을 도모하는 근본적인 계획에 착수했다. 냉전 봉쇄 시기에는 어떤 행정부도 소련 내부의 긴장을 활용해서 정권을 무너뜨리거나 극적인 변화를 강요하려는 시도는 하지 않았다.[28] 2월 5일, 레이건은 대통령직의 첫 번째 과제로 미국의 국가 안보 목표와 냉전에 관해 연구할 것을 지시했다. 연구에 투입되는 부처 간 업무를 감독한 리드는 레이건이 과거의 가정들을 넘어서기로 결심했다고 말한다. 그의 말에 따르면, **데탕트, 봉쇄, 상호 확증 파괴** 같은 단어들은 "퇴출되었고, 이제 냉전은 태양이 뜨고 지는 것과 같은 불가피한 것이라거나 받아들여야 하는 일종의 영구적인 조건으로 간주되지 않았다".[29] 당시만 해도 이런 생각은 대담한 구상이었다. 예일대학교 교수이자 냉전 역사가인 존 루이스 개디스는 레이건이 취임할 당시 소련은 한 치도 물러서지 않는 존재감을 내보였다고 회상했다. "그때만 해도 소련 경제가 파산 일보직전이라든가, 아프가니스탄은 모스크바의 베트남이 될 것이고, 연대노동조합Solidarity이라는 이름의 폴란드 노동조합의 등장이 장차 동유럽 공산주의가 종언을 고할 전조라거나, 소련이 불과 10년 뒤에 사라질 것이라는 점은 전혀 분명해 보이지 않았다."[30]

이 연구는 리드가 초안을 작성한 극비 지시인 국가안보결정지침 제32호로 이어졌다. 「미국의 국가 안보 전략U.S. National Security Strategy」이라는 제목이 붙은 이 지침은 오랫동안 이어진 냉전 봉쇄 정책을 통합한 내용이었다. 그러나 레이건의 지침은 한발 더 나아가 새롭고 더욱 야심찬 목표를 제기했다. 소련으로 하여금 "경제적인 결핍의 타격을 정면으로 맞게" 강요하고 "소련과 동맹국들 내부에서 장기적인 자유화와 민족주의 경향을 장려한다"는 것이었다. 레이건은 소련 경제에 관한 브리핑을 받은 뒤 일기에 이렇게 썼다. "소련은 심각한 불황에 빠져 있으며, 소련의 신용 거래를 중단시킬 수만 있다면 항복하거나 굶어죽을 수밖에 없을 것이다."[31]

레이건의 지침이 얼마나 정교했는지는 클라크가 서류 작업을 처리한 방식에서도 분명히 드러난다. 1982년 5월 4일 저녁 레이건은 지침 초안을 검토하려고 사저로 가져갔다. 5월 5일 아침 9시 30분, 레이건은 리드와 클라크가 배석한 가운데 서명을 했다. 그러나 이 지침은 워낙 폭발력이 강했기 때문에 클라크는 5월 20일까지 백악관 문서 정리와 배포 체계에 지침을 포함시키지 않았다. 다른 각료들이 간섭을 할까 걱정했던 게 분명하다.[32]

레이건은 대통령에 취임한 초기부터 소련과 대결하는 태도를 취해오고 있었다. 소련의 거짓말과 속임수에 관하여 일갈했고 재무장 프로그램을 마련했으며 아프가니스탄과 중앙아메리카에서는 중앙정보국이 비밀 작전에 몰두하고 있었다. 새로운 지침은 이러한 기조를 가속화하면서 미국의 공식 정책으로 부상시켰다.

5월 9일, 레이건은 모교인 유레카대학교에서 졸업 50주년을 기념해 졸업식 연설을 하면서 핵무기 제한으로 입장을 바꿨다. 그는 감동적인 한 구절에서 핵전쟁의 참화에 관해 이야기하며 "최후의 악몽이 결코 벌어지지 않도록 하겠다"고 맹세했다. 그는 또한 이 연설을 계기로 취임 이래 최초로 장거리 핵무기를 제한하자는 중요한 제안을 했다—무시무시하고 빠른 탄도미사일도 포함된 것이었다. 그는 미국과 소련이 함께 탄도미사일 탄두를 "똑같은 수준, 똑같은 한도로, 최소한 현 수준의 3분의 1"로 줄이자고 호소했으며 "지상 기반 미사일을 절반 이하로 감축해야 한다"고 말했다. 이 말은 언뜻 보면 공평한 것 같았지만 실은 그렇지 않았다. 소련은 지상 기반 미사일에 탑재된 탄두 비율이 훨씬 많았던 데 비해 미국의 핵무기는 주로 해상과 공중에 배치되어 있었다. 레이건은 종종 이런 세부적인 내용을 알지 못했으며, 이 경우에도 거의 1년 뒤에야 소련의 전략 전력이 지상 기반 미사일에 크게 집중되어 있다는 사실을 깨닫게 되었다고 후에 고백했다. '유레카 연설'은 종종 통치의 세부적인 내용보다 겉으로 드러나는 연출에 초점을 맞추는 그의 수동적인 관리 스타일을 여실히 보여주는 사례였다.[33]

브레즈네프는 레이건에게 보낸 답장에서 유레카대학교에서의 제안은 "미국 측의 의도가 얼마나 진지한가에 관한 염려와 심지어 의심을 불러일으킬 수밖에 없다"고 말했다.

레이건은 브레즈네프의 편지를 읽던 도중 여백에 메모를 했다. "농담을 하고 있는 게 분명하군."

브레즈네프가 레이건의 제안이 미국에 비해 소련의 무기를 더 많이 감축하는 불공평한 내용이라고 불평을 하는 대목에서는 이렇게 썼다. "자기들이 더 많이 갖고 있으니까."

편지 맨 밑에는 이런 말을 덧붙였다. "아주 재미난 사람이군."[34]

1982년에는 서유럽의 반핵 시위에 고무되어 미국 전역에서 핵무기 동결 운동이 입지를 다졌다. 미국 각지의 교회와 대학, 시 의회 등이 핵무기 경쟁에 항의하기 위해 조직되었다. 6월 12일 뉴욕 유엔본부에서 센트럴파크까지 벌어진 행진에는 75만 명이 운집했다. 조너선 셸은 『지구의 운명The Fate of the Earth」을 출간했는데, 베스트셀러가 된 이 책에서 셸은 핵무기가 인류의 존재 자체를 위협한다고 주장하면서 핵무기 제거를 호소했다. 미국 가톨릭 주교들은 「전쟁과 평화에 관한 사제들 서한」을 작성해 핵무기 경쟁에 대한 우려를 표명했다. 레이건은 자신이 "6연발 권총을 뽑아들고 지구 최후의 날을 초래하지 못해 손이 근질근질한 즉흥적인 카우보이처럼" 묘사되고 있는 것을 걱정하며 6월 초 유럽을 방문했다. 후에 레이건은 "내가 지구 최후의 날을 가지고 장난을 치지 않는다는 걸 보여주고 싶었다"고 회상했다. 그러나 한편으로는 유럽 방문을 계기로 모스크바와의 대결에 박차를 가했다. 그는 출국 며칠 전에 쓴 일기에서 동맹국들이 당혹스러워하지 않도록 소련인들을 살살 다루라고 조언하는 이들에게 진저리가 난다고 했다. "결국 나는 다 집어치우라고 말했다. 지금이야말로 소련인들을 실제 세계로 끌어들여 우리 옆에 서게 할 수 있는 기회라고 말할 때다—신뢰 따위는 집어치우자."[35]

레이건이 가장 은밀하면서도 대담한 일격을 가한 것은 6월 7일의 일이다. 그는 교황 요한 바오로 2세와 바티칸 도서관에서 50분 동안 회동했다. 두 사람 다 지난해에 암살 시도에서 살아남은 공통점이 있었다. 두 사람의 대화는 교황의 고향인 폴란드에 초점이 맞춰졌다. 폴란드에서는 소련이 지원한 정권이 계엄령을 내리고 연대노동조합 운동을 불법화하여 탄압하고 있었다. 1992년 언론인 칼 번스틴은 당시 레이건과 교황이 연대노동조합을 은밀하게 지원하는 계획에 합의했다고 보도했다. 팩스, 인쇄기, 송신기, 전화, 단파 라디오, 비디오카메라, 복사기, 텔렉스기, 컴퓨터, 워드프로세서 등 몇 톤에 달하는 장비를 몰래 전해준 것이다. 보이치에흐 야루젤스키 장군을 뒤흔들어 크렘린을 직접 노골적으로 겨냥하는 게 목표였다.[36] 교황의 공식 전기 작가인 조지 와이글의 기억에 따르면 레이건과 요한 바오로 교황 둘 다 "공산주의는 단순히 비뚤어진 경제 체제가 아니라 도덕적인 악이라고 믿었다. 두 사람 모두 자유로운 인간에게는 공산주의의 도전에 대처할 능력이 있다고 확신했다. 또 둘 다 공산주의와의 경쟁에서 단순한 적응이 아니라 승리가 가능하다고 믿었다". 와이글은 후에 바티칸은 미국이 폴란드에서 벌이는 비밀 활동과 일정한 거리를 유지했다고 한 교황의 말을 회상했지만 양자 사이에 긴밀한 첩보 공조가 있었다고 지금도 확신한다. 와이글은 교황이 한 말을 인용한다. "(레이건이 정책을 결정하는 사람의 입장이라면) 내 입장은 사제이자 로마 주교, 복음을 책임지는 사람의 입장이었으며, 여기에는 도덕과 사회질서와 인권의 원리들도 분명히 포함됩니다…… 교황청의 입장은 내 조국과 관련해서도 도덕적인 원칙에 따르는 것이었습니다."[37]

교황을 만난 다음 날, 레이건은 런던으로 가서 영국 의회를 상대로 자신의 정책을 공개적으로 선포했다. 레이건은 상원의 로열갤러리에서 연설하면서 "자유를 위한 십자군"을 호소했다. 그의 연설은 전체주의가 붕괴하고 집단주의에 대해 개인의 노력이 승리를 거둘 것이라는 낙관주의가 흘러넘쳤으며 핵전쟁에 대한 혐오감을 새롭게 보여주었다. 당시에는 이런 발언에 대해 많은 박수갈채가 없었다. 영국은 여전히 포클랜드에서 싸우고 있었기 때문에 이 문제가 각종 언론의 헤드라인을 장식했고, 레이건의 연설은 그가 한 가장 중요한 연설로서 마땅히 받아야 하는 충분한 관심을 얻지 못했다.

연설에서 가장 대담한 부분은 소련 공산주의가 소멸할 것이라는 레이건의 주장이었다. 레이건은 이렇게 선언했다. "쉽게 보이지는 않겠지만 저는 지금 우리가 하나의 전환점에 서 있다고 믿습니다."

역설적인 의미에서 칼 마르크스가 옳았습니다. 우리는 오늘날 거대한 혁명적 위기를 목도하고 있습니다―경제 질서의 요구가 정치 질서의 요구와 직접 충돌하는 위기입니다. 그러나 이 위기는 마르크스주의와 무관한 자유로운 서구가 아니라 마르크스-레닌주의의 본고장인 소련에서 벌어지고 있습니다.

자국 시민들의 자유와 인간 존엄을 부정함으로써 역사의 물살을 거스르는 것은 다름 아닌 소련입니다. 또한 소련은 심각한 경제적 곤란에 빠져 있습니다. 소련의 국민총생산 증가율은 1950년대 이래 꾸준히 감소하고 있으며, 그때에 비해 절반 이하입니다. 이런 실패의 규모는 놀라울 정도입니다. 전체 인구의 5분의 1이 농업에 종사하는 나라가 자국 국민을 먹여 살리지 못합니다…… 경제 발전의 유인이 거의 또는 전혀 없는 채 과도하게 집중된 소비에트 체제는 해가 갈수록 자신이 보유한 최고의 자원을 살상 도구를 만드는 데 쏟아붓고 있습니다.

레이건은 "자유와 민주주의가 행진함"에 따라 "자유를 질식시키고 국민의 자기표현에 재갈을 물리는 여느 폭정 체제와 마찬가지로 마르크스-레닌주의 역시 역사의 잿더미에 남게 될 것"이라는 말로 연설을 마무리했다.

이틀 뒤 베를린을 잠시 방문한 레이건은 베를린 장벽의 우중충한 통로인 찰리 검문소로 달려갔다. 레이건은 리무진에서 나와 4미터 높이의 장벽을 둘러보고 곳곳에 흠집이 난 회색 장벽 양쪽으로 허리를 숙여 내려다보았다. 동독 수비대원들이 위병소에서 레이건을 마주 보았다. 레이건은 장벽에 관해 한마디 했다. "장벽은 그 이면에 있는 사상처럼 추하군요."[38]

6월 25일, 레이건은 벡텔Bechtel 회장 조지 슐츠를 알('알렉산더'의 애칭) 헤이그의 후임으로 국무장관에 임명했다. 유럽에 체류 중이던 슐츠는 레이건과 처음 만나기 위해 고국으로 돌아오는 비행기 안에서 세계의 상태에 관해 생각했다고 한다.

슐츠의 기억에 따르면 "초강대국 사이의 관계는 나쁜 게 아니었다. 사실상 관계라는 게 없었다".[39]

국가안전보장회의 관료인 리드는 핵 경보가 발생할 경우 대통령의 지휘와 통제를 위한 진지한 계획이 전무하다는 사실이 점점 더 걱정되었다. 아무도 이런 사실을 공공연하게 드러내려고 하지 않았지만 미국은 전략 무기를 현대화하는 데 수십억 달러를 지출하면서도, 한 관리의 말을 빌리면, 정작 이 전력을 지휘하는 수단은 "가장 약한 고리"였다.[40] 게다가 레이건은 미국이 핵전쟁 위협을 받는 경우 헬리콥터를 타고 도망칠 생각이 없었다. 레이건은 리드에게 말했다. "나는 여기 집무실을 지킬 셈이네." 대통령은 부시 부통령을 가리키면서 한마디 덧붙였다. "헬리콥터를 타는 건 조지가 할 일이지."

1982년 6월 19일, 리드는 새로운 계획의 수립 시도에 대해 레이건의 승인을 받았다.[41] 그 결과, 핵 공격을 당할 경우 대통령 개인이 아닌 대통령직을 보전한다는 계획이 만들어졌다. 9월 14일, 레이건은 '국가 지도부 유지Enduring National Leadership'라는 제목의 극비 지침에 서명했다.[42] 대통령은 유사시에 헬리콥터로 달려가는 대신 백악관 집무실에 남아서 보복을 할지, 협상을 할지 결정을 내릴 준비를 하는 한편, 대통령 유고 시권한대행을 할 사람들은 멀리 떨어진 안전한 장소로 이동한다는 내용이었다. 이 전반적인 노력은 '정부 지속Continuity of Government'이라는 이름이 붙었고, 대규모 비밀 정부 프로그램이 되었다. 리드는 이 계획을 권한대행 지명자에게 "세계에서 가장 큰 랩탑 컴퓨터"를 주어 대통령 유고 시에 통치를 계속할 수 있게 하는 것이라고 말했다. "이를테면, 음, 사태가 아주 아슬아슬해지면—사라지는 겁니다. 이 사람은 그냥 지하 기지로 가는 게 아닙니다. 통신 기구를 가지고 사라집니다. 그리고 다른 모든 정부 부처와 계속 연락을 하면 그 사람이 바로 대통령이 됩니다." 리드는 말한다. "우리가 기여한 일은 대통령이 아니라 대통령직을 유지시킨 겁니다."

2차 대전 이후 수도 외곽에 대형 지하 시설이 건설되었다. 하나는 워싱턴에서 110킬로미터 떨어진 버지니아 주 블루리지 산맥에 있는 마운트웨더Mount Weather였고, 다른 하나는 펜실베이니아 주와 메릴랜드 주 경계선에 있는 캠프데이비드* 북쪽 10킬로미터 지점에 자리한 레이븐록마운틴Raven Rock Mountain이었다. 둘 다 전시에 군사 지휘소로 활용할 수 있었다. 그러나 레이건의 계획 입안자들은 대통령이 제때 이 벙커들로 피신하지 못할 수도 있다는 것을 깨달았다. 그들은 워싱턴에서 미국 각지에 있는 별도의 안전한 장소로 세 팀을 파견하는 계획을 고안했다. 저술가 제임스 만에 따르면, 각 팀은 새로운 미국 '대통령'을 발표하고 나라를 지휘할 준비를 해야 했다. 소련이 한 팀을 핵무기로 타격할 경우를 대비해 다음 팀이 준비를 했다. "이것은 어떤 추상적인 교과서상의 계획이 아니라 구체적이고 철저하고 정교하게 실행되었다." 그들은 보통 며칠씩 걸리는 훈련을 위해 팀들이 워싱턴을 떠날 때마다 대통령 '권한대행'을 할 정부 각료 한 명을 데리고 갔다. 이 프로그램—핵전쟁이 임박한 상황에서의 엄청난 스트레스와 혼란의 와중에 신속하게 실행되게끔 고안된 프로그램—은 초법적이고 초헌법적인 것이었다. 만이 지적하는 것처럼 이 프로그램은 미국 헌법이나 연방 법률 어디에도 존재하지 않는 대통령 승계 절차를 정해놓았다. 비밀 기관인 국가프로그램국National Program Office은

---

* 메릴랜드 주에 있는 미국 대통령 전용 별장.

데드핸드

이러한 정부 지속 프로그램을 유지하기 위해 매년 수억 달러를 지출했다.[43]

1982년 11월 11일 새벽 3시 30분, 레이건은 브레즈네프가 모스크바에서 사망했다는 소식에 잠에서 깼다. 이틀 뒤 레이건은 소련대사관을 찾아 조의를 표했고 방명록에 몇 자 적었다. "브레즈네프 의장의 가족과 소련 국민들께 애도의 뜻을 표합니다. 우리 양국 국민들이 이 지구에서 평화롭게 공생하기를 바라며. 로널드 레이건." 모스크바에서는 유리 안드로포프가 브레즈네프의 후계자로 올라섰다. 그의 첫 일성은 소련 지도부의 어두운 분위기를 반영하는 말이었다. "평화란 제국주의자들에게 구걸한다고 해서 얻을 수 있는 게 아니라는 것을 우리는 아주 잘 알고 있다. 평화는 소련 군대의 무적의 힘에 의지할 때만 지탱될 수 있다."[44]

레이건이 1980년 '취약점'에 대해 경고했을 때 가장 걱정스러운 위협은 소련의 지상 기반 미사일, 특히 신세대 미사일인 SS-17, SS-18, SS-19였다. 1982년에 이르러 소련의 미사일 전력은 5,000개의 탄두를 탑재한 1,400개의 미사일 발사 장치로 늘어난 상태였다. 미국의 미사일 전력은 발사 장치 1,047개와 탄두 2,150개였다.[45] 걱정되는 점은 소련이 선제공격을 가할 경우 그들 전력의 일부만으로도 미처 격납고에서 빼내지 못한 미국의 거의 모든 미사일을 파괴할 수 있다는 사실이었다. 레이건은 ―전임 대통령인 포드와 카터가 그랬던 것처럼―신세대 슈퍼무기를 개발하는 것으로 소련의 군사력 증강에 대응하려고 분투했다. 실험 미사일 Missile Experimental, 일명 MX가 그것이었다. 100톤급인 MX는 미니트맨Ⅲ보다 정확도가 세 배 뛰어나고, 각각 여러 목표를 타격하는 열 개의 탄두를 탑재할 수 있었다. MX 미사일 200기를 배치하는 원래 계획대로라면 소련은 자국의 격납고에 2,000개의 탄두가 비처럼 쏟아져내리는 상황을 맞이하게 된다. 이렇게 되면 취약점에 관한 걱정을 덜 수 있었을 것이다.

그러나 MX는 정치적 반대에 부딪혔다. 특히 소련의 선제공격에 취약하지 않도록 미사일을 배치하는 복잡한 계획이 문제가 되었다. 레이건은 거대한 경주장을 구축한다는 카터의 구상을 폐기했다. 레이건 행정부는 각기 다른 세 개의 구상을 시험했고 1982년 '밀집 배치Dense Pack' 계획, 즉 와이오밍 주 남서부에 길이 23킬로미터, 너비 2.4킬로미터의 띠 모양으로 배열한 초강화 격납고에 MX 미사일 100기를 배치한다는 계획을 내놓았다. 이러한 밀집 배치 배후에 놓인 생각은 소련에서 날아오는 미사일들이 자기들끼리 '형제 살해fratricide'를 해서, 즉 서로 너무 가까이에서 폭발함으로써 충격이 상쇄되기 때문에 MX 전력의 상당 부분이 피해를 입지 않을 것이라는 예상이었다. 레이건은 정치적 지지를 끌어모으려는 노력의 일환으로 1982년 11월 22일 MX 미사일의 필요성을 호소하는 전국 텔레비전 연설을 하면서 이 미사일에 '피스키퍼Peacekeeper'라는 새로운 이름을 붙였다. 대통령은 무기 경쟁이 걷잡을 수 없이 커지는 현실을 국민들이 점점 더 걱정하게 되었다는 것을 인정했다. "미국인들은 겁에 질리게 되었습니다. 제가 한 말씀 드리자면, 미지의 사실에 대한 두려움은 전적으로 이해할 만한 일입니다." 하지만 레이건의 호소에도 불구하고 12월 7일 하원은 MX 미사일에 대한 예산 투입을 거부하기로 표결했고, 다음 날 합동참모본부 의장인 육군의 존 W. 베시 2세 장군은 상원에서 증언을 하면서 합동참모본부의 5인 중 3인이 밀집 배치 계획에 반대했다는 사실을 폭로했다. MX 미사일은 심각한 난관에 빠졌고, 미국의 군 지도자들은 정치적 교착 상태로 인해 난처한 입장이 되었다.[46] MX 미사일은 3원 전략 핵전력, 곧 전쟁 억제의 중추를 이루는 지상-해상-공중 핵전력 가운데 지상 기반 전력을 유지하기 위해 군 지도자들이 내놓은 해

데드핸드

법이었다. 그해 여름 해군참모총장인 제임스 D. 왓킨스 제독은 미국이 위태로운 막다른 길로, 그의 표현대로 하면 "전략적인 죽음의 계곡"으로 내닫고 있다고 결론을 내린 상태였다.[47] 퇴역 해군 대령으로 당시 국가안전보장회의 대변인이었던 로버트 심스는 합참이 "아마 이번 미사일이 의회에서 찬성하는 마지막일 것"이라고 결론을 내렸다고 말했다. "합참은 좌절했다. MX를 얻게 될지도 확실하지 않았고, MX 다음에는 아무것도 얻지 못할 것을 알았다. 그래서 그들은 'MX 이후를 바라봐야 한다'고 말했다."[48]

레이건은 이런 정치적 교착 상태를 한편에 두고 지평선 너머를 바라보기 시작했다. 그다음 벌어진 일은 오래된 상상과 새로운 실용주의의 융합이었다. 미국의 첨단 기술에 대한 레이건의 믿음과 과학소설 지식이 이런 융합에 활기를 불어넣었다. 레이건은 1982년의 마지막 몇 달과 1983년 초에 원대한 꿈을 받아들였다. 지구를 가로지르는 거대한 방어막을 구축해 국민들을 탄도미사일로부터 보호하고 핵무기를 '무능한 폐물'로 만들어버린다는 구상이었다. 사실 미사일 방어는 전혀 구축되지 않았다. 이것은 허깨비 발명품에 지나지 않았다. 그러나 이 개념은 이후 몇 년 동안 소련의 정신을 빼앗고 그들을 당혹스럽게 만들게 된다. 레이건을 이해하기 위해서는 이 꿈의 기원을 파악하는 게 중요하다.

소년 시절, 레이건은 엄청나게 많은 소설을 읽었다. 그중에는 에드거 라이스 버로스의 『화성의 공주Princess of Mars』 같은 과학소설도 있었다. 광이 나는 돔이 씌워진 도시와 난공불락의 장벽을 상상한 소설이었다. 성인으로 접어들 무렵의 레이건은 전쟁을 혐오했다. 그는 스무 살이던 1931년 유레카대학교에 다니면서 고통스러운 전쟁 관련 소품을 썼다. 「전투 중 사망 Killed in Action」이라는 제목의 이 소품에서 그는 1차 대전의 참호전 풍경을 그렸다.[49] 레이건은 히로시마와 나가사키에 떨어진 핵폭탄의 위력에 소스라치게 놀랐다. 1945년 좌파 성향의 청중 앞에 등장한 레이건은 시 한 수를 극적으로 낭독했다. 노먼 코윈의 〈우라늄 235에 시계를 맞추세요Set Your Clock U235〉로 시는 불길한 어조로 "서로 맞물린 분노로 끓어오르는 하늘"을 이야기했다.[50]

레이건은 이런 생각들에 반공주의 철학을 덧붙였다. 1950년대와 1960년대에 순회 연설을 하면서 갈고 닦은 철학이었다. 그는 한 유명한 연설에서 소련 경제 체제를 붕괴로 몰아가는 전략의 개요를 설명했다. 흐루쇼프와 케네디가 집권하던 1960년대 초반의 일이다. 레이건은 케네디와 "양대 정당의 자유주의 권력 집단"이 "소련과 화해하는 정책"을 추진하고 있다고 열을 냈다.

레이건은 역설했다. "이런 식으로 논리가 전개되는 겁니다. 시간이 흐름에 따라 크렘린에 있는 사람들은 교조적인 공산주의가 틀렸다는 것을 깨닫게 될 겁니다. 소련 국민들은 끼니마다 닭고기를 먹고 싶어할 테고, 퇴폐적인 자본주의의 몇몇 특징이 더 많은 닭을 제공한다는 걸 알게 될 겁니다. 반면 자신들의 체제는 닭고기를 요리할 냄비조차 주지 않는다고 생각할 겁니다. 이상한 역설이지만, 그사이 우리 퇴폐적인 자본주의자들은 우리에게 최선을 가져다줄 지식인 엘리트들이 다스리는 정부를 향유하기 위해서라면 몇 가지 자유를 포기할 수 있다는 것을 깨닫게 될 겁니다. 그래서 언젠가 행복한 날에 이반은 조 양크를 바라보고 조는 이반을 바라보며* 우리는 이 모든 낡아빠진 로켓으로 카드놀이용 램프를 만들고, 냉전이 끝나고 사라져버렸다는 것을 알게 될 겁니다……."

레이건은 거들먹거리며 말했다. "오늘날 우리의 대외 정책은 폭탄에 대한 공포에 의해 움직이며, 공산주의가 부드러워지고 우리의 방식이

---

* '이반'과 '조 양크'는 각각 소련 사람과 미국 사람을 가리킨다.

데드핸드

더 우월하다는 것을 인정할 거라는 순전한 추측에 바탕을 둡니다." 그는 "유화 정책"이나 "화해"가 아니라 소련과 영구적인 경쟁을 벌이기를 원했다.

"만약 우리가 정말로 우리의 생활 방식이 최선이라고 믿는다면, 소련 사람들도 이런 사실을 인정하고 자신들의 입장을 바꾸려고 하지 않을까요? 대조적인 모습이 분명하게 드러나도록 그들의 경제가 불안정하게 놔둔다면 말입니다. 비인간적으로 들릴지도 모르지만, 스스로도 먹고살기 힘든 노예 주인들에게 식객들을 먹여 살리는 짐도 모두 떠넘겨야 하지 않을까요?"[51]

레이건은 나중에 연설에서 써먹기 위해 극우 성향의 신문인『휴먼이벤트Human Events』나 기타 자료에 실린 기사를 찢어서 주머니에 챙기곤 했다. 언론인들이 즐겨 지적하는 것처럼 그는 종종 사실 관계를 잘못 짚었다. 그러나 세부적인 내용을 꼼꼼하게 챙기지 못한 점을 제쳐둔다면 그에게는 하나의 방식이 있었다. 주류 사상뿐만 아니라 급진 사상까지 빌려와서 하나로 묶는 것이다.

미사일 방어에 관한 그의 구상도 마찬가지였다. 1979년 북미방공사령부를 방문한 일을 계기로 구상에 다시 불이 붙었다. 국방정보국Defense Intelligence Agency, DIA 국장을 지낸 매파 성향의 퇴역 육군 중장으로 '현존하는 위험에 대응하기 위한 위원회' 성원이었던 대니얼 O. 그레이엄이 또다른 자극을 제공했다. 그레이엄은 '하이프론티어High Frontier'*라는 연구 모임을 창설했다. 육군 차관 출신으로 임산 제품 기업인 챔피언인터내셔널 사의 최고경영자로 은퇴한 칼 R. 벤데트슨이 의장을 맡았다. 레이건

---

* 우주 전선. 지구 주위에 킬러 위성을 배치해 적의 미사일을 파괴하려는 구상을 가리키는 표현이다.

의 사설 고문단의 부유층 친구들 몇몇이 이 모임을 지원하며 연구를 수행할 돈을 대주었다. 1982년 1월 8일, 레이건은 백악관에서 벤데트슨을 비롯한 다른 두 명의 회원과 19분 동안 만났다. 벤데트슨은 소련이 이미 군사 공격력 면에서 미국을 추월했다고 주장하며 전략 방위 연구를 위한 긴급한 노력을 개시해야 한다고 촉구하는 메모를 대통령에게 전달했다.[52]

로렌스리버모어국립연구소의 창설자이자 수소폭탄을 개발하는 과정에서 핵심적인 역할을 한 이론물리학자 에드워드 텔러도 자극제 노릇을 했다. 레이건은 캘리포니아 주지사 시절인 1967년 11월 리버모어를 방문해서 미사일 방어에 관해 두 시간 동안 브리핑을 받은 일이 있다. 헝가리인으로 1930년대에 파시즘을 피해 도망친 텔러는 오래전부터 날아오는 탄도미사일을 격추할 수 있는 무기를 꿈꾸고 있었다. 레이건이 리버모어를 방문했던 시기에 존슨 행정부는 센티넬Sentinel, 즉 매우 제한된 미사일 방어 시스템을 구축한다는 계획을 발표한 상태였다. 나중에 닉슨은 이 계획을 세이프가드Safeguard라는 이름의 시스템으로 확대했다. 노스다코타에 배치된 150기의 미니트맨 미사일을 보호하기 위해 구축된 2중 방어 시스템이었다. 하지만 세이프가드는 1976년 해체되었다. 다탄두각개목표재돌입탄도탄을 보유한 소련의 미사일 전력에 대해 사실상 아무 쓸모가 없었기 때문이다. 다탄두각개목표재돌입탄도탄은 세이프가드의 방어 능력을 넘어서는 많은 탄두를 발사할 수 있었다.

그럼에도 불구하고 텔러는 미사일을 격추할 수 있는 무기에 대한 꿈을 계속 키웠다. 그는 핵무기가 바야흐로 '3세대'로 도약하는 상황을 맞고 있다고 주장했다. 원자폭탄과 수소폭탄이 각각 1세대와 2세대였다. 그의 말에 따르면 이제 우주 공간에서의 핵폭발을 이용한 핵 펌프 X선 레이저nuclear-pumped X-ray lasers가 3세대의 주역이었다. 우주에서 레이저를 쏘아 탄도미사일을 파괴할 수 있다는 것이었다.

텔러는 1982년 9월 14일 백악관 대통령 집무실에서 레이건과 30분 동안 만났다. 당시 74세의 텔러는 레이건과 악수를 나눴다. "대통령님, 3세대입니다. 3세대." 레이건은 텔러가 자기 친척에 관해 말을 하는가 싶어 잠시 당황한 표정을 보였다.[53] 이윽고 텔러가 자신이 엑스칼리버 Excalibur라고 명명한 X선 레이저에 관한 구상을 설명했다. 텔러는 미사일 방어가 효과를 발휘하려면 상호 확증 파괴를 거꾸로 뒤집어야 한다고 말했다―'상호 생존'으로 바꾸어야 한다는 것이었다. 레이건은 미국의 미사일 방어 시스템이 실제로 효과를 발휘할 수 있느냐고 물었다. 텔러가 대답했다. "효과를 발휘할 거라는 타당한 증거가 있습니다." 나중에 텔러는 회고록에서 그 회동이 그다지 성공적이지 않았다고 기억을 떠올렸다. 국가안전보장회의 간부 한 명이 "수많은 질문과 조건을 제기해서 협의에 실망감을 느꼈"기 때문이다.[54] 그러나 레이건은 계속 귀를 기울이고 있었다. 레이건은 그날 밤 일기에 이렇게 썼다. "그이는 흥미로운 생각을 추진하고 있었다. 핵무기를 레이저와 연결해서 지구에서 멀리 떨어진 공중에서 적의 미사일을 차단하고 파괴하는 용도 외에는 없는 비파괴적인 무기로 사용할 수 있다는 것이었다." 레이건은 대기권 밖에서 핵폭발을 일으키는 문제에 관한 텔러의 이야기를 완전히 이해하지 못했을 수도 있다.[55]

1982년 12월 22일 오전 11시. 합동참모본부 성원들이 레이건을 만나기 위해 백악관 각료회의실로 들어섰다. 그들의 마음은 무거웠다. 정치적 난국에 빠진 MX 미사일 상황이 그들의 마음을 짓누르고 있었다. 앤더슨의 말에 따르면 레이건은 회의 막바지가 다 되어 군 지도자들에게 이렇게 물었다. "핵 공격을 억제하기 위해 공격에 전적으로 의존하는 데서 벗어나 방어에 대한 의존을 상대적으로 확대한다면 어떨까요?" 앤더슨의 말에 따르면 펜타곤으로 돌아간 참모총장 중 한 명이 국가안보보좌관인 클라크에게 전화를 걸어 질문을 던졌다고 한다. "방금 전에 대통령께서 미사일 방어를 예의 주시하라는 지시를 내리신 겁니까?"

앤더슨의 말에 따르면, 클라크는 "맞습니다"라고 대답했다.[56]

그 직후인 1983년 1월 3일, 대통령은 전략 무기 프로그램 전반을 검토하고 지상 기반 미사일의 대안적인 배치 방식을 권고하기 위해 초당차원의 위원단을 구성한다고 발표했다. 정치적 교착 상태를 타개하기 위한 시도였다.[57]

비슷한 시기에 해군의 최고위 장교인 해군참모총장 제임스 D. 왓킨스 제독은 자기 나름의 해답을 찾으려는 노력에 박차를 가했다. 역사학자 도널드 R. 보컴에 따르면, 왓킨스는 미국 전략 전력의 구조를 수정하기 위한 구체적인 안이 전혀 없었고, 공격 위주의 핵 억제를 대체하자고 제안할 준비도 되어 있지 않았다.[58] 그러나 왓킨스를 비롯한 참모총장들은 레이건과 곧 다시 만날 것이라는 통보를 받았다. 합동참모본부도 정치적 교착 상태를 벗어날 출구를 찾고 있었다.

1983년 1월 20일, 왓킨스는 텔러를 비롯한 고위 보좌관들과 점심 식사를 했다. 이 자리에서 텔러는 핵 펌프 X선 레이저에 관한 자신의 기대를 설명했다. 왓킨스는 텔러가 이 구상에 대해 굉장히 흥분하고 있다는 걸 알아챘다. 그는 향후 20년 안에 완성할 수 있다고 했다. 왓킨스는 우주 공간에서 핵폭발을 일으킨다는 구상이 마음에 들지 않았지만 5분짜리 간단한 발표문을 작성하는 일을 돕도록 직원들에게 지시했다. "MX 미사일 논쟁의 타개책으로 전략 방위 구상을 제안하는" 내용이었다. 2월 5일, 왓킨스는 합참의장인 베시 장군의 사무실에서 다른 참모총장들에게 이 내용을 소개하며 깜짝 놀랐다. 다른 참모총장들도 의회와의 교착 상태에 지쳐 같은 입장이었던 것이다. 그들은 베시 장군이 대통령에게 이 내용을 소개하기로 뜻을 모았다.

레이건과 회동한 2월 11일은 추운 데다 눈까지 왔다. 도로 상태가 너무 나빠 참모총장들은 4륜구동 차량을 타고 백악관으로 가야 했다. 군인사 다섯 명*이 테이블 한쪽에 앉았고, 다른 한쪽에는 레이건 대통령이 캐스퍼 와인버거 국방장관, 로버트 C. 맥팔레인 백악관 국가안보부보좌관과 함께 앉았다. 민주당 하원의원의 아들인 맥팔레인은 해병대 장교 출신으로 닉슨과 포드 시절 백악관에서 일을 했으며, 군사 문제와 국내 정치를 뒤섞는 것에 대해 극도로 민감해하는 인물이었다. 맥팔레인은 당시 몇 달 동안 겉으로 드러난 정치적 교착 상태에 관해 곰곰이 생각했다고 회상했다. 핵무기 동결 운동이 인기를 누렸고, MX 미사일은 의회에서 난관에 봉착했으며, 소련은 한창 지상 기반 미사일을 구축하는데 미국은 손발이 묶여 있었다. 맥팔레인은 미사일 방어 같은 기술적인 출구로 교착 상태를 벗어나야 한다고 생각하기 시작했다. 1월, 그는 왓킨스 제독과 개인적으로 점심 식사를 했다.[59]

와인버거는 참모총장들과 달리 미사일 방어에 별다른 열의를 느끼지 않았지만 당시 회의에서 군 지도자들을 소개하며 레이건에게 이렇게 말했다. "저는 참모총장들의 의견에 동의하지 않지만 대통령께서 이 사람들의 말을 끝까지 들어주셨으면 합니다."

뒤이어 베시 합참의장이 의회 표결 때문에 야기된 지상-해상-공중 3원 핵전력의 문제점에 관해 발표했다. 베시는 발표 마지막 부분에서 이제 전략 방위를 다시 고려할 때라고 지적했다. 베시가 읽은 브리핑 자료

---

* 합참의장, 육군참모총장, 해군참모총장, 공군참모총장, 해병대 사령관. 합동참모본부 부의장은 1986년 신설되었다.

에는 다음과 같은 내용이 있었다. "우리는 우리 해안과 영공에서 다른 곳으로 전장을 옮깁니다. 따라서 우리는 (a)선제공격을 하겠다고 위협하거나 (b)소련의 선제공격을 수동적으로 방어하는 위험한 양 극단에서 벗어납니다—우리는 중간 입장을 찾았습니다." 이것은 "더 도덕적이며 따라서 미국 국민들의 입맛에 잘 맞습니다". 왓킨스가 이어 발언을 하면서 베시의 의견을 적극적으로 지지했다.

맥팔레인이 끼어들어 요지를 분명히 했다. "대통령님, 이건 아주아주 중요합니다." 그가 말을 이었다. "우리는 37년 동안 상대의 선제공격에서 살아남은 핵전력으로 반격을 가하겠다는 위협에 바탕을 둔 공격적 억제에 의존했습니다. 다른 대안이 없었기 때문입니다. 하지만 이제 사상 처음으로 우리는 방어를 통해 공격을 물리칠 수 있는 방법이 있고, 시간이 흐를수록 핵무기에 대한 의존을 줄일 수 있다는 이야기를 듣고 있습니다."

"여러분 모두 같은 생각입니까?" 레이건이 물었다. 대통령은 참모총장 한 명 한 명에게 의견을 물었고, 그들은 모두 그렇다고 대답했다. 사실 참모총장들은 미사일 방어를 구축하기 위한 긴급 계획을 요청한 것이 아니었다. 단지 의회에서 정치적 장애물에 맞닥뜨린 상황에서 미사일 방어를 더 철저하게 검토해보자고 제안한 것이었다. 그러나 왓킨스는 그전까지 레이건이 생각하던 모든 것을 압축한, 다음과 같은 멋들어진 질문을 던졌다. "우리 국민들의 복수를 하기보다는 국민들을 보호할 시스템을 개발할 수 있다면 더 좋지 않을까요?"

"바로 그겁니다." 레이건이 하나의 슬로건을 떠올리며 말했다. "그 말을 잊지 마세요."

그날 저녁 레이건은 일기에 의욕적인 어조로 이 회의에 관해 적었다. "(회의를 하는 도중에) 놀라운 아이디어가 떠올랐다. 지금까지 전 세계에서 핵무기에 대한 유일한 정책은 억제책을 보유하는 것이었다. 우리가 우리 국민들의 복수를 하는 게 아니라 국민들을 보호하려고 한다고 세계에 말하면 어떨까? 핵무기를 쓸모없게 만들 수 있는 방어 무기를 개발하는 연구 프로그램에 착수할 거라고 말한다면 말이다. 과학계에 이런 무기를 현실화하는 일을 맡아달라고 요청해야겠다."[60]

다음 날인 1983년 2월 12일 토요일, 20세기 최대의 눈보라가 수도 워싱턴 D. C.를 뒤덮었다. 레이건 부부는 슐츠와 그의 부인 오비를 백악관 비공식 만찬에 초대했다. 슐츠의 기억에 따르면, 긴장이 풀려 말이 많아진 레이건은 "자신의 느낌과 신념, 열망"을 드러내 보였다. 레이건은 슐츠에게 자신이 상호 확증 파괴 개념을 얼마나 혐오하는지에 관해 말했다. 합동참모본부와 만난 금요일 회의가 여전히 그의 마음속에 남아 있었다. 슐츠는 떠올렸다. "대통령은 만일 우리가 핵무기에 맞서 우리 자신을 방어할 수 있다면 얼마나 좋을까, 얼마나 안전하고 인간적일까 생각했다. 아마 그런 방법이 있을 터였고, 그렇다면 우리는 그 방법을 찾으려고 노력해야 마땅했다." 슐츠가 파악하지 못한 건 레이건이 이 문제에 관해 무언가를 행동으로 옮기려고 한다는 것이었다─그것도 당장에 말이다.

레이건은 자신의 협상 기술도 시험해보고 싶었다. 모스크바와의 군비 통제 협상은 교착 상태에 빠져 있었다. 레이건은 일기에 이렇게 썼다. "내가 소련인들과 협상할 수 있기를 기대한다는 걸 깨달았다⋯⋯." 슐츠는 레이건이 "공산주의 국가의 주요 지도자와 장시간 회의를 해본 적이 전혀 없었고, 그가 그런 기회를 기쁘게 여길 거라고는 생각지도 못했다". 슐츠는 교섭에 돌파구가 열리기를 기대하면서 다음 주 화요일에 소련대사 도브리닌을 백악관으로 불러 회동을 하자고 제안했다. 참모들이 이의를 제기했지만 레이건은 동의했다.

도브리닌이 오후 5시에 슐츠와 일상적인 약속 때문에 국무부를 찾았을 때 장관은 깜짝 놀랄 일이 있다고 말했다. 대통령과 면담이 잡혔다는 것이었다. 두 사람은 남들의 눈을 피해 국무부 지하 주차장을 나와 보통은 공식 방문객이 사용하지 않는 백악관 동문에 도착했고, 곧바로 레이건의 주거 공간으로 갔다. 그들은 커피를 마시면서 거의 두 시간 동안 집중적인 대화를 나눴다. 레이건은 "우리는 때로 완전히 얼굴을 맞댔다"고 말했다.[61] 세 사람은 여러 주제에 관해 이야기를 나눴다. 레이건이 소련인들은 세계 정복을 추구한다고 주장하면 도브리닌이 "우리는 자본주의를 상대로 세계적 차원의 십자군 전쟁을 선포하는 게 아니"라고 반박하는 식이었다. 레이건은 도브리닌에게 거의 5년 전 미국대사관으로 피신해 들어온 오순절 교회 신자들의 출국을 허가해달라고 재촉했다. 그러면서 요청을 들어주면 크렘린을 당혹스럽게 만들거나 "자랑스럽게 떠벌리지" 않겠다고 약속했다. 도브리닌은 이 요청을 전달했다. 도브리닌의 기억에 따르면 "소련 지도부의 눈에 비친 레이건의 요청은 유별나게 이상하고 심지어 의심스러워 보였다. 집권 3년이 거의 다 되어 소련대사와 처음 회동을 하면서 대통령이 사실상 오순절 교회 신자들이라는 한 가지 구체적인 문제만을 제기한 것이다. 그것이 마치 우리 사이에 가장 중요한 쟁점이라도 되는 양 말이다." 하지만 당시 국가안전보장회의의 소련 전문가였던 잭 F. 매틀록 2세는 훗날 오순절 교회 신자 문제가 "레이건이 생각하는 시금석"이었다고 회고했다.

매틀록은 말한다. "로널드 레이건은 고통받는 개인들의 운명에 특히 관심이 많았다. 그는 그들을 돕기 위해 자신의 권한으로 할 수 있는 모든 일을 하고자 했다. 그가 소련 지도자들을 가혹하게 평가한 것은 그가 그토록 많이 거론한 이데올로기 때문이 아니라 그들이 자국민을 다루는 방

데드핸드

식에 대한 인식의 결과였다. 다른 어떤 단일 요소보다도 이것이 가장 중요한 준거였다."[62]

1983년 초, 한 남자가 코노트스트리트에 있는 영국 정보부 안가의 지하 주차장으로 차를 몰고 갔다. 점심시간에 종종 이곳을 방문하는 그는 플라스틱 덮개로 외교관 번호판을 가린 뒤 위층으로 올라갔다. 올레크 고르디옙스키라는 이름의 이 남자는 소련 국가보안위원회 런던 지부 서열 2위의 간부였다. 그는 비밀리에 영국을 위해 일하는 첩자로서 오래전부터 영국과 손을 잡고 있었다. 고르디옙스키와 영국의 관계는 국가보안위원회에서 그를 덴마크에 파견한 1970년대부터 시작되었다. 다정다감하지만 단호하며 소련 체제의 실패를 현실적으로 깨닫게 된 고르디옙스키는 점점 공산주의에 환멸을 느끼면서 서구와 사랑에 빠졌다. "내가 받은 느낌은 말할 수 없이 강렬했다. 나는 전체주의 세계와 서구의 경계선에서 살았고, 양쪽을 내다보며 양쪽의 대조적인 모습에 끊임없이 화가 났기 때문이다."

"전체주의 세계는 편견에 눈이 멀고 증오에 중독되고 거짓말에 놀아났다. 이 추잡한 세계는 아름다운 모습을 가장했다. 이 세계는 아무런 전망도 없는 어리석은 체제였지만 자신이 나머지 인류를 위해 미래로 이끄는 길을 인도하고 개척할 적임자라고 주장했다. 이 괴물에게 타격을 가할 수만 있다면, 나는 어떤 일이라도 하고 싶었다."

그는 1978년에서 1982년까지 모스크바로 귀국한 동안 잠시 영국인들과의 협조를 중단했지만 1982년 런던에 파견되자 다시 협조를 재개했다. 고르디옙스키와 접촉한 인물은 잭이라는 이름의 남자와 조앤이라는 이름의 여자였다. 원래 세 사람은 한 달에 한 번씩 만나기로 되어 있었지만 고르디옙스키가 할 말이 워낙 많아서 1주일에 한 번씩 모였다. 처음에 두 사람은 고르디옙스키를 위해 푸짐한 점심상을 차렸다. 하지만 나중에는 시간이 별로 없어서 고르디옙스키의 요청대로 샌드위치와 맥주 한 캔 정도만 대접했다. 고르디옙스키는 펠릭스라는 암호명을 썼다.[63]

고르디옙스키는 두 영국인이 자신에게 정치 문제에 관해 많은 질문을 던졌다고 했다. 그는 1983년 초에 이르면 소련 지도자들이 레이건에 관해 "빈틈없이 파악하는 상태"에 이르렀다고 말했다. 고르디옙스키의 기억에 따르면 두 영국인은 그의 언급에 대해 감정을 드러내지 않았다. 두 사람은 가만히 앉아서 노트에 받아썼다. 그러고는 몇 가지 간단한 질문을 던지는 식이었다. 하지만 어느 날 두 사람은 고르디옙스키가 들려준 이야기에 깜짝 놀랐다. 모스크바의 국가보안위원회 제1국에서 런던 지부에 핵전쟁 준비 태세의 징후를 주시하라는 지시가 내려왔다는 것이다. 바로 1983년 초에 강화되고 있던 리안RYAN이었다—1981년 안드로포프가 미국의 선제 핵 공격 가능성에 관한 정보를 수집하기 위해 착수한 전 지구적인 첩보 노력 말이다.

고르디옙스키의 기억에 따르면 두 영국인은 "모두 핵 강국 사이의 균형에 관한 미국의 지배적인 이론을 신봉했고, 이런 균형이 평화를 보장해줄 것이라고 생각했다". 두 사람은 소련의 "정치국과 중앙위원회, 국방부가 무력 충돌이 아닌 상황에서 갑작스러운 핵 공격을 당할까" 걱정하고 있다는 이야기를 듣고 말을 잇지 못했다. "그것은 미국의 온갖 이론과 나아가 영국의 논리에도 위배되는 일이었다."

의심에 맞닥뜨린 고르디옙스키는 이렇게 약속했다. "내가 위험을 감수하겠습니다. 내가 문서를 챙겨오면 당신들은 복사를 해요." 얼마 뒤 고르디옙스키는 정보 수집이 어떤 식으로 수행될 것인지에 관한 자세한 내용을 담은 13쪽짜리 문서에 메모를 첨부해서 가져다주었다. 그는 훗날 자신을 책임지는 담당자인 잭이 이 문서에 대해 "놀라워하면서 좀처럼 믿으려 하지 않았다"고 회고했다. "중앙 당국의 요구가 너무도 어리석고 현실 세계와 동떨어져 있었기 때문이다."

그 전인 2월 17일, '소베르셴노 세크레트노^sovershenno sekretno', 곧 극비 표시가 붙은 문서가 런던에 도착했다. 주재관이라고 알려진 국가보안위원회 고위 관리에게 온 것이었다. 아르카디 구크는 허세가 심하고 술을 많이 마시는 무능한 주재관이었다. 이 문서가 얼마나 중요한 것이었는지는 각 주재관의 이름이 명기되어 "본인만 볼 것"이라는 말과 함께 특별한 문서철에 보관하라는 지시 사항이 있었다는 사실만 봐도 알 수 있다. 문서 제목 자체가 불길했다. '소비에트사회주의공화국연합에 대한 나토의 핵미사일 공격 준비 태세를 밝히기 위한 상시 활동 과제'라는 제목이었다.

고르디옙스키는 말한다. "2월에 구크에게 내려진 지시 가운데는 의도치 않게 심한 블랙코미디 같은 구절도 있었다. 서구 사회 일반, 특히 영국에 관한 중앙 당국의 이해에 놀랄 만한 간극이 있다는 것이 드러나는 구절이었다." 예를 들어 구크는 영국의 핵전쟁 준비 태세의 "중대한 징후" 가운데는 헌혈 센터의 "혈액 구입 증가와 혈액 가격 인상"도 포함된다며 혈액 가격에 조금이라도 변동이 있으면 즉시 보고하라는 지시를 받았다. 영국에서는 헌혈하는 사람이 돈을 받지 않는다는 사실을 국가보안위원회는 모르고 있었다. 또한 국가보안위원회 본부는 "영국 사회를 지배한다고 생각되는 제도권의 성직자와 자본가 분자들에 대해서도 기묘한 음모론적 이미지"를 갖고 있었다. 따라서 구크는 교회와 은행가들에 대해서도 핵전쟁 개시에 관한 사전 경고가 있었는지 그 징후를 예의 주시하라는 지시를 받았다.

2월 지시에는 엄청나게 많은 업무량이 페이지마다 들어 있었다. 런던 지부는 영국 정부의 수많은 차량과 불 켜진 창, 군사 시설을 감시하다가 조금이라도 이상한 변화가 있으면 보고해야 했다. 정부 공무원들과 그 가족들의 대피 경로, 목적지, 방식 등을 확인하고 그들의 대피 준비 태세를 감시하기 위한 계획도 마련해야 했다.[64]

소련인들이 전쟁 준비 태세의 징후를 주시하는 동안 레이건은 영국 의회에서 발언한 것처럼 소련 체제에 관한 자신의 견해를 노골적으로 밝히기로 결심했다. 레이건은 핵무기 동결 운동이 확산되는 모습에 걱정이 되었다. 1983년 3월 초, 그는 일기에 이렇게 적었다. "우리의 사정을 국민들에게 알릴 생각이다. 지금에서야 우리는 소련인들에 관한 우리 보고서의 일부를 기밀 해제하여 국민들에게 몇 가지 소름끼치는 사실을 말할 수 있다. 다름 아니라 우리는 여전히 소련인들에게 심각하게 뒤처져 있으며 그 간극이 점점 더 커지고 있다는 것이다." 그는 회고록에서 부인 낸시가 "너무 열띠게 말하지 말라"고 자신을 설득하려고 애를 썼다고 말한다. 그는 이런 설득을 거절했다.[65]

3월 8일, 레이건은 복음주의 개신교 목사들을 상대로 연설을 하기 위해 플로리다 주 올랜도로 갔다. 레이건은 연설에서 소련을 "현대 세계의 악의 중심"이라고 묘사하면서 목사들에게 핵무기 동결에 반대해야 한다고 촉구했다. "그러므로 여러분이 핵무기 동결에 관해 이야기할 때 자만의 유혹에 빠지지 마시기를 촉구합니다. 여러분 스스로 한 차원 위에 서 있다고 경솔하게 단언하며 양쪽 모두 잘못하고 있다고 딱지를 붙이려는 유혹, 역사의 사실과 악의 제국의 공격적인 충동을 무시하려는 유혹, 무기 경쟁을 크나큰 오해라고 낙인찍고 바름과 그름, 선과 악의 투쟁에서 손을 떼려는 유혹 말입니다."

'악의 제국'이라는 말은 소련에 대한 레이건의 견해를 대변하게 되었다. 훗날 레이건은 의도적으로 이런 표현을 썼다고 회고했다. "'악의 제

데드핸드

국' 연설이나 그와 비슷한 연설은 모두 미리 생각해서 악의를 담아 한 것이다. 나는 소련인들에게 우리가 그들이 어떤 상황에 직면해 있는지 잘 알고 있다는 것을 상기시키고 싶었다."[66]

2월에 참모총장들에게서 미사일 방어에 관해 이야기를 듣고 열의가 생긴 레이건은 자신의 구상을 발표하기로 결심했다. 자신이 임명한 MX 미사일 위원단이 4월에 보고를 할 예정이었지만, 레이건은 위원단이 결론을 내리기도 전에 미사일 방어에 관한 발표문을 작성하라고 참모들을 재촉했다. 대통령은 3월 23일 국방 예산에 관한 전국 텔레비전 연설을 할 예정이었다. 맥팔레인은 이런 성급한 움직임에 의구심을 품었지만 전략 방위를 위한 연구 노력을 개시한다는 내용을 연설문에 끼워 넣기 위해 초안을 작성하기 시작했다. 그는 3월 19일 첫 번째 초안을 작성했다. 공격 전력에 의존한 수십 년의 역사와 단절하는 첫걸음이었다. 대통령은 마지막 순간까지 의회나 동맹국, 심지어 각료들과도 협의하지 않았다. 그때까지도 열심히 작업 중이던 전략 전력 위원단과도 협의하지 않았다. 맥팔레인의 말에 따르면, 잠재적인 반대자들이 경계하지 못하게 비밀에 붙이자고 한 건 레이건의 생각이었다.[67]

이런 생각은 주로 공식적인 정책 결정 통로를 우회하는 방식으로 현실화되었다. 레이건은 불과 몇 주 전 브레즈네프 사망 이후의 전반적인 대對소련 전략에 관한 새로운 지침에 서명한 바 있었다. 이 9쪽짜리 문서는 군사, 정치, 경제 분야의 모든 핵심적인 문제를 다루고 있었다. 하지만 미국 정책의 토대인 이 핵심 문서에서도 미사일 방어에 관해서는 한마디 언급도 없었다.[68] 또한 레이건은 이 시점까지 의회에 각기 다른 네 가지 국방 예산 요구안을 제출해놓고 있었는데, 그중 어느 것에서도 미사일 방어를 우선순위에 두지 않았다.[69] 합동참모본부는 깜짝 놀랐다. 레이건이 그렇게 신속하게 행동에 나설지는 몰랐기 때문이다.[70] 슐츠는 레이건이 전국 텔레비전 방송에 나가기 이틀 전에야 새로운 안에 관해 들었고, 그 안에 관해 심각하게 의구심을 품었다.[71] 와인버거도 반대했는데, 그는 마지막 순간에야 유럽을 순방하면서 소식을 들었다. 레이건의 참모 가운데 몇 명은 연설 당일에 이야기를 들었다. 레이건의 일기를 보면 슐츠가 3월 21일 반대 의사를 밝혔고, 그 뒤 레이건이 전략 방위에 관한 절을 고쳐 썼다는 것을 알 수 있다. 다음 날 레이건은 연설문을 다시 고쳐 썼다. "대부분 관료적인 말투를 대중적인 것으로 바꾼 것이다."[72] 레이건은 3월 23일 "당일까지도" 고쳐 쓰는 일을 계속했다고 말했다. 여러 사람 가운데 텔러도 게스트로 초대되어 레이건이 대통령 집무실에서 연설을 하는 동안 이스트룸East Room의 접이식 의자에 앉아 방송을 보았다.

레이건은 연설에서 다시 한 번 미국의 취약점에 관해 설명했다. 그의 말에 따르면 소련인들은 "사실상 우리가 지상에 보유한 미사일 전부를 파괴할 수 있을 만큼 정확하고 강력한 핵무기를 갖고 있었다". 레이건은 억제가 효과를 발휘해왔지만 그것은 '지금까지'였다고 말했다. 그는 모스크바와 협상을 계속하겠다고 약속했다. 하지만 또 다른 방식을 제안하고 싶다고 말했다.

연설문은 레이건이 직접 손으로 쓴 것으로 얼마 전 왓킨스가 회의에서 말한 내용을 고스란히 담고 있었다. 레이건은 이렇게 선언했다. "그들에게 보복하는 것보다는 생명을 구하는 게 더 좋지 않을까요?" 그는 최근 몇 달 동안 대통령 자신과 보좌관들 그리고 합동참모본부가 "우리의 안보를 오로지 공세적인 보복 개념에 의존하는 미래가 아닌 다른 미래를 찾을 필요성이 있다"는 결론에 도달했다며 다음 말을 덧붙였다. "저는 논의를 하면서 점점 더 깊이 확신하게 됐습니다. 인간의 정신은 다른 국가와 인류의 존재를 위협하는 방식으로 상대를 대하는 상황을 넘어설 능력이 있다고 말입니다."[73]

"저는 희망을 약속하는 하나의 미래 전망을 여러분과 함께 나누고 싶습니다. 소련의 무시무시한 미사일 위협에 맞서 방어적인 수단으로 이를 상쇄할 프로그램에 착수한다는 것입니다. 우리의 위대한 산업 기반에서 생겨나 오늘날 우리가 누리는 삶의 질을 만들어낸 기술의 힘을 빌려봅시다."

계속해서 레이건은 다음과 같이 물었다. "만약 우리의 안전이 미국의 즉각적인 보복 위협을 통해 소련의 공격을 억제함으로써 확보되는 게 아니라 적의 탄도미사일을 우리 땅이나 동맹국 땅에 도달하기도 전에 공중에서 파괴함으로써 달성된다면 어떻겠습니까? 그리고 우리 자유로운 국민들이 누리는 안전한 삶의 내용이 그렇게 바뀐다면 어떻겠습니까?" 레이건은 "우리에게 핵무기를 안겨준 우리 나라 과학계에 이제 그들의 위대한 재능을 인류와 세계 평화라는 대의에 쏟아달라"고 호소했다. "이 핵무기들을 무능하고 쓸모없게 만드는 수단을 달라"고 말이다.

대통령은 계속해서 "중요한 첫 번째 단계로서 전략 핵미사일이 제기하는 위협을 제거한다는 우리의 최종적인 목표를 달성하기 위한 장기적인 연구 개발 프로그램을 정의하려는 포괄적이고 집중적인 노력"을 기울이도록 지시하고 있다고 발표했다. 대통령은 다음과 같은 말로 연설을 마무리했다. "동료 미국인 여러분, 오늘밤 우리는 인류 역사의 방향을 바꾸겠다고 약속하는 노력을 개시하려고 합니다. 물론 여러 가지 위험이 있을 테고, 결과를 얻는 데는 시간이 걸릴 겁니다. 하지만 저는 우리가 할 수 있다고 믿습니다. 이 문턱을 넘는 지금, 저는 여러분이 함께 기도하고 지지해주기를 바랍니다. 감사합니다. 안녕히 주무십시오. 신의 가호가 있기를."

레이건이 창안하고 구상한 것은 말에 지나지 않았다. 단지 29분 동안 텔레비전에 나왔을 뿐이다. 미사일 방어에 관해서는 아무 설명도 하지 않았고 정부의 다른 어떤 인사도 공식적으로 그것을 제안하지 않았다. 실제로 그렇게 대단한 기획을 추진할 수 있는지는 대단히 의심스러웠다. 하지만 레이건은 임무를 다했다. 레이건은 연설을 마치고 일기에 이렇게 썼다. "나는 낙관적인 예측을 하지 않았다—어쩌면 20년이 걸릴지도 모르지만 어쨌든 우리는 해야 한다. 기분이 좋다."

데드핸드

2

기동 훈련

레이건의 연설이 있고 난 4일 뒤 안드로포프는 폭언을 퍼부었다. 그는 미국이 소련에 대한 선제공격을 준비하고 있다고 비난하면서 레이건이 "핵전쟁에서 승리할 것을 기대하며 최선의 핵전쟁 방안에 관한 새로운 계획을 창안하고 있다"고 주장했다. 그러나 안드로포프가 가장 두려워한 것은 레이건의 모호한 구상이 아니었다. 그보다는 유럽에 배치될 기미가 보이던 퍼싱 II 미사일이 두려움의 대상이었다. 크렘린이 보기에 이 미사일은 모스크바에 6분 안에 도달할 것으로 예상되었다. 소련인들은 사태가 자신들에게 불리하게 돌아간다고 느꼈다.

브레즈네프 치하이던 1970년대 말을 시작으로 소련은 서구에서 SS-20으로 알려진 파이오니어 미사일을 배치했다. 서유럽을 목표로 한 것이 243기였고 아시아를 겨냥한 것이 108기였다. 파이오니어는 파리와 런던을 강타하고도 남는 최대 4,989킬로미터의 사거리를 자랑했지만 거대한 대륙간탄도미사일보다는 작은 중거리 미사일로 분류되었다. 러시아의 역사학자 드미트리 볼코고노프는 파이오니어에 "천문학적인 액수의 돈이 소요되었다"고 말한다. 그러면서 이런 말을 덧붙였다. "근시안적인 소련 전략가들은 미국인들에게 소련의 목을 찌를 칼을 건네준 셈이었다."[1] 소련이 파이오니어를 배치한 데 대한 대응으로 나토는 1979년 유럽에 소련을 사거리로 하는 단일 탄두 퍼싱 Ⅱ 미사일 108기와 지상 발사 순항 미사일 464기를 배치하기로 결정했다. 협상을 추구하면서도 한편으로 균형을 맞추기 위한 움직임이었다. 레이건은 1981년 소련에 이 중거리 미사일 전체를 폐기하자고 제안했지만 소련인들이 거부하면서 협상은 수포로 돌아갔다.[2]

1983년에 이르러 안드로포프는 곧 닥쳐올 퍼싱 Ⅱ 미사일 배치에 위협을 느꼈다. 12월 서독에 배치될 예정인 퍼싱 Ⅱ 미사일은 정확성과 속도 때문에 두려움의 대상이었다―이 미사일은 시속 9,600킬로미터가 넘는 마하 8에 가까운 속도로 날아갈 수 있었고 초정밀 유도 시스템이 장착되어 있었다. 여기에 지상 발사 순항 미사일은 레이더를 피해 저고도로 날아갈 수 있었다. 소련 지도자들은 이 무기들이 자신들의 목을 칠 수도 있다는 사실에 공포를 느꼈다. 퍼싱 Ⅱ 미사일이 워낙 우려의 대상이었기 때문에 모스크바의 탄도탄 요격 미사일 시스템 개발자들은 퍼싱 Ⅱ를 탐지해 요격할 수 있도록 시스템을 변경하라는 재촉에 시달렸다.[3]

안드로포프와 정치국은 5월 31일 회의를 가졌다. 레이건과 서구 산업민주주의 국가 지도자들이 버지니아 주 윌리엄스버그에서 정상회담을 끝낸 다음 날이었다. 서구 지도자들은 미사일에 관해 서로 간에 이견이 있긴 했지만 소련이 군축 회담에 "건설적으로 기여할 것"을 호소하는 성명서를 발표했다.

성명서를 접한 소련 정치국은 초조한 분위기에 휩싸였다. 회의 속기록에 따르면 소련의 원로 지도자들은 퍼싱 Ⅱ와 지상 발사 순항 미사일을 저지하는 방법을 놓고 씨름했다. 레이건의 미사일 방어 연설이나 그의 원대한 꿈에 관해서는 특별히 아무런 말도 없었다. 정치국 성원들은 확신이 없었고 새로운 생각을 내놓지 못했다. 국방장관 드미트리 우스티노프는 이렇게 주장했다. "방위와 관련하여 현재 우리가 하고 있는 일을 모두 계속해야 합니다. 지금까지 우리가 계획한 모든 미사일을 인수하고 모든 비행기를 선정한 장소에 배치해야 합니다."[4]

퍼싱 II 미사일에 대한 안드로포프의 공포는 핵 공격 징후를 예의 주시하라는, 국가보안위원회에 내린 지시 사항에 가득 담겼다. 고르디옙스키가 영국인들에게 유출한 2월 문서의 부속 자료를 보면 공격 가능성을 사전에 인지할 경우 크렘린이 보복을 준비할 수 있는 소중한 시간을 벌게 된다는 내용이 담겨 있다. 안드로포프는 지시 사항에서 다음과 같이 말했다. "예를 들어, 미국 대륙에서 전략 미사일이 발사되는 것을 알아차리고 미사일이 날아가는 방향을 판단하는 데 필요한 시간을 고려하면 20분 정도의 대응 시간이 남는다. 독일연방공화국(서독)에 '퍼싱 II' 미사일이 배치되면 이 시간이 상당히 줄어들 것이다. 이 미사일이 소련의 장거리 목표물에 도달하는 비행시간은 4~6분으로 계산된다." 그러고는 다음과 같은 말을 덧붙였다. "따라서 '리안' 활동을 통해 위협을 밝히는 일을 지체 없이 수행해야 한다."[5]

고르디옙스키의 말에 따르면 런던에서 활동하는 국가보안위원회 요원들은 모스크바로부터 끊임없이 퍼싱 II 미사일에 반대하는 선전을 확산시키라고 재촉을 받았다. "우리는 아침에 대사관 무관과 회의를 하면서 이 이야기를 무척 많이 했습니다. 무관은 이렇게 말했지요. '이 미사일은 영국에서 모스크바까지 8분 만에 날아갑니다! 그리고 지하 벙커도 뚫는다고요.' 그 밖에도 무수한 전신이 왔습니다. 캠페인을 전개하라! 캠페인을 전개하라! 모든 연락책을 활용해서 퍼싱 미사일과 순항 미사일에 반대하는 선전 캠페인을 전개하라! 그들은 무척 걱정스러워했습니다." 크렘린 지도자들은 "자신들이 가장 먼저 사망할 것을 알았고, 죽고 싶지 않았"다.[6]

공격 가능성에 관한 첩보를 구하려는 소련의 노력은 동독으로도 확대되었다. 국가보안위원회는 마르쿠스 볼프가 이끄는 동독 정보부에 이 작전의 중요한 역할을 맡겼다. 회고록에서 볼프는 이렇게 말한다. "(1980년대 초에 이르러) 미국이 재무장 프로그램을 가동하고 공격적인 레이건 행정부가 등장함에 따라 소련 국가보안위원회는 핵미사일 공격의 위험에 사로잡히게 되었다…… (동독 정보부는) 서구에서 이런 기습 공격을 계획한 내용이 있으면 무엇이든지 알아내라는 지시를 받았다. 우리는 이 일을 위해 특별 담당 부서와 상황실뿐만 아니라 비상 지휘센터까지 구성했다. 이 요원들은 군사 훈련을 받고 비상경보 훈련에도 참여해야 했다. 대다수 정보 요원들처럼 나도 이런 기동 훈련이 번거로운 시간 낭비라고 생각했지만 이 지시는 다른 상부의 지시들만큼이나 논의의 대상이 아니었다." 1983년 동독인들은 5년에 걸친 17/5001 프로젝트 공사를 마무리했다. 핵전쟁이 일어나는 경우에 대비해 베를린 교외 프렌덴 마을 근처에 국가 지도부가 피신할 지하 벙커를 짓는 공사였다. 이 벙커는 일종의 밀폐된 소형 도시로 핵 공격을 당한 뒤 2주일 동안 400명을 보호하는 용도였다.[7]

안드로포프는 집권한 15개월 가운데 절반을 병원에서 보냈다. 1983년 2월 어느 휴일에 일을 하던 안드로포프는 급격하게 건강이 나빠졌다. 볼코고노프의 말에 따르면 "그는 평생 신장병으로 고생했는데, 이제 신장이 완전히 기능을 정지한 것 같았다".[8] 크렘린 담당 의사인 예브게니 차조프는 당시 안드로포프의 신장이 완전히 망가졌다고 회상했다. 안드로포프의 담당 의사들은 인공 신장을 연결하기로 결정했다. 모스크바의

한 병원에 1주일에 두 번씩 치료를 하기 위한 특별 병실이 마련되었다.[9] 안드로포프는 걷는 데도 문제가 생기기 시작했다. 그해 여름, 안드로포프의 동료들은 레닌 묘에 엘리베이터를 설치했다. 그가 3.5미터 높이의 계단을 오르는 불편을 없애주기 위해서였다.

안드로포프는 5월 31일 정치국 회의에서 레이건과 서구에 대해 더 강경한 선전을 벌일 것을 호소했다. "우리는 레이건 행정부와 그를 지지하는 서유럽 나라들의 군국주의적인 활동을 더 생생하고 명백하게 보여줄 필요가 있습니다." 안드로포프는 또한 이런 선전을 통해 "소련 국민"을 경제 전선에 "동원하자"고 제안했다. 하지만 이러한 활동은 부정적인 영향을 줄 수도 있었다.

"물론 우리 국민들에게 전쟁의 공포를 심어주어선 안 됩니다."

전해 가을 이래로 서유럽에서 핵미사일 공격이 벌어질 가능성에 대한 안드로포프의 망상증이 심해지는 동안 태평양 방면에서도 불길하게 새로운 위협이 나타나고 있었다. 미국은 소련의 극동 연안 앞바다에서 광범위한 기동 훈련을 수행했다. 현실적이면서도 도발적인 훈련이었다. 1982년 9월 말, 미 해군의 항공모함인 USS엔터프라이즈호와 USS미드웨이호가 페트로파블롭스크 캄차츠키에 있는 소련의 태평양함대 기지에서 480킬로미터의 거리를 둔 채 항해했다. 이곳은 외해로 직접 통하는 극동의 유일한 소련 기지였고 델타급 탄도미사일 탑재 잠수함*의 근거지였다. 이 기지는 인구밀도가 낮은 캄차카 반도의 끝단에 자리 잡고 있었다. 미국의 항공모함 함대는 캄차카 반도를 스치듯 지나간 뒤 2차 대전 이후

---

* 핵추진 탄도미사일 탑재 잠수함은 호텔급, 양키급, 델타급, 타이푼급, 보레이급 등으로 구분된다.

소련이 차지하고 있지만 일본이 영유권을 주장하는 네 개의 섬을 포함한 쿠릴 열도를 따라 남진했다. 그리고 10월 3일에는 동해에 들어섰다. R. J. 켈리 함장의 기록에 따르면 훈련 기간 동안 엔터프라이즈호는 소련의 공중, 해상, 수중 감시의 집중적인 표적이 되었다.[10] 늦가을에 인도양을 항해하던 엔터프라이즈호는 소련의 항공모함 키예프호를 우연히 발견했다. 함장은 키예프호를 이용해 "해상 전력에 대한 장거리 타격 연습"을 해보기로 결정했다. 엔터프라이즈호는 소련 항공모함에 대한 모의 공격용으로 전투기 몇 대를 발진시켰다. 한 해군 정보장교의 말에 따르면 이 전투기들은 "키예프호를 향해 약 1,300킬로미터를 날아가 육안으로 상대를 확인하고 복귀했다".[11]

342미터 길이의 초대형 핵추진 항공모함인 엔터프라이즈호는 이 기동 훈련에서 폭스트롯 전투 함대Battle Group Foxtrot의 중심이었다. 10여 척의 선박으로 구성된 이 함대는 공중에는 폭격기와 공중급유기, 수중에는 잠수함을 거느렸다. 또한 함대는 비밀리에 전자 정보를 수집하고, 소련군이 어떻게 대응하는지 감시하고, 소련군의 통신과 레이더를 감청했다. 이 훈련은 가까운 바다에서 소련과 대결하기 위한 해군장관 존 레먼의 '전진 전략'을 반영한 것이었다. 레먼은 자신이 추구하는 "전진 전략"은 언제나 "소련인들로 하여금 그들 주변의 모든 위협을 걱정하게 만드는 것"을 의미한다고 말했다. 레먼은 15개의 항공모함 전투 함대를 포함한 600척 규모의 해군을 건설하려고 했고, 해군은 레이건이 추진한 재무장 프로그램의 주된 수혜자였다.[12]

레이건은 소련을 상대로 한 심리전도 비밀리에 승인했다. 항공모함 전투 함대를 소련이 민감하게 생각하는 군사, 산업 지역 가까이에 배치한다는 게 골자였다. 물론 초기에 탐지되거나 이의를 제기받는 일이 없어야 했다. 미군은 태평양에서 소련이 어떤 반응을 보이는지 알아보기 위해 소련의 요새들을 겨냥했다. 한 정보 관리가 말한 것처럼 미국은 이 반을 초조하게 만들고 싶었다.[13]

레이건이 전략 방위 연설을 하고 난 몇 주 동안 미국은 서서히 압력의 강도를 높였다. 1983년 4월과 5월, 미국 태평양함대는 북태평양 캄차카 반도 앞바다에서 2차 대전 이래 최대의 군사 훈련을 실시했다. 세 개의 항공모함 전투 함대를 포함한 40척의 군함이 플리트엑스 83–1[FLEETEX 83-1]이라는 암호명의 대규모 훈련에 참여했다. 엔터프라이즈호는 3월 26일 일본에서 출발했고 4일 뒤에 미드웨이호가 합류했다. 함대는 동해를 통해 북상하면서 함께 쓰가루 해협津輕海峽을 통과했고, 4월 9일 USS코럴시호가 합류했다. 약 2주 동안 항공모함은 북서태평양을 반시계 방향으로 비로 쓸듯이 순회했다. 훈련에는 엔터프라이즈호가 24시간 펼치는 비행 작전도 포함되었다. 소련군으로 하여금 레이더를 켜고 침입자에 대처하기 위해 전투기를 긴급 이륙시키는 대응을 강제하려는 시도였다. 훈련은 소련의 대공전과 대잠전 예행연습을 겨냥한 것이 분명했고, 전면적인 충돌이 벌어질 경우 항공모함 세 척으로 구성된 전투 함대가 어떻게 다른 전력을 지원하는지를 보여주려는 것이었다. 나중에 해군참모총장 왓킨스는 의회에 출석한 자리에서 이런 훈련은 미국이 위협에 굴하지 않는다는 것을 소련에게 보여주기 위한 것이었다고 말했다. 1984년 상원 군사위원회에 출석한 왓킨스는 이렇게 말했다. "우리는 전진 이동과 조기 전력 배치, 함대의 공세적 기동 등을 특징으로 하는 이른바 공세적 방어야말로 우리가 가질 수 있는 최대의 억제 수단이라고 생각합니다. 그리고 소련인들은 정말로 이 점을 잘 알고 있습니다. 우리는 이 개념으로 그들의 관심을 끌 수 있습니다…… 우리는 효과를 발휘할 수 있습니다. 캄차카 반도는 어려운 곳입니다. 여기에는 철도도 없습니다. 소련은 비행기로 재보급을 해야 합니다. 이 반도는 소련에게 매우 중요한 장소인데,

여기서 그들은 완전히 노출된 상태이며, 그들도 이 점을 잘 압니다."[14]

4월 4일, 미국은 소련의 코를 건드렸다. 저술가 시모어 M. 허시의 말에 따르면, 미드웨이호는 소련이 추적할 수 있는 모든 전자 장비의 전원을 끈 뒤 다른 항공모함들의 곁에서 빠져나왔다. 미드웨이호는 쿠릴 열도를 향해 나아갔는데 소련 쪽에서는 전혀 눈치 채지 못했다. 미드웨이호와 엔터프라이즈호에서 발진한 해군 비행기 여섯 대로 이뤄진 편대가 캄차카와 일본 사이에 뻗은 쿠릴 열도의 젤리오니 섬 상공을 비행하며 소련 영공을 침범했다. 허시는 이 비행을 가리켜 "공세적인 함대 훈련, 그리고 고위 장교들의 비밀 기동과 상대를 놀래줄 작전의 실행 요구 때문에 촉발된 터무니없고 또 거의 일어날 수밖에 없었던 실수"라고 설명한다. 후에 해군은 국무부에 이 저공비행은 우연한 사고라고 말했다. 그러나 레먼의 의도적인 전략 가운데는 더 규모가 크고 공세적인 기동 작전도 들어 있었다. 소련은 4월 6일 모스크바 주재 미국대사관에 공식적인 서신을 보내 항의의 뜻을 표했다.[15]

이 저공비행 당시 경험 많은 조종사인 겐나디 오시포비치는 사할린 섬에 있는 소콜 공군 기지에서 근무하고 있었다. 사할린 섬은 오호츠크 해를 사이에 두고 캄차카 반도와 마주 보는 모습으로 남북으로 길게 뻗은 화산섬이다. 흰머리가 섞인 굵은 흑발의 둔감한 사내인 오시포비치는 부연대장이었다. 그는 13년 동안 수호이 15[Su-15] 요격기를 몰았다. 1960년대 설계된 쌍발 전투기로 속도는 빠르지만 연료를 많이 잡아먹는 수호이 15는 공격 시 적의 폭격기를 저지하는 임무를 수행했다. 이 요격기는 음속의 두 배까지 비행할 수 있었지만 장시간 공중에 머무르지는 못했다. 보조 연료 탱크가 작았기 때문이다. 게다가 일단 이륙하면 조종사는 모든 움직임에 대해 지상 관제사의 정확한 지시에 따라야 했다. 이 요격기에게 부여된 임무는 긴급 발진해서 침입한 비행기를 저지하는 것이었다. 개인이 재량이나 창의성을 발휘할 여지는 거의 없었다.[16]

1983년 봄, 소련 조종사들은 미국인들과의 신경전에 시달리느라 지친 상태였다. 그들은 자국 국경을 저공비행하는 정찰기들을 끊임없이 쫓으면서 대응했다. 오시포비치는 그때까지 정찰기를 요격하기 위해 1,000회 이상의 비행 임무를 수행한 조종사였다. 공교롭게도 4월 미국 해군의 F-14기가 젤리오니 섬 상공을 저공비행하다가 소련 조종사들과 불시에 마주쳤다. 오시포비치의 말에 따르면 미국 비행기들은 섬이 안개에 휩싸였을 때 15분 동안 점점 가깝게 다가왔다. 소련 조종사들은 이 국경 침범 사건 때문에 애를 먹었다. 조사위원단이 설치되어 어떻게 대응에 실패했는지에 관한 조사가 이루어졌다. 오시포비치는 당시를 다음과 같이 회고했다. "그 사건 이후 위원단이 연대로 찾아와 우리를 질책했다. 정말로 호된 질책을 당했다." 위원단이 떠나자 오시포비치는 조종사들을 모아놓고 만약 쿠릴 열도 상공에서 공중전이 벌어질 경우 복귀할 만한 연료가 충분하지 않을 것이므로 육지 근처에서 비상 탈출해 목숨을 구해야 할 것이라고 말했다. 스트레스가 극심했다. 오시포비치의 말을 들어보자. "우리는 몇 주 동안 기관총을 장전하고 비상 대기 상태를 유지했다." 몇 달 뒤에야 긴장이 좀 누그러졌다. 오시포비치는 워낙 심한 스트레스에 시달려 휴가를 가라는 말을 들을 정도였다.

4월 말 항공모함 세 척이 참여한 전투 함대 훈련이 끝난 뒤 엔터프라이즈호는 샌프란시스코 만을 향해 나아갔다. 이 항공모함은 그해에 가장 긴 기간인 30일 동안 항구를 떠나 있었다. 훈련에 대한 소련의 반응을 지켜본 해군은 당혹스러웠다. 켈리 함장이 한 보고서에서 지적한 것처럼 소련의 공중 감시는 대단했지만 해상 감시는 "거의 없는 것이나 마찬가지였다". 또 다른 함장의 기억에 따르면 이 훈련이—수십 년 만에 항공 모함 세 척이 참여하는—독특한 성격을 띠었음에도 "소련은 별다른 반응을 보이지 않았다". 소련은 하루걸러 베어^{Bear}와 배저^{Badger} 같은 일반적인 폭격기를 보냈다. 함장의 말에 따르면 "모든 점을 감안할 때 주된 적은 날씨였다". 안개와 낮은 기온, 높은 바람과 나쁜 시정視程 등이 가장 큰 문제였다.

하지만 이 훈련이 끝난 뒤 소련은 미국이 하고 있는 일에 대해 훨씬 더 많은 것을 알게 되었다. 이 항공모함은 한 해 동안 5만 7,000건의 통신을 송신하고 24만 3,000건의 통신을 수신했다. 암호화된 전자 통신은 해군 지휘 체계의 중추였다. 그리고 누군가 통신실에서 이 민감한 통신문의 일부를 조용히 빼돌리고 있었다. 20년 넘게 복무한 제리 휘트워스는 멀쑥한 키에 턱수염이 난 44세의 선임 무전 기사였다. 휘트워스는 자기 로커에 통신문을 감춰두었다. 그는 1976년부터 또 다른 해군 고참병인 존 워커가 이끄는 무리의 일원으로 소련을 위해 스파이 노릇을 하고 있었다. 휘트워스는 1년에 2~4차례 워커를 만나 소형 미녹스 카메라로 찍은 현상하지 않은 필름 25~50개를 전달했다. 여기 들어 있던 냉전 시대의 극비 정보 가운데는 미 해군이 전 세계에서 사용하는 전자 통신의 암호도 들어 있었다. 즉 소련은 여러 해 동안 미 해군의 편지를 읽고 있었던 것이다.[17]

휘트워스는 이 항해 당시에도 함대 훈련에 관한 통신문을 몰래 훔쳤다. 그는 자신이 관찰한 내용을 녹음해두기도 했다. 어느 날 밤 그는 녹음기에 대고 이렇게 말했다. "I.O.(인도양)에 있는 동안 소련인들과 여러 차례 게임을 했다. 소련에는 항공모함 키예프호가 있었다…… 키예프호가 아래쪽에 있어 우리는 그 배와 여러 가지 게임을 했다. 지금 우리는 일본과 한국 해역에 올라와 있는데, 매일 소련인들에게 감시를 당한다.

매일. 사방에 통신을 보냈다. 그들은 우리의 비행 작전도 교란하고 있다. 그 때문에 하늘의 악마들도 진저리를 친다. 당신들에게 사실대로 말하자니 웃음이 나온다……."[18] 1983년 4월 28일, 엔터프라이즈호가 캘리포니아 주 앨러미다의 모항으로 돌아왔을 때 휘트워스의 수중에는 F-14의 저공비행에 관한 통신문을 포함하여 거의 모든 훈련 각본이 들어 있었다. 휘트워스는 스파이 활동을 그만두기로 마음을 굳힌 상태였지만 워커에게 줄 문서 한 보따리는 남아 있었다. 휘트워스는 엔터프라이즈호에서 챙겨온 통신문 가운데 3분의 1 정도를 미녹스 카메라로 찍었는데, 필름이 아무 쓸모없게끔 일부러 렌즈의 초점이 빗나가게 했다. 나중에 돈을 더 받아내기 위한 일종의 보험 증서로 챙겨둔 것이다. 하지만 그는 워커에게 뭔가 소중한 걸 주고 싶은 마음에 F-14의 소련 영공 침범에 관한 실제 문서를 포함시켰다. 두 사람은 1983년 6월 3일 만났는데, 휘트워스는 워커에게 필름과 문서로 가득한 커다란 봉투를 건네주었다. 휘트워스가 간단하게 설명하는 동안 워커는 봉투 뒷면에 몇 글자 끄적거렸다. "모든 통신문은…… 기밀이고 하나는 극비임." 1983년 6월 12일, 워커는 필름과 문서를 비닐 쓰레기봉투에 싸서 국가보안위원회와 약속한 장소에 가져다두었다.

핵전쟁에 관한 걱정이 심각하게 고조되던 시기에 크렘린은 미국의 기동 훈련을 원본 그대로 직접 보았다. 국가보안위원회 고위 간부였다가 1985년 미국으로 망명한 비탈리 유르첸코는 미국 관리들에게 그에 대한 실상을 털어놓았다. 그에 따르면 워커의 스파이망은 "국가보안위원회 역사상 가장 중요한 작전"이었으며 그 덕분에 소련은 100만 개가 넘는 암호화된 통신문을 해독할 수 있었다. 휘트워스는 극비 사항을 포함해 엔터프라이즈호에서 나온 1년치 작전 통신문을 몽땅 소련에 제공했고 플리트엑스 83-1 훈련의 작전 명령을 손상시켰다. 이러한 손상은 나중에야 해군의 손해 평가 부서에서 발견했다.[19] 휘트워스는 무엇보다도 대통령이 군대와 연결하기 위해 사용하는 "1차, 2차, 비상 통신" 계획을 손상시켰다. 손해 평가 결과, 워커가 이끄는 스파이망이 소련에 제공한 정보 덕분에 "소련은 거의 실시간으로 전술 결정을 내릴 수 있는 힘을 얻게 되었다. 미국의 전력과 전투 계획, 세부적인 병참 지원 내용, 군대를 움직이는 미국의 전술 교의를 알게 되었기 때문이다".[20]

워커가 기밀 정보가 담긴 비닐 쓰레기봉투를 국가보안위원회에 전달하고 나흘 뒤 안드로포프는 중앙위원회에 동구와 서구의 "투쟁이 전례 없이 격화"되고 있다고 말했다. 모스크바의 국가보안위원회 본부는 미국을 비롯한 유럽 각국 수도의 지부들에 경보 전문을 보내면서 '리안' 정보 수집 활동이 가장 우선적인 과제임을 강조하는 한편 레이건 행정부가 핵전쟁 준비 태세를 계속하고 있다고 주장했다.[21]

레이건은 1983년 봄과 여름에 잇따른 위기로 흔들렸다. 4월 18일, 베이루트 주재 미국대사관이 대규모 폭발로 파괴되어 중앙정보국 중동 담당 고위 분석가를 포함해 미국 시민 17명과 현지인 40명이 사망했다. 4월 23일 토요일, 희생자들의 관이 국내에 도착한 일은 레이건에게 잊지 못할 순간이었다. 훗날 회고한 것처럼 당시 그는 "목이 메어 말을 할 수가 없었다". 슐츠는 모스크바와의 관계를 확대할 것을 촉구했다. 하지만 클라크는 여기에 반대했다. 어느 순간 클라크가 레이건에게 자신이 소련 문제를 떠맡겠다고 제안했다. 그러자 슐츠는 그러면 자신은 사임하겠다고 으름장을 놓았다. 슐츠의 기억에 따르면 레이건은 "흔들리는 기색이 역력했고" 그냥 계속 일하라고 요청했다.

7월 초, 레이건은 안드로포프에게 개인적인 서한을 보내기로 결심했다. 소련 지도자와 인간적인 차원에서 접근할 수 있는지를 가늠하는 또

데드핸드

다른 시도였다. 레이건은 손으로 편지 초안을 작성했다.

> 미국 정부와 국민은 평화와 핵 위협의 제거라는 대의에 헌신한다는 점을 확인드리고 싶습니다. 우리가 모든 나라와 '상호 이익과 평등'에 바탕을 둔 관계를 추구한다는 사실은 말할 나위도 없습니다. 2차 대전에서 우리가 동맹을 이룬 이래 우리가 이루어 놓은 것을 보면 확실히 알 수 있습니다.
>
> 서기장님, 우리가 현재 제네바에서 진행 중인 회담에서 이런 목표를 달성할 방법이 없을까요? 우리가 보유한 핵무기 수를 서로 확인 가능한 수준으로 줄이는 데 동의하면 모든 핵무기를 폐기하기 위한 첫걸음이 될 수 있지 않을까요? 그렇다면 우리가 대표하는 국민들에게 얼마나 큰 축복일까요. 서기장님과 저는 군축 회담의 교섭을 통해 이런 결과를 가져올 능력이 있습니다.

손으로 직접 쓴 초안의 마지막 몇 마디 다음에는 레이건이 줄을 그어 지운 언급이 있었다. "감축 회담은 모든 핵무기를 완전히 폐기하는 결과로 이어질 수 있습니다." 레이건이 이 편지를 보냈다면 이례적인 문서, 곧 미국 대통령 가운데 처음으로 모든 핵무기를 폐기하자는 결정적인 제안을 상정한 문서가 됐을 것이다. 그러나 편지는 백악관 밖을 벗어나지 못했다. 다음 날 아침, 레이건은 편지 초안을 클라크에게 전달했고 클라크는 백악관의 전문가들과 논의했다. 그들은 레이건이 모든 핵무기를 없애자는 제안을 하려고 한다는 사실에 깜짝 놀랐다. 7월 9일, 클라크는 레이건에게 핵무기에 관한 언급은 편지에서 빼자고 제안했다. 소련인들이 교착 상태에 빠진 제네바 군축 협상에서 목소리를 높일 염려가 있다는 것이었다. 레이건은 그의 말에 동의했고 7월 11일 안드로포프에게 형식적인 편지를 보냈다.[22] 안드로포프와 레이건은 그해 여름에 편지 두 통을 더 주고받았지만 아무 성과도 없었다. 안드로포프는 소련을 방문한 미국 상원의원들에게 미국이 위성 공격 무기 개발을 중지한다면 자신들도 그렇게 할 것이라고 말했지만 레이건 행정부는 제안을 외면했다. 레이건은 샌타이네즈 산맥에 있는 278헥타르 규모의 목장으로 향했다. 그는 8월 12일 이후로 그달 일기에 아무것도 쓰지 않았다. 2주일 동안 목장의 나무 울타리를 만드는 데 온 힘을 쏟았다. 작업은 1983년 8월 30일 끝이 났다.[23]

핵미사일 공격에 대한 크렘린의 두려움은 한층 더 커지고 있었다. 안드로포프는 8월 4일 모스크바에서 열린 정치국 회의에서 미국이 유럽에 미사일을 배치하는 것을 "최대한 저지"해야 한다고 주장했다. 그는 "시간을 낭비해서는 안 된다"고 말했다.[24] 8월 12일, 런던 지부에 모스크바로부터 새로운 지시 사항이 도착했다. '극비' 표시와 함께 국가보안위원회 의장 블라디미르 크류츠코프의 서명이 적힌 이 지시 사항은 서구 각국의 정보부들이 어떤 식으로 핵 공격 준비를 돕고 있는지를 알아내려는 시도였다.

열여섯 가지 점검 목록은 대부분 서구와 전쟁이 벌어질 경우에 대비해 구축해놓은 긴급 대책의 복제판이라 할 만했다. 런던, 로마, 리스본, 본, 브뤼셀, 오슬로, 코펜하겐, 파리에 주재하는 국가보안위원회 요원들은 서구의 움직임을 예의 주시하라는 말을 들었다. 특히 바르샤바조약기구 군대의 준비 태세에 관한 첩보 활동을 비롯한 서구의 "모든 형태의 첩보 활동이 급격하게 고조되는" 상황, "전시 상황에서 활동하도록" 동구의 휴면 세포sleeper cell*를 활성화하기 위해 요원을 배치할 가능성, 미국 중앙정보국과 서구 첩보 기관들 사이의 긴밀한 협조, 소련과 그 동맹국

데드핸드

들에 대한 "허위 정보 공작 건수의 증가", "화생방무기를 지닌 사보타주 팀들이 바르샤바조약기구 국가들에 은밀하게 침투하는 상황", "사보타주 훈련소와 망명자들의 네트워크가 확대되고 망명자들과 사보타주 팀이 결성되는 상황" 등이 주목의 대상이었다. 이러한 지시 사항들은 국가보안위원회의 경찰국가다운 사고방식을 강하게 반영하는 것이었다. 국가보안위원회는 전시에 자신들이 할 법한 일의 징후를 찾고 있었다. 군사 검열과 우편 검열을 실시한다든가 전화와 전보 사용을 금지한다든가 하는 일 말이다.[25]

1983년 8월 18일, 모스크바에서 긴 휴가를 마치고 런던으로 돌아온 고르디옙스키는 영국인 담당자들과의 만남을 재개했다. 그는 국가보안위원회에서 핵미사일 공격에 관해 내린 가장 최근의 지시 사항을 곧바로 영국인들에게 전달했다.[26]

고르디옙스키는 국가보안위원회 본부에서 리안 작전에 관한 회의에 참석했는데, 이 모든 일이 미련한 짓이라고 생각했다. "제 반응은 아주 간단했습니다. 저는 그건 또 다른 어리석은 일일 뿐이라고 말했지요." 그는 국가보안위원회 동료들도 모스크바의 요구 사항을 회의적으로 보고 있다는 것을 알게 되었다. "동료들은 핵전쟁이 발발할 위험에 대해 심각하게 걱정하지는 않았지만 제1국의 평가를 반박해서 중앙으로부터 체면과 신뢰를 잃으려고 하지도 않았습니다. 그 결과 리안 때문에 정보 수집과 평가의 악순환이 생기게 됩니다. 해외 지부들에서 자기들도 믿지 않는 경보 정보를 보고해야 한다고 느낀 겁니다." 고르디옙스키를 비롯한 이들이 이 악순환을 부채질했다. 그들은 신문 기사를 오려서 첩보라

---

* 평상시에는 아무 활동도 하지 않고 평범하게 살다가 정해진 신호에 따라 첩보 활동, 사보타주, 테러리즘 등의 활동을 하는 일종의 고정 스파이를 가리키는 표현.

고 제출했다.

하지만 영국인들은 고르디옙스키가 모스크바에서 온 전보를 가져오자 그 내용을 무척이나 심각하게 받아들였다. 영국은 소련이 보이는 극심한 망상증에 대해 걱정했다. 그들은 문서를 복사해 미국 중앙정보국에 보냈다.

이런 식으로 초강대국의 계산 착오를 유발하는 요소들이 차곡차곡 준비되었다. 안드로포프는 리안의 정보 수집 활동에 관한 전보들을 통해 핵 공격이 벌어질 가능성을 시급하게 제기하고 있었다. 레이건은 '악의 제국' 연설로 어조를 높였고, 3월에는 미래주의적인 전략방위구상Strategic Defense Initiative, SDI을 발표했다. 엔터프라이즈호에서 나온 문서들, 곧 F-14의 저공비행과 4월 소련 연안에서 행한 도발적인 해군 훈련에 관한 문서들은 이제 소련의 수중에 있었다. 위협적인 퍼싱Ⅱ 미사일은 서독 배치를 앞두고 있었다. 사할린 섬의 요격기 조종사들은 이미 한 번 불에 뎄고 다시는 그런 일이 일어나지 않게 하라는 경고를 받았다.

그리고 이런 의심과 공포의 소용돌이 속으로 길 잃은 커다란 새 한 마리가 날아들었다.

3

전쟁 소동

대한항공 007편이 현지 시간 8월 31일 오전 4시 앵커리지를 출발했을 때 승무원들은 태평양을 가로지르는 예정된 항로를 익히 알고 있었다. 이 항로는 일본을 가로질러 서울로 향하는 도중에 소련 영공에 가까이 접근 하도록 나 있었다. 보잉 747기 조종사는 한국 공군을 퇴역한 군인 출신 으로 점보제트기의 비행만도 6,619시간을 기록한 45세의 천병인 기장이 었다. 지난 10년 동안 북태평양을 가로지른 비행 횟수만도 83회였다. 부 조종사인 47세의 손동휘는 북태평양 비행 기록이 52회였다. 그리고 항 법사인 32세의 김의동은 북태평양을 44회 비행했다. 그 외에도 객실 승 무원 20명과 서울로 복귀하는 대한항공 직원 6명, 승객 240명이 타고 있 었다. 승객 중에는 조지아 주 출신의 극우파 민주당원으로 존버치협회 John Birch Society* 회장인 래리 맥도널드 하원의원을 비롯한 미국인 62명도 있었다.[1]

비행 계획은 북태평양을 가로지르는 다섯 개의 여객기 항로 가운데 가장 북쪽인 R20 항로를 따라가는 것이었다. 이 하늘의 고속도로는 폭 50해리(약 93킬로미터)에 높이가 1,000피트(약 300미터)였다. R20 항로는 소련에 가장 가까웠다. 맞바람을 감안해 정확히 9월 1일 오전 6시 김포 국제공항에 도착하기 위해 앵커리지 출발이 지연되었다.

이륙 직후에 착오가 있었다. 자동 조종 장치가 제대로 설정되지 않았는데, 승무원들은 미처 눈치 채지 못했다. 자동 조종 장치는 비행기를 적절한 항로로 조종하는 관성 항법 장치를 선택하는 대신 나침 방위 비행에 맞춰져 있었다. 손잡이를 오른쪽으로 한 칸 더 돌리지 않은 실수 때문이었던 것으로 보인다.

비행기는 R20 항로의 북쪽으로 서서히 방향을 틀기 시작했다. 비행을 시작하고 50분이 지날 즈음 대한항공 007편 승무원들은 첫 번째 중간 지점인 베델 상공을 고도 3만 1,000피트(약 9,449미터)를 유지하며 지나가고 있다고 보고했다. 하지만 비행기는 승무원들은 알지 못했지만 이미 항로를 이탈한 상태로 베델 북쪽 약 22킬로미터 지점을 지나고 있었다.

북태평양을 건너는 동안 천병인 기장과 승무원들이 항공 관제사와 나눈 통신에 따르면 그들은 아무런 이상한 점도 느끼지 못했다. 그들은 베델을 지난 뒤 다음 중간 지점에서 모든 게 순조롭다고 보고했다. 하지만 이때는 항로에서 약 185킬로미터 벗어난 상태였다. 비행 다섯 시간 후에는 또 다른 중간 지점을 지나가고 있다고 보고했지만 실제로는 그보다 약 296킬로미터 북쪽 지점에서 소련의 캄차카 반도를 향해 돌진하고 있었다. 어느 순간 승무원들은 전혀 다른 바람을 보고한 다른 여객기와 메시지를 주고받았다—이런 사실은 그들이 항로를 이탈했다는 경고로

---

* 1958년 래리 W. 웰치 2세가 창설한 미국의 극우 단체. 반공주의, 작은 정부, 입헌공화제, 개인의 자유 등을 주창한다. 존 버치는 2차 대전 중 중국에서 군정장교이자 침례교 선교사로 활동하다가 중국공산당 지지자들에게 살해당한 인물이다.

작용했어야 했다. 하지만 그렇지 못했다. 조종실에서 나오는 목소리에는 전혀 놀라는 기색이 없었다. 그들은 일상적인 대화를 나누었다. 한 승무원이 말한다. "지루하네요……."

누군가 말한다. "공항에 환전소가 있대요."

다른 사람이 말한다. "어떤 환전소?"

"달러를 한국 돈으로 바꿔준대요."

객실 승무원이 묻는다. "기장님, 식사하시겠습니까?"

"뭐라고?"

"밥이오, 벌써 밥 먹을 시간인가?"

"나중에 먹지."

그날 밤 하늘에는 소련에 가까이 붙어 선회하는 또 다른 비행기가 있었다. 미 공군이 첩보 임무에 사용하는 RC-135 4발 제트기였다. RC-135는 보잉 707을 개조한 기체로 소련인들도 잘 아는 익숙한 정찰기였다. 요격기 조종사인 오시포비치는 여러 차례 RC-135를 추적한 적이 있다고 기억했다. RC-135 편대는 코브라볼Cobra Ball이라는 이름으로 알려진 첩보 임무를 통해 소련의 탄도미사일 발사 실험을 감시하고 있었다. 이 비행기의 한쪽 아래에는 목표물에 근접해 미사일 탄두 사진을 찍기 위한 카메라와 특수 유리창이 잔뜩 있었다. 카메라 옆에 있는 날개 위쪽은 빛이 반사되지 않도록 검은색이 칠해져 있었다. RC-135 정찰기들은 알래스카 알류샨 열도에서 동떨어진 곳에 있는 암반 형태인 셰미야 섬을 기지로 삼고 있었다.

소련의 미사일 실험은 종종 캄차카 반도를 겨누었다. 미국 입장에서는 미사일이 어떻게 떨어지는지를 알면 군축 조약을 감시하고 조약 위반을 탐지하는 데 도움을 받을 수 있었다. 사진을 보면 미사일 하나에서 얼마나 많은 다탄두각개목표재돌입탄도탄이 나오는지, 그 최종 궤적은 어떻게 되는지를 파악할 수 있었다. RC-135 정찰기들은 미사일 발사 실험을 기대하며 소련 해안에 카메라 렌즈를 맞춰놓고 원이나 8자 모양을 그리며 비행했다.

8월 31일 밤, 미사일 실험이 예정되어 있었고 RC-135는 하늘을 배회하며 대기했다. RC-135는 날개폭이 130피트(약 40미터)로 195피트 10인치(약 60미터)인 보잉 747보다 훨씬 작다. 둘 다 날개 아래에 엔진 네 개가 달려 있다. 보잉 747은 위층 좌석이 있는 동체 앞부분이 불룩하게 튀어나온 특징이 있다. RC-135가 원을 그리며 날던 오전 1시쯤 덩치가 더 큰 보잉 747이 그 남쪽으로 약 121킬로미터 지점을 지나갔다.

바로 이때가 소련이 혼동을 일으킨 중대한 순간이다. 소련은 레이더로 RC-135를 추적하고 있었다. 미사일 실험이 이뤄지지 않자 RC-135는 세미야 섬 기지로 기수를 돌렸지만 소련 레이더는 이 비행기가 방향을 돌려 돌아가는 모습을 보지 못했다. RC-135는 복귀하는 길에 한 지점에서 보잉 747의 비행경로를 가로질렀다. 소련 레이더에서는 웬일인지 RC-135가 사라지고 보잉 747이 잡혔고, 이 비행기는 예상치 못하게 캄차카 반도를 향해 나아가고 있었다. 이 비행기에는 '6065'라는 숫자가 붙여졌고 지나간 경로에는 '81'이라는 부가 설명이 붙었다. 미확인 항공기 한 대라는 의미였다.[2] 이것은 항로를 벗어난 대한항공 여객기였지만 소련의 지상 관제사들은 RC-135라고 생각했다. 레이더는 이 비행기가 캄차카 반도에 접근하는 동안 추적하고 있었지만 연속적으로 포착하지는 못했다. 레이더는 대상을 상실했으며 다시 발견했을 때는 비행기가 반도 상공을 거의 절반쯤 날아들어와 있었다.

여객기가 캄차카 반도에 접근할 때 소련 방공군*은 더딘 반응을 보였다.

데드핸드

관제사들은 피로로 몸을 가누지 못하는 상태였고, 지휘관들을 깨워야 했으며, 레이더에도 간극이 있었다. 지상 관제사들의 대화록을 보면, 비행기가 옐리조보의 방공군 기지 상공을 지나갈 때야 발견했다는 것을 알 수 있다. 방공군은 신속하게 요격기 네 대를 발진시켰다. 요격기들은 20분 동안 공중을 지그재그로 돌았지만 북쪽에 있던 목표물을 발견하지 못한 채 기지로 귀환했다. 비행기는 계속 날아가서 오호츠크 해를 지나 약 1,127킬로미터 떨어진 사할린 섬으로 향했다. 오전 1시 28분, 레이더에서 비행기가 사라졌다.

비행기는 오전 2시 36분 다시 사할린 섬의 레이더에 나타났다. 다시 6065라는 숫자가 붙여졌다. 그런데 이번에는 부가 설명이 '91'로 바뀌었다. 군용기라는 뜻이었다.

소콜의 수호이 15 연대 지휘소의 당직 장교는 그날 밤 장거리 전화교환원을 이용해 부레베스트니크 레이더 기지와 연락하려고 노력했다. 쿠릴 열도의 이투루프 섬에 위치한 부레베스트니크 기지로부터 목표물이 사할린 섬에 접근하고 있다는 메시지를 받은 뒤의 일이었다.[3]

"안녕하시오." 당직 장교가 장거리 전화교환원에게 말하며 비밀번호 '오블라코 535 Oblako 535'를 알려주고 부레베스트니크로 긴급 전화를 연결해달라고 요청했다.

"맞아요. 최우선. 긴급 전화요." 교환원이 비밀번호를 다시 묻자 장교가 재촉했다.

"알겠습니다. 잠시만요."

---

* 옛 소련군은 일반적인 3군 편제, 곧 육군, 해군, 공군이 아니라 육군, 해군, 공군, 방공군, 전략로켓군의 5군 편제였다. 또한 공군은 전선항공군, 장거리 공군, 군 수송항공군으로 나뉘었다.

교환원은 장교의 전화번호와 이름을 물었다. 장교는 번호와 이름을 댔는데 교환원이 알아듣지 못했다. 장교는 다시 알려주었다.

장교는 조급한 마음에 수화기를 톡톡 두드렸다.

4분이 지나 교환원이 대답했다. "전화를 받지 않습니다."

"받지 않는다고?"

"받지 않습니다."

"왜?"

"이유는 모르겠지만 받지 않습니다."

"부레베스트니크가 받지 않는다고?"

"부레베스트니크 전화번호로 했는데 받지 않습니다."

"그럴 리가……."

교환원이 물었다. "거기가 어딘가요? 어떤 기관입니까?"

"군사 기관이오." 당직 장교가 대답했다. "지금 통화해야 하는데, 교환원, 어떻게든 간에 거기랑 통화를 해야 한다고. 이건 국가적으로 중요한 일이야. 농담하는 게 아니라고."

"잠시만요. 잠시만요."

지휘소 당직 장교가 전화를 시도한 지 5분 뒤, 여객기는 사할린 섬을 향해 분당 약 13킬로미터의 속도로 날고 있었고, 장교는 다시 물었다. "그래, 어때?"

"전화를 거는데, 받지 않습니다."

여객기가 사할린에 접근할 당시 오시포비치는 소콜에서 졸고 있었다. 그는 근무 중이었다. 다음 날 쉬려고 야간조를 맡은 것이었다. 그날은 개학하는 날이었고, 그는 딸애 반에서 '평화'를 주제로 연설을 하기로 되어 있었다. 그는 밥을 먹고 텔레비전을 보며 졸다가 경계 상태를 점검하기 위

116   데드핸드

해 일어났다.

옷을 차려입는데 예상치 못하게 전화벨이 울렸다. 수호이 15로 달려가 이륙 준비를 하라는 지시가 떨어졌다. 한랭전선이 사할린 섬으로 밀려오느라 날씨가 좋지 않았다. 오전 2시 42분, 오시포비치는 비행기로 달려가 이륙했다. 북태평양을 향해 고도 2만 6,000피트(7,925미터)로 올라갔다. 그의 호출 부호는 '805'였다. 이내 또 다른 수호이 15가 공중에 나타났고 미그 23 한 대가 역시 사할린 섬 스미르니흐 공군기지에서 발진했다. 오시포비치는 무슨 일이 생긴 건지 전혀 알지 못했다. 아마 정교한 훈련 비행이 아닐까?

그에 앞서 소련 레이더는 다시 여객기를 추적했고, 전과 똑같은 6065라는 숫자를 붙였다. 지상 관제사들의 대화를 들어보면 몇몇은 의심했을지 몰라도 그들은 이 비행기가 RC-135라고 생각했다는 것을 알 수 있다. 지상 관제사들의 대화나 조종사들에게 전송한 내용 어디서도 보잉 747에 관한 이야기는 전혀 등장하지 않는다. 지상 관제사들은 오시포비치에게 1분마다 목표물의 방향을 알려주었고 다음과 같이 말했다. "대상은 군사 목표물이며 우리 국경을 침범하는 즉시 목표물을 파괴하라. 무기를 장전하라."

처음에 오시포비치의 눈에는 목표물이 2~3센티미터 크기의 점으로 보였다. 그는 RC-135에 관해 공부해서 알고 있었고 다양한 소련 민간 여객기도 알았지만 나중에 기억을 떠올린 것처럼 보잉 747 같은 외국 항공기의 모양은 공부한 적이 없었다.

한 지상 관제사가 "엔진이 네 개 있으면 RC-135"라는 추측을 내놓았다. 보잉 747도 엔진이 네 개였다.

지상 관제사가 오시포비치에게 물었다. "805, 기종을 확인할 수 있나?"

오시포비치가 대답했다. "확실하지 않다."

지상은 혼란에 휩싸였다. 누구도 4월 4일같이 적기의 침범을 허용했다는 이유로 문책당하고 싶지 않았다. 소콜 지휘소의 당직 장교는 상관과 대화하면서 심각한 일이냐는 질문을 받았다. 그는 이렇게 대답했다. "네, 심각해 보입니다. 4일과 비슷하지만 더 심각합니다."

오전 3시 9분, 비행기를 파괴하라는 명령이 내려졌다가 잠시 뒤 취소되었다. 소콜 지휘소의 당직 장교는 미국인들이 정말로 소련 영공으로 정찰기를 날려보낸 건지 의아했다. 보통은 영해 바깥을 선회하는 정도였다. "어쨌든 이건 무척 이상해 보이는데. 적이 그렇게 바보가 아닐 텐데…… 우리 비행기 아닐까?"

그는 섬 동쪽 끝에 있는 마카로프의 또 다른 지휘센터에 전화를 걸어 이 기체의 비행에 관해 파악한 사항을 물었다. "아직 우리한테 폭탄을 투하하지 않았다"는 게 그쪽의 대답이었다.

보잉 747의 뒤쪽 약 24킬로미터 지점에서 접근하던 오시포비치는 미사일 자동 추적등이 켜져 있는 것을 보았다. 그의 입에서 "욜키 팔키!Yolki palki!"라는 말이 튀어나왔다. '이게 뭐야!'라는 뜻이었다. 그는 미사일 자동 추적 장치를 껐다. 그리고 가까이 날아갔다.

오전 3시 14분, 극동군구 사령관이 보고를 받았다. 오시포비치가 발사 준비 상태지만 "아직 어두워서 육안으로 확인하지 못한다"는 내용이었다.

사령관이 말했다. "알아내야 해. 민간 항공기인지 어떤 건지 아무도 모르잖아."

다른 지상 관제사가 말했다. "조종사는 그림자밖에 안 보인답니다."

"기종을 확인할 수 없대?"

"전혀요…… 깜깜하지 않습니까."

데드핸드

오시포비치는 이제 사할린 섬을 가로지르는 여객기의 약 12킬로미터 뒤까지 바짝 접근하고 있었다. 그가 보고했다. "점멸등을 깜박이며 날고 있다." 3시 12분 직후 오시포비치는 소련의 피아 식별 전자 시스템으로 여객기와 접촉을 시도했지만 아무 반응이 없었다. 보잉 747이 민간기여서 호환되는 군사 응답기가 달려 있지 않았기 때문이다.

소련의 지상 관제사들은 오시포비치에게 비행기에서 항법등이 보이는지 여섯 차례 물었다. 항법등이 없는 비행기면 정찰 임무 중일 거라고 생각했기 때문이다. 3시 18분, 오시포비치가 보고했다. "항법등이 켜져 있다. 점멸등이 깜박거린다."

소콜의 지상 관제사가 오시포비치에게 경고 표시로 잠시 점멸등을 깜박거리라고 말했고, 오시포비치는 그대로 했다. 이윽고 3시 20분, 그는 기관포로 경고 사격을 하라는 명령을 받았다. 그는 그대로 했다. 하지만 아무 반응도 없었다. 그런데 예상치 못하게 비행기가 속도를 늦추는 것처럼 보였다.

당시 소련에서는 알지 못했지만, 3시 20분 도쿄의 항공 관제사들은 천 기장에게 3만 3,000피트(약 1만 58미터)에서 3만 5,000피트(1만 668미터)로 고도를 높이도록 허가한 상태였고, 이 때문에 여객기는 속도를 늦춘 것이었다. 조종실 음성 기록 장치를 들어보면 천 기장과 승무원들은 주변에서 어떤 일이 벌어지는지 전혀 몰랐다. 후에 조사관들이 결론 내린 바에 따르면, 소련은 고도를 변경한 것을 도주 행위로 보았고 해당 기체가 RC-135 정찰기가 분명하다는 의심을 더욱 굳혔다.

지상 관제소에서 오시포비치에게 지시했다. "805, 목표물에 발포하라." 그러나 그 순간 오시포비치는 발포할 수 없다고 말했다. 여객기를 거의 앞지른 상태였기 때문이다. "이거 참, 일찍 말했어야지. 이제 어디로 가지, 이미 목표물 바로 옆에 있는데?" 여기서 '바로 옆에', 곧 여객기와 나란히 있다는 이 발언을 두고 훗날 일부에서는 오시포비치가 보잉 747의 전형적인 특징인 불룩한 앞부분을 보았을 게 분명하다고 지적했다. 그러나 조사관들은 레이더 상의 진로를 보면 오시포비치는 계속해서 보잉 747의 오른쪽 뒤편에 있었다고 말한다. 오시포비치는 또한 훗날 자기 비행기가 이 순간 "흔들리기 시작했다"고 회상했다. 하지만 그 이유는 말하지 않았다.[4]

다음 무선 통신에서 오시포비치는 이렇게 말한다. "지금은 목표물 뒤로 처졌다." 그는 비행기가 자기 왼편 3만 3,000피트 상공에 있다고 덧붙였다. 자기 고도가 보잉 747보다 위인지 아래인지는 말하지 않았다. 보잉 747의 아래쪽에 있었다면 여객기의 불룩한 앞부분을 보기가 더 어려웠을 것이다.

3시 24분, 오시포비치의 무전기가 명령 소리로 시끄럽게 울렸다. "805, 목표물에 접근해서 요격하라!" 여객기는 이제 막 사할린 섬 해안을 벗어나고 있었다. 오시포비치가 후에 회고한 바에 따르면, 그는 바로 이 순간 마침내 비행기를 목격했고 갑자기 그게 RC-135보다 크다는 사실을 깨달았다.

그의 회고를 들어보자. "이윽고 내 눈으로 직접 그걸 볼 수 있었습니다. 커다란 비행기였기 때문에 나는 군용 화물기라고 생각했지요. 깜박이는 불빛이 있었으니까요. 거기는 여객기가 지나는 항로가 없었고, 여객기가 길을 잃는 경우도 전혀 없었습니다…… 큰 비행기라는 걸 알 수 있었습니다. 전투기는 아니었지만 정찰기나 화물기도 아니었습니다."[5]

오시포비치가 발사 버튼을 눌렀다. 3시 25분, R98 공대공 미사일 두 발이 번개같이 날아갔다. 한 발은 엔진 배기가스 같은 적외선이 방사되는 원천을 추적하는 열 추적 방식이었고 다른 한 발은 레이더 유도 방식이었다. 각 미사일에는 1,400개의 강철 파편을 만들어내는 약 20킬로그램의 고성능 폭약이 들어 있었다. 열 추적 미사일이 먼저 발사되었는데 여객기까지 도달하는 데 30초가 걸렸다. 오시포비치는 폭발 장면을 목격했다.

오시포비치가 보고했다. "목표물이 파괴되었다."

그는 오른쪽으로 방향을 틀었다. 연료가 떨어진 상태여서 섬으로 돌아가 착륙했다.

폭발 때문에 비행기에는 약 150센티미터 너비의 구멍이 났고 기내의 기압이 곤두박질쳤다. 폭발 소리에 놀란 조종실 승무원 한 명이 외쳤다. "무슨 일이야?" 미사일 때문에 조종 케이블이 절단되었고, 보잉은 기체 앞이 들려 사람들을 좌석으로 밀어붙였다. 엔진은 계속 돌아갔지만 스피드 브레이크—보통 활주로에서 비행기를 멈추려고 쓰는 보조 날개—가 날개에서 펴지고, 착륙 장치가 내려갔으며, 승객들은 담배를 끄고 비상 강하에 대비하라는 말을 들었다. 기내 방송이 울려퍼졌다. "코와 입에 마스크를 쓰고 머리띠를 조절하십시오." 부기장이 도쿄에 무선 연락을 했지만 마스크 때문에 거의 말을 할 수가 없었다. "압력이 급격히 하강하고 있다. 1만 미터로 하강한다."

고도 3만 3,850피트(약 1만 317미터)에서 비행기는 수평 상태를 되찾고 잠시 앞으로 나아가다 결국 분당 5,000피트(1,524미터의) 속도로 바다를 향해 추락했다.

레이건은 란초델시엘로 목장에서 자다가 한밤중에 클라크로부터 실종 비행기에 관한 전화를 받고 일어났다. 낸시 레이건은 남편이 처음 보인 반응을 기억한다. "세상에, 그자들 미친 거 아냐?" "도대체 무슨 생각을 하고 있는 거지?"[6]

흡사 펀치를 맞고 비틀거리는 권투 선수들처럼 미국과 소련은 노여움과 격분, 착각의 혼전 속에서 서로를 향해 마구잡이로 주먹을 휘두르기 시작했다.

일본과 미국이 공동으로 운영하는 극비 감청소가 오시포비치가 지상 관제사에게 보낸 무선 통신 중 일부를 감청한 상태였다. 워싱턴은 그중 다시 일부를 받아 번역해서 문서로 정리했다. 최초 녹취본에는 오시포비치를 침입 비행기로 인도하는 내용과 "목표물이 파괴되었다"는 오시포비치의 보고도 들어 있었다. 워싱턴에서는 이 말이 명명백백한 증거로 보였다. 소련이 무자비한 살인을 저질렀다는 걸 보여주는 증거였다. 그러나 이 녹취본은 원 자료의 일부분일 뿐 전체적인 줄거리는 전혀 아니었다. 여기에는 소련 지상 관제사들이 느낀 엄청난 혼동이나 RC-135의 존재가 반영되어 있지 않았다. 소련군은 사건이 벌어지는 내내 비행기의 정체를 확인하려는 신중한 노력을 전혀 기울이지 않았다. 4월의 경우처럼 또다시 저공 정찰 비행을 당하면 안 된다는 두려움으로 인해 흥분한 상태였기 때문이다. 이러한 현장의 혼돈과 오판의 분위기는 무선 감청 녹취록에는 반영되지 않았다. 이 참극은 소련군 체제의 취약점이 낳은 결과였다. 부정확한 판단과 부실한 장비가 어떻게 끔찍한 실패로 이어질 수 있는지를 보여주는 사례였던 것이다. 그러나 레이건과 그의 참모들이 받은 녹취록에는 이런 사실이 보이지 않았다.

시모어 허시의 말에 따르면, 워싱턴에 있는 공군 정보 부문의 작은 분석가 집단은 몇 시간 안에 소련이 의도적으로 여객기를 격추한 것이 아니라는 것을 알아냈다. 이 분석가들은 컬러 슬라이드를 이용한 비밀 발표를 준비했다. 미국의 코브라볼 작전이 혼란을 야기했을지도 모른다는 사실을 보여주는 내용이었다. 그러나 이 발표는 흥분된 분위기 속에서 거의 관심을 끌지 못했다. 발표 내용은 스물세 시간 뒤에 백악관에까지 알려졌지만 그때에도 그날의 흥분 때문에 아무런 영향도 미치지 못했다. 허시가 말한 것처럼 이 발표는 "불시착했다".[7]

슐츠는 오시포비치의 녹취록을 이용해 자신의 주장을 펼쳤다. 그는 이 주장의 공개를 원했다. 슐츠가 회고록에서 밝힌 바에 따르면, 그는 격렬한 논쟁 끝에 중앙정보국을 설득해 이 녹취록을 활용해도 된다는 허락을 얻었다. 일본에서 진행되는 극비 정보 수집에서 나온 것이었는데도 말이다. 슐츠는 지금까지 밝혀지지 않은 몇 가지 이유 때문에 더 완전한 정보나 녹취록을 검토할 수 있을 때까지 기다리지 않았다. 그는 공군의 발표를 보지 않은 게 분명했다.

9월 1일 오전 10시 45분, 슐츠는 국무부에서 기자들 앞에 모습을 드러냈다. 그는 차가운 분노를 담아 의견을 밝히며 이렇게 선언했다. "미국은 이번 공격에 대해 혐오감을 갖고 대응합니다. 인명 손실이 심각해 보입니다. 우리는 이런 끔찍한 행위에 대해 어떤 변명도 있을 수 없다고 봅니다." 슐츠는 소련이 두 시간 반 동안 여객기를 추적했다고 주장했다. 실제로는 추적에 곤란을 겪고 놓쳤는데도 말이다. 그는 또한 분명하게 당시 조종사의 위치가 "육안으로 항공기와 접촉하는 거리여서 눈으로 항공기를 조사하고, 보이는 게 무엇인지 알 수 있었다"고 주장했다. 슐츠는 기자회견에서 소련에 대해 공세를 퍼부었고 그의 말은 미국의 주요한 수사가 되었다. 소련이 여객기에 탑승한 민간인을 의도적으로 죽였다고 비난한 것이다.

레이건은 서둘러 휴가를 끝내고 워싱턴으로 돌아왔다. 그는 일요일에 의회 지도자들을 백악관으로 초대해 극적인 밀실 회동을 가졌다. 레이건은 8분짜리 테이프를 틀었다. 오시포비치가 "목표물이 파괴되었다"고 말하는 부분이 들어 있는 감청 녹취본이었다. 사우스캐롤라이나 주 출신의 공화당 상원의원 스트롬 서먼드는 대통령이 미국에 있는 소련 국가보안위원회 요원 269명을 추방하는 식으로 복수를 해야 한다고 말했다.

밀실 회동 후의 브리핑은 RC-135의 존재를 처음으로 공식 인정하는 결과를 낳았다. 하원 다수당 원내대표인 짐 라이트(민주당-텍사스 주)는 브리핑이 끝난 뒤 기자들에게 테이프에서 정찰기가 언급된 내용을 들었다고 말했다. 백악관 관리들은 서둘러 라이트가 잘못 안 거라고 말했지만 부인 과정에서 격추 사고가 있던 날 하늘에 RC-135가 있었다는 사실을 인정했다. 다음 날『워싱턴포스트』와『뉴욕타임스』에는 이 사실이 1면 기사로 나갔다. 9월 5일 월요일 아침, 슐츠는 오전 8시에 자신이 입수한 정찰기에 관한 정식 정보 브리핑을 요청했다. 같은 날, 국무부는 전세계 미국대사관에 4쪽짜리 배경 설명 문서를 보냈다. RC-135가 격추 사건의 원인으로 작용했을 리 없다는 내용이었다. "소련은 한국 항공기와 미국 항공기를 개별적으로 추적했으며, 그 지역에 두 항공기가 있다는 사실을 알고 있었다. 따라서 우리는 이 사건이 오인에 따른 결과였다고 생각하지 않는다." 이 사건에 관한 다른 많은 말들과 마찬가지로 이 말도 틀린 것이었다.[8]

레이건은 그날 하루 종일 백악관 수영장에서 보내고 싶은 마음이었다고 회고했다. 하지만 그는 서재에서 축축한 트렁크를 입은 채 수건을 깔고 앉아 리걸 패드 용지에 연설문을 고쳐 써야 했다. 오시포비치 테이프는 강력한 선전 수단이 되어 있었다. 레이건의 말에 따르면 연설문을 고쳐 쓴 건 "야만적인 행위에 대한 나의 꾸밈없는 생각을 보여주기" 위해서였다. 그날 저녁 레이건은 연설을 하면서 테이프의 일부를 틀었다. "747은 세계의 어떤 비행기와도 다른 독특한 윤곽"을 갖고 있었다. "조종사가 이 비행기를 민간 여객기가 아닌 다른 어떤 것으로 오인할 여지는 전혀 없습니다." 레이건은 그날 밤 공중에 RC-135가 있었다는 사실을 인정하면서도 두 비행기를 혼동할 가능성은 전혀 없다고 일축했다.

그리고는 RC-135는 "잔인한 공격이 벌어지는 한 시간 동안" 육지로 귀환해 있었다고 말했다.

또 이런 말도 덧붙였다. "그리고 이 점에 관해 분명히 알아두셔야 합니다—이 공격은 우리 자신이나 한국만을 대상으로 한 게 아닙니다. 소련은 전 세계를 상대로, 그리고 모든 인간과 인간의 관계를 인도하는 인류의 도덕률을 상대로 공격을 벌인 겁니다. 이것은 개인의 권리와 인간 생명의 가치를 터무니없이 무시하며 끊임없이 다른 나라에 대한 팽창과 지배를 획책하는 사회가 벌인 야만 행위입니다."

레이건과 슐츠가 소련의 무도한 행위에 대해 종주먹을 들이대고 있는 동안 미국의 정보기관들은 이틀 만에 모든 일이 사고인 것 같다는 결론에 도달했다. 중앙정보국 작전본부의 더글러스 매키친 부본부장은 사고 당시 보스턴에서 휴가 중이었는데, 급히 본부로 복귀했다. 그와 동료들은 여러 시간 동안 대형 지도를 이용해 항로에서 벗어난 여객기에 관해 알려진 모든 사실을 도표로 작성했다. 무선 감청 내용도 포함되었다. 매키친의 기억에 따르면 그들은 몇 시간 만에 소련이 실수를 저지른 것이라는 결론에 도달했다. 공군 정보기관이 내린 결론과 같은 것이었다.[9] 실제로 소련인들은 여객기가 무엇인지 확실히 알지 못했고 미국의 RC-135와 혼동했던 것으로 보였다.[10]

훗날 중앙정보국 부국장 로버트 M. 게이츠는 9월 2일 있었던 대통령 일일보고에서—아침 정보 보고를 통해—이런 결론을 언급했다고 밝혔다. 그러나 그의 말에 따르면 일부 관료들은 "흥분 상태라 아무 정신이 없었다".[11]

안드로포프는 9월 1일 아침 일찍 아직 모스크바 교외에 있는 집을 나서기 전에 격추 사건에 관해 들었다. 미국 군용기가 사할린 상공에서 격추되었다는 보고였다. 그는 규칙을 알고 있었다. 외국 비행기가 소련 영공에서 발견되면 침범한 비행기를 향해 소련 영토에 착륙하라는 시각 신호나 무선 신호를 보내야 한다. 만약 명령에 불응하면 가장 가까운 국경 지휘소가 비행기를 파괴하라는 명령을 내릴 수 있다. 전에도 그런 일이 있었다. 역사학자 드미트리 볼코고노프의 말에 따르면, 그럴 때면 관행은 언제나 격추를 부정하는 것이었다. "비행기는 스스로 내려온 것이다."[12]

그날 크렘린에서 정치국 회의가 열리기 직전 국방장관 드미트리 우스티노프가 안드로포프에게 다가와 말을 걸었다. "비행기가 한 대 격추됐습니다. 알고 보니 미국이 아니라 한국 비행기더군요. 그것도 민간 항공기입니다. 좀 더 알아보고 상세하게 보고하겠습니다." 볼코고노프의 말에 따르면, 분명 다른 정보 출처가 있었던 안드로포프는 이렇게 대답했다. "좋아요. 그런데 캄차카 반도 상공에 정찰기가 있었다고 하더군요. 오늘 회의가 끝나면 비행기를 타고 크림 반도로 갑니다. 좀 쉬면서 치료를 받아야겠습니다. 비행기 건은 장관님이 정리해주세요."

도브리닌은 그날 안드로포프를 본 기억을 떠올렸다. 수척하고 걱정스러운 표정의 안드로포프는 도브리닌에게 서둘러 워싱턴으로 돌아가 비상사태를 처리하라고 지시하며 이렇게 말했다. "우리 군이 여객기를 격추하는 큰 실수를 저질렀는데, 이 혼란 상태에서 벗어나려면 오랜 시간이 걸릴 것 같습니다." 안드로포프는 장군들을 자신들이 무슨 일을 저지른 건지 이해하지 못하는 "얼간이"라고 지칭했다. 도브리닌의 말에 따르면, 안드로포프는 군과 마찬가지로 이 비행기가 소련 영공을 침범한 건 소련 레이더를 점검해보기 위한 첩보 임무의 일환이었다고 "진심으로 믿었다". 하지만 그렇더라도 강제 착륙시키는 대신 격추한 건 변명의 여지가 없다고 안드로포프는 말했다.[13]

안드로포프는 세 시간에 걸친 정치국 회의가 끝나자 심페로폴로 휴가를 떠나 소련 지도부용으로 항상 비워두는 호화 별장 한 곳에 머물렀다. 통상적인 비서진뿐만 아니라 의료 시설 전체가 동행한 휴가였다. 오래전부터 브레즈네프의 허약한 오른팔이었던 콘스탄틴 체르넨코가 이때부터 정치국 회의 운영을 인계받았다. 안드로포프는 다시는 회의석상으로 돌아오지 못했다.

도브리닌의 말에 따르면 안드로포프는 "소련의 실수를 공개적으로 인정할 각오가 되어 있었"지만 우스티노프가 만류하는 바람에 입을 열지 않았다. 소련의 반응은 격추 사건에 관해 거짓말을 하고 은폐하는 것이었다. 9월 1일 타스통신에서 처음 발표한 속보에서는 비행기가 격추된 사실조차 언급하지 않았다.

> 8월 31일 저녁부터 9월 1일 새벽까지 정체불명의 비행기가 태평양 방면에서 캄차카 반도 상공의 소련 영공에 진입했으며, 뒤이어 사할린 섬 상공에서 다시 소련 영공을 침범했다. 이 비행기에는 항법등이 없었고 질문에도 답하지 않았으며 관제소와 연락도 되지 않았다.
> 침입 비행기를 향해 발진한 방공 전투기들이 가장 가까운 공항으로 인도하면서 도와주려고 했다. 하지만 침입 비행기는 소련 전투기들의 신호와 경고에 아무 반응도 보이지 않은 채 일본해 방향으로 비행을 계속했다.[14]

9월 2일 정치국이 다시 회의를 열었다. 이번에는 체르넨코가 회의를 주재했다. 소련 통치자들이 원을 그리고 둘러앉아 비행기가 격추된 사실을 인정할 것인지를 놓고 걱정을 나누었다. 그로미코*는 발포한 것은

---

* 1957~1985년 외무장관을 지낸 소련의 대표적인 외교관이자 정치인(Andrei Gromyko).

맞지만 "적법하게 행동한 것"이라고 주장하자고 말했다. 뒤이어 우스티노프 국방장관이 정치국원들에게 말했다. "정치국원 여러분께 장담하는데, 우리 조종사들은 군인으로서의 의무에 따라 한 치도 어긋남이 없이 행동했으며, 제출한 보고서에 설명된 내용은 모두 틀림없는 사실입니다. 미국제 남한 항공기가 우리 영토로 500킬로미터 들어온 만큼 우리가 한 행동은 절대적으로 옳았습니다. 모양을 가지고 이 항공기를 정찰기와 구별하는 건 대단히 어렵지요. 소련군 조종사들은 여객기에 발포하지 못하게 되어 있습니다. 하지만 이 상황에서 그들이 한 행동은 완전히 정당합니다. 국제 규정에 따라 항공기를 향해 우리 공항에 착륙하라는 통고를 몇 차례나 했기 때문입니다."

연로한 정치국원들 가운데 비교적 젊은 인물로 떠오르는 별이라고 할 수 있었던 미하일 고르바초프가 말했다. "항공기는 오랜 시간 동안 우리 영공에 머물렀습니다. 비행기가 항로를 벗어난 것이었다면 미국이 우리에게 통고할 수 있었는데 그렇게 하지 않았습니다."

우스티노프는 한국 항공기에 항법등도 없었다고 주장했다. 그의 말에 따르면 소련 조종사는 경고 사격을 가한 뒤 "항공기가 전투기이며 강제로 착륙시켜야 한다고 지상에 통고"했다.

그로미코: 우리 비행기가 발포를 한 사실을 부정할 수는 없습니다.

당시 모스크바 공산당 제1서기였던 빅토르 그리신이 물었다. "그런데 남한 조종사는 뭐라고 하던가요?"

우스티노프: 우리 측은 아무 말도 듣지 못했습니다.

국가보안위원회 의장 빅토르 체브리코프는 수심이 최대 100미터에 달하는 해저 수색에 관해 설명했다. 소련 선박과 일본 어선이 여러 척 그 지역에 있었다. 그로미코가 말했다. "이 배들이 비행기의 블랙박스를 끌어올릴 수 있다는 말입니다. 우리도 할 수 있고요." 다른 이들은 고의적으로 격추했다는 증거가 드러날까 걱정하는 목소리를 높였다. 고르바초프는 미국이 소련 요격기가 실제로 발포하는 것을 탐지했는지 물었다.

체브리코프: 아니오. 그들이 보지는 못했어요. 하지만 우리 행동이 전적으로 적법한 것이었다는 점을 거듭 강조하고 싶군요.

브레즈네프 쪽 사람으로 각료회의 의장인 니콜라이 티호노프가 말했다. "우리가 바르게, 적법하게 행동했다면 우리가 이 비행기를 격추했다고 곧이곧대로 말해야 합니다."

그로미코: 우리가 발포했다고 말해야 합니다. 적들이 우리가 기만하고 있다고 비난하지 못하도록 솔직하게 말합시다.

그리신: 무엇보다도 비행기가 격추된 것이라고 솔직하게 공표해야 한다는 점을 강조하고 싶습니다.

하지만 그는 정보를 찔끔찔끔 흘리고 싶어했다. 우선 조사한다고 발표하고 나중에 "비행기가 공격을 당했다"고 인정하자는 것이었다.

고르바초프: 무엇보다도 저는 우리 행동이 적법했다고 확신한다는 말을 하고 싶습니다. 항공기가 두 시간 동안 소련 영토 위에 머물렀다는 사실을 보면, 이것이 사전에 계획된 행동이 아니라고 보기 힘듭니다. 우리는 성명을 통해 이것이 국제 협정을 노골적으로 위반한 것임을 정확히 보여주어야 합니다. 지금 조용히 결과를 기다릴 게 아니라 공세적인 입장을 취해야 합니다. 한편으로 기존의 설명을 확인하면서 이걸 더 발전시켜야 합니다. 우리가 현 상황을 심각하게 조사하고 있다고 말입니다.[15]

사실 '기존의 설명'은 거짓말이었다. 볼코고노프의 말에 따르면, 고르바초프는 "꼴사나운 사건에서 지도부를 분리하고 책임을 다른 쪽에 떠넘기는 방법을 찾는 데만 관심을 기울였다". 볼코고노프가 덧붙여 말한 것처럼 정치국 회의 참석자들은 "격추 사고의 희생자 269명에 대해 전혀 가책을 느끼지 않는 충격적인 모습을 보였다. 심지어 가책하는 모습을

나타내지도 않았다. 남한 보잉기의 비극적인 사건은 안드로포프 통치의 애처로운 상징이 되었다".[16]

　모스크바는 9월 6일까지 격추 사실을 인정하지 않았고 공식적인 설명도 그로부터 3일 뒤로 미루었다. 이런 불명확한 상황은 서구의 의심을 더욱 부채질했다. 침묵과 거짓말로 일관하는 소련의 행동은 레이건의 말마따나 악의 제국처럼 비쳐졌다. 소련은 이 비행기가 미국 중앙정보국의 임무를 수행하면서 의도적으로 소련 영공을 침범하는 술수를 부렸다고 주장했다. 그러던 차에 워싱턴에서 RC-135의 비행 사실이 드러나자 소련의 선전 기구는 폭주하기 시작했다. 당 기관지인 『프라우다Pravda』는 9월 5일자에서 레이건의 발언이 "소련과 사회주의에 대한 격렬한 증오와 악의로 가득 차 있다"고 꼬집었다.[17] 9월 9일, 니콜라이 오가르코프 원수는 두 시간에 걸친 기자회견에서 지역 방공 부대가 침입 비행기를 RC-135로 확인했다고 주장했다. 그는 이 비행기가 첩보 임무를 수행하는 중이었다고 목소리를 높였다.

　볼코고노프는 후에 이렇게 말했다. "이 사건을 다룬 방식을 보면 소련 지도부의 정신 구조가 어땠는지 드러난다. 안드로포프는 한 달이 넘도록 이 문제에 대해 침묵으로 일관했다…… 잔해 수색팀은 비행기의 '블랙박스'를 찾아 인양했다. 하지만 세계 언론이나 서울 당국에 아무 말도 하지 않기로 결정했고, 소련 선박들은 그 뒤에도 2주 동안 이 해역에 머물렀다. 수색 작업이 결실을 거두지 못한 채 계속되고 있다는 인상을 풍기기 위한 조치였다."

레이건은 여러 차례 분노와 혐오감으로 가득한 연설을 했지만 실제 행동에서는 대결을 고조시키지 않았다. 그는 소련 국가보안위원회 요원들을 추방하라는 서먼드의 요구를 무시했다.[18] 슐츠는 레이건으로부터 마드리드에서 소련 외무장관 안드레이 그로미코와 예정된 회담을 진행해도 된다는 승인을 받았다. 레이건은 격추 사건 때문에 핵군축 회담을 중단하는 것을 원치 않았다. 레이건은 회고록에서 다음과 같이 기억을 떠올렸다. "사실을 말하자면, 대한항공 격추 사건을 계기로 세계가 얼마나 벼랑 끝에 다가섰는지, 그리고 핵군축이 얼마나 필요한지가 드러났다. 어떤 이들이 추측한 것처럼 단순히 소련 조종사들이 여객기를 군용기로 오인한 것이라면, 핵무기 발사 버튼에 가까이 있는 소련의 군 인사가 훨씬 더 비극적인 착각을 범하는 일도 충분히 상상할 법하지 않은가?"

슐츠는 마드리드에서 그로미코와 만났다. 처음 만나는 것으로 공식 회담에 앞서 우선 마련된 사적인 자리였다. 그는 그 자리에서 여객기 문제를 제기했다. "팽팽한 분위기였다. 그로미코는 전혀 반응을 보이지 않았다." 뒤이어 확대회의가 열렸다. "끔찍한 대결의 장이었다. 한 순간 그로미코가 회의장을 떠나려는 것처럼 일어나서 서류를 챙겨들었다. 그는 아마 내가 자리에 앉으라고 말릴 것을 기대한 것 같다. 나는 정반대로 그를 회의실 밖으로 바래다주려고 일어났는데, 그러자 그가 자리에 앉았고, 나도 앉았다." 그로미코는 미국의 국무장관 열네 명을 상대해왔는데 이때가 가장 팽팽한 회의였다고 했다. 슐츠는 "회의가 워낙 격해지고 논점에서 벗어나 그냥 끝내야 했다"고 말했다.

미국은 소련의 관리들을 당혹스럽게 만들고 자신들의 거짓말에 이의를 제기하게 하려고 애를 썼다. 소련 지도자들은 이런 시도를 도발로 보았다. 미국이 의도적으로 소련의 실수를 유도하려고 기를 썼다는 것이다.

9월 27일, 워싱턴에서 중앙정보국의 게이츠 부국장은 슐츠에게 첩보 평가서를 전달했다. 스탈린이 사망한 1953년 이래로 어느 때보다도 미국과 소련의 관계가 "전반적으로 암울하다"는 내용이었다. 게이츠는 소련 지도자들이 미국 역사상 어느 정부보다도 레이건 행정부를 두려워

한다고 말했다.[19]

9월 28일, 안드로포프는 미국에 대해 유례없이 거친 비난 성명을 발표했다. 이 성명은 『프라우다』와 『이즈베스티야*Izvestia*』*에 발표되었고 텔레비전 저녁 뉴스에서도 낭독되었다. 안드로포프는 레이건 행정부가 "평화를 심각하게 위협하는 군사주의의 길"을 걷고 있다고 말했다. "현 행정부의 정책이 개선되는 방향으로 나아갈 수 있다는 환상을 가진 사람이 있다면, 최근의 사태는 이런 환상을 산산이 무너뜨렸다." 도브리닌의 말에 따르면 안드로포프는 특히 '산산이'라는 단어를 힘주어 말했다. 도브리닌의 말을 들어보자. "소련 지도부는 레이건과는 어떤 합의에도 도달하는 게 불가능하다는 결론에 의견을 모았다."

며칠 뒤 안드로포프는 크림 반도의 한 공원으로 잠시 산책을 나갔다. 가벼운 옷차림을 한 그는 피곤을 느끼자 그늘에 있는 화강암 벤치에 앉아 한숨을 돌렸다. 그런데 갑자기 몸이 얼음장이 되면서 이내 어찌하지 못할 정도로 부들부들 떨기 시작했다. 볼코고노프는 몇 년 동안 안드로포프를 치료한 차조프의 말을 인용한다. 차조프의 설명에 따르면, 아침에 안드로포프를 진찰했을 때 염증이 넓게 퍼져 있어서 수술이 필요한 상태였다. "수술은 성공리에 끝났지만 워낙 기력이 쇠해서 수술 상처가 아물지 않았다…… 상태가 점차 나빠지고 무력감이 커지자 걸으려는 노력을 다시 멈췄지만 상처는 여전히 아물지 않았다…… 안드로포프는 상태가 호전되지 않으리라는 걸 깨닫기 시작했다."[20] 차조프는 회고록에 이렇게 적었다. "1983년 9월 30일, 안드로포프 건강의 마지막 초읽기가 시작되었다."[21]

---

* 옛 소련 정부의 기관지.

데드핸드

9월 4일, 모스크바로부터 '긴급' 전보가 런던에 있는 올레크 고르디옙스키의 책상 위로 잇따라 도착했다. 첫 번째 전보는 미국이 격추 사고를 반 ßß소련 히스테리를 자극하기 위해 활용하고 있다는 내용이었다. 두 번째와 세 번째 전보에는 여객기가 첩보 임무를 수행하는 중이었다는 암시가 담겨 있었다. 이런 이야기는 나중에 대한항공 기장이 스파이 활동을 자랑하고 친구들에게 비행기에 있는 첩보용 기구를 보여주었다는 가짜 보고서들로 윤색되었다. 어떤 전보에서도 소련 요격기가 여객기를 격추한 사실을 인정하지 않았다. 며칠 뒤 전보 두 개가 더 왔다. 국가보안위원회 요원들에게 미국과 일본이 당시 여객기와 계속 무선 교신 중이었다는 이야기를 주입하라고 촉구하는 내용이었다. 한때 여객기 조종사가 "지금 캄차카 반도 상공을 비행 중이다"라고 교신을 했다는 허위 주장도 제기되었다.[22] 고르디옙스키는 당시 기억을 떠올렸다. "이 거짓말은 너무도 어처구니가 없어서 지부의 내 동료들 대부분은 이 때문에 소련의 국제적 평판에 금이 갈 것이라고 당혹스러워했다."[23]

런던 주재 국가보안위원회 책임자인 아르카디 구크는 격추 사건 당시 모스크바에 체류 중이었는데, 나중에 고르디옙스키를 조용히 불러 당시 캄차카 반도와 사할린 섬의 소련 방공 레이더 기지 열한 곳 중 여덟 곳이 제대로 작동하지 않았다고 말해주었다.[24] 도브리닌도 모스크바에서 우스티노프 국방장관으로부터 비슷한 설명을 들었다.[25]

모스크바에서 온 전보는 영국에 전달되었다. 당시 외무장관인 제프리 하우는 한 가지 "매우 강력한 인상이 순식간에 마음속에 생겨났다"고 회고했다. "소련 지도부가 자신들의 선전 내용을 대부분 정말로 믿고 있다는 인상이었다. 그들은 정말로 '서구'가 소련 전복 음모를 꾸미고 있다고 걱정했다—그리고 실제로 전복을 위해 노력할지도 모른다고 두려워했다."[26] 이 보고서들에 관해 알고 있던 마거릿 대처 총리는 9월 29일 워싱턴을 방문해 레이건과 만났다. 대처는 "소련인들이 자국의 안보에 대한 망상증에 시달리고 있는 것 같다"고 걱정하는 레이건을 보고 이렇게 물었다. "그들은 정말로 서구로부터 위협을 받는다고 생각하는 걸까요, 아니면 단순히 공세를 지키려고 애쓰는 걸까요?"[27]

대처는 몇 년 뒤 이렇게 회고했다. "우리는 위험한 단계에 접어든 상태였다. 로널드 레이건과 나는 둘 다 이런 사실을 알고 있었다." 대처의 반응은 전문가들의 도움을 구하는 것이었다. 대처는 회고록에서 이렇게 썼다. "우리가 해야 할 일은 우리와 대결하는 민족과 체제에 관해 최대한 많은 정보를 얻는 것이었고, 더 나아가 우리의 안보를 위협하지 않는 한 최대한 많이 이 체제에서 살고 있는 이들과 접촉하는 것이었다." 대처는 격추 사건 이후 며칠 동안 총리 별장인 체커스Chequers에서 소련 전문가들과 세미나를 열었다. 외무부에서 참가자 후보들의 명단을 보내왔다. 대처는 명단 위에 "나는 이런 방식을 원하지 않습니다"라고 적었다. 그러면서 "소련—소련의 사고방식—을 정말로 연구한 사람들과 그곳에서 살아본 경험이 있는 사람들"을 데려오라고 요구했다.[28]

학자 여덟 명이 초빙되었다. 옥스퍼드대학교 세인트앤터니칼리지의 아치 브라운 교수도 그중 한 명이었다. 브라운은 소련 정치 체제와 권력 구조에 관한 논문을 제출했다. 그는 세미나에서 최연소 정치국원인 고르바초프를 장래의 서기장으로 꼽으며 그가 "정치국에서 가장 교육 수준이 높고 아마 가장 열린 사고를 갖고 있으며 소련 시민의 관점에서나 외부 세계의 관점에서나 그가 가장 전도유망한 선택"이라고 말했다.[29]

대처는 가만히 귀를 기울이고 있었다.

가을에 소련과 미국은 핵전쟁을 둘러싼 공포의 물결—전쟁 소동—에 사로잡혔다. 레이건에 대한 소련의 공세는 병적인 흥분 상태에 다다랐

데드핸드

다. 자유라디오^{Radio Liberty}*의 소련 국내 문제 분석가인 엘리자베스 티그의 말에 따르면, 1983년 이전 시기에는 소련의 대중매체가 서구 지도자들에 관한 인신공격성 발언을 삼갔다. 하지만 한국 여객기가 격추된 뒤에는 소련 언론에서 레이건을 이례적으로 신랄하게 묘사하기에 이르렀다. "레이건은 위험하고, 거짓말을 잘하고, 파렴치하고, 위선적이고, 심지어 범죄적인 인물로 묘사되었다. 또한 캘리포니아 주지사 시절 부동산 투기를 하고, 국세청을 속이고, 마피아와 손을 잡고, 오로지 개인적인 이득을 위해 언제든 정치적 신의를 저버리는 식으로 '돈을 긁어모은' 인물로 그려졌다."

"요컨대 레이건은 믿을 수 없는 인물이며 어떤 일도 같이할 수 없는 사람으로 그려졌다."[30]

소련 대중매체는 거듭해서 2차 대전 이래 어느 때보다도 핵전쟁이 발발할 위험이 크다고 보도했다. 이런 보도는 코앞에 닥친 퍼싱 II 미사일 배치에 반대하고, 소련 국민들에게는 한층 더 많은 희생의 감내를 요구하는 선전을 배가하라고 한 그해 봄의 안드로포프 지시에 따른 부산물이었을 것이다. 국영 텔레비전에서 방영된 한 다큐멘터리 영화에서는 미국을 세계 지배에 몰두하는 위험한 '군국주의' 강대국으로 그렸다. 45분짜리 이 영화는 미국이 핵무기를 터뜨리는 장면과 다양한 미사일의 모습을 전쟁 희생자들과 소련의 전몰자 기념비, 모스크바의 평화 의지 선언 장면과 대비했다. 또 공산당원들에게 보낸 내부 서한에서는 향후 몇 년 동안 미국과 관계가 나빠질 거라고 경고했다.[31] 그해 가을 모스크바의 대학생이던 스베틀라나 사브란스카야는 전쟁 소동이 특히 나이 든 사

---

* 1951년 미국에서 설립한 라디오 방송. 소련을 대상으로 자유화 공세를 펼치는 홍보 방송을 진행했다.

람들한테 무척 현실적으로 느껴졌다고 회고했다. 시민들은 1주일에 한 번씩 대피소에 모여 민방위 교육을 받았다. 사람들은 유럽에서 핵폭탄이 도달하기까지 11분 안에 대피소를 찾아가야 한다는 말을 들었다. "집으로 가는 길에 지도를 보며 스스로 묻곤 했던 기억이 납니다. 미국에서 날아온 미사일이 떨어지는 데 얼마나 걸릴까, 하고 말이죠."[32]

콜럼버스의 날*이 낀 주말에 캠프데이비드에 머무르던 레이건은 상영 예정인 텔레비전 영화 한 편을 비디오로 보았다. 전형적인 미국 도시인 캔자스 주 로렌스에 핵 공격이 가해지는 가상의 상황을 다룬 《그날 이후The Day After》였다. 제이슨 로바즈가 주인공인 영화는 11월 전국에 방영될 예정이었다. 영화에서는 캔자스대학교가 자리한 전원적이고 즐거운 중서부 도시의 모습이 그려졌다. 늦은 오후의 태양 아래 사내애들은 미식축구를 하고, 농장의 가족은 결혼식을 준비하고, 뒷마당에서는 편자 던지기 놀이가 한창이었다—레이건이 오래전부터 이상으로 여겨온 미국의 모습이었다. 그런데 유럽에 비상사태가 발생해 전면적인 핵 경보가 내려졌다는 뉴스 보도가 배경에서 흘러나온다. 영화 속의 한 인물이 말한다. "지금 우리는 히로시마 얘기를 하는 게 아닙니다. 히로시마는 새 발의 피에 불과합니다." 비상사태는 순식간에 걷잡을 수 없이 확산되고, 유럽 각국의 도시는 전술 핵무기의 공격을 받는다. 이윽고 캔자스 주 로렌스의 모든 사람의 눈이 하늘로 향한다. 인근 군 기지에서 소련을 향해 미니트맨 미사일을 발사한 것이다. B-52 폭격기들이 이륙한다. 그리고 30분 만에 소련 미사일이 날아와 로렌스를 강타한다. 핵폭발의 폭풍과 열기와 낙진이 사방으로 퍼진다. 영화 후반부에서 병원 의사로 분한 로바즈는 황폐한 풍경을 하염없이 돌아다닌다. 방사능 때문에 얼굴이 창백

---

* 콜럼버스가 아메리카 대륙에 도착한 일을 기념하는 날로 10월 12일이다.

해지고 머리가 빠진 모습이다. 로바즈의 눈에는 통증과 질병과 불법만이 가득하다. 그가 핵폭발에서 살아남은 임신부에게 희망을 가지라고 설득하자 여자가 대꾸한다. "무슨 희망요? 사실을 알았잖아요. 핵폭탄과 낙진의 실상을 전부 알았잖아요. 40년 동안이나 이런 일이 생길 걸 알면서도 아무도 관심이 없었잖아요! 어디 희망에 관해 말해봐요!"

영화는 당시 사람들이 핵전쟁에 관해 품은 공포를 극적으로 보여주었다. 영화를 계기로 핵겨울에 대한 관심이 높아졌다. 핵폭발 이후 기후가 변해 여름에도 눈이 내리는 핵겨울 말이다.

레이건은 일기에 다음과 같이 썼다.

콜럼버스의 날. 캠프데이비드, 아침. ABC에서 11월 20일 방영 예정인 영화 테이프를 틀었다. '그날 이후'라는 제목이다. 소련과 핵전쟁이 벌어져 캔자스 주 로렌스가 깡그리 사라진다. 굉장한 영화다. 700만 달러의 값어치를 한다. 영화가 아주 인상적이어서 기분이 무척 울적해졌다. 지금까지 예정된 광고 물량 스물다섯 개 중 하나도 못 팔았다는데, 이유를 알 만하다…… 내 반응으로 말할 것 같으면, 억제책을 보유하고 절대 핵전쟁이 일어나지 않도록 최대한 노력해야 한다는 것이다.[33]

레이건의 공식 전기작가인 에드먼드 모리스의 말에 따르면 레이건은 이 영화를 본 뒤 "멍해졌고", 그의 "무척 울적해졌다"는 토로는 그에 대한 자료 가운데 이날의 일기에서만 볼 수 있는 표현이었다. 나흘이 지난 뒤에도 레이건은 《그날 이후》 때문에 생긴 우울감을 떨쳐버리려고 애쓰고 있었다".[34]

다음 날인 10월 11일, 국가안전보장회의의 최고위 소련 전문가인 잭 F.

매틀록 2세는 모스크바에 근무할 때 알게 되었던 소련 언론인과 만났다. 53세의 세르게이 비시넵스키는 『프라우다』의 베테랑 칼럼니스트였다. 매틀록은 자신이 모종의 메시지를 가지고 온 척했다—비시넵스키는 당에 연줄이 많았고 아마 국가보안위원회에도 연줄이 있었을 것이다. 나중에 매틀록은 메모에 이렇게 적었다. "그의 직업은 선전이며 그의 전문 분야는 미국이다." 두 사람은 옛 행정부 청사 건너편에 있는 카페테리아에서 만났다.

비시넵스키는 솔직했다. 그는 자신의 주장을 펼치느라 여념이 없어 어떤 문제에 관해서든 매틀록과 토론을 하려고 말을 멈추지 않았다. 그는 이런 메시지를 전달했다. "현 미소 관계는 위험한 수준까지 악화된 상태다. 소련 국민의 다수가 전쟁이 임박한 것이냐고 묻고 있다." 비시넵스키는 매틀록에게 자신도 9월 28일자 안드로포프의 성명을 걱정스럽게 생각한다고 말했다. 그에 따르면 이 성명은 "사실상 전례가 없는 일이고 현재 지도부가 느끼는 좌절감을 반영한 것"이었다. 안드로포프가 경고하는 요지의 일부는 소련 국민들에게 허리띠를 졸라맬 준비를 하라는 것이었다. 하지만 비시넵스키의 말에 따르면 "(소련) 지도부는 레이건 행정부가 소련 체제를 무너뜨리려고 노력하고 있으며 인정사정없이 몰아칠 것이라고 확신하고 있"었다. "따라서 준비 태세를 갖추고 맞받아치는 것 말고는 선택의 여지가 없었다."[35]

비시넵스키는 소련 경제가 "총체적인 난국이고 점점 나빠지고 있"으며 지도부는 경제 문제에 집중하기 위해 긴장을 완화할 필요가 있다고 말했다. 더욱이 그의 말에 따르면, 소련 지도부는 갈수록 레이건이 성공 가도를 달리고 있다고 보았다. 미국 경제가 개선되고 1984년 재선에 레이건이 출마할 공산이 컸기 때문이다. 소련인들은 이제 두 달 앞으로 다가온 퍼싱 II 미사일의 배치를 막을 수 없다는 것을 깨달았다. 또한 이런 사태 전개에 대해 어떻게 대응해야 할지도 알지 못했다. 자신들의 호전성 때문에 기존의 입장에서 꼼짝도 못하는 형국이었다. 소련 지도자들은 한국 여객기 격추 사건에 대한 레이건의 대응 때문에 "진흙탕에서 뒹구는 처지가 되었다".

레이건은 10월에 핵전쟁 준비 절차인 극비 단일통합작전계획에 관한 새로운 브리핑을 받았다. 단일통합작전계획 6호라는 이름의 6세대 전쟁 계획은 1983년 10월 1일 발효되었다. 새로운 계획은 대통령에게 장기 핵전쟁을 치르는 선택권을 부여하려는 바람을 반영한 결과물이었다.[36] 레이건은 일기에 이렇게 적었다. "캡틴 W*와 베시 장군하고 상황실에서 정신이 번쩍 드는 경험을 함. 핵 공격이 벌어질 경우 우리의 전체적인 계획에 관한 브리핑을 들음."[37]

레이건은 훗날 회고록에서 그때의 기억을 이렇게 떠올렸다. "브리핑에서 설명한 사태의 결과는 몇 가지 점에서 ABC 영화의 결과와 흡사했다. 하지만 펜타곤 사람들 가운데는 여전히 핵전쟁에서 '이길 수 있다'고 주장하는 이들이 있었다. 나는 그 사람들이 제정신이 아니라고 생각했다. 설상가상으로 소련 장성들 가운데도 핵전쟁에서 승리를 거두겠다고 생각하는 이들이 있는 것으로 드러났다."[38]

슐츠는 10월 중순 레이건에게 최근 내놓은 모든 군축 제안이 아무 성과도 내지 못했다고 말했다. 레이건이 슐츠에게 말했다. "상황이 점점 격해지고 군축이 여전히 쟁점으로 남으면 안드로포프를 직접 만나러 가서 모든 핵무기를 철폐하자고 제안해야 할지도 모르겠습니다." 슐츠는 안드로포프가 핵무기를 포기하는 일은 없을 거라고 대꾸했다. "핵무기가

---

* 캐스퍼 '캡' 와인버거 국방장관을 가리킨다.

없으면 소련은 초강대국이 아니니까요."

갑자기 레이건은 대통령 재임 기간 중 가장 혼란스럽고 불확실한 시기로 휩쓸려 들어갔다. 클라크는 국가안보보좌관에서 물러나 내무장관으로 자리를 옮겼다. 레이건은 클라크의 부관인 로버트 C. 맥팔레인을 국가안보보좌관으로 승진시켰다. 맥팔레인은 지난 몇 달 동안 레바논 위기를 협상하느라 대부분의 시간을 보내고 있었다. 서유럽 전역에서는 반핵 집회가 열려 200만 명이 거리로 쏟아져나와 퍼싱II 미사일 배치 계획에 반대하는 목소리를 높였다.

10월 23일 오전 6시, 한 운전자가 노란색 메르세데스 트럭을 몰고 주차장을 가로질러 레바논 베이루트국제공항에 있는 미국 해병대 야영지로 갔다. TNT 5.4톤이 넘는 폭발물이 실린 트럭이 폭발하면서 미군 인력 241명이 사망하고 100여 명이 부상을 당했다. 레이건 집권기에 미군이 가장 심각한 인명 손실을 겪은 사건이었다.[39] 소식을 접한 맥팔레인이 한밤중에 레이건을 깨우자 그의 얼굴은 잿빛으로 변했다. 맥팔레인은 "레이건이 방금 전에 가슴을 한 대 맞은 사람, 아니 72세의 노인처럼 보였다"고 회고했다. "기력이 다 빠진 사람처럼 보였다. 그가 믿을 수 없다는 표정으로 물었다. '어떻게 이런 일이 생기지? 얼마나 심각한가? 누가 한 거야?'" 이틀 뒤인 10월 25일, 레이건은 미군에 카리브 해의 작은 섬나라인 그레나다 침공을 명령했다. 쿠데타에 이은 정정 불안 때문에 이 섬에 있는 미국 학생들이 위태롭다는 이유에서였다.[40] 10월 27일, 레이건은 노스캐롤라이나 주 캠프러준에서 베이루트에서 희생된 해병대원들을 위한 추도식을 치렀다. 맥팔레인의 기억에 따르면 레이건은 "정말로 비통한 모습이었다".

이 와중에 중앙정보국에서 작성한 비밀 분석 문서 하나가 레이건에게 전달되었다. 문서에는 핵 공격 징후를 포착하기 위한 소련 국가보안위원회의 첩보 수집 작전인 '리안'에 관한 고르디엡스키의 보고서가 들어 있었다. 맥팔레인은 그레나다와 레바논의 위기가 한창이던 10월 이 문서가 레이건에게 전달되었다고 기억하는데, 정확한 날짜는 아무도 모른다.[41] 대처도 고르디엡스키의 정보에 관해 알고 있었고, 몇 주 전 미국을 방문했을 때 레이건에게 이 정보에 관해 말해주었을지도 모른다.

처음에 맥팔레인은 소련인들이 과연 고르디엡스키의 자료에서 드러난 것처럼 망상에 사로잡혀 있는지 확신하지 못했다. "겉으로 드러나는 이 망상증이 진짜인지 아니면 우리와 동맹국 사이를 이간질하려고 서유럽을 상대로 펼치는 선전 책략인지 마음속에 의문이 생겼다." 그로미코 외무장관이 정치국의 일원이라는 점은 위안이 되었다―40년 동안 미국을 상대한 그로미코는 미국이 핵전쟁을 벌이지 않을 것을 확실히 알았기 때문이다. 그러나 맥팔레인은 프라하와 부다페스트에서 제출한 정보 보고를 통해 사람들이 "정말로 이 사태에 대해 불안해하는 걸" 보고 걱정이 커졌다고 말했다. 맥팔레인은 자료를 읽자마자 "진짜 심각한 문제일 수도 있겠다는 생각이 들었다".[42]

10월 28일, 매틀록이 맥팔레인에게 걱정스러운 내용의 짧은 문서를 보냈다. 모스크바 주재 미국대사인 아서 하트먼이 그로미코와 회동하면서 나눈 불안한 내용에 관해 보고를 한 것이다. 매틀록의 말을 들어보자. "그로미코가 한 말의 주된 취지는 소련 지도자들은 레이건 행정부가 그들의 정통성을 받아들이지 않으며, 따라서 소련과 진지한 교섭을 할 준비가 되어 있기는커녕 사실상 소련 체제를 무너뜨리는 데 전념하고 있다고 확신한다는 것이었다." 매틀록은 이런 주장에는 "대체로 자기 본위의 요소"가 있을 수 있다고 지적하면서 이렇게 말했다. "하지만 나는 이것이 소련 지도부 사이에서 정책을 논할 때 오고가는 이야기라고 생각한다."[43]

1983년 11월, 핵 공격에 대한 두려움에 사로잡힌 소련은 건설 노동자들을 동원해 서둘러 전략로켓군의 새로운 극비 사령부용으로 우랄 산맥 땅속 깊은 곳에 지하 벙커를 팠다. 벙커가 완성되면 사령관들이 이 지하 은신처에서 핵전쟁을 지휘할 수 있었다. 건설 노동자들이 점점 더 깊이 화강암을 파고들어가면서 하루에 두 차례씩 산 사이로 폭발음이 메아리쳤다. 터널은 이미 바위 속 수백 미터까지 뚫렸지만 공사가 완공되려면 아직 한참 남은 상태였다. 어둑한 통로에 물이 찼다. 시험용으로 첫 번째 전자 장치를 굴 안 깊숙한 곳으로 가지고 왔다. 벙커의 암호명은 '동굴'을 뜻하는 러시아어 '그로트Grot'였다. 미국의 정보 분석가들은 소련이 그로트를 굴착하고 대대적으로 모스크바에 지도부용 지하 벙커를 만드는 모습을 보면서 걱정스러운 동시에 당혹감을 느꼈다. 소련이 도대체 무슨 생각을 하고 있는지 의문이었다. 핵전쟁을 치르고도 살아남을 수 있다고 생각하는 걸까?

소련의 망상증은 11월 2~11일로 예정된 나토의 유럽 군사 훈련 계획 시기에 정점에 다다랐다. '유능한 사수 '83Able Archer '83'이라는 이름의 이 훈련은 유럽에서 전쟁이 발발했을 때 핵무기를 전면적으로 발사하는 과정을 모의 실행하는 프로그램이었다. 소련은 오래전부터 이 훈련이 실제 공격을 위장하는 용도로 활용될지 모른다고 두려워했다. 소련의 전쟁 계획 역시 이런 식의 기만 전술이 들어 있었다. 고르디옙스키에 따르면 모스크바는 특히 '유능한 사수 '83'의 두 가지 특징에 경계의 눈초리를 보냈다. 첫째, 재래식 전쟁에서 핵전쟁으로 전환하는 절차와 메시지 방식이 종래의 훈련과 매우 달랐다. 둘째, 이번에는 가상의 나토군이 통상적인 준비 태세에서부터 전면 경보 단계에 이르기까지 모든 경보 단계를 연습할 예정이었다. 국가보안위원회는 이 훈련을 실제 경보로 오인했을지도

모른다.[44]

'유능한 사수' 훈련의 원래 시나리오에서는 국방장관과 함참의장을 비롯한 고위 관리들이 자기가 맡은 역할을 하고 레이건과 부시도 잠깐 모습을 드러낼 예정이었다. 소련이 이 사실을 알았더라면 불안감이 더 커졌을지도 모른다. 맥팔레인의 기억에 따르면, 소련이 이 훈련에 대해 우려하고 있다는 사실을 알자마자 그는 대통령에게 훈련에 참여하지 말라고 요청했고, 레이건도 동의했다고 한다. "설득하는 데 큰 어려움은 없었다." 레이건은 당혹스럽고 불안한 느낌이었다.[45]

11월 5일, 모스크바 본부는 국가보안위원회 런던 지부에 기습 핵 공격 준비 태세를 살피기 위한 자세한 점검 목록을 보냈다. 이 무렵 국가보안위원회는 '리안'을 통해 획득한 정보를 평가하기 위해 모스크바 본부에 '전략국'을 설치한 상태였다.[46] 모스크바 본부는 전보에서 일단 기습 핵 공격 결정이 내려지면 실행하기 전까지 7일에서 10일밖에 시간이 없으니 영국 정부 관리들과 청사를 예의 주시해서 무슨 일이 진행 중인지 잘 살펴야 한다고 경고했다.

11월 8일이나 9일 밤, 모스크바에서 서유럽 전역의 소련 정보 요원들에게 긴급 전보를 발송했다. 미군 기지들에 경보가 내려졌다는 오인 보고가 담긴 전보였다. 전보에서 미국이 경보를 발령한 이유로 든 것은 두 가지였다. 하나는 베이루트 폭탄 공격 사건의 결과로 미군 기지들의 안전에 대한 우려가 커졌다는 점이었다. 통상적이고 이해할 만한 일이었다. 다른 하나는, 고르디옙스키의 말에 따르면, 이런 사실이 핵 선제공격 준비 태세의 특징이라는 것이었다. 소련 정보 요원들은 미국이 '경보'를 발령한 이유와 전쟁 계획을 암시하는 다른 지표가 있는지 시급하게 보고해야 했다.[47]

게이츠의 기억에 따르면 '유능한 사수' 훈련 기간 동안 소련을 비롯한 바르샤바조약기구 군대에서 상당한 움직임이 있었다. 훈련 기간 동안 소련군은 기상예보를 내보내지 않았다. 게이츠가 부연 설명한 것처럼 소련 제4전선항공군 부대들은 이미 준비 태세를 강화한 상태였고, 모든 전투비행 작전은 11월 4일에서 10일로 연기되었다. 긴장은 11월 11일 훈련이 끝나면서 조금 풀어졌다.

두 초강대국이 오인으로 인해 전쟁으로 치닫는 일은 없었지만 레이건은 이 일을 계기로 자기 나름의 판단을 내렸다. 레이건은 그답지 않게 처음으로 자기성찰을 한 끝에 소련 지도자들이 정말로 공격을 두려워하고 있을 수도 있다는 점을 인정했다. 11월 18일 일기에는 다음과 같은 구절이 있다. "소련인들이 워낙 방어에 신경을 쓰고 공격 가능성에 대한 망상에 시달리고 있는 터이니, 설령 부드러운 태도를 취하지는 않더라도 이 나라의 어느 누구도 소련을 공격할 의도가 없다는 점을 말해줄 필요가 있다. 도대체 왜 누군가 공격을 하려고 한다고 생각하는 건가. 일요일 밤에 핵폭탄 영화가 상영된 뒤 조지*가 ABC에 출연할 예정이다. 이 영화를 보면 왜 지금과 같은 자세를 견지해야 하는지 답이 나온다."

11월 20일 ABC에서 방영한 《그날 이후》는 1억 명의 시청자를 텔레비전 앞으로 끌어모아 단일 프로그램으로는 사상 두 번째로 많은 시청자 수를 기록했다. 그로부터 3일 뒤인 11월 23일, 첫 번째 퍼싱 II 미사일이 서독에 배치되었다. 그러자 소련은 제네바에서 열리던 군축 회담장을 박차고 나가버렸다.

레이건은 훗날 회고록에서 이렇게 말했다. "나는 그 전 3년 동안 소련인들에 관해 놀라운 교훈을 배웠다. 소련 체제 최상부의 많은 사람들

---

* 조지 슐츠 국무장관.

이 정말로 미국과 미국인들을 두려워하고 있다는 점이 그것이다. 이런 점에 놀라지 않았어야 했지만, 나는 정말 놀랐다. 사실 나도 처음에는 내가 내린 결론을 받아들이기 힘들었다." 미국인들이 건국 이래 "줄곧 세계의 선善을 위해서만 힘을 행사한" 도덕적인 국민이라는 사실을 "누구든지 분명히 알 것이라고" 생각했기 때문이다. 그는 2차 대전 이후 미국은 적국의 경제를 재건해주었다고 지적했다.

레이건의 말을 계속 들어보자. "내가 보기에, 워싱턴에서 보낸 처음 몇 년 동안 행정부의 많은 사람들은 소련인들도 우리처럼 당연히 미국이 선제공격한다는 건 상상도 못할 일이라고 생각할 줄 알았다. 그런데 소련 지도자들과 그들을 아는 다른 나라 수반들을 만나볼수록, 많은 소련 관료들이 우리를 적으로만이 아니라 잠재적인 침략자로 두려워한다는 사실을 깨닫게 되었다. 우리가 핵무기로 선제공격할 수 있다고 두려워한 것이다. 이 때문에, 그리고 나폴레옹과 히틀러에게 침략당한 역사로까지 거슬러 올라가는 뿌리 깊은 불안감과 망상증 때문에 그들은 엄청난 양의 핵무기를 우리에게 겨누었다."

12월, 레이건은 모든 핵무기를 폐기하겠다는 꿈에 관해 새롭게 생각하고 있었다. 슐츠는 국무부 참모들에게 이렇게 말했다. "이건 대통령의 본능적 직관이자 신념입니다. 대통령은 자신이 이런 구상을 공개적으로든 사적으로든 밝히고 있는데도 아무도 자기 말에 관심을 기울이지 않는다는 걸 알아챘습니다."[48] 슐츠는 레이건에게 이 구상을 연구해보겠다고 약속했다. 12월 17일, 레이건은 슐츠에게 핵무기를 뿌리 뽑겠다는 자신의 열망에 관해 중요한 연설을 하고 싶다고 말했다. 레이건은 12월 19일 안드로포프에게 보낼 편지 초안을 썼다. "우리는 소련과 소련 국민의 안전을 해칠 생각이 없습니다."[49]

1984년 1월 16일 레이건이 연설을 했을 때 대다수 언론인들은 재선 운동을 개시하는 선포식이겠거니 생각했다. 레이건은 퍼싱 II 미사일의 성공적인 배치로 젊음을 되찾은 기분이었고 두 번째 임기에 도전하기로 결심한 상태였다. 하지만 이것이 유일한 동기는 아니었다. 레이건은 이미 소련의 전쟁 공포에 관한 고르디옙스키의 극비 보고서들을 읽었다. 또한 핵전쟁 계획인 단일통합작전계획 리허설에 직접 참여했으며 대한항공 격추 사건을 둘러싸고 소련과 실제 위기를 경험했다. 핵무기를 근절하겠다는 그의 열망은 어느 때보다도 활활 불타올랐다. 한 백악관 관리는 레이건에 관해 이렇게 말했다. "그 사람한테 무슨 일이 벌어진 거지요."[50]

레이건은 유럽에도 방송된 연설에서 '악의 제국'이라든가 공산주의를 역사의 쓰레기통에 집어넣자는 이야기는 입 밖에도 꺼내지 않았다. 소련 체제를 내부에서부터 바꾸자는 이야기도 하지 않았다. 그 대신 "우리는 소련을 위협하지 않습니다"라고 선언했다. 그리고 "대화"와 "건설적 협력", "평화로운 경쟁"을 강조했다. 또한 이렇게 선언했다. "제 꿈은 핵무기가 지구상에서 완전히 사라지는 날을 두 눈으로 보는 겁니다."

그리고는 직접 쓴 말로 연설을 마무리했다.

여러분 잠깐 저와 함께 이런 가정을 해봅시다. 이를테면 이반과 아냐가 짐과 샐리와 대합실에 함께 있다고, 또는 비나 폭풍우를 피해 대피소에 같이 있다고 가정해봅시다. 언어 장벽 같은 게 전혀 없어서 서로 인사를 할 수 있다고 생각해보지요.

그러면 이 사람들은 각자의 정부가 다른 점을 놓고 토론을 할까요, 아니면 서로 자녀들에 관한 이야기를 나누거나 직업이 뭔지 물어볼까요? 그들은 아마도 헤어지는 시간까지 자신들의 포부나 취미, 아이들에게 바라는 바나 살림살이에 관해 이야기를 나눌 겁니다.

그리고 각자의 길을 가면서 아마 아나는 이반에게 이렇게 말하겠지요. "그 여자 괜찮지 않아? 음악도 가르친대." 그리고 짐은 샐리에게 이반이 상사의 어떤 점을 좋아하고 어떤 점에 불만을 느끼는지에 관해 말할 겁니다. 어쩌면 조만간 다 함께 저녁 식사를 같이하자고 약속했을지도 모릅니다.

무엇보다도 그들은 사람들은 전쟁을 일으키지 않는다는 사실을 입증할 겁니다. 보통 사람들은 공포와 전쟁이 없는 세상에서 아이를 키우고 싶어합니다. 사람들은 단순히 먹고사는 게 아니라 삶을 가치 있게 만드는 좋은 것들을 원합니다. 사람들은 기술직이나 전문직, 자영업에서 만족감과 자존감을 얻으며 일하기를 바랍니다. 사람들의 공통된 이해는 국경을 넘어 똑같습니다.

만약 소련 정부가 평화를 원한다면 평화가 유지될 겁니다. 우리는 함께 평화를 굳건히 만들고 무기 보유고를 줄일 수 있으며, 이런 노력을 통해 우리가 대표하는 국민들과 세계 모든 나라의 국민들이 꿈과 희망을 이루도록 도울 수 있다는 것을 압니다. 이제 첫발을 내딛읍시다.

레이건은 이미 고비를 넘어섰다. 그리고 위대한 연극의 다음 막을 준비하고 있었다.

레이건의 연설이 있고 난 이틀 뒤, 고르디옙스키는 리안의 정보 수집 활동에 관해 모스크바로부터 또 다른 전보를 받았다. 고위 정보 관리들은 여전히 핵전쟁의 징후를 찾고 있었다. 국가보안위원회는 은행과 우체국, 도살장 등을 지켜보면 핵 선제공격 가능성의 실마리를 발견할 수 있다고 믿었다. 국가보안위원회는 요원들에게 "소를 대규모로 도축해서 고기를 냉장고에 장기 보관하는지" 조사하라고 촉구했다.

1984년 1월 2일, 프리츠 W. 어마스는 소련 전문 국가정보담당관에 임명되었다. 여러 다양한 정보원들로부터 오는 정보를 취합해 정책 결정권자들의 길잡이가 되도록 정리하는 핵심 직위를 맡은 것이다. 어마스는 그전에 중앙정보국과 백악관 국가안전보장회의에서 소련 문제를 맡아 일했다. 그는 새 직책을 맡자마자 게이츠 중앙정보국 부국장으로부터 긴급 임무를 부여 받았다. 소련과의 긴장 상황에 관해 특별국가정보평가보고서를 작성하라는 것이었다. 게이츠의 말을 들어보자. "이 문제는 정말로 중요했다. 미국은 지난 가을 핵 위기의 코앞에 있었는데 미처 눈치도채지 못했던 걸까? 소련 지도부는 얼마나 현실을 모르기에 미국의 선제공격이 정말로 가능하다고 생각한 걸까? 끔찍한 계산 착오가 있었던 걸까?"

어마스의 보고서는 1984년 5월 18일 완성되었다. 그는 소련인들이전쟁 소동 때문에 핵 공격을 두려워하게 된 것은 아니라고 결론지었다. 어마스의 말을 들어보자. "우리는 소련과 바르샤바조약기구의 전쟁 계획에 관해 많은 걸 알고 있었다. 사실 우리는 그들의 군사 계획서를 많이갖고 있었다."[51] 따라서 그의 말에 따르면 미국은 소련이 하고 있는 행동을 실제 전쟁 계획과 쉽게 비교할 수 있었다. "덕분에 우리는 그들이 실제 군사 대결을 도모하고 있는 것인지, 아니면 어느 익살꾼이 말한 것처럼 냄비와 프라이팬을 두드려대고 있는 것인지 확실하게 구분할 수 있었다." 그는 소련이 단지 냄비와 프라이팬을 두드려대고 있는 것이라고 결론지었다.

어마스의 보고서는 도입부부터 단언한다. "우리는 소련의 이런 행동이 미국과의 충돌이나 대결이 임박했다는 진짜 위험 때문도, 소련 지도자들이 그렇게 생각했기 때문도 아니라고 확신한다."[52] 어마스는 소련의 행동을 설명할 수 있는 여러 근거가 있다고 말했다. 가령 선전 캠페인일 수도 있었던 것이다. 크렘린은 퍼싱Ⅱ 미사일 배치를 둘러싸고 불안감을 고조시키는 한편 서유럽에서 반핵 운동을 부추기는 방법을 모색했던 것일 수도 있다. 어마스는 '유능한 사수' 훈련 중에 소련의 경보 태세가 강화된 점을 주목했지만 이것을 중요하게 생각하지는 않았다. 그는 다음과 같은 결론을 내렸다. "소련의 반응이 평소보다 다소 심하기는 했지만 준비 태세 강화를 선별된 공군 부대에만 국한하는 등 모스크바는 나토가 공격할 가능성이 없다는 판단을 했다는 것을 분명히 드러냈다."[53]

어마스는 고르디옙스키의 자료와 리안에 관해 알고 있었다. 그러나 어마스가 알지 못하는 몇 가지 중요한 기밀 사항도 있었다. 그는 보고서를 작성할 당시 1983년 봄 미 해군이 태평양에서 실시한 도발적인 극비 훈련이 얼마나 큰 규모였는지 알지 못했다. 해군이 그에게 훈련 내용을 말하지 않았기 때문이다.[54] "해군 훈련에 관해 좀 더 알아내려고 노력했지만 성과를 거두지 못했다. 나는 해군 정보부의 하위 관료들이 이렇게 말한 걸로 기억한다. '여기서 진행되는 일에 관해 말할 수 없는 게 있다는 사실을 당신이 이해해야 한다.'" 무엇보다도 어마스는 F-14의 저공비행에 관해 알지 못했다.[55]

게이츠는 그때 일을 돌아보며 중앙정보국이 중요한 전환점을 포착하지 못했다고 결론지었다. 그는 회고록에서 다음과 같이 말했다. "당시 경험을 거치고 사후적인 사실들과 문서를 통해 보건대, 소련인들이 허튼 말로 '늑대가 나타났다'고 외친 것이라고는 생각하지 않는다." 그는 소련인들에 관해 한마디 덧붙였다. "그들은 1983년 11월에 나토의 공격이 임박했다고 생각한 것 같지는 않지만 상황이 매우 위험하다고 믿었던 것은 사실인 것 같다. 그리고 미국 정보기관은 소련이 얼마나 불안해했는지 그 전모를 알아내지 못했다."[56] 아직까지 기밀 해제가 되진 않았지만 전쟁 소동을 둘러싼 중앙정보국의 활동에 관한 검토서도 1990년 비슷한 결론에 도달했다.[57]

전쟁 소동은 실제 상황이었다.

미국은 2차 대전 이후 공격용 생물학무기 프로그램을 구축했지만 1969년 닉슨 대통령은 이 프로그램을 포기했다. 그로부터 3년 뒤 생물학무기 및 독성무기 금지 협약이 조인되어 전쟁용 세균 개발과 생산이 금지되었다. 소련도 이 협약에 가입했고, 협약의 수탁자 또는 관리자 노릇을 하는 3개국* 중 하나가 되었다. 하지만 소련 지도자들은 곧 대담하게도 비밀리에 의무를 어기고 위험을 감수하며 실험실과 연구소로 이뤄진 거대한 비밀 단지를 민간 시설로 위장해 공격용 생물학무기 연구를 확대했다. 병원균과 프로그램의 각종 부서를 기록하기 위해 암호가 만들어졌다. 세균은 'L' 자를 붙여 표시했다. 페스트균은 L1, 야토병균은 L2, 브루셀라균은 L3, 탄저균은 L4였다. 바이러스는 'N' 자를 붙였다. 천연두 바이러스

---

* 1972년 협약이 조인될 당시 공격용 생물학무기 개발의 경험이 많이 축적된 나라이자 협약 이행을 특별히 책임지기로 한 나라들로 영국, 미국, 소련(이후 러시아)을 말한다.

는 N1, 에볼라 바이러스는 N2, 마르부르크 바이러스는 N3 같은 식이었다. 이 프로그램의 한 부분은 '팩터 프로젝트Project Factor'라고 불렸다. '독성 팩터' 또는 '병원균 팩터'를 줄인 말이었다. 독성은 사망을 유발하는 병원균의 상대적인 능력이다. 세균과 바이러스의 독성을 강화하면 치사율이 높아진다. '팩터'에 상응하는 다른 프로젝트들로는 항생 물질에 저항력이 있는 신세대 세균을 만들려는 연구인 '본파이어Bonfire' 등이 있었고, '플루트Flute'는 향정신 작용제를 만들려는 시도였다―군대 전체를 미치광이로 만들 수 있는 무기였다.[1] 유전공학 연구에는 '페르멘트Ferment'(효소)라는 이름이 붙여졌다. 화학무기는 '폴리안트Foliant'(중세 유럽의 대형 책자인 이절판)였다. 한편 이와는 별도로 소련 과학자들은 농작물을 말려 죽이고 가축을 폐사시키는 세균에 관해서도 연구하고 있었다. 이 연구는 '에콜로지Ecology'라고 불렸다.[2]

1984년, 세르게이 포포프는 '팩터 프로젝트'의 중심에 자리한 과학자 집단의 일원이었다. 당시 34세의 젊고 총명한 연구자였던 그는 키가 크고 상냥한 매너에 약간 고음의 유쾌한 목소리를 갖고 있었다. 포포프는 서부시베리아 삼림 한가운데 있는 소도시 콜초보에 자리한 과학 연구소에서 일했다. 훨씬 큰 도시인 노보시비르스크에서 동남쪽으로 32킬로미터 떨어진 곳이었다. 기나긴 시베리아의 겨울에도, 그는 아직 어둡고 추운 시간에 일어나 어린 딸을 등교시켰다. 그는 스스로 규율 잡힌 인간이라고 자부했다. 권위에 강하게 반기를 들지 않으며 사회주의의 미래에 대해 막연한 희망을 품고 있지만 사회주의의 결함도 의식하는 사람이었다. 그와 부인 타이샤는 둘 다 헌신적인 과학자로 연구 기회를 넓혀준다는 약속을 받고 1976년 콜초보에 왔다. 연구소는 그를 중심으로 빠르게 성장했다. 공식 명칭은 분자생물학연구소였고 나중에는 벡터Vector라고 알려졌다. 미생물학에서 '벡터'란 한 세포에서 다른 세포로 DNA 조각을

운반하는 매개물을 가리킨다.[3]

포포프는 인근의 노보시비르스크에서 자라났고 대학 학위도 그곳에서 땄다. 도시 바로 남쪽에 '대학 도시'를 뜻하는 이름의 아카템고로도크 Akademgorodok가 있는데, 노보시비르스크주립대학교를 비롯해 물리학, 수학, 지질학, 화학, 사회과학 분야의 유명 연구소 수십 곳이 있었다. 소나무, 자작나무, 가문비나무, 삼나무 등이 늘어선 넓은 가로수 길에 수많은 과학자들이 모여 있는 아카템고로도크는 모스크바의 숨 막히는 이데올로기적 분위기와 대조적으로 비교적 자유로운 사고로 유명했다. 철도 기사의 아들로 태어난 포포프는 어린 시절 수학에 매료되었다. 아들의 재능을 알아본 부모는 그를 고등수학 과정이 있는 특수학교에 보냈다. 10대 시절에는 화학에 흥미를 느꼈다. 그는 열여섯 살이 되었을 때 자기만의 로켓 연료를 고안하기로 결심했다. 연료 개발은 성공했다. 하지만 시험 중에 바로 눈앞에서 폭발 사고가 발생해 유리 조각이 눈동자에 박혔고, 산酸 때문에 머리부터 발끝까지 화상을 입었다. 흉터는 우여곡절 끝에 치료되었다.

1984년 당시 포포프는 벡터의 화학과 과장이었다. 그는 새로운 도전에 직면해 있었다. 바야흐로 천연두 바이러스의 비밀을 해독하게 될 야심 찬 연구가 시작될 참이었다. 그로부터 4년 전 세계보건기구는 지구상에서 천연두가 근절되었다고 의기양양하게 선언한 바 있다. 수백만의 인명이 희생을 면했다. 하지만 외부 세계는 아직 벡터의 과학자들이 천연두를 새로운 실험 대상으로 삼고 있다는 것을 모르고 있었다.

20세기에 벌어진 모든 전쟁을 합친 것보다도 많은 사람의 목숨을 앗아간 천연두 바이러스가 바야흐로 전쟁 무기로 만들어질 참이었다.

콜초보에서 처음 연구를 시작할 때 포포프는 오로지 과학만을 꿈꾸었다.

그와 그의 아내는 레프 산다흐치예프가 내건 약속에 이끌렸다. 산다흐치예프는 다부지고 열정적이며 줄담배를 피우는 아르메니아계 과학자로 벡터의 과학 담당 부소장을 지내다 1979년 소장이 되었다. 그는 많은 이들에게 이제 막 날갯짓을 시작하는 연구소를 분주하게 이끄는 활동적인 인물로 알려져 있었다. 연구소에는 많은 공석이 있었고, 따라서 사람들은 승진을 기대할 수 있었다. 산다흐치예프는 당국을 설득해 시약과 장비를 구입할 외국 돈을 예산으로 배정받았다. 또 연구원들에게 다른 곳에서는 보기 드문 번듯한 아파트를 제공했다. 이 지역을 잘 알았던 포포프는 자전거를 타고 돌아다니다 보게 되는 9층짜리 아파트 신축 공사를 비롯해 건설 공사 현장들을 감탄의 눈으로 바라보았다. 뭔가 대단한 일이 벌어지고 있었다. 산다흐치예프는 연구자들에게 응용과학에 종사하며 학문적인 발견과 함께 유용한 제품을 만들게 될 거라고 말했다. 세르게이와 타이샤 부부는 큰 희망을 품고 이곳에 왔다. 세르게이 포포프는 말한다. "아주 매력적인 곳이었고, 그때는 생물학무기에 관해 전혀 몰랐습니다. 아무도 생물학무기에 관해 일언반구조차 하지 않았지요. 모종의 생물학무기 연구를 위해 초빙된 것 같지 않았습니다. 전혀, 전혀요. 그래서 우리는 티 없이 순진했고 무슨 일이 벌어지는지 알지 못했습니다. 우리는 새로운 연구소에 합류하라는 권유를 받았고, 그게 전부였습니다."

산다흐치예프는 일을 서둘렀다. 그는 생물학무기 분야에서 유전공학의 미개척 영역에 발 딛을 수 있기를 원했다. 사방으로 뻗은 시설 가운데는 모든 단계를 위한 특별 분과들이 있었다. 배양기 개발과 생산, 바이러스 생산을 위한 세포 생육, 바이러스 생육, DNA 분리와 조작, 필요한 효소 분리, 동물 실험 등이 그것이었다. 그의 연구소는 분명히 민간 연구에서 일정한 성과를 거두고 있었지만 핵심적인 기능에서 보면 이곳은 바이러스를 이용해 인명을 대량으로 살상하는 새로운 방법을 발견하기 위한 실험실이었다.

포포프는 1976년 노보시비르스크주립대학교에서 박사 학위를 받은 뒤 벡터 화학과에 연구원으로 들어갔다. 화학은 유전자의 비밀을 푸는 중요한 열쇠였다. 그의 기억으로는 첫해나 둘째 해에 과학자들이 미생물학 기본 교육을 받았다. 과학자들은 세균성 파지bacterial phage*라고 알려진 무해한 변종을 이용해 바이러스를 기르는 실습을 했다. 1978년, 포포프는 화학과 과장으로 승진했고 비로소 산다흐치예프가 염두에 둔 진짜 목표를 알게 되었다. 그리고 기밀 정보를 다루기 위한 허가를 얻었다. "그때부터 돌이킬 수 없이 생물학무기 프로그램에 관여하게 된 겁니다."

"아주 순진했던 거지요. 당신은 과장 자리에 있으니 학술 연구 외에도 우리 조국을 방어하기 위해 몇 가지 군사 프로젝트를 발전시킬 필요가 있다는 점을 이해해야 한다는 말을 들었습니다." 포포프는 특별 허가 없이 해외여행을 하는 것이 금지되었다. 그들은 일급 기밀을 발설하지 않겠다고 약속하는 문서에 서명할 것을 요구했다. "그게 시작이었습니다. 결정적인 첫걸음이었지요. 하라는 대로 했습니다. 다른 선택의 여지가 없어서 서류에 서명을 했습니다. 다들 정중하고 아무도 강요하지 않았지만 제 직급의 사람들 가운데 협조를 거절한 사람은 거의 없다고 알고 있습니다. 거절하는 건 자살 행위나 다름없었지요. 국가보안위원회가 평생 동안 뒤를 따라다니고 번듯한 일자리를 구하지 못하게 될 테니까요. '안 하겠다'고 말할 용기가 있었던 사람들이 존경스럽습니다. 저보다 성숙한 사람들이었지요."

포포프는 점점 더 깊숙이 관여하면서도 과연 세균을 전쟁에서 사용

---

* 세균을 숙주세포로 하는 바이러스 일군의 총칭. 박테리오파지(bacteriophage)나 파지, 세균 바이러스라고도 한다.

할 수 있을까 하는 의문이 들었다고 말했다. "이런 무기를 사용할 수 있으리라고 결코 믿지 않았습니다. 절대 사용하지 못할 거라고 줄곧 믿었지요. 워낙에 터무니없고, 모든 게 터무니없고 자기 파괴적이었으니까요." 그는 전쟁터에서 세균을 사용하는 건 "어리석은" 일이라고 했다. 어떤 결과가 생길지 전혀 예측할 수 없기 때문이다. 이런 말도 했다. "제가 이런 터무니없는 일에 관여하게 된 유일한 이유는 내몰렸다는 겁니다…… 흔히들 여기서 해고되면 딱 한 군데 일자리가 있을 거라고 말했습니다. 서부시베리아 모자 회사가 그곳이라고요." 굴욕적인 처지에 내몰린 상황을 비꼬는 비유였다. 이와 대조적으로 콜초보에서는 전도유망한 연구 과제와 시설, 기회가 손짓하고 있었다.

국가보안위원회는 연구소에 많은 인력이 상주하면서 문서를 감독하고, 관리를 관찰하고, 첩자를 찾기 위해 예의 주시했다. 모든 직원은 철저한 신원 조사를 거쳤다. 외부 세계와의 연결은 금지되었고 외국인과 접촉하는 일도 거의 없었다. 포포프는 그에 대해 이렇게 회고했다. "외국에서 온 사람들에게는 굉장한 의심의 눈길이 쏠렸습니다. 국가보안위원회는 방문객을 어떻게 다뤄야 하는지 일일이 지시했고, 방문객이 가는 곳마다 밀착해서 따라다니는 특별 인원을 배당하기도 했습니다. 그리고 방문객과 접촉한 모든 사람은 국가보안위원회의 의심을 받았지요. 그러니까 외국인과 말 한마디 하는 것도 심각한 문제가 되었습니다." 해외 저널에 실린 과학 기사가 일부 배포되기도 했지만 서구 자료는 대부분 금지되었다. 도처에 의심이 만연했다. 포포프가 기억하기로 연구소의 과학 담당 총무는 요가 서적을 읽었다고 비난을 받기도 했다. "그 사람은 물구나무를 서다가 들키기도 했지요. 머리를 밑으로 하고 다리를 올리는 자세는 그런 직위의 사람에게 용납되지 않는 일이었습니다. 순전히 집에서 여가 시간에 한 건데도 이런 비정상적인 행동을 할 수 있는 사람이라면

데드핸드

신뢰할 수 없다고 의심이 제기된 겁니다. 그래서 해고됐어요."

콜초보의 진짜 목적은 '전설', 아니 거짓 포장에 가려졌다. "모든 사람들이 들은 이른바 공공연한 전설에 따르면 연구소의 목적은 산업 미생물학의 발전을 추구한다는 거였습니다. 그리고 우리는 어떻게 미생물을 변형하는지, 어떻게 미생물을 다른 종류의 생물학적 물질의 생산자로 만드는지를 알고 싶었지요. 그리고 그것이 생물학무기 개발 프로그램을 은폐하는 합법적인 목적이었습니다. 이 목적은 완전히 평화적인 프로그램 같았으니까요. 딱 하나 예외가 있었습니다—변형된 미생물을 결국 살인무기로 써야 했다는 거지요."

포포프는 이 모든 비밀스러운 분위기 속에서 거짓 포장에 결함이 있다는 것을 알아챘다. 보통 이 정도 규모의 연구소라면 전문 저널에 수십 편이나 수백 편의 과학 논문을 싣는 게 당연했다. 그러나 포포프는 과학자들의 논문 발표가 엄격하게 제한되었다고 말한다. 어떤 논문이든 실제 연구에 관해서는 함구해야 하고 거짓 포장에 부합해야 했다. "혼란을 주거나 오해를 야기하거나 전혀 무관한 이야기만 해야 했습니다." 수천 명의 연구자가 일하는 시설에서 진지한 논문이 가뭄에 콩 나듯 한다는 건 의심스러울 수밖에 없다. 과학을 위한 발견을 하지 않았다면 그들은 무슨 일을 한 걸까? 하지만 포포프는 고위 관리들에게서 미국도 비밀리에 생물학무기 개발 프로그램을 진행하고 있다는 말을 들었고, 그 말을 믿었다. 1972년 협약에 관한 이야기는 거의 듣지 못했다. 포포프는 그 시절에 자신이 어떤 생각을 품고 있었는지를 돌아보며 이렇게 말했다. "알다시피, 우리의 발전이 무척 더디다는 게 전반적인 인식이었고, 이런 인식은 대체로 사실이었습니다. 우리는 우리 나라가 생물학무기 분야에서 독자적인 역량을 기를 필요가 있다고 생각했습니다. 생물학무기가 없다는 게 두려웠고, 미국이 최고의 생물학무기를 갖고 있다는 것을 아무도 의심하지 않았습니다. 당시 소련인들을 지배한 사회적 사고방식을 한 번 생각해보세요. 미국이 항상 우리를 속이고 있다는 걸 어느 누가 의심이나 했겠습니까? 아무도 의심하지 않았어요. 우리도 항상 미국을 속였으니까요—그러니 상대도 똑같은 방식으로 행동할 거라고 생각한 겁니다."

바이러스는 초현미경으로나 볼 수 있는 굉장히 작은 크기의 입자로 모래알을 수백 배 축소한 정도이며 생명체를 감염시켜 질병을 유발한다. 러시아의 미생물학자 드미트리 이바놉스키가 1892년 처음 바이러스를 발견했고, 6년 뒤 네덜란드의 미생물학자이자 식물학자인 마르티뉘스 베이에링크가 뒤를 이었다. 이바놉스키는 세균을 거르는 사기 필터로 담배 수액을 걸러도 왜 담배 모자이크병이 사라지지 않는지 그 이유를 파악하려고 노력했다. 그러던 중 이 병의 입자가 너무 작아서 필터를 그냥 통과한다는 걸 깨닫게 되었다. 바이러스는 완전한 생명체가 아닌 단백질 껍질protein shell과 유전 물질 그리고 간혹 세포막 정도로만 이루어져 있다. 그럼에도 엄청나게 높은 독성과 전염성을 수반하면서 파괴자 노릇을 할 수 있다. 천연두와 인플루엔자를 유발하는 것이 바로 바이러스다. 바이러스는 숙주세포를 감염시킨 뒤 그 세포가 복제를 통해 더 많은 바이러스를 만들어내도록 조종하는 식으로 활동한다.

산다흐치예프의 꿈은 세계가 이제껏 알지 못했던 바이러스 악마들을 만들어내는 것이었다—군대나 민간인을 공격하는 바이러스 말이다. 하지만 소련 과학에서 이 영역은 아직 후진적이었고 극복해야 할 장애물들이 많았다. 연구자들은 달리기 전에 걸음마부터 배워야 했다. 초기의 과제 중 하나는 유전 물질을 합성하는 일, 곧 인공 DNA를 만들어내는 일이었다. 당시 서구에서는 단순 유전자를 만들어내는 방법을 알고 있었지만 소련은 한참 뒤처진 상태였다. 산다흐치예프는 1980년 상반기에 포포프에게 특별 임무를 주어 외국으로 파견했다. 포포프는 많은 발전이 이뤄지고 있는 미생물학 분야의 세계적 중심지인 영국 케임브리지대학교의 유명한 분자생물학연구소로 갔다. DNA 합성 기술을 익히고 베끼기 위해서였다. 소련 생물학무기 개발 프로그램에 참여하는 사람이 외국 여행을 하는 것은 매우 드문 일이었다. 하지만 모스크바의 공산당 중앙위원회는 포포프의 출국을 승인했다. 포포프는 가족을 남겨둔 채 혼자 영국으로 떠났다. 그는 민간 연구원 행세를 하며 6개월 동안 집중 연구를 한 뒤 그 노하우를 가지고 콜초보로 돌아왔다. 그사이 그는 서구의 생활을 흘낏 목격했다—평생 잊지 못할 경험이었다.[4]

포포프가 콜초보로 돌아오자, 힘들고 시간도 많이 걸리는 DNA 합성이 시작되었다. 핵산의 기본 단위인 뉴클레오티드로 유전 물질 조각을 하나하나씩 조립해야 했다. 소형 유전자의 경우에는 조립이 가능하다. 예를 들어 성장 조절 호르몬인 소마토스타틴somatostatin은 아주 작은 단백질로 아미노산 열네 개 길이에 불과하다. 과학자들은 뉴클레오티드 마흔두 개 길이의 DNA 사슬을 만들어 이 호르몬을 합성할 수 있다. 그러나 좀 더 복잡한 유전자의 경우에는 수백에서 수천 개의 뉴클레오티드가 필요했다. 포포프는 자기 실험실에서 박사 과정을 거친 과학자 50명이 이 힘든 노동을 했다고 기억한다. "실험실마다 플라스크와 용제가 담긴 병, 시약 등이 가득했고 사람들이 수많은 흄후드fume hood* 앞에 서서 지루한 단계별 화학 처리 과정을 진행했습니다."

하지만 분주한 성격의 산다흐치예프는 더 빨리 인공 바이러스를 만

---

* 화학이나 생물학 실험 중에 발생하는 유해 가스, 악취, 증기 등을 실험실 외부로 배출시키는 환기 장치.

들 수 있도록 충분한 유전 물질을 합성하라고 포포프를 재촉했다. 포포프는 기억을 떠올렸다. "처음부터 황당한 구상처럼 보였지만 산다흐치예프는 목표를 높이 설정하는 야심 찬 프로젝트의 달인이었습니다. 우리가 15~20유닛 길이의 DNA 조각을 만드느라 분투할 때 그는 수천 유닛에 관해 생각했지요. 우리는 정말로 속도를 높이려면 합성을 자동화해야 한다는 걸 이해했습니다. 산다흐치예프는 각기 다른 바이러스의 DNA를 조립하는 자동 로봇을 갖춘 거대한 창고나 공장을 세우자는 구상을 내놓았습니다. 한 달에 바이러스 하나씩이면 이상적인 생산 속도가 됩니다. 그러면 생물학무기를 하나씩 차례로 조립할 수 있으니까요."

세계보건기구의 천연두 근절 캠페인이 완료되기까지는 10년 이상이 걸렸다. 그런데 산다흐치예프는 한 달에 하나씩 새로운 바이러스를 만들자는 제안을 하고 있었다.

포포프는 이렇게 기억한다. "산다흐치예프의 구상은 정식으로 허가를 받았습니다. 소련이 병균을 하나씩하나씩 만들 수 있게 되면 어떨까? 믿을 수 없을 정도로 효력이 세고 보호 수단이 없는 병균을 만든다면? 이게 그의 뛰어난 구상이었지요." 포포프는 일종의 조립라인인 '합성제'를 고안하는 방법을 연구하라는 지시를 받았다—시간이 얼마나 필요하겠나? 산다흐치예프는 원숭이에게 암을 유발하는 바이러스인 SV40을 만드는 데 관심이 있었다. 유전자 염기 서열이 알려진 유일한 바이러스였기 때문이다. 이 바이러스는 5,000뉴클레오티드가 넘는 길이였다. 포포프는 2~3년 정도 걸릴 것 같다고 대답했다. 산다흐치예프는 실망한 기색이었다. 그는 여전히 매달 새로운 바이러스를 만들어내길 원했다. "터무니없이 어리석은 말처럼 들렸습니다." 포포프의 말이다. "(하지만) 산다흐치예프는 소련군을 상대로 어떻게 로비해야 하는지, 어떤 게임의 규칙이 통하는지 잘 알고 있었습니다. 그는 다른 사람들보다 훨씬 앞서

서 온갖 터무니없는 아이디어로 장군들을 놀라게 했습니다."

1980년대 초반, 포포프를 비롯한 벡터의 연구원들은 모스크바의 다른 연구소와 협력하여 병균의 유전자를 조작해서 인공 인터페론을 만들었다. 인터페론은 신체에서 만들어지는 바이러스 억제 인자이다.[5] 포포프는 인터페론 연구로 주요 국가상을 받았다. 하지만 인터페론은 소중한 민간 발명품이자 벡터의 거짓 포장의 일부였다. 벡터는 장막 뒤에서 천연두 연구를 시작했다. 천연두를 생물학무기로 소생시키려는 시도였다.

천연두 바이러스는 두창Variola이라고 불린다. 가장 증세가 심하고 흔한 것은 대두창Variola major이다. 대두창은 인류의 역사에서 수억 명의 목숨을 앗아갔고 가장 무시무시하고 치명적인 천벌을 야기했다. 역사적으로 대두창은 전체적으로 30퍼센트의 치사율을 기록했다.[6] 천연두에 걸린 사람은 심하게 앓는다. 천연두에 관해 광범위한 글을 쓴 조너선 터커의 설명이다. "천연두는 2주간의 잠복기를 거친 뒤 고열, 두통, 요통, 구역질 등을 일으키고 얼굴, 몸통, 팔다리, 입, 목구멍 등에 고름이 찬 소름끼치는 물집을 만든다. 감염된 환자는 고통에 시달린다—피부가 타는 듯이 아프고 갈증으로 괴로우면서도 입과 목구멍의 상처 때문에 삼키는 게 괴롭다." 목숨을 건지는 사람의 경우 2~3주 동안 병을 겪는다. 하지만 전염성이 강해 가까이서 이야기를 하거나 재채기를 하는 것만으로도 공기를 통해 퍼지며 옷과 이불을 통해서도 전염된다. 1967년까지만 해도 43개국에서 매년 1,000만~1,500만 명이 천연두를 앓았고 200만 명 정도가 사망했다.[7]

천연두를 근절하기 위한 오랜 캠페인은 1980년 5월 8일 세계보건기구가 성공 선언을 하면서 끝이 났다. 세계보건기구는 전 세계를 향해 백신 접종을 중단할 것을 권고했다. 터커에 따르면 "인간의 노력으로 처음

—그리고 지금까지 유일하게—자연에서 전염병을 근절한 천연두의 정복은 20세기 의학의 최대 성과로 손꼽혔다".

포포프는 산다흐치예프에게 '팩터 프로젝트'에서 SV40을 개조하거나 인공 바이러스를 만드는 대신 천연두의 개량 방안을 고려할 것을 권했다. 천연두를 가지고 새로운 걸 만들지 못할 이유가 뭔가? 천연두는 배양이 간단하고 쉽게 에어로졸로 만들 수 있으며 치사율이 높은 질병을 유발할 뿐 아니라 안정적으로 저장할 수도 있었다.

이때만 해도 포포프는 위험한 천연두 바이러스를 직접적으로 다루는 연구는 하지 않았고 우두vaccinia나 엑트로멜리아ectromelia, 곧 쥐의 사지부전증 같은 동류 바이러스를 이용한 모델을 사용했다. 모델은 실물의 대역 같은 구실을 했다. 포포프는 연구소가 모스크바로부터 결과물을 내놓으라는 압력을 받고 있었다고 회고했다. 산다흐치예프는 연구소가 설립된 지 10년이 다 되어가는데도 획기적인 발견을 내놓지 못하고 있는데 대해 비판을 받고 있었다. 포포프는 회고했다. "우리는 중앙위원회로부터 속도를 내라는 압력을 심하게 받았습니다. 개발 프로그램에 많은 투자를 받고 약속도 여러 번 했는데 아무 성과가 없었으니까요. 바로 그 시점에 팩터가 제 연구의 중심이 됐습니다."

포포프는 몇 가지 미생물을 조작하는 시도에 착수할 즈음 심각한 난관에 부딪혔다. 미생물이 방출하는 독소의 양을 증가시키는 것이 어려웠다. 미량을 방출하기는 했지만 생산성을 높이려고 노력하면 예상치 못한 부작용이 생겼다. 미생물의 독성이 약해지는 것이었다. 전체적으로 미생물의 독성이 늘기는커녕 오히려 줄었다. "미생물의 생산성을 늘리면 결국 우리가 얻게 되는 것은 허약한 살인자뿐이었습니다." 포포프는 수년간 연구를 거듭하며 해결책을 모색했다.

포포프는 연구를 거치면서 결국 약간 다른 방향으로 돌아섰다. 그는 다른 것들을 함께 연구하면서 신체의 면역 체계를 속이기 위한 생물학적 방아쇠 또는 스위치를 당기는 방법이 있다는 것을 발견했다. 보통 질병에 걸리면 신체가 질병을 공격한다. 그런데 새로운 개념에서 보면, 미생물을 인간 신체와 비슷하게 보이도록 만들어 침투시키면 면역 체계는 침입자뿐만 아니라 건강한 신체, 곧 자기 자신까지도 공격하게 된다. 이렇게 되면 유전자 조작 유기체는 강력한 살인자가 된다―더 많은 독성 물질을 만들 필요가 없는 것이다.

포포프가 내게 설명해주었다. "인간 신체의 자연적인 조절 기능을 거꾸로 뒤집어서 자기 자신에게 향하게 만든다는 구상이었어요. 이 모든 일에는 생물학적 스위치나 신호만 필요할 뿐입니다. 신체가 따르도록 말입니다."

신체의 면역 체계를 속여 자기 자신을 공격하게 만들 수 있다는 것이었다.

포포프의 말에 따르면 연구에서 각기 다른 잠재적인 목표들이 고려되었지만, 면역 체계가 신체의 신경계에 대항하도록 만들기로 결정되었다. 실제 무기로 개발하면 희생자는 두 번의 쇼크를 겪는다. 첫 번째는 천연두가 될 것이다. 그런데 회복기를 거친 뒤 신체가 갑자기 자기 신경계를 공격할 것이고 몸의 주인은 마비되어 사망한다. 이 두 번째 쇼크는 예상치 못하게 벌어지며 어떤 백신도 이 과정을 저지하지 못한다. 포포프는 말한다. "무기로 사용하면 이것은 절대 치료가 불가능합니다. 절대 불가능해요. 무엇보다도 초기 질병이 사라진 뒤에, 그러니까 사람이 완전히 회복한 뒤에 기습적으로 닥치니까요. 즉 병의 새로운 쇼크는 사망 반응이 됩니다……."

1985년, 포포프는 자기 구상의 '구조물'이라고 알려진 것, 곧 게놈 어딘가에 삽입할 DNA 조각을 만들었다. 이것은 시작에 불과하지만 충분히 의미심장한 결과여서 산다흐치예프는 이제 인공 DNA를 대량으로 제조한다는 앞서의 계획이 필요 없게 되었다. 이제 소량의 유전 물질만 가지고도 치명적인 병균을 만들 수 있게 되었다. 무기로 활용할 가능성이 있는 완전히 새로운 세대의 병균들이 저 멀리서 손짓하고 있다는 게 분명해졌다.

포포프 같은 과학자들이 콜초보에서 지식의 장벽을 돌파했지만 실제 무기를 만드는 것은 별도로 자체 연구소를 유지하는 군대가 할 일이었다. 벡터는 연구 시설이었다. '고객'은 국방부 제15위원회였다. 이 고객은 정기적으로 벡터를 찾아와 연구의 추이를 점검했는데 마침내 그들에게 말해줄 결과물이 생겼다.

모스크바 외곽에서는 또 다른 과학자가 숲에서 은둔 생활을 하며 고독한 싸움을 벌이고 있었다. 이고르 도마라드스키는 바이러스를 개조하려고 노력한 벡터와 달리 세균의 유전자 구조를 재설계하여 억지할 수 없는 전사戰士로 바꾸려고 시도했다. 도마라드스키는 다리를 약간 절었다. 어렸을 때 소아마비를 앓았고 커서는 결핵과 말라리아로 고생했다. 그는 성미가 급하고 자제력이 없는 것으로 유명했으며 훗날 말썽꾼이나 불편한 사람을 자처했다. 그는 언제나 쉬는 법이 없었다. 그는 과학적인 발견에 대한 보상을 열망했지만 죽음의 무기를 위해 일했다.[8]

1984년 당시 도마라드스키는 59세였다. 평일에는 모스크바 남쪽 160킬로미터 거리에 있는 소도시 프로트비노에서 혼자 살았다. 그는 매일 자작나무 숲과 습지가 뒤섞인 길을 따라 차를 몰고 비밀 연구소로 가 일을 했다. 이 지역은 한때 숲을 통치했던 옛날 공주의 이름을 따 오볼렌스크Obolensk라고 불렸다. 그는 운전을 좋아했고 겨울이면 종종 어슬렁거리는 엘크와 맞닥뜨리기도 했다. 그는 숲을 베어내 오볼렌스크를 개척하던 때를 기억했다. 처음에는 간이 '오두막', 곧 연구원들을 위한 조잡하고 기다란 1층짜리 막사만 있었다. 1980년대 초에 이르러 숲 한가운데 현대적인 제1동이 세워졌다. 겉으로 보면 소련의 전형적인 8층짜리 네모난 건물처럼 보였다. 하지만 3.7헥타르 규모의 내부는 위험한 병원균을 연구하고 조작하는 곳이었다. 특히 3층은 위험한 물질만 있는 층이었다. 유출에 대비해 대형 에어로크airlock와 밀폐 장치가 있었다.[9]

오볼렌스크의 연구소는 사서함 V-8724라는 이름으로 통했다. 냉전 군사 업무에 전념하는 폐쇄된 도시와 연구소 수십 곳 중의 하나였다.[10] 도마라드스키는 주중에는 프로트비노의 아파트에서 지내며 연구소에서 일을 하고, 주말에는 두 시간을 달려가 모스크바에서 가족과 함께 보냈다. 간혹 월요일까지 모스크바에서 지내기도 했다. 부인인 스베틀라나 스크보르초바는 빼어난 배우이자 교사로 모스크바의 풍요로운 문화계에서 성공을 거두었다. 그에 비해 도마라드스키는 외롭게 고립된 가운데 연구를 했다.

도마라드스키는 고독을 강요당하다보니 자신이 이제까지 한 모든 일에 관해 곰곰이 생각하게 되었다. 그는 아파트에서 문서를 모으고 평생의 연구를 기록한 노트를 숨기기 시작했다. 그리고 자신이 이룩한 업적의 증거를 불법적으로 복사했다. 자신을 주시하는 비밀 기관이 이 증거를 폐기하는 일이 없도록 하기 위해서였다.

도마라드스키는 평일 아침이면 아파트에서 라디오를 켜고 유럽자유라디오Radio Free Europe나 BBC, 독일의 해외 방송인 도이체벨레Deutsche Welle를 들었다. 대도시에 비해 시골에서는 이런 외국 방송을 청취하는 게 쉬웠다. "아무도 귀찮게 하지 않았고, 나는 외국 라디오를 들으면서 자유를 누렸다. 그러면서 모스크바에서는 접할 수 없는 소련과 세계에 관한 많은 소식을 알게 되었다." 그리고 나면 좋아하는 음악에 관해 기록을 하곤 했다. 때로는 아침이나 업무가 끝난 저녁에 공원과 숲을 가로질러 스키를 타러 갔다. 식료품 부족은 흔한 일이었지만 도마라드스키는 인근 물리학연구소의 간부들을 위한 소규모 고급 식료품점인 '랴빈카Ryabinka'를 이용할 수 있는 허가를 받았다. 한편에서 소련 시민들이 생필품을 사려고 줄을 서는 동안 이 상점은 인스턴트커피나 캐비아 같은 진기한 상품을 취급했다. 게다가 집까지 배달도 해주고 다음번에 배달할 주문을 받기도 했다. 생활에 부족한 건 없었다. 하지만 그가 천착하는 과학은 쉽지 않았고 그 과학의 목표는 끔찍한 것이었다.

흔히 '야토병'이라고 알려진 툴라레미아Tularemia는 전염성이 높은 세균이 원인이다. 정식 명칭이 '프랑키셀라 툴라렌시스Francisella tularensis'인 이 미생물은 동물, 특히 설치류와 집토끼, 산토끼에게서 나타난다. 1980년대 초, 이 미생물이 도마라드스키의 연구 대상이 되었다. 그는 몇 가지 다른 병원균을 동시에 연구하고 싶었지만 소련 당국의 상관들은 툴라레미아에서 결과물을 얻기를 바랐다. 그는 툴라레미아를 사람에게 감염되며 항생제와 백신 둘 다에 저항력이 있는 병균으로 만드는 방법을 찾고 있었다. 이른바 억지할 수 없는 슈퍼세균supergerm을 찾고 있었던 것이다.

일반적으로 소련군은 천연두 바이러스나 페스트 같은 전염성 병원균의 사용을 선호했다. 전염병을 유발할 수 있었기 때문이다. 군이 불씨만 피우면 병이 알아서 들불처럼 퍼지기를 기대한 것이다. 하지만 툴라레미아는 전염성이 아니기 때문에 인간 간 전염이 이루어지지 않는다. 그럼에도 군은 계속해서 툴라레미아에 관심을 보였다. 이 미생물 열 마리 정도만 흡입해도 감염되기 때문이었다.[11] 툴라레미아는 또 안정성이 좋고 에어로졸화하기 쉽다는 장점이 있었다. 낮은 온도에서도 몇 주 동안은 생존할 수 있다.

몇 개의 유전자와 단백질에 기껏해야 세포막 정도로만 이루어지는 바이러스와 달리 세균은 견고한 세포벽 안에서 산다. 세포벽은 세포가 생존하는 데 대단히 중요하며 세포의 구조를 지탱해준다. 세포벽이 없으면 세포는 죽는다. 1930년대와 1940년대에 세균을 공격할 수 있는 항생제가 개발되었다. 첫 번째가 페니실린이었다. 이 약들은 세포벽을 약하게 만들거나, 성장을 억제하거나, 복제를 저지하는 등 여러 방식으로 세균의 움직임을 둔하게 만들거나 심지어는 죽일 수 있었다. 항생제는 여러 세기에 걸쳐 인간을 위협한 전염병을 물리치는 데 도움이 되었다. 류머티스열, 매독, 세균성 폐렴 같은 질병은 쉽게 치료가 가능해졌다. 이 기적의 약품은 몇 가지 질병을 뿌리 뽑을 수 있다는 약속을 안겨주었다. 1940년대에 이르러 수십 가지의 항생제가 생겨났지만 뜻밖의 상황이 닥쳤다. 세균이 항생제에 내성을 갖게 된 것이다. 강력한 경이의 약품 가운데 다수가 몇 년 안에 효력을 잃었다. 남아 있는 세균은 자연선택의 결과로 이제 항생제에 취약하지 않았다—유전적으로 항생제에 내성이 있는 세균들이 살아남았기 때문이다. 시간이 흐르면서 내성 있는 세균만 남게 되었고 각종 항생제는 효력을 잃었다.[12]

도마라드스키의 연구 목표는 여러 항생제에 내성이 있는 새로운 세균을 만들어내는 것이었다. 이 세균을 전쟁 도구로 쓰면 커다란 낫을 휘두르는 것처럼 무력한 민간인이나 군대를 베어버릴 수 있었다. 1980년대 말에 소련의 생물학무기 개발 프로그램 부책임자 자리에 오른 켄 알리베크의 말에 따르면, 도마라드스키는 한때 모든 종류의 항생제에 저항하고, 백신이 효과가 없으며, 동시에 독성이 줄어들지 않는 변종 툴라레미아의 개발을 제안했다. 알리베크는 말한다. "소련군은 한 종류의 항생제에 내성이 있는 무기에 만족하지 않았다. 군사 전략가들이 가치를 인정하는 유전자 변형 무기는 가능한 모든 치료법에 저항할 수 있는 것뿐이었다."[13] 장군들은 열 가지 항생제를 동시에 투여해도 저항할 수 있는 변종을 원했다고 알리베크는 기억한다. 이 제안은 대담하고 복잡했으며 목표 달성이 어려웠다.

도마라드스키는 연구를 시작할 자료가 거의 없었다. 소련에는 툴라레미아에 관한 기존의 지식이 거의 없다시피 했다. "우리는 이 미생물의 생화학이나 유전학에 관한 데이터가 전혀 없었다." 도마라드스키는 모스크바 당국을 설득해 자신의 프로젝트를 위해 소련 최고의 연구자들을 발탁해 데려왔다.

도마라드스키의 설명에 따르면 그의 오랜 분투는 소련 지도부가 계속 압력을 가하는 바람에 복잡해졌다. 지도부는 5개년 계획의 엄격한 일정에 맞춰 결과물을 내놓기를 원했기 때문이다. 생물학무기 개발 프로그램은 유력한 기관인 군사산업위원회에서 관할했는데, 도마라드스키는 위원회가 정한 시한을 접하고 격분할 수밖에 없었다. 1984년에 이르면 그는 거의 8년 동안 툴라레미아 구상에 관한 연구를 하고 있었다. 매달 모스크바에서 관용차를 타고 상관들이 왔다. 사이렌을 울리고 경광등을 번쩍거리며 오볼렌스크까지 달려온 것이다. 이 방문자들은 프로젝트가 어떻게 진행 중인지 알고 싶어 안달이 난 표정으로 도마라드스키를 바라보았다. 그의 연구는 고심을 거듭하며 느리게 진행되고 있었다. 그가 툴라레미아에 관해 말했다. "이 미생물은 유전 정보를 알아보는 능력이 없을뿐더러 자체적으로 항생제 내성에 필요한 유전자를 갖고 있지도 않습니다." 도마라드스키에 따르면, 항생제 내성을 정복하는 과정에서는 진전을 이루었다고 보고했지만 백신에도 죽지 않는 세균을 만든다는 두 번째 목표의 경우에는 "근처에도 가지 못했다".

한번은 도마라드스키와 상관들이 격렬한 언쟁을 벌였다. 상관들이 툴라레미아에 다른 생물, 곧 포도상구균을 붙여 세균의 겉모양을 바꾸자고 제안했기 때문이다. 그는 회고했다. "결국 포도상구균을 툴라레미아

세포 표면에 직접 붙이려고 시도를 해봤는데, 아무리 해도 성공할 수 없었습니다." 하나를 만들어낼 수는 있어도 복제는 되지 않았다. 도마라드스키가 언성을 높였다. "고양이에게 까마귀 날개를 붙이고는 고양이가 낳은 새끼가 하늘을 날기를 바라는 격이었습니다."

도마라드스키가 오볼렌스크의 과학 책임자로 임명된 것은 1978년이었다. 4년 뒤 니콜라이 우라코프 소장小將이 새로운 총책임자로 임명되었다. 우라코프는 키로프의 군 연구소에서 온 사람이었다. 그는 큰 키에 머리를 항상 이마에서 뒤로 반듯이 빗어넘긴 외모의 소유자였으며 군인의 풍채와 태도를 지닌 인물이었다. 그는 "상황을 지배하라!"라든가 "백열을 뿜어대는 무쇠처럼 타올라라!" 같은 표현을 좋아했다. 뒤의 말은 상대를 완전히 파괴하라는 뜻이었다.

도마라드스키는 독립성을 소중히 여기고 호기심이 내키는 대로 각기 다른 주제를 파고들기 좋아한 반면 우라코프는 툴라레미아 프로젝트에서 진전을 보일 것을 강제하려고 했으며 도마라드스키가 다른 병원균을 연구하지 못하게 했다. 그는 도마라드스키의 생활을 비참하게 만들었다. 때로는 토요일에 툴라레미아에 관한 회의를 소집해서 이 과학자가 가족을 만나러 모스크바에 가지 못하게 만들었다. 도마라드스키는 훗날 펴낸 회고록에서 불만을 토로했다. "뼛속까지 군인인 우라코프는 오로지 힘만을 존중했고 결코 토론을 허용하지 않았다. 하지만 나와 동료들이 우라코프 체제에서 가장 힘들었던 부분은 기초과학을 깡그리 무시한 점이었다. 세균의 유전학을 다뤄본 사람이라면 누구나 새로운 변종을 만드는 게 얼마나 복잡한 일인지 안다. 실제로 새로운 종을 창조하는 것이 아닌가! 우리는 우라코프가 이 점을 깨닫게 만들기 위해 그에게 연구의 모든 세세한 내용을 보고했다. 여러 다른 이형을 얻는 방법, 그리고 우리가 사용하는 방식에 관해서도." 그러나 도마라드스키는 소장이 들으려고 하질 않았다고 말한다.

우라코프는 단언했다. "당신의 갖가지 변종은 필요 없어! 딱 하나의 변종이 필요하다고! 여기서 우리가 장난하는 건가, 우리는 무기를 만들고 있다고!"

도마라드스키는 실험실에서도 거대한 장애물과 맞닥뜨렸다. 세균에 새로운 특징을 부여하면 다른 특징이 없어질 수 있다. 툴라레미아에도 이런 일이 벌어졌다. 그는 이렇게 말했다. "몇 가지 항생제에 내성을 갖게 된 변종은 독성을 상실해버렸다. 군은 이런 결과를 받아들이지 못했다." 독성이 떨어지거나 혹시라도 실험동물이 하루 더 살게 되면 군은 이것을 심각한 차질로 간주했다. "군에서 원하는 변종 생물학무기는 독성이 충분히 강하고 에어로졸 형태로 분무할 수 있어야 했다. 세균 한 마리로 원숭이 한 마리를 치명적으로 감염시킬 수 있어야 했다. 게다가 한 번 감염되면 **치료가 불가능**해야 했다."

도마라드스키는 새로운 접근법을 찾아냈다. 그는 두 변종, 곧 둘 다 유전자 조작 때문에 독성을 잃었지만 서로 다른 항생제에 내성을 획득한 변종을 골라 하나의 슈퍼세균으로 결합하면 어떻겠냐고 제안했다. 두 세균이 함께 작용하면 유전자 조작 과정에서 각자 잃은 독성을 벌충할 수 있지 않을까? 도마라드스키는 이것을 "이원적" 접근법이라고 부르면서 큰 기대를 품었다. 그 결과물은 "빠르게 자라고 독성이 굉장히 강하며 사실상 치료가 불가능한 질병"이 될 수 있었다. "이 질병은 독성을 비롯한 여러 특성을 고스란히 갖춘 하나의 슈퍼 변종을 만드는 것과 똑같은 결과를 초래할 것이다." 그는 이 슈퍼세균이 6~8개의 항생제에 동시에 내성을 갖게 될 것으로 추측했다. "그렇게 되면 생물학무기 공격에 대해 반격하는 게 거의 불가능해진다. 특히 대규모로 공격을 가할 때는 말이다."

데드핸드

하지만 우라코프는 그의 계획을 완강하게 거부했다.

젊은 시절 도마라드스키는 소련 초기 몇 십 년의 곤경과 공포를 몸소 겪었다. 1925년 모스크바에서 태어난 그는 볼가 강변에 있는 사라토프에서 자랐다. 그의 아버지가 스탈린의 대공포Great Terror 시대에 체포된 뒤이곳으로 보내져 투옥되었기 때문이다. 할아버지도 체포되었다. 도마라드스키는 가족이 겪은 박해와 체제의 잔인하고 폭력적인 성격, 소련 초기의 굶주림 등을 결코 잊지 못했다. 1942년 말, 도마라드스키 가족은 안전한 곳을 찾아 카자흐스탄으로 도망쳤다. 1943년, 도마라드스키는 열일곱의 나이로 군에 소집되었지만 소아마비 장애 때문에 곧바로 돌아왔다. 그는 의학을 공부하기로 마음먹고 전쟁이 끝난 뒤 사라토프로 돌아왔다. 1950년 대학을 졸업한 그는 사라토프의 전연방페스트연구소, 일명 미크로프Mikrob의 연구원으로 배속되었다.

페스트, 곧 중세 시대의 흑사병은 러시아에서 오래전부터 두려움의 대상이었다. 19세기와 20세기 초에는 각종 전염병이 남부 지역을 휩쓸었다. 그 결과 소련은 페스트 발발을 예방하고 통제하는 전문 연구소들의 네트워크를 구축했고, 미크로프연구소는 전국의 중추가 되어 스텝 지대와 사막에 대한 조사를 조직했다. 마멋marmot, 모래쥐gerbil, 프레리도그 같은 설치류가 페스트를 옮겼고 때로는 가축 유행병이 발발했다. 가축 유행병은 인간으로까지 확산될 수 있었다. 병원균인 '예르시니아 페스티스Yersinia pestis'는 벼룩을 통해 병에 걸린 설치류에서 인간으로 옮아간다. 소련의 페스트 통제 연구자들은 현장에서 미생물학자이자 역학자, 동물학자, 기생충학자, 때로는 일반 의사 노릇도 해야 했다.

소련에서는 페스트균의 생화학이 연구된 바 없었다. 도마라드스키는 박사 학위 연구로 이 균의 단백질 대사를 조사하기로 결정했다. 그는

1956년 박사 학위 심사를 통과했다. 그리고 1년 만에 서른한 살의 나이로 시베리아 이르쿠츠크의 페스트 연구소 소장에 임명되었다. 극동 지역 전체의 페스트 통제와 연구를 다루는 곳이었다. 1964년에는 로스토프나 도누*의 페스트 연구소로 자리를 옮겼다. 당시는 혼란의 시기였다. 연구소의 초점은 페스트 통제와 관련된 일상적인 연구에서 생물학무기에 대한 새로운 방어 수단을 고안하는 쪽으로 옮겨가고 있었다. 이 과정에서 도마라드스키는 세균전의 세계로 잠정적인 첫걸음을 내딛었다. 생물학전 공격에 대한 방어의 모색은 '프로블럼 No. 5^Problem No. 5'라고 불렸다.[14]

1950년대와 1960년대 냉전 시기에 두 초강대국은 기존의 알려진 병원균을 가지고 생물학무기를 쌓아올렸다. 도마라드스키는 자신의 연구가 민간 방위에 기여하는 것이라고, 곧 공격을 당할 경우 일반 국민을 보호하는 신중한 방법을 찾는 것이라고 보았다. 핵폭탄이 떨어질 경우 지하 벙커가 시민들을 보호하는 것처럼 말이다. 도마라드스키는 로스토프로 자리를 옮기면서 미생물학이 소련에서 다시 부상하던 시기에 딱 맞춰 페스트균을 연구할 풍부한 기회를 누리게 되었다.

1953년 제임스 왓슨과 프랜시스 크릭, 모리스 윌킨스가 DNA 구조를 발견하면서 유전학은 서구에서 빠르게 발전했다. 그 뒤 몇 십 년 동안 과학자들은 실험실에서 DNA를 조작하는 여러 방법을 찾았다. 그러나 소련에서는 몰래 반입한 저널과 보고서를 통해 몇몇 과학자들만이 이 사실을 알고 있었다.

이 분야는 소련에서 1930년대를 기점으로 한 세대 동안 사실상 마비 상태였다. 식물과 동물의 획득 형질은 환경을 조작해서 바꿀 수 있고, 이렇게 바뀐 형질이 세대를 거쳐 유전된다고 주장한 농경학자 트로핌 리센

---

* 러시아와 우크라이나 접경지의 로스토프 주의 주도.

코의 영향 때문이었다. 리센코는 유전학의 원리를 부정했다. 그는 과학 아카데미 회원이 되었고 그를 비판하는 이들은 박해를 받고 정치범 수용 소로 쫓겨났다. 위대한 식물학자이자 유전학자인 니콜라이 바빌로프도 그중 하나였다. 1950년대에 이르러 소련에서는 유전학이라는 학문 자체 가 사라졌다. 리센코가 몰락한 것은 1964년 10월 니키타 흐루쇼프가 소 련 지도자 자리에서 축출되고 1년이 지나서였다.[15]

리센코는 거의 모든 과학자에게 해를 끼쳤다. 도마라드스키는 리센 코에 순응하기 위해 박사 논문에 몇 가지 "쓰레기"를 끼워넣어야 했다 고 회고했다. 그러나 1960년대 초부터 리센코의 영향력이 서서히 줄어 들면서 도마라드스키는 페스트 유전학을 좀 더 철저히 파고들 수 있었 다. 로스토프 연구소에서 도마라드스키와 그의 연구원들은 플라스미드 plasmids*, 곧 독성과 항생제 내성 같은 유전 암호를 담고 있으며, 세균에 서 발견되는 변종 유전 물질의 성질을 이해하는 데서 커다란 진전을 이 루었다. 플라스미드는 유전자 조작에 사용된다. 원래의 유기체에 해를 끼치지 않고 복제할 수 있고 다른 세균, 심지어 종이 다른 세균으로도 옮 길 수 있기 때문이다. 도마라드스키는 항생제에 내성을 가진 변종 페스 트의 개발을 성공작으로 생각했다. 그것은 백신으로 쓸 수 있었다. 그는 혼잣말로 변종 페스트의 개발은 민간 방위를 위한 것이라고 했다. 로스 토프 연구소는 무기에 관해 직접적인 연구를 한 적이 전혀 없었다. 도마 라드스키는 후에 다음과 같이 인정했다. "나는 당시 미처 깨닫지 못했지 만 다른 한편으로 이 연구에는 어두운 면이 있었다." 그 어두운 면이란 그의 발견을 '예르시니아 페스티스'에 응용해서 손쉽게 새로운 살인 페스 트를 만들 수 있다는 것이었다.

---

* 세균의 세포 내에 염색체와는 별개로 존재하면서 독자적으로 증식할 수 있는 DNA.

여러 세기 동안 인류는 독소와 독성 물질을 전쟁에서 활용하는 방법을 모색했다. 'toxic'(독성의)과 'toxin'(독소)이라는 단어 자체가 고대 그리스어 'toxikon pharmakon'(화살독)에서 파생된 말이다. 최초의 생물학전은 이른바 감염 매개물을 이용해 치러졌다—오물과 동물 사체, 접촉 전염병 등을 있는 그대로 사용한 것이다. 고대 이래 나폴레옹 시대를 거쳐 20세기까지도 이런 매개물이 적 군대나 민간인이 이용하는 우물이나 저수지 같은 급수원에 사용되었다.[16]

과학과 군사 기술이 발달함에 따라 1차 대전에서는 화학무기가 광범위하게 사용되었다. 1915년 4월 22일 독일이 이프르에서 염소 가스를 사용하면서 공포 시대의 막이 열렸다. 그 후 3년 동안 11만 3,000톤의 화학무기 물질이 전장에서 사용되어 9만 1,000명 이상이 사망하고 120만 명이 부상을 당했다.[17] 그 결과 1925년 6월 17일 128개국이 제네바의정서에 서명하면서 더 이상 전쟁에서 화학 작용제나 생물학 작용제를 사용하지 않겠다는 국제 협정이 체결됐다. 하지만 미국은 이 협약을 옹호한 나라였음에도 협약을 비준하지 않았고, 많은 나라가 서명을 하면서도 억제책으로 화학무기로 보복할 권리를 남겨두겠다고 했다.[18]

따라서 제네바의정서는 선제 사용을 금지한 협정에 지나지 않았다. 의정서는 화학무기와 생물학무기의 기초 연구와 생산, 보유를 막지 않았고 사찰 조항도 전혀 없었다.

화학무기는 비소 같은 비활성 물질로 이루어지는 반면 생물학무기는 세균이나 바이러스 등의 생명체로 만들어진다. 세 번째 범주는 독소인데, 이것은 살아 있는 유기체에서 분리해내지만 세균이나 바이러스와 달리 복제하지 못한다.

제네바의정서 이후에도 오랜 기간 생물학무기를 발견하려는 경쟁은 멈추지 않았다.

일본의 탐색 노력은 대단했다. 일본군의 과학자인 이시이 시로 중장은 1927년 제네바협정을 읽은 뒤 세계를 여행하고는 다른 나라들이 앞다퉈 포기하는 무기로 일본이 무장해야 한다는 결론을 내렸다. 일본의 생물학무기 개발 프로그램에는 1936년부터 1945년까지 중국에 주둔한 네 개의 생물학전 부대도 있었다. 2차 대전 당시 가장 큰 부대는 일본이 점령한 만주의 핑팡平房에 있던 이른바 731부대였다. 일본은 치명적인 세균을 배양했으며 살아 있는 병원균으로 대규모 야외 실험을 했다. 탄저균을 세균 현탁액으로 만들어 폭탄에 넣고 터뜨리는 실험도 그중 하나였다. 또한 일본은 전쟁 포로를 대상으로 병원균을 실험했다. 정확한 사망자 수는 지금까지도 알려지지 않았지만 수천 명에 달했고 여러 전염병을 포함시키면 아마 더 많아질 것이다. 또 일본 비행기들은 1940년 중국 11개 도시를 대상으로 잇달아 생물학 폭탄 투하 실험을 하면서 페스트에 감염된 벼룩을 담은 도자기 폭탄을 쥐를 유인하기 위한 곡물과 함께 떨어뜨리기도 했다. 결과적으로 일본의 무기가 군사적으로 얼마나 효과를 발휘했는지는 지금도 불분명하다. 그러나 사망자 수와 전체적인 피해는 결코 적지 않았다.[19]

20세기 전환기에 전쟁—러일전쟁과 1차 대전, 1918~1921년의 내전—을 벌이던 러시아 군대의 경우 전투 중 입은 부상보다 자연적으로 감염된 각종 전염병이 훨씬 더 많은 사상자를 유발했다. 티푸스가 가장 두려운 질병이었다. 내전 중에는 전염병이 군 사령관들에게 깊은 인상을 남겼다—질병이 총탄보다 더 치명적이었다. 붉은군대는 질병으로부터 병사들을 지키는 방법을 모색했다. 그리고 공격하는 방법, 즉 생물학무기를 실험했다.[20] 영국의 한 스파이는 런던으로 보낸 비밀 정보 보고서에서 1926년 10월 카스피 해 쿨랄리 섬에서 조야한 공중 폭탄을 야외 실험한 내용을 설명했다. 폭탄에는 파상풍균 앰플이 철제 원통에 들어 있었다. 원통에는 공중에서 떨어질 때 돌아가게끔 날개가 달려 있었다. 폭탄은 제때 폭발했고 세균이 사방으로 퍼졌다—실험 결과 세균은 500미터 떨어진 곳까지 퍼졌으며 독성도 전혀 줄어들지 않았다.[21]

1928년, 소련의 혁명군사평의회는 본격적인 생물학전 프로그램의 추진을 지시했다. 이 포고에서 혁명군사평의회는 티푸스를 전장에서 사용할 수 있는 무기로 변형시킬 것을 지시했다. 주요 생물학전 연구소는 레닌그라드*에 자리 잡고 있었다. 1930년대에는 160킬로미터 북쪽 백해에 있는 솔로베츠키 섬의 교도소에서 티푸스, Q열, 마비저glanders, 유비저melioidosis** 등의 실험이 추가로 진행되었다.

2차 대전 초기에 독일이 진격해오자 소련의 모든 세균전 연구 시설은 서둘러 철도를 이용해 동쪽에 있는 키로프 시로 철수했다. 그리고 그곳 지역 병원에서 세균전 연구소가 다시 구성되었다.

전쟁이 끝났을 때 소련은 '황금 삼각형'이라고 지칭하는 생물학전 병원균 세 종—페스트, 탄저병, 콜레라—을 확보하고 무기화한 상태였다. 소련군은 1945년 만주에 있는 일본의 생물학무기 본부를 장악했다. 건물은 일본군이 퇴각하면서 파괴한 상태였지만 포로와 문서를 손에 넣었다. 1949년, 소련은 세균전 실험에 관해 증언한 일본군 포로 수십 명을 재판에 회부했다. 그와 함께 일본 생물학무기 개발 프로그램에 관한 자세한 내용이 모스크바로 보내졌다. 그중에는 "우리 것보다 훨씬 거대하고 복잡한 생물학무기 제조 공장 청사진"도 있었다. 스탈린은 일본의 계획을

---

* 지금의 상트페테르부르크.
** 마비저(馬鼻疽)는 말이나 당나귀에 유행하며 사람에게도 감염되는 전염성 질환이다. 마비저균이 코의 점막에 염증을 일으켜 온몸의 림프샘에 퍼지면서 병이 진행되는데, 콧물을 많이 흘리고 폐가 약해진다. 유비저(類鼻疽)는 비저균에 의해 생기는 마비저와 비슷한 병이다. 동남아시아에서 주로 유행하며 사망률이 높다. 급성인 경우에는 3~4주 만에 죽고 만성인 경우에는 허파와 관절에 병이 생긴다.

활용해 스베르들롭스크에 군사 연구 시설을 지으라고 지시했다. 1953년에는 모스크바 북쪽 자고르스크 시에 군에서 운영하는 또 다른 연구소가 문을 열었다. 바이러스를 연구하는 곳이었다. 또 1950년대 초에는 아랄 해에서 세균전 실험을 위한 원격 기지를 재가동했다. 1937~1938년에 사용하던 곳이었다.[22]

미국의 정보기관들은 1950년대와 1960년대 내내 소련의 생물학무기에 관해 더 많은 정보를 얻으려고 분투했지만 큰 성과를 거두지는 못했다. 그러던 어느 날 아랄 해에 있는 한 섬에 관해 흥미를 돋우는 정보가 입수되었다. 2차 대전 중에 포로로 잡힌 독일의 화학전 전문가 발터 히르쉬는 1951년 미국을 위해 보고서를 작성했는데, 여기서 그는 유력한 생물학무기 실험 장소로 이곳을 첫 번째로 지목했다.[23] 이에 미국 정보기관들은 곧바로 아랄 해에 관해 찾을 수 있는 모든 사항을 검토했다. 하지만 아무런 성과도 거두지 못했다. 중앙정보국은 1954년 정보 평가서에서 다음과 같이 선언했다.

소련은 생물학전 연구 개발 프로그램에 필요한 기술 지식과 훈련 인력, 시설을 갖고 있으며, 우리는 이 프로그램이 현재 진행 중에 있는 게 거의 확실하다고 믿는다. 하지만 이 주제에 관한 확고한 증거는 매우 부족하며 앞으로도 부족할 공산이 크다. 생물학무기 프로그램은 은폐하기 쉽기 때문이다. 따라서 우리의 평가는 소련이 실제로 이 분야에서 얼마나 많은 성과를 달성했는가 하는 점보다는 달성할 수 있는 역량에 거의 전적으로 초점을 맞춘다.[24]

1957년, U-2 정찰기가 고고도에서 찍은 아랄 해의 섬 사진을 통해 서로 4킬로미터 정도 떨어진 두 개척지에 150채가 넘는 건물이 모여 있는 모습이 드러났다. 하지만 정보 분석가들은 이 사진을 결정적인 증거로 여기지 않았다. 1959년 U-2의 촬영 비행이 다시 이루어졌다. 이때 찍은 사진들도 더 많은 실마리가 되지는 못했다. 미국 분석가들은 여전히 의심을 품었다. 그들은 이 시설이 생물학무기 실험용으로는 너무 조잡해 보인다고 말했다. 1965년에도 소련의 프로그램은 여전히 미스테리로 남아 있었다. 그해 중앙정보국에서 나온 한 연구에서는 다음과 같이 결론지었다. "상당한 시간과 자원을 쏟아부었지만 소련의 생물학전 활동에 관한 정보 탐색은 별다른 성과가 없었다. 소련에 공격용 생물학전 프로그램이 존재한다는 확실한 증거는 전혀 없다." 중앙정보국 분석가들은 소련의 세균전 프로그램을 발견할 것으로 기대했지만 아무런 단서도 찾지 못해 당혹스러워했다. 그들은 보고서에 '소련 생물학전의 수수께끼The Enigma of Soviet BW'라는 제목을 붙였다.[25]

미국은 2차 대전 초기에 생물학무기를 모색하기 시작했다. 추축국이 생물학무기를 사용할 것을 두려워한 영국에 뒤이은 조치였다. 1941년 10월, 전쟁장관 헨리 스팀슨은 국립과학아카데미에 생물학무기의 위험성에 관해 조언을 구했다. 1942년 2월에 받은 답변은 생물학전이 실제로 가능하다는 것이었다.[26] 그해 5월 생물학무기 개발 프로그램을 진행하기 위해 소규모 민간 기관이 설립되었다. 제약 회사 머크앤드컴퍼니Merck & Company의 회장인 조지 W. 머크를 책임자로 하는 전쟁예비국War Reserve Service이 그것이다. 12월에는 육군 화학대Chemical Warfare Service가 업무를 인계받아 대규모 연구 개발 프로그램을 준비했다. 1943년 4월, 워싱턴 북쪽으로 72킬로미터 떨어진 소규모 주방위 공군 훈련장인 메릴랜드 주 캠프디트릭*에서 연구 시설 공사가 시작되었다. 1943년 12월, 전략사무국Office of Strategic Services은 독일이 생물학무기를 사용할지 모른다는 "확정

데드핸드

적이지 않은" 정보를 입수했다. 영국 해협을 가로질러 쏘는 로켓에 탄저균이나 보툴리눔 독소를 넣을 수 있다는 것이었다.[27] 미국은 생물학무기 프로그램을 확대했고, 이 프로그램을 전쟁부에 더욱 완전하게 통합했다. 독일이 생물학무기를 사용할지 모른다는 경보를 접한 영국의 윈스턴 처칠 총리는 미국에 탄저균 탄약 50만 개를 요청했다. 1944년 미군은 탄저균 포자 현탁액을 생산하기 위해 인디애나 주 비고에 있는 공장을 수리했다. 비고 공장에는 약 7만 5,000리터짜리 발효조 열두 개가 설치되었다. 4파운드(약 1.8킬로그램)짜리 탄저균 폭탄을 시간당 240개씩 채우는 용량을 생산할 수 있었다. 공장은 안전 시험까지 거쳤지만 생산을 시작하기 전에 전쟁이 끝났다.[28] 독일은 생물학 작용제를 무기화한 적이 없었다. 오히려 일본의 프로그램이 훨씬 더 적극적이었던 것으로 드러났다. 미국은 전쟁 중에 맨해튼 프로젝트^{Manhattan Project}**에 버금갈 정도로 비밀리에 생물학무기 개발 프로그램을 진행했다. 프로그램에 관한 자세한 내용은 1946년 1월에야 머크에 의해 공개되었다. 나중에까지도 감춰진 한 부분은 미국이 일본의 악명 높은 731부대 지휘관들에게 연구에 관한 자세한 내용을 넘겨받는 대가로 기소를 면해주었다는 사실이다.[29]

한국전쟁 중에 소련과 중국은 미국이 생물학무기를 사용하고 있다고 비난하는 대대적인 선전 공세를 펼쳤다. 하지만 최근 기밀 해제된 문서들을 보면 미국이 전쟁 중에 생물학무기 개발에 박차를 가하고 무기를 생산하려는 시도는 했지만 실용화할 수 있는 무기 개발 프로그램을 만들어내려는 노력은 무위로 돌아갔다는 것을 알 수 있다.[30] 전쟁이 끝난 뒤, 소련과 냉전을 벌이며 경쟁하면서 미국의 생물학무기 프로그램은 더

---

* 포트디트릭(Fort Detrick)의 별칭.
** 2차 대전 중 미국이 비밀리에 추진한 원자폭탄 개발 계획의 암호명.

욱 확대되었다. 1954년 미생물을 대규모로 발효, 농축, 저장, 무기화하기 위해 아칸소 주 파인블러프에 지은 시설에서 생산을 시작했다. 군인과 민간인 자원자를 대상으로 한 인체 실험은 1955년 시작되었다. 메릴랜드 주 포트디트릭에서는 '8번 공'이라고 부르는 100만 리터 크기의 금속제 구형 분무실aerosolization chamber에 생물학 폭탄을 넣고 폭발시켰다.[31] 유타 주 더그웨이실험기지에는 야외 실험장이 건설되었다. 1962년 5월, 군은 유타 주 솔트레이크시티 포트더글러스에 생화학전 개발 노력을 조정하는 조직인 사막시험센터Desert Test Center를 창설했다. 이 센터는 생물학전 시험 운영을 위한 본부 구실을 했다. 미국은 1949년부터 1969년까지 무려 239회에 걸쳐 야외 실험을 진행했다. 이 와중에 미국의 여러 도시가 자신들도 모르는 새에 분무와 확산 방법을 시험하는 실험장으로 활용되었다. 펜실베이니아고속도로Pennsylvania Turnpike에 있는 여러 터널도 실험장으로 활용되었다.[32] 이런 야외 실험은 생물학전의 진행 방식을 그대로 모의한 무해 미생물을 이용해 진행되었다. 1950년대에 세인트조St. Jo라는 이름이 붙은 미국의 한 생물학전 프로그램에서는 전시에 소련의 도시들에 탄저균 폭탄을 사용할 수 있는지를 알아보려고 폭탄과 발사 방식을 개발하고 실험했다. 미니애폴리스와 세인트루이스, 캐나다 위니펙 등을 대상으로 비감염성 에어로졸로 173회에 걸쳐 시험 방출이 진행되었다. 소련의 도시들과 거의 똑같은 기후와 도시화 수준, 지형을 갖춘 도시들이었다. 실험에 사용된 무기는 하나당 소형 생물학 폭탄 536개가 든 집속탄이었다. 각 소형 폭탄에는 탄저균 포자 현탁액 35밀리리터와 소형 폭약이 들어 있었다.[33] 생명체를 대상으로 한 한층 더 야심적인 실험은 1965년과 1968년 해상에서 이루어졌다. 태평양의 섬과 선박에서 원숭이를 대상으로 한 실험이었다. 1968년의 실험 결과 공중에서 수조 하나 분량을 살포해도 거의 2,500제곱킬로미터 넓이에 걸쳐 독성 전염병 병균이 퍼진다는 사실이 드러났다.[34] 1963년에서 1969년 사이에 영국이 진행한 시뮬레이션 실험에서도 선박이나 비행기를 이용해 160킬로미터 거리를 따라 고농축 세균 에어로졸을 살포하면 몇 시간 뒤 80킬로미터 떨어진 내륙까지 세균이 확산된다는 사실이 드러났다. 이 실험들을 통해 세균을 에어로졸화하면 몇 시간 동안 대기 중에 살아 있으며, 64킬로미터 떨어진 곳에 있는 인구의 80퍼센트가 감염되고, 64~128킬로미터 떨어진 내륙에서는 인구의 절반이 감염된다는 사실이 밝혀졌다.[35]

과학자들 사이에서는 화학무기와 생물학무기가 전쟁에 사용될 가능성을 둘러싸고 점차 우려가 높아졌다. 1967년 2월 14일, 노벨상 수상자 17명과 미국 과학아카데미 회원 129명을 포함한 과학자 5,000명이 린든 존슨 대통령에게 청원을 제기했다. "화학무기와 생물학무기를 선제 사용하지 않겠다는 미국의 의도를 다시 확고히 하고 분명하게 선언하라"는 내용이었다. 청원을 조직한 이들 중에는 하버드대학교 분자생물학 교수인 매튜 메젤슨도 있었다. 청원에 자극을 받은 백악관은 장래에 미국이 생물학무기를 선제 사용하는 일은 없을 것이라는 내용의 성명서 초안을 작성했지만 군이 반발했고, 존슨은 이 성명서를 발표하지 않았다.[36]

그 와중에 사건이 하나 터졌다. 화학무기 시험과 관련된 사건이었는데 훨씬 더 광범위한 반향이 있었다. 1968년 3월 13일 수요일 오후 5시 30분, 공군 제트기 한 대가 유타 주 사막에 있는 더그웨이실험기지의 원형 표적 좌표 위를 선회하면서 치명적인 VX 신경가스 1,200리터를 살포한 것이다. 그런데 비행기가 붕 하고 급상승하는 순간 밸브가 닫히지 않았다. 치명적인 VX가 비행기에서 계속 흘러나왔고 돌풍을 타고 72킬로미터 떨어진 곳까지 퍼져나갔다. 3일 만에 스컬Skull 계곡과 러시Rush 계곡에 있던 양 수천 마리가 병들거나 죽었다.[37] 이 사고는 1년 만에 텔레비전 시사 방송에서 폭로된 뒤에야 세상에 알려졌다.[38] 방송을 본 뉴욕

주 버펄로 출신의 민주당 하원의원 리처드 맥카시는 화학무기와 생물학무기를 둘러싼 비밀주의에 치를 떨며 군에 이의를 제기했다. 맥카시는 말했다. "이런 식의 규칙이 적용된 것 같았다. '가능한 한 말을 하지말고, 실수를 하다가 들키면 빠져나올 방법을 조작해내라'는 규칙 말이다." 미국에서 진행한 프로그램의 과학 연구 결과 중 일부는 공개적으로 발표되었다. 하지만 태평양 실지 실험 같은 비밀로 남은 부분도 아직 있었다.

닉슨은 이제 막 대통령에 취임한 상태였다. 새로 국방장관에 임명된 위스콘신 주 출신의 8선 의원 멜빈 레어드는 의회의 분위기를 잘 알던 터라 국가안보보좌관 헨리 키신저에게 편지를 보내 행정부가 의회로부터 "점차 집중사격을 당하게 될 것이 분명하다"고 말했다. 레어드는 미국의 세균전 정책을 전면 재검토할 것을 촉구했다.[39]

당시 닉슨은 베트남 문제 때문에 거대한 항의에 직면해 있었다. 미국은 그전부터 오렌지제Agent Orange 같은 제초제를 사용해서 숲을 고사시키고 벼농사를 망쳤으며, 북베트남 투사들을 벙커에서 끌어내기 위해 최루가스를 사용해 국제 사회의 비난을 받았다. 또한 그해 여름에 유엔은 과학자 열네 명이 작성한 놀라운 보고서를 내놓았는데, 생물학무기를 사용할 경우 사회 전체와 환경을 뒤바꾸는 강력한 영향을 미친다고 강조하는 내용이었다. 과학자들은 생물학무기로 공격을 하면 광범위한 지역이 감염된다고 말했다. 생물학 작용제 10톤을 사용할 경우 9만 9,910제곱킬로미터의 면적, 그러니까 인디애나 주보다 약간 큰 지역이 감염된다.* 과학자들은 전쟁에서 생물학무기를 사용한다는 생각만 해도 "공포감이 생겨난다"고 말했다. "공격에 뒤이어 특히 민간인들에게서 대규모 발병

---

* 참고로 한국의 국토 면적은 9만 9,720제곱킬로미터이다.

데드핸드

이 나타날 것이라고 예상하는 이유는 제때 위험을 경고하지 않기 때문이 아니라 효과적인 보호 또는 치료 수단이 존재하지 않거나 적절한 규모로 제공할 수 없기 때문이다."[40] 유엔 평가단을 위해 과학과 의학의 세부적인 내용을 제공한 세계보건기구는 탄저균 가루 50킬로그램을 적절한 에어로졸 형태로 만든 뒤 폭격기 한 대로 도시에 살포하면 20제곱킬로미터가 넘는 지역에 영향을 끼쳐 "수만에서 수십만 명이 사망할 것"이라고 추정했다.[41]

1969년 11월 25일, 닉슨은 공격용 생물학무기 연구를 전부 중단하고 비축량은 파기하며 방어용 연구 프로그램만 유지하겠다고 발표했다. 닉슨은 또한 화학무기에 대해서도 절대 선제 사용하지 않겠다고 약속하면서 보유는 계속할 것이라고 말했다. 마지막으로 그는 1925년의 제네바의정서를 상원에 보내 비준을 요청할 것이라고 약속하면서 생물학무기를 제한하는 후속 협약을 마련하자는 영국의 제안을 지지했다. 냉전시기에 한 종류의 무기를 일방적으로 포기한 첫 번째 사례였다.[42]

닉슨이 이렇게 행동한 이유는 뭘까? 적어도 어느 정도는 전임자들, 특히 케네디나 존슨보다 자신이 유능한 지도자라는 것을 보여주려는 개인적인 욕망에서 그런 결정을 한 것처럼 보인다. 닉슨은 키신저에게 이 결정이 "자신의 믿음이 없었다면 가능하지 않았을 것"이라고 단언했다. "그리고…… 아이젠하워는 이런 일을 제안조차 하지 않았다"고도 말했다.[43] 비서실장인 H. R. 홀드먼이 쓴 일기에 따르면, 닉슨은 이 발표를 한 날 밤 홀드먼에게 전화를 걸어 정치 얘기를 하자고 했다. 그러면서 다음 날 참모진 회의를 소집하라고 재촉했다. 키신저가 회의에서 존슨 대통령은—생물학무기 폐기 결정을 포함해—닉슨이 한 일을 전혀 달성하지 못했다는 점을, 왜냐하면 존슨은 "국민과 세계 지도자들을 신뢰하지 못했기" 때문이라는 점을 강조하도록 말이다.[44]

닉슨은 핵무기가 최고의 억제 수단이며 이 때문에 생물학무기는 이제 필요가 없다는 견해도 받아들였다. 그는 의회에 출석해 키신저가 써준 문서를 토대로 브리핑을 했는데 주요 요지는 "우리에게는 핵무기가 있으므로 억제를 위해 생물학무기는 필요하지 않다"는 것이었다. 닉슨은 키신저가 기자회견을 한 뒤 그와 전화를 하면서 "억제에 관한 요지를 잘 전달했느냐"고 물었고 "키신저는 그렇다고 대답했다". 백악관 연설문 작성자로 닉슨의 생물학무기 폐기 선언 초안을 쓴 윌리엄 새파이어는 대통령에게 생물학무기 몇 개를 억제 수단으로 보유해야 하지 않겠느냐고 물었다. 그러자 닉슨이 대답했다. "우리는 절대 빌어먹을 세균을 사용하지 않을 텐데, 도대체 생물학전이 억제 수단으로 어떤 소용이 있겠습니까? 누구든 우리에게 세균을 사용하면 우리는 핵무기를 먹일 텐데요."[45]

과학자들도 닉슨에게 생물학무기를 포기하라고 재촉했다. 하버드 시절부터 키신저와 아는 사이인 메젤슨은 1969년 9월 그에게 제안서를 전달하면서 미국이 제네바의정서를 비준하고 전쟁에서 생화학무기를 사용하는 것을 법으로 금지해야 한다고 말했다. 메젤슨은 이렇게 말했다. "극소량의 병균으로도 넓은 지역을 공격하는 데 충분하다. 경비행기 한 대만 있으면 몇 천 평방마일에 걸친 인구를 죽이는 데 충분한 양을 살포할 수 있다." 세균전에 대한 의학적 방비를 "아무 효과도 없게 만들" 수 있었고, "믿을 만한 조기 경보 시스템도 아직 고안되지 않았다". 또한 미국은 공격 억제 수단으로 이미 핵무기를 보유하고 있었다. "(따라서) 우리는 치명적인 세균무기에 의존할 필요가 전혀 없으며 세균무기의 선제 사용을 포기해도 아무것도 잃을 게 없다." 메젤슨은 이런 말도 덧붙였다. "우리의 주된 관심은 다른 나라들이 세균무기를 보유하는 것을 막는 일이다."[46]

이와는 별도로 대통령 직속 과학자문위원회 평가단에 참여한 과학

자들은 8월에 공격용 생물학무기 연구를 폐기하고 비축 무기를 파기하라고 촉구하는 보고서를 완성했다.[47]

닉슨은 의회 지도자들에게 통고한 뒤 백악관 루스벨트룸에서 자신의 결정을 발표했다. 키신저는 언론과 의원들에게 전달한 주요 요지에서 "생물학무기 작용제의 통제와 효율성이 의문스럽다"고 말했다.[48] 닉슨은 이 주장을 그대로 받아들여 발표에 활용했다. "생물학무기는 광범위하고 예측 불가능하며 잠재적으로 통제가 불가능한 영향을 미칩니다. 이 무기는 세계에 전염병을 퍼트리고 미래 세대의 건강을 손상시킬 수 있습니다."[49] 사실 미국과 영국에서 진행한 실험을 통해 생물학무기를 잘 통제된 전략 무기로 만들 수 있다는 것이 밝혀졌다. 닉슨은 첫 번째 성명에서 독소 종류를 빼먹고 거론하지 않았지만 1970년 2월 14일 추가적으로 독소무기도 포기한다고 밝혔다.

닉슨의 독소무기 포기 발표가 있고 몇 달 뒤, 레어드는 미국이 보유한 생물학무기 목록을 백악관에 보냈다. 그중에는 건조 처리한 탄저균 100킬로그램도 있었다. 레어드의 목록에 따르면, 미국은 건조 처리된 툴라레미아균 365킬로그램과 무능화 작용제인 베네수엘라말뇌염Venezuelan equine encephalomyelitis 바이러스 분말 151킬로그램 및 현탁액 1만 8,900리터도 보유하고 있었다. 또한 Q열 현탁액 1만 9,300리터도 있었다. 목록에 따르면 미국은 9만 7,554발의 탄약을 독소나 생물학 작용제, 기타 유사 물질로 채워놓았다.[50] 또한 밀 녹병균 7만 1,978킬로그램, 벼 도열병균 846킬로그램도 비축해놓고 있었다. 둘 다 농작물을 고사시키는 무기였다. 생물학 탄두를 장착한 미사일은 없었지만 단거리 지대지 미사일인 사전트Sergeant에 소형 폭탄을 채운 탄두를 장착하는 설계는 되어 있었다. 분무용 항공기는 여덟 대였다.[51] 합참의장인 얼 휠러 장군은 국가안전보장회의에서 닉슨에게 파인블러프 시설은 30일 전에 통고만 하면 곧바로 생산에 들어갈 수 있다고 말한 바 있다.[52] 군이 비축한 물품은 1973년까지 파기되었다. 하지만 중앙정보국은 2년 뒤 의회 청문회에서 극소량의 독소 샘플을 불법적으로 보유하고 있다고 질책을 받았다.

닉슨은 최초의 선언에서 다른 나라들도 미국을 본보기로 삼아 행동하기를 희망한다는 뜻을 나타냈다. 그러나 소련은 그러지 않았다.[53]

데드핸드

5

탄저균 공장

소련에서 천연두를 비롯한 생물학무기의 시험 장소는 외딴 곳에 고립된 덥고 건조한 모래섬이었다. '부활'이라는 뜻의 보즈로즈데니예^{Vozrozhdeniye}라는 이름의 이 섬은 세계에서 네 번째로 큰 내해인 아랄 해 한가운데 있었다. 1970년대 초 아랄 해는 말라가고 있었다. 소련 계획 당국에서 목화 관개를 위해 아랄 해에 물을 공급하는 강들의 물길을 다른 곳으로 돌렸기 때문이다. 해안선이 물러나고 수질이 악화되는 한편 농약 유출이 늘어나 새와 물고기, 소형 포유류가 멸종될 위기였다.

1971년 7월 중순, 소련의 유명한 생물학자이자 지질학자의 이름을 딴 민간 연구선 레프베르크호가 아랄 해 북단에 있는 당시 인구 5만 명의 도시 아랄을 출발했다. 그해 여름 레프베르크호가 맡은 임무는 생태계 피해 표본을 수집하는 것이었다. 배는 7월 15일 출발해 해안선을 따라 기다란 원을 그리며 항해했다. 수면을 가르는 바람은 언제나 남쪽에서 불어왔다. 7월 31일 레프베르크호는 보즈로즈데니예 섬 남쪽에 있었다. 배는 8월 11일 항구로 돌아왔다. 갑판에서 그물을 끌어올리고 표본을 수집하던 스물네 살의 여자는 집에 돌아가 심하게 앓았다. 뒤이은 몇 주 동안 그녀는 천연두에 걸렸고 아랄 주민 아홉 명에게 천연두를 옮겼다. 한 살도 안 된 유아 둘을 포함해 세 명이 사망했다.[1]

천연두 실험이 질병 발생의 이유라는 직접적인 증거는 전혀 없지만 훗날 소련의 고위 관리인 표트르 부르가소프는 그곳에서 실험이 수행된 적은 있다고 밝혔다. 그는 천연두가 발생했을 때 소련의 보건부 차관이었다.[2] 그는 이렇게 회고했다. "당시 아랄 해 보즈로즈데니예 섬에서 효능이 높은 천연두 배합물을 시험하는 중이었다……."

그런데 어느 날 갑자기 아랄 시에서 원인 불명의 사망자가 나왔다는 보고서를 받았다. 이런 일이 벌어진 것이다. 아랄해운회사의 연구선 한 척이 섬에서 15킬로미터 떨어진 곳까지 갔고(40킬로미터 이내로 접근하는 게 금지되어 있었다), 실험 조교 한 명이 하루에 두 번씩 갑판에 나와 플랑크톤 표본을 수집했다. 그때 천연두 병원균—천연두 배합물 400그램을 섬에서 폭발시킨 적이 있었다—이 이 여자에게 '붙었다'. 여자는 천연두에 걸렸고 아랄의 집으로 돌아와 다른 몇 명에게 옮겼다. 그중에는 어린아이도 있었다. 생존자는 한 명도 없었다. 나는 모든 사실을 종합해본 뒤 소련 참모본부장에게 전화를 걸어 알마티와 모스크바를 오가는 열차가 아랄에 정차하지 못하게 막으라고 요청했다. 그렇게 해서 전염병이 전국으로 퍼지는 걸 막았다. 나는 당시 국가보안위원회 의장이던 안드로포프에게 전화를 걸어 보즈로즈데니예 섬에서 개발한 천연두 배합물이 대단히 효력이 높다고 말했다. 그는 내게 사실을 발설하지 말라고 지시했다. 진짜 세균무기는 이런 것이었다! 최소 유효 범위가 15킬로미터였다. 당시 실험 조교가 한 명이 아니라 100명이나 200명이었다면 어떤

일이 벌어졌을지 쉽게 상상이 된다.[3]

소련 당국은 천연두 발생 사실을 비밀에 붙인 채 세계보건기구에도 보고하지 않았다.

아랄에서 천연두가 발생한 1971년, 세균전에 대한 국제적 통제를 강화하기 위해 새로운 외교적 노력이 진행되고 있었다. 1925년의 제네바의정서는 화학무기와 생물학무기를 모두 다룬 국제 협정이었다. 영국은 제네바 군축 회담에서 세균전을 화학무기와 구분하고 생물학무기를 먼저 다루자고 제안했다. 세균전을 먼저 금지하고 그다음에 화학무기로 옮겨가는 게 더 쉬울 거라는 생각에서 한 제안이었다.[4] 닉슨이 미국의 생물학무기 개발 프로그램을 폐기하기로 결정함에 따라 교섭의 새로운 추진력이 생긴 상태였다.

소련은 오래전부터 생물학무기와 화학무기 모두를 "즉각 동시에 금지"하자고 주장하고 있었다. 그러나 1971년 3월, 소련은 갑자기 두 문제를 분리하는 데 동의했다. 소련과 미국은 생물학무기를 금지하는 새로운 조약을 승인했고, 이 조약은 8월에 유엔으로 넘겨져 12월 총회에서 만장일치로 승인되었다. 1972년 10월 10일, 생물학무기 및 독성무기 금지 협약은 런던과 워싱턴, 모스크바에서 조인되었다. 이 4쪽짜리 협약에서는 생물학무기의 개발과 생산 및 운반 수단을 금지했다.

특히 1조에서는 다음과 같이 선언했다.

이 협약의 각 당사국은 어떠한 경우에도 아래 물체를 개발, 생산, 비축 또는 기타 방법으로 획득하거나 보유하지 아니한다.
(1)원천이나 생산 방식, 형태나 양이 어떠하든지 간에 질병 예방, 보호

또는 기타 평화적 목적으로 정당화되지 아니하는 미생물, 기타 세균 또는 독소.

(2)적대 목적이나 무력 충돌 시 전기의 물질이나 독소를 사용하기 위하여 고안된 무기, 설비 또는 운반 수단.

그러나 반세기 전에 제네바의정서가 무력했던 것처럼 새로운 생물학무기 조약도 마찬가지로 허약했다. 이 조약에는 현지 조사 절차가 없었다. 소련이 어떠한 조사도 받아들이려 하지 않았기 때문이다. 또한 조약에서는 방어적인 목적을 위해 수행하는 연구를 금지하지 않았다. 당시 서구 외교관들은 아예 조약을 만들지 못하느니 검증 없는 조약을 조인시키는 게 더 낫다고 판단했다. 결국 조약은 각국이 자체적으로 단속하도록 내버려두었다. 속인다고 해도 처벌할 규정이 없었다. 조약 준수를 감시할 조직 같은 것도 없었다.

닉슨은 새로운 조약을 거의 믿지 않았다. 급기야는 조인식에 참석하는 것도 내키지 않아 했다. 조약에 서명하던 날, 닉슨은 키신저와 단둘이 있는 자리에서 "이 바보 같은 생물학전 어쩌고저쩌고는 아무 의미도 없다"고 말했고, 다음 날 재무장관 존 코널리와 이야기를 하면서는 "생물학전에 관한 그 멍텅구리 조약"이라고 지칭했다.[5]

1975년 3월 26일 발효된 생물학무기금지협약은 2차 대전 이후 최초로 한 종류의 무기 전체를 폐기하기로 한 군축 조약이었다. 그러나 조약에 대한 기대는 허사가 되었다.

1972년 겨울 동안 이고르 도마라드스키는 모스크바 근교의 요양소에서 결핵에서 회복하고 있었다. 어느 날 예기치 않게 관용차 한 대가 그를 태우러 왔다. 도마라드스키를 태운 차는 모스크바의 보건부로 갔다가 다시 크렘린으로 향했다. 고위 관리들은 그가 미생물학과 관련된 기관에서 일을 하기 위해 공식적으로 로스토프에서 모스크바로 전임되는 중이라고 말했다. 하지만 도마라드스키가 무슨 일을 하게 될지에 관해서는 말을 얼버무렸다. 그해 여름, 그는 새 직장을 준비하면서 새로운 생물학 박사 논문 심사를 받았다. 훗날 그는 모스크바로 옮겨간 일에 관해 이렇게 회고했다. "어떤 일이 기다리고 있는지 알았다면 그 일을 원하지 않았을 것이며 분명 거절했을 것입니다."[6] 그는 정부 기관으로 중앙미생물산업청의 줄임말인 글라브미크로비오프롬Glavmikrobioprom에 배속되었다. 원래 이 기관은 인공 감미료와 단백질을 개발하는 등 농업과 의학의 발전을 돕기 위해 만들어진 곳이었다. 도마라드스키는 자신이 그곳에 작은 사무실을 배정받았을 때 그 이유를 확실히 알지 못했다고 회고했다.

서구에서는 유전학과 분자생물학이 빠르게 발전하고 있었다. 허브 보이어와 스탠리 코언이 캘리포니아에서 DNA 조각을 자르고 붙이고 복제하는 실험을 하면서 분자생물학은 새로운 수준으로 올라서고 있었다. 도마라드스키가 모스크바로 자리를 옮긴 바로 그때에도 많은 새로운 발전이 이루어지고 있었다. 코언과 보이어가 1973년에 한 각종 실험은 유전공학의 여명을 알리는 것이었다.[7]

소련 지도자들은 중대한 결단을 내렸다. 이때까지 소련의 세균전 프로그램은 군사적인 분야였고 소련은 새로운 생물학무기 금지 조약에 서명한 상태였다. 그러나 소련은 극비리에 이 조약을 위반하면서 유전공학의 새로운 발전을 활용해 공격용 생물학무기 개발을 확대하기로 결정했다. 과거 소련은 자연 상태의 병원균을 무기로 활용했다. 이제 그들은 자연을 변형해 위험한 병원균을 창조하는 일에 착수했다. 도마라드스키는 이 프로그램의 중심 도시에 배치된 것이었다.

세균전 개발 노력은 핵무기 경쟁과는 한참 달랐다. 두 초강대국은 공식적으로 핵무기에 관해 협상을 벌였다. 핵무기는 당대의 법규에 따른 합법적인 무기였다. 각국은 조약을 마련하고 한계를 정했으며 공개적인 군축 협상을 통해 경쟁을 규제하기 위한 많은 노력을 기울였다. 서로 속이지 않기 위해 검증 체제를 만들기도 했다. 그러나 1970년대 초에 소련의 지도자들은 생물학무기의 개발 프로그램을 확대하면서 무기 경쟁의 어두운 이면에 발을 디뎠다. 소련의 프로그램은 소련 지도자들이 서명한 조약의 각종 조항에 따라 불법으로 규정된 것이었다. 소련은 스스로 한 약속을 어겼으며 규제나 검증, 집행이 전혀 이루어지지 않았다. 소련의 이런 행동은 장차 수십 년 동안 군축을 추구한다고 말해온 선전들을 몽땅 거짓으로 만들게 된다. 소련의 프로그램에 참여한 거의 모든 이들은 당시 미국도 거짓말을 하고 있다고 생각했다고 말했다. 그러나 사실 미국은 생물학무기 개발 프로그램을 중단한 상태였다.

당시 브레즈네프는 소련 과학아카데미 부원장이자 지도적 분자생물학자인 유리 옵친니코프의 영향을 받았다. 옵친니코프와 그의 몇몇 동료들은 브레즈네프를 설득해 새로운 유전자 접합 기술을 군사 공격용으로 전용했다. 소련 생물학무기 개발 프로그램의 부소장이 된 켄 알리베크에 따르면 옵친니코프는 "자신이 서구 과학 저널에서 읽은 내용의 의미를 이해했고, 소련에는 이런 연구 수준에 부합하는 연구소가 전무하고 과학자도 거의 없다는 걸 알고 있었다". 게다가 이 새로운 탐구의 가치를 군에 설득하는 문제에 관한 한 "옵친니코프는 설득력이 있었다". "아무리 회의적인 군 사령관이라고 할지라도 어떤 분야에서든 서구에 뒤처지는 것은 터무니없지는 않을지라도 위험하다는 점에 동의해야 했다. 옵친니코프는 레오니트 브레즈네프를 영향력 있는 우군으로 삼았다. 야금 기술자 출신으로 1982년 사망할 때까지 18년 동안 소련을 이끈 브레즈네프는 소련 과학계의 권위 있는 아카데미 회원들을 경외에 가까운 마음으로 존경했다. 옵친니코프는 얼마 뒤 브레즈네프와 그의 참모진을 상대로 유전학에 관한 비공개 강연을 하게 되었다. 서서히 그의 메시지가 스며들었다."[8]

서구를 따라잡아야 한다는 메시지였다. 도마라드스키는 이 노력의 일환으로 소련의 몇몇 저명한 과학자들이 분자생물학과 유전학에 관한 문헌을 찾아 급히 서구로 달려갔다고 회고했다. 1958년 천연두를 근절하기 위한 전 세계적인 캠페인을 처음으로 제안한 바이러스학자 빅토르 즈다노프도 그중 한 명이었다. 즈다노프는 서구 과학자들에게 존경의 대상이었고 자주 해외여행을 허가받았다. 도마라드스키는 즈다노프가 세련되고 세속적인 인물이라고 설명했다. 그러나 즈다노프 또한 끔찍한 비밀을 알고 있었다―신세대 생물학무기를 개발하려는 소련의 계획 말이다.

미생물학에서는 인간 생활의 개선―더 나은 백신과 약품, 농산물―을 약속하는 연구와 독소 및 전염병에 취약한 인간의 결함을 악용하는 데 사용될 수 있는 연구가 종이 한 장 차이다. 초기 단계에서는 어느 쪽 용도로든 같은 실험실을 사용할 수 있다. 노벨상 수상자 조슈아 레더버그는 생물학무기의 "근간을 이루는 과학은 이중 용도로 사용될 수 있다"고 쓴 바 있다. 그 덕분에 소련 지도자들은 무기 개발 프로그램을 숨길 수 있었다.[9]

조약이 조인된 직후지만 아직 발효되지는 않은 1973년, 브레즈네프는 비오프레파라트Biopreparat라는 새로운 기관을 설립했다. 비오프레파라트는 의약품과 백신을 만드는 곳이라는 게 당국에서 내놓은 공식 설명이었다. 그러나 사실 비오프레파라트는 새로운 공격용 생물학무기를 찾으려는 소련의 야심 찬 시도를 위한 이중 목적을 가진 기관이었다. 비오프레파라트는 민간 제약 회사의 탈을 쓴 채 인류에게 알려진 가장 위험한 병원균들을 연구할 예정이었다. 브레즈네프는 이 기관을 지도하기 위해 비밀 내부 협의회의 구성을 지시했다. 그는 존경받는 바이러스 학자인 즈다노프를 협의회 책임자로 앉히고 도마라드스키를 부의장으로 임명했다.

도마라드스키는 협의회 내에서 생물학무기 개발 계획을 위한 '특별부서'를 지휘하는 책임도 맡았다. 그는 군의 생물학무기 연구소와 정부 각 부처, 과학아카데미, 보안 기관 등과 자주 접촉했다. 이제 그는 세균전 연구 프로그램의 '수뇌부'에 자리를 잡았다. 새로운 공격용 무기 개발 계획의 암호명은 '페르멘트'였다. 장차 이 계획은 수만 명의 노동자를 고용하고 수억 달러에 상당하는 예산을 받는 수준으로까지 성장하게 된다.[10]

1974년, 소련 정부는 또 다른 포고령을 내렸다. 공개적으로 발표한 이 포고령은 소련의 미생물학 연구를 가속화한다는 내용이었다. 도마라드스키의 말을 들어보자. "이 지시에 담긴 의미는 마침내 우리가 이 분야에서 뒤처진 현실을 깨닫고 후진성을 극복하려고 한다는 사실을 국민들과 세계에 알리려는 게 분명했다."[11] 그러나 이번에도 역시 공개 포고령은 진실을 감추려는 의도였다. 비오프레파라트가 운영하는 연구소들의 목적은 비밀리에 무기 개발을 연구하는 것이었으며, 콜초보와 오볼렌스크에 시설들이 세워지고 있었다. 알리베크의 설명에 따르면 이것은 수소폭탄 개발 이후 소련의 가장 야심 찬 무기 개발 프로그램이었다.[12]

도마라드스키는 새로 맡은 자리에서 세상에 알려지지 않은 연구를 할 예정이었다. 페르멘트와 관련된 모든 문서는 무장 경호를 받으며 특수 차량으로 운송되었다. 협의회 회의는 특수 방음 시설이 된 회의실에서 열렸고 회의가 있을 때마다 보안 기관에서 도청 여부를 조사했다. 도마라드스키가 신청한 과학 문헌 구독은 보안 기관의 사전 검열을 받아야 했다. 그는 사회주의권 이외의 나라로 여행하는 것이 금지되었고 사회주의권 나라를 방문하는 일도 거부당하는 경우가 많았다. 그 자신도 "나는 너무 많은 걸 알고 있었다"고 인정했다. 극비 자료에 접근할 수 있는 이들은 대개 해외여행을 금지당했지만 도마라드스키는 그런 상황이 당혹스러울 수밖에 없었다. "외국 동료들로부터 다급하거나 매우 구미가 당기는 초대를 받아도 거절할 이유를 궁리해내야 했다." 그는 다리가 부러졌다거나 병에 걸렸다거나 "집안에 문제가 생겼다"고 말하곤 했다. 한번은 뮌헨에서 열리는 미생물학 관련 국제회의에 참석하려던 그를 참가단에 동행하던 국가보안위원회 요원이 마지막 순간 길거리에서 멈춰세우고는 비행기 표와 여행 경비를 반납하라고 한 적도 있었다.

도마라드스키와 그의 밑에서 일하는 연구자들은 페스트균에 유전물질을 끼워넣은 '발명자 증서'를 열 개 갖고 있었는데 이 문서들은 기밀로 취급되었다. 문서를 기밀 취급하는 것은 흔한 절차였다. 도마라드스키는 등록 번호와 날짜만 받았다. 자기 증서를 보려면 특수 보안실로 들어가야 했고 어떤 문서도 밖으로 가지고 나올 수 없었다.

도마라드스키는 심한 갈등을 겪었다. 과학을 탐구하고 싶은 마음은 컸지만 자신이 죽음의 도구에 기여하고 있다는 것을 알고 있었다. 비록 직접 폭탄을 다루는 건 아니고 세균만 만질 뿐이었지만 그가 개발한 병원균은 결국 무기로 바뀔 터였다. "'프로블럼 페르멘트'에서 연구하는 과학은 정말로 흥미진진했다. 이 과학이 워낙 매력적으로 느껴졌던 터라 그 결과물로 무엇을 하는지는 별로 중요하게 여겨지지 않았다." 그는 이런 말도 덧붙였다. "당시에는 양심을 약간 더럽히는 일이 치러야 할 작은 대가처럼 보였다." 도마라드스키는 자기 가족이 오랜 세월 동안 박해에 맞서 싸우는 모습을 보면서 언제든 굴복해야 한다는 걸 배웠다고 말했다. "나는 살아남기 위해 어린 시절부터 소련 체제에 대한 내 진짜 태도를 감춰야 했다. 아주 일찍부터 이 체제에 순응하는 법을 배웠다."

게다가 도마라드스키는 자신이 소련의 무기 개발 시도의 한가운데 있다는 사실에 "분에 넘치는 자부심"을 느꼈다. 그는 크렘린과 연결되는 안전한 전화와 자동차를 갖고 있었고 급여도 꽤 좋았다. "우리는 애국적인 연구에 참여하면서 이제까지 허약해진 분야인 소련의 분자생물학, 면역학, 유전학 연구를 발전시킨다고 생각했다." 그는 생물학무기를 금지하는 조약에 관해 알았지만 미국인들도 몰래 연구하고 있을 거라고 생각했다.

도마라드스키는 생물학무기 개발 시도의 핵심에서 문서 업무를 감독하고 군과 대화를 하고, 연구소를 방문하는 지위를 맡았다. 그는 비오프레파라트가 모양을 잡아가면서 유전자 조작 세균무기 개발 시도를 항생제 내성을 포함해 다섯 가지 주요 방향으로 확대하는 계획의 초안을 작성했으며, 이 초안은 1975년 승인되었다. 이 계획은 결정적인 전환점이었다. 병원성 인자를 증대시키기 위해 여러 치명적인 병균에서 유전자를 추출해 세균의 세포나 바이러스의 DNA에 이식하는 각종 프로그램이 진행되었다. 도마라드스키는 유전 물질을 직접 페스트균에 주입하기를 원했다. 이 프로그램들에는 '본파이어'와 '팩터'라는 이름이 붙었다. 도마라드스키가 모스크바의 협의회 부의장으로 일하는 동안 협의회는 유전자 변형 바이러스와 세균무기를 이용해 작물과 가축을 해치는 유사 프로그램, 곧 '에콜로지' 프로젝트도 만들었다.

젊은 시절 도마라드스키는 천벌로부터 국민을 보호하는 여러 페스트 연구소의 영웅적인 노동자들을 존경했다. 이제 이 연구소들은 조용히 살인 병균을 찾는 작업으로 이끌려갔다. 도마라드스키에 따르면 민방위를 위한 '프로블럼 No. 5'는 무기 개발 작업을 은폐하는 거짓 설명이 되었다. 연구소들은 스텝 지대에서 발견한 위험한 병원균을 한데 모아 독성 인자를 연구하라는 요구를 받았다. 비오프레파라트의 실험실 플라스크에 공급하기 위해서였다.

생물학무기금지협약은 1975년 3월 26일 발효되었다. 그해 6월, 제네바 군축위원회 주재 소련대사 알렉세이 A. 로시친은 다음과 같이 선언했다. "소련은 현재 협약 제1조에 명기된 세균성 작용제나 독소, 무기, 장비 또는 운반 수단을 전혀 보유하고 있지 않다."[13]

로시친이 현실을 알고 있었는지는 모르지만 도마라드스키는 확실히 사실을 알고 있었다. 그는 훗날 이렇게 회고했다. "나는 내가 통제가 불가능한 체제의 일부임을 알았지만 다른 대안적인 삶을 생각할 수 없었다. 동료들처럼 나도 끔찍한 선택에 직면했다. 부패하고 제대로 작동하지 않는 체제에 남아 (기껏해야) 도덕적으로 다소 모호한 연구를 하느냐, 아니면 과학자로서 내 경력 전체를 희생하느냐 하는 선택 말이다."

생물학무기 조약이 비준된 직후 미국 첩보 위성들은 소련에서 여느 공장과 다른 공장들이 새로 건설 중이라는 징후를 포착했다. 『보스턴글로브』의 군사 통신원인 윌리엄 비처는 잠재적인 생물학전 시설 여섯 곳이 위성에 탐지되었다고 보도했다. 이 공장들은 "세균전 생산과 관련된 대단히 높은 굴뚝과 냉동 저장 벙커를 특징적으로 보여준다"는 것이었다.[14]

그리고 1979년 4월 스베르들롭스크 탄저병 확산 사태가 터진 것이다. 서구에 단편적인 보고들이 속속 당도했다. 정보기관들은 오래전부터 소련에 비밀 생물학무기 개발 프로그램이 존재한다고 의심하고 있었다. 이제 증거가 드러난 것인지도 몰랐다.

소련 망명자들을 통해 첫 번째 보고들이 미국 중앙정보국에 들어오기 시작했다. 1979년 10월 15일자 중앙정보국 극비 첩보 보고서에서는 익명의 소련 망명자가 5월에 친한 친구 세 명에게서 들은 말을 인용했다. "스베르들롭스크에 있는 생물학전 연구소에서 사고가 터져 40~60명이 사망했다고 한다. 다른 출처에서도 이런 사고에 관한 소문을 들었다." 보고서는 내용이 모호했지만 "스베르들롭스크에 수상한 생물학전 시설"이 존재하며 "이 사건에 관한 두 보고를 보면 가축에도 전염되는 질병임을 알 수 있고, 또 한 출처는 탄저균이 원인일 가능성을 확인했다"고 지적했다.[15]

12월, 소련군이 아프가니스탄을 침공했다. 2차 전략무기제한협정이 위험에 빠졌다. 소련이 5년 전에 발효된 생물학무기 조약을 위반했다는 것이 발견되면 핵무기 협정 비준에 또 다른 심각한 차질이 빚어질 터였다.

스베르들롭스크에 관한 예상치 못한 새로운 첩보가 워싱턴에 당도했다. 1980년 1월 28일자 중앙정보국의 비밀 보고서에는 다음과 같은 내용이 있다. "최근 첩보를 보면 1979년 4월 남부 스베르들롭스크의 생물학전 시설에서 사고가 발생해 민간인 사상자가 나왔다는 주장이 확실해진다." 보고서에는 공장에서 폭발 사고가 생겨 세균이 유출되었다는 주장이 덧붙어 있었다. 보고서에 따르면 "전하는 말로는 병원성 세균이 대기 중으로 유출되어 남부 스베르들롭스크 산업 지대와 주거 지역으로 확산되었다". 또한 다음과 같은 말도 있었다. "공중보건이라는 맥락에서 탄저병 발발에 관한 발표가 있었는데, 이 조치는 100만 명이 넘는 스베르들롭스크 주민들이 동요하는 사태를 막기 위해 고안된 것으로 보인다. 전염병의 규모와 원인 생물체에 관해서는 여전히 추측만 무성하다."

1980년 1월과 2월, 스베르들롭스크의 한 병원에서 일하는 개업의가 미국 정보기관에 새롭게 더 자세한 설명을 제공했다. 미국 국방정보국은 3월 3일자 극비 보고서에서 이 설명을 인용했다. 몇 가지 자세한 내용은 분명하지 않았지만 의사는 많은 세부 사항에 관해 정확하게 설명했다.

그는 "확산성 생물학무기"를 생산하는 군 시설 안에서 사고가 발생했다고 말했다. 그의 말에 따르면 1979년 4월 "제트기 때문으로 보이는 커다란 폭발"이 있었고—이 설명은 나중에 착오로 밝혀졌다—나흘 만에 희생자들이 20호 병원에 도착했다.

의사는 희생자들의 증상과 도자기 공장 노동자들의 사망, 환자들을 40호 병원으로 옮기기로 한 결정, 오염된 고기 때문에 병이 발발했다는 발표 등에 관해서도 자세히 설명했다. 그러고는 다음과 같이 덧붙였다. "발표 자리에 있던 의사들은 이 내용을 수긍하지 않았다. 사망자는 모두 오염된 고기를 먹거나 만졌을 때 발병하는 위장 탄저병이나 피부 탄저병이 아닌 폐 탄저병으로 죽었기 때문이다." 정보기관은 보고서에서 이 정보로 볼 때 이 시설에서 "생물학무기 관련 활동이 이루어졌다는 매우 유력한 정황적 사실이 드러난다"고 결론지었다.

1980년 3월 17일 월요일 모스크바에서 미국대사 토머스 왓슨은 소련 외무부에 조용히 문의하면서 스베르들롭스크 탄저병 문제를 제기했다.[16] 외무부는 곧바로 응답하지 않았다. 3월 18일 화요일 미국 국무부 대변인은 워싱턴에서 언론인들의 질문에 답하면서 공개 성명을 읽었다. 스베르들롭스크가 1979년 "치명적인 생물학 작용제"의 습격을 받았다는 "불온한 징후"가 있으며, 이 사건으로 생물학무기 조약과 "일치하는 물질이 존재하는지"에 관한 의문이 제기되었다는 내용이었다. 소련은 예상치 못한 미국 국무부의 공개 선언에 깜짝 놀랐다.[17] 소련은 3월 20일 목요일 오염된 고기 때문에 전염병이 발생했다는 대답을 내놓았다.[18] 이 문제는 대단히 민감한 주제였다. 같은 주에 제네바에서 53개국의 외교관들이 생물학무기금지협약의 첫 번째 5년을 검토하는 회의를 마무리하던 중이었기 때문이다. 이제 막 외교관들이 최종 선언문을 승인하려던 참이었다. 회의에 참석한 미국대사 찰스 플라워리는 소련대사 빅토르 이스라

엘리얀에게 스베르들롭스크와 관련해 우려의 메시지를 건넸고 이는 모스크바로 전달되었다.

소련은 계속 발뺌을 하기로 결정했다. 3월 21일 금요일, 이스라엘리얀은 모스크바의 지시에 따라 행동하면서 회의장에서 공개 성명을 발표했다. 그는 회의 참석자들에게 전혀 걱정할 게 없다고 장담했다. 미국이 제기한 의문들은 "전혀 근거가 없다"는 것이었다. "1979년 3~4월 실제로 스베르들롭스크 지역에서 동물들에게 탄저병이 발생한 사건이 있었다. 하지만 이것은 자연적인 원인 때문에 생겨난 일상적인 일이었다. 그리고 수의학 검사단에서 마련한 규정을 위반하고 판매된 고기를 먹어 장탄저병에 감염된 사람들도 있었다."[19]

같은 날, 이 성명이 있은 뒤 회의 참석자들은 생물학무기금지협약에 관한 최종 선언을 승인했다. 회원국들은 이 조약이 효과를 발휘하고 있다고 선언했다. 어느 나라도 위반에 관한 불만을 제기하지 않았다. 실제로 '위반'이라는 단어는 최종 선언에 등장하지도 않았다. 조약에 서명한 모든 나라는 생물학무기를 막겠다는 "모든 인류를 위한 확고한 결단"을 재확인했다.[20]

1주일 뒤, 미국은 모스크바에 비밀 메시지를 전달했다. "우리가 입수한 여러 보고에 따르면 스베르들롭스크에서 장기간에 걸쳐 폐 탄저병이 발발해 많은 수의 사망자가 나왔다"는 내용이었다. "우리의 경험에 비춰볼 때 오염된 고기에서 발생한 탄저병은 지속 시간이 비교적 짧고 사망자 수도 많지 않다."[21]

워싱턴의 중앙정보국은 과거 닉슨에게 생물학무기를 법으로 금지하라고 촉구한 하버드대학교의 분자생물학자 매튜 메젤슨을 비롯한 전문가들에게 도움을 구했다. 메젤슨은 중앙정보국에서 오랫동안 생물학무기 분석가로 일한 줄리언 홉트먼의 전화를 받았다. 메젤슨은 1주일 동안 홉트먼의 집에 머물렀고, 기밀 취급 허가를 받고 중앙정보국 본부에 있는 홉트먼의 사무실에서 일했다. 두 사람은 첩보 보고서 원문들을 샅샅이 살펴보았지만 증거가 뚜렷하지 않았다. 홉트먼은 국방정보국 보고서에서 언급된 스베르들롭스크 개업의의 소재를 추적해 그가 이스라엘로 이주한 것을 알고 직접 찾아가서 인터뷰했다. 그러나 스베르들롭스크를 돌아다닌 다른 정보원들은 전염병에 관해 아무 말도 듣지 못했다. 폭발에 관한 보고서가 부정확하다는 사실이 드러났고 특히 진단에 관한 많은 의문에 대해서는 더더욱 답을 찾지 못했다. 메젤슨은 그 주에 작성한 메모에서 이렇게 썼다. "현재 내 머릿속에 있는 중요한 기술적 의문은 호흡기 탄저병 진단에 관한 것이다." 희생자들은 호흡기를 통해 탄저병에 걸린 걸까? 요컨대 생물학무기가 에어로졸 형태로 확산되어 있었던 걸까? 아니면 음식물을 통해 걸린 걸까? 따라서 상한 고기의 유통으로 설명될 수 있는 걸까? 아니면 전혀 다른 어떤 호흡기 질환인 걸까?

이와 관련된 수수께끼는 왜 이 질병이 7주 동안 계속되었는가 하는 점이었다. 메젤슨이 찾아본 교과서들에는 탄저병의 잠복기가 며칠이라고 되어 있었다. 포자가 한바탕 퍼졌다면 그다음에는 새로운 환자가 급격하게 감소했어야 한다. 그런데 오히려 얼마 동안 사람들이 계속 병에 걸렸다. 메젤슨은 홉트먼의 사무실에서 연구하면서 결론을 도출하기 위해서는 훨씬 더 많은 사실을 알아야 한다고 결론지었다. 희생자들은 병에 걸렸을 때 어디에서 일하고 있었을까? 어디에 살았을까? 바람은 어느 방향으로 불고 있었을까? 모든 희생자들의 위치를 지도에 표시하고 19호 기지를 중심으로 타원을 하나 그리면 무엇을 알게 될까—얼마나 많은 수가 타원형 안에 포함될까? 그리고 19호 기지에서는 무슨 일이 벌어지고 있었을까? 지역 당국은 약물 치료를 진행했다. 그렇다면 효과가 있었나? 준비된 약품을 바로 사용할 수 있었다면 왜 그렇게 많은 사망자가 발생한 것일까? 이 초기 단계에서 메젤슨은 신중한 태도를 견지하며 면밀히 조사했다. 그는 이 과정에서 노스웨스턴대학교의 물리학자 도널드 엘리스가 당시 학술 교류 프로그램 때문에 스베르들롭스크에서 가족과 함께 체류했다는 것을 알게 되었다. 그는 엘리스를 수소문해 이야기를 들을 수 있었는데, 엘리스는 전염병에 관해 전혀 들은 바가 없다고 기억했다. 메젤슨의 경계심은 더욱 커져갔다.[22]

생물학무기는 스파이와 군인, 과학자들의 궁극적인 과제였다. 우주에서는 위성들이 대륙간탄도미사일 격납고 사진을 찍을 수 있었고 수효를 셀 수도 있었다. 하지만 세균은 전혀 다른 문제였다. 위성으로 스베르들롭스크에 있는 이상한 건물 단지를 발견할 수는 있었지만 실험실 안에 있는 플라스크를 들여다보는 건 거의 불가능했다. 바로 이 때문에 스베르들롭스크를 파악하는 게 무척 중요했다. 이곳은 관심을 잡아끄는 진짜 증거였다. 스베르들롭스크를 통해 소련 세균전 프로그램이 얼마나 중대한 범죄인지 얼핏 감지할 수 있었지만 아직 입증하지는 못한 상태였다.

스베르들롭스크 사고 이후 소련 관리들은 다량의 탄저균 재고를 시베리아 이르쿠츠크 근처의 지마에 있는 저장 시설로 옮겼다. 탄저균 생산을 재개하려면 새로운 장소가 필요했다. 그들은 19호 기지가 의심받으리라는 것을 알고 있었다. 19호 기지는 군사 시설이었다. 이제 소련 관리들은 탄저균 생산을 더 신중하게 숨기기를 원했다. 가장 좋은 대체물은 민간 제약 회사로 알려진 비오프레파라트였다. 1981년, 브레즈네프는 스베르들롭스크의 시설을 이전하는 조치를 승인했다. 목적지는 카자흐스탄 북부의 외딴 사막 도시인 스테프노고르스크였다. 이곳은 비오프레파라트가 운영하는 시설이었고 켄 알리베크가 운영자로 선정되었다.[23]

알리베크는 카자흐족 출신이었다. 그는 톰스크의과대학을 군의관으로 졸업한 뒤 러시아 서부 오무트닌스크의 유기살충제 공장에 배치되었다. 이곳은 생물학무기에 관한 연구를 할 사람들을 길러내는 훈련장이었다.[24] 그의 기억에 따르면 처음부터 "오리엔테이션 강좌나 세미나 같은 건 전혀 없었다. 하지만 우리가 맡은 임무의 진짜 목적에 대해 조금이라도 의심을 품으면 재빨리 의심을 해소하게 만들었다". 연구원들은 비밀유지 서약에 서명할 것을 요구받았고 한 명씩 불려가 지정된 국가보안위원회 교관과 면담을 했다.

교관은 알리베크가 자리에 앉자 질문이라기보다는 선언에 가까운 말투로 이야기했다. "이건 통상적인 연구가 아니라는 사실을 알고 있지요?"

알리베크가 대답했다. "네 압니다."

교관이 말했다. "생물학전에 관한 국제조약이 있고, 소련도 서명을 했다는 사실을 당신에게 알려주어야 할 것 같습니다. 이 조약에 따르면 누구도 생물학무기를 만들어서는 안 됩니다. 하지만 미국도 조약에 서명을 했는데, 우리는 미국인들이 거짓말을 하고 있다고 믿습니다."

알리베크는 이렇게 회고했다. "나는 나도 그렇게 믿는다고 솔직하게 이야기했다. 학생 시절이나 젊은 군 장교 시절이나 우리는 자본주의 세계가 똘똘 뭉쳐서 단 하나의 목표, 곧 소련을 파괴한다는 목표를 추구한다고 귀가 아프도록 주입식 교육을 받았다. 미국은 우리에게 상상 가능한 어떤 무기라도 사용할 수 있고 미국만큼 표리부동해야 우리도 살아남을 수 있다고 믿는 건 어려운 일이 아니었다."

알리베크의 말에 교관은 고개를 끄덕였다. 만족스러운 표정이었다. "이제 가도 됩니다. 행운을 빌어요."

오랜 세월이 지난 뒤 알리베크는 자기가 평생 일을 하는 동안 당국으로부터 윤리의 문제를 들은 건 이때의 5분이 처음이자 마지막이었다

고 기억했다.[25]

알리베크는 1983년 스테프노고르스크로 파견되었다. 새로운 세균전 공장은 민간 시설인 프로그레스과학생산협회Progress Scientific and Production Association의 일부였다. 이곳은 살충제와 비료를 만들면서 가짜 간판 노릇을 했다. 알리베크는 배속된 지 몇 주 만에 모스크바로 소환되었다. 브리핑을 위해서였다. 비오프레파라트는 사모카트나야 거리 4a번지로 본부를 옮긴 상태였다. 높다란 아치 모양의 창이 난 이 우아한 건물은 한때 19세기 보드카 상인 표트르 스미르노프의 저택이었다. 알리베크는 회고했다. "한 정보장교가 끈으로 묶인 빨간색 서류철에서 명령서를 꺼내더니 근엄한 표정으로 책상 위에 놓고는 내가 읽는 동안 뒤에 서 있었다. 명령의 요지는 이미 알고 있었다. 카자흐스탄 북부의 휴면 시설을 무기 공장으로 바꿔 궁극적으로 스베르들롭스크를 대체한다는 것이었다."

이 무기는 '탄저균836'이라고 알려진 '전투 변종'이었다. "일단 이 균종을 배양하고 농축하고 조합하는 기법을 만들어낸 다음 대규모로 번식시키기 위한 기반 시설을 개발해야 했다—오랫동안 우리 군의 과학자들이 달성하지 못한 목표였다. 그러려면 발효조와 건조기, 제분기, 원심분리기 등을 조립해야 할 뿐만 아니라 폭탄 수백 개를 조립하고 병균을 채우는 장비도 만들어야 했다."[26]

"사실상 내가 스테프노고르스크에서 한 일은 무기용 탄저균을 대량 생산하기 위해 세계에서 가장 효율적인 조립라인을 만들어내는 것이었다."

알리베크는 공식적으로는 민간 기업 프로그레스의 부소장이었지만 전체 시설의 '전시 사령관'이라는 비밀 직함을 갖고 있었다. "군에서 말하는 '특수한 시기', 곧 초강대국 사이의 긴장이 고조되는 시기가 되면 공장을 감독하는 게 내 일이었다. 모스크바로부터 암호 메시지가 오면 받자마자 프로그레스를 무기 공장으로 전환해야 했다. 지하실에서 독성 변종 세균을 꺼내 반응기와 발효조에 투입하는 것이다. 스테프노고르스크에서는 탄저균이 주요 병균이었지만 마비저도 다뤘고 툴라레미아와 페스트도 무기화할 준비가 돼 있었다." 병원균은 소형 폭탄과 압축 공기 탱크에 쏟아붓고 트럭에 실어 철도역이나 공항으로 운송될 예정이었다. "모스크바에서 중단하라는 지시가 내려오거나 우리 공장이 파괴될 때까지는 생산을 유지하기로 되어 있었다."

알리베크는 미국과의 냉전 대결의 가능성을 심각하게 받아들였다고 말했다. 레이건이 당선되고 군사력을 증강하는 모습은 경각심을 불러일으켰다. "아프가니스탄에서는 우리 군인들이 미국의 지원을 받는 게릴라들의 손에 죽어가고 있었고, 워싱턴은 이제 막 서유럽에 신세대 순항 미사일을 배치하려던 참이었다. 몇 분 안에 소련 땅에 도달할 수 있는 미사일을 말이다. 각종 정보 보고서에서는 핵전쟁이 벌어질 경우 최소 6,000만 명의 소련 시민이 사망할 것을 미국이 예상했다고 주장했다."

"굳이 강경한 시각의 정보 브리핑이 없어도 위험을 감지하는 것은 전혀 어려운 일이 아니었다. 모든 신문들이 레이건이 우리 나라를 악의 제국이라고 일컫는 데 대해 분노를 나타냈고, 우리 지도자들이 하도 격렬한 언어를 구사하는 통에 1970년대 데탕트 시기에 자라난 우리 대부분은 안전하다는 느낌이 흔들렸다. 우리끼리 크렘린의 늙은이들에 관해 농담을 하긴 했지만 서구가 우리가 약한 순간을 이용해 우리를 파괴할 거라고 믿는 것은 어려운 일이 아니었다."

오래된 우라늄 광산 도시인 스테프노고르스크에서 14킬로미터 떨어진 평원에 있는 프로그레스에는 높다란 회색 벽과 전선 울타리가 줄지어서 있었다. 주변 땅은 유출 사고에 대비한 일종의 안전장치로 모든 식물들이 제거된 상태였다. 황량한 공간은 침입자를 멈춰세우는 안전지대 구실을 했다. 사방에 동작 감지기가 있었다. 내부에는 격자형의 좁은 도로에 수십 개의 건물들이 늘어서 있었다. 신축 건물들이 황무지에 우뚝 서 있었다. 221호 건물이 주요 생산 시설이었다. 231호 건물은 작용제를 건조하고 분말로 만드는 곳이었다. 600호 건물은 연구 센터로 당시까지 소련에 건설된 것 가운데 가장 큰 실내 시험 시설이 있었다.[27] 건물 내부에는 스테인리스강으로 만들어진 거대한 실험실이 두 개 있었다. 하나는 소련의 세균 폭탄에 내재된 에어로졸 혼합물의 쇠퇴율과 전파 능력을 실험하는 곳이었다. 다른 하나는 동물 실험실이었다.

알리베크는 회고록에서 다음과 같이 설명했다. "생물학무기는 로켓 발사 장치가 아니다. 바로 장전해서 쏠 수 있는 게 아니다. 시험관에 독성이 가장 높은 배양균이 있다고 하더라도 안정성과 예측 가능성을 확보하는 절차를 거치지 않는다면 공격용 무기로 아무 쓸모가 없다. 어떻게 보면 제조 기법이 진짜 무기이며 개별 작용제를 개발하는 것보다 이 기법이 더 어렵다."

알리베크와 동료 노동자들은 탄저균을 무기화하기 위해 우선 냉동 건조 포자를 사용했다. 그것들은 냉동고 금속 트레이에 저장된 마개 달린 유리병에 담겨 있었다. 각각의 유리병은 살균제에 적신 부드러운 수건에 놓여 있었고 변종의 명칭이 쓰인 꼬리표가 붙어 있었다. 어느 누구도 혼자서 저장실에 들어가지 못했다. 선반에서 유리병을 꺼낼 때는 적어도 두 명, 곧 실험 기술자와 과학자가 같이 가서 목록과 대조하고 금속 카트에 담아 실험실로 가지고 왔다. 그곳에서 과학자는 배양액을 유리병에 넣고 섞은 뒤 혼합액을 더 큰 병으로 옮겼다. 큰 병은 1~2일 동안 배양하기 위해 가열 상자에 넣어둔다. 그다음에 사이펀을 이용해 배양액을 큰 플라스크에 집어넣는다. 배양액은 기포 발생기에 연결된 플라스크에

데드핸드

서 가벼운 거품으로 바뀐다. 세균은 산소 덕분에 더욱 효율적으로 성장한다. 알리베크의 말로는 배양액은 이 단계에서 반투명의 연갈색 액체, 그러니까 코카콜라와 비슷했다. "각각의 새로운 세대의 세균을 점점 더 큰 용기로 옮기다 충분히 탄저균을 모으면 진공압을 가하면서 파이프를 이용해 발효조 몇 개가 든 방으로 옮긴다." 거대한 발효조에서 하루나 이틀 더 이 물질을 배양하면 세균이 계속 증식하는데, 그런 다음 원심분리기에 넣어 농축한다. 마지막으로 안정화 물질과 혼합한 뒤 혼합액을 탄약에 채운다. 구내 대지에는 폭탄을 저장하고 채우기 위한 지하 벙커가 곳곳에 있었고 폭탄을 운반하기 위한 철로가 깔려 있었다. 스테프노고르스크는 지시가 내려지면 1년에 탄저균 300톤을 만들 수 있었다.[28]

6

데드핸드

안드로포프는 생의 마지막 몇 주 동안 찾아오는 손님이 거의 없었다. 그 중 한 명인 미하일 고르바초프는 젊은 정치국원으로서 안드로포프의 충복이었다. 두 사람은 1983년 12월 마지막으로 만났다. 고르바초프는 이렇게 회고했다. "그의 방에 들어갔을 때 그는 안락의자에 앉아 있었는데 미약하나마 미소를 지으려고 애를 썼다. 우리는 서로 인사를 하고 끌어안았다. 그 전에 마지막으로 봤던 모습과는 너무나도 변해 있었다. 내 앞에 완전히 다른 사람이 앉아 있었다. 얼굴이 부풀어오르고 초췌한 모습이었다. 피부도 창백했다. 눈도 흐릿하고 겨우 올려다보는데 앉아 있는 것도 힘들어 보였다. 나는 시선을 돌리려고 갖은 애를 썼다. 놀란 모습을 보이지 않으려고 말이다."[1]

안드로포프는 이 만남이 있고 며칠 안에 중앙위원회 전체회의에서 하기로 예정된 발언 준비를 했다. 여느 때처럼 원고는 미리 타이핑해두었지만 몸이 너무 아파서 직접 참석할 수는 없는 상황이었다. 그는 손으로 직접 여섯 문단을 추가했다. 그리고 12월 24일 수석 보좌관 중 한 명인 아르카디 볼스키를 침대로 불러 자필로 추가한 메모를 전달했다. 안드로포프는 마지막 문단에 다음과 같이 썼다. "저는 여러분도 이해할 만한 이유로 당분간 정치국과 서기국 회의를 주재하지 못할 겁니다. 따라서 중앙위원회 성원들이 정치국과 서기국을 지도하는 일을 미하일 세르게예비치 고르바초프에게 맡기는 문제를 검토해주시기를 요청합니다." 볼스키는 깜짝 놀랐다. 그는 다른 두 명의 참모와 이야기를 나눴는데 두 사람 역시 당황했다. 그때까지만 해도 콘스탄틴 체르넨코가 당내 2인자로 여겨지고 있었기 때문이다. 안드로포프는 체르넨코를 건너뛰어 고르바초프에게 바로 나라를 이끌게 하자고 제안하는 셈이었다. 참모진은 용의주도하게 안드로포프의 메모를 복사해둔 뒤 회의 전에 타이핑해서 안드로포프의 다른 발언들과 함께 배포하도록 중앙위원회 사무국에 제출했다.

이틀 뒤 전체회의에서 빨간 가죽 표지의 서류철을 열어본 볼스키는 안드로포프가 쓴 마지막 문단이 빠져 있는 걸 발견했다. 이의를 제기한 그는 조용히 하라는 말을 들었다. 소련의 실권을 쥔 늙은 공룡들—체르넨코, 국방장관 드미트리 우스티노프, 각료회의 의장 니콜라이 티호노프—은 고르바초프를 후계자로 지명하려는 안드로포프의 시도를 조용히 가로막은 것이다. 수구 세력은 계속해서 권력을 장악하고 있었다.[2]

안드로포프는 1984년 2월 9일 사망했고 병약한 체르넨코가 후계자로 선정되었다. 영국 총리 마거릿 대처가 장례식에 참석하러 모스크바로 날아왔다. 대처는 2월 13일 살을 에는 추위 속에 도착했다. 그녀는 장례식 날 잠깐 체르넨코와 비공식 회동을 했다. 체르넨코가 어떤 글을 빠르게 읽었는데, 이따금 말을 더듬기도 했다. 대처는 사람들이 모피로 안감을 댄 부츠를 신으라고 재촉했다고 회고했다. 안드로포프의 장례식에 참석한 손님들은 추위 속에 오랜 시간을 서 있어야 했다. 대처는 부츠가 꽤 비쌌다고 말했다. "체르넨코를 만났을 때 조만간 다시 부츠를 요긴하게 쓸 수 있을 거란 생각이 머리를 스쳤다."[3]

72세의 체르넨코는 브레즈네프의 비서실장이자 당 간부로서 줄곧 그의 그림자에 지나지 않았다. 진행 단계의 폐기종을 앓던 체르넨코는 레닌 묘 꼭대기에서 텔레비전으로 방송되는 취임 연설을 하던 도중 말을 더듬었다. 숨이 차서 한 문장을 끝까지 말하지도 못한 것이다. 군대가 붉은광장에서 사열을 하며 앞을 지날 때는 끝까지 경례도 하지 못했다. 안드로포프의 장례식 중에는 그로미코가 체르넨코를 바라보며 "모자를 벗지 마세요"라고 속삭였다—그런데 마이크에 그의 목소리가 고스란히 담겼다.[4] 2주일 뒤, 체르넨코는 다른 텔레비전 연설에서 또다시 말을 더듬었다. 30초 동안 숨을 고르고 연설을 재개했는데 원고 한 쪽 전체를 건너뛰었다. 체르넨코는 사실상 임시 지도자였다. 동료들은 이 사실을 감지했다. 고르바초프가 물었다. "서기장 자리에 누구를 뽑은 걸까? 아주 아프고 몸이 약한 사람일 뿐만 아니라 사실 완전한 병자였다. 다들 그가 환자라는 사실을 알았고 맨눈으로 보아도 바로 알 수 있었다. 그가 병에 걸린 상태고 폐기종 때문에 호흡이 짧다는 사실은 결코 감출 수 없었다."[5]

당시 중앙위원회 국제부 차장이던 아나톨리 체르냐예프의 기억에 따르면, 체르넨코가 스페인 국왕을 접견할 예정이었을 때 참모들은 그가 할 말을 주로 길지 않은 문장으로 작은 카드에 적어주었다. 체르넨코가 보고 읽는 게 아니라 말을 하는 것처럼 보이도록 말이다. "처음에는 그런 식이었다. 하지만 나중에 체르넨코는 메모도 제대로 읽지 못해 자기가 무슨 말을 하는지도 모른 채 더듬더듬 중얼거리기만 했다."[6]

병든 체르넨코가 핵 공격에 관한 결정을 내려야 하는 일이 생겼다면 과연 어떻게 됐을까? 소련 지도부에게 가장 궁극적인 재앙은 마른하늘에 날벼락처럼 선제공격을 당해 크렘린이 순식간에 파괴되는 사태였다. 크렘린에서 전쟁 벙커로 탈출하는 지하 특별 열차가 있었다—하지만 불과 몇 분 만에 미사일이 날아와 지도부가 갑작스러운 죽음에 맞닥뜨린다면? 지도자들이 사라지면 누가 보복을 명령할까? 어떻게 명령을 전달할까? 멀리 떨어진 미사일 지휘소와 잠수함에 어떻게 연락할까? 신속하고 효과적으로 지도부가 제거된다면 소련은 보복 능력을 상실할 것이다. 그렇다면 소련은 취약한 게 분명했다. 지도부 제거에 대한 소련의 공포는 실질적인 것이었고 미국의 행동은 이런 공포를 더욱 부추겼다. 1980년 카터 대통령이 장기 핵전쟁에 대비해 서명한 대통령령 59호에서는 의도적으로 소련 지도부를 공격 목표로 지목했다. 1983년 말 퍼싱 II 미사일과 지상 발사 순항 미사일이 배치되자 몇 분 만에 소련에 도달할 수 있는 핵무기의 위협은 더욱 커지는 듯 보였다.

1984년 초, 체르넨코가 집권한 바로 그때 정예군인 전략로켓군의 대령이던 47세의 발레리 야리니치는 주력로켓병기국의 차장으로 조용히 자리를 옮겼다. 야리니치는 통신 채널과 기술의 대가로 20년 동안 전신과 무선 시스템, 위성을 설치해 로켓, 부대, 사령관, 모스크바 정치 지도자들을 연결하는 일을 했다. 그에게는 진지한 태도와 목적의식이 있었다. 전략로켓군의 중요한 통신 연결이 두절되는 사태가 생기면 오직 야리니치만이 신속하게 고칠 수 있는 인물로 신뢰를 받았다. 그는 핵전쟁이 일어날 경우에 대비해 의사 결정과 통신을 정비하는 새롭고도 민감한 극비 프로젝트로 자리를 옮긴 것이다.

초창기 소련 핵전쟁 프로그램에서는 통신이 원시적인 수준이었다. 부대—그리고 미사일—에 지시를 내리는 데 시간이 걸렸다. 야리니치는 여러 성가신 절차를 직접 목도했다. 1937년 레닌그라드 인근 크론시타트의 해군 장교 집안에서 태어난 야리니치는 스푸트니크 발사 2년 뒤인 1959년 레닌그라드군사통신학교를 졸업했다. 그해 12월, 전략로켓군이 독립적인 군대로 창설되었고, 액체 연료를 사용하는 거대하고 부담스러운 R-7 대륙간미사일이 전투 임무에 배치되었다. 흐루쇼프는 소련이 미사일을 소시지처럼 만들어내고 있다고 자랑했다. 야리니치는 키로프 북쪽에 있는 유리야에 자리한 소련 제1대륙간탄도미사일 사단에서 복무했다. 그가 부대에 배속되어갔을 때는 이제 막 숲을 베어내고 로켓 기지를 건설하는 중이었다. 1960년 말, 야리니치는 키로프의 군단 본부로 옮겨갔다. 당시 이곳에서는 다섯 개의 새로운 미사일 사단이 창설되는 중이었다.

그 무렵 소련 참모본부는 미사일 사령관들에게 '모놀리트Monolit'라는 시스템으로 암호를 사용해 무전과 전신으로 지시 사항을 전송했다. 이 시스템은 지휘소에서 미리 준비해 엄격하게 관리하는 특별 암호 봉투에 의존했다. 이 봉투는 긴급 상황에서만 열 수 있었다. 야리니치의 기억에 따르면, 운 나쁜 당직 장교가 훈련 중 결정적인 순간에 가위로 봉투를 신속하게 개봉하지 못하는 일이 잦았다고 한다. 긴장 때문에 심하게 손을 떨었던 것이다. 소중한 몇 분이 허비되었다. 가위를 사용하는 문제가 워낙 심각했기 때문에 전문가들에게 새로운 방법을 찾아내라는 요구가 떨어졌다. 야리니치는 "통신 교환사가 곧바로 개봉할 수 있도록 봉투에 잡아당겨 여는 끈을 달았다"고 회고했다. 시스템 전체가 더디고 성가셨다. 모놀리트에는 더 심각한 결함도 있었다. 지시를 철회할 수 없었다—취소할 방법이 없었던 것이다.[7]

쿠바 미사일 위기가 진행 중이던 1962년 10월 말, 야리니치는 모스크바에서 동쪽으로 1,384킬로미터 떨어진 시베리아의 니즈니타길 근처의 로켓 사단을 감독하는 임무를 받고 통신 장교로 파견되었다. 대결이 정점에 치달았을 때 통신병들은 모놀리트 시스템을 통해 분명한 신호를 수신했다. '브론토자브르BRONTOZAVR'*라는 암호였다. 이 단어는 지휘 시스템을 평시에서 전투 경보 상태로 전환하라는 신호였다. 전신이 출력되었고, 야리니치는 통신 교환사로 일하는 젊은 여자들 중 한 명으로부터 종이테이프를 받았다. 그는 그 단어가 틀림없었다고 기억했다. "맙소사. 브론토자브르라니!"

"전에는 이 단어가 발송된 적이 한 번도 없었다. 그것은 봉투를 개봉하라는 신호였다."

봉투 안에는 핵전쟁이 벌어질 경우 무선 통신에 사용할 새로운 호출 부호와 주파수가 들어 있었다. 야리니치의 말을 들어보자. "내가 보기에는 좋지 않은 생각이었다. 전쟁이 발발했을 때 주파수와 호출 부호를 바꾸면 모든 게 혼란스러워지기 때문이다. 하지만 그것은 따라야 할 절차였다. 그래서 우리가 할 일은 지시를 받은 즉시 모든 곳에 이 새로운 무선 정보를 알리는 것이었다."

야리니치는 이 메시지가 훈련이 아니라는 것을 단박에 알아챘다. 그는 테이프를 당직 중인 대령에게 전달했다. 야리니치가 물었다. "이해하겠나?" 대령은 고개를 가로저었다. 두 사람은 훈련 중에도 이런 명령을 받아본 적이 없었다. 니즈니타길에 있는 미사일은 연료를 채워두지 않은 상태였기 때문에 곧바로 발사할 수 없었지만 떨리는 손으로 스위치를 전투 경보로 바꾸었다. 야리니치는 그때의 기억을 떠올렸다. "이상할 정도로 조용했다. 장교, 징집병, 여자 전화 교환사 등 누구랄 것도 없이 모두의 얼굴에 신경 불안과 경악과 고뇌가 뒤섞여 있었다. 그 모습이 잊히질 않는다." 결국 쿠바 위기는 해소되었고 니즈니타길에서는 '브론토자브

---

* 브론토사우루스를 뜻하는 러시아어.

르' 경보가 종료되었다. 그러나 소련 지도자들이 신세대 미사일 구축에 자원을 쏟아부음에 따라 핵무기 지휘 통제 문제는 점점 커졌다. 이제 새로운 통제 방식이 필요했다—종이봉투는 과거의 폐물이 되었다.

지휘 통제 시스템을 자동화하려는 첫 번째 시도는 1967년에 준비되었다. '시그널Signal'이란 이름의 이 시스템은 본부에서 부대로 준비 태세를 한 단계 높이라는 등의 사전에 정해진 13개의 명령을 전송할 수 있었다. 또한 새로운 시스템에서는 취소 명령도 전송할 수 있었다. 시그널 시스템은 분명 종이봉투보다 엄청나게 발전한 형태였다. 하지만 무기에 직접 명령을 내리는 방식은 아니었고 대신 부대에 지시를 전달했다. 그러면 각급 부대에서 무기를 작동해야 했다. 여전히 성가시고 시간을 잡아먹는 방식이었다. 속도와 효율을 높이라는 압력이 거세짐에 따라 1970년대 중반 '시그널-MSignal-M'이라는 이름으로 두 번째 자동화 단계가 개발되었다. 이 시스템은 최고위 결정권자들에서부터 현장의 가장 아래 단계까지 아울렀다. 이보다 더 빠른 신형 시그널-M을 설치한 때는 소련이 거대한 SS-18을 비롯한 신세대 미사일을 배치하던 시기였다. 이때부터 소련의 핵무기 지휘 통제 시스템에 원격 조종 발사 버튼이 등장했다.[8]

1970년대의 소련 시스템에서는 참모본부가 해상과 폭격기에 배치된 핵무기 감독을 맡았고, 지상 발사 미사일 지휘는 전략로켓군의 몫이었다. 당시 크렘린의 소련 지도자들에게는 어디든 가지고 다니는 핵무기 '축구공nuclear 'football''*이 없었다. 발사 장치는 여전히 각 군에 있었다. 정치 지도자들은 장성들과 통제권을 공유하고 있었다.

시그널-M에서 일하던 야리니치는 종종 핵무기 지휘 통제의 심오한

---

* 핵무기 발사 암호가 든 가방을 가리키는 미국의 은어.

데드핸드

심리적 계산에 관해 곰곰이 생각했다. 사람들은 실제로 버튼을 눌러야 할 때 어떻게 행동할까? 어떻게 겨우 몇 분 만에 상대를 완전히 초토화할지를 결정할까? 야리니치는 1970년대 중반 핵무기 지휘 통제 시스템을 만들면서 경험한 또 다른 일화를 회고했다. 경보 체계에서 오작동이 발생한 일이 있다. 최고위로부터 모든 로켓 사단 지휘소에 자동적으로 잘못된 메시지가 전송된 것이다. 경보를 한 단계 높이는 조치를 취하라는 내용이었다. 지휘소에 있던 대다수 당직 장교들은 지시에 따르지 않았다. "지시를 믿지 않았기 때문이다. 당시 우리는 전쟁을 하고 있지 않았다." 당직 장교들은 막사에서 전투 위치로 부대를 소집하는 대신 상관들에게 전화를 걸어 메시지의 진위 여부를 확인했다. 중령인 당직 장교 한 명만이 실제로 부대에 경계 경보를 발령했다. 이 사건으로 로켓군이 어떤 버튼이든 누르기를 대단히 꺼린다는 사실이 드러났다. 야리니치의 말처럼 당직 장교들은 "사람은 맹목적으로 행동하지 않는다"는 것을 알고 있었다.

군은 소련 지도자들에게 발사 결정을 내릴 소중한 시간을 몇 분 더 주기 위해 본부에서 미사일로 직접 메시지를 전송하는 초특급 통신을 구축하려고 노력했다. 1985년, 시그날-M이 시그날-A라는 컴퓨터 시스템으로 업그레이드되었다. 덕분에 전략로켓군 참모부에서 멀리 떨어진 격납고의 미사일을 직접 재조준할 수 있었다. 발사 장치에는 몇 가지 각기 다른 비행 계획이 저장되어 있어 원격으로 선택할 수 있었다. 하나의 비행 계획을 개시하는 데 10~15초밖에 걸리지 않았다.[9] 이 시스템의 의미는 소련 당국이 속도를 확보하고 현장—인간—의 불확실성을 피할 수 있게 되었다는 점이다. 이 시스템이 자리를 잡으면 규율이 부족하고 호기심에 속이 타서 전화를 집어들고 무슨 일이냐고 물어보는 부대가 없어질 터였다. 군 설계자들은 계속해서 최대한 빠른 시간 안에 발사 시스템을 만들라는 재촉을 받았다. 야리니치는 말했다. "설계자들은 우리에게 그런 시스템이 필요하다고 말했다—지금은 5분 걸리는데, 얼마 뒤에는 3분이 걸릴 테고, 조만간 20초로 줄일 수 있다고 말이다."

설계자들은 속도 외에도 완벽한 방어물인 '장애 시 안전장치fail-safe'를 원했다. 그들은 소련 산업의 결함과 오류 가능성을 알고 있었다. 야리니치에 따르면, 설계자들이 속도를 단축하기 위해서뿐만 아니라 장애나 기만에 대비하기 위해서도 많은 노력을 기울였다고 한다. 그들은 엄격한 절차를 구축해놓고 지휘 계통상의 모든 단계에서 이상 여부를 계속 점검했다.

1985년, 소련 설계자들은 핵무기 '축구공' 개발을 완료했다. 가방의 이름은 '체게트Cheget'였다. 핵무기 발사 암호가 든 세 개의 가방이 당 서기장과 국방장관, 참모본부장에게 맡겨졌다. 하지만 체게트는 단지 정보용이었다. 발사용으로 사용할 수 없었고 버튼 자체가 없었다. 체게트를 휴대하는 관리가 '캅카스Kavkaz'라는 이름의 광역 통신망에 접속하게 되어 있었다. 국가 지도부만 사용하도록 설계된 통신망이었다. 그다음에 서기장이 역시 캅카스에 접속해 있는 군에 발사를 허가할 수 있었다. 뒤이어 이 '허가 명령'은 참모본부의 '직접 명령'으로 전환된다. 그리고 직접 명령을 확인해 정확한 것임이 입증되면 '발사 명령'이 각 미사일에 전송된다.

야리니치는 이 통신 시스템을 구축하고 강화하는 일을 하면서 이 발사 버튼이 막다른 골목에 불과함을, 곧 어느 쪽이든 결정 과정을 아무리 단축해도 우위를 점할 수 없다는 것을 깨닫게 되었다. 그러나 1984년 당시에는 속도를 높이는 문제에 몰두한 채 각자 주어진 일을 하고 있었다.

핵폭발이 벌어지는 경우 통신 연결, 특히 본부와 미사일 격납고 사이의 통신이 두절되기 쉽다. 소련군 설계자들은 이런 불확실성을 제거하

데드핸드

길 원했다. 과거의 경험을 두루 살펴볼 때 데이터를 전송하기 위해 구축해놓은 전통적인 전신이나 무선, 위성 채널은 순식간에 한 줌의 재로 바뀔 수 있었다. 또한 설계자들은 핵 공격에 선행하는 전자기파 때문에 모든 통신 장비가 무용지물이 될 수도 있다고 걱정했다. 여전히 전시에 미사일을 통제할 수 있는 다른 수단이 필요했다.

우랄 산맥 화강암괴에 파놓은 생존 가능한 지하 지휘소가 한 가지 해답이었다. 설계자들은 오래전부터 무선 신호가 통과할 수 있는 암반이 있는 곳을 열심히 찾아다녔다. 화강암은 완벽한 암석이었다. '그로트'는 모스크바 동쪽이자 스베르들롭스크 북쪽에 있는, 현지에서는 코스빈스키 암석Kosvinsky Kamen이라고 부르는 산에 있었다.[10] 원래 이 산악 벙커는 핵전쟁에서 사령관들을 보호하기 위해 만들어진 것이었지만 설계자들은 발사 명령을 안전하게 중계하는—땅 위를 높이 날아가는 미사일을 매개로 해서—기능을 부여하는 계획도 동시에 진행했다.

미사일은 언제나 소련의 강점이었기에 전시의 통신 문제를 해결하기 위해 미사일로 관심을 돌린 건 당연한 일이었다. 설계자들은 초강화 격납고에 보관하다 핵전쟁이 발발하는 즉시 발사할 수 있는 로봇형 '지휘 미사일'을 구상했다. 지휘 미사일에는 탄두 대신 특수 전자 장치가 탑재된다. 지휘 미사일은 지상의 전시 상황과는 달리 안전한 공중에 일단 올라가면 격납고에 남아 있는 모든 핵무장 대륙간탄도미사일에 메시지를 중계한다. "발사하라!" 다른 모든 게 실패하더라도 보복 명령은 전달된다. 그런데 한 가지 단점이 있었다. 지휘 미사일이 임무를 완수하는 데는 30분이 소요되었다. 그 시간이면 대륙간탄도미사일이 모두 파괴될지도 모르는 일이었다. 하지만 그런 단점에도 이 시스템을 구축한다는 결정이 내려질 예정이었다. 소련군과 민간의 설계자들은 1974년 작업을 개시하라는 승인을 받았다. 소련의 주요 미사일 개발 주체 중 한 곳인 우크라이나 드네프로페트롭스크의 유즈노예설계국이 지휘 미사일을 설계하는 책임을 맡았다.[11] 전자 장치는 엔지니어링과 컴퓨터 분야의 명문 대학인 레닌그라드 폴리테크닉대학교*의 특수설계국에서 만들었다. 로켓군 참모부의 수석 차장인 바르폴로메이 코로부신 중장이 군에서 프로젝트 책임을 맡았다. 여기서 새로 만든 벙커와 미사일들은 냉전이 낳은 가장 창의적이고 놀라우며 무시무시한 발명품이었다. 이 시스템에는 페리미터Perimeter라는 이름이 붙여졌다.[12]

1984년 1월 야리니치는 페리미터로 배속되었다—바야흐로 최종 실험의 해가 다가오고 있었다.

핵 경보가 결정되는 논리 속에서 지구의 운명은 인간이 몇 분 만에 내리는 결정에 좌우된다. 공격이 임박한 순간 소련 지도자들에게는 세 가지 선택이 있었다. 첫 번째 방안은 선제공격을 하는 것이다. 그러나 선제공격은 성공 가능성이 거의 없었다—선제 타격으로 미국의 지상과 해상 미사일 전력을 완전히 쓸어버리는 것은 불가능한 일이었다. 두 번째 방안은 적의 미사일이 날아온다는 경보—적외선 위성에서, 그리고 10~15분 뒤 지상 기반 레이더에서 경보가 발동된다—를 접수하는 즉시 미사일을 발사하는 것이다. 하지만 경보가 발동되는 즉시 발사하는 방안은 대단한 위험을 무릅써야 한다. 경보가 잘못된 것이라면? 레이더가 기러기 떼를 오인한 것이라면? 또는 조기 경보 위성이 구름의 테두리를 잘못 본 것이라면? 두 초강대국 모두 종종 이런 식의 실수를 저질렀다. 기러기 떼 때문에 핵미사일을 발사하고 싶어하는 사람은 없었다. 하지만

---

* 현재 상트페테르부르크 국립 폴리테크닉대학교.

데드핸드

1980년대 초의 팽팽한 교착 상태 속에서 경보 발생과 동시에 미사일을 발사하는 방안은 고려 사항에서 제외되지 않았다. 세 번째 방안은 공격을 당한 때에만 보복하는 것이다. 특히 소련 지도부는 1970년대에 미사일 보유 수준이 미국과 거의 동등하게 된 뒤로는 이 방안 역시 현실적인 시나리오로 여겼다. 그러나 공격받은 후 발사한다는 방안에는 나름의 위험이 따랐다. 살아남아서 보복하지 못한다면 어떻게 될까? 인간 행동을 가늠하는 이 궁극적인 시험대에서 핵미사일 공격을 개시한다는 일촉즉발의 결정은 이론가나 계획자가 감히 헤아리거나 확실히 예단할 수 없는 성격의 것이었다. 국가 지도자가 경보 발생과 동시에 핵미사일을 발사했다가 결과적으로 너무 일찍 발사하는 위험을 무릅쓸 것인지, 아니면 공격을 기다렸다가 지도부가 몰살당하고 국가가 파괴되는 가능성을 받아들일지 판단을 내리기란 거의 불가능한 일이었다.

이런 헤아릴 수 없는 선택 때문에 페리미터의 또 다른 측면이 부각되었다. 병약한 체르넨코가 먼저 쏠지 아니면 일단 맞을지를 결정하지 못한다면 어떻게 될까? 그가 결정을 내리기 전에 공격을 당해 죽어버린다면? 소련 설계자들은 믿을 수 없을 정도로 독창적인 해답을 내놓았다. 체르넨코의 손이 마비되더라도—모든 핵미사일을 발사해서—확실히 보복할 수 있는 '최후의 날 장치Doomsday Machine'를 만든 것이다.

실제로 설계자들이 만든 것은 이를테면 일종의 스위치를 갖춘 명령 시스템이었다. 체르넨코에게 보복에 관한 의사 결정을 직접 하지 않아도 될 선택권을 부여한 것이다. 체르넨코가 스위치를 켜면 시스템이 결정 여부를 다른 사람에게 넘긴다. 따라서 병약한 서기장이 허위 경보에 의해 모든 미사일을 발사하는 오류를 피할 수 있다. 서기장은 적의 미사일이 실제로 날아와 크렘린을 파괴하면 보복을 가해야 한다고 확신할 수 있다. 야리니치에 따르면 이 논리는 소련 지도자, 특히 브레즈네프나 체르넨코 같은 유약한 지도자에게서 쏠 것인지 그냥 죽을 것인지 갑작스럽게 결정을 내려야 하는 엄청난 부담을 덜어주려는 것이었다. 보복이 필요하다면 그 결정을 약간 늦춰 살아남은 사람들에게 넘기면 된다. 요컨대 아직 살아남은 몇 명의 콘크리트 벙커 속 당직 장교들에게 엄청난 부담이 넘어간다. 그들은 그나마 지구에 남아 있는 땅을 파괴할 것인지에 관한 커다란 결정에 직면하게 된다.

이것은 하나의 구상에 불과한 게 아니라 10년에 걸쳐 구축한 정교한 프로그램이었다. 이것이 바로 페리미터다.

이 구상의 배후에는 소련 지도자들이 고찰한 훨씬 더 심대하고 끔찍한 개념이 있었다. '데드핸드'라는 이름이 붙은, 완전 자동화되어 컴퓨터로 작동되는 보복 시스템이 그것이다. 국가 지도자와 정규 지휘 체계가 모두 사망하고 파괴되어도 데드핸드는 작동하게 되어 있었다. 컴퓨터가 조기 경보와 핵 공격 데이터를 기억하고, 공격당하는 동안 기다렸다 인간이 통제하지 않아도 보복 공격을 명령하는 것이다. 이 시스템은 그야말로 인류의 운명을 컴퓨터의 손에 맡기는 것이었다. 자세한 내용은 여전히 개략적으로만 알려져 있다. 중앙위원회 간부였던 카타예프는 이 시스템이 "슈퍼 프로젝트"였다고 설명하면서도 결국 개발을 포기했다고 말한다. 소련 설계자들과 지도자들도 그 정도까지는 나아갈 수 없었던 것이다. 야리니치가 확인해준 바에 따르면, 1980년대 초에 인간이 전혀 관여하지 않는 완전 자동 시스템을 검토했지만 군에서 인간을 최후의 방화벽으로 삼지 않고 핵미사일을 발사한다는 구상을 거부했다고 한다. 야리니치는 "그건 완전한 광기였다"고 말했다.[13]

하지만 페리미터 시스템은 구축되었다. 핵 위기 초기 단계에서 참모본부나 그로트의 지하 지휘소에서 이 시스템을 활성화하라는 지시를 내릴 수 있었다. 실제로 스위치를 켜는 메커니즘은 알려져 있지 않다. 평시

데드핸드

에는 비교적 계급이 낮은 당직 장교들이 특수 벙커들을 지킨다. 위기가 발발하면 경험 많은 고위 장교들이 증원되거나 하급 장교를 대체할 테지만 기습 공격 상황에서는 일반 당직 장교들뿐이다. 지하 벙커는 '구체'나 '지구'라는 뜻의 '샤리크sharik'라고 불렸다. 지표면에서 핵폭발이 일어나도 살아남을 수 있도록 지하 깊숙이 묻어둔 강화 콘크리트로 지은 벙커였다.[14]

'지구', 곧 지하 벙커의 깊숙한 곳에서 장교들은 시시각각으로 세 가지 조건을 점검한다. 조건 1: 페리미터 시스템이 활성화되었는지를 확인하라. 활성화란 사전에 군 사령관들이나 크렘린이 시스템에 발사 허가를 내렸다는 걸 의미한다. 조건 2: 군 및 정치 지도자들과 연락이 끊어졌는지를 점검하라. 연락이 두절되면, 곧 발사 버튼을 누를 손이 죽었다면 지도부가 몰살당했다는 것을 의미한다. 조건 3: 빛, 방사능, 지진 충격, 대기의 이상 고압 등을 측정하는 특수 센서 네트워크에서 핵폭발이 감지되는지를 판단하라.

이 세 조건이 모두 충족되면—곧 시스템이 활성화되고, 지도자들이 사망하고, 핵폭탄이 폭발하면—'지구' 안에 있는 장교들은 페리미터 지휘 로켓(지휘 미사일)에 발사 명령을 내리도록 되어 있었다. 그러면 지휘 로켓들이 30분 정도를 비행하며 소련에 남아 있는 모든 핵미사일에 미국을 향해 발진하도록 명령을 내린다.[15]

'지구'에 숨어 있는 장교들은 이제 대부분 자동화된 초고속 발사 명령 계통상에서 의사 결정을 내리는 최후의 인간이었다. 장교들이 지시받은 대로 행동하면 페리미터는 발작적인 파괴력을 분출한다. 코로부신은 이렇게 말했다. "따라서 누군가 버튼을 누를 필요도 전혀 없었다." 지구에 있는 장교들의 생각에 많은 것들이 좌우되었다. 야리니치는 이 시점에서 벙커에 있는 장교들이 과연 명령을 따를지 아니면 불복할지 종종 의문이 들었다고 한다. 벙커에 있는 사람들이 마지막 이성의 끈을 부여잡고 대량 살상을 거부할까? 야리니치는 사람들이 그럴 거라고 생각했다. "젊은 중령 한 명이 그곳에 앉아 있다고 하자. 통신은 두절되고 여기저기서 쾅쾅 소리가 들리고 사방이 흔들린다—그는 발사하지 못할지도 모른다. 그가 발사 절차를 개시하지 않으면 보복이 이뤄지지 않을 것이다. 지구의 절반이 이미 쓸려나가고 없는데 보복이 다 무어란 말인가? 나머지 절반을 쓸어버리려고? 말도 안 되는 짓이다. 중령은 이렇게 말할지 모른다. '아니, 나는 발사하지 않겠다.' 그 때문에 중령을 비난하거나 총살형에 처하는 사람은 아무도 없을 것이다. 내가 중령의 입장이라면 발사하지 않을 것이다." 하지만 야리니치는 어느 누구도 컴컴한 심연을 코앞에서 내려보는 듯한 그런 이례적인 순간에 당직 장교가 어떻게 행동할지 예측할 수는 없을 거라는 말도 덧붙였다.

페리미터를 바라보는 또 다른 시각은 더 불길하다. 당직 장교들은 자동화, 조직화된 시스템에서 또 하나의 톱니에 불과하다는 것이다. 당직 장교들이 점검 목록을 준수하도록 거듭해서 훈련을 받고, 또 상부에서 최고위 당국이 허가를 내주었다면, 그들은 당연히 평소 훈련받은 대로 행동하지 않을까? 샤리크 안에서는 외부 세계와 통신하지 못하고 교섭이나 호소, 예측도 불가능하며 지휘 로켓이 발사되면 취소도 하지 못한다.

만약 미국이 페리미터의 존재를 알았다면—곧 크렘린의 지도부를 몰살시키면 거의 자동적으로 보복이 시작된다는 사실을 감지했다면—잠시 주저하게 됐을지도 모르고 억제책으로 작용했을 수도 있다. 그러나 무기 경쟁이라는 캄캄한 세계에서 소련은 페리미터 프로젝트를 최고 기밀로 간주했고 자신들이 고안한 결과물을 감추려고 노력했다. 페리미터 지휘 로켓들은 평범한 미사일처럼 보이도록 교묘하게 위장했기 때문에 위성에 감지되지 않았다.

야리니치는 말했다. "우리는 페리미터를 숨겼다. 처음부터 여기를 보라고, 시험용을 만들었다고 발표했어야 했다. 하지만 우리는 숨겼다. 미국이 페리미터의 존재를 알지 못하는 것은 좋지 않다. 미국이 결정적인 행동을 할 수 있기 때문이다. 그러면 어떻게 될까?" 야리니치는 오랫동안 이런 가능성을 걱정했다.

1984년 11월 13일, 소련군은 대대적인 페리미터 시험을 실시했다. 레닌그라드 설계국은 모의 참모본부 지휘소를 만들었다. 모스크바의 저주파 송신기에 신호 하나가 전달되었다. 그 신호는 다시 러시아 남부 볼가 강 기슭의 카푸스틴야르 미사일 실험장에 있는 지휘 로켓으로 전송되었다. 지휘 로켓이 발사되어 카자흐스탄의 발하슈 호를 향해 날아갔다. 지휘 로켓은 비행하는 내내 시험용 발사 명령을 보냈고 전국 각지에서 수신기가 명령을 수신했다. 시험이 진행되는 동안 야리니치는 보고가 들어오는 것을 지켜보았다. 어떤 신호는 세고 어떤 신호는 약했다.

역시 카자흐스탄에 있는 튜라탐 미사일 실험장에서도 대륙간탄도미사일 한 기가 지휘 로켓의 신호를 수신했다. 미사일은 발사 태세로 들어갔다. 핵전쟁이 벌어지는 실제 상황이라면 격납고에서 곧바로 일으켜세웠겠지만 소련 관리들은 미사일을 잠시 대기시켰다. 미국의 위성이 모든 움직임을 감시하고 있다고 의심했기 때문이다. 얼마 뒤 잠시 대기하던 거대한 미사일이 발사되었고 캄차카 반도로 날아가 목표물에 명중했다.[16]

시험은 성공작이었고 새해인 1985년 페리미터 시스템은 실전 배치되었다.

미국의 새 아침

로널드 레이건은 미국의 부흥을 알리는 대담한 선언으로 1984년의 막을 열었다. 그는 1월 25일 연두교서에서 "미국이 새로운 활력과 낙관주의를 되찾았습니다"라고 말했다. 그는 국민들에게 "절망하는 사람들과 의심하는 도마들doubting Thomas을 쫓아버려"라고 촉구하면서 이렇게 말했다. "냉소하는 사람들이 잘못 생각했던 겁니다—미국은 절대 병든 사회가 아니었습니다." 각종 여론조사에서 레이건은 높은 지지도를 누렸다. 소련과의 핵무기 회담이 결딴나고, 레바논에서 불행한 사태가 터지고, 예산 적자가 기록적인 수준을 보였음에도 미국은 낙관적인 분위기에 휩싸여 있었다. 레이건의 낙관주의는 베트남과 워터게이트, 이란 인질 사건과 1970년대의 에너지 파동 등을 거치면서 허약해진 국가를 위한 강장제였다. 경제는 깊은 불황으로 초인플레이션을 경험했지만 다시 성장이 시작되고 있었다. 미국의 첨단 기술 혁명은 점점 더 강해지고 있었다. 레이건은 1월 29일 재선에 도전할 계획이라고 공식적으로 발표했다. 레이건의 선거 운동은 고무적인 텔레비전 광고들로 특징지어졌다. '미국의 새 아침Morning Again in America'이라는 제목의 광고를 보면 농장이 힐끗 보인 뒤 결혼식 파티 장면과 미국 국기를 들고 있는 한 노인을 젊은이들이 동경하듯 바라보는 장면이 이어진다. 부드러우면서도 감동적인 음악에 맞춰 성조기가 화면을 가득 채우는 가운데 아나운서의 목소리가 들린다. "미국의 새 아침이 밝았습니다…… 레이건 대통령의 지도 아래 우리 나라는 더 강해지고 자랑스러워지고 좋아질 겁니다. 도대체 왜 불과 4년 전의 형편없던 시절로 돌아가고 싶겠습니까?"

지난 가을 긴박한 몇 달을 겪은 레이건은 1984년 초 일기를 쓸 때마다 소련 지도자들이 정말로 미국을 두려워하고 있다는 걸 깨달았다고 썼으며, 대화를 통해 그들을 공포에서 벗어나게 해주고 싶어했다. 그는 "소련인들에 대한 나 자신의 태도가 약간 변하고 있었다"고 솔직히 인정했다.[1] 유고슬라비아의 미카 슈필랴크 대통령이 1월 1일 백악관을 방문해 레이건을 만났는데, 이 자리에서 레이건은 소련에 관해 많은 질문을 던졌다. 레이건은 일기에 이렇게 적었다. "그 사람은 소련인들이 팽창주의 철학을 신봉할 뿐 아니라 불안해하고, 정말로 우리를 무서워한다고 믿는다. 그는 우리가 그들에게 약간만 열린 태도를 보인다면 소련 사회를 이끄는 시민들이 체제 변화를 제안하는 용기를 낼 거라고 생각한다. 나는 이런 방향을 추구할 작정이다."

이미 모스크바에서 열린 안드로포프의 장례식에서 체르넨코는 부시 부통령과 대화하며 "우리는 본래 적이 아니다"는 말로 타협의 신호를 보낸 바 있다. 레이건은 아직 소련 지도자와 직접 대면한 적이 없었고 체르넨코를 만나야 하는지 의문스러워했다. 그는 2월 22일자 일기에 이렇게 적었다. "체르넨코와 직접 만나서 우리의 문제를 이야기하고 싶다는 생각이 직잠적으로 든다. 소련이 국가들의 공동체에 참여하면 그들에게도 물질적인 이익이 생길 거라는 점을 설득할 수 있는지 알아보고 싶다."

러시아 문화와 역사에 관해 여러 권의 책을 쓴 수전 매시가 모스크바를 여행한 뒤 3월 1일 레이건을 만나러 왔을 때, 레이건은 그녀의 통찰력에 경의를 표하면서 이렇게 말했다. "그녀는 지금이야말로 체르넨코를 직접 만날 때라는 내 직감을 굳혀주었다."[2]

다음 날, 레이건은 소련을 상대하는 다음 단계를 계획하기 위해 고위급 회의를 열었다. 레이건의 공식 일정에서 제외된 이 비공개회의에는 고위 각료와 소련 문제를 담당하는 보좌관 전원이 참석했다. 레이건은 회의 서두에서 소련과 정상회담 자리를 마련하길 기대한다고 밝혔다. 체르넨코에게 자신이 "그의 자식들을 잡아먹을" 인간이 아니라는 걸 보여주고 싶다는 것이었다. 그러나 회의는 갈피를 잡지 못했고 뚜렷한 결정을 내리지 못한 채로 끝났다.[3] 레이건은 그날 밤 일기에 이렇게 적었다. "7월쯤 해서 체르넨코와 만나야 되겠다는 확신이 든다."[4] 3월 5일, 레이건은 헬무트 콜 서독 총리를 만났다. 레이건은 다음과 같이 회고했다. "콜 총리는 소련이 적어도 어느 정도는 우리와 우리 동맹국들이 자신들에게 해를 가할 것이라는 불안감과 의심에 입각해 행동한다는 나의 믿음을 확인해주었다. 소련은 여전히 대전차 장애물과 철조망을 설치해두고 있다. 서독이 모스크바에 가깝게 다가오기 전에 저지당할 거라는 점을 보여주기 위해서다. 콜 총리는 내가 체르넨코와 만나야 한다고 생각한다."

레이건은 소련과 "좀 더 직접 부딪치는 접근법"이 필요하다고 결론을 내렸다. 그는 체르넨코에게 7쪽짜리 편지를 보냈다. "나는 나이가 지긋한 배우의 공감 기법을 활용하려고 애썼습니다. 다른 사람의 눈에 비친 세상을 보려고 상상하고, 우리 국민들도 내 눈을 통해 세상을 보도록 도우려고 노력한 겁니다…… 나는 일부 소련 사람들은 우리 나라를 보고

데드핸드

정말 공포를 느낀다고 말했습니다." 편지 끝에는 손으로 직접 쓴 추신이 달려 있었다. "소련이 대대로 전쟁에서 겪은 손실"에 관한 내용이었다. "분명 이루 말할 수 없는 이런 손실은 오늘날 당신의 생각에 영향을 미치겠지요. 하지만 나나 미국 국민들이나 소련 국민에 대해 어떤 공격적인 의도도 갖고 있지 않다는 것을 알아주셨으면 합니다."[5]

그러나 체르넨코는 레이건의 호의에 응답하지 않은 채 정상회담을 거절했다. 레이건과 체르넨코는 1984년 봄에 대여섯 통의 편지를 교환했으나 아무 성과도 없었다. 3월 23일 대소련 전략에 관한 회의가 끝난 뒤 레이건은 이렇게 결론 내렸다. "당분간 소련은 냉담하고 완고한 태도를 견지할 것으로 보인다."

모스크바에서는 국가보안위원회 의장 블라디미르 크류츠코프가 본부에서 회의를 시작하면서 리안—핵 공격 준비 탐지 프로그램—이 여전히 해외 정보 업무에서 압도적인 우선순위를 차지한다고 말했다. 크류츠코프는 핵전쟁의 위험이 "위태로운 수준"에 이르렀고, 펜타곤은 "세계 지배라는 터무니없는 구상"에 따라 움직이며, 백악관은 "국민들에게 핵전쟁을 위한 심리적 대비를 시키는 데" 열중하고 있다고 선언했다. 크류츠코프의 연설문은 런던에 있는 고르디옙스키의 책상에도 전달되었다. 미국과 나토의 비밀 전쟁 계획 사본을 구하는 일을 최우선 과제로 삼으라는 내용이었다.[6] 고르디옙스키와 국가보안위원회 런던 지부에 전달된 또 다른 긴급 과제는 그리넘코먼Greenham Common의 영국 공군 기지에 배치된 순항 미사일이 참여하는 기동 훈련을 감시하는 일이었다. 그러나 고르디옙스키에 따르면, 런던 지부에는 이에 관한 정보 자료가 전혀 없었기 때문에 대신 영국 언론 보도를 모스크바에 보냈다.[7]

1984년 초, 레이건은 이미 전략방위구상SDI에 관한 연구를 공식적으로 개시하라는 지시에 서명한 상태였다.[8] 하지만 크렘린의 소련 지도자들은 여전히 퍼싱Ⅱ 미사일과 지상 발사 순항 미사일의 위협을 걱정하고 있었다. 퍼싱Ⅱ 미사일은 속도가 빨랐고 순항 미사일은 수효가 더 많았다. 퍼싱Ⅱ 미사일은 이미 서독에 108기가 배치되어 있었고, 벨기에와 영국, 이탈리아, 네덜란드, 서독에 순항 미사일 464기가 배치될 계획이었다. 이 순항 미사일은 해군이 개량한 해상 발사 토마호크Tomahawk 미사일로 6.4미터 길이에 단일 핵탄두를 탑재한 것이었다. 이 미사일은 목표물까지 시속 885킬로미터로 날아가며 최대 사거리가 2,173킬로미터이였다. 지상 발사 순항 미사일은 경이로운 기술의 결과물이다. 적 영토에서 고고도로 솟아올랐다가 지상 15미터 높이까지 급강하할 수 있고, 지형에 대응하고 레이더를 피하는 정교한 유도 시스템으로 목표물까지 조종할 수 있었다. 소련에는 이에 필적할 만한 게 없었다.[9]

중앙위원회 국제부 차장 아나톨리 체르냐예프는 당시 참모본부 차장이던 세르게이 아흐로메예프 원수의 6월 4일 모스크바 브리핑에 참석했다. 체르냐예프는 그때의 장면을 떠올렸다. "수백, 수천 킬로미터 떨어진 곳에서 목표물까지 유도되는 미사일, 무엇이든 할 수 있는 항공모함과 잠수함, 마치 만화처럼 협곡 사이로 유도해서 2,500킬로미터 떨어진 곳에 있는 반경 10미터 안의 목표물을 명중하는 고속 미사일 등은 놀라운 물건이었다. 현대 기술의 획기적인 발전이다. 그리고 물론 상상도 못할 정도로 비싸다."[10]

6월 28일, 중앙정보국 싱크탱크인 국가정보위원회National Intelligence Council 부의장 허버트 E. 메이어는 윌리엄 케이시 중앙정보국장에게 '소련인들에 대해 어떻게 해야 하는가?What Should We Do About the Russians?'라는 제목의 제안서를 전달했다. 메이어는 지난해 벌어진 전쟁 소동과 모스크바의 마비 상태에 관해 언급했다. 그는 소련 체제 깊숙한 곳에 내적 긴장이 자리하고 있다는 것도 간파했다. "수십 년 동안 군수 생산을 지나치게 강조한 결과 소련의 민간 산업과 기술 기반은 결딴난 상태이다."

더 정확히 말하자면 소련인들은 점차 현대 경제의 밑바탕이 되는 부문의 혁신을 창출하는 데 비참할 정도로 실패했다. 로봇공학, 마이크로일렉트로닉스, 컴퓨터 통신, 정보 처리 등의 시스템 말이다. 설령 소련이 이런 시스템을 개발한다 할지라도 공산당의 생존을 좌우하는 정치적 지배를 유지한 채 시스템을 배치할 수는 없다. 서구 지식인들은 지난 40년 동안 기술 발전은 세계 곳곳에서 빅브라더 사회가 출현하는 결과로 이어질 수밖에 없다고 걱정했지만 퍼스널 컴퓨터 등의 형태로 등장한 기술 덕분에 어떤 중앙 당국도 통신과 정보 처리 과정을 통제할 수 없다는 것이 드러나고 있기 때문이다. 이와 같은 혁신을 발전시키고 배치할 의지나 능력이 없는 소련은—서구의 우리가 이런 건강한 열정으로 일을 하는 동안—이제 무기 말고는 거의 아무것도 만들지 못한다.[11]

레이건은 4월에 비공식 채널을 통해 체르넨코의 마음을 움직이려고 노력했다. 포드 대통령의 국가안보좌관을 지낸 브렌트 스코크로프트가 개인적으로 모스크바를 방문하는 길에 레이건의 편지를 체르넨코에게 전달했다.[12] 하지만 스코크로프트는 체르넨코를 만나지 못했고 편지는 결국 전달되지 못했다. 레이건은 스코크로프트가 귀국하자마자 그와 이야기를 나눈 뒤 이렇게 말했다. "그는 소련이 냉대한 이유 가운데 적어도 일부분은 내가 재선되는 데 보탬이 되고 싶지 않다는 생각도 있다고 믿는다."[13] 스코크로프트는 기자들에게 이렇게 말했다. "두 강대국의 정치적 분위기나 심리적 분위기를 비교해보면 내가 기억하는 한 지금이 가장 나쁜 것 같습니다."[14]

레이건은 소련이 5월 8일 다가오는 로스앤젤레스 올림픽에 불참하겠다고 발표하자 체르넨코는 완전한 장악력이 없으며 보수파의 총아인 그로미코가 대외 정책을 지휘하고 있다고 결론 내렸다.[15] 소련은 6월 우주무기에 관한 회담을 개시하자고 제안했다. 하지만 레이건이 탄도미사일을 포함시키자고 요구하자 체르넨코가 거부했다. 레이건은 일기에 "그들은 순전히 우리 발목만 잡고 있다"고 적었다. 레이건은 재선 운동에도 신경을 썼지만 그의 시야는 단순한 득표보다 훨씬 먼 곳을 향해 있었다. 그의 생각에 "미국이 활력과 낙관주의를 되찾았다면" 이제는 소련을 끌어들일 때였다. 하지만 레이건에게는 여전히 소련의 대화 상대가 없었고, 첫 번째 임기는 거의 끝나가고 있었으며, 소련의 엘리트 집단은 당시 그가 상상했던 것보다 훨씬 더 심각한 마비 상태에 빠져 있었다.[16]

1984년 8월 11일, 레이건은 캘리포니아 란초델시엘로 목장에서 토요일 라디오 연설을 준비했다. 그는 종종 예행연습에서 신랄한 표현을 구사했는데, 그 자리에 있던 기자들과 기술자들은 이때 하는 발언을 '오프 더 레코드'로 여겼다. 이날 레이건은 마이크를 점검해보라는 요청을 받고 이렇게 말했다. "동료 미국인 여러분, 오늘 저는 소련을 영원히 불법화하게 될 입법에 서명했다는 사실을 기쁜 마음으로 전해드립니다. 우리는 5분 안에 폭격을 시작할 겁니다." 이 발언은 금세 유출되었고 세계 각지의 헤드라인을 장식했다. 무모한 청부 살인자라는 레이건의 캐리커처가 다시 한 번 굳어졌다. 타스통신은 이 발언이 "소련에 대한 전례 없이 적대적인 말이며 평화의 대의를 위협한다"고 비난했다. 대통령은 분개했다. 그는 일기에서 실수를 인정했다. "방 안에 있던 몇 사람 말고 아무도 듣지 않는다는 생각에 목소리를 조절하면서 소련에 관해 즉흥적으로 농담을 했다. 그런데 방송사들의 마이크가 켜져 있어서 녹음이 됐고 결국 공개됐다—이런 식으로 국제적인 사건이 된 것이다."

데드핸드

라디오 실언 이틀 뒤인 8월 13일, 로스앤젤레스에서 점심 식사를 하던 중 슐츠는 레이건에게 아주 조심스러운 제안을 했다. 9월에, 그러니까 유엔 총회 개막 이후에 그로미코를 백악관으로 초청하자고 한 것이다. 대통령은 곧바로 동의했다. "그래 그렇게 합시다. 당장 추진하세요."17 회담이 준비되었다. 레이건으로서는 대통령이 된 이래 소련 정치국 성원과 처음으로 만나는 자리가 될 터였다. 레이건은 일기에 이렇게 썼다. "그들이 우리의 동기를 의심하고 우리가 그들의 동기를 의심하는 한 군비 축소에 아무런 진전이 없을 것 같다. 일단 회담을 열어 우리는 그들을 해칠 의도가 없지만 그들은 우리를 해치려는 점을 이해시킬 수 있는지 알아볼 필요가 있다. 일단 암울한 분위기를 일소할 수 있다면 그들도 군비 축소의 가능성을 불가능하게만 보지는 않을 것이다."

레이건은 9월 22일 토요일 대부분을 다음 주 월요일 유엔에서 예정된 연설을 준비하며 보냈다. 그는 일이 "간단치가 않다"는 점을 인정했다. "소련에 대해 유약하게 보이고 싶지는 않지만 그렇다고 그로미코와 회담을 열기도 전에 망쳐버리고 싶지 않다." 레이건은 연설에서 소련을 비판하는 말은 한마디도 하지 않았다. '악의 제국'이란 말은 사라지고 없었다. 그는 연단에서 말하면서 마이크 바로 아래 앞줄에 앉아 있는 그로미코와 소련 대표단의 얼굴을 바라보았다. "나는 그들에게 영향을 미치는 특정한 논점을 이야기할 때마다 그들의 눈을 보려고 노력했다. 그들은 계속 나를 못 본 척했고 표정 하나 변하지 않았다."

마침내 레이건은 9월 28일 대통령 집무실에서 그로미코와 직접 대면할 기회를 얻었다. 두 사람은 서로에게 훈계를 했다. 그로미코의 기억에 따르면, 어느 순간 레이건은 책상 서랍을 열더니 핵무기에 관한 도표 몇 개를 꺼냈다. 레이건은 점심 식사를 위해 잠시 회담이 중단되었을 때 그로미코에게 잠깐 대통령 집무실에 남자고 말했다. 두 사람은 통역관 없이 단둘이 영어로 이야기를 나눴다. 그로미코는 이전에 세계가 감축해야 할 거대한 산더미 같은 핵무기 위에 앉아 있다고 말한 적이 있었다. 레이건이 말했다. "나는 핵무기가 전혀 없는 세상을 꿈꿉니다."[18]

레이건은 백악관 서관West Wing에서 본관 영빈관까지 길게 늘어선 기둥을 따라 손님을 안내했다. 그로미코는 백악관에 "영국식 대형 괘종시계"가 많다는 사실에 놀라면서 레이건이 수집하는 것인지 궁금해했다. 소규모 실내악단이 클래식 음악을 연주했다. 레이건이 부인 낸시를 소개했다. 그로미코는 리셉션이 끝날 무렵 낸시를 옆으로 데려가서는 이렇게 물었다. "당신 남편은 평화를 믿습니까?"

낸시가 대답했다. "물론이지요."

"그러면 매일 밤 남편 귀에 대고 '평화'라고 속삭여주세요."

"그러지요. 당신 귀에도 그 말을 속삭여드릴게요." 이 말과 함께 낸시는 미소를 지으며 몸을 숙이고는 부드럽게 속삭였다. "평화."[19]

미국 방문이 끝날 무렵, 소련대사관은 『워싱턴포스트』 외교 담당 통신원 돈 오버도퍼에게 전화를 걸어 아침 신문에 실린 그로미코와 대화하는 레이건의 사진을 달라고 요청했다. 레이건이 손으로 그로미코의 두 팔을 잡고 있는 사진이었다. 그로미코가 출국하기 직전 급하게 사진이 전달되었다. 그로미코는 45년 전 처음으로 워싱턴을 방문했다. 그리고 당시에는 아무도 예상하지 못했지만 그의 이번 백악관 방문은 마지막이 되었다. 레이건은 마침내 소련 정치국 성원을 만났지만 손잡고 거래할 상대를 다시 찾아야 했다.[20]

레이건은 소련 지도부와 대화하기를 원했지만 다른 한편으로 소련에 직접적으로 도전하는 정책을 승인하기도 했다. 그는 케이시 중앙정보국장의 간절한 부탁에 따라 제3세계에서 소련의 영향력에 맞선 대리전을 크게 확대했다. 1984년, 아프가니스탄에서 소련군과 싸우던 무자헤딘에 대한 미국의 비밀 지원이 커다란 전환점을 맞았다. 미국과 사우디아라비아에서 파키스탄을 거치는 비밀 원조 경로가 갑자기 부풀어올랐다. 한 설명에 따르면, 불과 몇 주일 만에 지원 액수가 수억 달러로 세 배나 늘어났다.[21] 레이건은 그와 동시에 니카라과 산디니스타 정부에 반대하는 콘트라레볼루시오나리오스contrarevolucionarios, 일명 콘트라반군으로 알려진 게릴라 전사들에게도 돈을 전달하기를 원했다. 레이건은 콘트라반군을 "미국 건국의 아버지들에 해당하는 도덕적인 세력"이라고 불렀고, 다니엘 오르테가가 이끄는 산디니스타 혁명평의회를 공산주의에 맞선 전쟁의 전선으로 삼았다. 그러나 의회는 콘트라반군에 대한 원조를 차단했고 1984년에는 돈이 떨어져가고 있었다. 레이건은 국가안보보좌관 맥팔레인에게 "전심전력을 다해" 콘트라반군의 생명을 유지시키라고 지시했다. 그해 여름, 맥팔레인은 사우디아라비아가 콘트라반군을 위한 비밀 은행 계좌로 매달 100만 달러씩 송금하기로 약속했다고 레이건을 안심시켰다. 아프가니스탄과 중앙아메리카의 주역은 케이시 국장이었다. 당시 부국장이던 게이츠는 이렇게 회고했다. "1984년 말에 이르러 소련과 그 대리인들에 맞서 제3세계에서 케이시가 벌인 비밀 전쟁은 최고조에 달했다."

1984년 여름, 리안 작전은 종결된 것처럼 보였다. 고르디옙스키는 핵전쟁에 관한 모스크바의 불안감이 "분명히 줄어들고 있었다"고 말한다.[22] 체르넨코는 안드로포프처럼 핵 공격에 관해 공포와 망상에 사로잡혀 있지 않았다. 그해 군축 협상은 전혀 없었지만 소련 관리들은 이른바 '우주 공간의 군사화militarization of space'에 관해 점차 빈번하게 미국에 이의를 제기했다. 슐츠는 도브리닌이 만날 때마다 '코스모스kosmos'—우주 공간을 뜻하는 러시아어—이야기를 꺼냈다고 말한다.[23] 레이건의 전략방위구상을 직접 겨냥한 것이었다. 물론 실제로 그 프로그램은 아직 시작 단계도 아니었다. 한 설명에 따르면, 그해 여름 20여 명의 사람들이 워싱턴의 낡아빠진 업무용 건물에서 이 프로그램 관련 일을 하고 있을 뿐이었다.[24]

레이건의 꿈은 그해 여름 행운을 만났다. 1970년대 시작된 프로그램을 통해 로켓 요격 미사일을 연구하던 군은 적외선 유도 장치와 컴퓨터를 결합한 시험용 요격 미사일을 이용한 실험을 고안했다. 이 실험에는 유도요격실험Homing Overlay Experiment이라는 이름이 붙었다. 최초 세 차례의 실험은 실패로 돌아갔다. 1984년 6월 10일, 네 번째이자 마지막 실험에서 콰절런 환초의 멕 섬에서 요격 미사일이 발사되었고, 160킬로미터 이상의 고도에 오른 미사일은 가짜 탄두를 장착한 미니트맨 미사일을 추적했다. 요격 미사일은 미니트맨을 발견했다. 시험용 가짜 탄두를 가열한 때문이기도 했고, 탐지가 쉽도록 미니트맨을 옆으로 돌려놓았기 때문이기도 했다. 미니트맨은 파괴되었다. 펜타곤은 실험이 멋지게 성공을 거두었다고 발표했다. 대변인은 "우리는 미사일을 포착해 타격할 수 있을 거라는 점을 알았습니다"라고 말했다. 크렘린은 당황했다.[25]

레이건의 재선 운동에서는 무기 경쟁에 관한 유권자들의 공포를 암시하는 광고를 한 편 방영했다. '미국의 새 아침' 연설을 작성한 바로 그 팀에서 만든 30초짜리 광고였다. 하지만 광고는 불확실성을 경고하는 어두운 분위기였다. 위험을 인정하면서도 출구가 존재한다고 암시하는 게 광고의 목표였다. 광고 화면에는 숲 속을 어슬렁거리는 회색곰이 등장한다. 아나운서가 심각하면서도 권위 있는 어조로 말한다. "숲 속에 곰이 한 마리 있습니다. 어떤 사람은 곰을 쉽게 발견합니다. 다른 이는 아예 보지 못합니다. 어떤 이는 곰이 온순하다고 말합니다. 어떤 이는 험악하다고 말합니다. 하지만 사실 그 곰이 어떤지는 아무도 모르니, 곰이 있다면 그 곰보다 힘을 키우는 게 현명하지 않을까요?"[26]

1984년 11월 6일, 레이건은 미국 역사상 가장 압도적인 선거인단 득표 차로 재선에 성공했다. 일반 투표에서는 59퍼센트를 얻었고, 49개 주를 석권했으며, 선거인단 525명을 확보해 10명에 그친 월터 먼데일을 압도했다.

슐츠는 여름휴가와 선거 사이에 개인적으로 레이건에게 두 번째 임기에서 할 일에 관해 이야기를 했다. 슐츠는 레이건이 자기 말을 제대로 흡수하는지 알지 못했지만 그래도 계속 잔소리를 했다. 그는 레이건에게 소련이 언제 끝날지 모르는 지도부 간 세대 투쟁에 몰두하고 있고 "어떤 경우에는 망상에 가까운" 미국에 대한 "극도의 불신"과 경제 정체에 발목이 잡힌 상태라고 했다. 그의 말마따나 지도부 승계가 어떻게 해결될지는 분명하지 않았다. 하지만 손꼽히는 유력한 후보 가운데 젊은 세대의 일원으로 너그러운 견해를 지닌 미하일 고르바초프도 있었다.[27]

2부

레이건과 고르바초프

8

언제까지고 이렇게 살 수는 없어요

레이건이 재선되고 5주 뒤, 미하일 고르바초프와 그의 부인 라이사는 런던에서 자동차로 구불구불한 영국 농지를 통과해 영국 총리의 공식 시골 별장인 체커스로 갔다. 1984년 12월 16일 일요일 점심 직전에 마거릿 대처와 남편인 데니스가 고르바초프 부부를 맞이했다. 소련 관료가 해외에 부인을 동반하는 것은 매우 이례적인 제스처였다. 고르바초프는 부인을 동반하기 전에 미리 체르넨코에게 승인을 요청했다. 대처는 고르바초프 부부가 도착하자마자 라이사 여사가 잘 지어진 서구식 정장 차림이라는 걸 알아챘다. 흰색 줄무늬가 들어간 회색 정장은 "내가 입었을 법한 바로 그런 옷"이었다. 고르바초프가 사진기자들을 위해 입구에서 라이사 바로 옆 맨 왼쪽에 서는 식으로 포즈를 취한 뒤, 대처는 아주 눈에 띄게 그의 옆에 서려고 자리를 옮겼다. 그러고는 환영의 악수를 나누었다.[1]

대처는 1년이 넘도록 차세대 소련 지도자들에 관한 실마리를 찾고 있었다. 그녀는 완고한 원로 세대가 새로운 젊은 사람들에게 양보를 할지가 궁금했다. 대처는 개인의 힘을 대단히 신뢰했고 개인의 창의성을 억압하는 독재 체제에서는 몇몇 사람들이 큰 영향을 미칠 수 있다고 믿었다. 알렉산드르 솔제니친이나 안드레이 사하로프 같은 반체제 인사들이 그런 것처럼 말이다. 대처는 가장 높은 곳에 있는 한 사람이 내부에서부터 소련 체제를 바꿀 수 있을지 궁금했다. 그녀는 자신의 회고록에서 "새로 부상하는 소련 지도자 세대에서 가장 가능성이 높은 사람을 찾아 그를 독려하고 지지하기로" 마음을 먹었다고 회고했다. 제프리 하우 외무장관은 대처가 "체제 내부로 들어가려는 의도적인 캠페인"을 벌였다고 말한다.[2] 대처는 아치 브라운 교수가 체커스 세미나에서 자신에게 한 말을 기억하고 있었다. 고르바초프가 지도부 내에서 가장 개방적이고 전도유망한 인물이라는 말 말이다. 대처는 고르바초프가 방문하기 직전인 12월 14일 브라운을 다시 다우닝 가 10번지로 초빙해 브리핑을 들었다.[3]

대처는 고르바초프에 관해 이렇게 말했다. "나는 전부터 그런 사람을 찾고 있었기 때문에 그를 곧바로 알아보았다."

런던의 국가보안위원회 지부에서는 올레크 고르디옙스키가 고르바초프의 방문을 앞둔 몇 주일 동안 열심히 일하고 있었다. 모스크바 본부로부터 무수히 많은 요구가 쏟아져 들어왔다! 고르디옙스키는 국가보안위원회의 상관들이 고르바초프를 떠오르는 별로 보면서 그의 뒤에 줄을 서려고 한다는 사실을 깨달았다. 고르디옙스키는 이렇게 회고했다. "국가보안위원회는 그를 밀고 있었다. 그는 새로운 인물이자 미래의 인물 그리고 부패를 비롯한 소련 사회의 온갖 부정적인 측면에 맞서 싸울 정직한 인물이었기 때문이다." 모스크바는 고르바초프의 영국 방문을 위해 런던 지부에 유용하게 활용할 수 있는 자료를 엄청나게 요청했다. 군축, 나토, 경제, 영국과 미국, 중국, 동유럽의 관계 등등 주제도 다양했다. 고르디엡스키는 고르바초프를 만난 적이 없었지만 새로운 정보에 대한 왕성한 욕구를 감지할 수 있었다. "그는 명석하고 영국에 관한 모든 걸 알고 싶어했으며, 뚜렷한 인상을 주고 모스크바로 돌아가 체르넨코 다음에는 자기가 가장 훌륭한 후보라는 걸 모두에게 보여주기를 원했다."[4]

고르디옙스키는 모스크바를 위해 보고서를 썼을 뿐 아니라 여전히 자신을 담당하는 영국인들에게도 정보를 제공했다. 그들 역시 떠오르는 별인 고르바초프에게 대단히 관심이 많았다. 고르디옙스키는 영국인들에게 고르바초프가 무엇을 요구하고 무슨 말을 할지에 관해 소중한 조기 경보를 제공했다. 이와 동시에 그는 영국인들에게서 받은 자료를 모스크바에 전달했다. 고르디옙스키는 역사의 결정적인 순간에 양쪽 모두를 위한 통로였다. 그는 대처의 임무를 거의 완벽하게 수행했다. 영국인들은 자신들의 첩자가 무슨 일을 하는지 알았지만 소련인들은 알지 못했다.

고르바초프가 영국을 방문한 며칠 동안은 고르디옙스키에게 미친 듯이 바쁜 나날이었다. "우리는 매일 저녁 다음 날 회담에서 취할 방향에 관한 예측을 내놓으라는 압박에 시달렸는데, 물론 정상적인 통로로는 이 방향을 알아낼 도리가 없었다. 그래서 나는 영국인들에게 가서 다급하게 도움을 요청했다. 대처가 제기할 주제를 좀 알려줄 수 있습니까? 영국인들은 몇 가지 가능성을 던져주었고, 나는 그걸 바탕으로 유용해 보이는 보고서를 급조했다. 하지만 다음 날 회담은 훨씬 더 많은 성과가 있었다. 내가 제프리 하우 외무장관에 관한 정보를 요청하자 그들은 장관이 고르바초프와의 회담에서 활용할 지침을 보여주었다. 나는 영어가 서툴렀고, 또 가뜩이나 무지한 데다 조바심이 나고 시간도 부족했기 때문에 모든 요점을 기억하려고 열심히 집중해야 했다."

"부서로 돌아온 나는 작은 **성공**에 흥분된 상태로 타자기 앞에 앉아…… 내가 가진 일반적인 자료와 신문에서 조사한 내용을 바탕으로 대강의 초안을 작성했다." 고르디엡스키는 국가보안위원회의 다른 요원이 훨씬 부정확한 내용으로 초안을 고쳐 썼을 때 잠시 기분이 상했다. 그는 지부장 대행인 레오니트 니키텐코에게 사정을 호소했고 니키텐코는 고르디엡스키의 원본을 보고는 "한 자도 고치지 않고" 직접 고르바초프에게 보냈다.

고르바초프는 체커스에 들어선 뒤 본관에서 음료를 마시며 대처와 이야기를 나누었다. 그는 당시 소련 농업 책임자에 올라선 상태였는데, 런던에서 차를 타고 오면서 본 농장들에 관해 물었다. 도버 서대기Dover Sole*에 쇠고기 구이, 오렌지 등으로 점심 식탁이 차려졌지만 사람들은 음식에 거의 손도 대지 않았다. 고르바초프와 대처는 곧바로 활발한 토론으로 빠져들었다. 고르바초프는 소련이 경제를 개혁하는 중이라고 주장했다. 대처는 그의 주장에 회의적인 태도를 보이며 자유 기업과 동기 부여에 관해 훈계했다. 그러자 고르바초프는 소련 체제가 자본주의보다 우월하다고 쏘아붙이고는, 대처의 설명에 따르면, 소련 국민은 "즐겁게" 살고 있다고 단언했다. 대처가 신랄하게 물었다. 그럼 왜 그렇게 많은 사람들이 소련을 떠나려는 허가를 거부당하는 거죠? 고르바초프는 그 사람들은 국가 안보 문제를 다루는 일을 하고 있기 때문이라고 대답했다. 대처는 그의 말을 믿지 않았다.

그들이 자리에서 일어나 식당을 나설 때, 라이사는 데니스와 함께 체커스의 도서관을 보러갔다. 그녀는 도서관에서 홉스의 『리바이어던』을 집어들었다. 도서관까지 라이사와 동행한 맬컴 리프킨드는 라이사가 좋아하는 그레이엄 그린이나 W. 서머싯 몸, C. P. 스노 같은 영국 현대 소

---

* 유럽 원산인 가자미목 물고기.

데드핸드

설가들에 관해 이야기를 나누었다고 회고했다.[5]

대처와 고르바초프는 응접실에서 일 이야기를 시작했다. 대처는 고르바초프가 말한 내용이 별로 놀랍지 않았다고 회고했다. 그보다 그녀의 관심을 사로잡은 건 참신할 정도로 개방적인 그의 스타일이었다. "그의 성격은 무뚝뚝한 복화술만 구사하는 평균적인 소련 당 간부들과는 판이하게 달랐다. 그는 미소를 짓고 웃음을 터뜨렸으며 강조의 뜻으로 손짓을 하고 목소리를 조절했고 논의를 끝까지 듣는 예리한 논객이었다." 두 사람은 몇 시간 동안 이야기를 나누었다. 고르바초프는 준비된 문서를 참고하지 않았다—녹색 잉크로 직접 쓴 메모가 몇 개 적힌 작은 노트만을 들춰보았다. 계속해서 대처가 말했다. "하루가 저물어갈 즈음 나는 그의 성품의 실체는 마르크스주의적 언사가 아니라 그것을 넘어선 어떤 스타일에 있다는 것을 알아채게 되었다. 나는 그 사람이 마음에 들었다."

고르바초프는 준비를 철저히 갖춘 상태였다. 그는 영국에 영원한 동맹자나 적은 없으며 다만 영원한 이해관계만이 있을 뿐이라는 파머스턴 경Lord Palmerston의 유명한 경구를 인용했다. 자리에 동석한 하우 장관은 이렇게 말했다. "이 경구를 가장 적확하면서도 효과적으로 써먹었다는 점이 두드러졌다—그것도 대외 정책의 '비전문가'가 말이다." 그는 고르바초프가 다음과 같은 말도 했다고 덧붙였다. "우리가 공통으로 가진 이해관계를 확인하는 게 우리가 할 일입니다."[6] 대처는 대화 주제를 무기 경쟁으로 옮겨갔다. 1년간의 교착 상태 이후 제네바에서 3주 안에 교섭이 재개될 예정이었다. 1983년 전쟁 소동 중에 소련이 회담장을 박차고 나간 뒤 처음 열리는 교섭이었다.

순간 고르바초프가 양복 주머니로 손을 뻗었다. 그러고는 미리 챙겨온 신문지 크기의 도표를 펼쳐들었다. 종이에는 작은 점 5,000개가 네모 칸 165개를 채우고 있었다. 가운데 한 칸에만 점이 하나뿐이었다. 가운데 칸의 점 하나는 2차 대전 6년 동안 연합국이 떨어뜨린 폭탄 300만 톤의 폭발력을 나타내는 것이었다. 나머지 점들은 미국과 소련이 보유한 핵무기의 폭발력 150억 톤을 나타냈다.

고르바초프가 내놓은 도표는 지난 2월 핵무기에 반대하는 기업인들이 『뉴욕타임스』에 낸 광고였는데, 선전선동이나 눈속임에 불과하다고 치부할 수도 있었다.[7] 중요한 것은 이 도표에 있는 점과 네모 칸이라기보다는 광고를 이용해 자신의 주장을 펼치는 사람의 명백한 열정이었다. 고르바초프는 식견이 있고 주저함이 없으며 논증에 능한 인물이었다.

고르바초프는 당시 모스크바에서 아프가니스탄 전쟁이나 파이오니어 미사일 배치, 대한항공 007편 격추 사건, 전략 무기 제한 협상 같은 군사 및 대외 정책 문제에 관한 고위급 내부 토론에 참여하고 있었다. 그러나 소련 바깥에는 그의 견해에 관해 알려진 바가 거의 없었다. 영국에서 입을 열기 전까지만 해도 그는 군축과 대외 문제에 관해 공공연하게 발언을 한 적이 없었다. 그는 영국 방문 내내 핵전쟁의 위험에 관해 관심을 환기시키면서 소련이 우주무기 경쟁을 두려워하고 있다는 걸 역설했다. 그는 핵무기를 "철저하게 감축할 것"을 약속했으며 소련이 제네바 회담으로 복귀하는 문제를 진지하게 고려하고 있다고 암시했다. 그리고 인권과 아프가니스탄에 관한 비판을 자신 있게 받아넘겼다. 사실상 고르바초프는 소련의 정책을 바꾸지 않았고 대처와 만나는 자리에서도 일부러 체르넨코를 자기 권한의 원천으로 내세우려고 애를 썼다.[8] 하지만 그의 스타일은 많은 것을 시사했다. 그는 종래의 경직된 태도와 대조적으로 더 유연한 접근법을 약속하는 것처럼 보였다.

고르바초프는 대처와의 대화가 개인적인 전환점이라고 느꼈다.[9] 그는 체커스에서 도표를 소개한 일을 생생하게 기억하고 있었다. 그 자리에서 그는 대처에게 네모 칸 하나에 있는 무기를 전부 사용하면 "지구에서 생명의 기반을 깡그리 날려버리는 데 충분할 것"이라고 말했다. "그리고 그런 일을 999번 더 할 수 있다면?—그다음에는 어떻게 될까? 100만 번 더 파괴하는 건 어떤가? 이건 말도 안 된다. 우리는 이런 부조리에 사로잡혔다."

고르바초프는 핵전쟁의 위협에 관해 이렇게 말했다. "어떤 조치를 취해야 한다는 생각이—내 마음속을 포함해서—이미 쌓이고 축적되어 있었다. 한 단어, 아니 한 문장으로 말해보자. **어떤 조치를 취해야 한다.**" 그러나 고르바초프는 당시에는 어떤 조치를 취해야 하는지 생각하기가 쉽지 않았다고 토로했다. 대처 앞에서 무수한 네모 칸과 점이 표시된 신문을 펼칠 때에도 어떻게 핵무기를 줄일 수 있는지 전혀 알지 못했다. 그도 궁금했다. "어떻게 이 모든 핵무기를 저지할 수 있을까?"

대처는 고르바초프가 보여준 도표에 깊은 인상을 받지는 않았지만 그가 "연극조로" 발표를 했던 사실을 기억했다. 고르바초프는 원자폭탄이 터지는 전쟁에 뒤이어 닥치는 '핵겨울'의 위험성에 관해서도 경고했다.[10] 그러나 대처는 "나는 이 모든 말에 큰 감동을 받지 못했다"고 말한다. 대처는 핵 억제력의 가치에 관하여 진심에서 우러나온 훈계로 대응했다. 핵무기 때문에 평화가 유지된다는 것이었다. 이런 생각은 대처의 가슴속 깊은 신념 가운데 하나였다. 고르바초프가 기억하는 것처럼 대처는 "상대를 감동시키고 설득력이 있었다".

대처는 또한 고르바초프가 레이건에게 전달할 메시지를 자신에게 주었다는 것을 알았다. 그녀는 고르바초프가 레이건의 전략방위구상에 관해 말할 때 열심히 귀를 기울였다. 대처는 개인적으로 핵무기를 쓸모없게 만들겠다는 레이건의 꿈에 대해 거의 확신하지 못했지만 자기 속내를 털어놓지는 않았다. 체커스에서 대처의 귀를 사로잡은 것은 고르바초프의 목소리에 담긴 절박한 태도였다. 그녀는 소련이 "어떤 대가를 치르고라도 핵무기 경쟁을 중단시키기를 원한다"고 결론지었다. 그녀는 고르바초프에게 영국을 미국과 갈라놓을 방법은 없다고 말했다. 고르바초프는 원래 오후 4시 30분에 떠날 예정이었지만 5시 50분까지 머물렀다. 대처는 그가 탄 차가 떠나자 이런 생각을 했다고 한다. "나는 지금까지 이야기한 상대가 차기 소련 지도자이기를 바랐다."

공식적으로 고르바초프는 최고 소비에트*의 대표단 수장 자격으로 런던에 왔다. 하지만 상대를 대하는 그의 태도나 행동은 결코 삼가는 자세가 아니었다. 그는 자신을 초대한 이들을 매혹시키고 영국의 상상력을 사로잡았다. 영국 텔레비전은 어떤 소련 지도자도 다정한 시각으로 다룬 적이 없었지만 고르바초프는 많은 관심을 받았다. 『데일리메일Daily Mail』은 라이사 여사에 관해 "붉은 별이 태어났다"고 말했다. 고르바초프 부부는 대영박물관의 움푹 들어간 열람실에 멈춰서서 칼 마르크스가 『자본』을 쓴 장소를 둘러보았고, 웨스트민스터 대성당을 한 바퀴 돌면서 중세 왕들의 무덤과 국민적 시인들의 기념물을 살펴보았다. 스테인드글라스 창문과 건축물도 관심 있게 지켜보았다.

대처는 월요일에 BBC와 인터뷰를 했다. 그녀는 어떤 질문에 대한 첫 답변으로 이렇게 단언했다.

"저는 고르바초프를 좋아합니다. 우리는 함께 일을 할 수 있습니다."[11]
고르바초프의 영국 방문은 모스크바에서 드미트리 우스티노프 국방장관이 급서했다는 소식 때문에 중단되었다. 고르바초프는 곧바로 귀국했다. 우스티노프가 세상을 떠남에 따라 새로운 지도부에 공백이 생길 터였다.

---

* 소비에트 연방의 법정 최고 의결 기구로 소비에트 최고 회의라고도 한다.

데드핸드

체르넨코는 병이 심해서 우스티노프의 장례식에 참석하지 못했고, 고르바초프는 크렘린 내에서 한층 더 불확실한 상황에 직면했다. 고르바초프의 말에 따르면 "당시 국가 지도부는 통탄할 만한 상태였다".

대처는 1984년 12월 22일 캠프데이비드에 있는 레이건을 찾아갔다. 레이건은 대처의 방문을 준비하면서 대화 내용에 관해 일곱 개의 쪽지를 주머니에 넣어두었다. 두 번째 쪽지에는 이렇게 씌어 있었다. "고르바초프가 인상적인 인물인 것은 알겠습니다. 당신은 어떤 인상을 받았습니까?"[12] 대처는 체커스에서 점심 식사를 들며 나눈 인권, 경제, 군축 등에 관한 자세한 사항을 전달했다. 대처는 고르바초프가 전임자들에 비해 더 매력적이고 토론과 논쟁에 개방적인 사람이라고 말했다. 그리고 고르바초프가 얼마나 전략방위구상에 관심을 집중했는지에 관해 설명했다. 그러자 레이건은 자신의 꿈은 기술적 탐색인 동시에 도덕적 정언명령이라고 집요하게 설명하면서 핵무기를 폐기하는 게 궁극적인 목표라고 이야기했다. 대처는 이때 처음으로 레이건이 직접적으로 핵무기 폐기를 거론하는 걸 들었고, 나중에 그 말을 듣고 "깜짝 놀랐다"고 고백했다. 하지만 일단은 계속 들었다.

대처는 고르바초프가 자신에게 한 말을 레이건에게 전했다. "당신 친구 레이건 대통령에게 우주무기 개발을 중단하라고 말하세요."[13]

몇 년 뒤 레이건과 함께 세계를 뒤바꾸게 되는 미하일 고르바초프가 부상한 과정을 이해하려면 우선 반세기 전으로 돌아가 소련이라는 나라와 국민들이 맞닥뜨렸던 소란스러운 사건들을 살펴보아야 한다. 스탈린의 공포 정치와 2차 대전이 안겨준 상상조차 하기 힘든 손실에서부터 전후 시기의 곤경과 해빙, 승리와 정체 등을 되짚어보아야 한다. 이 모든 사건들이 고르바초프에게 직접적인 영향을 미쳤다. 그의 어린 시절을 보면 훗날 그가 거대한 변화의 촉매 구실을 하게 되는 몇 가지 단서가 발견된다. 그는 소련 체제에서 자라난 아이지 급진주의자는 전혀 아니었다. 하지만 이 모든 것을 관통하는 하나의 실마리를 찾을 수 있다. 오랜 시기에 걸쳐 고르바초프는 당과 지도부가 묘사하는 인공적인 세계와 실제 현실이 놀랍도록 다르다는 사실을 깨달았다. 그는 지위가 올라갈수록 실제 국민들이 사는 현실과 국민을 지배하는 이들이 외쳐대는 케케묵은 구호들 사이에 거대한 틈이 있다는 통찰과 깨달음을 축적했다. 라이사 역시 이런 깊은 틈을 파악했고 현실을 바꾸려는 고르바초프의 결심을 굳혀주었다.

고르바초프는 한 세대를 거치면서 점차 의심을 키웠고 여러 해 동안 혼자 간직했다. 그가 실망과 실패에 대해 처음 보인 반응은 언제나 체제를 개선하려고 노력하는 것이었다. 그는 한 번도 체제를 무너뜨릴 생각을 하지 않았다. 소련 지도자가 될 무렵에는 나락에 빠진 현실을 완전히 이해했지만 어떻게 현실을 고칠지에 관해서는 제한된 이해밖에 없었다. 그가 가진 가장 중요한 기술은 자신의 목표를 달성하기 위한 정치적 책략에 있었다. 그는 개방과 정치적 다원주의의 힘들을 자유롭게 풀어놓는 방법으로 체제를 구하려고 노력했다. 이런 힘들로 다른 병폐를 치유하기를 기대했던 것이다. 하지만 그런 일은 일어나지 않았다.

냉전을 종식시키며 고르바초프가 남긴 업적—핵무기 경쟁이라는 폭주 기관차에 제동을 걸고, 유럽에서 평화적으로 혁명이 전개되게 내버려두고, 제3세계에서 대결을 종식시킨 것—은 원래 그의 주요한 목표가 아니었다. 이 업적은 그가 국내에서 이루려고 했던 급진적인 변화의 결과물이었다. 그리고 그 변화는 농민의 아들이자 전쟁을 목격한 소년, 해빙기에 대학을 다닌 학생이자 정체기의 당 관료로서 그가 겪은 경험에서 비롯된 것이었고, 가장 중요하게는 나빠진 소련의 현실에 관한 그의 마음속 깊은 인상에서 우러난 것이었다.

고르바초프는 세계를 변혁하기보다는 조국을 구하려고 나선 것이었다. 그는 결국 조국을 구하지는 못했지만 세계를 구했는지도 모른다.

미하일 세르게예비치 고르바초프는 1931년 3월 2일 러시아 남부 스타브로폴의 흑토 지대에 있는 프리볼노예라는 작은 마을에서 태어났다. 부모인 세르게이와 마리아는 농사를 지었다. 마을의 삶은 몇 세기 동안 거의 변한 것이 없었다. 고르바초프는 어린 시절 "흙바닥에 침대 같은 게 전혀 없는 흙벽돌로 지은 오두막"에서 살았다—사람들은 추위를 피하려고 화덕 가까이에서 잠을 잤다.[14] 고르바초프는 어린 시절의 대부분을 외조부모의 총애를 받으며 자랐다. 종종 외조부모네 집에서 살기도 했다. 외가의 책장에는 마르크스와 엥겔스, 레닌의 책뿐만 아니라 러시아 정교회의 성상도 있었다. 외할아버지인 판텔레이는 고르바초프의 기억 속에 관대한 분으로 남았고 마을에서도 큰 존경을 받았다. 고르바초프는 그 시절에 유일한 자식이었다. 남동생은 전쟁이 끝난 뒤 고르바초프가 열일곱 살일 때 태어났다. 고르바초프는 행복한 어린 시절을 보낸 것으로 보인다. "나는 절대적인 자유를 누렸다. 외할아버지와 외할머니는 내가 집에서 가장 소중한 존재라고 느끼게 해주셨다."

얼마 뒤 조국은 고난과 비극으로 빠져들었다. 고르바초프가 불과 두 살이던 1933년 스타브로폴 지방에 기근이 닥쳤다. 스탈린은 대규모 농업 집산화에 착수한 상태였다. 농민들을 강제로 집단농장에 밀어넣고 다소 형편이 나은 쿨라크kulak, 즉 부농들을 처벌하는 야만적인 과정이었다. 프리볼노예 주민의 3분의 1에서 절반이 굶어죽었다. 고르바초프의 기억에 따르면 "어느 집이랄 것도 없이 다들 죽어가고 있었고 반쯤 무너진 주인 없는 오두막들은 몇 년 동안 버려진 채로 남았다". 수백만의 농민들이 1930년대에 스탈린의 숙청으로 목숨을 잃었다.

고르바초프의 가족도 숙청을 피하지 못했다. 할아버지 안드레이는 집산화를 거부하고 혼자 농사를 지으려고 했다. 1934년 봄, 안드레이는 정부가 개별 농민들을 위해 정한 씨뿌리기 계획을 이행하지 못한 죄로 체포되어 고발당했다. 고르바초프는 이 고발이 얼마나 황당한 일이었는지 기억한다. "하지만 계획을 이행하는 데 필요한 종자가 전혀 없었다." 안드레이는 '방해 분자'로 낙인찍혀 2년 동안 정치범 수용소에 갇혔다가 1935년 조기 석방되었다. 그는 돌아오자마자 집단농장 지도자가 되었다.

그로부터 2년 뒤 외할아버지 판텔레이도 체포되었다. 과거에 반혁명 조직의 성원으로 활동하고 집단농장의 일을 고의로 방해했다는, 마찬가지로 황당한 죄목이었다. 고르바초프는 외할아버지가 체포된 일이 "내가 실제로 처음 겪은 정신적인 상처"라고 기억했다. "그들은 한밤중에 외할아버지를 끌고 갔다." 외할아버지는 호된 대접을 받았다. 결국 1938년 어느 겨울날 저녁에야 풀려나서 프리볼노예로 돌아왔다. 외할아버지는 손으로 대패질을 한 통나무 탁자에 앉아 어떻게 매질과 고문을 당했는지 가족들에게 이야기했다. 외할아버지는 스탈린이 비밀경찰의 악행을 알지 못하는 게 분명하다고 말했고 자신이 겪은 불행에 대해 소련 체제를 탓하지 않았다. 외할아버지는 다시는 이 일을 입에 올리지 않았다. 고르바초프는 당시 겨우 일곱 살이었지만 훗날 그때의 사건들에 오래도록 지워지지 않을 깊은 인상을 받았다고 했다. 그는 외할아버지가 겪은 시련을 개인적인 비밀로 간직했고 반세기가 지난 뒤에야 공개적으로 이야기를 꺼냈다.

1930년대 말에 이르러 두 할아버지 모두 집으로 돌아왔고 마을은 발전하는 것처럼 보였다. 사람들은 일요일마다 가족끼리 숲으로 소풍을 다녔다. 그런데 1941년 6월 22일, 여느 때와 같은 일요일에 끔찍한 소식이

들렸다. 독일이 소련을 침공했다는 뉴스가 라디오를 통해 전해진 것이다.

고르바초프의 아버지는 곧 전선으로 나갔다. 아버지는 열 살이 된 아들에게 아이스크림을 사주고 기념품으로 발랄라이카*도 사주었다. 군인들이 전선으로 떠날 때 여자와 아이와 노인들은 흐느껴 울었다. 그해 겨울 첫눈이 크게 내리면서 프리볼노예는 완전히 고립되었다. 라디오는 불통이었고 신문도 거의 들어오지 않았다. 고르바초프는 당시를 "어린 아이에서 청소년기를 건너뛰고 곧바로 성인으로 접어들었다"고 기억한다. 1942년 여름, 마을은 4개월 반 동안 독일에 점령되었다. 전쟁으로 농촌은 폐허가 되었다. 종자나 기계나 가축이 하나도 남지 않았다. 1944년 겨울과 봄에 기근이 퍼졌다. 서른셋이던 고르바초프의 어머니가 이웃 도회지에 나가 아버지의 마지막 물건인 장화 두 켤레와 양복 한 벌을 팔아서 50킬로그램짜리 옥수수 한 자루를 사와 그나마 가족이 목숨을 부지할 수 있었다.

1944년 여름, 가족은 전선으로부터 편지 한 통을 받았다. 봉투 안에는 가족사진 몇 장과 세르게이 고르바초프가 카르파티아 산맥에서 전사했다는 통지서가 들어 있었다. 고르바초프는 "가족이 3일 동안 내리 울었다"고 회고한다. 그런데 얼마 뒤 아버지가 살아 있다는 편지가 다시 왔다. 두 편지는 모두 1944년 8월 27일자로 되어 있었다. 나흘 뒤 편지 한 통이 또 왔다―세르게이는 정말로 살아 있었다! 어떻게 이런 일이 벌어진 걸까? 훗날 아버지가 고르바초프에게 말해준 바에 따르면, 매복 공격을 당한 뒤 부대가 그의 가방만 덩그러니 있는 걸 발견했다고 한다. 그는 보이지 않았고 사망한 것으로 간주되었다. 부대는 첫 번째 편지를 가족에게 보냈다. 그리고 며칠 뒤에 부대는 그가 심한 부상을 입은 채 살아

---

* 러시아의 민속악기. 기타와 비슷한 세모꼴의 현악기이다.

있는 걸 발견했다. 세르게이는 아들에게 전쟁의 혼란 속에서 이런 혼동은 흔히 있는 일이라고 말했다. 고르바초프는 훗날 이렇게 썼다. "나는 이 일을 평생 동안 기억했다."

1943년 초봄, 고르바초프는 다른 아이들과 함께 시골을 돌아다니다 프리볼노예와 이웃 마을 사이에 길게 뻗은 숲에 다다랐다. "거기서 우리는 붉은군대 병사들의 유해와 맞닥뜨렸다. 1942년 여름 그곳에서 마지막 전투를 치른 병사들이었다. 이루 말할 수 없이 끔찍했다. 썩어가는 시체는 짐승들이 반쯤 파먹은 상태였고 녹슨 철모를 쓴 해골과 백골, 바스러진 군복 소매 사이로 비어져나온 소총이 보였다. 경기관총 하나와 수류탄 몇 개, 빈 탄약통 무더기도 보였다. 참호와 포탄 구멍의 걸쭉한 진흙 속에 미처 묻히지도 못한 채로 군인들이 누워 있었다. 검게 뚫린 눈구멍으로 우리를 지켜보면서. 우리는 잔뜩 겁에 질린 채로 집으로 돌아왔다."

전쟁이 끝났을 때 고르바초프는 열네 살이었다. "우리 세대는 전시에 어린이로 자란 세대이다. 전쟁은 우리에게 깊은 화인을 남겼고 우리의 성격뿐만 아니라 세계를 보는 관점에도 뚜렷한 흔적을 남겼다."

고르바초프는 전쟁이 끝난 뒤 여름마다 들에 나가 "하루에 20시간씩 등골이 휘도록" 일을 했다. 그는 고등학교에서 성실한 학생이었고 연극반과 스포츠에 몰두했다. 학교 성적을 보면 러시아 문학, 삼각법, 소련 역사, 소련 헌법, 천문학 등에서 최고 평점을 받았다. 그리고 1950년 은메달을 받고 졸업했다.[15] 또한 기나긴 여름 동안 들에서 일한 공로로 노동적기훈장Order of the Red Banner of Labor을 받았다. 학생이 이 훈장을 받는 경우는 드문 일이었는데, 소련 최고의 명문인 모스크바국립대학교 법학부에 입학할 수 있었던 데는 이 훈장이 톡톡히 구실을 한 게 분명하다.[16]

1950년 9월 열아홉의 나이로 수도에 발을 내딛은 농민의 아들은 처음 몇 달을 분주한 대도시에서 어리둥절하게 보냈다. 신입생들은 기숙사 방 하나에 스물두 명씩 살았다. 몇 코펙이면 카페테리아에서 차를 마실 수 있었고 식탁에는 공짜 빵이 무제한으로 제공되었다.

고르바초프는 1952년 공산당에 가입했다. 당시 공산당원이 된다는 것은 스탈린주의자가 된다는 뜻이었다. 처음 2년의 대학 생활은 유대인 학자와 작가들을 겨냥한 스탈린의 반反세계주의anti-cosmopolitan 캠페인 기간과 일치했다. 이 캠페인은 고르바초프에게 눈이 번쩍 뜨이는 일이었다. 고르바초프는 어느 날 아침 유대인 친구가 폭도들에게 고함과 조롱을 받고 전차에서 강제로 하차당한 일을 기억했다. "나는 깜짝 놀랐다."

고르바초프 역시 자기 세대의 많은 이들처럼 소비에트 이데올로기에 사로잡혔다. "공산주의 이데올로기는 당시 젊은이들에게 무척 매력적이었다. 전선에 나갔던 군인들이 전쟁을 마치고 돌아왔는데, 대부분 젊은이인 그들은 승리했다는 자부심에 가득 차 있었다." 젊은 세대는 전쟁과 기근과 스탈린의 대공포가 과거의 유물이기를 기대했으며 자신들이 사회 정의와 인민 권력에 바탕을 둔 새로운 사회를 건설하고 있다고 믿었다.[17]

스탈린은 이런 신념 구조의 일부였다. 고르바초프가 기억하는 것처럼 스탈린이 정리한 당의 역사 '단기 과정Short Course'은 "과학적 사상의 본보기"로 학생들에게 제시되었다.[18] 학생들은 "공언된 명제들 대부분을 당연한 것으로 받아들였고 진심으로 이것을 진리라고 믿었다". 고르바초프는 공산주의청년동맹, 일명 콤소몰Komsomol의 지도자였다. 그는 고등학교 시절 기말 시험 논문 제목을 노래에서 따와 '스탈린—우리 싸움의 영광'이라고 짓기도 했다.

그러나 고르바초프는 반항적이기도 해서 대학 당국에 반발하는 조심스러운 견해를 밝혀 두 차례 소동을 일으키기도 했다. 한 번은 스탈린의 저작을 토씨 하나 바꾸지 않고 그대로 읽는 강사에게 익명의 쪽지를 쓴 일이었다. 고르바초프의 말마따나 이런 강의는 학생들을 무시하는 처사였다. 학생들도 이미 스탈린의 책을 읽었기 때문이다. 고르바초프는 조사가 시작되자 쪽지를 썼다고 인정했지만 아무런 조치도 받지 않았다.

1953년 3월 5일, 스탈린이 사망했을 때 고르바초프도 모스크바 거리에 운집한 엄청난 애도 대열에 합류했다. 그는 "스탈린의 죽음을 마음속 깊이 진심으로 슬퍼했다". 그러나 시간이 흐르면서 스탈린을 다르게 보게 되었다. 1956년 2월 25일, 흐루쇼프는 제20차 소련공산당 대회에서 스탈린에 대한 개인숭배와 그의 시대에 벌어진 폭력과 박해를 비난하는 유명한 '비밀 연설'을 했다. 그에 대해 고르바초프는 이렇게 회고했다. "(이 연설이 이뤄진 뒤에야) 나는 지금까지 우리 나라에서 일어난 일과 우리 가족에게 벌어진 일 사이의 내적인 연관 관계를 이해하기 시작했다." 외할아버지 판텔레이는 자신이 고문당한 것을 스탈린이 알지 못한다고 했다. 그러나 스탈린이야말로 고르바초프 가족이 겪은 고통에 책임이 있는 사람이었다.

"흐루쇼프가 비난한 내용을 담은 문서가 당내에서 잠시 돌았지만 이내 회수되었다. 하지만 나는 문서를 손에 넣을 수 있었다. 나는 충격을 받고 당황해서 어쩔 줄을 몰랐다. 그건 분석이 아니라 그냥 사실, 치명적인 사실이었다. 우리 대부분은 그런 일이 사실일 수 있다는 것을 도무지 믿지 못했다. 나는 그래도 쉽게 믿을 수 있었다. 우리 가족이 1930년대에 벌어진 탄압의 희생자였기 때문이다."[19] 훗날 고르바초프는 종종 흐루쇼프의 연설을 "용감한 행동"이라고 지칭했다. 과거와 완전히 단절한 것은 아니었지만 그래도 단절은 단절이었다. 다시 한 번 체제에 관한 환상이 산산이 무너지는 것 같았다. 고르바초프는 이 일을 희망을 품어야 할 이유라고 보았지만 한편으로 많은 사람들, 특히 나이 든 세대의 사람들이 체제에 대해 회의하고 완전히 혼란에 빠지고 있다는 것을 알았다. 고르바초프도 모든 게 뚜렷한 건 아니었다. 어떻게 그들이 믿었던 모든 게 잘못될 수 있는가?

고프바초프는 대학 시절 똑똑한 철학과 학생인 라이사 티토렌코를 만나 결혼했다. 당시 모스크바는 스탈린이 사망한 뒤 2년 만에 새로운 사고에 문호를 개방하기 시작했고 이런 흐름은 특히 문학에서 표현되었다. 일리야 예렌부르크의 소설 『해빙The Thaw』은 1954년 출간되었는데, 소설의 제목이 그 시대를 정의하게 되었다. 고르바초프는 대학에서 젊은 체코 학생인 즈데네크 믈리나르시를 알게 되었다. 그는 고르바초프의 가장 친한 친구가 되었고 두 사람은 기숙사 방에서 밤늦게까지 열띤 토론을 즐겼다. 고르바초프는 대학 시절의 경험을 통해 눈을 뜨기 시작했다. "(하지만) 나와 내 세대에 속한 이들은 우리가 사는 체제를 바꾸는 문제는 제기하지 않았다."

1955년 여름에 대학을 졸업하자마자 고르바초프는 스타브로폴로 돌아갔다. 그는 그곳에서 언어와 현실의 간극을 보여주는 새로운 증거를 발견했다. 많은 이들이 이런 간극을 목격했지만 아무 일도 하지 않았다. 고르바초프가 다른 점이 있다면 이 간극에 커다란 충격을 받을 만큼 감성이 예민했다는 것이다. 그는 대학 시절 스타브로폴의 지방 법무관실에서 여름 동안 일을 했는데 간부들의 교만한 행동에 깜짝 놀랐다.[20] 당시 라이사에게 보낸 편지에서 그는 간부들을 "구역질 나는 존재"라고 묘사했다. 그리고 이런 말도 했다. "특히 지방 우두머리들의 생활 방식은 구역질이 나. 모든 게 미리 결정된 채 이뤄지는 인습의 수용과 종속, 관리들의 공공연한 몰염치와 교만. 지방 지도자라는 사람을 보면 내세울 만한 거라곤 불룩한 배뿐이야."

고르바초프는 당의 청년 부문인 콤소몰에서 '선전선동 부서'의 부책임자로 일을 하기로 결정했다. 체제 순응적인 경로였다. 고르바초프는 일에 몰두하면서 연설 능력을 연마하고 지역을 여행하며 젊은이들에게 당을 믿을 것을 권고했다.[21] 이 일을 통해 고르바초프는 특히 소련의 궁벽한 농촌 구석구석의 황폐한 일상생활을 직접 목격했다. 한번은 여행을 하던 길에 지역에서 가장 외딴 축산 농가에 갔다. 진흙투성이 길을 걸은 끝에 고르카야발카 강을 따라 연기가 피어오르는 나지막한 오두막들과 검은 울타리로 이뤄진 마을에 당도한 그는 눈앞에 펼쳐진 광경에 큰 충격을 받았다. 가난하고 황폐한 모습에 말이다. "언덕 중턱에서 궁금증이 일었다. 어떻게 이런 일이 있을 수 있나, 어떻게 저렇게 살아갈 수 있을까?" 강한 의지를 지닌 부인 라이사 역시 이 시기 농민들의 삶을 연구해 학위 논문을 쓰고 있었고, 고르바초프가 받은 인상을 구체화하고 더욱 강화했다. 아마 라이사가 고르바초프보다 이런 황폐한 마을들을 더 많이 목격했을 것이다. 라이사는 소련의 황량한 농촌을 장화를 신고 터벅터벅 걷고 오토바이와 짐마차로 달리면서 연구를 수행했다.[22]

고르바초프는 스타브로폴에서 처음에는 도시 조직을 거치다가 곧 지역의 최고위 당 관료로 승진했다. 그 시절, 그러니까 1960년대와 1970년대에 그는 사람들이 생활하는 방식과 당의 공허한 구호와 미사여구 사이의 불일치를 다시 느꼈다. 국가의 무거운 손이 농업과 산업에서 개인의 창의성을 짓누르고 있었다. 어디랄 것 없이 절도, 아첨, 무능, 불안감이 만연했다. 중앙계획은 모든 곳에 끼어들면서도 지독하게 비효율적이었다. 한번은 고르바초프가 스타브로폴의 집단농장을 돌아본 일이 있다. "(그곳에는) 농작물이 낟알과 건초 모두 엄청나게 많았다." 고르바초프는 흡족해하면서도 집단농장의 의장에게 물었다. "관개 작업을 할 관을 어디서 얻었습니까?" 의장은 미소만 지을 뿐이었다. 그는 단독으로 어딘가에서 관을 돌린 게 분명했고, 고르바초프는 그가 거둔 성공이 사회주의와 무관한 것임을 알았다.[23]

중앙에서 통제하는 당시의 소련 경제 체제에서는 공장이나 농장이 자체적인 이윤을 보유할 수 있다는 구상인 독립채산제khozraschyot 시범 같은 대담한 변화에 대해서도 극도로 신중했다는 사실을 기억하는 게 중요하다. 체제에 대한 철저한 문제 제기는 전혀 불가능했다. 개인의 창의성과 관련된 사소한 실험조차도 탄압을 받았다. 이러한 것이 고르바초프가 알던 세계이다. 모스크바 중앙계획 당국의 관료들은 이런저런 일을 하라는 지시를 내렸지만 농장과 도시의 현장에서 이런 지시들은 종종 아무런 의미가 없었다. 수요가 무시되고 통계가 조작되었으며 아무런 결과물도 없이 예산만 탕진되고, 규칙을 벗어난 사람은 모두 처벌받았다. 고르바초프는 1970년부터 1978년까지 스타브로폴 공산당 제1서기로 이 지역에서 최고위 관리였다. 흑해와 카스피 해 사이에 넓게 뻗은 이 지역은 소련 전체에서 가장 비옥한 땅이었다. 고르바초프는 사실상 주지사에 해당했지만 미국의 주지사에 비해 훨씬 많은 권력을 휘둘렀다. 지역 당 우두머리들은 소련 체제에서 핵심적인 권력 단위로 모스크바의 결정 사항을 어떻게 집행할 것인지에 관해 영향을 미칠 수 있었다. 제1서기인 고르바초프는 소련 사회의 정점에 있는 엘리트 집단에 합류했다. 그는 여러 가지 특권—좋은 주거, 음식, 교통—을 누릴 수 있었고 모스크바 중앙위원회의 정식 성원이었다. 『워싱턴포스트』의 로버트 G. 카이저가 설명한 것처럼 브레즈네프 시절에 당 제1서기는 "자기 영역에서 왕자 같은 지위"였다.[24] 그러나 고르바초프는 인민주의자에 가까웠다. 한 설명에 따르면 그는 종종 사무실까지 걸어다녔고, 길거리에서 비공식적으로 사람들의 말에 귀를 기울였다. 또 연극 공연을 자주 관람했고 지역 언론이 당의 이데올로기에 휘둘리지 않도록 격려했다.[25] 고르바초프는 "당시의 보수적인 분위기가 허용하는 한도 내에서 최대한 실용적인 혁신주의자"였다.[26] 예를 들어 그는 모스크바 관료들의 의심스러운 시선에도 아랑곳하지 않고 가족을 포함한 노동자 그룹이나 팀에 자율권을 부여하는 영농 계획을 지지했다. 1978년, 고르바초프는 농업 문제에 관한 장문의 제안서를 써서 생산과 자금의 핵심적인 문제들을 결정하는 데 "사업체와 협회에 더 많은 독립성"을 부여할 것을 호소했다. 그러나 이런 구상이 폭넓게 뿌리를 내렸다는 증거는 전혀 없으며, 고르바초프는 확실히 급진주의자는 아니었다. 브레즈네프가 대필 작가에게 집필을 맡긴 전쟁 회고록 『말라야젬랴Malaya Zemlya』*가 1978년 출간되었을 때 당 우두머리들은 이 뻔뻔스러운 자화자찬 시도에 아부를 아끼지 않았는데 고르바초프도 그중 한 명이었다. 이미 국가와 당이라는 단어가 그 의미를 잃었지만 이 단어들을 계속해서 되풀이하는 것은 고르바초프를 비롯한 모든 이들의 의무였다.

고르바초프는 지역 당의 수장으로 일하면서 소련 체제에는 단순한 비효율성이나 도둑질, 서투른 계획보다 훨씬 더 심각한 문제가 있다는 것을 깨달았다. 더 큰 문제란 어느 누구도 새로운 사고를 내놓을 수 없다는 사실이었다. 고르바초프는 "중앙에서 내려오는 지시에 손발이 묶인 상태"에 분통을 터뜨렸다.[27] 그는 "공국의 가신과 수장들의 위계야말로 사실상 이 나라가 운영되는 방식이었다"고 결론지었다. 그는 오랜 세월이 흐른 뒤 과거를 돌아보면서 퉁명스럽게 말했다. "그것은 상호 보호에 입각한 일종의 카스트 체제였다."

고르바초프는 외부 세계를 보면서 현실과 당 노선 사이의 극명한 대조를

---

* '말라야젬랴'는 1943년 캅카스 전투에서 소련군이 독일군에게 탈환한 고지의 이름이다.

새롭게 확인했다. 대학 친구 플리나르시는 1967년 스타브로폴을 찾아와 체코슬로바키아가 "바야흐로 대규모 격변에 직면해 있다"는 경고로 고르바초프를 놀라게 했다. 다음 해 플리나르시는 알렉산데르 둡체크가 이끄는 체코슬로바키아 자유화 운동의 주역이 되었다. 이 운동은 프라하의 봄과 "인간의 얼굴을 한 사회주의"를 창조하려는 운동으로 이어졌다. 하지만 이러한 민주주의와의 외도는 1968년 8월 20~21일 밤 소련 탱크와 바르샤바조약기구의 군대에 의해 진압되었다. 고르바초프는 1968년 스타브로폴의 당 관리로서 체코슬로바키아 침공을 지지했다고 인정한 바있다. 그러나 고르바초프는 1년 뒤 프라하를 방문하면서 다른 현실을 목격했다. 이 여행에서 그는 플리나르시를 만나지는 못했지만 사람들이 정말로 자유화를 신봉하고 모스크바의 소련 지도부를 증오한다는 사실을 깨달았다. 국가보안위원회의 방침은 외부 요인들이 작용했다는 것이었지만 고르바초프는 운동의 추동력이 내부적인 것임을 목격했다. 브르노Brno의 한 공장을 돌아볼 때는 노동자들이 고르바초프와 대화하는 것도 거절했다. 고르바초프는 "이 일로 나는 충격을 받았다"고 말했다. "이 방문을 계기로 내 모든 생각이 뒤집어졌다." 브라티슬라바에서는 소련에 반대하는 구호가 벽에 빽빽이 적힌 것을 보았다. "나는 그때부터 죽 우리 나라에서 무슨 일이 벌어지고 있는지에 관해 점점 많은 생각을 하기 시작했고 별로 위안이 되지 않는 결론에 다다랐다. 뭔가 잘못되고 있다는 것 말이다……." 그러나 이런 생각은 라이사와 그만의 비밀이었다.[28] 고르바초프는 1970년대에 이탈리아, 프랑스, 벨기에, 서독 등 서구를 몇 차례 여행했다. 비교적 번영하는 민주주의 나라들에서 목격한 현실은 소련의 선전용 도서와 영화, 라디오 방송 등에서 본 것과는 무척 달랐다. "그곳 사람들은 우리 나라보다 더 좋은 환경에서 살고 형편도 좋았다. 한 가지 의문이 머릿속을 떠나지 않았다. 왜 우리 나라의 생활 수준이 다른 선진국들보다 뒤처질까?"

스타브로폴의 키슬로봇스크 시는 피로 회복용 온천과 광천수 때문에 소련 엘리트들이 좋아하는 곳이었다. 신장병을 앓던 국가보안위원회 의장 유리 안드로포프도 이곳에 있는 국가보안위원회 숙소로 종종 휴양을 갔다. 안드로포프와 고르바초프는 1978년 8월 약수터에서 함께 휴가를 보냈다. 안드로포프는 고르바초프에게 그가 장래 지도자 후보라고 통보한 상태였다. 두 사람은 근처의 산을 오르고 야외 화톳불에 둘러앉아 많은 시간을 보내며 별이 총총한 하늘 아래서 샤실릭shashlik*을 요리했다. 관심 분야가 넓은 안드로포프가 종종 국정 문제에 관해 고르바초프에게 이야기를 했고, 함께 블라디미르 비소츠키와 유리 비즈보르**의 녹음테이프를 듣기도 했다. 7현 기타를 치며 민중의 일상적인 문제들을 노래한 음악들이었다. 깜짝 놀랄 만한 광경이었음이 분명하다. 당 우두머리 둘이 주로 해적판으로 유통되는 음유시인들의 음악을 즐기고 있었으니 말이다. 1967년부터 비밀경찰의 수장을 지낸 안드로포프는 고르바초프의 스승이자 조언자가 되었다.

모스크바에서 중앙위원회 서기로 선출된 고르바초프는 농업 부문을 책임지게 되었다.[29] 그는 열정으로 가득 차 농업 정책에 관해 이야기를 하기 위해 브레즈네프를 만나러 갔다. 그러나 당시 48세였던 고르바초프가 크렘린 집무실에서 만난 71세의 소련 지도자는 거의 산송장이나 다름없었다. 고르바초프의 회고를 들어보자. "그는 대화에 귀를 기울이지 못

---

* 러시아식 양고기 꼬치구이.
** 소련의 대표적인 음유시인들(bards). 블라디미르 비소츠키는 주로 정치적인 저항의 노래를, 유리 비즈보르는 현실을 떠나 자연을 여행하는 내용을 노래한 것으로 유명하다. 당시 이들의 음악은 정치적 이유로 정식 녹음이 거의 이뤄지지 않았지만 팬들이 공연 실황을 녹음하는 등의 비공식적인 방법으로 널리 확산되었다.

했을 뿐만 아니라 나나 내 말에 대해 아무런 반응도 보이지 않았다."

소련 지배 엘리트 집단의 소장파였던 고르바초프는 이내 브레즈네프 통치의 최후 몇 년이 이런 광경으로 점철된다는 사실을 발견했다. 일부 정치국 회의는 의장을 피곤하게 하지 않으려고 15분이나 20분을 넘기지 않았다. 고르바초프의 말마따나 "서글픈 광경이었다". 1970년대 말의 원유값 상승과 그에 따른 활황이 수그러들기 시작하자 소련은 경제적으로 심각한 곤경에 빠졌다. 브레즈네프 그룹이 개시한 아프가니스탄 전쟁도 빠져나오기 힘든 수렁으로 바뀌었다. 1970년대 데탕트의 희망은 순식간에 사라져버렸고 초강대국 간의 긴장은 고조되었다. 국내에서는 식량 부족이 심해졌다. 고르바초프가 모스크바에서 농업 담당 서기로 일한 처음 4년 동안 내리 흉작이었고 소련은 해외에서 대량으로 곡물을 수입해야 했다.[30]

고르바초프가 모스크바에 도착한 1978년 11월부터 1980년대 초까지 당과 군대의 요직을 장악한 보수파와 한 줌에 불과했던 개혁파 사이에 권력 투쟁이 부글부글 끓어올랐다. 개혁파는 대부분 신선한 사고를 지녔지만 권력 기반은 전혀 없는 학자들이었다. 브레즈네프의 사망 후 안드로포프는 스베르들롭스크 출신의 노련한 공장 관리자인 니콜라이 리시코프와 고르바초프를 비롯한 젊은 관료 집단을 승진시켰다. 안드로포프는 고르바초프에게 국가 전체의 경제 정책을 맡겼다. 고르바초프는 학계 개혁론자들에게 아이디어를 구했다. 이제 적어도 개혁론자들에게는 보호막이 생겼다─고르바초프가 그들의 말을 들으려고 했기 때문이다.[31]

안드로포프는 국가보안위원회 경력에 충실하게 경찰국가 방식으로 나라의 활기를 회복시키려고 노력했다. 업무 시간에 거리에서 빈둥거리는 사람들을 체포하는 식으로 말이다. 고르바초프가 이런 방식은 효과가 의문스러우며 사람들의 농담거리가 되고 있다고 말했지만 안드로포프는 들으려고 하지 않았다. 그는 고르바초프의 조언을 무시하면서 이렇게 말했다. "자네도 내 나이가 되면 알게 될 거야."

이 두 사람이 하나로 결합한 이유는 체제가 곤경에 처했다는 공통된 인식에서였다. 고르바초프의 기억에 따르면 안드로포프는 브레즈네프 시대의 병폐를 뿌리 뽑으려고 결심했다. "패거리주의, 내분과 음모, 부패, 부도덕한 행위, 관료주의, 무질서, 방종" 등이 대표적인 척결 대상이었다. 그러나 역사학자 로버트 잉글리시가 지적한 것처럼, 특히 강경파가 보이지 않는 권력을 장악한 상태에서, "화석화, 군사화된 당-국가 체제에서" 변화를 일으키기란 대단히 어려운 일이었다.[32] 결국 안드로포프는 시기를 놓쳤다. 훗날 고르바초프는 실제로 안드로포프가 철저한 변화를 실행할 수 없었다고 말했다. 오랜 시간을 국가보안위원회에서 일한 탓에 단절할 수 없었던 것이다. "그는 자신의 과거 경험에 지나치게 깊이 묻혀 있었다. 과거의 경험에서 벗어나기가 힘들었다."

변화의 주체가 되는 일은 고르바초프의 몫이었고 바야흐로 그의 시대가 다가오고 있었다.

전환점은 1983년 5월 고르바초프가 의회 대표단의 수장으로 7일 동안 캐나다를 방문했을 때 찾아왔다. 캐나다 주재 소련대사 알렉산드르 야코블레프는 이 방문을 기회로 삼아 고르바초프에게 서구가 어떻게 움직이는지를 보여주고 소련이 나아가는 방향에 관한 깊은 우려를 나타내려고 했다. 고르바초프는 앨버타에서 2,000헥타르의 땅을 보유한 부유한 농민과 대화를 나누면서 흠뻑 매료되었다. 고르바초프는 대화를 시작하면서 이 농민이 기르는 젖소들이 한 마리당 연간 4,700킬로그램의 우유를 생산한다는 사실을 알게 되었다. 소련 젖소들의 산출량은 2,258킬로그램이었다.[33] 농부는 고르바초프에게 집 두 채와 자동차 여러 대, 알

루미늄으로 된 곡식 저장고 여러 개가 있으며 휴가도 없이 1년 내내 열심히 일한다고 말했다. 캐나다는 소련 농업의 실패와 극명하게 대조되는 번영의 사례를 보여준 셈이었다.

캐나다 방문의 결정적인 순간은 사람들의 이목을 끌지 못했다. 5월 19일 저녁 캐나다 농업장관 유진 횔런의 온타리오 농장이 그 현장이었다. 횔런은 고르바초프를 만찬에 초대했지만 정작 자신은 늦게 도착했다. 그동안 그의 부인인 엘리자베스가 소련 손님들을 맞이했다. 먼지가 날리는 울퉁불퉁한 길을 오래 달려온 손님들이었다. 고르바초프와 야코블레프는 횔런을 기다리며 근처 과수원에서 둘이서만 산책을 하기로 결정했다. 야코블레프는 1970년대 초반 중앙위원회에서 선전 책임을 맡았지만 신문에 급진적인 사고를 담은 논설을 쓴 바 있었다—그 때문에 캐나다 주재 외교관으로 유배되었다. 개혁론자인 그는 데탕트가 무너지고 브레즈네프 시대 말기에 체제가 정체에 빠지는 현실을 목격하면서 변화에 대한 더욱 깊은 열망을 갖게 되었다. 당시 59세였던 야코블레프는 소련 사회의 지나친 군사화에 격분했으며 시장을 도입해서 사회주의를 개선할 수 있다고 믿었다. 훗날 회고한 것처럼 그는 무엇보다도 자유를 자신의 '종교'로 삼았다. 그는 과수원에서 고르바초프와 산책하는 동안 이런 생각을 쏟아냈다.

야코블레프는 그때를 떠올리며 이렇게 말했다. "우리는 서로 마음이 맞았다. 그래서 장관의 농장에서 오래 산책을 했고, 흔히 그렇듯이 사람들한테 워낙 시달렸던 터라 긴장을 풀고 쉬었다. 나는 어떤 이유에선지 대담하게 용기를 내어 그에게 대외 문제 분야에서 정말로 어리석은 일이라고 생각한 점들에 관해 말하기 시작했다. 특히 당시 유럽에 배치되고 있던 SS-20 미사일과 그 밖의 많은 문제들에 관해 이야기를 했다. 그도 마찬가지로 많은 이야기를 했다. 우리는 솔직하게 속내를 털어놓았다.

그는 소련 국내 상황의 문제들에 관해 거리낌 없이 이야기했다. 이런 상태, 곧 자유가 부재한 독재 상태가 계속되면 나라가 망하고 말 것이라는 이야기였다. 대화를 나눈 세 시간 동안 우리는 거의 부딪칠 듯이 머리를 맞댄 채 모든 이야기를 쏟아냈다."[34]

2주일 뒤, 야코블레프는 모스크바로 돌아와서 일류 싱크탱크인 세계경제국제관계연구소를 이끌라는 요청을 받았다. 그는 이 연구소에서 새로운 사고의 선구자로 부상하게 된다.

체르넨코 시절 크렘린의 마비 상태는 심각한 수준이었다. 정치국 회의를 소집하기도 힘들었다. 회의 시작 시간인 오전 11시가 되기 15~20분 전에 전화를 받은 고르바초프는 체르넨코가 많이 아파서 참석하기 힘들다는 말을 들었다. 고르바초프가 의장직을 맡으면 어떨까? 만약 그렇다 해도 고르바초프에게 주어진 시간은 거의 없었고 나이 많은 다른 정치국원들 앞에 서는 것도 어색한 일이었다. 고르바초프가 기억하는 것처럼 1984년 말에 이르러 "체르넨코는 완전히 물러났다". 아무도 책임을 맡지 않는 가운데 의심과 내분이 악화되었다. 야코블레프의 말에 따르면, 강경파는 일부 자유주의적인 싱크탱크를 상대로 공세를 개시하며 숙청을 통해 입에 재갈을 물리겠다고 위협했다.[35]

고르바초프의 우울감은 12월 스타브로폴 지역 바로 남쪽에 있는 그루지야공화국*의 당 제1서기 예두아르트 셰바르드나제와 서로의 영혼을 탐색하는 대화를 나누면서 더욱 커졌다. 고르바초프처럼 셰바르드나제도 고위 관리로서 조국의 문제에 관해 뚜렷한 전망을 지닌 인물이었다. 두 사람은 흑해 피춘다 곶 근처의 버려진 해변에 있는 황량한 공원에

---

* 지금은 러시아에 대한 반감 때문에 영어식 발음인 조지아로 표기한다.

데드핸드

서 만났다. 두 사람은 나무 아래로 이어진 길을 따라 산책하면서 흉금을 털어놓고 솔직한 이야기를 나누었다. 셰바르드나제가 말했다. "모든 게 썩었어요…… 다 바꿔야 합니다."[36]

그해 겨울은 끔찍했다. 예고르 리가초프는 많은 눈과 매서운 추위 때문에 소련의 산업이 결딴나기 시작했다고 회고했다. 대규모 전자 공장 54곳이 조업을 중단하기 직전이었다. 석탄을 운반하는 화물차 2만 2,000대가 길에서 오도 가도 못한 채 화물이 얼어붙었기 때문이다.[37]

1984년 12월 초, 고르바초프는 당 회의에서 이데올로기에 관한 결정적인 연설을 할 준비를 했다. 소련 엘리트 집단은 낙담하고 있었고, 고르바초프는 시급하게 필요한 새로운 사고를 제공하길 원했다. 야코블레프의 도움을 받으면서 연설문을 다듬는 데만 몇 달이 소요된 터였다. 회의 참석자들은 이미 모스크바에 도착해 있었다. 그 와중에 고르바초프는 오후 4시 병석에 있는 신중한 체르넨코로부터 전화를 받았다. 고르바초프가 연설에서 새로운 사고를 제시할 계획이라는 소식에 놀란 체르넨코는 몇 가지 모호한 이유를 대면서 회의를 연기해야 한다고 주장했다. 고르바초프는 격분했다. 이미 참석자들이 도착한 상태였다! 체르넨코는 그 순간에 무슨 생각을 했을까? 소련 지도자가 한발 물러섰다. "좋습니다. 회의를 여세요. 그렇지만 지나치게 잡음을 내서는 안 됩니다." 실제로 고르바초프는 이 12월 10일 연설에서 앞으로 일어날 극적인 변화를 암시만 했을 뿐이다. 그는 재편, 곧 페레스트로이카perestroika에 관해 말했다.

1985년 2월 24일, 체르넨코가 투표를 하는 모습이 방영되었다. 투표지를 받아들고 투표를 한 뒤 지지자로부터 꽃다발을 받고 악수를 하는 모습이었다. 그는 지지자의 손을 이마까지 치켜들고 "좋습니다"라고 말했다. 방송이 끝났다. 중앙위원회 국제부 차장 아나톨리 체르냐예프는 넌더리를 내며 이 광경을 바라보았다. 체르냐예프는 일기에 이렇게 썼다. "반쯤 죽은 사람. 일종의 미라다." 이틀 뒤 체르넨코는 다시 텔레비전에 모습을 드러냈다. 이번에는 병약한 모습이었고 선거 담당 관리가 서류를 건네줄 때 의자를 잡고 몸을 지탱했다. 숨을 헐떡이고 있었다. 체르냐예프는 다시 일기에 썼다. "그건 끔찍한 쇼였다."[38] 두 차례의 방송에서 화면에 있던 다른 인물은 빅토르 그리신뿐이었다. 70세의 그리신은 모스크바 당 서기로 정치국 내 보수파의 일원이었고 체르넨코의 2인자를 자부하면서 권력을 차지하려는 듯 보였다. 그러나 그리신의 움직임은 신속하게 역풍을 맞았다. 병든 체르넨코의 모습을 보면서 사람들은 이제 변화를 추구해야 할 때임을 깨닫게 되었다.

3월 10일 일요일 저녁, 고르바초프는 일을 마치고 집으로 돌아와서 크렘린 담당 의사인 예브게니 차조프로부터 전화를 받았다. 체르넨코가 오후 7시 20분에 심장마비와 폐기종 합병증으로 사망했다는 것이다. 안드로포프 이후 과도기에 한 차례 외면을 받은 고르바초프는 이번에는 시간을 허비하지 않았다. 오후 11시 크렘린에서 정치국 회의가 소집되었다. 브레즈네프파 원로 두 명을 포함한 의결권자 세 명이 국외 체류 중인 탓에 제시간에 도착하지 못했다.

　회의가 시작되기 약 20분 전, 고르바초프는 월넛룸Walnut Room에서 보수파의 총아인 그로미코 외무장관을 만났다. 월넛룸은 정치국에서 의결권이 있는 정식 국원들이 공식 회의 전에 종종 모이던 곳이었다. 그로미코는 누가 차기 서기장을 맡을지를 결정하는 과정에서 핵심 인물이었다. 그는 이미 고르바초프에게 밀사를 보내 승계 투쟁에서 고르바초프를 지지하겠다는 메시지를 전달한 바 있었다. 그 대가로 그가 원한 것은 외무장관으로 은퇴하고 최고 소비에트 의장이라는 한직을 맡겠다는 것이었다. 이 과정에서 그로미코의 아들 아나톨리Anatoly와 고르바초프의 개혁

조언자 야코블레프가 비밀 채널 노릇을 했다.[39]

월넛룸에서 만난 고르바초프와 그로미코는 앞서 체결한 협약을 재확인했다.

고르바초프는 다음과 같이 말했다고 회고했다. "안드레이 안드레예비치*, 우리의 노력을 공고히 해야 합니다. 지금이 결정적인 순간입니다."

그로미코가 대답했다. "모든 게 분명해졌다고 믿습니다."

모두 자리에 모였을 때, 고르바초프는 정치국 성원들에게 체르넨코의 사망 사실을 알렸다. 보통 장례위원장으로 선정된 사람이 차기 서기장이 되었다. 장례위원회 구성 문제가 제기되었다. 일순간 회의실에 침묵이 흘렀다. 그리신이 장례위원장 자리를 노릴까?

사실 회의 전에 이미 고르바초프는 그리신에게 제스처를 취했고, 그리신은 장례위원장을 거절했다.

그리신이 정치국원들에게 말했다. "왜 의장에 관해 말을 주저합니까? 모든 게 분명합니다. 미하일 세르게예비치**를 임명합시다."

보수파는 생명을 다했다. 고르바초프가 장례위원장을 맡았고 다음 날 신임 서기장이 될 터였다. 그리신이 싸우지 않은 정확한 이유는 지금까지도 밝혀지지 않았지만 아마 자신이 이길 가능성이 전무하고 그로미코가 고르바초프를 지지하리라는 사실을 깨달았거나 감지했기 때문일 것이다.

고르바초프는 어두침침한 홀에서 빛나는 등불이었다. 그날 참석한 의결권 있는 정치국원 열 명 가운데 다섯 명이 70세 이상이었고, 60대가

---

* 그로미코의 정식 이름은 안드레이 안드레예비치 그로미코이다.
** 고르바초프의 정식 이름은 미하일 세르게예비치 고르바초프이다.

셋, 50대는 단 두 명이었다. 54세의 고르바초프는 최연소 정치국원으로 두 번째로 젊은 사람보다도 다섯 살 아래였고 정식 정치국원 평균 연령보다 열세 살이 젊었다.[40] 밤새도록 권력 이양을 위한 계획이 서둘러 마련되었다. 3월 11일에 정치국 회의와 중앙위원회 전체회의를 잇달아 열어 신임 서기장을 인준하기로 했다.

고르바초프는 새벽 4시에 집으로 돌아갔다. 당시 그는 모스크바 교외의 큰 별장에서 살고 있었다. 라이사가 뜬눈으로 그를 기다리고 있었다. 국가보안위원회의 도청 장치를 의심한 두 사람은 여느 때처럼 마당으로 나갔다. 여명이 트기 직전까지 길을 따라 오랫동안 산책을 했다. 아직 봄은 오지 않았고 땅에는 눈이 그대로 있었다. 라이사는 공기가 묵직하게 느껴졌다고 기억했다. 두 사람은 이런저런 사건들과 그 함의에 관해 이야기했다. 고르바초프는 모스크바에서 지내는 내내 좌절만 했다고 말했다. 바라는 만큼의 결과를 이루지 못하고 항상 벽에 부딪혔다는 것이다. 정말로 결과를 얻으려면 그 자리를 받아들여야 했다.

고르바초프가 말했다. "언제까지고 이렇게 살 수는 없어요."

다음 날 회의에서 그로미코는 고르바초프를 지지하는 확고한 발언을 했다. 이런 경우에 거슬리기 마련인 메모를 참고하거나 말을 주저하는 일도 없이 그는 일사천리로 이야기를 했다. 그로미코는 "단도직입적으로 말하겠습니다"라고 입을 뗐다. "고르바초프가 전적으로 올바른 선택입니다. 그는 불굴의 창의적인 에너지를 지녔으며 더 많은 일을 더 잘하려고 노력합니다. 고르바초프는 자기 이익보다 당의 이익과 사회의 이익, 인민의 이익을 존중합니다. 고르바초프는 지역과 중앙에서 일한 경험이 풍부하고 체르넨코가 병을 앓을 때 정치국을 이끌었습니다. 이런 일에는 지식과 정력이 필요합니다. 그를 선택하면 실수가 없을 것입니다."

정체와 죽음과 실망으로 점철된 괴로운 시기를 거친 뒤, 고르바초프가 가장 먼저 나라를 움직이게 만드는 최선의 희망으로 뽑혔다.[41] 안드로포프 밑에서 일했고 나중에 고르바초프의 조언자 노릇을 한 게오르기 샤흐나자로프는 고르바초프의 부상이 필연적인 결과는 아니었다고 회고했다. 고르바초프는 확실한 선택지가 될 만큼 신뢰할 만한 이력이 없었고, 정치국에서 그리신 같은 인물을 뽑아 그럭저럭 국가를 운영하게 했을 수도 있다. 그러나 샤흐나자로프는 공식적이지는 않지만 무시할 수 없는 한 가지 요인이 있다고 느꼈다. "사람들은 수치스러운 광대극에 참여하는 일에 지독히 지쳐 있었다…… 반쯤 마비된 비참한 환자들을 보살피는 일에 이 나라와 세계 절반의 운명이 맡겨져 있다는 걸 알면서 퀭한 눈에 머리도 제대로 가누지 못하는 지도자들의 모습을 지켜보는 데 진력이 난 것이다."[42]

9

스파이의 해

1985년 3월 11일 새벽 4시, 체르넨코가 사망했다는 소식에 잠에서 깬 레이건은 부인 낸시에게 물었다. "소련인들이 내 눈앞에서 자꾸 죽어가는데 도대체 어떻게 해야 그들과 의미 있는 성과를 얻을 수 있을까?" 처음 60년 동안 네 명의 지도자—레닌, 스탈린, 흐루쇼프, 브레즈네프—가 소련을 이끌었다. 그런데 지금은 3년 만에 세 번째 지도자가 등장했다. 이 시점에서 고르바초프가 혁명가가 되리라는 걸 안 사람은 아마 한 명도 없었을 것이다. 레이건도 처음에 몇 가지 징후를 놓쳤다. 뿌리 깊은 반공주의와 소련 체제에 관해 오랫동안 견지해온 사고 때문에 현실을 직시하지 못했고, 또 정확한 정보가 부족한 점도 방해물로 작용했다. 미국에게 크렘린은 여전히 일종의 블랙박스였다. 레이건과 그 주변의 많은 이들은 소련 지도자가 위로부터의 급진적인 개혁을 실행하는 상황을 상상하지 못했다. 슐츠는 영국의 대처처럼 고르바초프에게서 가능성을 보았지만 레이건 진영은 견해 차이 때문에 갈라져 있었고, 고르바초프가 과연 같

데드핸드

이 일을 할 만한 사람인지를 놓고 어떤 합의도 보지 못했다.

　강경파의 일원인 중앙정보국 정보 담당 부국장 로버트 게이츠는 고르바초프를 양복을 잘 빼입은 거친 사내라고 느꼈다. 이면에서는 문젯거리가 보였고, 속임수에 넘어가고 싶지 않았다. 고르바초프가 권력을 잡기 몇 주 전인 1985년 2월 게이츠는 중앙정보국의 일급 소련 전문가 중 한 명에게 메모를 한 장 써서 보냈다. "나는 우리가 고르바초프에 관해 글을 작성할 때 어떤 식으로 쓰든 크게 신경 쓰지 않습니다. 우리는 그가 어떤 끈기와 기술로 그 자리에 서게 됐는지 그 과정을 제대로 따라잡지 못하고 있어요. 이자는 게리 하트나 리 아이아코카 같은 인물이 아닙니다. 우리는 정책 결정권자들에게 그들이 얼굴을 맞댈지도 모르는 사람의 정체에 관해 뚜렷한 견해를 제시해야 합니다." 게이츠는 고르바초프가 전 국가보안위원회 의장 안드로포프와 한때 정통 이데올로기 수장이었던 수슬로프*의 후계자로 보였다고 말했다. 따라서 고르바초프의 등장에 "마냥 기분이 좋을 수만은 없"었다. "이번 일은 최근 소련의 역사에서 가장 어려운 두 사례 중 하나였습니다. 그들이 무기력한 인물을 비호할 리가 없었거든요."[1]

　레이건은 이 분석이 무척 매력적이라고 생각했다. 소련을 하나의 완전한 통일체로 여기는 오랜 사고—모든 지도자가 다 비슷하고 체제는 변할 수 없다는 사고—에 바탕을 둔 가정이었다. 레이건은 소련 주재 미국대사 아서 하트먼을 만났다. 레이건은 이렇게 회고했다. "그는 고르바초프가 전임 지도자들만큼이나 강경한 인물일 거라는 내 믿음을 확인해주었다. 만약 고르바초프가 확고한 이데올로그가 아니라면 정치국에

---

* 미하일 안드레예비치 수슬로프(Mikhail Andreevich Suslov). 중앙위원회 정치국원. 『프라우다』 편집장과 마르크스레닌주의연구소장을 지낸 이론적 지도자이다.

서…… 절대 그를 선택했을 리가 없다."[2]

하지만 레이건은 동시에 여러 견해를 견지하는 능력이 있었다. 레이건은 새로운 소련 지도자에 관해 의심을 품으면서도 여전히 핵무기를 폐기하는 미래를 꿈꾸었다. 그는 고르바초프에게 보낸 첫 편지에서 핵무기 폐기가 "우리의 공통 목표"라고 언급했다.[3] 또한 레이건은 소련의 새로운 지도자와 "조용한 외교"를 활용하라고 촉구하는 슐츠의 말에도 귀를 기울였다. 레이건이 회고한 것처럼 "소련인들에게 기대되 문서가 아닌 일대일로 접근하라"는 조언이었다.[4]

대통령 취임 5년째에 접어든 레이건 주변에서는 여전히 밑에서 일하는 사람들 사이에서 격렬한 불화와 갈등이 끊이지 않았다. 소련이 동독에서 실수를 저지르자 노골적인 분노가 표출되었다. 3월 24일 미국 육군 장교인 아서 D. 니콜슨 소령이 제한구역 내에서 당황한 소련 경비병에 의해 사살되었다. 대한항공 여객기 사건의 경우처럼 소련이 사고에 서투르게 대응하면서 사태가 더욱 악화되었다. 레이건은 일기에 이 총격은 "살인이라고 불러야 한다"고 적었다.[5]

4월 27일 백악관 아침 식사 자리에서 레이건 행정부의 최고위 각료들은 상무장관이 무역사절단으로 소련을 방문하는 것을 허용해야 하는지를 놓고 설전을 벌였다. 케이시와 와인버거는 반대했다. 슐츠는 모스크바를 포용하기를 원했고 레이건도 그러기를 원한다고 생각했다. 슐츠는 회고한다. "기묘한 광경이었다. 대통령은 소련인들을 포용하는 책임을 다할 각오가 되어 있었다. 하지만 그와 동시에 국방장관과 중앙정보국장도 정반대의 방향으로 자기 나름의 책임을 다하고 있었다."[6] 논쟁에 진력이 난 슐츠는 레이건에게 여름까지만 일하고 사임하고 싶다고 말했다. 레이건은 사임하지 말라고 설득하면서 소련인들을 다루려면 그가 필요하다고 말했다.[7] 레이건은 결국 무역사절단을 보내기로 결정했다. 하

지만 고르바초프에게 강경한 개인적 메시지도 함께 보냈다.[8]

중앙정보국은 분석 인력의 45퍼센트가량을 소련 문제에 할애했다.[9] 그러나 무기 개발과 연구 프로그램에 관심을 기울였음에도 크렘린의 새로운 인물에 관해서는 거의 파악된 게 없었다. 훗날 슐츠는 "크렘린에 대한 우리의 지식은 얕팍했고 중앙정보국은 크렘린에 관해 잘못 아는 경우가 많았다"고 회고했다.[10] 게이츠 부국장도 중앙정보국이 소련 내부에 대한 지식은 부족했다고 인정했다. 게이츠는 말한다. "우리는 곤란할 정도로 자세한 정보에 굶주려 있었다." 중앙정보국은 고르바초프가 방문했을 때 그를 만난 영국과 캐나다 사람들이나 그를 아는 다른 사람들에게 매달렸다. 그에 따르면 고르바초프는 과거 소련 지도자들에 비해 스타일 자체가 한결 개방적이었지만 쟁점들에 관해서는 "단호했다". 게이츠는 고르바초프가 "혁신적이고 역동적인 공산주의자이지만 혁명가는 아니"라고 결론지었다. 레이건은 '신임 개혁 관리 고르바초프Gorbachev, the New Broom'라는 제목이 붙은 고르바초프에 관한 중앙정보국의 첫 번째 평가서를 6월 27일 받았다. 평가서에서는 고르바초프가 부패와 비효율에 반대하는 캠페인에 도박을 걸고 있지만 국내에서 "급진 개혁을 추진하지는 않는다"고 설명했다. 또한 고르바초프가 "흐루쇼프 이래 가장 공세적이고 행동주의적인 소련 지도자"라는 걸 이미 입증했다고 말했다.[11] 하지만 케이시 국장은 이 문서를 레이건에게 전달할 때 훨씬 더 회의적인 내용의 메모를 표지에 덧붙였다. 케이시는 고르바초프와 그 주변의 사람들이 "소련 국내 정책에서든 대외 정책에서든 개혁론자나 자유화론자는 아니"라고 썼다.[12]

이보다 더 그릇된 판단도 없었다.

크렘린 내에서는 분위기가 바뀌고 있었다. 고르바초프는 공산당의 한 계획서를 고쳐 쓰자고 요구했다. 그는 이 문서에 관해 이렇게 썼다. "브레즈네프나 체르넨코를 위해 작성하던 류의, 끝없는 성취에 관해 선전조로 늘어놓는 지루한 이야기일 필요가 없고 오히려 정말로 급진적인 경제 구조 개혁을 위한 구체적인 제안을 담아야 한다."[13] 이것은 시작에 불과했다. 중앙위원회 국제부 차장 아나톨리 체르냐예프는 이 메모를 받고 의문이 들었다. "정말 이런 일이 벌어지는 건가? 너무 좋아서 믿을 수가 없군."

고르바초프는 서기장이 된 다음 날인 3월 12일 알렉산드르 야코블레프로부터 중요한 보고서를 하나 받았다. 야코블레프는 캐나다의 과수원에서 고르바초프와 서로의 영혼을 탐색하는 대화를 나눈 개혁 사상가였다. 보고서에는 '레이건에 관하여'라는 간단한 제목이 붙어 있었다.[14] 야코블레프는 어조와 내용을 통해 소련이 과거에 구사한 언어와 극명한 대조를 보여주었다. 야코블레프의 레이건 분석은 비록 불완전하긴 했지만 이데올로기적이지 않고 실용적이었다. 그는 레이건이 국제 문제에서 주도권을 잡고 역사에 평화를 일군 대통령으로 기억되려고 노력하고 있다고 설명했다. 또한 미국 군대를 재건하겠다는 약속을 이행했다고 말했다. 레이건은 "실제로 군사 산업에 자신이 약속한 모든 것을 주었다". 초창기에 야코블레프와 고르바초프가 미국 방위산업의 힘에 관해 품은 오해를 반영한 이야기였다. 그러나 야코블레프는 소련의 선전에서 흔히 그러는 것처럼 레이건을 무모한 카우보이로 취급하지는 않았다. 오히려 그는 미국 대통령을 전 세계에서 미국과 경쟁하는 일본이나 국내의 예산 압박, 다루기 힘든 유럽 동맹국들 같은 여러 상이한 세력과 경쟁하면서 자신의 정치적 입지를 향상시키려고 노력하는 인물이라고 말했다. 야코블레프는 레이건이 고르바초프를 정상회담에 초청했을 때 고르바초프에게 이렇게 말했다. "……레이건의 관점에서 보면 그의 제안은 사려 깊고 정밀하게 계산된 것이며 어떤 정치적 위험도 담겨 있지 않습니다." 지난

6년 동안 두 초강대국 사이에는 정상회담이 없었다. 야코블레프는 고르바초프에게 조언했다. 정상회담으로 나아가되 서둘지는 말라. 그는 고르바초프에게 세계는 레이건이 버튼을 눌러대는 대로 돌아가는 게 아니라는 것을 분명히 알리라고 조언했다.

바로 이때가 레이건이 그의 신선하고 예리한 통찰력을 고르바초프의 생각과 삶에 침투시킬 수 있게 된 순간이었다. 만약 그가 급진적인 경제 개혁에 관한 고르바초프의 노트를 보았다면, 만약 야코블레프의 보고서를 읽었다면, 고르바초프 주변에 새로운 사고를 하는 사람들이 있다는 사실을 곧바로 알아차렸을 것이다. 미국은 놀랄 정도로 정확한 위성들을 배치해 미사일에 관한 기술적 데이터를 수집하고 있었지만 정작 새로운 지도자에 관해서는 그의 인간적 바탕에 근거를 둔, 숨결이 느껴지고 그리하여 그의 진면모를 드러낼 첩보들은 결여하고 있었다. 만약 레이건이 고르바초프가 소련의 당–국가와 사회 사이에 간극이 존재한다는 것을 평생의 경험으로 확신하고 있다는 사실을 알았다면 아마 도움이 되었을 것이다. 또한 고르바초프가 라이사에게 "언제까지고 이렇게 살 수는 없어요"라고 말했다는 것을 알았다면 레이건은 그의 말에 매료되었을 것이다. 또 고르바초프가 무력 사용을 꺼리고 다시는 프라하의 봄 같은 사태가 일어나선 안 된다고 결심했다는 것을 알았다면 놀랐을 것이다.[15] 그러나 레이건은 이런 일들을 알지 못했다. 미국은 크렘린 내부 고위급의 정치적 정보를 제공하는 스파이를 활용한 적이 없었다.[16] 오히려 그나마 미국이 모스크바의 새로운 지도자에 관한 어느 정도 쓸 만한 인적 정보를 활용할 수 있었을 때 중앙정보국은 눈을 어지럽히는 재앙을 잇달아 겪었다.

고르바초프가 취임하고 한 달 뒤인 1985년 4월 16일, 콧수염에 묵직한 안경을 쓴 한 남자가 워싱턴의 메이플라워호텔 바에서 소련 외교관을 만나기 위해 기다리고 있었다. 올드리치 에임스라는 이름의 이 남자는 44세의 중앙정보국 방첩 관리로 미국에서 활동하는 소련 스파이를 추적하는 일을 하고 있었다. 에임스는 종종 시내 레스토랑에서 소련 관리들과 만나 군축과 미소 관계에 관해 이야기를 나누었다. 이런 만남도 스파이를 추적하는 과정에서 그가 할 일 가운데 하나였다. 중앙정보국은 사후보고하는 것을 전제로 이런 접촉을 허용했다.

에임스는 군축 전문가인 세르게이 추바힌을 기다리고 있었는데, 추바힌은 모습을 드러내지 않았다. 에임스는 두 블록을 걸어서 노스웨스트 16번가에 있는 화려한 소련대사관으로 들어갔다. 대사관 건물은 연방수사국에서 줄곧 감시하고 있었고 에임스도 이 사실을 알고 있었다. 그가 업무 때문에 소련 관리들을 만난다는 게 알려져 있었고, 이 때문에 그는 의심을 사지 않을 거라고 생각했을지 모른다. 에임스는 안내 데스크로 가서 추바힌을 만나러 왔다고 말했다. 그러면서 조용히 데스크에 있는 당직 간부에게 봉투를 하나 건넸다.

봉투는 대사관에 있는 국가보안위원회 주재관 중 가장 고위직인 스타니슬라프 안드로소프에게 보내는 것이었다. 에임스는 특별히 언급하지 않았지만 당직 간부에게 이 봉투를 국가보안위원회 수장에게 전달해달라는 몸짓을 했다. 이윽고 추바힌이 나타나 호텔에 가지 않아서 미안하다고 사과했고, 에임스는 대사관에서 나왔다.[17]

에임스는 스파이 사냥꾼이었지만 봉투에 담긴 편지에는 자신이 소련을 위해 스파이로 일하겠다는 제안이 담겨 있었다. 또한 편지에는 중앙정보국을 위해 일하겠다고 접근해온 소련인들에 관한 두세 건의 사례도 담겨 있었다. 그들은 이중 스파이였다. 에임스는 그들의 정체를 확인해주면서 자신이 중앙정보국 내부자로서 소련에 제공할 만한 것이 있다는 일종의 믿음을 줄 수 있을 거라고 계산했다. 봉투에는 중앙정보국의 소련과 동유럽 담당 부서 전화번호부도 한 쪽 들어 있었다. 자신이 이 부서에서 주요 방첩 관리로 일한다는 증거였다. 국가보안위원회로서는 잠재적인 금광인 셈이었다—이런 지위의 인물이라면 소련 내에서 활약하는 중앙정보국 스파이의 이름을 전부 알고 있을 테니까. 에임스는 5만 달러를 요구하면서 그거면 끝이라고 말했다.[18]

몇 주 뒤, 추바힌은 에임스에게 전화를 걸어 다시 만날 약속을 잡았다. 5월 15일, 에임스는 소련대사관에 들어가서 추바힌을 찾았지만 추바힌을 만나는 대신 방음된 다른 방으로 안내를 받았다. 그리고 그곳에서 국가보안위원회 한 간부로부터 그에게 5만 달러를 지급하기로 의견을 모았다는 말이 적힌 쪽지를 건네받았다.

다음 날인 5월 16일 런던, 한 암호 해독관이 올레크 고르디옙스키의 사무실로 들어가 그에게 모스크바 본부에서 온 손으로 쓴 전문을 건넸다.

고르디옙스키는 서구에 많은 도움을 주고 있었다. 리안 작전과 관련된 안드로포프의 핵전쟁 망상증을 폭로하고 고르바초프가 성공적으로 영국을 방문할 수 있도록 길을 닦는 등의 일을 한 것이다. 고르디옙스키는 지난 4월 런던 주재 국가보안위원회 수장으로 승진했는데, 이 자리에서는 서구를 위해 훨씬 더 많은 일을 할 수 있을 터였다. 하지만 그는 모스크바에서 온 메시지를 보고 마른하늘에 날벼락을 맞은 느낌이었다고 회고했다. 전보는 "주재관으로 임명된 것을 확인하고" 국가보안위원회 고위 관리들을 만나기 위해 당장 모스크바로 돌아오라는 소환장이었다. 이상한 일이었다—이미 몇 달 전에 이 과정을 거쳤기 때문이다.[19] 갑자기 겁이 났다. 고르디옙스키는 영국 담당자들에게 가서 본국에서 온 전보에 관해 말했다. 그들은 고르디옙스키를 진정시키고 귀국 준비를 하라고 권고했다. 하지만 만일의 사태에 대비해 위험을 감지했을 때 탈출할 수 있도록 영국인들이 짜놓은 계획을 예행 연습했다. 고르디옙스키는 가족을 런던에 남겨두고 소련으로 갔다.

5월 17일 에임스는 워싱턴의 한 레스토랑에서 추바힌과 만나 100달러 지폐로 5만 달러를 건네받았다.

5월 19일 모스크바에 도착한 고르디옙스키는 걱정이 더 커졌다. 여권 심사대에서 국경 경비대가 그의 서류를 오랫동안 조사하고 어디론가 전화를 하더니 몇 가지 서류를 더 검토한 다음 그를 통과시켰다. 또 아파트에 도착해보니 오래전에 열쇠를 잃어버린 세 번째 자물쇠가 채워져 있었다. 누군가 아파트를 수색한 것이다.

5월 20일 일요일 저녁 늦은 시간, 존 워커는 메릴랜드 주 몽고메리 카운티의 숲이 우거진 지역에서 밴을 세웠다. 그는 도로변에 세븐업 빈 캔을 놔두고는 곧 자리를 떴다. 또 다른 장소에서는 누런 종이봉투를 남겨두었다. 워커는 10년 동안 소련을 위해 해군 스파이 집단을 운영하면서 미국 전함에서 빼낸 극비 통신문을 소련에 제공하고 있었다. 워커의 파트너 스파이 중에는 제리 휘트워스도 있었다. 휘트워스는 USS엔터프라이즈호에서 복무하며 1983년 태평양 훈련 당시 기밀 통신문을 유출했던 바로 그 인물이었다. 이날 밤 워커는 눈치 채지 못했지만 연방수사국이 몇 달간의 조사 끝에 그를 포위한 상태였고, 숲에서 그의 움직임 하나하나를 주시하고 있었다. 워커가 차를 몰고 떠나자 연방수사국 요원 하나가 세븐업 캔을 집어들었다. 캔은 워커가 소련에게 줄 뭔가를 남겨두었으며 돈을 받기를 원한다는 표시로 놔둔 것이었다. 연방수사국은 뒤이어 누런 종이봉투를 발견했는데 그 안에는 흰색 비닐 쓰레기봉지에 싸인 1인치(약 2.5센티미터) 두께의 꾸러미가 있었다. 귀퉁이를 깔끔하게 접어서

데드핸드

테이프로 붙여놓은 상태였다. 그 안에는 USS니미츠호에서 빼낸 기밀문서 129개와 '친구에게'라고 쓴 편지가 한 통 있었다. 휘트워스를 포함한 자신이 이끄는 스파이 집단의 활동을 개략적으로 설명한 편지였다. 물론 신원을 감추기 위해 알파벳 암호로 작성된 것이었다.

워커는 그날 밤 돈을 받을 거라고 기대했기 때문에 소련 측 연락책이 돈을 남겨두지 않은 걸 보고 당황했다. 돈을 가진 소련인은 그 시간 세븐업 캔을 찾고 있었다—그는 캔을 발견하지 못하자 돈을 가지고 자리를 떴다. 저녁 늦게 다시 숲으로 돌아온 워커는 누런 봉투가 사라진 것을 발견했다. 소련인들이 챙겨갔나? 내 돈은 어디 있지? 그는 시간이 늦은 터라 근처의 록빌 교외로 가서 라마다인 호텔에서 숙박을 했다. 새벽 3시 30분, 안내 데스크 직원이 전화를 걸어 잠을 깨워 미안하다면서 주차장에 있던 밴을 누군가 사고로 들이받았다고 말했다. 보험 증서를 가지고 잠시 내려오실 수 있나요? 미리 짠 계략이었다. 엘리베이터에서 연방수사국 요원들이 워커를 체포했다. 곧바로 미국 정보기관과 군 관리들은 워커가 어떻게 냉전의 심연에 있어야 할 몇 가지 비밀을 누설했는지에 관한 거짓말 같은 이야기를 파헤치기 시작했다.

5월 28일, 모스크바에서 고르디옙스키는 피로를 물리치려고 런던에서 영국인들이 챙겨준 각성제를 몇 알 먹었다. 사무실에 도착하자 런던 주재 국가보안위원회에 스파이가 침투했을 가능성에 관해 이야기하기를 원하는 방첩 요원들을 만나라는 지시가 내려졌다. 그는 본부에서 몇 킬로미터 떨어진 작은 방갈로까지 차를 타고 가서 요원들을 만났다. 우선 점심을 함께 먹었는데, 일하는 사람이 브랜디를 한 잔씩 따라주었다. 고르디옙스키는 브랜디를 마시고 정신을 잃었다. 미리 마취제를 타놓은 것이었다. 마취에서 깨어난 고르디옙스키는 무슨 일이 벌어진 건지 깨달았다. 그는 약 기운에 인사불성인 상태에서 조사를 받았다. 그는 말한다. "내 평생 어느 때보다도 비참했다. '그들이 알고 있군. 나는 끝났어.' 이런 생각이 계속 들었다. 그들이 어떻게 알아냈는지 나는 알지 못했다. 하지만 내가 영국의 스파이라는 걸 그들이 알고 있다는 것은 의심의 여지가 없었다."

국가보안위원회가 얼마나 많이 알고 있는지, 또 어디가 출처인지는 분명하지 않았다. 고르디옙스키는 누가 자기를 배신한 건지 전혀 알지 못했다. 그는 회고록에서 약에 취해 받은 조사에서 아무런 자백도 하지 않았고, 영국인들을 위해 활동한 적이 없다고 끈질기게 부인했다고 말했다. 고르디옙스키는 그들이 증거를 갖고 있는지 알지 못했지만 조사관들은 분명히 몇 가지 정보를 가지고 심문을 시작했다. "(국가보안위원회의) 사냥개들이 내 냄새를 맹렬히 쫓고 있었다."

미 중앙정보국이 소련의 은밀한 군산복합체에서 활용한 가장 소중한 인적 자원 중 한 명은 등이 구부정한 50대의 아돌프 톨카초프였다. 톨카초프는 모스크바에 있는 연구소의 군사항공 프로그램에서 일하는 고급 연구 과학자로 레이더, 방공, 신형 제트 전투기 등을 설계하는 일을 돕고 있었다. 중앙정보국은 그에게 'GTVANQUISH'라는 암호명을 붙여주었다. 톨카초프는 소련을 떠난 적이 한 번도 없었지만 멀리서나마 조용히 미국을 숭배했다. 그는 7년 동안 차세대 전투기 개발 계획을 비롯하여 군사 연구와 개발에 관한 민감하면서도 소중한, 그리고 엄청난 양의 첩보를 중앙정보국에 제공했다. 이 정보 덕분에 미국은 수십억 달러를 절감했으며 미 공군은 소련과의 군사 대결에서 우위를 점할 전투기를 개발할 수 있었다.

1984년 4월, 톨카초프는 모스크바에서 자신을 담당하는 요원과 만나 소련 레이더 시스템의 개략도와 기밀문서 촬영본 96개가 든 필름, 손으로 쓴 기록 36쪽 등을 넘겨주었다. 그는 연구소 화장실에서 틈틈이 문서를 촬영했다. 1984년 10월에는 중앙정보국 담당자에게 사진 90장이 든 소형 카메라 두 개와 필사 기록 22쪽을 건넸다.[20] 톨카초프는 미국인들과 접선하기 위해 오후 12시 15분에서 12시 30분 사이에 포르토치카fortochka, 곧 아파트 큰 창 위에 붙은 작은 환기창 하나를 열어놓는 식으로 자기가 준비되었다는 신호를 보내는 시스템을 만들어냈다. 그는 웨딩 케이크 모양의 커다란 건물 9층에 살았는데, 이 건물에는 오래전부터 소련 항공 분야의 엘리트들이 많이 살고 있었다.[21] 또한 이 특이한 건물은 미국대사관 바로 밑에 있었는데, 중앙정보국 관리들이 건물 옆을 지나면서 창문을 점검할 수 있었다.

1985년 6월 5일, 창문이 열렸다. 하지만 건물 옆을 지나던 중앙정보국 간부는 감시가 삼엄한 것을 느끼고 꺼림칙한 기분이 들었다. 끊임없이 감시에 시달리는 모스크바 주재 요원들에게는 흔한 문제였다. 다음 접선 날짜는 6월 13일로 정해졌다. 이번에도 창문이 열려 있었다. 중앙정보국 첩보 간부는 감시의 눈길을 발견하지 못했다—눈에 띄는 것이라고는 공중전화에서 큰 소리로 떠드는 여자뿐이었다. 중앙정보국의 베테랑 요원인 밀트('밀턴'의 애칭) 비어든의 말에 따르면, 이 첩보 간부는 비닐 쇼핑백 두 개를 들고 있었다. 하나에는 소액권으로 된 12만 5,000루블(미화 15만 달러 상당)과 마이크로필름을 미리 넣어둔 채 열쇠고리에 숨긴 새로운 콤팩트 초소형 카메라 다섯 개가 들어 있었다. 다른 봉투에는 책이 몇 권 있었는데, 이 책들에는 톨카초프에게 전달하는 통신 지침과 중앙정보국이 빼내기를 원하는 기밀 사항이 감춰져 있었다.[22]

약속된 접선 시각인 오후 9시 40분, 근처 수풀에 숨어 있던 위장 군복 차림의 국가보안위원회 요원 10여 명이 중앙정보국 첩보 간부를 순식간에 덮쳤다. 첩보 간부인 폴 M. '스킵' 스톰보 2세는 루비얀카^{Lubyanka}로 끌려갔다. 루비얀카는 거대한 감옥이자 국가보안위원회 본부였다. 스톰보의 눈앞에서 그가 톨카초프에게 전달하려고 했던 봉투가 하나하나 개봉되었다. 바로 앞에서는 비디오카메라가 돌아가고 있었다. 봉투에 있던 한 쪽지에는 지난번에 "아주 소중한 필사 정보"를 건네줘서 고맙다는 말과 함께 톨카초프가 찍은 사진 가운데 일부는 조도가 낮아서 독해가 불가능하다는 내용이 적혀 있었다. 또 중앙정보국이 톨카초프에게 새로운 보안 배지를 줄 수 있는데, "1980년에 만든 것과 똑같이" 제작한 것이라는 말도 있었다. 그것이 마지막이었다.

톨카초프는 이미 체포된 상태였다. 그는 나중에 처형되었다.

톨카초프의 아파트 근처에서 스톰보가 잡힌 바로 그날, 중앙정보국의 대소 활동은 워싱턴에서 또 다른 통렬한 좌절을 겪었다. 조지타운 수변 지구에 위치한 채드윅스라는 작은 레스토랑에 에임스가 도착했다. 중앙정보국의 자기 사무실에서 5~7파운드(약 2.3~3.2킬로그램) 분량의 기밀 메시지를 포장해 랭글리 본부 건물 밖으로 무사히 빼낸 뒤였다.

에임스는 이 문서들을 비닐 봉투에 담아 레스토랑에 왔다. 그는 그곳에서 추바힌과 만나 봉투를 건넸다. 이 한 차례의 만남에서 중앙정보국 역사상 가장 많은 양의 민감한 문서와 결정적인 정보들이 국가보안위원회에 전달되었다. 에임스는 당시 소련의 활동에 관해 보고하던 중앙정보국과 연방수사국의 최고위 정보원 열 명 이상의 신원을 확인해주었다. 그중에는 고르디옙스키와 톨카초프도 있었다. 전에는 국가보안위원회가 그들에 대해 의심만 했을 뿐이었지만 이제는 증거가 있었다.

에임스가 기밀 정보가 가득한 봉투를 건넨 지 이틀이 지난 시각, 고르디

옙스키는 여전히 공포와 불안에 사로잡힌 채 모스크바 외곽에 있는 국가
보안위원회 요양소에 있었다. 그는 국가보안위원회에서 그의 운명을 결
정하는 동안 그곳에서 대기하라는 말을 들었다. 고르디옙스키의 가족은
아제르바이잔으로 안전하게 여름휴가를 가고 있었다. 고르디옙스키는
여러 위험을 무릅쓰고 탈출하기로 마음먹었다. 그는 모스크바의 아파트
로 돌아와 책장에 있는 영어 소설책을 꺼냈다. 면지 안쪽에 붙은 셀로판
지에 탈출 지침이 들어 있었다.

지침은 다음과 같았다. 전할 메시지가 있다고 영국인들에게 알린 다
음 남의 눈에 띄지 않게 "스치고 지나가며" 영국 요원을 접선할 것. 필
사적인 심정의 고르디옙스키는 메시지가 있다는 신호를 보냈다. 그러고
는 관광객으로 붐비는 붉은광장으로 갔다. 그는 레닌 묘에 있는 화장실
로 들어가서 문을 닫고 영국인들에게 전할 쪽지를 썼다. **"큰 의심을 받아
곤경에 처했음. 최대한 빨리 탈출해야 함. 방사능 먼지와 교통사고를 조심할
것."** 마지막 줄은 국가보안위원회에서 사람들을 추적하거나 제거하는 통
상적인 방법을 가리키는 말이었다. 하지만 그는 쪽지를 전달하지 못했다
―요원을 발견하지 못한 것이다.

고르디옙스키는 다음 접선 장소에서 틀림없는 영국인 외모에 그를
발견하면 뭔가를 씹어서 신호를 보내기로 한 사람을 찾아헤맸다. 그는
지정된 길모퉁이에서 24분을 기다린 끝에 진녹색 해러즈^{Harrods}* 쇼핑백
을 들고 마스^{Mars}** 초코바를 먹고 있는 영국인처럼 생긴 남자를 발견했
다. "나는 그의 눈을 뚫어져라 쳐다보며 조용히 외쳤다. '맞아요! 나요!
빨리 도와줘요!'"

---

* 런던의 대표적인 백화점.
** 미국의 다국적 과자 회사. 1932년부터 영국을 비롯한 유럽에 진출했다.

고르디옙스키는 이내 기차를 타고 레닌그라드로 간 다음 다시 버스를 타고 거의 핀란드 국경까지 갔다. 대처가 그를 소련에서 빼내는 대담한 계획을 승인했다. 고르디옙스키의 설명에 따르면, 국경 근처의 삼림지대에서 영국 요원들이 그를 낚아채 자동차 트렁크에 싣고 달렸다고 한다. 검문소를 지날 때는 트렁크 안에서 잔뜩 웅크렸지만 소련 경비대는 트렁크를 열지 않았다. 고르디옙스키는 마침내 핀란드에 도착했다. 그는 안전한 상태에서 트렁크 문이 열렸을 때 "머리 위로 파란 하늘과 하얀 구름과 소나무들이 보였다"고 기억했다. 영국인 담당자들 덕분에 무사히 소련을 탈출한 것이다. "국가보안위원회 세력 전체의 의표를 찌른 셈이었다. 나는 탈출했다! 나는 안전했다! 나는 자유였다!"[23] 하지만 영국인들은 얼마 동안 자신들의 성공을 비밀로 해두었다.

8월 1일, 로마에서 산책을 나간 비탈리 유르첸코는 다시는 돌아오지 않았다. 그는 49세의 건장한 국가보안위원회 간부로 최근 미국과 캐나다에서 활동하는 스파이들을 지휘하는 부서의 부부장으로 임명된 인물이었다. 그는 미국대사관에 전화를 걸어 미국으로 망명하고 싶다는 의사를 밝혔고, 며칠 만에 비행기로 워싱턴 외곽 메릴랜드 교외의 앤드루스 공군기지에 도착했다. 유르첸코는 지난 5년 동안 국가보안위원회 방첩 분야에서 일한 사람이었다.

중앙정보국은 공군기지에서 유르첸코를 만나기 위해 몇 사람을 보냈는데, 그중에는 대소 방첩 분야의 고위 전문가인 에임스도 있었다. 하지만 이날 에임스는 앤드루스에 늦게 도착했고 행동거지도 이상했다. 에임스는 중앙정보국과 연방수사국 간부들이 운집한 가운데 유르첸코를 보자 곧장 달려가서 과장된 환영 인사를 했다. "유르첸코 대령, 미국 대통령을 대신해서 미국에 오신 걸 환영합니다." 비어든은 에임스가 이런

데드핸드

행동을 한 건 자신이 국가보안위원회를 위해 일하고 있다는 것을 유르첸코가 이미 알고 있을까 두려웠기 때문이라고 추측한다. 뒤이어 에임스는 유르첸코와 같은 차를 타고 망명자 심문을 위해 그를 버지니아 북부 교외의 오크턴에 있는 타운하우스로 데려갔다.[24]

지금 와서 보면 이 심문은 냉전 시대의 가장 기묘한 사건 중 하나였다. 에임스는 불과 얼마 전에 중앙정보국 역사상 가장 많은 기밀 정보를 국가보안위원회에 전달한 인물이었다. 그런 그가 책상 맞은편에 앉아 국가보안위원회의 기밀 정보를 미국에 전하러 온 가장 중요한 변절자 가운데 한 명을 심문하고 있었다. 에임스는 유르첸코가 털어놓은 자세한 내용을 다시 국가보안위원회에 전달했다. 중앙정보국은 이 사실을 알지 못했다.

유르첸코는 두 가지 놀라운 사실을 폭로했다. 첫 번째는 중앙정보국 훈련생 출신이 소련에 기밀 정보를 팔아먹고 있다는 것이었다. 유르첸코는 이 접선자의 국가보안위원회 암호명이 '로버트Robert'라는 점과 신원을 유추할 수 있는 한 가지 특징만을 안다고 말했다. 원래 모스크바로 발령될 예정이었는데 가지 않았다는 것이다. 중앙정보국으로서는 청천벽력 같은 말이었다. 이 설명에 맞는 사람은 훈련생 시절인 1983년에 불만을 품다가 해고된 에드워드 리 하워드Edward Lee Howard 한 명뿐이었다.[25] 뒤이어 두 번째 폭탄 발언이 나왔다. 국가보안위원회가 1980년 소련대사관을 제 발로 걸어 들어온 한 사람에게서 풍성한 기밀 정보를 얻었다는 것이다. 미국의 전 지구적 전자 도청을 지휘한 국가안전보장국 직원이 그 주인공이었다. 유르첸코는 이 요원이 'Mr. 롱Mr. Long'이라는 것만 안다면서 심문자들에게 몇 가지 자세한 내용을 전달했다. 그는 Mr. 롱이 오호츠크 해에 있는 소련의 해저 전신을 도청한 미국의 작전에 관한 자세한 내용을 소련에 팔았다고 말했다. '아이비 벨'이라는 이름의 이 감시 작전은 1981년 소련에 발각되어 제거되었다(바렌츠 해에서 진행된 두 번째 해저 전신 도청 작전은 아직 손상되지 않은 상태였다). 연방수사국은 Mr. 롱을 색출하는 데 나섰고 4개월 뒤 로널드 펠턴을 체포했다. 국가안전보장국 통신 전문가였던 펠턴은 3만 5,000달러를 받고 소련에 기밀 데이터를 팔았다.

케이시 중앙정보국장은 유르첸코의 망명을 환영해 마지않았다. 게이츠의 말을 들어보자. "케이시는 유르첸코를 보고 새로운 장난감을 얻은 어린아이처럼 좋아했다. 그는 매일같이 심문에 관한 소식을 듣고 싶어했을 뿐만 아니라 중앙정보국의 이 위대한 히트작에 관해 뻐기지 않고는 못 배겼다. 그는 유르첸코를 만나 저녁을 함께 먹었는데 그에게서 눈을 떼지 못했다."[26]

1985년 10월 1일, 연방수사국의 소련 첩보 분석가인 로버트 핸슨은 워싱턴 외곽 프린스조지스 카운티에 있는 우체통에 편지를 한 통 집어넣었다. 핸슨은 뉴욕 지부에서 근무하고 있었지만 그날은 수도에서 일하고 있었다. 편지는 국가보안위원회 첩보원인 빅토르 덱티야르가 사는 버지니아 주 알렉산드리아로 보내는 것이었다. 편지는 10월 4일에 도착했다. 겉봉투 안에 또 다른 봉투가 있었는데, 핸슨이 직접 쓴 글씨가 있었다. **"열어보지 말 것. 이 봉투를 개봉하지 않은 채로 빅토르 I. 체르카신에게 전달할 것."** 첩보원은 당시 국가보안위원회 워싱턴 지부의 2인자로 이미 에임스를 지휘하고 있던 체르카신에게 편지를 전달했다.

봉투를 열어본 체르카신은 두 번째 편지를 발견했다.

체르카신 씨,
조만간 덱티야르 씨에게 문서가 든 상자를 보낼 겁니다. 이 문서들은 미국 첩보 기관들의 가장 민감하고 고도로 구획된 여러 프로젝트에서 나온 겁니다. 진본임을 입증하는 데 도움이 되도록 모두 원본을 보냅니다. 이런 정도의 기밀을 취급할 수 있는 사람의 수는 제한되어 있다는 점에서 우리의 오랜 관심과 기여를 다시 한 번 상기해주십시오. 이 문서들을 한데 모으면 제 정체가 드러납니다. 당신 정도의 경험이 있는 간부라면 이 문서들을 적절하게 다루리라고 믿습니다. 제 생각에는 이 정도면 저한테 10만 달러를 지불해도 충분할 것 같습니다.

당신들은 모를 수도 있지만 제 안전상의 몇 가지 위험에 대해 경고를 드리고 싶습니다. 당신네 기관은 최근에 몇 가지 좌절을 겪었습니다. 보리스 유신 씨(라인PR 부서, 샌프란시스코), 세르게이 모토린 씨(라인PR 부서, 워싱턴), 발레리 마르티노프 씨(라인X 부서, 워싱턴) 등은 우리 '특수 분과'에서 채용했음을 경고하는 바입니다.[27]

핸슨은 계속해서 미국이 사용하는 민감한 정보 수집 기법을 설명했다. 그러고는 소련인들에게 조만간 연락하겠다고 말했다. 편지에 서명은 하지 않았다. 10월 15일, 덱티야르는 많은 기밀문서가 담긴 소포를 받았다. 핸슨이 집으로 보낸 것이었다. 다음 날 아침, 연방수사국 요원들은 덱티야르가 평상시에 가지고 다니지 않던 커다란 검은색 천가방을 들고 소련대사관으로 들어가는 모습을 보았다. 열 시간 뒤쯤 덱티야르는 국가보안위원회가 'B'라고 부르는 이 요원으로부터 뉴욕 시 소인이 찍힌 봉투에 담긴 편지를 한 통 더 받았다. 편지를 보낸 이는 은닉 장소로 버지니아 주 북부 노터웨이파크의 나무로 만든 인도교 아래를 제안했다. 핸슨이 전에 살던 곳 근처였다. 11월 2일 토요일, 국가보안위원회는 핸슨에게 줄 5만 달러를 다리 밑에 놓아두었다.[28]

중앙정보국은 유르첸코를 버지니아 주 프레드릭스버그 근처 호숫가 숲에 있는 넓고 새로운 안전가옥으로 옮겼다. 하지만 유르첸코는 점차 환상이 깨지고 있었다. 중앙정보국에 자신의 망명 사실을 비밀에 부쳐달라고 요청했는데도 그 소식이 언론에 유출되었다. 그리고 오래전에 알던 소련 여자와 재결합하려고 한 그의 희망도 좌절되었다.[29] 유르첸코는 8월에 변절했을 당시 자신이 위암에 걸린 것 같다고 생각했다. 하지만 미국에서 검사를 받은 결과 아니었다. 11월 2일, 유르첸코는 중앙정보국의 노련한 담당자와 함께 조지타운에 있는 오피에드코숑^Au Pied de Cochon이라는 레스토랑에 갔다가 사라져버렸다. 요원이 사태를 깨닫고, 중앙정보국과 연방수사국이 조지타운 전역을 샅샅이 뒤졌지만 유르첸코를 찾지 못했다. 11월 3일 월요일, 그는 소련대사관에 나타났다. 그러고는 이상한 기자회견을 열었다. 그는 자신이 로마에서 납치되어 자신의 의지와는 반대로 약물에 중독된 채 구금되었다고 주장했다. 레이건은 11월 4일 일기에 이렇게 적었다. "뭔가 수상한 냄새가 나는군."

유르첸코는 11월 6일 모스크바행 비행기에 탑승했다. 그가 망명을 했다가 다시 귀환한 과정은 오랫동안 냉전의 풀리지 않는 수수께끼 중 하나였다. 그는 국가보안위원회가 의도적으로 설치한 함정이었을까? 그렇다면 어떤 목적으로? 아니면 단순히 중앙정보국의 대우에 환멸을 느낀 걸까? 진실은 밝혀지지 않았다. 그의 모스크바 귀환에는 냉혹한 각주가 하나 덧붙는다. 유르첸코를 고국으로 호위하는 비행기에는 국가보안위원회 요원 발레리 마르티노프도 타고 있었다. 라인X에서 활동하면서 서구의 기술을 빼낸 소련대사관 소속의 관리였다. 이 무렵이면 에임스와 핸슨 모두 마르티노프를 미국을 위해 일하는 스파이로 지목한 상태였다. 마르티노프는 모스크바에 도착한 날 체포되었고 이후 처형되었다.

중앙정보국은 소련 내 미국의 첩보 활동이 붕괴하고 있었지만 1985년에 자신들이 얼마나 엄청난 타격을 입었는지 깨닫지 못했다. 에임스와 핸슨은 이제 막 스파이 활동을 시작한 상태였고 이후로도 오랫동안 활동을 계속했다. 나중의 조사에서 당시 미국이 모스크바에서 구축해둔 첩보망이 얼마나 심각한 위험에 빠졌는지 드러났다. 게이츠는 하워드 사건이 "당시까지 중앙정보국이 겪은 방첩 활동상의 가장 괴멸적인 타격"이었으며 "소련 내 우리 활동의 많은 부분이 발각되어 국가보안위원회에 포위 공격을 당하거나 우리 스스로 폐쇄했다"고 말했다. 중앙정보국에서 실시한 한 피해 평가에 따르면 에임스가 신원을 확인해준 요원 아홉 명이 6월 13일 처형되었다. 훗날 상원 정보특별위원회에서는 20개 이상의 작전이 발각되어 "중앙정보국의 소련 내 활동이 사실상 붕괴되었음"을 확인했다. 중앙정보국장 존 도이치가 의회에 밝힌 바에 따르면, 에임스는 미국을 위해 일한 요원들의 처형을 야기했을 뿐만 아니라 "역사적으로 결정적인 시기에 소련에서 무슨 일이 벌어지고 있는지 이해하는 일을 한층 더 어렵게 만들었다".

훗날 1985년을 일컫는 말이 된 '스파이의 해'를 거치면서 미국의 대소 첩보 활동은 장님 신세가 되었다. 고르바초프가 집권하던 바로 그 시기에 말이다. 레이건은 크렘린의 장벽 안에서 무슨 일이 일어나고 있는지를 이해하는 데 도움을 받을 만한 자산이 전혀 없었다. 하지만 첩보 요원들agents of espionage보다 더 강력한 변화의 요인들agents of change이 있었다. 바야흐로 이 요인들—자기 조국에 무엇이 필요한지에 관한 고르바초프의 신념, 무기 경쟁의 압도적인 부담, 핵무기를 폐기하겠다는 레이건의 열망 등에 뿌리를 둔 요인들—이 중대한 혁명을 폭발시키려고 하는 참이었다.

칼과 방패

1985년 봄 취임 초기에 고르바초프는 열정적으로 일을 했다. 브레즈네프 시절부터 크렘린 보안국장으로 일한 블라디미르 메드베데프는 놀라운 눈으로 그를 지켜보았다. 메드베데프는 이렇게 회고했다. "오랫동안 와병과 혼수상태에 시달리던 브레즈네프 시절이 지난 뒤 갑자기 바로 옆에서 화산 같은 에너지가 폭발하는 모습을 보았다." 고르바초프는 새벽 1~2시까지 일을 하고도 다음 날 아침 7시에 일어났다. 9시 15분이면 질 ZIL 리무진을 타고 크렘린으로 향했다. 고르바초프는 메드베데프와 운전사가 앉은 앞좌석과 자신이 앉은 뒷좌석 사이의 유리문을 닫고 메모를 하고 차 안에 있는 전화 두 대로 통화를 했다. 메드베데프는 이렇게 말했다. "이 잠깐 동안 그는 서너 명과 이야기를 나누었다…… 차에서 내려 사무실까지 걸어가는 동안 몇 가지 지시와 조언, 약속을 했다—단 한순간도 숨을 돌리지 않았다. 그는 계속 걸으면서 군과 민간인들에게 구체적인 조언을 해주었다—누구와 무슨 이야기를 해야 하는지, 어디에 관심을 기울여야 하는지, 무엇을 고집하고 무엇을 무시해야 하는지 등에 관해. 그는 짧고 정확한 문장을 구사했다."[1]

고르바초프는 빈사 상태의 사회에 흥분의 충격파를 던졌다. 고르바초프의 스타일은 사람들이 겉만 번지르르하고 내용은 공허한 공식 발표에 익숙해지고, 사방 벽에 지도자 초상화를 의무적으로 걸고, 순응주의 때문에 공적 토론이 질식되던 시기에 새로운 활력을 불어넣었으며 단도직입적이었다.[2] 그는 종종 지나치게 말을 많이 했고 중요한 결정을 놓고 주저했으며 소련의 오랜 사고방식을 깨고 나오는 데 굼떴다. 하지만 초창기에 그가 추진한 정책의 절대적인 핵심은 소련의 생활 수준이 쇠퇴하는 걸 저지하고 사회에 활기를 되찾아주는 것이었다. 그는 사회주의가 생존하기 위해서는 열린 토론이 필수적이라고 믿었다. 그래서 국민들의 입에서 나오는 말을 두려워하지 않았다. 그는 레닌의 이상을 믿었지만 레닌 이후의 지도자들은 정도에서 벗어났다고 결론지었으며 현실을 바로잡기를 원했다. 오래된 습관에 의지하면서 낡아빠진 옛 길을 그대로 걷는 게 훨씬 쉬웠을 테지만 고르바초프는 그렇게 하지 않았다.

5월에 레닌그라드를 방문했을 때는 거리에서 서로 밀치는 많은 군중과 농담을 주고받았다. 소련 지도자가 자진해서 국민들과 대화를 나누는 것은 보기 드문 광경이었다. "여러분 말에 귀를 기울이고 있습니다. 무슨 말이 하고 싶으세요?"

누군가 그의 말을 되받아쳤다. "처음 시작한 대로 쭉 계속하세요!"

한 여자의 목소리가 불쑥 끼어들었다. "그냥 국민들과 가까이하면 우리는 당신을 실망시키지 않을 겁니다." 사람들에게 빽빽이 에워싸인 고르바초프가 미소로 답했다. "이보다 더 가까이 갈 수 있나요?" 군중이 환호했다.

같은 날 스몰니학원Smolny Institute*에서 레닌그라드 공산당원들을 상대로 전투적인 연설을 하면서는 메모도 없이 이야기했다. 그는 연설에서 경제에 다시 활력을 불어넣을 것을 주장하고 변화를 받아들일 수 없는 사람들은 방해하지 말고 비키라고 요구했다. "옆으로 비키십시오. 장애물이 되지 마세요."[3] 고르바초프는 정치국의 원로들을 조종하는 데도 능숙했다. 그는 3월과 4월 그들과 비공개로 토의한 내용 일부를 연설에서 발설했지만 이에 관해 미리 그들에게 언질을 주거나 하지 않았다. 고르바초프는 열광적인 반응에 감격했고 레닌그라드에서 찍은 비디오를 집으로 가져왔다. 그리고 다음 주말 별장에서 가족과 함께 그 비디오를 보았다. 그러고는 국영 텔레비전에 그 비디오를 방영하라고 지시했다.[4] 수많은 사람들이 연설문 소책자를 사려고 신문 가판대 앞에 장사진을 쳤다. 중앙위원회 국제부 차장으로 고르바초프의 거대한 드라마에서 핵심적인 역할을 한 아나톨리 체르냐예프는 옛날에는 지도자가 죽을 때까지 연설문이 가판대 바닥에 놓여 있곤 했다고 회고했다. "사람들은 고르바초프의 레닌그라드 회동과 연설을 다룬 TV 보도를 보고 소스라치게 놀랐다. 그날은 사람들마다 당신도 그거 봤냐고 물어보고 다녔다. 마침내 우리에게도 자기가 무슨 일을 하는지를 알고 그 일을 즐기는 지도자, 국민들을 이해하고 자신의 언어로 말을 하며 접촉을 피하지 않고 권위를 과시하려고 안달하지 않는 지도자가 생긴 것이었다. 고르바초프는 정말로 상투적인 틀을 깨고 국민들의 정신을 깨우고 국민들이 자기 모습을 되찾고 상식을 활용해서 생각하고 행동하기를 원했다."[5]

4월 11일 고르바초프는 정치국 회의에서 조바심을 고스란히 드러냈다. 그는 저장과 수송에 특히 취약한 소련 농업과 식량 공급의 끔찍한 상

---

*제정 러시아 시대에는 부유층 집안의 여학생들이 다니는 교양 학교였는데, 1917년 혁명의 본거지로 이용되면서 혁명을 상징하는 장소가 되었다.

데드핸드

태에 대해 격분했다. 창고가 부족해서 과일, 채소, 감자의 26퍼센트만 저장할 수 있었고 나머지는 썩어가고 있었다. 또한 생산물 저장 시설 가운데 냉장 장치가 있는 것은 3분의 1에 불과했다. 농업 원료의 손실률은 25퍼센트에 달했다. 훗날 체르냐예프가 개탄한 것처럼 어떤 지도자라도 "나라가 붕괴하기 일보직전임"을 알았을 것이다. 고르바초프는 장관들에게 대다수 식품점에서 비참하게 줄을 서는 일을 피할 수 있게 해준 크렘린의 특권—간이식당과 특별 식품점—을 박탈하겠다고 위협했다.[6]

고르바초프는 알코올 남용에 대항하는 캠페인이라는 첫 번째 실책을 범하는 와중에도 조국을 구하겠다는 결단을 보여주었다.[7] 이 캠페인은 곳곳에서 조롱의 대상이 되고 결국 철회되었지만 고르바초프는 알코올 중독이 이미 골칫거리가 되었음을 간파했다. 1인당 알코올 소비량이 차르 시대에 비해 2.5배나 많았다. 고르바초프가 훗날 회고한 것처럼 가장 슬픈 일은 보드카가 소비재 부족을 메워주는 유용한 상품이었다는 점이다. 국민들이 루블화를 가지고 살 수 있는 다른 물품이 없었기 때문이다. 체르냐예프는 이 캠페인이 실패로 돌아가리라는 것을 곧바로 감지했다. 어느 날 그는 식품점에 들렀다. "점장부터 여성 판매원까지 모두가 취해 있다. 그들에게 금주법은 아무것도 아니다. 그들을 해고해보라. 그들 대신 일할 사람이 누가 있을까?"[8]

고르바초프가 집권하고 채 2주일도 되지 않아 군인 둘이 그의 집무실로 찾아왔다. 둘 다 소련군에서 최고 계급인 원수였다. 한 명은 우스티노프가 사망한 뒤 신임 국방장관으로 임명된 세르게이 소콜로프로 특별히 두드러진 인물은 아니었다. 다른 한 명은 세르게이 아흐로메예프 참모본부장이었다. 그다지 크지 않은 키에 마른 근육질, 운동선수 같은 단단한 가슴에 홀쭉한 얼굴의 아흐로메예프는 언제나 반듯한 자세를 유지했으며 엄한 지휘관으로 유명한 거의 웃는 법이 없는 인물이었다. 그는 2차 대전 발발 직전 열일곱의 나이로 붉은군대에 들어가 레닌그라드 포위를 깨뜨리기 위해 싸웠으며 나중에는 우크라이나에서 전차대대를 지휘했다. 그는 소령으로 종전을 맞이했다. 그의 세대는 화력이 우세한 적의 기습 공격 속에 전쟁에 뛰어들어 오로지 소총과 화염병만으로 나치의 탱크에 맞서 싸웠다. 전쟁이 끝난 뒤 이 세대는 군사학교를 졸업했으며 아흐로메예프의 말처럼 "전후 소련이 유럽과 전 세계 질서를 재편하면서 이룬 모든 성과를 지켜야 한다"는 신념을 위해 자신들의 목숨을 바쳤다.[9] 핵무기의 발전은 그들의 신념을 더욱 굳혀주었다.

이와 대조적으로 고르바초프는 독일이 침공했을 때 어린 소년이었다. 고르바초프는 군인으로 복무하거나 군산복합체나 방위 시설에서 일한 적이 없었다. 또한 미사일과 탄두를 제조해서 소련을 핵 보유 초강대국으로 뒤바꾼 위대한 설계자와 과학자들의 노예도 아니었다. 고르바초프는 군 장성들이 그토록 소중하게 아끼고 열렬하게 옹호하는 세계관을 공유하지 않았다. 그는 전 지구적인 경쟁에서 군사력이 결정적인 요인이라고 보지 않았다. 오히려 경제력이 훨씬 더 중요하다는 사실을 깨달았다. 훗날 그는 "우리는 격퇴 불가의 군대가 아니라 우월한 경제에 의해 포위된 군대"라고 결론 내렸다.[10]

고르바초프는 소콜로프와 아흐로메예프를 만난 자리에서 소련 국방 기구의 진짜 규모와 범위를 처음으로 파악하게 되었다. 엄청난 수준이었다. 회동을 마치면서 고르바초프는 아흐로메예프 쪽으로 몸을 돌렸다. "어려운 시기에 함께 일을 시작하게 됐습니다. 공산당원으로서 당신에게 말씀드립니다. 현 상황을 바로잡기 위해 경제 영역에서 내가 무엇을 해야 하는지 알고 있습니다. 어디서 무엇을 해야 하는지 압니다. 하지만 국방 영역은 아직 생소합니다. 당신의 도움이 필요합니다." 참모차장으로 일하다가 참모본부장이 된 지 여섯 달에 불과했지만 아흐로메예프는 군사 정책과 계획을 장악하고 있었다. 그는 고르바초프를 돕겠다고 약속했다.[11]

고르바초프는 사방으로 뻗어 있는 국방 조직—육군, 해군, 공군, 전략로켓군, 방공군 그리고 각 군을 지원하는 각종 연구소, 설계국, 공장—이 국가에 어마어마한 부담으로 작용하는 현실을 깨달았다. 군산복합체가 어떻게 작동하는지, 군산복합체는 어디까지 뻗어 있고 얼마나 많은 비용을 잡아먹는지 등의 문제는 깊은 비밀주의에 의해 감춰져 있었다. 고르바초프는 이것을 "폐쇄 구역"이라고 지칭했다.[12] 그러나 고르바초프는 전국 곳곳을 돌아다니면서 힌트를 얻었다. 훗날 그는 이렇게 회고했다. "국방 지출이 다른 경제 부문을 혹독하게 짜내고 있었다. 방위 공장과 농업 생산 단지를 방문했을 때 항상 똑같은 광경과 맞닥뜨렸다. 예컨대 현대식 탱크를 만드는 방위생산 작업장에는 최신 설비가 있었다. 반면 농업 작업장에서는 구식 컨베이어벨트를 가지고 노후 모델 트랙터를 만들고 있었다."

"지난 5개년 계획 동안 군사 지출은 국민소득보다 두 배 빠르게 증가했다. 이 몰록Moloch*은 고된 노동과 혹사로 생산한 모든 것을 집어삼키고 있었다…… 문제를 분석할 수가 없다는 사실 때문에 상황은 더욱 나빠졌다. 군산복합체와 관련된 모든 수치가 기밀로 분류되어 있었다. 정치국원들조차 이 자료를 볼 수 없었다."[13]

중앙위원회 간부 가운데 한 사람은 군산복합체의 은밀한 내부 작동에 대해 알고 있었다. 비탈리 카타예프는 길고 각진 얼굴에 곱슬머리를 뒤로

---

* 고대 셈족이 그들의 어린 자식을 불 속에 던져 제사를 지내며 섬기던 화신(火神)을 말한다.

빗어넘긴 사려 깊은 과학자나 교수 같은 외모를 지녔다. 그는 10대 시절 모형 비행기와 배를 설계하는 것을 좋아했다. 20년 동안 옴스크와 우크라이나에서 항공기와 미사일 설계국 및 제조국에서 일을 한 그는 냉전 역사상 손꼽히는 규모의 몇몇 미사일 개발 프로젝트에 참여한 뒤 1974년 모스크바의 중앙위원회 본부로 가 국방 문제에 관한 일을 했다. 사석에서 카타예프는 노래와 악기 연주를 즐기는 재미있고 기발한 사람이었다.[14] 하지만 중앙위원회에서 일을 할 때는 아주 진지하고 정확한 성격이었다. 중앙위원회에서 맡은 지위는 권력의 핵심에 있었다. 아마 대략 백악관 국가안전보장회의에서 일하는 급에 해당할 것이다. 카타예프는 군산복합체를 감독하는 방위산업부에서 일했다. 나중에 국방부로 명칭이 바뀐 곳이다. 그는 여러 해 동안 커다란 장정 노트에 자세히 기록하면서 수치를 열거하고, 무기 체계 개략도를 그리고, 주요 결정 사항과 토론 내용을 적어두었다. 이 책에서 처음 공개하는 그의 노트와 글은 소련의 거대한 군산복합체가 내부적으로 어떻게 작동했는지를 보여주는 미증유의 자료다.[15] 카타예프는 군산복합체를 "일종의 소련식 텍사스, 곧 모든 게 존재하며 또한 그것들이 어마어마한 규모로 존재하는 곳"이라고 설명한 적이 있다. 하지만 그는 알고 있었다. 그것은 흔히 묘사되는 것처럼 무시무시한 것만은 아니었다. 국방 조직은 종종 임의적이고 주관적이고 주먹구구식으로 운영되었다. 카타예프는 소련의 중앙계획이 제대로 작동하지 않는다는 점을 알았다. 무기 생산은 필요에 의거해 이루어지는 게 아니라 기득권에 의해, 즉 거물 설계자, 장군, 정치국원의 권력에 의해 이루어졌다. 인위적인 발전 척도를 충족하기 위해 매년 모든 것에서 증산을 달성해야 했고, 따라서 군대에도 필요 없는 무기들이 넘쳐났다. 공장들은 대개 첨단기술 무기를 생산하는 데 필요한 정밀성이 떨어졌고 신뢰하기 어려웠다. 카타예프의 기억에 따르면, 소련은 선진 과학과 높은 수준의 전문적 설계 능력을 보유했지만 형편없는 재료와 엉성한 생산 때문에 많은 프로젝트가 좌초되었다. 하지만 아무도 해고되지 않았다. 금속 같은 단순한 재료도 품질을 예측할 수 없는 경우가 허다했기 때문에 설계자들은 그런 현실을 감안하여 설계할 때 폭넓은 여지를 남겨둬야 했다. 그리고 사실 설계만으로는 전자공학과 첨단기술상의 문제를 해결할 수 없었다. 회로판을 두 배로 크게 만든다고 정확도가 높아지는 것은 아니었다. 카타예프의 말처럼 도면과 공장 현실 사이에는 "영원한 간극"이 존재했다. 이것이 소련 군사 기구의 이면이었다.

카타예프의 노트를 보면 군산복합체가 과연 고르바초프가 걱정하는 것만큼이나 거대했다는 걸 알 수 있다. 카타예프의 추산에 따르면 1985년 국방비는 소련 경제의 20퍼센트를 차지했다.[16] 또 소련의 성인 노동 인구 1억 3,500만 명 중 1,040만 명이 1,770개 군산복합체 기업에 직접 소속되어 일하고 있었다. 군이 사실상 9개 부처를 거느렸으며 이들은 원래 취지를 위장하려고 서투른 노력을 했다. 이를테면 핵부는 '중급기계제조부Ministry of Medium Machine Building'라는 이름이 붙었고 다른 부처도 비슷하게 이름을 위장했다. 50개가 넘는 도시가 방위 노력에 거의 전적으로 몰두했고 다른 수백 개의 도시도 정도가 덜할 뿐 사정은 비슷했다. 방위 산업 공장들은 첨단 민간 제품의 생산도 요구받았다. 소련의 텔레비전, 테이프 녹음기, 영사기와 카메라, 재봉틀 등은 100퍼센트 방산 공장에서 생산되었다.[17] 소련 군산복합체가 어떤 방식으로 작동하고 얼마나 많은 원료를 소비했으며 얼마나 민간 생활에까지 촉수를 뻗었는지를 고려하면 국방이 경제에 떠안긴 부담의 진짜 규모는 카타예프가 추정하는 것보다 훨씬 더 클지도 모른다.

고르바초프는 이런 거대한 괴물에 도전하기 위해 힘과 교활한 지혜를 한껏 준비할 필요가 있었다. 그는 한 정치국 회의에서 "이 나라는 국민보다도 많은 탱크를 만들었다"고 개탄했다. 군산복합체는 기득권을 가진 독자적인 군대였다. 보이지 않는 냉전의 위협에 대처해야 한다는 성역화된 요구 아래 각 군의 장성과 장교, 무기 설계자와 제조자, 정부의 장관과 계획가, 선전 기관, 전국 각지의 당 우두머리들은 일치단결했다. 수십 년 동안 이 위협은 모든 자원을 국방에 쏟아붓고 국민들에게는 곤경을 강요하는 최우선적인 근거였다.[18]

고르바초프는 명목상 이 체제의 최고 수장이었다. 당 서기장이자 최고사령관, 국방위원장이었기 때문이다. 하지만 1985년에 집권했을 때 그는 사실상 모든 것을 장악하지 못했다. 군산복합체는 아흐로메예프 세대의 수중에 있었다.

고르바초프의 안보관은 군산복합체 외부에 있는 사람들, 일군의 진보주의자들에게 영향을 받았다. 그들은 연구소 출신의 학자들로 고르바초프처럼 흐루쇼프의 '비밀 연설'에 흥분을 감추지 못했던, 그리고 브레즈네프 시대의 침체기에 피로감을 느낀 이들이었다.[19] 그들은 군을 신뢰하지 않았지만 군의 엄청난 권력은 알고 있었다. 이제 그들은 개혁이 다시 부상하는 모습을 보았고 고르바초프는 그들의 말에 귀를 기울였다.

이 측근 그룹의 중요 인물은 예브게니 벨리호프였다. 너그럽고 푸근한 아저씨 같은 풍모의 벨리호프는 물리학자로 당시 쿠르차토프원자력연구소의 부소장이었다. 그는 어린 시절 과학에 관한 책을 닥치는 대로 읽어치웠다. 1953년 스탈린이 사망한 직후에 모스크바국립대학교에 들어갔고, 대학을 졸업한 뒤에는 소련 원자폭탄 개발 계획의 지도자인 이고르 쿠르차토프가 이끄는 연구소에 합류했다. 벨리호프는 운 좋게도 저명한 물리학자인 미하일 레온토비치 밑으로 들어갔는데, 그는 인위적으로 제어된 핵융합과 플라스마 물리학에 관한 이론 연구를 감독하고 있었다. 벨리호프는 이렇게 회고했다. "참 분위기가 좋았다. 플라스마 물리학은 이제 막 태동하는 중이었고 우리는 세계 어느 곳에도 거의 경쟁자가 없다고 생각했다." 벨리호프는 여행 허락을 받아 1962년 여름 뉴욕과 보스턴, 시카고 등의 대학을 방문하고 로스앨러모스에 머물렀다. 그리고 그곳에서 자기 나름대로 미국 과학자들과 연락망을 구축했다.[20]

벨리호프는 1977년 과학아카데미 부원장에 오르면서 최연소 기록을 깨뜨렸다. 그가 처음 맡은 임무는 소련의 사이버네틱스와 컴퓨터 기술에 초점이 맞춰졌는데, 그는 두 분야가 "형편없는 상태"라는 걸 간파했다. 1980년대 초 어느 날, 벨리호프는 당시 정치국원이던 고르바초프를 아카데미의 자기 사무실로 초청했다. 당시 그는 외국에서 사다가 책상 위에 놓고 쓰던 애플 컴퓨터에 관해 고르바초프에게 이야기했다고 한다. "그에게 컴퓨터를 보여주면서 말했다. '보세요, 이런 게 혁명입니다.'" 고르바초프는 집권한 뒤에도 계속 벨리호프의 말에 귀를 기울였다.

고르바초프 진영에 속한 다른 인물들로는 1983년 캐나다의 과수원에서 고르바초프와 산책을 했고 이때는 세계경제국제관계연구소에 몸담고 있던 개혁 사상가 야코블레프, 그리고 미국캐나다연구소 소장으로 고르바초프 집권 초기에 그에게 중요한 사상과 정보의 통로 구실을 한 게오르기 아르바토프 등이 있었다.

고르바초프는 산더미처럼 쌓여 있는 가공된 데이터 사이에서 그것들을 단박에 관통하는 진짜 정보를 절실하게 원했다. 고르바초프는 정치국에 호소했다. "우리는 특히 객관적인 정보가 필요합니다. 우리가 보고 싶은 내용이 아니라 실제 현실을 보여주는 정보 말입니다."[21] 게오르기 샤흐나자로프는 군이 지도부를 조종하려고 했다고 말했다. "그들이 지도부에 보고하는 내용과 실제 그들의 생각과 행동은 전혀 달랐다. 고양이와 쥐처럼 치열하게 쫓고 쫓기는 게임이었다."[22]

소련군은 아프가니스탄에서 점점 더 깊숙이 패배의 구렁텅이로 빠져들고 있었다. 고르바초프가 취임하고 처음 몇 달 동안 전국 각지에서 중앙위원회로 성난 목소리로 전쟁을 규탄하는 편지가 쇄도했다. 1985년 4월, 레이건은 고르바초프에게 편지를 보냈다. "이 비극적인 사태를 정치적으로 해결하는 건 이제 너무 늦은 게 아닐까요?" 레이건은 이 편지를 쓰기 몇 주 전 기밀 지시인 국가안보결정지침 제166호에 서명했다. 미국 중앙정보국이 아프가니스탄에서 소련을 상대로 벌이는 전쟁을 대규모로 확대하면서 더 야심 찬 목표를 새로 설정하기 위한 법적 토대를 마련하는 지침이었다. 이제 중앙정보국은 단순히 붉은군대에 맞서는 저항 세력을 지원하는 게 아니라 아예 소련군을 밀어내기로 결정한 것이다.[23] 아르바토프는 고르바초프에게 몇 가지 원대한 구상을 담은 보고서를 전달했는데, 그중에는 "아프가니스탄 전쟁을 중단해야 한다"는 내용도 있었다. 1985년 6월 19일, 고르바초프는 아르바토프를 크렘린으로 불러 아프가니스탄이 자신에게 "최우선적인 문제"라고 말했다.[24] 8월에는 소련 병사들이 아프가니스탄으로 가는 기차 안에서 반란을 일으켰다. 매일 열 명의 병사가 목숨을 잃는 전쟁터로 실려가는 걸 원하지 않았던 것이다. 고르바초프는 후퇴를 계획하기 시작했다. 하지만 후퇴를 완료하기까지는 몇 년이 걸렸다.

고르바초프는 과거를 돌아보면서 "냉전 시대를 통해 쌓여온 '눈더미'를 치워야 했다"고 회고했다. 아프가니스탄은 그중 하나에 불과했다. 대외 정책에서 고르바초프가 염두에 둔 것은 "단순히 표면적인 게 아닌 실질적인 유턴"이었다.

하지만 외부 세계는 이런 사정을 곧바로 알아차리지 못했다. 레이건은 고르바초프가 초기에 내놓은 제안에 퇴짜를 놓았다. 4월 7일 고르바초프가 서구를 자극해 서둘러 퍼싱 II와 순항 미사일을 배치하게끔 만든

데드핸드

파이오니어 미사일을 동결하겠다고 제안하자 레이건과 대처는 선전 책략에 불과하다며 곧바로 거절했다. 미국과 영국은 이제 막 미사일 배치를 시작했기 때문에 소련의 제안대로 동결을 하면 현재의 불공평이 해소되지 않는다는 것이었다.[25] 레이건은 4월 30일 고르바초프에게 보낸 편지에서 "도움이 되지 않습니다"라고 말했다. "본질적으로 낡은 제안일 뿐만 아니라 이미 진지한 교섭을 위한 토대를 전혀 제공하지 못한다고 알려진 제안인데, 무슨 의도인지 정말 궁금합니다."[26] 레이건은 아마 크렘린에서도 파이오니어, 일명 SS-20 미사일 배치를 이미 패착으로 여기고 있다는 걸 몰랐을 것이다. 체르냐예프는 레이건이 편지를 보내오기 2주 전 일기에서 의문을 던졌다. "우리한테 SS-20 미사일이 왜 필요한 걸까? 이 미사일 설치는 흐루쇼프가 1962년 쿠바에 미사일을 배치한 것만큼이나 어리석은 일이었다."[27]

4월 17일, 고르바초프는 핵실험을 일시 중단할 것을 제안했다. 이번에도 역시 미국은 제안을 거절했다. 1985년 초 재개된 제네바 군축 협상은 이내 교착 상태에 빠졌다.[28] 좌절감을 느낀 슐츠는 조용히 모스크바에 내놓을 비밀 제안을 작성했다. 슐츠는 레이건의 승인 아래 6월 워싱턴에서 도브리닌 소련대사를 만나 거래를 제안했다. 양쪽이 공격용 핵무기를 대폭 삭감하면 레이건의 전략방위구상 진행 속도를 늦출 수 있으리라는 것이었다. 슐츠는 또한 교착 상태에 빠진 제네바 회담을 우회하여 비밀 비공식 통로를 통해 교섭을 시작하자고 제안했다. 2주일 만에 모스크바로부터 답변이 왔다. 명백한 거절이었다. 슐츠는 이렇게 회고했다. "소련인들은 전략방위구상의 속도를 조절하는 게 아니라 곧장 저지하기를 원했다."[29] 나중에 도브리닌이 말한 바에 따르면 다른 이유도 있었다. 비공식 통로에서 배제될 것을 걱정한 그로미코가 그 구상을 깔아뭉갰다는 것이다.[30]

그리고 그때가 그로미코가 "아니오"라고 말하는 마지막 순간이었다. 6월 29일, 고르바초프는 그로미코를 외무장관에서 해임하고 최고 소비에트 의장으로 보냈다. 28년 동안 외무장관을 맡은 그로미코는 고르바초프가 뒤엎으려고 작정한 낡은 사고—적대하는 두 진영의 충돌로 세계를 보는 사고—의 수호자였다. 뒤이어 고르바초프는 그루지야 당 지도자인 예두아르트 셰바르드나제를 외무장관에 임명해 모든 사람들을 놀라게 만들었다. 체르냐예프는 "마른하늘에 날벼락 같은 소식이었다"고 회고했다.[31] 그때까지 그루지야에서만 경력을 쌓은 셰바르드나제도 고르바초프와 마찬가지로 소련 중심부의 빈곤을 파악하고 있었다. 두 사람은 지도부 내에서 다른 이들보다 두드러졌다—둘 다 중공업이나 군산복합체에서 일한 경험이 없었다.[32] 셰바르드나제는 외교에 거의 정통하지 않았지만 그래도 정치인이었고 고르바초프의 신임을 받았다. 그는 곧바로 정식 정치국원으로 승격되었다. 같은 회기에 고르바초프는 레닌그라드의 당 관료인 레프 자이코프를 군산복합체를 감독하는 책임자로 임명했다. 카타예프가 중앙위원회에서 자이코프를 도와 핵심 역할을 맡아줄 터였다. 고르바초프는 이렇게 말했다. "우리 업무 중 이 분야에는 많은 장애물이 있습니다. 이 분야의 문제를 바로잡을 필요가 있습니다."[33]

체르냐예프는 소련의 선전이 너무 상투적이어서 아무도 믿지 않았고 "제네바 회담이 교착 상태에 빠진 근본 원인도 이것"이라고 말했다. "회담에 대한 혁명적인 접근이 필요하다. 고르바초프가 레닌그라드에서 보여준 것처럼 말이다."

체르냐예프는 "문제는 우리가 제자리걸음을 그만둬야 한다는 사실"이라고 결론지었다. "무기 경쟁이 걷잡을 수 없이 폭발할 지경에 이르렀기 때문이다."[34]

고르바초프가 취임한 직후인 1985년 봄과 초여름 기관장, 설계자, 제작자 등은 위성, 우주 로켓 보조 추진 장치, 레이더, 레이저 등에 관한 거대한 계획을 새로 만들어 고르바초프의 승인을 구했다. 외부 세계에는 알려지지 않았지만 소련 군산복합체는 독자적인 '스타워즈'를 구축하자는 호소문을 고르바초프의 책상에 펼쳐놓았다. 레이건이 전략방위구상을 발표한 지 2년 뒤의 일이었다. 이 계획을 승인한다면 소련은 지난 몇 십 년 동안 걸어 온 길, 곧 두 세계가 충돌하고 끊임없이 경쟁하는 냉전의 궤적에 충실한 경로를 계속 내달리게 될 터였다.

1984년 이래 소련 지도부는 레이건의 꿈에 관해 점차 불안을 느끼고 있었고 레이건은 그들이 걱정할 만한 거리를 많이 제공했다. 레이건은 1985년 초 두 번째 취임식에서 자신의 원대한 계획을 설명하며 핵무기를 쓸모없게 만드는 지구 차원의 방패라고 지칭했다. "저는 핵미사일이 목표물에 도달하기 전에 파괴하는 안전 방패를 찾으려는 연구 계획을 승인했습니다. 이 방패는 사람을 죽이지 않습니다. 다만 무기를 파괴할 뿐입니다. 이 방패 때문에 우주가 군사화하지는 않으며 오히려 지구의 무기고를 탈군사화하는 데 도움이 될 것입니다. 이 방패로 인해 핵무기는 쓸모를 잃을 것입니다."

모스크바의 국가보안위원회는 '미국의 우주 군사화 정책'에 관한 정보 수집을 최우선 과제로 삼았다. 이 표현은 레이건이 취임 연설을 한 지 3주 반 뒤 발표된 10쪽짜리 지침의 제목이었다. 소련의 첩자들은 핵전쟁이나 재래식 전쟁을 위해 우주에 시스템을 배치하는 미국의 모든 계획에 관한 정보를 수집하라는 지시를 받았다. 우주에 무기를 배치하기 위한 미국의 우주왕복선 활용과 위성 요격 무기를 제조하려는 시도를 주시하라는 주문을 받은 것이다. 또한 전략방위구상을 감시하는 광범위한 임무를 부여받았다. 국가보안위원회의 지시 중에는 예산 총액과 전체적인 방향 같은 레이건의 프로그램에 관해 이미 신문에서 뽑아낸 자세한 내용도 있었고, 알려지지 않은 사실에 관한 공포와 회의론도 충분할 정도로 많았다. 어쩌면 레이건의 계획은 결코 가동되지 않는 것 아닐까? 뭔가 감춰진 다른 목적이 있는 것 아닐까? 국가보안위원회는 지시 문서에 적힌 것처럼 레이건 행정부의 계획이 정확히 무엇이고 어떻게 전개되고 있으며 "목표물과 일시, 예상되는 재정 지출"이 어떤지 "무척 알고 싶어" 했다. 또한 실험에서 어떤 기술적인 결과를 얻었는지, '운동 에너지 무기 kinetic weapon'를 사용해서 미사일을 격추하는 것, 즉 다른 미사일이나 단단한 물체로 미사일을 맞히는 것이 과연 가능한지도 알고 싶어했다. 협상에 임하는 레이건의 속내는 과연 무엇일까? 스타워즈는 정말로 소련 협상자들에게 양보를 강요하기 위해 고안된 "대규모 허위 정보 작전"일까?[35]

정보 보고가 눈사태처럼 모스크바로 쏟아져 들어오기 시작했고, 카타예프의 책상에도 보고서 더미가 넘어왔다. 카타예프 눈에 비친 스파이들은 게으르고 수동적이었다. 신문 기사 쪼가리를 첩보라고 보내는 일도 종종 있었다. 카타예프가 간파한 것처럼 요원들과 소련 군사 분석가들이 가장 걱정하는 사태는 위협의 심각성을 과소평가하는 경우였고, 따라서 그들은 일단 위협을 과대평가했다. 어느 누구도 스타워즈가 제대로 가동되지 않을 것이라고 정직하게 단언할 수 없었다. 따라서 다들 그것이 제대로 가동할 거라고 보고했다. 스파이들은 그런 식으로 수많은 위협 보고를 보내왔다. 그리고 오래지 않아 군산복합체는 그 위협을 맞받아치기 위한 준비를 갖추었다. 카타예프가 기억하기로는 1985년을 기점으로 1980년대 내내 정치-군사 문제와 기술 문제에 관해 매일 열 통 정도의 전보가 여러 단계를 거쳐 중앙위원회의 그의 사무실까지 왔다. 그중 30~40퍼센트는 스타워즈 및 미사일 방어와 관련된 내용이었다. 카타예프는 미국이 의도적으로 엄청나게 많은 정보를 유출해 모스크바를 공포로 질식시키려고 하는 건 아닌지 의심했다.[36] 레이건의 발표가 있은 지 2년 동안 전략방위구상은 청사진조차 제대로 나오지 않았지만—그것은 여전히 꿈에 지나지 않았다—소련 지도부의 관심만은 제대로 사로잡은 상태였다.

소련에서도 스타워즈를 구축하려면 설계국과 연구소, 무기 공장 등의 사업에 어마어마한, 그리고 그들의 짭짤한 벌이를 보장하는 보조금을 새로 지원해야 했다. 이 설계자들과 노동자들은 대부분 이미 일반 국민에 비해 나은 생활 조건을 누리고 있었다. 카타예프가 기억하는 것처럼 그들은 흡사 새로운 사냥감을 감지한 사냥개 같았다. 1985년 여름이 되자 무기 관련 수장들은 소련의 미사일 방어 시스템을 구축하기 위한 종합적인 계획을 내놓았다. 카타예프의 노트와 문서에 따르면 두 개의 주요한 포괄적 프로그램이 있었는데, 각 프로그램에는 다시 기본적인 탐색 연구에서부터 비행 실험을 위해 준비된 장비 제조에 이르기까지 여러 분야에 걸쳐 별도의 광범위한 프로젝트들이 포함되었다. 이 두 포괄적 프로그램에는 암호명이 붙었다. 먼저 'D-20'은 지상 기반 미사일 방어 연구를 포함했으며 라디오산업부Ministry of Radio Industry에 배속되었다. 전통적으로 조기 경보, 지휘 통제, 모스크바의 탄도미사일 요격 시스템을 담당한 부서였다. 두 번째인 'SK-1000'은 미사일과 우주 관련 연구, 개발, 생산을 감독하는 일반기계제조부Ministry of General Machine Building의 설계국에서 만든 작품이었다. 카타예프의 계산에 따르면, 두 프로그램을 합쳐 설계와 시험 단계 137개 프로젝트, 과학 연구 단계 34개 프로젝트, 기초 과학 단계 115개 프로젝트가 있었다. 비용 추정치는 수백억 루블에 달했다. 1980년대 말까지 모든 설계국을 총력 가동할 수 있는 액수였다. 카타예프는 푼다멘트-4Fundament-4와 인테그랄-3Integral-3, 오네가 EOnega E, 스피랄^{Spiral}, 사투른^{Saturn}, 콘탁트^{Kontakt}, 에첼론^{Echelon}, 스키프^{Skif} 같은 모호한 암호명이 많았기에 여러 쪽을 할애해 노트에 이 프로그램들을 서술했다. 그해 여름 크렘린에 제출된 각종 제안은 대부분 1987~1988년에 최초의 결과를 내놓기로 되어 있었다. 카타예프는 1990년까지 이들 사업의 목표와 수치를 추적했다.[37]

이처럼 압도적인 규모와 비용에도 불구하고 이 거대한 종합 계획에는 시스템 깊숙한 곳에 결함이 감춰져 있었다. 몇 년 전 개시된 일부 프로그램은 결과물이나 취지가 부족하거나 자원 부족에 시달렸다. 몇몇 프로그램은 거의 방치되거나 폐물이 된 채 그저 부활의 시기가 오기를 고대하고 있었다. 그리고 새로 등장한 SK-1000이 사실상 그때까지 소련에서 진행 중이던 우주 발사체 및 위성 개발 프로그램을 거의 다 포괄하게 될 것이었다.

소련의 우주무기 개발자들을 괴롭힌 야심과 성급함, 결함을 여실히 보여주는 한 프로그램은 스키프라는 이름의 위성 요격 우주선이다. 1976년 개발이 시작된 스키프의 목표는 우주 공간으로 레이저를 가져가 적의 위성을 격추한다는 것이었다. 원래 구상은 일종의 우주 전투 기지를 구축하는 것이었다. 당시 아직 개발 중이던 거대 보조 추진 로켓인 에네르기아^{Energia}를 이용해 궤도까지 끌어올리고, 역시 계획 중이던 우주왕복선 부란^{Buran}으로 관리한다는 구상이었다. 그러나 1984년에 이르기까지 스키프 프로그램은 어떤 결과물도 내놓지 못했다. 우주무기로 적합한 레이저가 없었기 때문이다. 그해 6월 소련인들은 미국이 태평양 상공에서 미사일 요격에 성공했다는 소식을 듣고 크게 동요했다. 앞에서 설명한 대로 운 좋게 단 한 번 명중한 유도 요격 실험이었다. 소련 정부는 우주 레이저가 없는데도 '시범' 우주선인 스키프-D^{Skif-D}를 제작하라고 지시했다. 크기가 작은 대체 레이저를 탑재할 예정이었다. 이 레이저로는 위성

데드핸드

을 격추할 수 없지만 적어도 그 외의 구상은 그대로 진행하는 게 목표였다. 그 와중에 1985년 소련판 스타워즈 계획이 갱신되었다. 스키프-D는 다시 한 번 수정되었다. 일정도 당겨졌다. 이번에는 이듬해 비행을 한다는 신속한 일정에 따라 추진되었다. 하지만 설계자들은 여전히 레이저를 손에 넣지 못했다. 따라서 실제로 작동하는 레이저 장비 없이 실물 크기의 모형을 만들기로 결정하고는 '스키프-DM'이라고 이름 붙였다. 이 우주선은 길이 36.9미터에 무게가 77톤이었다. 이 스키프 모형 시범 모델은 1985년 여름 속성 작업을 위해 고르바초프에게 제안된 프로그램 중 하나였다.[38]

물리학자이자 우주연구소 소장으로 소련의 심우주深宇宙 탐사 노력을 진두지휘한 로알드 사그데예프는 고르바초프의 집무실에서 소규모로 열린 회의에 참석한 일을 기억했다. 고르바초프는 여전히 배우는 과정이었기 때문에 복잡한 군축 문제에 관해 질문을 던지고 자세한 내용을 흡수하고 있었다. 사그데예프에 따르면 소련 우주 산업의 최고위 관료 하나가 고르바초프에게 독자적인 스타워즈를 구축하자고 호소했다. 관료는 이렇게 말했다. "저를 믿으십시오. 우리는 미국의 전략방위구상 계획에 상응하는 나름의 스타워즈 프로그램을 구축하지 않으면서 시간만 허비하고 있습니다."

사그데예프는 "웃음을 참느라 죽는 줄 알았다"는 말로 그때의 기억을 떠올렸다. 그는 소련이 스타워즈 개발에 필요한 수십억 루블을 감당할 수 없고 결정적인 기술, 특히 초고속 컴퓨터와 정밀 광학이 부족하다는 것을 알고 있었다.[39]

당시만 해도 아직 집권 초기였고 따라서 고르바초프는 완전히 권력을 장악하지 못한 상태였다. D-20과 SK-1000의 프로젝트 목록을 보면 군산복합체에 대한 두려움만 커질 뿐이었다. 1985년 7월 15일, 중앙위원회는 소련판 미사일 방어를 위해 마련된 기다란 제안 목록을 승인했다. 여기서 중요한 것은 승인—대부분의 프로그램이 몇 년 뒤에나 현실화될 예정이었다—자체가 아니라 설계자들과 제작자들의 고삐 풀린 야심이다. 그들은 레이건의 꿈에 필적하는 값비싼 대규모 미사일 방어망의 구축을 원했다. 그들은 지난 세월 소련 무기 체계를 배후에서 움직여온 세력이었다. 고르바초프는 그들의 계략을 이겨야 했다.

벨리호프는 자기 경험과 예측을 통해 고르바초프가 직면한 험악한 장애물을 헤쳐나갈 수 있도록 도울 준비를 했다. 열린 사고와 기업가 정신을 지닌 벨리호프야말로 제때 나타난 적격 인물이었다. 그의 전공 분야는 핵물리학과 플라스마 물리학이었다. 소련의 무기 설계자들이 고르바초프에게 자신들의 원대한 계획을 내놓을 때 벨리호프는 그 결함을 지적했다. 그는 1960년대까지 거슬러 올라가는 미사일 방어망 구축을 시도해온 소련의 극비 역사를 알고 있었다. 거기에 참여했기 때문이다. 확실히 소련은 이런 시도를 통해 엄청난 곤란을 무릅쓰고 과학과 공학에서 획기적인 발전을 이룩했다. 하지만 차세대 우주무기를 제조하는 데는 아직 미치지 못했다.[40]

가장 구체적인 성과는 1972년의 탄도탄요격미사일제한협정에서 허용하는 지상 기반 미사일 방어 시스템을 모스크바 주변에 완성한 일이었다. 공격을 당할 경우 도시 주변 여러 곳에서 요격 로켓들이 발사되어 날아오는 탄두를 격추하는 태세를 갖추었다. 소련은 또한 상대적으로 원시적이나마 위성 요격 무기도 개발했다. 1960년대에 처음 설계된 이 무기는 목표물인 위성과 같은 궤도에 진입해서 재래식 무기를 발사하는 방식이었다. 이 시스템은 1983년 대부분 가동을 중단했다.[41]

하지만 신형 레이저와 우주무기의 탐색에서는 많은 차질이 있었다.

1960년대와 1970년대에 막대한 지출이 소요되었기 때문이다. 카자흐스탄의 발하슈 호수 동부 연안의 사리샤간에는 이 사업을 위한 실험장이 건설되었다. 과학자, 설계자, 군 당국 등은 우주 전투 기지에서 위성을 타격하거나 날아가는 미사일을 저지할 수 있는 강력한 빔을 만들어내는 꿈을 꾸었다. 그들은 레이건의 꿈이 출현하기 훨씬 전 우주와 지상에 레이저 설계도를 그리고 있었다. 그러나 그들은 우주 공간에 아무것도 만들어내지 못했다.

냉전 시대의 전설적인 설계자 중 한 명인 블라디미르 첼로메이는 SS-19 대륙간탄도미사일과 양자$_{量子}$로켓, 순항 미사일, 초기 위성 요격 무기 등을 설계한 인물이었다. 그는 경력이 막바지로 치닫던 1978년 위성 요격 무기를 탑재한 '꼬마' 우주왕복선을 제조해 발진시키자고 제안했다. 젊은 세대의 떠오르는 별이었던 벨리호프가 첼로메이의 꼬마 왕복선을 검토하는 위원단에 참여했다. 위원단은 이 제안을 거부했고, 이 과정에서 벨리호프는 미사일 방어의 어려움을 한층 깊이 이해하게 되었다. 벨리호프는 말한다. "첼로메이 건은 부결되었다. 돌아보면 이 일은 레이건의 스타워즈 제안을 맞닥뜨리게 될 소련에게는 아주 훌륭한 예방 접종이었다. 5년 전 우리는 이미 이 모든 내부 토론을 거치며 기술 공학 차원에서 무척 상세한 분석을 했기 때문이다."

날아가는 미사일을 저지하는 것은 기술적으로 악몽의 과제였다. 소련의 과학자와 설계자들은 1962년부터 1978년까지 위성과 미사일을 결딴낼 수 있는 초강력 레이저를 만들기 위해 분투했다. LE-1이라는 이름이 붙은 첫 번째 대규모 프로젝트는 사리샤간에서 만든 루비 레이저*였다. 연구 끝에 이것이 약 100킬로미터 떨어진 항공기를 추적할 수 있

---

* 인조 루비 결정을 이용하는 고체 레이저.

는 것으로 드러났지만 우주 공간에서는 불가능했고, 게다가 이 레이저로는 물체를 격추할 수 없었다.[42] 이보다 발전된 레이저인 암호명 테라-3Terra-3 또한 10년 동안 계획 단계에 있었다. 이 레이저를 시험할 계획이 잡히자 사리샤간에 동력원과 레이저 빔 조준 시스템을 위한 구조물이 건설되었다. 소련 과학자들은 테라-3 개발 시기에 레이저 기술에서 진보를 이루었다. 하지만 이 기술을 무기화하는 데는 실패했다. 이 시스템이 격추해야 하는 재돌입탄도탄reentry vehicle은 명중시키기가 무척이나 어려운 표적이었다. 소련은 결국 1978년 이 프로젝트를 포기했다.[43] 고출력 레이저를 이용해 저궤도 위성을 공격한다는 목표 아래 테라-3K라는 이름의 후속 모델도 계획되었지만 현실화되지는 않았다.[44]

설계자들은 초인적인 노력에도 불구하고 소련 기술과 혁신의 한계, 미사일 방어의 까다로운 물리학적 난관에 부딪혔다. 레이저 무기에는 엄청난 에너지원과 최상의 광학, 정밀 조준 기술이 필요했다. 설계자와 과학자들은 레이저 빔을 우주 공간에 쏠 때 빔이 산포되는 경향과 씨름했다. 물리학자이자 아카데미 부원장인 벨리호프는 설계자들이 맞닥뜨린 곤란을 알고 있었다. 그는 자신의 연구에서 자기 유체역학 발전기magneto hydrodynamic generator를 만드는 일을 도운 적이 있다. 잠깐의 폭발로 엄청난 양의 전기를 생산하는 이 발전기는 잠재적인 레이저 동력 공급원 후보였다. 또한 벨리호프는 원시적인 수준의 컴퓨터야말로 소련 설계자들을 가로막는 거의 극복할 수 없는 장애물이라는 사실을 알고 있었다. 공간을 날아가는 총알을 맞히려면 엄청난 양의 연산을 고속으로 할 필요가 있었다. 벨리호프는 아카데미에서 컴퓨터과학부를 책임지고 있었고, 소련의 컴퓨터 기술이 10년 이상 뒤처져 있다는 걸 알고 있었다.

소련의 많은 무기 과학자들이 비밀 엄수와 고립을 강요하는 환경 속에서 일을 한 반면 벨리호프는 훨씬 더 넓은 세상을 볼 수 있는 혜택을

데드핸드

받았다. 교황 요한 바오로 2세가 전 세계 과학자들에게 핵전쟁의 위험성을 검토해야 한다고 호소했을 때 소련 당국은 벨리호프를 자국을 대표하는 과학자로 선정했다. 1982년 가을, 벨리호프는 교황청과학원에서 핵전쟁과 우주무기를 둘러싼 토론을 하면서 과학자들과 폭넓은 접촉을 했다. 바티칸 선언은 세계 강대국들에게 전쟁에서 결코 핵무기를 사용하지 말 것을 촉구했다. "핵전쟁이라는 재앙은 막을 수 있고 막아야 한다."[45] 이 선언은 소련의 군축 선전과 일치했지만 벨리호프는 로마와 다른 곳의 회의 경험을 통해 서구를 더 잘 이해하게 되었고, 결국 서구의 도움을 받아 고르바초프를 인도하게 된다. 그는 레이건이 미사일 방어에 관한 연설을 한 지 2개월 뒤인 1983년 5월, 핵전쟁의 위험성을 경고하기 위해 모인 소련 과학자 25명의 대표로 지명되었다.[46] 이번에도 역시 주된 의도는 소련의 군축 선전이었을지 모르지만 벨리호프와 과학자들은 그들 나름의 길을 걸었다.

1983년, 벨리호프는 크렘린으로부터 다시 한 번 기술적인 관점에서 레이건의 미사일 방어 제안을 평가해달라는 요청을 받았다. 검토 결과, 레이건의 꿈이 실현되기 힘들 것이라는 결론이 나왔다. 소련 과학자들은 직접 고된 노동과 실패를 겪으면서 이 사실을 알고 있었다. 그로부터 2년 뒤 고르바초프가 집권했을 때, 벨리호프는 바로 그 문서를 꺼냈다. 그는 미사일 방어의 실체를 정직하고 냉정하게 평가하는 데 필요한 지식과 경험을 두루 갖추고 있었다.[47]

벨리호프는 1985년 여름과 초가을에 찾아온 결정적인 전환점에서 이 경험을 활용했다. 고르바초프에게 소련판 스타워즈를 구축하지 말라고 권고한 것이다. 그는 정면으로 마주 보고 경쟁하는 냉전 방식을 포기할 것을 권했다. 고르바초프는 물론 이런 주장을 편견 없이 받아들였다. 그 역시 현실이 녹록지는 않지만 원칙적으로는 제로섬 게임에서 손을 떼기를 원하고 있었다. 벨리호프는 확실히 고르바초프를 다른 어떤 곳으로 인도하고 있었다.

소련의 무기 설계자들은 레이건이 추진하는 일에 맞불을 놓는 방식, 곧 대칭적인 대응을 원했다. 벨리호프는 이와 대조적으로 '비대칭적 대응'을 주장했다. 레이건에게 응수는 하되 똑같이 행동하지는 말자는 것이었다. 미국의 방어 시스템이 날아가는 탄도미사일을 요격하려면 공간에서 고속으로 움직이는 1,000개의 점을 거의 완벽하게 동시에 조준해 파괴해야 했다. 비대칭적 대응의 한 구상은 오히려 이 시도를 되받아쳐서 고속으로 움직이는 점—진짜든 가짜든 상관없이—을 훨씬 더 많이 만들어내 미국의 방어 시스템을 무력화한다는 것이었다. 그렇게 되면 소련 미사일 가운데 일부는 방어망을 뚫고 목표물을 명중시킬 것이었다.

비대칭적 대응에 필요한 하드웨어에 관해서는 전문가들 사이에서 생각이 엇갈렸다. 카타예프의 기록에 따르면 소련 공학자들은 미사일 요격 시스템을 골탕 먹이는 기술적인 속임수를 내놓았다. 예를 들어 미끼decoy나 가짜chaff라고 부르는, 탄두를 모방해 방어망을 교란하는 방해용 물체를 뿌릴 수 있었다. 또 탄두를 회전시키고 교묘하게 기동해서 탐지를 피하거나 방어 시스템의 눈을 교란해 미국의 위성과 지휘소를 무력화할 수도 있었다.

다른 방법은 이보다 불길했다. 더 많은 미사일과 엄청난 양의 추가 핵탄두를 만드는 것이었다. 소련은 미사일에 강점이 있었으며 완전히 새로운 미사일 방어망을 구축하는 것보다는 미사일 탄두를 두세 배 늘리는 게 더 쉽고 비용도 저렴했다. 이런 접근법은 하나의 가설이었지만 완전히 가설인 것만은 아니었다. 카타예프의 기억에 따르면 SS-18 대륙간탄도미사일의 최신판은 한 기당 열 개의 탄두를 탑재했다. 이 미사일은 소련이 보유한 것 가운데 가장 크고 상대가 가장 두려워하는 다탄두 무기

데드핸드

였다. 그러나 미사일의 사거리를 조금 줄이고 탄두를 소형화하면 "핵탄두를 40개까지" 탑재할 수 있도록 SS-18을 개조할 수 있었다. "미사일하나에 말이다!" 카타예프는 문서 자료에 포함된 별도의 정확한 도표를 통해 개조된 SS-18에는 38개의 탄두를 탑재할 수 있다고 언급했다. 당시 소련은 이 미사일을 308기 배치한 상태였다. 이 미사일을 전부 개조하면 전체 탄두 수가 2,464개에서 1만 2,084개로 늘어날 터였다. 그렇게되면 미국의 방어망이 미사일을 저지하기가 훨씬 어려워진다. 물론 이이야기는 미사일 설계자들이 초창기에 논의한 하나의 구상에 불과하다. 하지만 레이건이 추진하는 스타워즈에 대해 소련이 어떻게 대응할 수 있는지를 여실히 보여주는 사례라고 할 수 있다.[48]

고르바초프는 확실히 이런 식의 비대칭적 대응을 선호하지 않았다. 그는 무기를 늘리는 게 아니라 제거하기를 원했다. 그는 회고록에서 이런 선택에 관한 자세한 이야기를 피했다. 2006년 나와 인터뷰했을 때에도 여전히 이 문제에 관해 이야기하는 것을 불편해했다. "우리에게 프로젝트가 있기는 했습니다. 하나 있었지요. 분명히 존재했습니다. 하지만지금은 폐쇄됐어요. 다 파기되었고요. 겨우 몇 백억 루블에 불과합니다. 하지만 끔찍한 프로젝트지요. 끔찍한 대응입니다." 그러고는 한마디 덧붙였다. "SS-18 미사일 하나가 어떤 겁니까? 그건 체르노빌 100개에 해당합니다. 미사일 하나가 말이에요."[49]

무기를 늘리는 것만이 답은 아니었다. 비대칭적 대응에는 세 번째접근법이 있었다. '말'이야말로 고르바초프의 밑천이자 최고의 무기였다. 그는 장광설이긴 하지만 확고한 연설가였다. 과연 고르바초프가 레이건의 꿈에 대해 단순히 '아니오'라고 말하는 것만으로 레이건을 납득시키고이제 그만 어리석은 생각은 잊어버리도록 설득할 수 있었을까? 아마도그가 제대로 정곡을 찔러 거래를 성사시켰다고 봐야 할 것이다. 소련이 맞먹기에는 너무도 큰 힘이 들지만 미국 역시 아직은 보유하지 못한 그들의 무기 체계를 철회하도록 만들고 오히려 그 상황을 양쪽 모두가 원하는 결과—핵무기의 대폭 감축—로 바꾸는 데 성공했다고 말이다.

고르바초프는 이것이 최선의 답임을 깨달았다. 레이건을 설득해 미사일 방어의 꿈을 단념하게 만들 수 있다면 소련이 몇 년 뒤처진 분야—첨단 기술—에서 무리한 경쟁을 벌이지 않아도 되었다. 국내적인 요소도 중요하게 작용했다. 군산복합체는 계속해서 더 많은 자원을 요구하며 미국의 위협을 들먹였다. 고르바초프가 레이건을 설득해 '스타워즈' 구축을 포기시킬 수 있다면 국내의 장성들과 미사일 설계자들에 맞서는 게 좀 더 쉬워질 것이었다. 또한 무기 경쟁의 속도를 늦춤으로써 국가 현대화에 착수할 시간과 자원을 찾을 수 있을 것이었다.

하지만 1985년 여름 군과 방위산업은 강력한 세력이었다. 벨리호프는 고르바초프가 역류에 휘말리는 모습을 보았다. 고르바초프는 중앙위원회의 관료주의에 의지하는 당의 인물이었다. 장성과 장관, 국가보안위원회의 말에 귀를 기울이지 않을 수 없었다. 그리고 기존의 군 주류는 벨리호프와 야코블레프를 비롯하여 서기장 주변에 있는 진보적 사상가들을 불신했다. 고르바초프는 군과 방위산업을 경계하고 자신과 비슷하게 신중한 태도를 취하는 조언자들에게 둘러싸여 있었지만 공공연하거나 신속하게 군과 방위산업에 반기를 들지 않았고 그럴 수도 없었다.[50]

하지만 그는 막후에서 철저하게 새로운 방향으로 나라를 이끌기 시작했다. 흔히 지도자의 용기를 정의할 때 적극적인 행동으로 무언가를 이루어 내는 것을 기준으로 삼지만 이 경우 고르바초프의 위대한 공헌은 무언가를 하지 않기로 결정한 데 있었다. 그는 소련판 스타워즈를 구축하지 않았다. 그리고 또다시 대규모 무기 경쟁을 벌이는 일을 피했다.

고르바초프는 곧바로 손에 든 패를 보이지 않았다. 이런 방향 전환의 전모가 드러나는 데는 시간이 걸렸다. 고르바초프는 전술에 능했다.

7월 말, 고르바초프는 소련 독자적으로 핵실험을 중단하겠다고 발표하고 미국도 소련의 조치를 뒤따를 것을 권유했다. 하지만 레이건은 그의 권유를 따르지 않았다.

전략방위구상이 실제로 작동되지 않을 것이라는 벨리호프의 자신만만한 주장에 대해 소련 동료들은 종종 어려운 질문을 제기했다. 만약 미국이 가진 최고의 기술로 효과적인 미사일 방어망을 만드는 게 가능하지 않다면, 만약 핵무기를 쓸모없는 존재로 만들겠다는 레이건의 말이 순전히 꿈에 불과하다면, 왜 미국은 매년 그렇게 많은 돈을 쏟아붓고 있는 것일까? 카타예프가 회고하는 것처럼 소련 분석가들은 레이건이 발표한 의도의 "목표와 수단 사이에 뚜렷한 불일치가 존재함"을 발견했다. 카타예프의 말마따나 소련 전문가들은 미국이 "무엇 때문에 그걸 추진하고 있는지" 자문했다. "실용주의로 유명한 미국인들이 도대체 무슨 미명 아래 기술적, 경제적 실패의 위험이 상상을 초월하는 때에 미국 역사상 가장 웅대한 프로젝트를 위해 지갑을 여는 걸까?"

"아니면 이 장막 뒤에 뭔가 다른 게 있는 걸까?" 카타예프의 말마따나 소련의 전략 무기 전문가들은 레이건의 꿈에 대한 열정을 보면서 "처음부터 정치적 허세와 속임수의 가능성에 관해 생각"할 수밖에 없었다. 그들은 이런 열정이 "합판과 판지로 만든 할리우드 마을"이 아닐까 궁금해했다. 이런 의문은 답을 찾지 못했다.

카타예프의 말에 따르면 소련의 몇몇 전문가들—정확히 누구인지는 말하지 않았다—은 레이건이 추구하는 목표에 관해 훨씬 더 어두운 견해를 갖고 있었다. 그들은 언제나 미국인들은 문제에 대해 체계적으로 접근한다는 특징이 있으며 "쓸데없는 일은 결코 하지 않는다"고 결론지었다. 그들은 전략방위구상은 속임수나 허세가 아니며 미국의 방위 계약 업체들에게 보조금을 주어 "파산"의 위기에서 구하고, 우수한 첨단 군사 기술을 새롭게 고도화하려는 은밀하고도 거대한 노력을 가리기 위한 핑계라고 결론을 내렸다. 카타예프의 말처럼 아마 이것이야말로 "전략방위구상이라는 빙산 중 물속에 있는 거대한 부분"일 터였다. 하지만 이런 분석은 지독한 오판이었다. 레이건이 1980년대 초 기록적인 군사 예산으로 방위 계약 업체들을 살찌우긴 했지만 국방비는 미국 경제 전체에서 비교적 작은 부분이었다. 첨단 기술이 새롭게 급증하기는 했지만 그 대부분은 민간 부문, 곧 실리콘밸리의 기업가 정신에서 싹을 틔우고 있었다. 그리고 미국의 방위 계약 업체들이 소련의 초대형 군산복합체와 똑같은 구실을 하는 것은 아니었다. 소련 분석가들은 설명할 수 없는 미국의 현상에 대해 자신들의 경험—이 경험에서는 군산복합체가 의사 결정의 중심에 있었다—을 잘못 적용하고 있었다. 냉전의 양쪽 편은 서로에게 여전히 수수께끼투성이의 블랙박스였다. 미국인들은 고르바초프의 급진적인 의도를 알지 못했다. 소련인들은 레이건의 꿈을 이해하지 못했다.

고르바초프는 1985년 8월 말 『타임』과 인터뷰를 했는데, 그가 구사한 언어는 수십 년 동안 계속된 냉전 대결로부터 빠져나와 신선한 변화를 이야기하고 있었다. 그는 전략방위구상에 관한 질문을 받자 소련 전문가들은 이것을 "순전한 환상이자 꿈 같은 계획"으로 본다고 말했다. 그의 진보적인 전문가 자문단이 인터뷰 준비를 도왔다.[51] 그로부터 2주일 뒤, 레이건은 일기에 이렇게 적었다. "우리의 연구 프로그램을 팔아버리지 않기로 결정했다—소련이 핵무기 감축을 약속하는 대가로 전략방위구상의 포기를 내준다거나 하지 않기로 말이다."[52] 9월 27일 처음 워싱턴에 도착한 셰바르드나제는 레이건에게 고르바초프가 보낸 서한을 전달했

데드핸드

다. "우주 공격 무기를 완전히 금지하는" 대가로 두 초강대국이 장거리 핵무기를 50퍼센트씩 감축하자는 제안이 담겨 있었다. 제안은 받아들여지지 않았다. 레이건은 스타워즈 제한을 수용할 수 없었다. 하지만 다른 한편으로 기존 핵무기를 대폭 삭감하기 위한 준비를 했다.[53]

워싱턴에서는 와인버거의 국방부와 케이시와 게이츠의 중앙정보국이 공히 고르바초프에 관해 깊은 회의를 나타냈다. 펜타곤은 『소련의 군사력 Soviet Military Power』이라는 화려한 연간 소책자를 발간했는데, 레이건의 군사 지출에 대한 의회의 지지를 끌어내기 위해 고안된 선전 책자였다. 1985년 4월 출간된 4판에는 소련이 "다양한 궤도 위의 위성들을 공격할 수 있는 두 개의 지상 기반 레이저를" 보유하고 있다는 주장이 담겨 있었다.[54] 엉뚱한 과장이었다. LE-1 레이저나 테라-3 레이저 어떤 것도 공격 능력이 없었기 때문이다. 한 화가의 작품 구상 같은 흑백 연필 스케치가 58쪽 상단에 실렸는데, 사리샤간 실험장의 모습을 보여주려는 취지였다. 꼭대기가 돔 형태인 건물에서 하늘로 하얀 레이저 빔이 발사되는 모습이었다. 다음과 같은 도판 설명이 붙어 있었다. "사리샤간 실험장의 고에너지 빔 연구 개발 현장에는 지금은 위성 요격용으로 사용 가능하지만 어쩌면 미래에는 탄도미사일 방어용으로 사용할 수도 있는 지상 기반 레이저도 있다." 여기서 핵심적인 단어는 '사용 가능'과 '어쩌면'이었다. 사실 우주 공간의 목표물을 겨냥한 레이저 무기를 개발하기 위해 오랜 시간과 많은 비용을 쏟아부은 탐색은 이 시점에 이르면 완전히 실패한 상태였다. 소련이 희망을 버린 것은 아니었지만 펜타곤의 그럴듯한 소책자는 과거의 실패작을 새로운 위협으로 과대광고한 것이었다.

10월, 미국 국무부와 국방부는 '소련의 전략 방위 계획 Soviet Strategic Defensive Programs'이라는 제목의 새로운 보고서를 출간했다. 이번에도 사리샤간의 연필 스케치가 등장했다. 글에서는 소련이 레이저 무기에서 이룩한 성과가 "인상적"이라고 주장했다. 소련 과학자들이 레이저 분야에서 진전을 기록한 것은 맞지만 제대로 작동하는 신형 무기를 만들어낸 것은 아니었다. 보고서에서는 소련이 "레이저 무기로 목표물을 추적, 공격하는 데 필요한 광학 시스템을 개발하는 능력도 보유했을지 모른다"고 말했다. 사실 추적은 할 수 있지만 공격은 하지 못했다.

레이건은 10월 12일 라디오 연설에서 이 주제를 꺼내들었다. "소련인들은 오래전부터 자기들 나름의 전략방위구상에 관해 진전된 연구를 수행해왔습니다. 그들은 연구에 성공하고 있으며 우리 전문가들은 그들이 세기말까지 우주 공간에 첨단 기술 방어 시스템을 배치할 수 있을 것이라고 말합니다." 어떤 이는 이 말을 일반적인 수사修辭라고 치부할지 모른다. 하지만 레이건의 말을 들여다보면 그가 소련 체제의 경제적 쇠퇴와 질식할 듯한 지도부가 군에 어떤 영향을 미치는지 전혀 파악하지 못했다는 것이 드러난다. 소련은 온갖 역경에 맞서 초인적인 노력을 통해 가까스로 초강대국의 지위에 올라섰지만 내부의 엄청난 압박과 고통스러운 균열에 시달렸다. 레이건의 주장과 달리 소련은 미사일 방어 시스템을 우주에 배치할 준비도 되어 있지 않았다. 레이저로 위성을 결딴낼 준비가 되어 있지 않았다—그리고 장래에도 결코 그런 능력을 얻지 못했다. 수학과 물리학에서 여러 위대한 인물을 낳은 나라, 체스 챔피언을 여럿 배출하고 스푸트니크 위성을 발사한 나라가 1980년대에 이르러 컴퓨터 혁명에서 뒤처지고, 경제적 퇴보 상태에 빠지고, 다음 세기를 맞이할 대비가 전혀 되어 있지 않다는 건 비극이었다. 그러나 레이건은 소련의 대내 차원에서만 약점을 발견했다. 그 외에는 예를 들면, 군은 훨씬 더 강력하다고 보았다.

소련의 전략 방위에 관한 10월 보고서는 주목할 만한 또 다른 판단

착오를 보여주었다. 벨리호프를 비롯한 소련의 지도적인 과학자들을 위선자라고 비난한 것이다. 이 문서는 한 단락에서 소련 과학자의 다수가 1983년 레이건의 전략방위구상에 반대하며 『뉴욕타임스』에 실린 서한에 서명했다고 지적했다. 벨리호프가 지목되어 사진까지 실렸다. 벨리호프가 "레이저를 전략, 전술용으로 응용하는 연구를 수행하는" 모스크바 외곽에 위치한 쿠르차토프연구소의 지부인 트로이츠크의 원자력연구소 소장이라는 지적은 맞는 말이었다. 하지만 이런 서술이 의도하는 바는 벨리호프가 소련 체제의 몰지각한 선전용 꼭두각시이자 비밀 무기 개발자라는 것이었다. 미국인들은 중요한 점을 놓친 셈이었다. 벨리호프는 레이저 무기를 연구했지만 바로 그 때문에 고르바초프에게 미사일 방어에 관한 사실을 있는 그대로 이야기해줄 수 있었다.

11월로 예정된 제네바 정상회담이 가까워짐에 따라 레이건은 고르바초프를 만나 일대일로 설득하는 능력을 시험해보고 싶어 안달이 났다. 1979년 이래 정상회담이 열린 적은 없었다. 레이건은 이제 대통령 임기가 3년밖에 남지 않은 상태였다. 시간을 허비하고 싶지 않았다. 훗날 레이건은 회고록에서 "나는 개인적으로 브레즈네프를 시작으로 소련 지도자와 일대일로 만나는 꿈을 꾸어왔다"고 적었다. 그러면서 그는 지도자들이 어떤 일에 합의하면 다른 모든 것이 제자리를 찾아가리라고 믿는다고 말했다. 이제 마침내 기회가 눈앞에 다가오고 있었다.

레이건은 원래 한 쪽짜리 브리핑 문서를 선호하는 사람이었는데 정상회담을 준비하면서 산더미 같은 정보에 파묻히게 되었다. 맥팔레인과 매틀록은 중앙정보국과 국무부에서 20여 개의 브리핑 문서를 취합했는데, 각각 보통 줄 간격으로 8~10쪽이었다. 맥팔레인의 말에 따르면 레이건은 이 문서들을 반갑게 받아서 가장자리에 메모를 했다고 한다.[55]

물론 개인적으로 불만을 토로하기도 했다. "초등학생처럼 달달 외우자니 정말 짜증이 나는군."[56] 전문가들은 대통령에게 고르바초프는 신선한 스타일의 소련 지도자를 대표하며 극적인 변화가 진행 중이지만 체제 자체를 위협하는 변화는 없다고 말했다.[57] 슐츠의 회고에 따르면 "정보기관 종사자들과 정부 주변의 다른 소련 전문가들은 소련 내부의 경제 문제와 사회 문제가 아무리 나쁘다 해도 소련은 결코 변하지 않으며 사실 변할 수도 없다고 말했다".[58] 중앙정보국이 레이건에게 제출한 '11월 회담을 위한 고르바초프의 개인적 의제'라는 제목의 브리핑 문서에서는 고르바초프가 "군축이나 지역 문제에서 중요하고 실질적인 돌파구가 열릴 것이라는 기대를 거의 하지 않는다"고 말했다. 오랜 경력을 지닌 소련 전문가로 역시 대통령에게 브리핑을 한 게이츠는 고르바초프가 휘둘리는 일은 없을 거라고 예상했다. 게이츠는 다음과 같은 결론을 내렸다. "고르바초프는 단지 레이건보다 오래 버티려고 할 것이다."[59]

레이건은 전문가 케이 올리버가 한 중앙정보국의 브리핑에 매료되었다. 얼마 전 '소련 체제에 대한 국내적 압박Domestic Stress on the Soviet System'이라는 제목의 국가정보평가서 초안을 작성한 올리버는 레이건에게 소련의 일상생활 쇠퇴—알코올 중독, 소외, 약물 남용, 경제 몰락—에 관해 말해주면서 1970년대와 1980년대 초 어떻게 "지배 엘리트 집단이 정체되고 냉소적이고 부패하고 비효율적으로 변했는지"를 설명했다.[60] 레이건은 이런 주제들을 접하면서 평생 동안 지녀온 선입견을 더욱 군혔다. 레이건은 올리버가 "확인되지 않은 출처에서 들은 내용을 확인해주었다"고 만족한 듯 일기에 썼다. "소련은 경제가 마비된 국가이며 무엇보다도 국민들이 종교로 돌아서는 일이 급속하게 확산되고 있다."[61]

레이건은 작가이자 소련 문화 전문가인 수전 매시의 이야기를 경청했고 매시의 책인 『불새의 땅: 옛 러시아의 아름다움Land of the Firebird: The

『Beauty of Old Russia』을 읽었다. 매시는 레이건이 브리핑 자료에서 볼 수 있는 것보다 소련 국민들에 관해 더 많은 것을 알고 싶어 안달이었다고 회고했다. "그는 배우였다. 대개 배우는 느낌을 통해 흡수하는 걸 좋아하는데, 그는 상황을 이해하는 데 도움이 되는 종류의, 이를테면 정수精髓를 공식적인 자료에서만…… 얻지 않았다." 매시는 브리핑에서 소련인들에 대한 할리우드식의 전형적인 인상을 반박하려고 노력했다. 매시가 레이건에게 해준 말은 요컨대 고르바초프는 제멋대로 움직이고 다루기 힘든 나라, "수많은 공산당원들이 일사불란한 걸음으로 행진을 하는 나라와는 거리가 먼 나라"를 통치하기 위해 불려왔다는 것이었다. 또한 매시는 레이건과 젊은 고르바초프가 대비되는 것을 걱정하지 말라고 말했다—사실 레이건이 더 확고한 위치에 있었기 때문이다.[62]

레이건은 자신이 받은 인상을 요약하면서 비서에게 4쪽 반 분량의 메모를 받아쓰도록 했다. 타이핑을 한 뒤 레이건이 볼펜으로 교정한 이 메모를 보면 회담 전에 그가 어떤 생각을 했는지가 생생하게 드러난다. 레이건은 고르바초프가 급진적인 변화를 초래하지 않을 것이라는 신중론자들의 견해를 받아들였다.

"나는 고르바초프가 소련의 전통적인 목표에 전념하는 무척 지적인 지도자라고 믿는다."

레이건은 이런 말도 덧붙였다. "그는 만만찮은 협상자가 될 테고 소련의 대외 정책과 군사 정책을 효율화하려고 노력할 것이다. 그는 (여느 소련 서기장처럼) 소비에트 공산당의 위계질서에 의존하며, 자신이 소련의 전통적인 목표에 헌신하고 있으며 힘이 있음을 그들에게 입증하려고 애쓸 것이다." 레이건은 군비 통제에 관해 고르바초프가 "소련 경제를 정체시키는 국방비 지출 부담을 줄이기"를 바랄 것이라고 썼다. 또한 고르바초프는 군축을 통해 "전략방위구상에 반대하는 데도 도움이 되길"

기대할 것이다. 왜냐하면 "그는 우리와 경쟁하는 비용을 직시하는 걸 원치 않기" 때문이다.[63]

그해 가을 소련 체제에 대한 경제적 압박은 심상치 않게 악화된 상태였다. 사우디아라비아는 시장 점유율을 끌어올리기 위해 급진적인 정책 변화를 시도하면서 원유 생산을 늘렸다. 원유 공급 과잉이 세계 석유 시장을 강타하면서 유가가 폭락했고 소련의 외환 소득도 급격하게 하락했다. 한 추정치에 따르면 모스크바는 한 해 200억 달러의 손실을 보았다. 고르바초프가 이끄는 후진국은 갑자기 훨씬 더 가난해졌다.[64]

레이건의 메모에는 소련 군부에 관한 흥미로운 발언도 있었다. 그는 원래의 메모에서 내부를 연구해보면 "소련인들이 전쟁을 계획하고 있다는 게 명백히 드러난다"고 썼다. "소련인들은 전쟁을 벌이지 않고 이기고 싶어하는데 그럴 가능성은 그들이 준비를 철저하게 해서 우리가 항복이냐 죽음이냐 하는 최후통첩에 직면하는 상황이 생기는지에 달려 있다." '항복이냐 죽음이냐 하는 최후통첩'이란 말은 레이건이 반공 연설에서 걸핏하면 들먹이던 비유 가운데 하나였다. 레이건의 언급은 '취약점'에 관해 경고한 1970년대 말 자신의 슬로건에서 곧바로 끄집어 낸 것처럼 보인다.

매틀록에 따르면 레이건은 "소련은 전쟁 개시를 계획하고 있는 게 아니라 전쟁을 치를 때 미국을 압도할 수 있는 계획을 짜고 있다는 조언을 받았다".

레이건은 자신이 불러준 메모를 읽으면서 불안을 느꼈고 소련이 전쟁을 계획하고 있다는 부분을 줄을 그어 지웠다. 그러고는 이렇게 적어 넣었다. "소련은 우리에게 항복이냐 죽음이냐 하는 최후통첩을 내놓을 만큼 훨씬 많은 준비를 해서 이기고 싶어한다." 여전히 상대방에 대해 회의적이고 무시무시하며 어두운 견해였다.

슐츠와 맥팔레인은 11월 5일 정상회담을 준비하기 위해 모스크바에서 고르바초프를 만났다. 두 사람이 본 고르바초프는 의욕에 넘치고 비타협적인 분위기를 풍겼다. 고르바초프는 비대칭적 대응이라는 폭넓은 윤곽에 따라 발언을 했지만 아주 세련된 언어를 구사하지는 못했다. 그는 레이건의 전략방위구상을 비판하면서 그 목적이 미국의 군산복합체를 구제하려는 것이라고 말하기도 했다. 군산복합체에서 1,800만 명의 미국인을 고용하고 있다면서 말이다. 경제학자 출신으로 노동장관을 지낸 바 있는 슐츠는 고르바초프가 가진 정보가 형편없는 것을 보고 놀라면서 국방 부문은 미국 경제에서 극히 작은 일부분일 뿐이라고 대꾸했다. 그러고는 고르바초프를 상대로 세계 경제가 어떻게 새로운 정보화 시대로 접어들고 있는지에 관해 잠깐 강연을 했다―소련으로 가기 전 머릿속에서 미리 구상해둔 내용이었다. 고르바초프는 완강하고 확고했다. "우리는 무슨 일이 벌어지고 있는지 압니다. 우리는 왜 당신들이 이런 일을 하는지 안다고요. 당신들은 환상에 고무된 겁니다. 당신들은 우리보다 정보화가 앞서 있다고 생각하지요. 또 기술에서도 우리를 앞서고 있다고 생각하고, 그걸 이용해 소련에 대해 우위를 확보할 수 있다고 생각하지요. 하지만 그건 환상입니다." 고르바초프는 만약 레이건이 스타워즈 계획으로 앞서나간다면 "우리는 당신들을 파산하게 만들어주겠다"고 경고했다.

그러고는 이런 말을 덧붙였다. "우리는 당신네 방패를 깨뜨릴 군사력 증강에 몰두할 겁니다."[65]

고르바초프와 대화를 나눈 후 슐츠는 레이건에게 전화를 걸었다. 그날 밤 레이건은 일기에 이렇게 적었다. "고르바초프는 우리가 전략방위구상을 양보해야 한다고 철석같이 주장한다―글쎄, 이번 회담은 압도적인 힘과 고정된 물체가 충돌하는 사례가 될 것이다."[66]

슐츠가 귀국해 레이건에게 브리핑을 한 뒤 대통령은 이런 말을 덧붙였다. "고르바초프는 미국에 관한 많은 허위 정보에 빠져 있고 그걸 전부 믿는 것 같다. 예컨대 미국인들이 소련인을 싫어하는 것은 우리 무기 제조업자들이 선전을 통해 그들을 자극해야 우리한테 계속 무기를 판매할 수 있기 때문이라는 식이다."[67] 레이건은 자신 있게 단언했다. "제네바에서 단둘이 방에 앉아 실제 현실을 제대로 알려주어야겠다."[68]

정상회담이 있기 몇 주 동안 소련판 스타워즈에 회의적인 입장을 견지하던 우주연구소 소장 로알드 사그데예프가 학계와 예술계의 엘리트들과 함께 중앙위원회 회의에 초청받았다. 그들은 이제부터 허가를 요청하지 않고도 외국인을 자유롭게 만날 수 있다는 말을 들었다. 사그데예프는 "그 소식을 듣고 피가 끓는 것처럼 흥분되었다"고 회고했다. "모든 게 엄격한 통제와 빡빡한 규제를 받는 사회에서 심지어 외국인에게 전화번호도 건넬 수 없었다." 그는 벨리호프를 비롯한 고르바초프의 주요 자문역들과 합류해서 정상회담 1주일 전에 제네바로 가는 비행기에 탑승하라는 지시를 받았다. 또 개방적인 태도로 임하고 언론 인터뷰도 하라는 지침이 내려왔다.[69] 수백 명의 기자가 전화를 걸었고, 정상회담 참가단은 계속 분주했다. 텔레비전 기술자를 비롯해 총 3,614명의 언론인이 정상회담 취재단에 등록했다. 예측 불가능하다는 점 때문에 기자들이 더 많이 몰렸다—초강대국 간 정상회담 역사상 사전에 대화 내용이나 서명할 조약을 조정하지 않은 채 회담이 진행된 경우는 거의 없었다. 오랫동안 반공주의를 추구한 레이건의 전력과 집권 초기 몇 달 동안 고르바초프가 불러일으킨 호기심도 불확실성을 더욱 부추겼다. 중앙정보국도 그곳에 있었다. 게이츠의 회고에 따르면 중앙정보국은 "고르바초프가 제네바에서 환영받지 못한다고 느끼도록 하기 위해 온갖 노력을 다했다". 소련 반

데드핸드

대 시위와 회의, 전시 등을 후원한 것이다.[70]

　11월 16일 제네바에 도착한 당시 74세의 레이건은 기대에 부풀어 있었다. "하느님, 부디 제가 준비가 되어 있고 연습을 지나치게 한 게 아니기를 바랍니다." 첫 번째 회담은 메종플뢰르도에서 열릴 예정이었다. 제네바 호수 서쪽 연안에 있는 방 스무 개짜리 19세기 대저택이었다. 레이건과 부인 낸시는 미리 저택을 둘러보았는데 호숫가에 있는 수영장이 딸린 아늑한 집을 발견했다. 레이건은 백악관 선발대에 미리 알려 고르바초프와 그곳에서 불을 피워놓고 비공식적인 한담을 나눌 수 있게 해놓았다. 레이건은 준비 과정에서 모의 정상회담을 실시했다. 매틀록이 고르바초프 역할을 맡았다. 그는 러시아어로 말을 하면서 고르바초프의 몸짓을 흉내 내려고 애썼다.[71] 또 다른 브리핑에서 레이건은 피곤해 보였다. 긴 침묵이 흘렀다. "나는 지금 1830년에 있네." 대통령이 갑자기 말문을 열면서 참모들을 놀래켰다. "1830년 상트페테르부르크의 모든 작은 가게 주인들과 러시아의 재능 있는 사업가들에게 무슨 일이 생긴 건가? 어떻게 순식간에 사라질 수 있지?" 참모들은 그가 매시의 책에 푹 빠져 있음을 깨달았다.[72]

　11월 19일 오전 10시 직후 레이건이 코트도 걸치지 않은 채 고르바초프를 맞이하려고 종종걸음으로 계단을 내려가던 순간 제네바 호수에서 찬바람이 불어왔다. 당시 54세로 취임한 지 채 1년도 되지 않았던 고르바초프는 파란 줄무늬 목도리와 코트로 중무장한 채 검은색 질 리무진에서 내려 중절모를 벗으면서 레이건에게 물었다. "코트는 어쩌셨습니까?" "안에 있습니다." 레이건이 유리문을 가리키며 저택 안은 따뜻하다는 몸짓을 하면서 대답했다. 그러고는 고르바초프의 팔꿈치를 잡고 안내했다. 훗날 레이건이 회고한 바에 따르면 두 사람이 사진 기자들을 위해 악수를 하는 동안 레이건은 고르바초프에 대해 다른 생각을 품게 되었다. "나는 고르바초프에게 호감이 가는 점이 있음을…… 인정해야 했다. 그의 얼굴과 풍채에는 온기가 있었다. 그때까지 내가 만난 대부분의 소련 고위 관리들에게서 목격한 증오에 가까운 냉기가 그에게는 없었다."[73]

원래 계획은 저택 안에 들어가 15분 동안 잠시 둘만의 자리를 갖고 그다음 확대 회담을 하는 것이었는데, 레이건과 고르바초프는 처음 만남에서 통역관만 대동한 채 한 시간을 보냈다. 레이건은 곧바로 둘 사이의 불신을 완화하고 싶다고 밝혔다. 두 사람의 손에 세계의 운명이 달려 있다는 것이었다. 그러고는 평생 동안 한 연설에서 모은 틀에 박힌 문구와 격언을 늘어놓았다. 나라들은 무기 때문에 서로를 불신하는 게 아니라 불신 때문에 서로를 무장시킨다, 사람들이 서로를 향해 이야기할 때 문제가 생기는 것이 아니라 서로에 관해 이야기할 때 문제가 생기는 법이다 등등. 고르바초프는 감정적이지 않은, 심사숙고 끝에 나온 호소로 대꾸했다. 두 초강대국은 서로를 무시할 수 없다, 두 나라는 서로 밀접한 관계가 있다 등등. 그러고는 자신이 과거의 차이를 무릅쓰고 양국의 관계를 개선하기에 이르렀다고 말했다. 두 나라는 자신들이 무기 경쟁을 종식시키기 위해 진지하게 노력한다는 점을 세계에 보여주려는 구체적인 "추진력"을 만들어낼 필요가 있었다. 고르바초프는 레이건에게 미리 준비한 제스처를 보이면서 소련 과학자들이 최근에 계산한 바에 따르면 앞으로 3년 안에 캘리포니아에서 대지진이 일어날 가능성이 높다고 말해주었다. 레이건은 자신도 지진이 진즉에 일어났어야 한다는 걸 알고 있다고 말했다. 두 지도자는 해빙의 실마리를 찾았다.

뒤이어 열린 공식 회담에서 두 사람은 참모진이 배석한 가운데 무기 경쟁으로 화제를 돌렸다. 고르바초프는 양국에서 "군이 막대한 자원을 집어삼키고 있다"고 말했다. "핵심적인 문제는 어떻게 무기 경쟁을 중단하고 군비를 축소할 것인가 하는 점입니다." 레이건은 아이젠하워가 한 '평화를 위한 원자력' 연설 이야기를 꺼내면서 원자력을 국제화하자고 제안했다. 레이건은 미국은 언제나 제시하는 쪽이고 소련은 거부하는 쪽이라고 불만을 털어놓았다. 또 앞서 두 초강대국이 무기 증가 속도를 늦추자는 합의에 도달했다면 이제는 "산더미처럼 쌓인 무기"를 실제로 줄이고 싶다고 말했다. 그러고는 "미사일이 목표물에 도달하기 전에 그것을 파괴하는 미사일 방어망"에 관한 자신의 꿈을 설명하기 시작했다. 레이건은 그것은 무기가 아니라 방어 시스템이라고 부르고 싶으며 개발에 성공하면 소련과 그 성과를 나누고 싶다고 말했다. 레이건이 고르바초프에게 제안하기로 미리 정한 사전에 계획된 작은 깜짝 선물이었다. 소련 지도자는 점심시간 휴회 전에 대꾸할 시간이 없었지만 숙소로 돌아가면서 침울한 기분을 느꼈다.[74]

고르바초프는 첫인상에 관해 이렇게 회고했다. "레이건은 단순한 보수주의자가 아니라 '공룡' 정치인처럼 보였다."[75]

반면 대통령은 쾌활했다. "우리 패거리는 내가 잘했다고 했다."[76]

오후에 고르바초프는 다시 반격에 나서 이번에는 활력과 열정을 가지고 비대칭적 대응을 전개했다. 고르바초프는 전략방위구상에 대한 반론을 잇달아 쏟아냈다. 우주 공간에서의 무기 경쟁으로 이어질 것이며 단순한 방어 경쟁이 아니라 공격 경쟁이 될 것이라는 말이었다. 그는 연구자들이 어떤 방패도 뚫을 수 있다고 했다며, 그런데 대체 왜 그런 것을 만드냐는 말도 덧붙였다. 보복 위협도 했다. 레이건이 계속 전략방위구상을 밀어붙이면 기존 공격용 무기를 절대 감축할 수 없다는 것이었다. 소련의 대응은 "똑같은 수준이 아니라 더 단순하고 효율적인 시스템"이될 것이라는 말도 덧붙였다.

"우리는 당신네 방패를 깨뜨리기 위해 군사력을 증강할 겁니다."

그는 "7개 층"의 우주 방어망이 있다면 중요한 결정을 컴퓨터의 손에 맡기는 자동화가 필요할 것이라고 덧붙였다. 정치 지도자들은 벙커에 숨은 채 컴퓨터가 결정을 내리게 될 터였다. 그는 레이건에게 말했다. "이렇게 되면 통제 불가능한 과정이 벌어질 수 있습니다. 당신네는 이런 데까지 생각해두지 못한 것 같은데, 돈만 낭비하는 일이 될 테고 또 더 많은 불신과 더 많은 무기를 야기할 겁니다."

레이건은 자신의 전망과 꿈을 설명하는, 자기가 아는 최선의 방식으로 대꾸했다. 그는 상호 확증 파괴 개념에는 "문명과 거리가 먼 부분이 있다"고 말했다. 그러면서 고르바초프에게 이야기 하나를 들려주었다. 유엔 주재 미국대사가 중국인들을 만난 적이 있었다. 중국인들이 대사에게 물었다. 무엇이든 뚫을 수 있는 창을 가진 남자와 어떤 것이든 막아내는 방패를 가진 남자가 만나면 어떻게 될까요? 대사는 모르겠다면서, 하지만 방패가 하나도 없는 남자가 창을 가진 적수와 만나면 어떻게 되는지는 안다고 말했다. 레이건은 어느 누구도 방패가 없는 처지가 되려고 하지는 않는다고 역설했다.

바로 이때 레이건은 고르바초프에게 나가서 신선한 공기를 좀 마시며 수영장 딸린 집으로 가자고 권했다. 고르바초프는 그 제안이 반가운 듯 의자에서 벌떡 일어났다고 레이건은 기억했다.[77] 두 사람이 수영장이 딸린 집의 작은 방에 도착했을 때는 이미 화톳불이 활활 타오르고 있었다. 두 사람은 통역관만 배석한 채 편안한 의자에 앉았다.

레이건은 곧바로 서류철에서 종이를 몇 장 꺼내 고르바초프에게 건넸다. 그러면서 장차 체결할 협정의 씨앗이 될 군축 회담의 목표라고 설명했다. 고르바초프가 문서를 읽는 몇 분 동안 방 안에 정적이 흘렀다. 그리고 이내 두 사람은 가장 어려운 견해 차이 문제를 다시 꺼냈다—미사일 방어, 곧 우주 공간의 무기 문제 말이다. 고르바초프가 알고 싶어했다. 레이건이 내놓은 목록에는 왜 그에 관한 내용이 하나도 없는가? 레이건은 자신의 꿈은 방어용이며 무기 경쟁을 악화하는 일은 없을 거라는 말을 되풀이했다. 몇 마디 말이 오고 갔다. 고르바초프는 레이건을 설득해 꿈을 포기하게 만들고 싶었고 레이건은 고르바초프에게 마술을 믿게 하려고 애를 썼다. 통역관의 노트에 두 사람의 대화가 포착되었다.

고르바초프: 핵무기를 없애는 게 목표라면서 왜 다른 영역에서 무기 경쟁을 시작하는 겁니까?

레이건: 이건 사람을 죽이거나 도시를 파괴하는 무기가 아닙니다. 이건 핵미사일을 파괴하는 무기입니다.

고르바초프: 우주무기의 연구, 개발, 실험, 배치를 금지하고 그다음에 공격용 무기를 50퍼센트 감축합시다.

레이건: 왜 자꾸 우주무기에 관해 얘기하는 겁니까? 우리는 정말 지구에 있는 인간을 위협하는 어떤 걸 우주로 날려보낼 의도가 없습니다.

고르바초프: 미사일에 대한 어느 정도 수준의 방어는 몰라도 훨씬 더 많은 수의 미사일에 대한 방어는 전혀 확실하지 않을 겁니다.

레이건: 우리 국민들은 이 방어망을 압도적으로 원합니다. 국민들은 하늘을 보면서 미사일이 갑자기 날아와 우리 나라를 모조리 날려버리면 어떻게 하나 하고 생각합니다.

고르바초프: 미사일이 지금 날아오는 것도 아니지 않습니까. 전략방위구상이 실제로 실행되면 소련과 미국이 우주 공간에 공격용 무기를 겹겹이 쌓을 테고, 그것들이 뭔지는 오직 하느님만이 아실 겁니다. 그리고 하느님은 아주 선별적이고 드물게만 정보를 주시겠지요. 부디 우리가 당신네한테 보내는 신호를 알아들으세요—우리는 지금 절대 놓쳐서는 안 될 기회를 잡고 있는 겁니다!

두 사람은 아무 결론도 내리지 못한 채 본관으로 터벅터벅 돌아갔다. 하지만 두 사람 모두에게 뭔가 변화가 있었다. 마침내 상대방의 조치를 받아들이게 된 것이다. 그날 밤 레이건은 일기에 이렇게 적었다. "그이는 완강하지만 나 역시 그렇다." 훗날 고르바초프는 "이미 '인간적인 요소'가 조용히 실행되고 있었다"고 회고했다. "우리 둘 다 계속 접촉을 하고 단절을 피하려고 노력해야 한다는 걸 감지했다."[78]

고르바초프는 돌아오는 길에 갑자기 분위기가 냉랭해지는 것을 느꼈다. 하지만 레이건에게 이번이 마지막 만남은 아닐 거라고 말했다. 레이건은 서로 각국을 방문하자고 제안했다. 고르바초프는 문에 다다르기 전에 그러자고 동의의 뜻을 밝혔다.[79]

둘째 날, 다시 분위기가 한껏 고조되었다. 고르바초프는 소련 과학자가 수행한 연구에 따르면, 전략방위구상을 구축하기로 한 레이건의 결정에 붙은 설명대로라면 6,000억 달러에서 1조 달러에 달하는 새로운 군사비 지출이 추가된다는 것을 발견했다고 말했다. 레이건은 그 과학자가 공상적인 계산을 한 것이라고 응수했다. 방어 시스템을 구축할 수 있으면 모두가 그 시스템을 사용할 수 있다는 것이었다. 그러면 미국과 소련 국민뿐만 아니라 사실상 "모든 인류"에게 핵전쟁의 악몽이 끝날 터였다.

고르바초프가 레이건의 말을 가로막기 시작했다. 소련이 결코 공격하는 일이 없을 거라고 말하는데 왜 당신은 믿으려고 하지 않는가? 레이건이 미처 대답하기 전에 고르바초프는 질문을 되풀이했다. 그리고 다시 레이건의 대답을 가로막고는 대답을 강요했다. 고르바초프는 연구 결과를 공유하겠다는 레이건의 제안에 과연 진정성이 있는지를 물으면서 미국은 자기 동맹국들과도 선진 기술을 공유하지 않는다고 꼬집었다.

레이건은 고르바초프의 방해를 이겨내려고 애를 쓰다가 한순간 흥분해 마음속 깊이 간직해둔 희망을 쏟아냈다—**모든** 핵무기를 폐기할 수 있다는 희망 말이다. 또한 고르바초프에게 환생을 믿느냐고 묻고는 아마

데드핸드

자기는 전생에 방패를 발명했을 거라고 말했다.

스타워즈에 협력해달라는 레이건의 설득을 듣던 고르바초프는 냉정을 잃었다. 우리를 순박한 민족 취급하지 마세요! 레이건은 어쨌든 자신이 무시하는 태도를 보인 적은 없다고 말했다. 이 자리는 자유로운 토론의 장이었다.

레이건은 그날 밤 일기에 당일의 분위기를 적어두었다. "……상황이 엉망이 되었다. 그이는 정말로 호전적이었고 젠장, 나도 단단히 버텼다."

그날 저녁 만찬 이후 레이건과 고르바초프는 서재에서 만나 커피를 마시면서 다음 날 아침 전 세계에 회담 내용을 어떻게 제시할지 숙고했다. 슐츠가 고르바초프에게 화를 내면서 불만을 토로했다. 목소리를 높이고 손가락질까지 해대며 소련 쪽 협상가들—특히 외무차관 게오르기 코르니옌코—이 합의 결과에서 물러서고 있다고 했다. 슐츠는 필요하다면 협상가들이 밤을 새서라도 합의문을 만들어내야 한다고 말했다.

그 순간 빨간 비단 소파에 나란히 앉아 이야기를 듣고 있던 레이건과 고르바초프가 끼어들기로 결심했다. 레이건은 둘이 직접 문제를 다룰 테니 협상 담당자들은 테이블로 가서 양쪽의 견해차를 정리해오라고 지시했다. 고르바초프도 동의했다. 다음 날인 11월 21일 아침, 공동성명이 준비되었다. 성명을 낭독하기 위해 국제프레스센터로 가던 중 레이건이 고르바초프에게 고개를 돌려 작은 목소리로 말했다. "내 장담하는데, 우리가 악수를 나누면 두 나라의 강경론자들은 가슴이 찢어질 겁니다." 고르바초프도 고개를 끄덕였다.[80]

정상회담 머리기사는 레이건과 고르바초프가 다시 만나기로 했다는 것이었다. 하지만 지금 와서 보면 이것은 가장 중요한 뉴스가 아니었다. 훨씬 더 중요한 내용이 공동성명에 담긴 짧고 악의 없는 한 구절에 있었다. 성명을 인용하자면 두 초강대국은 "핵전쟁에서 승리하는 것은 불가능하며 결코 핵전쟁을 벌여선 안 된다"는 데 합의했다.

이 말은 듣기 좋으라고 집어넣은 슬로건이라고 치부할 수도 있고 전에도 레이건은 이 말을 한 적이 있었다.[81] 제네바에서는 단 하나의 핵탄두도 제거되지 않았다. 그리고 레이건은 미사일 방어 시스템을 구축한다는 소중한 목표에 조금도 다가서지 못했다. 고르바초프도 레이건의 목표를 저지하는 데 다가서지 못했다. 하지만 핵전쟁에서는 승리가 불가능하고 결코 핵전쟁을 벌여서는 안 된다고 공개적으로 선언하면서 스타브로폴 출신의 급진 개혁가와 할리우드 출신의 몽상가는 비상한 긴장과 공포로 점철된 오랜 역사에 종지부를 찍었다. 두 사람은 리안 작전의 끔찍한 괴로움과 공격이 임박했다는 안드로포프의 공포를 과거지사로 만들었다. 또한 소련이 핵전쟁을 벌여 승리하려는 계획을 갖고 있다는 생각을 땅속 깊이 묻어버렸다. 두 사람 모두 핵무기가 줄어든 세상을 원했고 서로 힘을 합쳐 제네바를 이 도정의 첫 번째 경유 지점으로 만들었다. 말은 힘이 있었고 두 사람은 말을 찾아냈다. 이제 행동을 찾아야 했다.

새해 첫날, 레이건과 고르바초프는 동시에 텔레비전으로 각각 상대방 나라의 국민들에게 새해 인사를 전했다. 역사상 처음 있는 일이었다. 레이건의 인사말은 저녁 뉴스 첫머리에 등장했고 소련의 많은 사람들이 처음으로 레이건의 얼굴을 보았다. 레이건은 말했다. "핵전쟁에서 승리하는 것은 불가능하며 핵전쟁을 벌여선 안 됩니다."[82]

11

레이캬비크로 가는 길

1986년 1월 5일 일요일 아주 늦은 저녁, 소련군 참모본부장 세르게이 아흐로메예프 원수는 부관 중 한 명인 니콜라이 체르보프 중장에게 전화를 걸었다. 체르보프 중장은 군축 협상을 다루는 법률부 부장이었다. 두 사람 모두 2차 대전 세대로 냉전 시대에 참모본부로 올라선 이들이었다. 고르바초프를 돕겠다고 약속한 강직한 사령관 아흐로메예프는 체르보프에게 다음 날 아침 6시에 본부 지시를 받으라고 지시했다. "비행기를 타고 미하일 세르게예비치 고르바초프에게 가게 될 거요." 소련 지도자는 흑해 연안에서 휴가 중이었다.

체르보프가 물었다. "뭘 가져가야 하고 어떤 제복을 입어야 합니까?"

"침착해요. 그리고 군복을 입어요."

다음 날 아침, 아흐로메예프는 체르보프에게 고르바초프에게 전달할 봉투 하나를 건네며 자기 개인 운전사에게 그를 공항까지 태워주라고 지시했다. 그리고 그가 오전 10시에 도착하는 걸로 고르바초프는 알고 있을 거라고 말했다.

체르보프가 불안한 표정으로 물었다. "질문 하나만 해도 될까요? 봉투 안에 뭐가 들었습니까?"

아흐로메예프는 전 지구적 군축에 관한 프로그램 초안이라고 말해주었다. "서기장한테 모든 세부 사항을 보고해요."[1]

고르바초프는 레이건과 제네바 정상회담을 하고 난 뒤 새로운 뭔가를 찾고 있었다. 체르보프가 봉투를 들고 도착하자 고르바초프는 그를 따뜻하게 맞이했다. 고르바초프는 그루지야공화국의 피춘다 연안에 있는 한 집에서 휴가를 즐기고 있었다. 나무 패널로 실내장식을 하고 널찍한 방에 사무실도 하나 있는 소나무 숲에 자리한 집이었다. 자연보호 구역에서 고독을 즐기며 쉬기에 안성맞춤인 곳이었다. 집 앞에 있는 조약돌 해변으로 파도가 밀려왔다. 고르바초프는 말을 아끼며 곧바로 물었다. "뭘 가져왔습니까?"[2]

봉투 안에는 구체적인 기한을 정한 3단계를 거쳐 2000년까지 모든 핵무기—미국과 소련은 물론 그 밖의 다른 나라가 보유한 모든 핵무기까지—를 폐기하자는 제안서가 들어 있었다. 아흐로메예프는 소련이 1983년 말 제네바 군축 회담장을 박차고 나온 이래 줄곧 이 구상을 궁리해왔다. 그는 무기 과학자들과 각 군의 참모들을 불러들여 비밀리에 이 문제에 대해 논의했다. 일단 제안서 초안이 작성되자 아흐로메예프는 그것을 책상 서랍에 넣어두었다. 그는 고르바초프가 취임한 첫해 동안에도 제안서를 비밀로 해두었다. 아직 공개할 때가 아니라는 생각에서였다. 아흐로메예프는 1985년 말에 이르러 고르바초프가 새로운 진취적 구상을 고민하자 서랍을 열었다. 파일에는 '2000년까지 전 세계에서 핵무기를 완전히 폐기하는 계획을 위한 소련의 제안'이라는 제목이 붙어 있었다. 단숨에 세계 언론의 머리기사를 장식하고 반핵 세력의 공감을 얻을 수 있는 전면적인 제안이었다. 아흐로메예프는 참모본부장으로 1년을 일하고 고르바초프와 8개월을 함께한 뒤 핵무기를 감축하기 위한 압력이 높아지고 있다는 것을 감지할 수 있었다. 그는 개인적으로 엄청난 양이 비축된 탄두의 감축을 원했고 고르바초프가 제안을 하면 전면적인 제거까지는 아니더라도 의미심장한 감축은 할 수 있을 것이라고 생각했다. 그는 고르바초프가 행동하는 인간이라는 걸 감지하고 있었다. 소련은 수십 년 동안 전면적인 군비 철폐를 요구해왔다. 하지만 아흐로메예프의 계획에서 새로운 점은 구체적인 일정이었다—세기의 전환점이 그 시한이었다.[3]

고르바초프는 체르보프가 서류를 꺼냈을 때 처음에는 회의적인 태도를 보였다. "당신네 구상에 새로운 게 있나요? 우리는 1945년 이래로 줄곧 이 문제를 거론했습니다. 그로미코가 유엔에서 이 이야기를 끊임없이 했잖아요. 서기장이 이걸 처음부터 다시 되풀이해야 합니까?"

"미하일 세르게예비치, 당신 말이 다 맞습니다." 체르보프가 대답했다. "그렇지만 과거에는 핵무기를 폐기하자는 일반적인 선언과 희망만이 있었습니다. 구체적인 게 전혀 없었습니다. '우리는 폐기에 찬성한다' 같은 일반적인 구상만 내놓았지요…… 이번 것은 가능한 모든 문제점을 자세히 설명하는 완전히 새로운 계획입니다. 핵 문제는 날이 갈수록 점점 더 뜨거운 쟁점이 되고 있습니다. 문서를 살펴봐주십시오." 고르바초프는 좀처럼 문서를 집어들려고 하지 않았다. 그러고는 혼잣말을 하는 것처럼 체르보프에게 물었다. "그런데 우리가 모든 핵무기를 **폐기해야** 합니까? 서구에서는 계속 핵무기가 많을수록 나라의 안보가 더 튼튼해진다고 말하고 있는데요. 이런 관념을 받아들여야 합니까? 당신 생각은 어때요?"

"미하일 세르게예비치, 대처 같은 서구 지도자들이 그런 취지로 발언한 건 다들 들어서 알고 있습니다. 저는 위험한 발언이라고 봅니다. 총이 많으면 저절로 발사되기 시작한다는 속담이 있습니다. 오늘날 전 세계에 너무나도 많은 핵무기가 쌓여 있어서 저절로 폭발할 수 있습니다……핵의 위험은 비축량에 비례해 커지고 있습니다." 귀에 익은 속담이었다. 고르바초프도 1984년 말 영국 외무장관 제프리 하우에게 비슷한 취지의 속담을 말해준 적이 있다. 고르바초프는 계속 귀를 기울이면서 몇 가지 질문을 더 했고 봉투를 집었다. 그러고는 조용히 문서를 읽었다. 체르보프는 고르바초프가 깊은 생각에 잠겼다고 보았다. 이윽고 체르보프가 입을 열었다. "이겁니다. 이것이 지금 필요한 겁니다." 하지만 고르바초프는 뭔가를 덧붙이기를 원했다. 왜 핵실험 금지에 관한 내용을 추가하지 않는 거지요? 화학무기 금지는요? 고르바초프는 백지를 꺼내 지시 사항을 적기 시작했다. 고르바초프가 다 적자 체르보프는 문서를 챙겨 아흐로메예프가 있는 모스크바로 돌아갔다.[4]

고르바초프의 원대한 계획은 선견지명이 있고 극적이며 몽상적인 것이었다. 그가 제안한 내용은 첫 단계로 5~8년 동안 모든 핵실험을 중단하고, 초강대국의 전략 핵무기를 50퍼센트 감축해 각각 6,000개 정도의 핵탄두를 보유하며, 파이오니어와 퍼싱Ⅱ, 지상 발사 순항 미사일을 비롯해 미국과 소련이 유럽 지역에 배치한 중거리 미사일을 폐기하자는 것이었다. 그는 미국과 소련이 함께 '우주 공격 무기'를 포기할 것도 요구했다. 레이건이 추진하는 전략방위구상을 타깃으로 한 말이었다. 두 번째 단계인 1990년부터 5~7년 동안은 프랑스, 영국, 중국 등 다른 핵 강국도 참여하는 가운데 미국과 소련의 핵무기를 계속 감축하며, 미국과 소

데드핸드

련의 소형 전술 핵무기도 폐기한다. 그리고 마지막 세 번째 단계에서는 2000년까지 모든 나라가 핵무기를 제거하고 다시는 결코 핵무기를 만들지 않겠다는 공동 협정에 서명한다.[5]

이 계획은 대담한 야심에도 불구하고 1986년 1월 15일 전형적이고 완곡한 방식으로 모습을 드러냈다. 소련의 정규 저녁 뉴스 프로그램인 〈브레먀Vremya〉의 아나운서가 한 다발의 종이를 집어들더니 무표정한 얼굴로 서기장의 군축 성명을 읽기 시작했다. 고르바초프는 어디에도 보이지 않았다. 타스통신은 4,879개의 단어로 된 문서를 배포했다. 다음 날 아침, 공식 신문인 『이즈베스티야』와 『프라우다』에 성명 전문이 게재되었다. 선언 내용은 원대했다. "소련은 1986년 벽두에 인류를 핵 재앙의 공포에서 해방시키기 위한 계획의 실행을 제안하는 바이다." 신문 독자나 텔레비전 시청자가 이런 질문을 던져도 무리는 아니었을 것이다. 그래서 어쩌라고? 군비 철폐는 수십 년 동안 소련이 줄기차게 외친 케케묵은 구호였고, 무기 경쟁은 어느 때보다도 빠르게 확대되고 있었다.[6]

하지만 이번에는 달랐다. 중앙위원회 국제부 차장 아나톨리 체르냐예프는 성명이 발표된 뒤 일기를 쓰면서 고르바초프가 불가능한 목표를 추구하고 있다고 생각했다. "나는 그가 정말로 무기 경쟁을 끝장내기로 결심했다는 인상을 받았다. 그는 이 '위험'을 감수하고 있다. 그가 이해하는 것처럼 그것은 전혀 위험이 아니기 때문이다—우리가 완전히 핵무기를 포기하더라도 누구도 우리를 공격하지 않을 것이다. 그리고 이 나라를 굳건한 지반 위에 세우려면 무기 경쟁의 부담을 덜어주어야 한다. 무기 경쟁은 경제만 소모시키는 것이 아니기 때문이다."

"맙소사!" 체르냐예프는 계속 일기를 써나갔다. "정치국에서 진정한 '차르'의 지혜를 보여준 사람, 고르바초프를 발견해서 지방에서 끌어낸 사람(안드로포프)이 있었다는 게 얼마나 큰 행운인가—그런 지역이 95개나 되는 나라에서 말이다! 이제 우리는 진짜 지도자를 발견했다. 지적이고 교양 있고 역동적이고 정직하고 사상과 상상력이 있는 지도자다. 그리고 대담하다. 신화와 금기(이데올로기적 금기를 포함해서)는 그에게 아무것도 아니다. 그는 어떤 신화나 금기도 때려눕힐 수 있다."[7]

1986년 1월 15일 텔레비전 아나운서가 〈브레먀〉에서 고르바초프의 성명을 읽기 시작한 그때, 워싱턴은 아직 이른 시간이었다. 소련대사 도브리닌은 아침에 슐츠에게 전화를 걸어 모스크바에서 중요한 발표가 있을 예정이라는 사실을 알려주었다. 그리고 전화 통화 직전 고르바초프가 레이건에게 보낸 편지가 도착했다. 새로운 제안 문서가 담긴 편지였다. 슐츠와 그의 보좌관들은 문서를 보고 곤혹스러웠다. 몇몇 쟁점을 일괄적이 아닌 하나하나씩 다루는 것 같은 새로운 사고도 있었고, 레이건의 전략방위구상을 저지한다는 소련의 요구 같은 오래된 장애물도 있었다. 폴 니츠는 문서에 매료되었다. "이것이 소련 쪽 누구의 작품인지 궁금하다."[8]

몇 주 전, 레이건은 사임한 맥팔레인을 대신해 존 M. 포인덱스터를 신임 국가안보보좌관으로 임명했다. 포인덱스터는 고르바초프가 제안을 내놓은 날 국가안전보장회의 소련 전문가로 당시 시내 건너편에 있던 매틀록에게 전화를 걸었다. 매틀록이 재빨리 백악관으로 달려오자 포인덱스터는 문서를 보여주면서 고르바초프가 과연 진지한 태도인지 의견을 물었다. 매틀록이 물었다. "벌써 타스통신에 나왔습니까?" 포인덱스터는 백악관 상황실 당직자에게 전화를 걸었고 문서가 전신으로 지금 막 오는 중이라는 말을 들었다. 매틀록은 그렇게 신속하게 계획을 공개하는 것을 보면 고르바초프가 "선전에 불과한 내용을 염두에 두고 있는 게 아닌가 하는 의심이 든다"고 말했다. 매틀록의 기억에 따르면 제안을 살펴

데드핸드

본 대부분의 정부 기관들은 그것이 "교묘한 속임수에 불과하다"고 보고 "단호하게 거절할 것을 조언했다". 백악관의 한 관리는 기자들에게 이렇게 말했다. "구사하는 언어가 기분 나쁩니다. 지나치게 유연해서 실제보다 더 좋아 보일지는 모르겠습니다." 그날 워싱턴 곳곳에서는 의심이 분분했다. 조지아 주 출신의 민주당 상원의원 샘 넌은 "영리한 선전 조처"라고 말했다.[9]

슐츠는 오후 2시에 레이건을 만나러 갔다. 그는 대통령이 이미 고르바초프의 성명에 관한 이야기를 듣고 흡족해하고 있는 걸 발견했다. 레이건이 물었다. "핵무기 없는 세상을 위해 세기말까지 기다릴 이유가 있나요?"

그날 밤, 레이건은 일기에 고르바초프의 제안에 관해 적었다. "그는 놀랍게도 2000년까지 전 세계의 핵무기를 없앨 무기 감축 계획을 호소하고 있다. 물론 그는 몇 가지 재미있는 말을 했고 여기에 대해서는 우리가 대처해야 할 것이다. 하지만 적어도 그건 대단한 선전 조처다. 어떻게 그 제안을 거절할 수 있는지를 설명하기는 쉽지 않을 것이다." 다음 날 레이건은 백악관 사진 촬영 시간에 기자들에게 이렇게 말했다. "실제로 누군가 핵무기를 제거하자고 제안한 건 이번이 처음입니다."[10]

하지만 이번에도 워싱턴 당국에서 대통령은 외로운 존재였다. 지난 40년 동안 핵 억제 개념은 미국의 전략적 사고에서 깊이 뿌리를 내리고 있었다. 슐츠는 말했다. "국무부 건물에서도 반대론자들이 열심히 일하고 있었다…… 어느 누구도 세계가 핵무기 폐기를 향해 나아간다는 생각을 받아들이지 못했다." 슐츠의 회고에 따르면, 무자비한 데탕트 비판론자인 국방차관보 리처드 N. 펄은 백악관 고위군축그룹Senior Arms Control Group에 나와서 "핵무기 없는 세계라는 대통령의 꿈—고르바초프가 집어든 바로 그 꿈—은 재앙이자 완전한 망상"이라고 말했다. "펄은 국가안전보장회의가 이 구상에 관해 논의해서는 안 된다고 말했다. 그렇게 되면 대통령이 자기와 생각이 같은 군축론자들에게 이런 결과를 달성할 수 있는 프로그램을 내놓으라고 지시할 터이기 때문이었다. 합동참모본부 대표자는 펄에게 동의했다. 그들은 이 구상이 정책으로 제도화되고 수용되는 것을 두려워했다."

고르바초프의 제안이 있고 이틀 뒤, 슐츠는 국무부 직원들에게 사실을 직시하라고 말했다. 그렇다, 그들은 모두 핵무기 폐기에 관해 회의적이었지만 "미합중국 대통령은 여러분과 생각이 같지 않다"는 것이었다. 슐츠는 "대통령은 그게 기가 막히게 좋은 생각이라고 본다"고 말했다.

슐츠는 1월 25일을 시작으로 소규모 실무 그룹을 꾸렸다. 워싱턴에서 정책을 수립하는 데 요구되는 엄격한 부처 간 협의 과정을 우회하려는 의도적인 시도였다. 실무 그룹은 매주 토요일 아침에 모였다. 슐츠와 게이츠는 이 회의에서 설전을 벌였다. 슐츠는 고르바초프가 진심이며 "대담하고 기민하다"고 생각했다. 반면 중앙정보국 부국장인 게이츠는 고르바초프가 소련의 낡은 틀의 일부라고 보았다. 당시 게이츠는 슐츠에게 편지를 보내 이렇게 말했다. "고르바초프가 권력을 승계한 이래 우리가 목격한 모습을 보면 **이제까지 기본적인 목표와 정책 측면에서 그가 전임자들만큼이나 여전히 전반적으로 완고하다고 믿을 수밖에 없습니다.**" 게이츠의 말에 따르면 핵무기를 폐기하자는 고르바초프의 새로운 제안은 "전술적으로는 현명한 일격"이지만 "그렇다고 소련의 기본적인 입장이 바뀌는 것은 아니"었다.[11]

2월 3일 월요일, 레이건은 백악관 상황실에서 고위 보좌관들과 만나 고르바초프의 제안에 어떤 반응을 보일지에 대해 논의했다. 나중에 레이건은 이렇게 말했다. "몇몇 사람들은 그 제안을 선전용 술책이라고 치부하고 싶어했다. 하지만 나는 그렇지 않다고 말했다. 이를테면 우리는 그들과 전반적인 목표를 공유하며 이제 세부적인 내용을 만들기를 원한다. 그게 선전용 술책이라면 그들 스스로가 그 사실을 드러낼 것이다. 나는 우리가 전략방위구상을 진척시키겠다고 발표할 것을 제안하지만 만약 연구를 통해 미사일 방어가 가능하다는 점이 밝혀지면, 우리는 어떻게 하면 우리뿐만이 아니라 전 세계를 보호하는 데 미사일 방어를 활용할 수 있는지를 알아낼 것이다."[12]

고르바초프는 앞으로 돌진했다. 그는 중앙위원회 국제부 차장 체르냐예프에게 전화를 걸어 국가 안보에 관한 보좌관을 맡아달라고 요청했다. 체르냐예프는 자유주의자였지만 고르바초프의 중추 세력에 속해 있지는 않았다. 그는 백과사전적인 지식으로 유명했다. 호기심이 굉장히 많고 솔직하고 대담한 사람이었다. 그는 연극을 사랑하고 시를 외웠으며, 심지어 서구 문학이 금지된 때에도 그것을 읽었다. 체르냐예프는 러시아 문화 속에서 최고의 학교와 교사를 통해 교육을 받았다. 대조국전쟁 Great Patriotic War*이 발발했을 때는 지원병으로 전선에 나가 싸우다가 중상을 입었다. 전쟁이 끝난 뒤에는 모스크바국립대학교를 졸업하고 거기서 교편을 잡았다. 체르냐예프는 1950년대 프라하에서 당의 새로운 저널인 『평화와 사회주의의 문제Problemy mira i sotsializma』의 직원으로 일했다. 모스크바에 비해 상대적으로 분위기가 개방적인 곳이었다. 체르냐예프는 이때의 경험으로부터 오래도록 지워지지 않는 깊은 인상을 받았고 모스크바로 돌아가서는 중앙위원회 조직에서 20년을 일했다. 그는 이 시기 동안 모스크바가 프라하의 봄을 짓밟고 아프가니스탄을 침공하는 모습을 보며 깊은 실망을 느꼈지만 자유화 개혁의 꿈을 버리지 않았다.

---

* 소련의 시각에서 2차 대전을 부르는 명칭.

체르냐예프는 고르바초프가 전화를 했을 때 처음에는 주저했다. 책임의 무게에 압도당했기 때문이다. 그의 나이 65세였고 고르바초프를 실망시킬까봐 걱정이 되었다. 그는 독서와 연극, 전시회, 음악원, 조용하고 차분한 삶을 위해 더 많은 시간이 필요했다.

"어떻게 생각합니까?" 고르바초프가 대답을 재촉했다.

체르냐예프가 대답했다. "미하일 세르게예비치, 이런 제안을 거절하는 사람은 없겠지요."[13]

그 뒤 결정적인 몇 해 동안 체르냐예프는 고르바초프의 곁을 지켰다. 그는 고르바초프에게 흠잡을 데 없는 충성뿐만 아니라 솔직한 조언까지 아끼지 않는 개혁파 두뇌 집단의 핵심 성원이었다. 체르냐예프는 다른 지식인들과 손을 잡고 글라스노스트glasnost(개방)와 페레스트로이카를 뒷받침하는 사상과 화력을 만들어냈다. 흥미로운 사실을 자세하게 보여주는 체르냐예프의 일기는 아마 고르바초프의 정책 결정과 사고에 관한 동시대 가장 중요한 설명일 것이다.[14]

1986년에 변화는 빠르게 다가오고 있었다. 스베르들롭스크의 당 서기 보리스 옐친이 수도로 발탁되었고 곧바로 생활 수준을 향상시키려는 포퓰리즘 운동에 뛰어들었다. 확고한 민주화 주창자인 알렉산드르 야코블레프는 싱크탱크에서 발탁되어 중앙위원회 이데올로기부장으로 임명되었고, 고르바초프의 또 다른 탁월한 조언자이자 '새로운 사고'의 심장과 영혼이 되었다. 체르냐예프는 고르바초프와의 회동 내용을 메모하기 시작했다. 나중에 야코블레프와 샤흐나자로프, 바딤 메드베데프를 비롯한 고르바초프의 다른 조언자들도 메모를 기증해 당대의 소중한 기록을 구성하는 데 기여했다.[15]

체르냐예프의 임명 직후 제27차 당대회가 열렸다. 1986년 2월 25일부터 3월 6일까지 전국 각지에서 모인 대의원 4,993명이 모스크바의 호텔을 메우고 진홍색으로 장식된 크렘린 의회 궁전 대회의장에 운집한 거대한 행사였다. 300명으로 구성된 중앙위원회를 승인하고 향후 5년 계획을 비준하기 위해 5년마다 열리는 대회는 고르바초프가 '새로운 사고'와 페레스트로이카의 첫 선을 보이는 무대였다. 고르바초프는 연설에서 아프가니스탄 전쟁을 "피 흘리는 상처"라고 언급했고, 군사 블록 간의 끝없는 대결보다는 비공산주의 세계와의 공존에 바탕을 둔 소련의 대외 정책을 설명했다. 그의 말은 미 제국주의에 관한 오래된 수사로 뒤덮힌 과장된 문장들로 채워져 있었고, 여전히 사회주의를 파괴하기보다는 활력을 불어넣으려고 노력했다. 하지만 그럼에도 불구하고 '새로운 사고'가 드러나 있었다.[16]

체르냐예프는 당대회가 끝났을 때 고르바초프가 "극도로 열광"한 상태였다고 회고했다. 하지만 그가 이런 성공을 맛보던 바로 그때, 레이건으로부터 차가운 바람이 불어왔다. 전해 워커의 스파이 집단이 발각된 뒤 레이건은 1985년 말 소련의 첩보 활동을 억제하기 위한 비밀 지시에 서명했지만 행동은 미뤄둔 상태였다. 당대회가 끝난 다음 날인 3월 7일, 미국은 소련이 뉴욕에 파견한 유엔 대표부 직원 수를 270명에서 170명으로 대폭 축소할 것을 소련에 주문했다. 고르바초프는 이 주문을 레이건이 기습적으로 날린 잽으로 받아들였다. 미국 관리들은 소련의 유엔 대표부를 국가보안위원회 스파이들의 본부라고 생각했다.[17] 사실 역대 가장 큰 피해를 입힌 스파이 둘은 소련 대표부 직원이 아니라 미국 정부 깊숙한 곳에서 일하던 이들—에임스와 핸슨—이었지만 말이다.

고르바초프를 좌절시킨 다른 사건도 있었다. 3월 13일, 정교한 전자 장비를 적재한 미국 전함들이 흑해에서 소련의 12마일 영해*를 6마일(약

---

* 유엔 해양법협약에서 정한 영해 폭.

9.7킬로미터) 침범해 들어온 것이다. 소련은 이런 명백한 도발에 대해 항의했다. 3월 20일, 볼가 강의 제조업 도시 톨리야티에서 연설 계획을 짜기 위해 참모들을 만난 고르바초프는 화를 냈다. 체르냐예프의 메모에 따르면, 고르바초프는 미국인들에게 좋은 자극을 주기를 바랐다. 그는 유럽이나 미국이 자신의 구상과 연설에 무관심한 모습을 이해할 수 없었다. "유럽과 미국의 반응은 어떻습니까? 변명, 회피, 미봉책과 약속을 통한 모면 시도밖에 없습니다."[18]

고르바초프는 소련이 자발적으로 부과한 핵실험 중단을 3개월 연장했지만 레이건은 별다른 반응을 보이지 않았다. 3월 22일, 미국은 글렌코Glencoe라는 암호명으로 네바다 주 사막 609미터 깊이에서 29킬로톤 규모의 지하 핵폭발을 일으켰다.[19] 고르바초프는 소련의 핵실험 중단을 계속 유지했지만 3월 24일에는 측근 그룹에게 쓰디쓴 불만을 털어놓았다. 핵실험 중단 선언으로 미국인들은 "군비 철폐 의도가 전혀 없다"는 것이 드러났다는 것이다. 체르냐예프는 고르바초프가 그날 이렇게 물었다고 회고했다. "미국이 원하는 게 뭡니까? 다시 대결로 치닫고 있는 것 같군요."

고르바초프는 다시 스타워즈라는 레이건의 완고한 꿈으로 관심을 돌렸다. 그는 소련이 비대칭적 대응을 하면 불과 10퍼센트의 비용으로 스타워즈를 무효화할 수 있다고 공언했다. 그가 물었다. "전략방위구상을 그렇게 두려워할 필요가 없지요?" 불과 몇 달 전 제네바 정상회담에서 미사일 방어에 반대하는 정력적인 캠페인을 벌인 것과 대조적인 어조였다. "물론 우리는 이 위험한 프로그램을 단순히 무시할 수는 없습니다. 하지만 이것에 관한 우리의 강박증을 극복해야 합니다. 그들은 전략방위구상에 대한 소련의 공포에 의지하고 있습니다—도덕, 경제, 정치, 군사적인 측면에서 말입니다. 따라서 그들은 우리를 지치게 만들기 위해 이 프로그램을 추구하고 있는 겁니다."[20]

고르바초프는 고위 참모들만 있는 가운데 이렇게 말했다. "우리는 국방 지출을 통해 우리 나라를 한층 더 가난하게 만들지 않도록 모든 노력을 기울여야 합니다."

고르바초프는 제네바 정상회담의 정신이 희미해지는 이유를 파악할 수 없었다. 그는 4월 2일 레이건에게 편지를 보냈다. "제네바 회담 이후 4개월이 넘는 시간이 흘렀습니다. 우리는 자문해봅니다. 왜 상황이 의도한 대로 진행되지 않는 겁니까? 상황을 개선하려면 어떻게 해야 할까요?" 그리고는 "점차 소련을 격렬하게 비난하는 말들이 들려온다"고 불만을 토로했다. 4월 3일, 고르바초프는 정치국에 개탄의 뜻을 나타냈다. "저녁에 고르바초프가 제안을 하면 다음 날 아침 미국인들이 재빨리 '노'라고 대답하는 모습을 전 세계가 지켜보고 있습니다." 4월 4일, 고르바초프는 모스크바를 방문한 미국의 영향력 있는 하원 지도자 두 명—플로리다 주 출신 민주당 하원의원 단테 파셀과 미시건 주 출신 공화당 하원의원 윌리엄 브룸필드—과 긴 회담을 가졌다. 그는 이 자리에서 "군비 철폐 문제를 연기해서는 안 됩니다"라고 말했다.

"기관차가 맹렬한 속도로 돌진하고 있습니다. 오늘은 아직 기차를 세울 기회가 있지만 내일이면 너무 늦을지 모릅니다."

그해 4월 초, 우크라이나의 평평한 습지와 숲에서는 벚꽃 향기가 봄바람에 실려 날아왔다. 프리피야트 강 양쪽에는 흰색과 빨간색 줄무늬의 굴뚝이 있는 거대한 핵 발전소가 있었다. 체르노빌 시에서 북쪽으로 16킬로미터 떨어진 작은 도시 프리피야트 바로 옆에 자리한 곳이었다. 발전소에는 1,000메가와트급 원자로 4기가 있었고, 추가로 2기가 건설 중이어서 완공되면 소련 최대의 핵 발전소가 될 예정이었다. 4월 26일 토요

일 아침, 원자로 4호기에서 실험이 진행 중이었다.[21]

원자로 노심은 높이 7미터, 직경 11.6미터, 무게 1,700톤의 거대한 흑연 덩어리였는데 우라늄 연료를 채운 봉을 삽입하는 구멍 1,661개가 벌집처럼 뚫려 있었다. 크레인으로 연료봉을 구멍에 삽입하면 핵분열이 일어나 열이 발생하고 그 결과로 물이 수증기로 바뀌어 전기를 발생시키는 터빈에 동력이 공급된다. 흑연에는 또 제어봉을 위한 구멍도 211개 뚫려 있었다. 원자로에 제어봉을 삽입하면 중성자를 흡수해서 핵분열의 속도를 늦추거나 중단시킨다. 시간당 7만 409세제곱미터의 물을 끌어올릴 수 있는 펌프 여섯 개가 원자로에 냉각수를 집어넣고, 두 개의 예비 펌프도 있다. 1973년에서 1990년 사이에 소련에서는 RBMK-1000 원자로 17기가 건조되었다. RBMK는 고출력 압력관형 원자로Reaktor Bolshoi Moshchnosti Kanalnyi의 머리글자를 딴 명칭이다. 1979년 사고가 발생한 스리마일 섬에 있는 것과 같은 서구의 원자로와 달리 소련의 RBMK-1000 설계에는 격납 용기가 없었다. 재앙이 일어날 경우 내부의 방사능이 유출되지 않게 하는 아치 모양의 콘크리트 덮개 말이다.

체르노빌 원자로 내부의 핵분열을 통제하고 감속하는 데 사용되는 봉, 펌프, 제어 장치는 전기에 의존했다. 외부 전력이 갑자기 끊기면 보조 디젤엔진을 가동하는 데 40초가 소요됐다. 하지만 40초 동안 전력이 공급되지 않으면 펌프가 원자로에 물을 공급하지 못해 원자로가 급속하게 과열된다. 이 40초의 간극은 소련의 설계자들이 이미 알고 걱정하는 문제였다. 설계자들은 여전히 이 결함을 고치려고 노력하고 있었다. 4월 26일 밤, 임시변통으로 만든 차선책을 실험했다. 기사들은 정전으로 인한 가동 중지 이후에도 고속 회전하는 터빈 날개가 자체 관성으로 계속 돌아간다는 걸 알고 있었다. 그들은 추론했다. 계속 돌아가는 날개를 이용해서 급수 펌프가 40초 동안 작동하는 데 충분한 전력을 만들어내면 어떨까? 실험의 목적은 회전 날개에서 얼마나 많은 전력이 발생하는지를 보는 것이었지만 당직 기사들은 제대로 준비가 되어 있지 않았고 원자로 설계에도 심각한 결함이 있었다.

자기 자리에 출근한 한 기사는 업무 일지를 보고 어리둥절했다. 그는 다른 사람에게 전화를 걸어 사정을 물었다.

"어떻게 해야 할까요? 계획표에 지시 사항이 있는데, 많은 부분이 펜으로 지워져 있어서요."

전화를 받은 사람은 잠시 생각하더니 대꾸했다. "지워진 지시 사항을 따르세요."[22]

토요일 자정이 지나 실험을 위해 원자로의 출력을 아주 낮은 수준으로 내렸다. 그런데 전력이 지나치게 낮았던 탓에 기사들은 너무 빨리 다시 출력을 높이려고 했다. 다시 원자로의 출력을 높이기 전에 핵분열로 생긴 부산물을 방출해야 하는데, 기사들은 이 위험성을 무시했다.

기사들이 원자로의 출력을 높이자 연쇄 반응이 시작되어 통제 불능으로 치달았다.

새벽 1시 23분쯤 원자로실로 들어온 감독은 잊을 수 없는 광경을 목격했다. 원자로에는 거대한 뚜껑이 있었다. '상단 생물학 차폐체upper biological shield'라는 이름의 이것은 일상적인 작동 중에 노동자들이 방사능에 노출되는 것을 방지하기 위한 것이었다. 이 뚜껑은 직경 약 15미터의 원형으로, 압력관 위에 위치한 각각의 입방체들로 이루어져 있었다. 아래쪽을 내려다본 감독은 349킬로그램 무게의 입방체들이 압력관 위에서 덜커덕거리며 춤을 추기 시작하는 걸 보았다. "1,700명의 사람들이 모자를 하늘로 벗어던지는 것 같았다."[23]

기사들은 비상 출력 저하 시스템을 가동하기 위해 'AZ'라고 표시된 빨간 비상 버튼을 눌렀다. 하지만 이미 늦은 상태였다. 기사들은 핵분열을 중단하기 위해 제어봉을 삽입하려고 필사적으로 노력했지만, 일부 설명에 따르면, 제어봉이 끼었다. 아마 노심의 구멍이 뒤틀렸기 때문일 것이다. 또한 제어봉에 설계상의 결함이 있었다. 제어봉에는 교환재displacer라고 부르는, 각 끝에 물과 흑연으로 된 부분이 있고 가운데에 흡수재absorber가 있었다. 제어봉이 중간에 끼자 흡수재가 핵분열을 감속하는 데 유용하도록 노심까지 충분히 깊이 내려갈 수 없었다. 게다가 제어봉 때문에 압력관에서 물이 빠져나와 열과 증기가 증가한 것으로 보인다. RBMK-1000 원자로 설계에서 과도한 증기는 핵 연쇄반응을 가속화했다. 흑연 노심 내부의 열이 급등하자 더 많은 물이 증기로 바뀌었고 그에 따라 원자로가 한층 더 뜨거워졌다. 원자로는 증기가 늘어나고 열이 높아지면서 통제 불능 상태가 되었다.

오전 1시 23분, 두 차례의 폭발이 일어나면서 체르노빌이 뒤흔들렸다. 엄청난 양의 열과 압력을 발생시킨 연쇄반응에 의해 야기된 대단히 강력한 폭발이었다. 원자로는 산산이 날아갔고 폭발에 이어 화재가 발생했다. 폭발로 인해 4호기 원자로 지붕까지 수직으로 구멍이 생겼다. 모자챙을 젖힌 것처럼 육중한 뚜껑이 옆으로 밀려났고 방사능 물질—기체, 흑연, 부러진 연료봉 조각 등—이 대기 중으로 밀려나왔다. 일부 파편은 현장 근처에 떨어졌다. 방사능 성분은 바람에 실려 유럽 전역으로 퍼져나갔다. 초기 오염도 악몽 같았지만 또 다른 악몽이 닥쳐왔다. 흑연 노심에 불이 붙어 열흘 동안 타면서 더 위험한 물질들을 대기 중으로 토해낸 것이다.

사고가 터지고 몇 시간 뒤 흑연 노심이 불타는 가운데 에너지차관 알렉세이 마쿠힌으로부터 모스크바의 중앙위원회로 '비상 보고서'가 도착했다. 마쿠힌은 체르노빌이 처음 건설될 당시 우크라이나 에너지장관을 지낸 인물이었다. 보고서에 따르면 4월 26일 오전 1시 21분 원자로 상부에서 폭발이 일어나 화재 피해가 생기고 지붕 일부가 파손되었다. "오전 3시 30분 화재가 진압되었다." 발전소 직원들은 "원자로 활성 구역을 냉각하는 조치"를 취하고 있었다. 보고서에 따르면 주민 대피 조치는 필요하지 않았다.

마쿠힌 보고서의 거의 모든 내용이 오류였다. 원자로는 여전히 불타는 중이라 냉각과는 거리가 멀었고 당장 주민들을 대피시켜야 했다. 보고서가 말하지 않은 내용은 훨씬 더 불길했다. 현장에서 방사선 검출기가 작동하지 않았고 소방대원을 비롯한 구조대가 적절한 보호 장비도 없이 파견되었다. 또 관리들은—결론을 내리지 못한 채—주민 대피에 관해 논쟁하고 있었다.[24]

고르바초프는 오랜 세월이 흐른 뒤 오전 5시에 전화로 사고 소식을 처음 들었다고 회고했다. 하지만 4월 26일 저녁이 되어서야 실제로 원자로가 폭발하고 대기 중에 거대한 방사능 유출이 있었다는 사실을 알게 되었다고 주장했다. "우리가 거대한 핵 재앙에 직면하고 있다는 건 아무도 몰랐다. 간단히 말해 처음에는 최고위 전문가들조차도 상황의 심각성을 깨닫지 못했다."[25] 체르노빌 사태 내내 고르바초프 곁을 지킨 체르냐예프는 "우리 최고위 지도부조차 핵에너지와 관련된 곤란과 위험성을 완전히 깨닫지 못했다"고 회고했다. 그는 "책임자들을 신뢰했다는 이유로 고르바초프를 탓할 수 있다"고 인정하면서도 이렇게 덧붙였다. "핵에너지는 군산복합체와 직접 연결된 것이었기 때문에 모든 게 완벽하다는 사실이 당연하게 받아들여졌다. 그리고 체르노빌 같은 '경악스러운 사태'가 일어날 가능성은 전무하다고 여겨졌다."[26]

정보가 부족한 이유는 반사적으로 진실을 덮어버리는 소련 체제 자체에 있었다. 각급 기관마다 지휘 계통 상하로 거짓말이 전달되었고 국민들은 아무것도 알지 못했으며 다들 희생양만 찾았다. 고르바초프는 이런 낡아빠진 체제의 꼭대기에 있었다. 그가 저지른 가장 큰 잘못은 이런 은폐 양상을 곧바로 깨뜨리지 못했다는 것이다. 그는 천천히 대응했다. 행동하는 인간이 마비된 순간이었다. 그는 재난 현장이나 핵 발전을 책임지는 관리들로부터 진실을 구해야 할 때 그러지 못했다. 지난해 고르바초프는 개인적인 카리스마로 레닌그라드 거리에 흥분을 일으켰지만 폭발 사고가 나고 18일 동안 대중 앞에 모습을 드러내지 않았다. 그는 군부의 비밀주의를 멸시했지만 정작 자신도 진짜 재난이 벌어진 상황에서는 자국민과 유럽 대부분의 나라 앞에서 침묵만을 지켰다. 지난 1월 모든 핵무기를 폐기하자고 호소했던 고르바초프는 갑작스레 핵폭발 이후 세계의 모습을 보여주는 파국적인 실례에 직면했고, 그것은 그가 짐작할 수 있던 것보다 훨씬 더 끔찍한 광경이었다.

격납 구조물이 없는 상태에서 방사성 동위 원소들이 대기 중으로 쏟아져나왔다. 오염 물질은 바람을 따라 북쪽으로 이동했는데, 일요일에는 스웨덴 스톡홀름에서 북쪽으로 160킬로미터 떨어진 포르스마르크 핵 발전소에서도 방사능이 검출되었다. 스웨덴은 4월 28일 월요일 정오에 소련과 마주 보는 자리를 가졌다. 고르바초프는 오전 11시에 정치국 비상회의를 소집했지만 크렘린은 사고에 관해 국내나 해외에 한마디도 하지 않았다. 비상회의에 참석한 고르바초프의 참모들은 이렇게 메모를 남겼다. "상황이 급박하지만 정보가 거의 없다."[27] 역사학자 볼코고노프의 말에 따르면, 고르바초프는 정치국에서 사고 처리에 대해 논의할 때 이렇게 말했다고 한다. "한시 바삐 발표를 해야 합니다. 조금도 지체해서는 안 됩니다……." 알렉산드르 야코블레프도 말을 거들었다. "빨리 발표할수록 좋을 겁니다……." 다른 설명에 따르면 일부 정치국원들은 침묵을 지키기를 원했다.[28] 발표는 몇 시간이고 미뤄졌다. 하지만 모스크바에서 외국 방송을 청취할 수 있는 라디오가 있는 사람들은 이미 끔찍한 사건이 벌어졌다는 걸 알고 있었다. 보도 내용이 급박했다.

훗날 고르바초프는 발표를 미룬 데는 두 가지 이유가 있었다고 주장했다. 정보가 부족했을 뿐만 아니라 공황 상태를 야기하고 싶지 않았다는 것이다. 크렘린은 결국 언론 매체에 성명을 배포하도록 지시했다. 워낙 간결해서 재앙과도 같은 사태의 성격을 전혀 전달하지 못하는 내용이었다. 4월 28일 발표가 이루어졌다.

체르노빌 핵 발전소에서 사고가 발생해 원자로 한 기가 손상되었습니다. 사고 결과를 수습하기 위한 조치가 진행 중입니다. 부상자들은 치료를 받고 있습니다. 정부 위원단이 구성되었습니다.[29]

다음 날인 4월 29일, 고르바초프는 다시 정치국 회의를 소집했다. 볼코고노프에 따르면, 고르바초프는 이제 전 세계가 사고에 대해 불안해하는 상황에서 "자신이 책임져야 하는 문제가 결코 일상적인 것이 아님"을 깨달았다. 고르바초프는 물리학자들, 안전 담당 관료들과 협의하기 시작했다. 그는 간결한 발언으로 정치국 회의를 시작했다. "어쩌면 우리는 인접한 나라들만큼 긴박하게 상황에 대응하지 않는 것 같습니다." 그러고는 비상사태를 관리하기 위한 대책반을 구성하자고 제안했다. 뒤이어 이렇게 물었다. "국민들과 국제 사회의 여론에 관해서는 어떻게 해야 할까요?" 고르바초프는 잠시 숨을 고르고는 다소 모순적인 말을 덧붙였다. "우리가 정직하게 행동할수록 좋습니다. 우리의 설비에 관해 의심의 그림자가 드리워지지 않도록 하려면 발전소를 계획대로 수리하는 중이라고 말해야 합니다……"

토론을 좀 더 계속한 뒤 정치국은 다시 공개 성명을 발표하기로 결정했다. 볼코고노프는 이 성명에 대해 "한 창고에 불이 났다는 평범한 소식을 전하는 어투였다"고 말한다.[30] 발표 내용에 따르면, 사고로 인해 원자로 건물, 곧 원자로 자체의 일부가 부서지고 방사능 물질이 약간 유출된 정도였다. 또한 두 명이 사망하고 "현재는 발전소와 인근의 방사능 상황이 안정"된 상태였다. 사회주의 국가들에 보낸 발표 내용에는 소련 전문가들이 체르노빌 서부와 북부, 남부 방향으로 방사능이 확산되는 것을 알아냈다는 구절이 추가되었다. "오염 수준은 허용된 기준보다 다소 높지만 국민들을 보호하기 위한 특별한 조치가 필요한 정도는 아니다."[31]

처음 몇 주 동안 소방대원들과 '해체 작업자'들, 곧 재난 완화를 돕기 위해 전국 각지에서 소집된 사람들은 위험에 직면하여 놀라운 용기와 헌신성을 보여주며 대담하게 일했다. 소방대원들은 지붕 위에서 작업을 하는데 너무 뜨거워 장화가 녹아내렸다고 회고했다. 헬리콥터 조종사들은 폐허에서 피어오르는 연기를 무릅쓰고 모래와 기타 물질 5,020톤을 쏟아부었다. 아래에서 붉게 타오르는 흑연 원자로를 덮어버리려는 필사적인 시도였다.[32] 하지만 몇몇 개인들이 영웅적인 행동을 한 것과 달리 소비에트 국가의 우두머리들은 사태를 어지럽게 만들었다. 발전소장이 처음 한 행동 중 하나는 체르노빌 주변의 중요하지 않은 전화선을 절단한 것이었다.[33] 프리피야트 주민 대피는 폭발이 일어나고 36시간이 지난 뒤에야 시작되었다. 결국 더 넓은 지역을 포함해 11만 6,000명이 피신한 두 번째 단계의 대피는 5월 5일에야 시작되었다. 우크라이나 공산당은 바람이 키예프 방향으로 부는데도 예정된 대로 이 도시에서 노동절 행진을 치러야 한다고 주장했다. 5월 1일 모스크바에서는 니콜라이 리시코프 총리가 지침에 서명했다. 소련 통신원들을 체르노빌 발전소 인근 지역들에 보내 "이 지역들의 주요 활동이 정상적으로 이루어지고 있음"을 보여주는 신문 및 방송 보도를 준비하게 한다는 내용이었다.[34] 하지만 모스크바 최고위층에서 점점 진실이 드러나고 있었다. 리시코프가 서명한 지침에서는 보건부가 현장에서 충분한 정보를 제공하는 데 "실패"했다는 것을 인정하면서 보건부가 "이 사태를 바로잡기 위해 긴급 조치를 취할 것"을 주장했다.

레이건은 일기에 이렇게 적었다. "으레 그렇듯이 소련인들은 사실을 밝히지 않으려고 하지만 방사능 구름이 소련 국경을 넘어 퍼지고 있는 게 분명하다."[35]

『프라우다』의 과학 담당 편집자로 핵 관련 기관들과 연줄이 많던 블라디미르 구바레프는 사고 직후 소식을 접하고 고르바초프의 측근 조언자이자 새로운 사고의 주창자인 야코블레프에게 전화를 걸었다. 하지만 야코블레프는 "그 사건은 잊어버리고 간섭하지 말라"고 말했다고 한다. 야코블레프는 어떤 언론인도 현장을 직접 보는 것을 원치 않았다. 그러나 구바레프는 포기하지 않았고 매일 야코블레프에게 전화를 걸었다. 결국 야코블레프는 구바레프를 포함한 일군의 언론인들이 체르노빌에 가는 것을 승인했다. 구바레프는 물리학 학위가 있었지만 희곡과 책도 몇 권 쓴 사람이었다. 구바레프는 5월 4일 도착해서 5월 9일 돌아왔다. 그는 야코블레프에게 보낸 비공개 보고서에서 혼돈과 혼란 상태를 묘사했다. 그의 말에 따르면 폭발 한 시간 뒤 방사능 확산이 이루어진 게 분명했지만 어떤 긴급 조치도 준비되지 않았다. "아무도 어떻게 해야 할지 알지 못했다." 개인 방호 장비도 없이 군인들이 위험 지역에 투입되었다. 어떤 보호 장비도 없었다. 헬리콥터 조종사들도 마찬가지였다. "이런 경우에는 거짓된 용기보다 상식이 필요하다. 민방위 체계 전체가 완전히 마비된 것으로 드러났다. 제대로 작동하는 방사선 측정기도 구할 수 없는 지경이었다." 계속 구바레프의 말을 들어보자. "지방 당국의 굼뜬 대응은 놀라울 정도였다. 피해자들을 위한 의복이나 신발, 속옷 등이 전혀

없었다. 모스크바로부터 지시가 내려오기만 기다리고 있었다." 키예프
에서는 정보가 부족했기 때문에 공황 상태가 벌어졌다. 사람들은 외국에
서 나오는 보도를 들었지만 공화국 지도자들로부터 안심하라는 단 한마
디 말도 듣지 못했다. 이후 며칠 동안 당 지도자 자녀와 가족들이 피신한
다는 사실이 알려지면서 침묵은 더 심각한 공황 상태로 이어졌다. 구바
레프는 이렇게 말했다. "우크라이나 공산당 중앙위원회에서 관할하는 매
표소에 1,000명이 줄을 섰다. 당연히 도시 전체에 이런 소문이 파다하게
퍼졌다." 구바레프는 모스크바로 돌아가 야코블레프에게 서면 보고서를
제출했다. 보고서는 고르바초프에게 전달되었다.[36]

재앙이 발생한 지 2주 반 뒤인 5월 14일, 마침내 고르바초프가 전국
텔레비전 연설에서 사고에 관해 언급했다. BBC 통신원 앵거스 록스버
그는 고르바초프가 "가족과 사별한 사람" 같은 모습이었다고 회고했다.
"그의 얼굴에는 자신이 신뢰를 잃을 걸 깨달은 표정이 역력했다." 고르
바초프는 연설에서 재앙을 일으킨 원인들에 대한 설명을 얼버무렸고 처
음부터 "우리가 믿을 만한 초기 정보를 입수하자마자" 사람들에게 경보
를 발령했다는 말부터 내세웠다. 그는 크렘린이 수천 명의 대규모 사상
자가 났다는 초기 보고 같은 정보를 억누르는 동안 서구에서 거친 비난
이 확산되는 데 대해 완전히 냉정을 잃은 것처럼 보였다. 또한 그가 과연
진정한 개혁가인지에 대한 비판을 불쾌하게 여겼다. 그는 미국과 독일이
"무제한적인 소련 비방 캠페인을 개시했다"고 불만을 토로했다.

고르바초프는 체르노빌 사고 몇 주 뒤에야 초기의 무기력한 모습을
떨쳐버리기 시작했다. 7월 3일 정치국 회의에서 그는 핵 관련 기관들에
대해 핏대를 세웠다.

30년 동안 여러분은 모든 게 안전하다고 우리에게 말했습니다. 그리고

여러분은 우리가 그 말을 하느님의 말씀으로 받아들이기를 기대했지요. 바로 이것이 우리가 직면한 문제의 근원입니다. 각 부처와 연구소가 통제에서 벗어났고 이런 상황은 재앙으로 이어졌습니다. 그리고 지금까지 여러분이 이 사고에서 교훈을 얻었다는 어떤 징후도 보이지 않는군요…… 모든 게 중앙위원회에는 비밀로 부쳐졌습니다. 중앙위원회 기관은 감히 이 지역을 조사할 엄두도 내지 못했습니다. 심지어 어디에 핵 발전소를 지을지에 관한 결정조차 지도부가 한 게 아니에요. 어떤 원자로를 사용할 것인지에 관한 결정도 그렇고요. 노예근성, 아첨, 겉치레…… 비판론자 박해, 허풍, 정실주의, 배타적인 관리 등의 문제가 체제를 좀먹었습니다.

체르노빌 사고가 터졌는데 아무도 준비가 되어 있지 않았지요—민방위, 의료 부서, 하다못해 방사선 계수기도 최소 필요한 수만큼도 없었단 말입니다. 소방서들도 어떻게 해야 할지 몰랐습니다! 다음 날 현장에서 멀리 떨어지지 않은 곳에서 사람들이 결혼식을 치렀어요. 아이들은 바깥에서 놀았고요. 경보 시스템이 아무 소용이 없었단 말입니다! 폭발 후에 구름이 생겼습니다. 이 구름의 이동을 모니터한 사람이 있습니까?[37]

고르바초프는 재앙 이후 분노를 표출하면서도 비난의 화살을 소비에트 당이나 체제 자체로 돌리지 않았다. 오히려 개인들을 탓하고 희생양을 찾는 식으로 대응했다. 희생양 중 하나였던 발전소 기사들은 나중에 재판에 회부되었다. 고르바초프는 체제의 정통성에 이의를 제기하기보다는 무기력을 털어버리기를 원했다. 하지만 체르노빌을 계기로 소련이 얼마나 내부에서부터 썩어가고 있는지가 드러난 점은 피할 수 없는 진실이었다. 결국 재앙으로 이어진 기능 부전과 태만, 잘못된 설계 등은 다른 많은 문제의 특징이었다. 볼코고노프의 말을 들어보자. "붉게 타오르는 4호기의 거대한 분화구의 모습에서 국가에 깊은 균열이 있음이 드러났다. 고르바초프가 비난하면서 4년을 더 끈 아프가니스탄의 대실패 이후 체르노빌은 다시 체제에 조종弔鐘을 울리고 있었다."

고르바초프는 마침내 체르노빌에서 벌어진 사태를 파악하면서 글라스노스트, 곧 개방을 더욱 중요하게 강조하게 되었다. 결국 '글라스노스트'라는 단어는 사회와 정치와 경제를 재건하는 구상을 가리키는 '페레스트로이카'와 더불어 고르바초프가 추진하는 개혁의 상징이 되었다. 고르바초프는 7월 3일 정치국 회의에서 이렇게 선언했다. "어떤 일이 있더라도 우리는 사고 원인을 설명하거나 현실적인 문제들을 다루는 과정에서 국민들에게 진실을 숨기지 않을 겁니다." 또 이런 말도 덧붙였다. "우리는 답변을 얼버무릴 수 없습니다. 사태를 숨기면 우리가 피해를 볼 겁니다. 모든 걸 공개하면 막대한 이익이 될 거고요." 셰바르드나제의 보좌관인 세르게이 타라센코는 고르바초프와 셰바르드나제가 유럽 상공에 떠다니는 방사능 구름 때문에 소련이 발표하지 않은 비밀이 드러난 과정을 보고 부끄러워했다고 말했다. "사상 처음으로 두 사람은 어느 것도 감출 수 없다는 사실을 알게 되었습니다. '아무 일도 일어나지 않았다'고 말할 수는 있지만 방사능 때문에 숨길 도리가 없었지요. 대기 중으로 방사능이 유출되면 누군가는 그 존재를 알게 될 겁니다."[38] 셰바르드나제는 회고록에서 체르노빌을 계기로 "우리 눈에서 눈가리개가 벗겨졌고 정치와 도덕을 가를 수 없다는 걸 받아들이게 되었다"고 말했다.[39]

참모본부장 아흐로메예프는 체르노빌을 계기로 나라 전체가 핵의 위험성을 바라보는 견해가 바뀌었다고 회고했다. "체르노빌 이후에는 핵의 위협이 우리 국민들에게 더 이상 추상적인 관념이 아니었다. 그것은 확실하고 구체적인 모습으로 바뀌었다. 사람들은 핵무기와 관련된 모든 문제를 한결 다르게 바라보기 시작했다."[40] 고르바초프가 특히 이런 경우였다. 텔레비전 연설에서 고르바초프는 체르노빌을 계기로 "인류에게 핵전쟁이 벌어지면 어떤 심연이 드러날지"가 밝혀졌다고 말했다. "지금까지 저장된 핵무기에는 체르노빌 사태보다 수십만, 수백만 배는 끔찍한 재앙이 내재해 있기" 때문이었다. 어떤 이들에게는 당시 고르바초프의 말이 공허하게 들렸다. 방금 전 일어난 진짜 비상사태와 그의 서투른 대응으로부터 관심을 딴 데로 돌리려는 선전으로 받아들인 것이다. 하지만 핵무기를 폐기하자는 1월 15일의 제안처럼 이번에도 역시 이 선전은 고르바초프의 신념을 반영한 것이었다. 그는 필시 자문해보았을 것이다. 체르노빌에 제대로 작동하는 방사선 측정기가 하나도 없고, 군인들에게 제대로 된 제복이 없으며, 기술자들은 펜으로 지워진 지시 사항에 의존해 작업하는 상황에서 만약 핵무기가 어느 도시에 떨어진다면 어떤 일이 벌어질까? 연기가 피어오르는 체르노빌 현장은 훨씬 더 심각한 징조를 나타냈다.

고르바초프는 5월 5일 정치국에서 이렇게 말했다. "우리는 한순간에 핵전쟁이 어떤 것인지 느꼈습니다." 5월 28일 외무부에서 한 비밀 연설에서는 외교관들에게 "핵무기 경쟁을 중단하기 위해" 모든 노력을 기울여달라고 간곡히 호소했다. 이 연설문은 오랜 시간이 지난 뒤에야 공개되었다.[41]

체르노빌 사고의 직접적인 사망자는 31명이었다. 1986년 급성 방사선 증후군으로 28명이 사망하고 방사선과 관계가 없는 부상으로 두 명이 사망했으며 한 명은 심장마비를 겪었다. 방사능 오염에 따른 장기적인 암 사망률을 확정하기는 훨씬 더 어렵지만 한 추정치에 따르면 해체 작업자, 대피 주민, 가장 오염이 심한 지역의 주민 등과 같이 높은 수준의 방사선에 노출된 60만 명 가운데 4,000명이 추가로 암에 걸렸다.[42]

레이건은 소련 공산주의에 대한 반감을 버린 적이 없었지만 이제, 그러니까 1986년 초여름에는 고르바초프와 거래하기를 원했다. 레이건은 고르바초프에게 보낸 편지에서 이렇게 말했다. "우리는 우리가 개인적으로 가장 관심을 기울여 마땅한 쟁점들을 다루느라 6개월을 고스란히 허비했습니다." 대통령과 동석했던 슐츠의 회고에 따르면, 작가이자 문화 전문가인 수전 매시는 레이건을 찾아와 최근 소련을 방문하면서 느낀 인상을 전달하며 "소련이 붕괴의 길을 걷고 있다"고 말했다. "모든 물자가 부족하고, 사람들은 이제 자유 기업으로 전환해야 한다는 사실을 깨달았다. 매시는 체르노빌이 상징적으로 대단히 중요하다고 느꼈다. 이 사건을 계기로 소련의 과학과 기술에 결함이 있고, 지도부가 거짓말을 일삼고 현실에 무지하며, 당은 지금까지 저지른 실패를 더 이상 감출 수 없다는 것이 드러났다. 체르노빌은 '고뇌', 곧 요한계시록에서 말하는 비통과 슬픔을 가리킨다. 오늘날 소련에는 성경에 나오는 암시가 많이 있다."[43] 물자 부족은 오래전부터 소련 사회의 특징이었지만 매시는 레이건에게 상황을 좀 더 극적으로 설명해주면서 깊은 인상을 남겼다. 그날 저녁 레이건은 "그녀는 내가 아는 한 러시아 민족에 관한 가장 훌륭한 연구자"라고 썼다.[44]

고르바초프가 체르노빌에 관한 텔레비전 연설을 한 5월 14일, 슐츠는 레이건과 긴 시간 동안 대화를 나눴다. 그는 이 대화에서 앞으로 몇 달 동안 무성하게 자라날 작은 씨앗을 심었다. "국방부나 중앙정보국의 판단과 달리 소련은 확고한 지반을 쌓으면서 우리를 쓸어버리려고 위협하는 전능하고 전지한 강대국이 아닙니다."

오히려 우리가 승리하고 있습니다. 사실 우리가 한참 앞서고 있지요. 소련의 이데올로기는 패자입니다. 그들에게 한 가지 장점이 있다면 그건 군사력입니다. 하지만 군사력에서도 그들이 진정으로 비교 우위를 가진 영역은 하나뿐입니다—정확하고 강력하며 기동적인 지상 기반 탄도미사일을 개발, 생산, 배치할 수 있는 능력입니다. 소련이 우리보다 나은 점은 딱 하나입니다. 탄도미사일을 생산하고 배치하는 일이지요. 그들이 공학에서 앞서기 때문이 아닙니다. 그럴 리가 없지요…… 따라서 우리는 탄도미사일 감축에 초점을 맞춰야 합니다. 감축이 가장 중요한 문제입니다.[45]

슐츠는 레이건에게 교섭 테이블에서 무엇을 포기할지에 관해 생각해보라고 권했다. "지금이 우리의 교섭 지위가 가장 강한 때입니다." 슐츠는 레이건이 전략방위구상에 대한 제한을 탄도미사일 같은 공격용 무기의 대폭 감축과 맞바꾸자는 신호를 소련에 보내기를 원했지만 매번 와인버거 국방장관이 반기를 들었다. 와인버거는 레이건이 전략방위구상이라는 꿈을 양보한다는 암시조차 주면 안 된다고 촉구했다.

6월 12일, 와인버거가 모두를 깜짝 놀라게 만들었다. 백악관 상황실에서 열린 소규모 비밀 회의에서 급진적인 제안을 내놓은 것이다. 와인버거는 고르바초프에게 **모든 탄도미사일**의 폐기를 요구하자고 제안했다. 탄도미사일은 레이건이 1979년 샤이엔 산을 방문한 뒤부터 두려워하게 된 핵 시대의 무기로, 한 번 발사하면 되돌릴 수 없는, 핵탄두를 탑재한 고속 비행 무기였다. 소련 군사력의 핵심부로 곧장 파고든 이 제안은 급진적인 구상이었다—소련은 SS-18 같은 지상 기반 미사일에서 가장 강력한 반면 미국의 전력은 해상에서 더 강했다. 슐츠는 와인버거의 제안에 관해 "모두들 깜짝 놀랐다"고 회고했다. 레이건은 미소만 지었다. 그는 그날 밤 일기에 이 제안을 계기로 소련이 "진심으로 군축을 원하는지 아니면 단지 선전용으로 나오는 것인지" 확인될 거라고 적었다.

히로시마와 나가사키 이후 핵무기가 전쟁에서 사용된 적은 한 번도 없었지만 지구를 뒤흔든 폭발 실험은 수백 회 있었다. 케네디와 흐루쇼프는 1963년 부분적인 핵실험 금지 조약으로 대기권과 우주 공간, 해양 핵실험을 전면 중단했지만 지하 폭발 실험은 빈번하게 이루어졌다. 1974년 한계치 핵실험 금지 조약*은 비록 비준되지는 못했지만 150킬로톤 규모 이상의 지하 핵실험을 제한하는 내용이었다. 실험 여부는 끊임없는 의심의 대상이었다. 미국은 자신들 역시 비밀 실험을 실시했지만 소련에 대해 조약을 위반한다고 비난했다.

고르바초프는 히로시마 원폭 투하 40주년인 1985년 일방적으로 핵실험을 중단하겠다고 발표하면서 미국도 선례를 따르라고 요구한 셈이었다. 그는 자신의 중단 선언으로 레이건의 전략방위구상 연구에 차질이 생기기를 기대했다. 효과적인 핵 펌프 X선 레이저를 개발하려면 실험이 필요했다. 체르냐예프는 "실험을 하지 못하면 전략방위구상도 구축되지 않을 것"이라고 말했다.[46] 레이건은 고르바초프의 핵실험 중단 선언에 동참하기를 거부하면서 실험 금지를 효과적으로 입증할 수 없기 때문이라고 말했다. 그리하여 '입증', 곧 실험 금지를 준수하고 있는지를 둘러싼 논란이 과학과 정치의 쟁점으로 부상했다. 레이건이 고르바초프의 선언에 동참하지 않기로 한 데는 다른 이유도 있었다. 미국 설계자들이 핵폭발의 방사선 효과를 견딜 수 있는 신세대 탄두를 시험하고 싶어했기 때문이다.[47] 고르바초프의 중단 선언은 선전 책동에 불과하다고 치부되었다. 1949년부터 핵실험 중단 선언까지 소련은 628회의 핵폭발을 실시했다. 그중 421회는 중앙아시아 카자흐스탄의 외딴 세미팔라틴스크 실험장에서 진행되었다. 미국은 체르노빌에서 사고가 나기 불과 며칠 전

---

* 일명 지하 핵실험 금지 조약.

제퍼슨Jefferson이라는 암호명으로 978번째 실험을 진행했다.[48]

고르바초프는 1986년 봄에 이르러 소련의 핵무기 당국으로부터 실험을 재개하라는 압력을 받고 있었다. 그가 내놓은 평화의 서곡, 곧 일방적인 중단 선언은 아무런 성과를 보지 못하고 있었다. 보좌관들과의 회의에서 고르바초프는 이렇게 개탄했다. "새로운 사고가 언제 당도할지 알기 어렵군요. 하지만 언젠가는 도래할 테고, 어쩌면 예상치 못하게 빨리 올지도 모릅니다."

이런 소모적인 시기에 열린 사고를 가진 물리학자 벨리호프가 다시 한 번 솔선수범을 했다. 나중에 드러난 것처럼 그와 서구의 접촉은 결정적인 역할을 했다. 벨리호프는 레이건의 정책에 회의적인 독립 사상가들, 미국 정부 바깥의 미국인들을 알고 있었다. 그중 한 명인 물리학자 프랭크 본 히펠은 프린스턴대학교 공공 및 국제 문제 교수로 미국과학자연맹의 회장이었다. 이 단체는 1945년 일군의 원자 과학자들이 자신들이 창조에 기여한 기술의 통제를 걱정하면서 창설되었다. 연맹의 회장인 본 히펠은 그가 만들어낸 표현대로 하면 '공익 과학public interest science'을 실천하면서 정부 정책에 영향을 미치려고 노력했다. 1980년대 초, 핵무기 동결 운동을 접한 그는 이 운동을 위한 분석적인 기초를 제공하려고 노력했다. 그는 회의에서 몇 차례 벨리호프와 만난 적이 있었고, 두 사람은 함께 브레인스토밍을 즐겼다.[49] 코펜하겐에서 회의가 열렸을 때 벨리호프는 본 히펠과 함께 버스 뒷자리에 타고 가면서 다음과 같이 제안했다. "정부와 무관한 독립적인 미국 과학자들이 두 초강대국을 교착 상태로 몰아넣고 있는 지진 입증* 가능성을 증명하는 일에 도움을 줄 수 있지 않을까요?"[50]

---

* 지진파를 감지해서 지하 핵실험 여부를 입증하는 것을 가리킨다.

미국 과학자들 사이에서도 비슷한 생각이 널리 퍼지고 있었다. 여기에 열정적으로 가교 역할을 한 사람이 환경 단체인 천연자원보호협의회의 토머스 B. 코크런이었다. 1970년대 플루토늄 증식형 원자로 개발 프로그램에 반대했던 핵 전문가 코크런은 미국의 비밀 핵실험의 증거를 추적하고 있었다. 그는 레이건이 집권하자 엄격한 환경문제에서 다른 쪽으로도 관심을 확대하게 되었다. 1986년 3월, 코크런은 버지니아 주에서 열린 미국과학자연맹 회의에 참석 중이었다. 그는 휴식 시간에 본 히펠과 지진 입증 실험에 관해 이야기를 나누었다.

그리고 4월, 모스크바에 머무르던 본 히펠은 벨리호프를 찾았다. 미국인을 만날 때면 으레 그러듯 벨리호프가 질문을 던졌다. "좋은 생각이 있으십니까?" 벨리호프는 체계적인 성격은 아니었지만—본 히펠은 그의 책상 서랍에 명함이 뒤죽박죽으로 가득 차 있는 걸 본 적이 있다—끊임없이 새로운 사고를 추구했다. 벨리호프와 본 히펠은 모스크바에서 지진파 탐지에 관한 워크숍을 열기로 결정했다. 5월에 열린 워크숍에서는 각기 다른 세 가지 제안이 발표되었다. 워크숍이 끝나고 며칠 뒤, 과학아카데미 부원장인 벨리호프는 코크런이 이끄는 그룹과 협약을 체결했다. 세미팔라틴스크 핵무기 실험장 인접한 곳에 연구 팀이 지진 감지 장비를 설치하는 걸 허용하는 내용이었다.[51] 이곳은 미국의 네바다 시험장에 맞먹는 소련에서 손꼽히는 핵무기 시험장이었다. 벨리호프는 코크런에게 한 달 내로 돌아오라고 촉구했다. 핵실험 중단 선언이 조만간 종료될 예정이었기 때문이다. 고르바초프가 중단 선언을 계속 유지하도록 도우려면 뭔가 큰일을 할 필요가 있었다.

딱 하나 걸리는 점이 있었다. 벨리호프는 미국인들이 비밀 장소까지 가게 할 공식적인 허가를 받지 못했다(세미팔라틴스크 실험장은 완전한 비공개 장소였다. 미국은 냉전 시기 동안 소련의 무기 실험을 감시하기 위해 방사

데드핸드

능 탐지 항공기를 비롯한 여러 수단을 동원했다). 벨리호프는 도박을 했다—만약 코크런이 어떻게든 핵실험 여부의 입증이 가능하다는 것을 보여줄 수 있다면 고르바초프가 중단 선언을 연장하는 데 힘을 보탤 수 있을 터였다.

스크립스해양연구원에서 첫 번째 지진파 탐지 장치를 빌려주었다. 비교적 복잡하지 않은 지표면 모니터였다. 코크런과 그의 팀은 7월 초 이 장비를 끌고 모스크바로 갔다.[52] 세미팔라틴스크 외곽 세 지점에 장비를 설치하는 계획이었다. 실험장 자체는 아니지만 실험 지역 중심부에서 150~200킬로미터 이내의 지점이었다. 당시 소련은 실험을 실시하지 않고 있었다. 코크런이 염두에 둔 목표는 미국 지진학자들이 소련 내에 관측소를 세우고 데이터를 기록해서 그 기록을 가지고 나오는 것을 소련이 용인한다는 사실을 보여주려는 것이었다. 이것은 대단히 상징적인 일로 핵실험 금지를 입증할 수 없다는 레이건의 주장에 의문을 제기하고 고르바초프로 하여금 핵실험 중단 선언을 연장하게 만들려는 벨리호프의 노력을 뒷받침하는 데 도움이 될 수 있었다.[53]

미국 팀은 7월 5일 모스크바에 도착했다. 하지만 그들이 장비를 풀기도 전에 벨리호프가 곤란에 부딪혔다.

벨리호프의 말이다. "우리 군의 모든 이들이 이 계획에 전적으로 반대했다." 조바심이 난 고르바초프는 정치국에 벨리호프가 미국인들에게 비공개 실험장 가까이 접근하도록 허용할 수 있는지를 결정해달라고 요청하기로 결심했다. 소련 지도부는 여전히 체르노빌의 여파와 분투하고 있었다. 벨리호프는 그 장면에 대해 이렇게 기억한다. "그 자리는 체르노빌에 관한 아주, 아주 긴장된 회의였다. 그리고 이 회의가 끝난 뒤 모두들 지쳤는데 세미팔라틴스크에 관한 논의가 남아 있었다. 고르바초프도 지친 상태였고, 여느 때처럼 자신이 아닌 다른 누군가가 이 결정을 내려주기를 바랐다. 내가 의견을 밝혔지만 그는 확고한 지지의 뜻을 나타내지 않았다."

그런데 갑작스럽게 저명한 두 인물이 벨리호프에게 반발했다. 미국 대사를 지낸 도브리닌과 군산복합체를 대변하는 정치국원 자이코프가 그 주인공이었다. 두 사람은 답변을 재촉했다. 왜 상호 간 측정을 하지 않는가? 왜 미국 네바다의 실험장에는 우리 장비를 놔두지 않는가?

벨리호프가 참지 못하고 대답했다. 보세요, 당신이 잘못 알고 있는 겁니다. 레이건은 핵실험을 계속하기를 원합니다. 우리는 중단 선언을 강제하려 하고 있고요. 우리는 과학자들을 도와서 그들이 핵실험 금지를 입증할 수 있다는 것을 전 세계에 보여주게 만들어야 하는 겁니다!

벨리호프는 "회의가 끝난 뒤에도 결론을 내리지 못했다"고 회고했다. 그에게는 서류에 서명하고 코크런에게 허가를 내줄 권한이 없었다. 회의가 끝났을 때 벨리호프는 고르바초프와 나란히 앉아 있었다. 이제 어떻게 해야 합니까?

고르바초프는 사람을 미치게 만드는 특유의 모호한 방식으로 대답했다. "회의에서 토론한 방침을 따르세요."

벨리호프가 물었다. "제가 이해한 대로요?"

"그렇습니다."

벨리호프는 그 대답을 긍정으로 받아들였다. 그러고는 코크런의 팀에게 허가를 내주었다. 군을 만족시키기 위해 넣은 것이 분명한 유일한 조건은 소련이 무기 실험을 하는 경우에 모니터를 끄는 것이었다. 코크런은 동의했다.[54] 코크런의 팀은 7월 9일 첫 번째 관측소를 세우기 시작했다. 미국 정부가 아닌 한 환경 단체가 비공개 지역에 발을 들여놓는 놀라운 순간이었다. 과학자들이 그들 스스로 냉전의 비밀주의와 불신을 깨뜨릴 수 있다는 걸 보여준 쾌거였다. 또한 이 일을 계기로 벨리호프에게 대단한 영향력이 있다는 것이 부각되었다. 코크런은 이렇게 말했다. "그에게는 영향력만이 아니라 뻔뻔스러운 낯짝도 있었다."[55]

7월 14일 모스크바 중앙위원회에 있는 고르바초프의 집무실을 찾아간 코크런과 본 히펠, 벨리호프 등을 비롯한 과학자들은 중단 선언을 연장해달라고 촉구했다. 코크런은 실험장에서 첫 번째 지진 기록을 가지고 왔다. 회전 기록 장치에 고정시킨 먼지에 바늘이 움직이면서 만들어낸 기록이었다. 『프라우다』는 다음 날 아침 1면 기사로 이 회동을 크게 다루었다.

며칠 뒤인 7월 18일, 리처드 닉슨 전 대통령이 모스크바를 방문해 고르바초프와 비공개 면담을 가졌다. 고르바초프는 레이건에게 신호를 보내고 싶다는 뜻을 닉슨에게 밝혔다. 그는 진전을 이루고 싶어 안달이었고, 레이건이 퇴임할 때까지 행동을 미루려고 하지 않았다. 고르바초프가 말했다. "우리는 현재의 긴장된 분위기 속에서 기다릴 여유가 없습니다." 닉슨은 그의 생각에 힘을 실어주면서 레이건 또한 행동에 나설 의향이 있다고 말했다. 닉슨은 레이건에게 메시지를 전하면서 귀국하는 길에 대통령에게 전달할 26쪽에 이르는 장문의 보고서를 작성했다.

7월 25일 레이건은 고르바초프에게 7쪽짜리 공식 서한을 보냈다. 와인버거가 모든 탄도미사일을 폐기하자고 제안한 회의에서 나온 결과물이었다. 레이건이 편지에서 구사한 언어는 구불구불 복잡했다. 그는 미국이나 소련이 미사일 방어 연구를 할 수 있으며, 방어망을 구축하는 데 성공하면 서로 공유하고, 양쪽이 급진적인 구상에 합의할 수도 있다고 제안했다. "양쪽 모두 공격용 탄도미사일을 폐기하자"고 말이다. 공유하고 폐기하는 데 합의하지 못하면 6개월 뒤 어느 쪽이든 독자적인 미사일 방어망을 구축할 수 있다. 레이건은 미사일 방어라는 오랜 꿈을 미사일을 없애자는 와인버거의 실현 불가능한 제안과 함께 버무려놓은 셈이었다.

그리고 핵실험 중단에 관해서는 단호하게 거부했다.

8월 18일, 고르바초프는 다시 한 번 소련의 핵실험 중단 선언을 연장했다. 벨리호프의 노력이 빛을 발한 결과였다. 하지만 고르바초프는 좀처럼 마음을 놓지 못했다. 그는 그달 말 휴가를 갔는데 국가안보보좌관 체르냐예프가 유일한 수행자로 곁을 지켰다. 두 사람은 점심 전에 베란다나 고르바초프의 집무실에 앉아 전보를 검토하고 모스크바와 전화 통화를 했다. 고르바초프는 외무부에 레이건과 다음 회담을 진행하기 위한 구상의 개요를 달라고 요청했다. 하지만 모스크바로부터 온 서류는 교착상태에 빠졌던 제네바 군축 협상에서 제시한 내용을 무미건조하게 되풀이하고 있었다.

고르바초프는 서류를 탁자에 내동댕이치면서 체르냐예프에게 물었다. "당신 생각은 어떻습니까?"

체르냐예프가 대답했다. "별론데요."

"그냥 쓰레기예요!"

고르바초프는 체르냐예프에게 빠른 시일 내에 정상회담을 갖자고 레이건에게 권유하는 편지 초안을 쓰라고 지시했다. 9월이나 10월 중으로 아이슬란드 수도인 레이캬비크 같은 곳에서 만나면 어떻겠냐는 내용이었다. 체르냐예프가 왜 하필 레이캬비크냐고 묻자 고르바초프는 이렇게 대답했다. "좋은 생각 아닌가요. 우리와 미국 사이 중간이고 어떤 강대국도 불쾌해하지 않을 테니까요."[56] 그리고 9월 19일 셰바르드나제가 초청장을 들고 워싱턴을 방문했다. 고르바초프는 초청장에서 런던이나 아이슬란드 중 한 곳을 선택해달라고 제안했다. 레이건은 아이슬란드가 좋겠다고 답했다. 초청장에서는 또 "신속한 일대일 회담으로…… 딱 하루 정도 정말로 비밀리에 비공개로 솔직한 대화를 하자(가급적 외무장관들만 배석한 가운데)"고 제안했다.[57] 고르바초프는 이 회담이 "세부적인 내용까지 파고드는 자리는 아닐 것"이라고 말했지만 나중에 정상 합의를 위해 몇 가지 쟁점을 준비할 계획이었다. 레이건은 일기에 "이번은 정상 회담을 위한 예비회담이 될 것"이라고 적었다.[58]

하지만 고르바초프의 머릿속에서는 훨씬 더 야심찬 구상이 진행되고 있었다. 고르바초프는 원대한 서곡을 위한 계획에 착수했다. 그는 훨씬 멀리까지 빠르게 나아가기를 원했다. 고르바초프와 체르냐예프는 개인적으로 토론과 문서를 주고받으면서 무기 경쟁의 극적인 전환점을 도모했다. 체르냐예프는 정상회담을 통해 "대대적이고 철저한 제안"이 전면에 제기되어야 한다고 적었다. 9월 22일, 고르바초프는 정치국에서 레이건을 안심시키기 위한 조치의 일환으로 그가 요구한 명단에 있는 반체제 인사 25명의 석방을 검토할 의사가 있다고 밝혔다.[59] 고르바초프는 10월 초 아흐로메예프를 비롯한 이들로부터 정상회담에 관한 문서를 하나 받았다. 그가 할 일에 관한 지침을 제안하는 내용이었다. 고르바초프는 그들의 제안을 거절했다. 더 대담하게 행동하기를 원했기 때문이다.[60] 체르냐예프는 고르바초프에게 자신의 견해를 밝혔는데, 그의 말은 당시의 분위기를 잘 보여준다. "제가 남부에서 당신의 뜻을 제대로 이해한 것이라면, 레이캬비크에서 추구하는 주요 목표는 세계 정치의 핵심 문제들에 대한 우리의 대담하고 심지어 '위험한' 접근법으로 레이건의 마음을 사로잡는 것이지요."[61] 체르냐예프는 고르바초프에게 전략 무기—미사일, 폭격기, 잠수함—를 주요 주제로 삼아 50퍼센트 감축을 이끌어내라고 권고했다. 고르바초프는 철저한 변화가 필요하다는 점에는 동의했지만 수치 놀음이라는 수렁에 빠지고 싶지는 않았다. "지금 우리가 추구할 주된 목표는 무기 경쟁이 새로운 단계에 접어들지 않도록 막는 겁니다. 그렇게 하지 않으면 우리에 대한 위협이 커질 겁니다. 몇 가지 구체적인 문제, 어쩌면 중요할 수 있는 문제에 대해 우리가 양보하지 않으면, 오랫동안 우리가 견지한 입장에서 물러서지 않으면, 결국 지는 쪽은 우리가 될 겁니다. 감당할 수 없는 무기 경쟁으로 끌려 들어갈 테니까요. 우리는 지금 이미 한계에 다다랐기 때문에 우리가 질 겁니다."

이와 대조적으로 레이건은 별생각 없이 레이캬비크 회담에 임했다. 제네바 회담 전에 치밀하게 검토한 것과는 다른 태도였다. 이전에 한 여느 정상회담과 달리 의제를 미리 조정하지도 않았다. 미국은 고르바초프가 무슨 궁리를 하고 있는지 거의 알아채지 못했다. 슐츠는 10월 2일 레이건에게 전달한 보고서에서 군축이 중심이 될 테지만 소련인들은 "대체로 우리가 짠 각본에 따라 이야기를 할 것"이라고 말했다. 국무부의 한 소련 전문가는 다음과 같이 시작하는 두 쪽짜리 보고서를 작성했다. "우리는 다음 주에 레이캬비크로 가는데, 고르바초프가 회담을 어떻게 활용할 생각인지 거의 알지 못한다." 국가안보보좌관 포인덱스터는 레이건에게 '대화 주제'를 써주었다. "그 자체로 실질적인 합의를 기대하지 마십시오"라든가 "회담은 결코 정상회담의 대체물이나 대용물이 아닙니다" 같은 내용이었다.[62]

하지만 모스크바에서는 고르바초프가 10월 4일 정상회담 참모진들에게 지시 사항을 전달하면서 다시 한 번 분명하고도 직접적으로 자신의 야심을 밝혔다―까마득히 높은 야심이었다. 고르바초프는 "잠재적인 돌파구"로 레이건에게 제안할 것을 찾는 문제에 관해 이야기했는데, 그가 제시한 목록의 맨 위에는 "핵무기의 일소"가 있었다. 그는 좀 더 직접적인 목표로 유럽의 미사일 무기 경쟁을 종식할 것, 곧 고속으로 날아올 수 있는 퍼싱II 미사일의 위협을 제거하길 원했다. "우리 생각으로는 유럽에서 퍼싱II 미사일을 몰아내는 걸 우선 과제로 삼아야 합니다. 이것이야말로 우리의 관자놀이를 겨누고 있는 총입니다."

고르바초프는 '핵무기의 일소'라는 말을 거듭 되뇌었다.

그는 또 참모들을 향해 자신에게 전략이 있다고 말했다. 대담한 성과를 밀어붙이고 "만약 레이건이 적절한 선에서 타협하지 않으면 전 세계에 이 사실을 밝힐 것"이라고 했다. "이게 내 계획입니다."

"실패한다고 하더라도 이렇게 말할 수 있습니다—보십시오, 이게 우리가 하려고 준비한 일입니다!"

레이건과 고르바초프는 회프디하우스Hofdi House에서 만났다. 만이 내려다보이는 곳에 위치한, 유령이 출몰하는 것으로 유명한 외딴 2층짜리 흰색 건물이었다—아무 이유 없이 벽에서 계속 그림이 떨어지면서 1952년 영국대사가 팔아버린 집이었다. 10월 11일 토요일, 북대서양의 날씨는 도시 전체에 찬 공기를 드리운 채 소나기를 몰고 왔다—그리고 잠깐 햇빛이 찬란하게 빛나기도 했다. 레이건과 고르바초프는 오전 10시 40분에 만나 1층 방에서 작은 테이블을 가운데 두고 갈색 가죽 안락의자에 자리를 잡았다. 창문 너머로는 거친 잿빛 바다가 눈앞에 보였고, 반대쪽 벽에는 갯바위에 파도가 부딪히는 바다 경치를 담은 검푸른 유화가 걸려 있었다. 레이건은 둘만 마주한 첫 번째 회담에서 "신뢰하면서도 확인하라"는 자신이 좋아하는 러시아 속담을 몇 번이고 말했고, 고르바초프는 시간을 허비하지 않고 곧바로 레이건에게 교착 상태에 빠진 무기 교섭에 "추진력"을 불어넣을 필요가 있다고 말했다. 갑자기 어색한 순간이 찾아왔다. 레이건이 메모지를 떨어뜨린 것이다. 고르바초프는 거북한 분위기를 바꿔보려고 외무장관들을 불러 같이 이야기하자고 제안했다. 슐츠와 세바르드나제가 방으로 들어왔다. 슐츠는 당시 현장을 다음과 같이 떠올렸다. "고르바초프는 활기차고 조급하고 자신에 차 있었다. 의제를 정하고 회담을 책임지는 사람의 분위기를 풍겼다. 로널드 레이건은 느슨하고 생각에 잠긴 듯한 모습으로 상대를 편하게 했고 느긋한 태도를 보였다."

고르바초프는 처음부터 곧바로 자신의 극적인 제안을 내놓았다. 그의 표현대로 하면 "전략 공격용 무기"를 50퍼센트 감축하자는 제안이었다. 많은 무기를 아우를 수 있는 무척 광범위한 정의였다. 그는 소련이 대형 지상 기반 미사일을 대폭 감축하는 것을 받아들이겠다고 약속했다. 그러고는 유럽에서 파이오니어와 퍼싱 II를 비롯한 중거리 미사일을 전부 제거할 것을 제안했다. 또 "핵실험에 대한 전면적이고 최종적인 금지"를 요구했다. 고르바초프는 양국이 1972년의 탄도탄요격미사일제한 협정을 10년 동안 충실히 지키기로 약속하자는 제안도 했다. 이 제안을 받아들이면 레이건의 꿈에 제약이 가해질 게 분명했다. 미사일 방어 연구는 연구실에만 국한되어야 할 터였다.[63]

그러자 레이건은 다소 공식적인 어조로 메모지의 내용을 읽으면서 대답했다. 두 사람은 순차 통역을 이용했는데 그 때문에 각자 말을 한 다음 통역하는 동안 기다려야 했다. 레이건의 설명은 7월 25일에 보낸 서한에서 내놓은 구상을 되풀이하는 것이었다. 미국은 전략방위구상이 준비되는 대로 공유할 것이고, 탄도탄요격미사일제한협정은 퇴장하고 새로운 협정으로 대체될 텐데, 양국은 이 협정으로 "전략 미사일을 완전히 제거"할 것이라는 내용이었다. 이렇듯 레이건은 처음 의견을 교환한 자리에서 완강하게 자신의 꿈을 고수했다.

슐츠는 첫 번째 휴식 시간에 "흥분이 감돌았다"고 했다. 슐츠는 고르바초프가 예상치 못하게 이례적인 양보를 제시했다는 것을 깨달았다. "그는 우리에게 선물을 갖다바쳤다." 슐츠를 비롯한 미국 관리들은 대사관에 있는 안전한 '돔'으로 모여들었다. 천장이 둥근, 작고 방음이 된 구역이었다. 이윽고 레이건이 그들에게 다가와 농담을 걸었다. "왜 고르바초프가 나보다 종이가 더 많지?" 니츠가 대답했다. "이건 지난 25년 동안 우리가 소련한테 받은 것 가운데 최고의 제안인데요."

오후 회담에서 레이건과 고르바초프는 핵무기의 50퍼센트 감축 문제를 논의했다. 고르바초프는 간단하게 50퍼센트 감축을 원한 반면 레이건은 그렇게 되면 소련이 여전히 우위를 점할 거라고 걱정했다. 하지만 둘의 대화는 사무적이었고 고르바초프는 레이건에게 소련 무기의 주요 데이터를 적은 문서를 건넸다. "이걸 절반으로 줄입시다." 고르바초프가 말했다. "당신네는 우리의 SS-18 대형 미사일이 신경 쓰일 텐데, 이걸 50퍼센트 줄이겠습니다." 두 사람은 세부적인 사항은 참모진에게 맡겨 밤새 조정하자는 데 뜻을 모았다. 이윽고 레이건이 다시 미사일 방어에 관한 꿈 이야기를 꺼냈다. 그는 이 방어망만 생기면 "미사일이 쓸모없어지"고 "어느 미치광이가 돌발 행동을 해도 안전이 보증된다"면서 미사일 방어망이야말로 "우리 세기에 평화를 보증하는 최고의 수단"이라고 말했다. 고르바초프는 예상했다는 듯이 그의 일장 연설에 귀를 기울였지만 전에 다 들은 얘기였다. 그는 레이건에게 미사일 방어는 연구실에서만 연구하자고 요구했지만 레이건은 전혀 물러서려고 하지 않았다.

고르바초프가 갑자기 짜증을 내며 레이건에게 만일 전략방위구상을 구축하면 소련도 대응을 할 것이라고 경고했다―그것도 '비대칭적' 대응을 하겠다고. 그는 정확히 어떤 대응이라고 설명하지는 않은 채 다만 "다를" 것이라는 말만 했다.

레이건은 분명 고르바초프가 대응에 관해 말하면서 자신의 방어망을 압도하는, 즉 공격용 핵탄두를 이용한 대대적인 공격을 생각하고 있다는 것을 깨닫지 못했다. 그보다는 고르바초프가 말하는 시스템이 자신의 것처럼 점잖은 방식이라고 생각했다. 그래서 이렇게 제안했다. "당신네가 더 나은 시스템을 구축하면 우리와 공유할 수 있겠지요."

"죄송합니다만, 대통령님." 고르바초프가 준엄한 표정으로 대꾸했다. "저는 전략방위구상을 공유한다는 당신 생각을 진지하게 받아들이지 않습니다. 당신들은 석유 장비나 자동 기계, 낙농 설비도 공유하려 하지 않는데, 전략방위구상을 공유한다면 그건 제2의 미국 혁명이나 마찬가지지요. 혁명은 그렇게 자주 일어나는 게 아닙니다. 우리 현실적으로 이야기합시다."

두 사람은 원래 계획과 달리 다음 날인 일요일에 논의를 계속하기로 했다—그리고 참모진에게 밤을 새워 타협안을 만들라고 지시했다.[64]

훗날 슐츠는 "우리가 레이캬비크에서 계획한 회담의 성격 전체가 이미 바뀐 상태였다"고 회고했다. 신속한 회담은커녕 오히려 본격적인 정상회담이 되어가고 있었다. 미국과 소련의 관리들은 밤새도록 공통의 지반을 찾았다. 견디기 힘든 상황이었다. 복사기도 없어 먹지를 사용했다. 미국 관리 두 명, 곧 국가안전보장회의 간부 보브 린하드 대령과 국방차관보 리처드 펄은 달리 일할 자리가 없어 욕조에 받침대를 놓고 일을 시작했다. 철야 마라톤회담에서 놀랄 만한 일 중 하나는 미국 관리들이 처음으로 아흐로메예프를 알게 되었다는 사실이다. 고르바초프를 돕겠다고 약속한 참모본부장 아흐로메예프는 알고 보니 만만찮은 협상가였다. 비공식적인 대화에서 아흐로메예프는 슐츠에게 "나는 최후의 모히칸족"이라고 말했다. 슐츠가 무슨 말이냐고 묻자 아흐로메예프는 자신이 2차 대전 당시 나치에 맞서 싸운 소련 사령관 중 최후의 현역이라고 말했다. 그러자 슐츠는 그 문구는 어디서 알았냐고 물었다. "소년 시절입니다." 아흐로메예프가 대답했다. "제임스 페니모어 쿠퍼의 모험 이야기를 듣고 자랐지요." 슐츠는 아흐로메예프가 예전에 만난 소련 협상가들에 비해 "훨씬 더 여유 있고 개방적이며 진짜 대화를 나눌 준비가 된 사람"처럼 보였다고 기억했다.[65]

밤을 꼬박 새워 극적인 대화를 한 결과 아침에는 핵무기 보유고를 대폭 감축하자는 깜짝 놀랄 만한 합의문 초안이 작성되었다. 만약 정상 회담이 거기서 끝이 났다면, 만약 두 지도자가 문서에 서명했다면, 이 회담은 무기 경쟁의 결정적인 전환점이 되었을 것이다. 유럽에 배치된 미사일은 각각 100기만 남겨두고 전부 제거하고, 장거리 무기나 전략 무기는 50퍼센트 감축할 예정이었다. 닉슨과 카터가 교섭한 전략 무기 조약들과 비교하면 엄청난 성과였다. 일례로 1972년 1차 전략무기제한협정에서 닉슨은 미사일 발사기 수를 동결했을 뿐이었다. 하지만 이제 레이건은 두려움의 대상인 SS-18 미사일을 고철로 조각내고 있었다. 레이건은 핵실험 금지에 관한 교섭에도 동의했다.

훗날 레이건은 회고록에서 이렇게 썼다. "우리는 놀라운 합의에 다다르고 있었다. 나는 그날이 지나가면서 중대한 일이 일어나고 있다는 걸 느꼈다."[66]

하지만 이윽고 고르바초프가 압박의 수위를 높였다. 고르바초프는 이제 미사일 방어 문제를 다루자면서 이렇게 말했다. "지금 저는 당신을 시험하고 있습니다." 그는 레이건에게 꿈을 포기하라는 게 아니라 그냥 연구실에서만 계속 추진하라고 요구하는 것이라고 말했다. 고르바초프는 이렇게 한다고 해도 레이건은 "그 구상이 살아 있다는 것을 보여줄 수 있고, 또 우리가 그 구상을 묻어버리려고 하는 건 아니"라고 했다. 하지만 레이건은 양보하려고 하지 않았다. "이미 알라딘의 요정이 병 밖으로 나온 상태입니다. 공격용 무기는 다시 만들 수 있어요. 저는 당신이나 내가 사라져도 미래 세대를 위해 세계를 보호하는 장치를 만들자고 제안하는 겁니다."

고르바초프는 양보를 간청했다. "미국 속담에서 말하는 것처럼 탱고도 둘이 있어야 출 수 있는 법이지요."

아마 피곤 때문이었을 테지만 이내 두 지도자는 낡은 구호를 내세우며 어정쩡한 논쟁을 벌이기 시작했다. 레이건은 마르크스와 레닌의 경구를 꺼내들었고 고르바초프는 경멸적으로 대꾸했다. "또 마르크스와 레닌 이야기를 하시는군요." 고르바초프는 고르바초프대로 레이건이 1982년 웨스트민스터에서 한 연설과 소련이 결국 역사의 잿더미로 끝나고 말 것이라고 한 예언을 떠올리며 발끈했다. "내 말하지만 이건 아주 끔찍한 철학입니다. 무슨 정치적 의도입니까? 우리와 전쟁을 벌이자는 겁니까?"

레이건이 대꾸했다. "아닙니다."

그러고는 거의 곧바로 두 사람은 이 문제를 포기하고 핵무기의 위험성에 관한 논의로 돌아갔다. 레이건이 자신의 꿈을 옹호하기 시작했다. "지금 이 순간 제가 여기서 가장 나이가 많은 것 같군요. 그런데 제가 알기로는 전쟁이 끝난 뒤에 각국은 독가스를 포기하기로 결정했습니다. 하지만 고맙게도 방독면은 계속 존재했지요. 핵무기의 경우에도 비슷한 일이 생길 수 있습니다. 우리는 어쨌든 핵무기에 대한 보호막을 마련할 겁니다."

고르바초프가 노여운 표정으로 결론을 내렸다. "미국 대통령은 물러서는 걸 좋아하지 않는군요." 그는 실패를 인정하고 물러나려는 것처럼 보였다. "제가 보기에는 합의의 가능성이 고갈된 것 같습니다."

하지만 두 사람은 포기하지 않았다. 고르바초프는 미사일 방어를 연구실에 국한하자는 생각을 거듭 밝혔다. 레이건은 때로 고집을 부리다가도 때로는 멍한 표정만 지었다. 레이건이 고르바초프에게 말했다. "저는 우리 둘이 10년 뒤에 다시 아이슬란드에서 만나 의기양양한 표정으로 소련과 미국의 마지막 미사일을 폐기하는 모습을 상상할 수 있습니다. 그

---

* '로널드'의 애칭.

데드핸드

때쯤이면 제가 많이 늙어서 당신이 알아보지도 못할 겁니다. 그러면 당신은 깜짝 놀라서 묻겠지요. '이봐요, 론*, 정말 당신이에요? 여기서 뭐하고 있어요?' 그리고 우리는 이 일을 거하게 축하할 겁니다."

고르바초프가 말했다. "제가 그때까지 살지 모르겠습니다."

레이건이 대꾸했다. "저는 살 겁니다."

휴식 시간에 슐츠는 모종의 합의를 할 수 있다는 희망의 끈을 놓지 않기 위해 새로운 언어를 만들어내려고 노력했다. 레이건은 그 결과물을 고르바초프에게 제시했다. 10년 동안 탄도탄요격미사일제한협정을 준수하면서 그동안 미사일 방어의 '연구, 개발, 실험'을 진행한다는 것이었다.

고르바초프는 무엇이 빠졌는지 곧바로 알아챘다. 새로운 정식화에는 '연구실'이라는 단어가 아예 없었다. 의도적으로 뺀 겁니까? 레이건이 대답했다. 그렇습니다.

또한 레이건은 핵무기 제거를 위해 5개년 계획을 두 차례 진행하자고 제안했다—고르바초프가 1월에 제안한 것과 똑같은 시간표였다. 하지만 레이건의 방식에서는 1차 5개년에서 '전략 공격용 무기'를 50퍼센트 감축하고, 2차에서 나머지 50퍼센트의 '공격용 탄도미사일'을 없앤다고 되어 있었다. 고르바초프가 물었다. 정확히 말해, 두 차례의 5년 시기에 각각 종류가 다른 무기를 없앤다는 건데, 그게 어떻게 말이 됩니까? 첫 단계는 모든 전략 무기이고 두 번째 단계는 미사일뿐인데요. 이건 분명 종류가 다릅니다. "여기 뭔가 혼동이 있는데요." 사실이 그랬다. 미국이 내놓은 초안은 양쪽 모두를 만족시키려고 노력하느라 부정확한 내용이었다.

레이건도 혼란스러워했다. 그가 물었다. "내가 알고 싶은 건, 모든 공격용 탄도미사일을 제거한다는 겁니까?"

고르바초프는 두 번째 단계에서 "탄도미사일을 포함한 전략 공격용 무기"라고 표현을 분명히 하자고 제안했다. 언어 문제는 나중에 계속 다듬을 수 있다면서 말이다.

이윽고 레이건이 갑자기 모든 문제를 전례 없이 진척시켰다. 아무런 경고 없이, 준비도 없이, 브리핑 문서나 부처 간 협의 과정 없이, 기자회견이나 연설도 없이 만이 내려다보이는 작은 방에서 냉전 역사상 믿기 힘든 순간이 돌연 찾아온 것이다.

"이거 하나 물어봅시다." 레이건이 물었다. "지금 우리가 염두에 두는 게, 두 차례의 5년 시기가 마무리될 때면 폭탄, 전장 시스템, 순항 미사일, 잠수함 무기, 중거리 시스템 등을 비롯한 모든 핵폭발 장치가 제거된다는 겁니까—그렇다면 저도 매우 좋다고 생각합니다."

고르바초프: 그렇게 말할 수 있겠지요. 모든 무기를 나열해서요.

슐츠: 그럼 그렇게 하지요.

레이건의 제안은 어떻게 보더라도 초강대국 정상 간의 교섭에서 미국 대통령이 공식적으로 제출한 것 가운데 가장 구체적인 원대한 군축 계획이었다. 이 제안은 일회용이 아니었다. 전에는 레이건이 탄도미사일을 제거하는 문제에 관해 말하거나 논의 중인 문제에 관해 부정확하거나 모호한 태도를 보였다면, 이 순간에는 모든 의심을 일소하고 분명하게 전면적인 핵군축을 제안했다. 혼동의 여지가 없었다. 레이건은 권력이 정점에 달한 때에 자신이 품은 신념의 고갱이로 파고들었다.

그러나 레이건과 고르바초프는 당장 종이를 꺼내 서명하지 않았다. 엄청난 기회를 놓친 셈이었다.

고르바초프는 이런 합의를 이룰 가능성이 있다고 말하면서도 미사일 방어에 관한 연구는 연구실에 국한해야 한다고 고집했다. "연구실 문제가 무엇보다도 중요합니다."

레이건은 거부의 뜻을 밝히면서 자신의 목표는 "핵미사일에 대해 일종의 방독면을 만드는 것", 곧 "핵무기 미치광이의 위험성"에 대비하는 시스템을 구축하는 것이라고 되풀이하여 말했다.

고르바초프: 그렇지요, 저도 방독면과 미치광이에 관해서는 익히 들었습니다. 아마 열 번은 들었을 겁니다. 하지만 그렇다고 해도 저는 납득할 수 없습니다.

그러고는 다시 미사일 방어 연구는 그저 연구실에서만 했으면 좋겠다는 말을 덧붙였다.

레이건: 당신은 제가 전략방위구상 프로그램을 지속하는 데 필요한 다리를 전부 끊어놓고 있군요.

고르바초프: 연구실 문제에 관해서 그게 당신네 최종 입장입니까? 그렇다면 이 시점에서 회의를 끝낼 수 있는데요.

레이건: 네 맞습니다.

입씨름이 좀 더 이어졌지만 진전은 없었다. 고르바초프는 레이건의 역사의식에 호소했다. 소련이 양보한 모든 내용이 담긴 협정에 서명할 수 있다면 "당신은 조금의 과장도 없이 위대한 대통령이 될 수 있다"는 것이었다. "당신은 지금 말 그대로 두 걸음만 내딛으면 됩니다." 고르바초프는 레이건에게 간곡히 부탁했다. "(이 협정에 서명할 수 있다면) 그건 우리의 회담이 성공을 거두었음을 의미할 겁니다. (하지만 만약 서명하지 않는다면) 지금 헤어지고 레이캬비크에 관해서는 잊어버립시다. 하지만 이런 기회가 다시는 오지 않을 겁니다. 어쨌든 나는 그렇게 봅니다."

두 사람은 자신들의 역사적인 순간이 손가락 사이에서 빠져나가는 걸 느끼는 것 같았다.

"정말 단어 하나 때문에 역사적인 기회를 거절할 셈입니까?" 레이건이 따져 물었다. 문제가 되는 단어는 '연구실'이었다.

"단지 단어 하나의 문제라고 말씀하시는군요." 고르바초프가 쏘아붙였다. "그건 단어 하나의 문제가 아니라 원칙의 문제입니다." 그러고는 만약 레이건이 미사일 방어망을 배치하게 놔둔 채로 모스크바로 돌아가면 "사람들은 나를 바보에다 무책임한 지도자라고 부를 겁니다"라고 덧붙였다.

"이제 단어 하나의 문젭니다." 레이건이 개탄했다. "다시 한 번 당신의 관점을 바꾸라고 요청하고 싶습니다. 평화를 일군 지도자로 국민들에게 돌아갈 수 있도록 제 부탁을 한 번 들어주시라고요."

"당신 제안에 동조할 수 없습니다." 고르바초프가 대꾸했다. "당신네가 우주 공간에서의 실험을 금지하는 데 동의하면 우리는 2분 안에 문서에 서명할 겁니다. 다른 내용에는 찬성할 수 없습니다…… 저는 할 수 있는 최선을 다했습니다." 슐츠는 고르바초프가 "'연구실'과 작별 인사 중 하나를 택하라"고 했다고 회고했다.

레이건이 슐츠에게 쪽지 한 장을 건넸다. "내가 잘못하는 겁니까?" 슐츠가 귓속말로 대답했다. "아닙니다. 당신 말이 맞습니다."

슐츠에 따르면, 레이건은 자리를 박차고 일어나 문서를 긁어모았고 고르바초프도 똑같이 행동했다. 슐츠는 회고했다. "날이 어두워서야 회프디하우스의 문이 열렸고, 우리는 촬영용 조명 때문에 거의 눈이 먼 채로 나왔다. 우리 표정만 봐도 많은 것을 알 수 있었다." 체르냐예프는 "슬프고 실망한 얼굴들"이었다고 말했다.

레이건이 헤어지면서 고르바초프에게 말했다. "아직도 타협점을 찾을 수 있다고 보는데요."

"제 생각엔 당신네가 타협점을 원치 않는 것 같습니다만." 고르바초프가 대꾸했다. "제가 뭘 더 할 수 있었는지 모르겠습니다."

레이건이 말했다. "'예스'라고 말할 수 있었지요."

"다시 만날 일은 없겠지요." 고르바초프의 말은 레이캬비크에서 다시 얼굴을 보는 일은 없을 거라는 뜻이었다. 하지만 옆에서 이 말을 들은 사람들 때문에 회담이 처참하게 실패했다는 소문이 퍼졌다.

슐츠가 공관에 돌아와 레이건 일행에 합류했다. 대통령과 고위 보좌관들은 일광욕실의 안락의자에 널브러져 있었다. 레이건이 말했다. "유감스러운 소식이군. 형편없는 단어 하나 때문이라니!"[67]

그날 저녁, 레이건은 일기에 기분 좋은 어조로 회담을 요약해 적었다. "그는 전략방위구상을 무력화하는 언어를 원했다. 대가는 컸지만 나는 원칙을 포기하고 싶지 않았고, 그 때문에 그렇게 끝이 났다. 우리 쪽 사람들은 다들 내가 제대로 했다고 생각했다. 나는 전략방위구상을 포기할 생각이 없다고 못 박았고 포기하지 않았지만 그렇다고 해서 어떤 군축 협상도 안 한다는 건 아니었다. 화가 났다—그는 쾌활하게 행동하려고 했지만 나는 화를 냈고 겉으로도 드러났다. 이제 공은 그쪽에 넘겼으니, 세계가 어떻게 반응하는지를 보면 그가 다시 정신을 차리겠지."[68]

훗날 회고록에서는 이렇게 회고했다. "나는 무척 실망했다—그리고 굉장히 화가 났다."

고르바초프 역시 씨근거리고 있었다. "내가 무엇보다 첫 번째로 추구한 목표는 미국의 단호한 입장을 산산조각 내면서 모스크바에서 결정한 계획을 실행하는 것이었다. 미국인들이 합의, 곧 평화라는 이름의 타협을 거부하면 미국 행정부와 그들이 추구하는 위험한 정책을 세계 모든 인류에 대한 위협이라고 비난하는 계획 말이다." 훗날 체르냐예프는 이것이 정치국에서 고르바초프에게 전달한 지침이었다고 말했다. 미국이 소련이 원하는 걸 주기를 거부하면 맹공을 퍼부으면서 자리를 박차고 나오라고 했다는 것이다.

하지만 고르바초프는 기자회견을 하러 가면서 확신을 가질 수 없었다. 최종 합의에 다다르지는 못했을지라도 많은 성과를 얻은 게 아닐까?

"냉정을 되찾고 처음부터 다시 철저하게 생각해보아야 한다는 직감의 목소리가 들려왔다. 갑자기 어마어마한 규모의 기자회견장에 들어섰을 때도 아직 마음의 정리가 안 된 상태였다. 1,000명 정도 되는 언론인들이 우리를 기다리고 있었다. 내가 회견장에 들어갔을 때, 무자비하고 대개 냉소적이고 건방진 언론인들이 우리를 기다리고 있었다. 불안한 분위기가 느껴졌다. 갑자기 감정이 솟구쳤고 흔들리기까지 했다. 내 앞에 서 있는 사람들이 흡사 운명이 결정되기를 기다리는 인류를 대표하는 것 같았다."

고르바초프는 또 한 번 극적인 전환을 하면서 정치국의 지침을 따르지 않기로 결심했다. 그는 레이건을 산산조각 내지 않기로 마음을 먹고 대신 낙관적인 말을 했다.

"우리는 이미 많은 부분에 관해 합의에 다다랐습니다." 그가 언론인들에게 말했다. "많은 진전을 이루었습니다."[69]

데드핸드

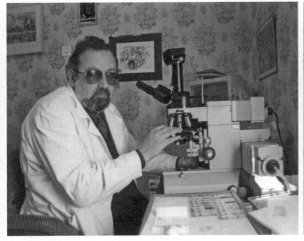

레프 그린베르크(왼쪽)와 파이나 아브라모바. 두 병리학자는 1979년 스베르들롭스크 탄저병 발생 당시 사건의 희생자들을 직접 검시하였다.

탄저병이 발생했던 치칼롭스키 구.

세르게이 포포프와 그의 부인 타이샤. 포포프는 병원균 유전공학을 연구한 명석한 두뇌의 젊은 연구자였다. 1982년 그가 콜초보에서 일하던 시절 찍은 사진이다.

레프 산다흐치예프. 그는 벡터 소장으로 무기용 인공 바이러스를 만드는 일을 추진하였다.

이고르 도마라드스키. 그는 오볼렌스크의 '골칫덩어리'였다. 그곳에서 그는 병원균의 유전자 구조를 변경하려고 시도하였다.

비탈리 카타예프(왼쪽 안경 쓴 이). 항공기와 로켓 설계자로 1974년부터 거의 20년간 모스크바 중앙위원회에서 일을 했다. 소련의 붕괴 이전 몇 년 동안 카타예프는 무기 시스템과 핵심적인 결정에 관한 상세하고 전문적인 정보로 가득한 노트를 기록했다. 사진은 연도 미상의 메이데이 축하 행사에 참석한 모습이다.

1990년대의 카타예프.

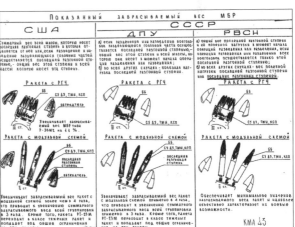

카타예프가 그린 모듈식 미사일 그림.

1983년 2월 11일, 로널드 레이건 대통령과 합동참모본부는 미사일 방어 개념에 관해 논의했다. 레이건은 그날 밤 일기에 이렇게 썼다. "우리가 우리 국민들의 복수를 하는 게 아니라 국민들을 보호하고자 한다고 세계에 말하면 어떨까?"

1983년 3월 23일, 레이건은 텔레비전 연설에서 야심차게 전략방위구상 계획을 발표하였다.

1986년 체르노빌에서 일어난 핵 사고는 소련 지도자 미하일 고르바초프에게 전환점으로 작용했다.

소련 참모본부장 세르게이 아흐로메예프 원수. 그는 고르바초프가 무기 경쟁 완화를 추진하는 과정에서 핵심적인 역할을 했다.

2000년까지 모든 핵무기를 없애자는 1986년 고르바초프의 제안 내용을 담은 포스터. 뒷면의 표시에 따르면 아흐로메예프가 주요 작성자다.

레이캬비크의 고르바초프와 레이건. 1986년 10월 11~12일 열린 이 정상회담에서 두 지도자는 냉전 시기의 어느 지도자들보다도 핵무기를 대폭 감축하는 협정의 일보 직전까지 갔다.

레이건과 고르바초프는 레이캬비크에서 아무런 협정도 이루지 못한 채 헤어졌다. 레이건은 미사일 방어라는 소중한 꿈을 실험실의 연구로만 제한할 수 없다고 끝까지 고집하였다.

예브게니 벨리호프(오른쪽). 열린 사고를 지닌 물리학자로 장벽과도 같던 소련의 군사 기밀을 돌파하는 데 힘을 보탰다. 1986년 7월 세미팔라틴스크 핵실험 장소 인근에서 미국 천연자원보호협의회의 토머스 B. 코크런과 함께한 모습.

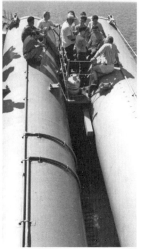

1989년 7월 벨리호프와 코크런은 얄타 연안에서 소련 순양함 슬라바호에 올라 미사일에 핵탄두가 장착되었는지를 검증하는 전례 없는 공동 실험을 수행했다.

아나톨리 체르냐예프. 소련 자유화 개혁의 꿈을 품었
던 그는 1986년 고르바초프의 대외 정책 수석보좌관
으로 발탁되어 1991년까지 그의 옆을 지켰다.

발레리 야리니치. 소련 전략로켓군과 참모본부에서
30년을 복무한 그는 페리미터라고 알려진 반자동 미
사일 발사 시스템, 곧 '데드핸드' 수정판이 결실을 맺
는 데 힘을 보탰다.

쿠데타 시도가 실패로 돌아간 뒤인 1991년 8월 21일 고르바초프는 연금 상태에서 풀려나 모스크바로 돌아왔다. 쿠데타 시도 당시 고르바초프는 핵무기 지휘 시스템에 대한 통제권을 잃었다.

대통령직 사임 연설을 마친 고르바초프. 1991년 12월 25일.

미 국무장관 제임스 A. 베이커 3세는 러시아 대통령 보리스 옐친에게 소련이 붕괴하기 직전 누가 핵무기를 통제했는지에 관해 열심히 캐물었다.

파세추니크의 명함.

블라디미르 파세추니크. 레닌그라드의 초고순도생물학제제연구소 장이었던 그는 1989년 영국으로 망명했다. 그는 소련 생물학무기 개발 프로그램의 실제 규모와 범위를 낱낱이 폭로했다.

ПРЕЗИДЕНТУ СОЮЗА СОВЕТСКИХ СОЦИАЛИСТИЧЕСКИХ РЕСПУБЛИК

товарищу ГОРБАЧЕВУ М.С.

В соответствии с Вашим поручением докладываю по вопросу *о био-*
логическом оружии.

По имеющейся информации, США обладали этим видом оружия сразу
после II мировой войны. Ко времени подписания Конвенции в 1972 году
у них было принято на вооружение десять *биологических* рецептур,
созданных в специальных научных центрах и 35 типов различных бое-
припасов для их применения.

В нашей стране работы по созданию *биологического* оружия
были начаты в 50-е годы в трех организациях Министерства обороны
СССР, дислоцированных в г.г.Кирове, Загорске и Свердловске. С 1971
года к этим работам были подключены еще 12 организаций Минмедпрома

정치국원 레프 자이코프는 1990년 5월 15일 **생물학무기**에 관해 고르바초프에게 전달한 이 보고서에서 **생물학**이라는 단어를 손으로 써넣었다. 그만큼 민감한 문제였기 때문이다.

조지아 주 출신의 민주당 샘 넌 상원의원(오른쪽)과 인디애나 주 출신의 공화당 리처드 루가 상원의원. 둘은 옛 소련에 방치된 핵 물질과 무기의 위험성에 주목했다.

미국 외교관 앤디 웨버는 카자흐스탄에서 방치된 고농축우라늄 600킬로그램의 위치를 확인했다. 사파이어 프로젝트를 통해 공수된 우라늄의 모습이다.

우라늄을 미국으로 옮기기 위해 화물기에 싣고 있다.

고르바초프와 조지 H. W. 부시. 1990년 6월 2일 캠프 데이비드에서 가진 비공식 대담에서 부시 대통령은 고르바초프에게 생물학무기에 관해 질문을 던졌다.

1992년 11월, 영국 국방정보참모국의 고위급 생물학전 전문가인 크리스토퍼 데이비스가 파세추니크의 연구소를 두 번째 방문하던 중에 비디오 녹화를 하는 모습. 옐친은 생물학무기 개발 프로그램을 중단한다고 약속했지만 그의 공언과 달리 개발 시도는 계속되었다.

켄 알리베크는 스테프노고르스크에 지어진 탄저균 공장의 책임자였다. 나중에 그는 소련 생물학무기 개발 기구인 비오프레파라트의 부소장을 지냈다.

스테프노고르스크의 탄저균 생산 시설. 전경에 지하 벙커가 보인다.

스테프노고르스크 단지 내부. 크렘린에서 명령을 내리면 당장에라도 무기용 탄저균을 몇 톤씩 만들어낼 수 있도록 기계 설비가 준비되어 있었다.

메마르고 황량한 보즈로즈데니예 섬의 모습. 1995년 웨버가 이끄는 조사단이 헬리콥터로 처음 접근하면서 바라본 광경이다.

보즈로즈데니예 섬에서 땅에 묻은 탄저균을 수색하는 광경.

웨버는 소련의 생물학무기 개발 프로그램의 비밀을 밝히는 데 지대한 공을 세웠다. 그가 보즈로즈데니예 섬에서 발견한 녹슨 우리들은 세균전 실험을 위해 영장류를 가둬두는 데 쓰였던 것들이다.

웨버는 경비가 허술한 연구소에 있던 콩 통조림 캔에서 페스트 병원균 샘플을 발견하기도 했다.

스베르들롭스크 탄저균 희생자들의 무덤.

12

무기여 잘 있거라

1986년 10월 12일 저녁 레이캬비크에서 조지 슐츠가 기자회견장에 들어섰을 때 그의 얼굴에는 실망한 기색이 역력했다. 슐츠는 긴장한 목소리로 발언을 시작했다. 미국 측 협상가 중 한 명인 맥스 캠플먼은 거의 눈물을 흘리기 일보직전이었다. 두 지도자는 합의의 코앞까지 갔었다—그러고는 빈손으로 헤어졌다. 다음 날 『워싱턴포스트』에는 두 줄짜리 커다란 머리기사가 실렸다. 「레이건–고르바초프 정상회담, 전략방위구상을 둘러싼 교착 상태로 다른 성과까지 무산돼Reagan-Gorbachev Summit Talks Collapse as Deadlock on SDI Wipes Out Other Gains」. 『워싱턴포스트』의 루 캐넌은 정상회담이 "암울하게" 끝났다고 쓰면서 고르바초프가 미래의 가능성을 어둡게 전망했다고 설명했다. 하지만 기자단은 이 순간의 드라마를 포착하는 과정에서 그것의 장기적인 의미를 파악하지 못했다. 레이건과 고르바초프는 핵시대에 가장 전면적인 군축 제안에 관해 토론하고 교섭하고 일부 경우에는 합의에 도달했다. 두 사람 모두 금세 자신들이 냉전의 전환점에 다다랐다는 사실을 깨달았다. 고르바초프는 모스크바로 돌아가는 비행기 안에서 체르냐예프에게 "우리 실망하지 맙시다"라며 자신은 여전히 탁월한 낙관주의자라고 말했다.[1]

고르바초프는 이틀 뒤 정치국에 참석해서 과거의 협상 입지는 영원히 "땅속에 묻혔다"고 보고했다. "완전히 새로운 상황이 등장했습니다…… 이제 새롭고 더 높은 고원에서 핵무기의 청산과 완전한 금지를 위한 투쟁을 시작해야 합니다…… 이건 확고한 입지입니다. 이것은 새로운 사고를 반영합니다."[2] 체르냐예프는 그 뒤 몇 주 동안 고르바초프가 한 말을 인용한 바 있다. "전에 우리는 핵무기 제한에 관해 이야기했습니다. 이제는 핵무기 감축과 제거에 관해 이야기하고 있습니다."[3]

하지만 이런 낙관주의에도 불구하고 고르바초프는 자신이 레이캬비크에서 커다란 기회를 놓쳤음을 알고 있었다. 아직 단 한 개의 핵탄두도 해체되지 않았고 단 하나의 조약도 조인되지 않았다. 고르바초프에게는 결과가 필요했다—그리고 그는 시간이 덧없이 흐르고 있음을 느꼈다. 핵군축이라는 그의 꿈은 위험에 대한 진정한 공포에서 나온 것이었다. 하지만 다른 실용적인 이유들도 있었다. 페레스트로이카를 향한 실험적인 시도는 소련의 생활 수준을 향상시키는 데 실패한 상태였고, 경제에는 서서히 폭풍우가 몰려올 기세였다. 1986년에는 유가가 폭락했고 경화硬貨 수입도 크게 줄어들었다. 소련은 외국으로부터 곡물과 육류를 수입하고 많은 돈을 차입할 수밖에 없었다. 엄청난 재정 적자가 시작되었다. 고르바초프는 정치국 회의에서 현실을 인정했다. "이제 상황이 우리를 완전히 지배하고 있습니다."[4]

고르바초프가 최우선적으로 추구한 목표는 레이캬비크 정상회담을 구체적인 성과로 전환해서 군사적 부담을 경감하는 것이었다. 고르바초프는 맹렬하게 돌진하는 기관차의 브레이크를 잡고 진정한 변화를 초래하는 일에 몸을 던졌다. 각종 내부 문서와 회고록의 증거를 살펴보면 장성이나 무기 제작자들, 지도부 내 보수파 등은 고르바초프가 레이캬비크 이후 얼마나 급진적인 방향 전환을 숙고하고 있었는지를 분명하게 파악하지 못한 것 같다. 고르바초프가 정치국에 보고한 뒤 지배 집단은 신중하게 행동했다. 그들은 전략 무기의 대폭 감축이 있을지 모르니 대비하라는 지침을 군에 전달했다. 하지만 동시에 정치국은 소련이 앞으로도 여전히 냉전 경쟁에 붙들리게 될 것이고, 그렇게 된다면 대폭적인 감축은 없을 것이며 레이건의 전략방위구상, "특히 우주 공간에서의 전략방위구상"에 대한 보복 수단을 마련해야 할 게 분명하다고 보았다. 그들은 고르바초프가 아무리 열정을 기울인다 해도 조만간 무기 경쟁이 종식되는 일은 없을 거라고 생각했다.[5]

정치국원들은 고르바초프가 어디로 향하고 있는지 알지 못했지만 참모본부장인 아흐로메예프만은 확실히 알고 있었다. 아흐로메예프는 오랜 기간 조국을 위해 복무했기 때문에 군의 엘리트 집단으로부터 비난받을 여지가 없었고, 따라서 고르바초프가 급진적인 군축을 시도하는 데 필요한 보호막과 정통성을 제공할 수 있었다.

1986년, 아흐로메예프는 모든 핵무기를 폐기하자는 1월 15일 고르바초프의 제안에 힘을 보탠 뒤, 이제 고르바초프 시대에 걸맞게 소련의 새로운 군사 교의를 창조할 때라는 결론을 내렸다.

군사 교의는 최전선의 부대에서부터 참모본부까지, 연구소에서 무기 공장까지 문어발처럼 뻗은 소련 국방 기구의 모든 가정과 목표, 준비 태세의 토대였다. 예전의 교의에서는 미국과 나토가 소련의 주적이며, 소련은 서구와 동등한 무기 수준을 갖추기 위해 노력해야 한다고 선언했다. 아흐로메예프는 1986년 늦가을과 초겨울에 낡은 교의를 파기했다. 이제까지 배운 모든 내용을 뒤집어야 하는, 그로서는 몹시 괴롭고 어려운 순간이었다. 그는 이렇게 회고했다. "1986년 이전에 존재했던 교의는 나와 참모본부에게는 반박의 여지가 없는 진리였다. 이 교의를 우리에게 유산으로 남긴 2차 대전 당시의 사령관들은…… 나를 비롯한 사람들을 가르치고 길러냈으며, 우리는 그들의 이름을 거론하면서 조국을 위해 봉사하겠다고 맹세를 했다! 이 모든 걸 어떻게 바꿀 수 있을까? 내가 오랫동안 학교에서 기동에 관해 배운 모든 걸 말이다. 나 자신이 오랜 세월에 걸쳐 젊은 세대의 장성들과 장교들에게 가르친 것들을 바꿔야 했다. 우리 군의 경험과 이론과 실천의 실질적인 부분이 파헤쳐지고 있었다."

레이캬비크 회담 직후, 아흐로메예프는 최고의 능력과 지성을 갖춘 장교들이 공부하는 모스크바의 참모본부아카데미에서 새로운 교의에 관한 연설을 했다. 군사 전문가와 교수, 전략가를 비롯한 엘리트 청중들을 상대로 말하는 자리였다. 그는 엄연한 변화를 제시했다. 여전히 미국이 주적이기는 하지만 "우리는 유럽에서 미국 및 나토와 군사 대결을 벌이는 구조를 해체할 준비가 되어 있다"며 전쟁이 벌어진다면 여전히 핵무기와 재래식 무기를 이용하겠지만 "우리는 세계에서 핵무기를 완전히 청산하는 데 찬성"한다고 말했다. 그의 말에 따르면, 소련은 동등한 수준을 달성하려고 노력하는 대신 합의를 통해, 또는 필요하다면 일방적으로라도 군사력을 축소하겠다는 것이었다.

아흐로메예프는 이렇게 회고했다. "내가 연설을 하는 동안 강당에는 적막한 침묵만이 흘렀다. 사람들의 표정을 보니 이해할 수 없고 당혹스럽고 놀란 게 역력했다." 연설을 마치자 "모든 긴장이 탁하고 풀렸다. 그리고 우리 군의 과학자들은 예의라곤 깡그리 잊어버렸다! 그들 대부분은 자신들 앞에서 이야기하는 이가 참모본부장이라는 사실을 망각한 것 같았다. 거의 반역자라는 식의 비난이 빗발처럼 쏟아졌다. 내가 이야기한 내용의 조목조목마다 오류이고 받아들일 수 없다는 딱지가 붙여졌다".

아흐로메예프는 몇 개월에 걸쳐 심사숙고한 내용을 90분 만에 발표했다. "사람들이 왜 그렇게 충격에 사로잡혔는지 이해할 수 있었다. 두 시간 동안 질의응답을 해야 했다."[6]

　이미 거대한 퇴각이 시작된 상태였다.

레이캬비크 정상회담 직후, 레이건은 정점을 달렸다. 10월 13일 전국 텔레비전 연설과 11월 선거 전에 전국 각지에서 행한 선거 유세에서 레이건은 대통령 재임 중에 손꼽힐 정도로 이례적인―그리고 설득력 있는-홍보 캠페인에 착수했다. 그는 자신이 고르바초프에 용감히 맞섰다고 자랑했다. 그는 선거 유세 중에 아이슬란드에서 고르바초프를 만나 "그냥 '아니오!'라고만 말했습니다"라고 언급하면서 청중들에게서 열광적인 박수갈채를 끌어냈다. 레이건은 전략방위구상을 포기하지 않은 자신의 행동을 승리로 묘사했다. 전략방위구상이 존재하지도 않았는데 말이다.

　하지만 레이건은 이내 곤경의 시기에 빠져들었다. 회프디하우스에서 실제로 무슨 말이 오고갔는지에 관해 심각한 의문이 제기되었기 때문이다. 고르바초프는 10월 22일 모스크바에서 한 텔레비전 연설에서 자신과 레이건이 1996년까지 **모든 전략 공격용 무기**를 완전히 폐기하는 데 합의했다고 말했다.[7] 이 내용은 레이건이 정상회담 뒤에 텔레비전 연설에서 한 주장, 곧 10년 안에 **모든 탄도미사일**을 폐기하기로 논의했다는 주장과는 달라 보였다.[8] 게다가 레이건으로서는 당혹스럽게도, 소련은 속기사들이 작성한 정상회담 회의록의 일부를 공개해 레이건이 모든 전략 무기의 폐기에 대해 논의했음을 보여주었다. 백악관은 마지못해 고르바초프의 말이 맞다고 인정하면서, 다만 그것은 제안이 아니라 목표였다고 덧붙였다. 레이건은 비판자들로부터 핵 정책을 엉성하게 다룬다고 뭇매를 맞았다. 뒤이어 레이건이 레이캬비크로 가기에 앞서 고르바초프에게 내놓은 포괄적인 제안에 관해 합참의장 윌리엄 J. 크로 2세 제독과 협의하지 않았고, 레이캬비크에서 무슨 일이 있었는지에 관해 누구 하나 군 지도자들에게 보고하지도 않았다는 사실이 드러났다. 합동참모본부는 '탄도미사일 완전 폐기'를 위한 와인버거의 정식화를 담은 레이건의 7월 25일자 서한에 관해서 전혀 통보받지 못한 게 분명했다. 정상회담 이후 크로 합참의장은 다른 군 참모총장들의 견해를 물었다. 크로에 따르면 "국가 안보의 관점에서 절대 받아들일 수 없다는 만장일치의 답변이 나왔다. 참모총장들은 굉장히 불안해했다". 크로는 이 문제를 어떻게 처리해야 할지 걱정하느라 며칠 밤을 뜬눈으로 지새웠다.

크로는 비록 자리를 잃고 싶진 않았지만 10월 27일 백악관 국가안보기획단National Security Planning Group 회의에서 자기 견해를 밝히기로 결심했다. 이런 회의에서 군 쪽 인사가 자리에서 일어나는 건 이례적인 일이었지만 크로는 4쪽짜리 발언을 했다. "대통령님, 저희는 10년 안에 모든 탄도미사일을 폐기한다는 제안 때문에 국가 안보에 커다란 위협이 제기된다고 결론을 내렸습니다." 일종의 폭탄선언이었다—국가 최고위 군인이 대통령에게 그가 지나친 양보를 해서 국가 안보를 위험에 빠뜨렸다고 말한 것이다. 크로는 어떤 반응이 나올지 기다렸다.[9]

"제독." 대통령이 입을 열었다. "나는 정말 미국 군대를 사랑합니다. 언제나 사랑했지요. 이 젊은 남녀들은 우리 나라를 위해 훌륭한 일을 하고 있고, 나는 어디 가서든 내가 얼마나 우리 군대를 자랑스러워하는지 말하고 다닙니다." 회의는 그렇게 끝이 났다.

훗날 크로는 이렇게 회고했다. "나로서는 대통령이 화가 났는지 분명히 알지 못했다. 그가 내 말을 들었는지도 분명하지 않았다. 그냥 대답하기 싫었던 건지도 뚜렷하게 알 수 없었다. 또한 이 논쟁적인 제안이 어떤 상태인지도 알 수 없었다." 레이건은 크로의 말을 듣지 못했을 뿐만 아니라 그에게 대답했다고 생각했다. 그날 밤 일기에서 레이건은 이렇게 적었다. "합동참모본부는 우리가 재래식 무기에서 소련에 뒤진 상태임을 알고 있고 핵무기를 감축하면 이런 상태가 더욱 나빠진다는 점을 확인하기를 원했다. 우리는 그 점을 아주 잘 알고 있고, 이 문제는 어떤 핵무기든지 간에 소련과 감축 협상을 하면서 교섭하는 과정을 거칠 것이라고 말해 그들을 안심시킬 수 있었다."[10] 이번에도 역시 레이건은 전체적인 그림에만 주목하고 불쾌한 세부 사항은 경솔하게 지나쳐버렸다.

11월 4일, 공화당은 6년 동안 장악하고 있던 상원 다수당 지위를 잃었다. 그리고 그 뒤 몇 달 동안 레이건은 대통령 재임 중 가장 커다란 스캔들에 휘말렸다. 이란-콘트라 사건에 백악관 국가안전보장회의가 일부 관여한 비밀 활동이 드러난 것이다. 미국은 레바논에 억류된 미국인 인질을 석방하기 위해 미사일과 미사일 부품을 이란에 팔았고, 이 수익금의 일부를 니카라과 콘트라반군을 돕는 데 전용했다. 의회에서 부과한 원조 금지 조치를 위반한 것이었다. 이 스캔들을 계기로 레이건의 사고에 내재한 모순의 핵심이 드러났다. 레이건은 말로는 당당하게 원칙을 드러내고 테러리스트들이나 그들을 지원하는 국가와는 결코 거래하지 않겠다고 약속했다. 하지만 개인적으로는 인간 개인의 고통에 크게 흔들리기 십상이었고, 그 때문에 미국인 포로 가족의 호소에 감정적으로 대응하면서 이란에 무기를 팔았다. 또한 콘트라반군에 원조를 전용한 것은 케이시가 이끄는 중앙정보국의 거친 면이 반영된 결과였다. 중앙정보국은 모든 대륙에서 공산주의에 대항하는, 만용에 가까운 비밀 전쟁을 개시하려는 욕심을 부리며 의회에서 통과된 법률을 노골적으로 무시했다. 이 스캔들 때문에 1986년 말과 1987년 초에 미국 내에서 레이건의 인기는 급락했다. 이제 대통령은 아무것도 하지 못한 채 꽁꽁 얼어붙은 신세가 되었다.

고르바초프는 당혹스럽고 초조했다. 원래는 정상회담에서 레이건을 처치했다고 생각했다. 그는 물리칠 수 없는 양자택일의 제안을 했고 레이건이 마음을 돌려 받아들일 거라고 확신했다. 고르바초프는 거듭해서 이 제안을 "일괄 거래"라고 지칭했다. 전략방위구상을 제한한다는 조건으로 중거리 미사일과 장거리 무기에 관한 양보를 한다는 것이었다. 10월 14일 정치국 회의에서 고르바초프는 자신만만하게 말했다. "우리는 이 원칙을 굳건히 고수할 겁니다. 우리는 어떤 치사한 속임수도 원하지 않으며 일괄 거래만 할 겁니다." 하지만 놀랍게도 레이건은 정상회담이 끝나고 몇 주 동안 전혀 융통성 있는 모습을 보여주지 않았다. 10월 30일 고르바초프는 정치국에서 이렇게 물었다. "미국이 원하는 게 뭡니까? 미국의 현 행정부와 과연 어떤 성과라도 얻을 수 있는지 점점 의구심이 드는군요."[11]

또한 고르바초프는 특히 아프가니스탄 전쟁을 비롯해 나름의 곤란에 직면해 있었다.[12] 이 전쟁은 소련인들에게 수렁으로 변해 있었고, 고르바초프는 과연 전임자로부터 물려받은 군사적 부담에서 손을 뗄 수 있는가 하는 시험대에 올려져 있다. 1986년 11월 13일, 고르바초프는 들뜬 표정으로 아프가니스탄에서 손을 떼고 싶다고 정치국원들에게 말했다. "시간을 허비해선 안 됩니다! 6년 동안 싸웠어요! 어떤 이는 이런 식으로 계속 싸우면 20년이나 30년 동안 전쟁이 계속될지 모른다고 말합니다. 실제로 그렇게 될 겁니다. 사람들은 영원히 거기 머무를 건지 아니면 이 전쟁을 끝내야 하는지 묻고 있습니다. 전쟁을 끝내지 않는다면 완전한 불명예를 안게 될 겁니다. 우리의 전략적 목표는 1년, 최대한 2년 안에 전쟁을 종결하고 병력을 철수시키는 겁니다."

하지만 체르냐예프가 훗날 회고한 것처럼 상황은 고르바초프의 뜻대로 흘러가지 않았다. "우리는 아프가니스탄이라는 무거운 짐을 새해까지 끌고 갔다. 전쟁을 끝내겠다는 고르바초프의 결심에도 불구하고······ 중대한 조치가 전혀 취해지지 않았다. 그리고 이 전쟁은 체르노빌의 여파처럼 고르바초프의 향후 개혁 활동에 막대한 부담으로 작용했다. 전쟁때문에 고르바초프가 정치, 경제적으로 기동할 여지가 제한되었고, 레이캬비크 구상을 실현하려는 노력도 여의치 않았다."[13]

고르바초프는 핵실험 중단 선언에서도 차질을 겪었다. 소련의 핵실험장은 18개월 동안 조용했지만 미국은 핵실험 중단에 동참하기를 거부하고 이 시기 동안 20차례의 실험을 수행했다. 핵실험 중단은 선전용으로는 훌륭했지만 고르바초프는 가시적인 결과를 얻지 못했다. 소련의 핵무기 관련 집단은 폭발 실험의 재개를 간절히 바라고 있었다. 12월 18일, 고르바초프는 항복을 선언했다. 소련은 1987년 미국이 핵무기를 실험하자마자 곧바로 자신들도 실험을 재개하겠다고 발표했다. 고르바초프는 소중하게 아끼는 구상을 포기해야 한다는 사실에 실망했고 레이건이 다른 쟁점들에 관해서도 계속 후퇴하는 조짐을 보이자 낙담했다.[14] 고르바초프는 이란-콘트라 스캔들 때문에 "그들은 대통령을 지키기 위해 그렇게 할 수밖에 없다"고 말했다. "우리는 정치적 쓰레기들을 다루고 있습니다. 그들로부터는 아무것도 기대할 수 없어요."

고르바초프는 12월에 아흐로메예프가 작성한 새로운 군사 교의를 승인했지만 군부로부터 불평하는 소리를 들었다. 고르바초프가 말했다. "우리는 우리를 겁주려고 애쓰는 장군들처럼 되어서는 안 됩니다. 그 사람들은 이미 야유를 퍼붓고 있습니다. 우리에게 어떤 지도부가 있냐고 물으며 '그들이 조국의 방위를 파괴하고 있다'고 말합니다. 그 사람들은 오가르코프가 화가 많이 났다고 말합니다. 그 사람의 요구는 끝이 없습니다. 대포의 사정거리를 늘려야 한다고요!"[15]

고르바초프 주변의 인물들은 차근차근 단계를 밟으면서 초군사화된 소련 체제 깊숙이 각인되어 있던 비밀주의와 책략을 뒤집기 시작했다. 신선한 정직의 기풍이 크렘린의 복도를 따라 번지기 시작했다. 비탈리 카타예프가 중앙위원회 국방부의 상관들, 특히 군산복합체를 책임지는 정치국원 레프 자이코프를 위해 작성한 자세한 참고 자료들에는 새로운 사고―정직하지만 아직 신중했다―가 분명히 드러났다. 타자기로 작성한 보고서들의 양식에는 카타예프의 공학자다운 치밀함이 반영되어 있다. 3단으로 깔끔하게 작성된 보고서들은 대개 여러 쪽 분량인데, 각 줄마다 새로운 쟁점이나 문제를 다뤘다. 카타예프는 맨 위에 '스프랍카^{SPRAVKA}', 곧 '정보'라고 타이핑했다.

1986년 12월 24일, 카타예프는 또 다른 '정보'를 완성했다. 그가 소련 군사 기구의 단점들을―적어도 체제 내의 자신의 상관들에게는―솔직하게 밝힌다는 사실을 보여주는 보고서였다. 이 문서에서 카타예프는 4주 전 샌프란시스코에서 미국 중앙정보국의 게이츠 부국장이 한 연설의 요점을 면밀하게 분석했다. 게이츠는 시베리아 크라스노야르스크 북쪽에 건설 중인 레이더 기지가 1972년 탄도탄요격미사일제한협정 위반이라고 주장했다. 전에 『소련의 군사력』이라는 화려한 연간 소책자에서 미국이 주장한 내용이었다.[16] 미국은 이 레이더 기지가 전국적인 미사일 방어 시스템의 '전투 관리' 용도로 사용될 수 있다고 주장했다. 하지만 실상은 그렇지 않았다. 소련은 레이더가 민간 위성 추적용이라고 주장했다. 이 말 역시 사실이 아니었다. 실제로 이것은 미사일 공격에 대비한 조기 경보용으로 허용된 방식의 레이더였지만 소련은 이것을 금지된 위치에 배치해놓은 상태였다. 1972년 협정에 따르면 조기 경보 레이더는 국가 영토 가장자리에 바깥쪽을 향해서만 구축할 수 있었다. 그런데 소련 지도자들은 이 레이더 기지를 국경에서 먼 내륙에 배치했다. 태평양에서

2,686킬로미터, 몽골과의 국경에서 북쪽으로 800킬로미터 정도 떨어진 곳이었으니 확실히 국경 주변은 아니었다. 또한 레이더 안테나가 동북쪽을 향해 있었기 때문에 바깥쪽을 향한 것도 아니었다. 이런 식으로 향하게 만든 진짜 이유는 소련의 다른 약점, 곧 조기 경보 네트워크의 구멍을 막으려는 것이었다—태평양 북부에 있는 잠수함들에서 날아오는 미국 미사일을 경계하기 위해서였던 것이다. 카타예프는 자신이 작성한 '정보'에서 소련의 위반 사실을 솔직하게 인정했다. "크라스노야르스크 시에 레이더를 설치한 것은 실제로 탄도탄요격미사일제한협정 6b조에 위배된다. 안테나 장막이 영토 안쪽을 향해 설치되어 있기 때문이다." 하지만 카타예프가 내부적으로 인정했음에도 불구하고 소련은 2년 넘게 공개적으로 이 위반 사실을 인정하려고 하지 않았다.

게이츠는 샌프란시스코 연설에서 언급한 또 다른 점과 관련하여 소련이 협정에서 금지한 전국적인 미사일 방어 시스템을 구축하려는 "토대를 놓고" 있으며 레이저, 입자 빔, 운동 에너지, 전자파공학 등 이를 위한 선진 기술을 추구하고 있다고 경고했다. 미국 관리들은 흔히 이런 주장을 거론하면서 전략방위구상에 대한 지지를 구축했다. 하지만 이 주장은 과장이었다. 카타예프는 자신이 작성한 '정보'에서 사실 소련은 게이츠가 거론한 기술 수준에서 한참 뒤처져 있다고 적었다. 호들갑스러운 주장은 크게 과장된 내용이었다. 카타예프의 말에 따르면, 레이저를 비롯한 이색 기술에 대한 소련의 가장 선진적인 연구는 "연구실 실험의 초기 단계에 있었다". 아무리 빨라도 2000년이 되어야 이런 무기의 원형을 만들 수 있었다. 소련은 레이저로 어떤 것도 격추할 수 없었다.[17]

글라스노스트를 옹호하고 비밀주의라는 군의 오랜 전통에 반대한 또 다른 중요한 대변자는 열린 사고를 지닌 물리학자이자 고르바초프의 보좌관인 벨리호프였다. 카타예프가 '정보'를 작성한 지 4주 뒤인 1987

년 1월, 벨리호프는 하나의 구상을 내놓았다. 그는 중앙위원회 국방부—카타예프가 일하던 부서—에 보낸 편지에서 소련의 레이저 무기에 관한 미국의 잘못된 발언에 이의를 제기하자고 제안했다. 같은 1월에 모스크바에서 공개 핵군축 회의가 열릴 예정이었고, 벨리호프는 회의 조직자 중 한 명이었다. 세계 각지에서 과학자, 유명 인사, 반핵 활동가 등이 모이기로 되어 있었다. 벨리호프가 제안했다. 고르바초프가 직접 회의에 와서 미국이 중점적인 선전거리로 삼는 사리샤간의 극비 실험 시설*을 공개하겠다고 발표하면 어떨까요? 미국인들을 초청해서 그들이 직접 게이츠와 『소련의 군사력』이 오류를 범했다는 것을 보게 만드는 것이죠. 벨리호프는 미국의 과학자와 언론인을 다섯 명에서 여덟 명 정도 초청해 네 시간 동안 "자발적인" 방문을 하게 하면 어떻겠느냐고 제안했다. 레이저에 관한 미국의 주장과 정반대로 실제 소련의 힘은 미사일을 격추하는 데 "필요한 수준의 몇 천 분의 일"이었기 때문이다. 벨리호프는 "미국의 공식적인 주장이 오류임을 입증할 수 있는 완벽하고 독특한 기회가 존재"한다고 주장했다. "한 가지 구체적인 사례를 가지고 거짓을 드러내면 막대한 정치적 결과가 생길 수 있습니다."

과학아카데미 부원장인 벨리호프의 제안에 자이코프와 아흐로메예프, 국가보안위원회 의장 빅토르 체브리코프 등을 비롯한 보안, 국방 분야의 고위 관리들이 즉각 관심을 보였다. 그런데 실무진이 작성한 보고서가 벨리호프의 구상에 찬물을 끼얹었다. 미국인 방문객들이 소련의 장비가 굉장히 노후한 사실을 금세 간파할 거라는 내용이었다. 보고서에 따르면 사리샤간 실험장에 있는 두 대의 레이저는 "구형이고, 지금도 1970년대 초의 초보적인 기술을 사용하고 있었다". 보고서는 과학자와

---

* 위성이나 미사일을 요격하기 위한 소련의 레이저 무기 실험장. 309, 317쪽을 보라.

언론인 방문단이 소련이 불성실하거나 뭔가를 은폐하고 있다고 생각할지 모른다고 덧붙였다. 아흐로메예프는 미국인들이—건물의 크기와 실험장의 특징을 보면서—소련이 장래에 미사일 방어망 구축을 계획하고 있다는 것을 입증하려고 들지 모른다고 걱정했다. 방문단이 향후에 위성 요격 무기를 구축하려는 '감마'라는 이름의 비밀 프로젝트를 목격할 수도 있다는 우려도 있었다. 사실 감마는 전혀 현실화되지 않았다. 사리샤간에서 감춰야 할 유일한 것은 소련의 기술이 한참 뒤처졌다는 고통스러운 진실이었다.

2월 12일, 중앙위원회가 벨리호프에게 답변했다. 제안을 거부함. 어떤 미국인도 비밀 실험장을 볼 수 없었다. 하지만 벨리호프는 문을 약간 열었고, 여기서 포기하지 않았다.

변화를 향한 고르바초프의 노력에서 또 다른 핵심적인 순간은 그가 안드레이 사하로프에게 전화를 건 1986년 12월 16일 찾아왔다. 그때 사하로프는 부인 옐레나 보네르와 텔레비전을 보고 있었다. 1975년 노벨 평화상 수상자이자 소련의 수소폭탄 설계에 조력한 반체제 물리학자인 사하로프는 1980년 소련의 아프가니스탄 침공과 인권 침해에 반대하는 공개적인 발언을 했다는 이유로 재판도 거치지 않은 채 고리키* 유형에 처해졌다. 레이건은 레이캬비크 정상회담에서 고르바초프에게 전달한 편지를 통해 사하로프 문제를 제기한 바 있었다. 고르바초프는 압박을 받는 것처럼 보이고 싶지 않았지만 12월 사하로프에게 전화를 걸어 이렇게 말했다. "이제 모스크바로 돌아와도 됩니다." 12월 23일 사하로프는 모스크바 야로슬라블 역에 도착한 기차에서 내렸다.

---

* 1990년에 옛 이름인 니즈니노브고로드로 바뀌었다.

이듬해 2월, 사하로프는 복귀 후 처음으로 대중 앞에 모습을 드러냈다. 국제 군축 회의인 '핵 없는 세상과 인류의 생존을 위한 포럼The Forum for a Nuclear-Free World and the Survival of Mankind'에 참석한 것이다. 회의에는 세계 각지에서 초청받은 유명 인사들이 가득했지만 사하로프의 존재는 특별히 빛을 발했다. 사하로프가 보낸 메시지, 곧 이제 위험한 미사일을 감축하는 데 전념하고 전략방위구상을 둘러싼 교착 상태를 깨뜨릴 때라는 메시지보다도 그의 존재 자체가 훨씬 더 중요했다. 지금이야말로 고르바초프가 레이캬비크에서부터 주장한 '일괄 거래'를 풀어헤칠 때였다.[18]

고르바초프는 일괄 거래가 성과를 가져올 것이라고 확신하고 있었다. 그러나 1987년 2월 말의 소련은 핵실험 중단 선언 이래 처음으로 핵폭발을 실시할 준비를 하고 있었다. 고르바초프에게는 새롭고 대담한 뭔가가 필요했다. 어떤 이들은 사하로프가 회의에서 한 연설 때문에 고르바초프가 자극을 받았을 것이라고 보았다. 하지만 또 다른 강한 자극이 있었다. 2월 25일, 고르바초프의 영향력 있는 조언자인 알렉산드르 야코블레프는 그에게 전달할 광범위한 내용의 보고서를 썼다. 여기서 그는 이제 '일괄 거래'를 해제하고 핵무기를 감축하기 위한 개별적인 거래를 할 때가 왔다고 주장했다.

캐나다의 과수원에서 고르바초프와 함께 산책을 한 새로운 사고의 전범인 야코블레프는 고르바초프가 정치적인 동학에 관심을 기울일 필요가 있다고 말했다. "정치에서는 언제나 최대한의 기동의 자유가 소중합니다. 지금과 같은 형태의 '일괄 거래'는 우리의 손을 묶을 뿐입니다." 일괄 거래를 포기하고, 중거리 미사일에 관한 개별 협정을 체결해 미국이 유럽에 배치한 퍼싱 II 미사일이 제기하는 위협을 완화하는 것이 야코블레프가 생각하는 최우선 과제였다. "이 방안은 우리에게 매우 심각한 위협을 제거하게 해줄 겁니다." 야코블레프는 절박한 인식을 나타냈다.

"지금은 우리가 발전시킨 속도를 놓치지 않고 시간을 허비하지 않는 게 무척 중요합니다. 일괄 거래를 포기하고자 한다면 지금 당장 그렇게 할 필요가 있습니다. 나중에는 그 효과가 훨씬 약해질 테니까요." 그러면서 그는 "세계인들이 보기에 우리가 보복적으로 핵실험을 재개하는 사실을 설명하려면" 공개적인 발표 연설을 하는 것이 좋겠다고 조언했다.[19]

만약 소련이 일괄 거래를 포기한다면 고르바초프가 레이캬비크에서 레이건에게 제시한 실질적인 양보―전체 파이오니어 미사일의 제거 같은―만 남고 미국의 미사일 방어 계획의 속도는 전혀 줄이지 못하는 셈이 된다. 하지만 고르바초프는 레이캬비크 이후 자신들이 제자리걸음만 하고 있다는 걸 깨달았다. 그가 추진한 일괄 거래 전술은 통하지 않았다. 고르바초프는 미래에 대한 전시용 상자가 아니라 성과를 얻기를 간절히 원했다.

야코블레프가 보고서를 전달한 다음 날인 1987년 2월 26일, 소련은 카자흐스탄 세미팔라틴스크 실험장의 130호 터널에서 1985년 이래 최초의 핵폭발을 일으켰다. 고르바초프는 그날 정치국에서 인사말을 할 때 야코블레프의 주장을 이미 흡수한 상태였다. "우리가 일괄 거래를 포기하고 우리가 보유한 가장 강력한 미사일 1,000기를 감축하는 데 동의한다면, 외부 세계와 여론에 가장 큰 인상을 주는 조치가 될 겁니다."

"일괄 거래를 포기합시다."

2월 28일, 고르바초프는 공개 발표를 했다. "소련은 유럽에 있는 중거리 미사일 문제를 일괄 거래에서 분리하고, 이 문제에 관해 지체 없이 개별 협정을 맺을 것을 제안합니다." 레이건은 이 소식을 신중하게 받아들이면서 "새로운 기회"를 향해 나아가는 "진일보"라고 평가했다. 2개월 전 이란에서 받은 돈을 콘트라반군에 전용한 사실이 발각되고 처음으로 백악관 기자실을 방문한 자리에서 기자들에게 한 말이었다.

파이오니어 미사일은 야수 같은 모양새에 탄두 세 개를 탑재했는데, 각각 150킬로톤 무게의 탄두는 개별 유도 기능이 있었다. 미사일의 사거리는 중거리라는 이름이 붙여졌다. 대양을 가로질러 날아가는 거대 미사일보다는 짧지만 전장에서 사용하기 위해 설계된 미사일보다는 길었다. 파이오니어는 현대적인 이동 미사일로 차륜 축이 여섯 개인 거대한 차량에 실어 운반했다. 이 차량을 이용하면 미사일을 항상적인 전투태세로 유지하고 발사할 수 있었다. 1978년에서 1986년 사이에 441개의 파이오니어 시스템이 배치되었는데, 1980년에 정확성과 사거리를 향상한 개량형도 그중 하나였다. 하지만 이 미사일 때문에 소련 지도부는 예상치 못한 끔찍한 문제에 직면했다. 이와 관련해 고르바초프는 "당시 소련 지도부는 서구 각국이 어떤 반응을 보일지 고려하지 못했다. 나는 이를 소련의 전임 지도부가 군산복합체의 압력에 떠밀려 용서받을 수 없는 모험에 착수한 결과라고 규정하고 싶다"고 회고했다. 그의 표현을 빌리면 나토의 대응—퍼싱 II 미사일과 지상 발사 순항 미사일—은 "우리 머리에 권총을 겨눈 격"이었다. 또한 "SS-20을 개발, 제작, 유지하는 데 드는, 우리 실정에 맞지 않는 터무니없이 높은 개발 비용은 따로 말할 것도 없었다. 군산복합체라는 만족을 모르는 '몰록'은 엄청난 예산을 집어삼켰다".[20]

카타예프는 미사일 설계국에서 오랜 경험을 쌓은 중앙위원회 간부로서 소련 지도자들이 어떻게 이런 실책을 저질렀는지 알고 있었다. 그는 자신이 감독하는 수많은 공장과 기지, 연구소를 돌아다닐 때마다 어디서든 자원이 남용되는 모습을 보았다. 미사일을 만드는 이유는 군이 필요로 하기 때문이 아니라 설계국과 공장이 생산 라인을 계속 열어두어야 하기 때문이었다. 카타예프는 잠수함 발사 미사일을 건조하는 두 공장의 책임자들과 만난 일을 회고했다. 그가 아무도 사용하지 않을 무기를 만드느라 돈을 낭비하고 있다고 지적하자 공장장들은 이의를 제기했다. "미사일 주문이 들어왔고, 생산 계획에 들어 있고, 예산이 지급되니까 우리가 만드는 거 아닙니까?" 그가 다시 항의하자 이렇게 대꾸했다고 한다. "군이 이런 식으로 미사일을 사용하는 겁니다—우리 문제가 아니에요."

해군의 경우가 최악이었다. 언젠가 카타예프가 계산한 바에 따르면 소련은 잠수함의 미사일 발사관마다 4~8개의 미사일을 만들었는데, 이 것은 다른 나라가 발사관마다 1.2~1.3개의 미사일을 만든 것과 비교되는 수치였다. "소련이 보유한 해상 발사 미사일의 대다수는 보관 상태가 열악했고, 결국 이 무기의 전투력이 떨어질 수밖에 없었다." 카타예프는 타이푼급인 프로젝트941 잠수함에 3일 동안 탑승한 적이 있었다. 압력선체pressure hull가 별도로 두 개 있는 이 거대한 잠수함에는 사거리가 9,600킬로미터가 넘는 고체 연료 미사일 20개가 탑재되어 있었다. 그가 관찰하는 동안 승무원들이 캄차카의 실험장으로 미사일 네 발을 발사했다. 카타예프가 타이푼급 잠수함 수석 설계자인 세르게이 니키티치 코발료프 쪽으로 고개를 돌렸다.

그가 물었다. "세르게이 니키티치, 미사일 네 발이 날아갔습니다. 이 건 대략 200세대가 거주하는 아파트 건물 값인데요, 왜 발사한 겁니까?"

코발료프는 그냥 연습용으로 한 것이라고 대답했다. 단순히 발사를 위한 훈련이라는 말이었다. 하지만 일단 미사일이 발사관을 떠나면 그것으로 끝이라는 사실을 인정했다. 카타예프는 콘크리트를 채운 훈련용 미사일을 써도 충분하고, 승무원들한테도 별 차이가 없을 것이라고 말했다. 카타예프가 당시 대화에 대해 설명한 바에 따르면 코발료프는 이렇게 대꾸했다. "뭐 안 될 게 있겠습니까? 그런데 그런 생각을 해본 적이 없는데요. 항상 미사일이 남아도니 그런 생각은 안 해봤습니다. 이 신형 고체 연료 미사일은 확실히 신참을 훈련시키는 용도로는 좀 비싸지요."

그때부터 그들은 콘크리트를 채운 미사일을 훈련용으로 사용하기 시작했다.

정확하고 신중한 성격의 카타예프는 목록과 도표를 좋아했다. 그는 노트에 깔끔한 글씨로 목록과 도표를 가득 채웠고 종종 주석과 그림까지 덧붙였다. 그는 자신이 기록한 내용 속에서 미사일이 과잉 생산되고 있다는 증거를 보았다. 그리고 이 도표를 상관들에게 가져갔다. 그는 자이코프에게 나라에서 필요로 하는 것보다 미사일이 훨씬 더 많다고 개탄했다. 미사일을 과잉 생산한다고 국가 안보가 강화되는 것은 아니었다. 오히려 파이오니어의 경우에 "전략적으로 위험한 교착 상태"로 귀결될 수 있었다. 하지만 카타예프는 장성들이나 전설적인 미사일 설계자들이 그의 결론을 받아들이지 않는다는 걸 알고 있었다. 파이오니어는 소련의 최신형 미사일이자 최고의 기술이었고 앞으로 20~30년 동안 유용하게 활용해야 했다—따라서 이 미사일과 관련된 모든 이들은 미사일을 희생시킨다는 생각에 몸서리를 쳤다. 카타예프는 1985년 한 회의에서 미사일 비축량을 줄이는 구상을 놓고 토론하던 중 논의가 감정적으로 치달은 사실을 기억했다. 여기저기서 항의의 목소리가 울려퍼졌다. "그건 사보타주요!" "당신 제5열이군!", "흐루쇼프를 기억하시오!"(쿠바 미사일 위기 당시의 실책을 말한다). 카타예프는 회고했다. "나는 미사일 수를 줄여야 한다는 기술적인 논증의 도움을 받아 사람들의 감정을 진정시키려고 했지만 허사였다." 험악한 분위기의 회의가 끝난 뒤 아흐로메예프의 부관 한 명만이 그와 회의실에 남았다. 카타예프는 진지하게 자신의 주장을 설득하려고 했다. "아무도 모르지만 이제 우리는 핵무기 비축량이 안전 수준을 훌쩍 뛰어넘고, 우리 자신과 미국이 보유한 핵무기가 억제 수단에서 점증하는 위협의 도구로 바뀌는 지경에 다다랐습니다. 그리고 무엇보다도 미국이 아니라 소련이 더 심각합니다. 이 나라 사람들은 아무도 이 문제를 고려하지 않아요! 사람들은 미사일이 많을수록 좋다고 생각했습니다. 위험에서 한 발짝 물러서야 하는 건 바로 우립니다―레이건이 아니라요." 두 사람은 자정 넘어서까지 이야기를 나누었다. 카타예프는 아흐로메예프의 집무실이 바로 옆방이었지만 한 번도 거기에 들어간 적이 없다고 회고했다.[21]

아흐로메예프가 이 토론을 들었다면 분명 개인적으로 슬퍼했을 것이다. 그는 이런 비용을 들여 만든 무기를 허비하고 있다는 생각을 싫어했다. 하지만 아흐로메예프는 고르바초프에게 헌신했고, 아마 더욱 중요한 점으로, 그는 애초에 서유럽을 겨냥해 파이오니어를 배치하기로 한 결정이 어리석은 짓임을 알고 있었다. 체르냐예프는 다음과 같이 결론지었다. "그는 군사 전문가로서 퍼싱 II 미사일이 우리에게 제기하는 위협을 깨달았고, 그전부터도 미국의 나토 동맹국들을 SS-20으로 겨누는 정책에 항상 반대했다. '핵 국지전'이라는 정의 자체가 가능하지 않았다."[22] 하지만 다른 군 지도자들은 그렇게 선견지명이 있지 않았다. 체르냐예프에 따르면 "고르바초프는 장성들과 어려운 싸움을 치러야 했다. 그들을 설득해서 유럽에서 SS-20을 철수시키는 데는 오랜 시간이 걸렸다".

1987년 3월 23일부터 4월 1일까지 모스크바를 방문한 대처는 고르바초프를 만난 자리에서 핵무기를 제거하는 것은 어리석은 짓이라고 말했다. 두 사람은 상트예카테리나홀에서 탁자를 사이에 두고 마주 앉은 채 체커스에서 처음 만났을 때처럼 활발한 토론을 벌였다. 고르바초프가 말했다. "대처 여사, 당신은 핵무기에 대한 입장 때문에 교섭을 방해하고 진정한 군축 과정을 개시하려는 노력을 가로막고 있습니다. 당신이 핵무기가 유익하다고 엄숙하게 선언하는 걸 보면 당신은 열렬한 핵무기 지지자임이 분명합니다―전쟁의 위험성을 받아들일 각오가 되어 있는 거지요."

체르냐예프의 회고에 따르면 대처는 "무척 긴장해서 얼굴이 빨개지고 말투도 딱딱했다". "대처는 손을 뻗어 고르바초프의 소매를 만지면서 말을 시작했다. 그가 한마디도 끼어들지 못하게 계속 말을 했다." 대처는 핵무기 때문에 평화가 유지되었다고 주장했다. "그녀가 워낙 흥분했기 때문에 토론이 중구난방이 되었다. 두 사람은 서로 말을 가로막고 한 말을 또 하면서 상대방에게 최선의 의도를 설득했다." 대처는 자기 나라로 돌아간 뒤 이때가 자신이 경험한 가운데 가장 매력적이고 중요한 해외 방문이었다고 말했다. 그녀는 "공산주의 체제 아래에 있는 지반이 움직이는 것"을 느꼈다.[23]

고르바초프는 4월 14일 슐츠 국무장관에게 깊은 실망감을 드러냈다. 그는 크렘린에서 열린 회담에서 레이건 행정부가 마치 소련에서 아무 일도 진행되지 않는 것처럼 행동하고 있다고 불만을 토로했다. 사실 지난 수십 년 동안 미국의 어떤 행정부보다도 관계를 개선할 좋은 기회가 있는데도 말이다. 그는 "여기서 어디로 나아가야 하느냐"고 궁금해했다.[24] 두 사람은 곧바로 파이오니어와 퍼싱 II 미사일을 폐기할 자세한 방법을 놓고 씨름하기 시작했다. 중거리 미사일을 폐기하기 위한 협상에서는 사거리가 약 300마일(약 483킬로미터)에서 3,500마일(약 5,633킬로미터) 사이에 해당하는 미사일을 다루기로 되어 있었다. 퍼싱 II 미사일은 최대 사거리가 1,100마일(약 1,770킬로미터), 파이오니어는 약 3,100마일(약 4,989킬로미터)이었다. 소련은 비교적 신형인 단거리 미사일도 배치해놓고 있었다. 소련의 강 이름을 따서 오카Oka라고 부르는 SS-23 미사일이었다. 1단 고체 연료 미사일인 오카는 트럭 같은 발사대에 실어 쉽게 이동하면서 어디서든 세워서 발사할 수 있었다. 소련군은 SS-23의 사거리를 400킬로미터에 불과한 것으로 계산했고, 따라서 이 미사일은 중거리 미사일에 관한 협상에서 제외해야 한다고 생각했다. 하지만 미국 전문가들은 발사체의 크기를 감안할 때 사거리가 더 길 것이라고 추측했다.[25] 소련 군은 기동성 때문에 이 미사일을 높이 평가했다. 게다가 이 미사일은 핵 탄두나 재래식 탄두 중 하나를 마음대로 선택해 탑재할 수 있었다. 전에 고르바초프는 이 미사일의 수준을 동결하겠다고 제시했는데, 이제는 한 발 더 나아가 대폭 감축하고 궁극적으로 폐기할 것을 제안했다.

그러나 크렘린 회담에서 슐츠는 미국은 먼저 소련 수준에 맞춰 단거리 미사일 시스템 비축량을 증강하기를 원하며 그다음에 교섭할 수 있다는 입장을 밝혔다.

그러자 고르바초프는 즉석에서 만약 미국이 '글로벌 제로global zero', 곧 양쪽 모두 없애는 데 합의하면 오카 미사일을 전부 폐기하겠다고 제안했다.

고르바초프가 제안을 할 때 참모본부장인 아흐로메예프는 회의실에 있지 않았다. 그는 휴식 시간 이후에 도착하기로 되어 있었다.

슐츠는 나토 동맹국들과 협의해보겠다는 말로 이 제안에 대한 즉답을 피했다.

고르바초프가 답을 재촉했다. "왜 당신이 결정을 내리지 못합니까?"

셰바르드나제가 불쑥 끼어들었다. "소련이 실용 단거리 미사일을 일방적으로 폐기한다는데 미국이 반대한다니 놀랍군요."

방금 전에 고르바초프는 대단히 민감한 양보를 한 것이었다. 아흐로메예프가 전략 무기에 관한 논의를 하기 위해 홀에 들어올 때쯤이면 고르바초프는 무기 시스템 전체를 포기한 상태였다. 아흐로메예프는 다음 날에야 이 사실을 알게 되었다. 회담 참석자 명단에 그의 이름이 있었는데, 고르바초프가 그도 승인했음을 보여주기 위해 집어넣은 것이었다. 후에 아흐로메예프는 이 양보는 고르바초프의 "오산"이었고 장군들을 격분하게 만들었다고 말했다. "군 지도부는 오카 미사일 사건에 분개했다. 외무부는 일방적인 거래에 대해 적절한 설명을 전혀 해주지 않았다. 군과 셰바르드나제 사이에 처음으로 심각한 불화가 나타났다." 장군들은 그 뒤 몇 달 동안 반격을 시도했지만 질책만 받았다. 고르바초프는 군부에 맞서서 자기 생각을 밀어붙이기 위해 교묘하게 책략을 썼지만 여전히 미국으로부터 확실한 성과를 끌어내지 못했다. 고르바초프는 며칠 뒤 정치국을 상대로 호소하는 자리에서 슐츠가 즉석에서 결정을 내리지 못했다고 실망감을 표출했다. 대화는 순조롭게 되었지만 "사실상 공허했습니다—우리는 한 발짝도 나아가지 못했습니다".[26]

셰바르드나제가 말했다. "이 제안을 다시 제기해야 합니다."

꼼꼼하고 신중한 간부인 카타예프는 중앙위원회의 자기 사무실에서 서서히 심오한 결론에 다다랐다. 국가 지도부는—위계적이고 중앙에서 계획하며 오랜 관행 탓에 경직되고 편협하기 때문에—막대한 비용을 들여 구축한 무기를 어떻게 포기하고 폐기할지를 결정하기 위한 과정이 전무하다는 것이었다. 수십 년 동안 군축을 선전 노선으로 삼았는데도 말이다. 닉슨과 카터 시대부터 이어진 이전의 전략 무기 감축 조약들에서는 무기의 증가만을 제한했을 뿐 폐기하지는 않았다. 생물학무기 및 독성무기 금지 협약에서는 모든 종류의 무기를 불법으로 선언했지만 여하튼 소련은 비밀리에 무기를 계속 만들었다. 소련에는 퇴각에 필요한 로드맵이 전혀 없었다. 카타예프는 이런 사정이 결정을 가로막는 현실적인 장애물뿐만 아니라 심리적인 장벽으로도 작용했다고 회고했다.

무기가 지나치게 많은 실상을 파악한 카타예프는 크렘린에서 국방 관련 결정을 다루는 방식을 바꾸는 일에 조용히 착수했다. 브레즈네프 시대에는 설계자와 제작자들이 권력 공백을 메웠다. 고르바초프가 취임하자 카타예프를 비롯한 전문가들이 더 큰 발언권을 얻게 되었다. 카타예프는 대부분의 전문가들이 개인적인 토론에서는 군비 철폐에 찬성하고 소련이 과잉 살상력을 보유하고 있다는 걸 인식한다는 점을 발견했다. 최고위층에는 앞선 시기부터 유력한 정책 결정권자 집단이 남아 있었다. 국방부, 외무부, 국가보안위원회, 군사산업위원회, 중앙위원회 등 일명 '빅 파이브Big Five'*가 그 주인공이었다. 카타예프는 자기 같은 기술 전문가들의 역할을 '빅 파이브'를 위해 일하는 '실무 그룹'으로 격상시켰다. 이를 계기로 크렘린에서 군축을 다루는 방식에 변화가 나타났다. 외부에서는 거의 알지 못했지만 기술 관료들과 전문가들이 개입할 여지가 커진 것이다. 이런 변화를 설명하는 모든 문서에는 '극비'라는 도장이 찍혔다. 1987년 5월 6일, 빅 파이브의 성원들이 카타예프가 조정한 내용을 항구적으로 유지하자는 권고를 고르바초프에게 보냈다. 고르바초프는 이 문서에 서명했다.[27]

무기 경쟁에 어떻게 제동을 걸 것인지에 관한 신선한 사고의 또 다른 싹은 모스크바의 참모본부에서 부상했다. 앞서 발레리 야리니치는 내부 싱크탱크인 작전-전략연구센터Center for Operational-Strategic Research 본부에 배속되었다. 고르바초프가 집권한 직후에 설립된 연구소였다. 통신 전문가로서 쿠바 미사일 위기 사태를 직접 목격한 야리니치는 반자동 핵미사일 보복 시스템인 페리미터를 마무리한 뒤 1985년 연구소에 합류했다. 야리니치는 글라스노스트가 꽃을 피우면서 소련군의 심장부에 있는 문제들을 비교적 개방적으로 제기할 수 있는 자유를 누렸고, 다른 한편으로 핵전쟁의 위험성을 분석하는 데 전념했다. "우리는 처벌받을 두려

---

* 1972년 1차 전략무기제한협상 중에 소련 공산당 중앙위원회는 외무부, 국방부, 국가보안위원회, 군사산업위원회, 과학아카데미 수장으로 전략무기제한협상 감독위원단을 구성했다. (과학아카데미는 초창기에만 참여했다.) 이 위원단은 일명 '빅 파이브'라 불렸고 이후 22년 동안 계속 소련의 군사 및 군축 정책을 관할했다.

움 없이 자유롭게 생각하고 이 생각을 발언할 기회를 얻었다." 연구소는 어려운 과제를 부여받았다—핵무기 보유 수준을 낮추는 것을 뒷받침하는 이론적 근거를 찾는 일이었다. 이것은 고르바초프의 새로운 시대에서 탄생한 진보적인 사고였다. 야리니치는 쿠폴Kupol이라는 이름의 연구 프로젝트를 운영하는 임무를 부여받았다. 수학 모델을 이용해 미국이 선제 핵 공격을 가하는 여러 경우의 시나리오를 연구하는 프로젝트였다.

야리니치와 쿠폴 프로젝트 동료들은 수학 모델에서 매우 중요한 통찰을 발견했다. 가능한 핵 공격을 검토할 때 목표물에 도달하는 탄두의 수나 보복할 수 있는 탄두의 수만을 측정하는 것은 충분하지 않았다. 확실하고 정확한 소련의 지휘 통제 시스템도 계산에 집어넣어야 했다. 수학 모델에 따르면 지휘와 통제를 고려해볼 때 핵무기 비축량을 과감하게 감축해도 억제 목표를 보장할 수 있다는 것이 밝혀졌다. 공격을 당하는 경우 항상 적어도 **어느 정도는** 보복을 하게 될 것이기 때문이다. 실제 핵 전쟁이 벌어지면 아무리 사소한 보복일지라도 엄청난 대량 살상을 의미한다. 공격하는 쪽은 언제나 이런 불확실성에 직면한다. 따라서 야리니치는 무기 경쟁으로 축적된 대규모 과잉 살상력이 불필요하다는 결론에 다다랐다.

야리니치는 어떤 생각에 사로잡혔다—두 초강대국이 이런 수학 모델을 공개하고 공유할 수 있다면 어떨까? 자신과 동료들이 쿠폴에서 발견한 결과를 양국 지도자들이 알 수 있다면? 하지만 소련군 지도자들의 반응은 그다지 고무적이지 않았다. 그들에게 미국과 지휘, 통제와 관련된 극비 데이터를 교환하는 것은 상상도 할 수 없는 일이었다. 야리니치는 "낡은 사고가 새로운 사고를 지배했다"고 회고했다.

야리니치는 길거리에서 고르바초프의 '새로운 사고'와 글라스노스트가 확산되는 모습을 보았다. 곳곳에서 장벽이 무너지고 있었다. 어느 날

데드핸드

야리니치를 비롯한 전문가들은 1985년 미국에서 출간된 책의 번역본을 하나 입수했다. 대니얼 포드가 쓴 『버튼: 미국의 핵 경보 시스템—제대로 작동하는가?The Button: America's Nuclear Warning System—Does It Work?』였다. 책은 지휘와 통제가 미국 핵 억제력의 약한 고리가 아닌지 의문을 던졌다. 야리니치는 소련 전문가들의 반응에 대해 이렇게 말했다. "책의 저자가 공개적이고도 자세하게, 건전한 비판적 시각으로 미국 시스템을 설명하는 걸 보고 놀라했다. 그리고 이렇게 비판을 가해도 미국에는 전혀 해가 되지 않았다!" 야리니치는 연구원들에게 비슷한 연구를 준비해보면 어떻겠냐고 제안했다. 하지만 이번에도 역시 그의 제안은 아무 성과도 내지 못했다.[28]

우주무기 설계자들과 로켓 제작자들이 확대일로의 소련판 전략방위구상을 위한 청사진을 고르바초프의 책상 위에 올려놓은 지 거의 2년이 다 되어가던 1987년 여름이었다. 그해 5월 11일, 고르바초프는 그들의 작품을 보기 위해 카자흐스탄 바이코누르에 있는 소련 우주 기지로 갔다. 다음 날 그는 2단으로 된, 네 개의 엔진을 가진 거대하고 육중한 보조 추진 로켓인 에네르기아를 위한 발사대를 둘러보았다. 정장 차림에 헬멧을 쓴 고르바초프는 거대한 흰색 보조 추진 로켓 주변을 시계 방향으로 한 바퀴 돌았다. 58미터 높이에 연료를 가득 채우면 2,400톤이 나가는 로켓이었다. 로켓은 연료를 가득 채운 상태였다. 이 발사체는 몇 주일 동안 이륙을 위한 2일 준비 태세를 유지하고 있었다. 에네르기아는 한 번도 비행한 적이 없었다. 원래는 소련 우주왕복선 부란을 탑재하기 위해 만든 것이었다. 그런데 우주왕복선 준비가 늦어지면서 설계자들은 그 대신으로 에네르기아의 첫 발사를 이용해 수수께끼의 검은 원통형 물체를 날리기로 계획했다. 검은 본체의 외부에는 '극極'을 뜻하는 '폴리우스Polyus'라는 이름이 흰색으로 칠해져 있었지만 안쪽에는 우주 레이저 무기의 시범 모델인 스키프-DM이 들어 있었다. 그때까지 소련판 스타워즈를 구축하려는 노력이 낳은 가장 가시적인 결과물이었다. 스키프-DM은 고르바초프가 취임한 직후인 1985년 우주무기 설계자들이 그에게 극구 권유한 프로젝트 중 하나였다. 그때부터 연구에 박차가 가해졌다. 하지만 소련 제작자들은 아직 이 기술을 정복하지 못한 상태였다. 검은 본체 내부에 들어 있는 스키프-DM은 향후 개발 가능한 무기를 대신하는 실물 크기의 모형일 뿐이었다.

고르바초프는 미국이 우주무기를 개발한다고 경고하면서 지난 2년을 보냈는데, 사실 소련의 스키프-DM이 추구하는 목표도 바로 그것이었다. 5월 12일 고르바초프는 다른 정치국원들을 대동하고 거대한 보조 추진 로켓 주변을 돌며 브리핑을 받았다. 그는 흰색 로켓과 검은 원통형 물체를 살펴보던 중에 돌연 설계자들에게 무뚝뚝하게 말했다. "정치국은 이 로켓의 발사를 허용하지 않을 생각입니다." 고르바초프는 여러 차례 우주무기 경쟁을 원치 않는다고 말한 바 있었다—허튼 말이 아니었다.

수석 설계자 보리스 구바노프는 어이가 없어 할 말을 잃었지만 브리핑을 계속하려고 애를 썼다. 그는 고르바초프에게 육중한 발사체의 세부 사항을 설명했다. 연료, 발사할 때 생기는 엄청난 압력과 온도 등등을 말이다. 그 뒤 한 시간 정도 동안 고르바초프의 태도가 부드러워졌다. 그는 몇 달 동안 기다릴 수 있느냐고 물었다. 구바노프는 그건 불가능하다고 대답했다. 로켓이 이미 준비되어 연료까지 채운 데다가 사람들이 밤낮으로 일을 했기 때문에 이런 페이스를 계속 유지할 수 없다는 말이었다. 구바노프의 회고에 따르면, 점심시간에 다시 지시가 내려왔다. 발사를 허용한다는 것이었다. 다음 날, 고르바초프는 바이코누르의 노동자들을 칭찬했다. 그러고는 전에도 보통 그랬던 것처럼 다음과 같은 점을 상기시

데드핸드

컸다. "우리는 무기 경쟁을 우주로 확대하는 데 단호하게 반대합니다."

고르바초프는 5월 14일 우주 기지를 떠났다. 다음 날 오후 9시 30분, 에네르기아가 굉음을 내며 밤하늘로 날아갔다. 수수께끼의 검은 본체 폴리우스 안에 스키프—DM이 탑재된 상태로.

에네르기아 로켓은 결함 없이 작동했다. 발사 후 460초 뒤, 폴리우스가 에네르기아에서 분리되었다.

그때 뭔가 문제가 생겼다. 원래 폴리우스는 180도 회전한 뒤 엔진을 점화해서 더 높은 궤도로 올라가기로 되어 있었다. 그런데 360도까지 계속 회전했고, 결국 엔진이 점화되자 잘못된 방향으로 나아갔다. 폴리우스는 다시 지구로, 곧장 태평양을 향해 돌진했다.

검은 원통형의 물체 폴리우스는 바다로 떨어졌다. 그와 함께 스키프 프로젝트에 관한 모든 연구도 중단되었다.

고르바초프는 스키프를 부활시키려고 애쓰지 않았다. 그냥 아무것도 하지 않았다—무기 경쟁의 속도를 늦춘다는 목표를 향해 한 걸음을 더 내딛었다.[29]

1987년에 소련군이 겪은 가장 충격적인 패배는 고르바초프에게서 직접 나온 것은 아니었지만 그는 이 패배를 한껏 이용했다. 소련군의 패배는 서독 함부르크에 사는 한 꿈 많은 열아홉 젊은이의 손에서 이루어졌다. 마티아스 루스트는 레이건과 고르바초프가 레이캬비크에서 합의를 이루지 못한 것을 보고 크게 실망했다. 그는 개인적인 항의 행동을 벌이기로 결심했다. 그러고는 스포츠용 비행기인 단발 엔진의 세스나172P를 빌렸다. 가족들에게는 스칸디나비아로 여행을 간다고 말해두었다. 청년은 5월 13일 페로 제도로 날아갔고 다음 날에는 아이슬란드의 케플라비크로 갔다. 레이건과 고르바초프가 정상회담을 끝내고 출발한 비행장이었다.

비행을 계속한 그는 5월 28일 스톡홀름까지 비행할 계획임을 통보하고 헬싱키에서 이륙했다. 비행 20분 후 그는 통신 장치 전원을 내리고 동쪽으로 기수를 틀었다. 핀란드의 항공 관제사들은 그가 추락했다고 생각해 구조 활동에 착수했다. 루스트는 구름 속으로 사라졌다.

그날 소련은 '국경 수비대의 날'로 휴일이었다.[30] 오후 2시 25분, 세스나기는 꼬리에 작은 서독 국기를 붙인 채 낮게 비행하면서 해변을 가로질러 에스토니아와 소련 영공으로 들어왔다. 31분 뒤 루스트는 고도 약 900미터로 코흐틀라예르베 시 근처를 통과했다. 그는 모스크바로 방향을 잡았다. 소련 방공 시스템에서 비행기를 포착, 대공 포대들에 경보를 발령하고 전투기 한 대를 긴급 발진시켰다. 소련 전투기 조종사는 —당시 그 소형 비행기보다 일곱 배 빠르게 날고 있었다—소형 세스나를 지나쳐 급상승하고는 그것이 파란 줄무늬가 있는 흰색 경비행기이고 900미터 이하로 날고 있다고 보고했다. 루스트는 소련 전투기를 보았고, 붉은 별을 식별하고 조종사의 산소마스크와 조종복까지 알아볼 수 있었다. 격추당할까봐 무서웠다. 훗날 그는 "심장이 덜컥 내려앉아 바지 속으로 들어갈 정도였다"고 회고했다. 하지만 아무 일도 일어나지 않았다. 전투기는 사라졌고 루스트는 모스크바까지 계속 날아갔다.

지상에서는 핵무기를 탑재한 미국 폭격기대爆擊機隊를 경계하기 위해 수십 년 동안 구축된 소련의 공중 및 지상 방위 체제가 축 늘어져 있었다. 레이더 기사들은 방금 전에 영공을 침범한 비행기의 기종을 확인하려는 노력을 전혀 하지 않았다. 방공군 본부에 즉각 보고를 하지도 않았다. 날씨가 급변하고 레이더 화면이 약간 흐릿했기 때문에 기사들은 그 물체가 비행기인지도 의심했다. 아마 새 떼일 거라고 생각했다.[31] 전투기는 저고도에서 40분 비행할 연료밖에 없었고 수색을 계속할 수 없었다. 다른 전투기들이 서둘러 이륙했다. 한 전투기가 루스트를 발견했지만 전투기들은 아무 행동도 하지 않았다. 얼마 뒤인 오후 3시 58분, 레이

더 기사들은 루스트의 위치를 완전히 잃어버렸다. 아무런 조치도 취해지지 않았다. 오후 6시 38분, 모스크바 지역 방공 시스템은 "일상적인 감시 업무"로 바뀌었다.

바로 그 순간, 루스트는 불규칙하게 뻗은 모스크바의 크기에 어리둥절한 채 이 도시에 접근하고 있었다. 정육면체 모양의 로시야호텔이 보였고 근처에 있는 붉은광장도 눈에 띄었다. 착륙을 위해 광장으로 접근했지만 사람들이 있었다. 루스트는 사람들이 다칠까 두려운 마음에 조종간을 잡아당겨 모스크바 상공을 두 번 선회했다.

세 번째로 접근할 때 루스트의 눈에 넓게 트인 다리가 들어왔고 오후 6시 45분 다리에 착륙했다. 그는 세스나기를 붉은광장과 성 바실리 성당을 향해 몰았다. 군중이 근처로 모여드는 가운데 어울리지 않게 큰 조종사 안경과 오렌지색 재킷 차림의 루스트는 비행기에서 내리며 자신은 평화 사절로 이곳에 왔다고 밝혔다. 그러고는 국가보안위원회에 체포되어 끌려갔다.

소련과 전 세계의 관심이 루스트의 단독 비행에 집중되었다. 그 뒤 며칠 동안 모스크바에서는 농담이 오고갔다. 시민들이 짐을 싸서 붉은광장에 모여 있는데, 경찰관이 왜 거기 모여 있느냐고 묻자 사람들이 "함부르크행 비행기를 기다리고 있지요" 하고 대답했다는 식이었다. 하지만 군으로서는 루스트의 대담한 곡예비행이 농담이 아니었다. 레이더를 피해 저공비행하는 순항 미사일의 시대가 열리던 때에 벌어진 일이었다. 루스트가 모스크바까지 직행하면서 새 떼로 오인될 수 있었다면 순항 미사일에 대한 소련의 방어망은 도대체 뭐란 말인가? 소련군은 크게 당황했다. 1983년 대한항공 사건 이후 바뀐 규정에 따르면 민간 비행기가 침범해도 격추하지 말고 강제 착륙시키게 되어 있었다. 그런데 강제 착륙을 시도도 하지 않았다.

고르바초프는 베이징에서 바르샤바조약기구 지도자들과 회담을 하던 중에 소식을 들었다—소련의 새로운 군사 교의를 설명하던 중이었다. 그는 소련의 동맹국들에게 루스트의 곡예비행 때문에 "우리 기술의 효율성이나 우리 방어망의 신뢰도를 의심할 이유는 전혀 없다"고 말했지만 마음속으로는 까무러칠 지경이었다. 그는 훗날 이렇게 회고했다. "나는 어떻게 이런 일이 생길 수 있는지 정말로 놀라고 당황해서 어쩔 줄을 몰랐다."[32] 체르냐예프의 기억에 따르면 모스크바로 돌아온 비행기에서 내리던 고르바초프의 눈에서는 "분노가 번득이고 있었다". 체르냐예프는 다음 날 정치국 회의에 앞서 고르바초프에게 메모를 한 장 써서 전달했다. "위대한 군사력이 눈 깜박할 새에 농담거리로 전락했습니다. 이번 사건을 계기로 군의 상태에 관해 다시 숙고해야 합니다. 우리 장비는 멀쩡했습니다. 이런 작은 비행기를 발견하는 건 1930년대 기술로도 충분합니다. 우리가 탓해야 할 것은 만연한 부주의와 책임감의 결여입니다. 이건 우연적인 문제가 아니라 군에 퍼져 있는 한층 더 심각한 병폐를 반영하는 고유한 문제입니다." 체르냐예프는 군 개혁에 착수하는 문제를 검토하고 또한 국방장관 소콜로프를 해임하라고 고르바초프에게 간청했다. "어쩌면 한순간에 우리의 방공 역량뿐만 아니라 군 구조 전체의 가치를 떨어뜨린 이 치욕스러운 사건에 대한 분노와 감정 때문에 내가 눈이 멀었을지도 모른다. 하지만 나는 군을 개혁하지 않고는 페레스트로이카와 **새로운 사고**가 성공할 수 없다고 믿는다."[33]

크렘린에서 열린 정치국 회의는 긴장된 분위기였다. 고르바초프는 화를 내고 조롱하면서 루스트의 침입 사건은 국방부의 무능을 보여주는 증거라고 꼬집었다. 국방부 제1차관 표트르 루쇼프가 사건의 실상에 관해 정치국에 보고하기 시작했다. 루쇼프는 비행기가 어떻게 발각되지 않고 모스크바로 날아왔는지 설명했다.

데드핸드

고르바초프: 그런데 이 상황이 두 시간 반 동안 계속됐고, 그동안 침입 비행기가 제6군의 관할 구역에 있었다는 거지요? 제6군에서 당신에게 보고했습니까?

루쇼프: 아닙니다. 저는 비행기가 모스크바에 착륙한 뒤에 소식을 들었습니다.

고르바초프: 교통경찰한테 들었다지요?

루쇼프는 민간 항공기를 격추하지 말고 강제 착륙시키라는 기존의 지시를 설명했다. 전투기는 너무 빨리 움직여서 그렇게 할 수 없었다. 리시코프 총리가 물었다. "그러면 헬리콥터는요. 헬리콥터를 사용할 수 없었습니까?" 루쇼프가 대답했다. 방공군에는 "헬리콥터가 없습니다".

루쇼프가 요약한 바에 따르면 이 사건이 벌어진 이유는 "특히 근무 교대 중의 경계 실패와 무뎌진 책임감" 그리고 "일상적인 행동에 익숙해져서 비상 상황에 대처할 준비가 되어 있지 않은 당직 장교들의 부주의" 등 때문이었다.

고르바초프: 그렇다면 전투 상황, 그러니까 비상 상황이 발생하면 어떻게 대처하는 겁니까?

고르바초프는 그 자리에서 방공군 최고 책임자를 해임하고 소콜로프 국방장관의 사의를 받아들였다. 150명 정도의 고위 장교들도 해임되었다. 온화한 성격의 전 국방차관 드미트리 야조프가 소콜로프 후임으로 임명되었다. 이 사건에 영향을 받지 않은 최고위 군 관료는 아흐로메예프 한 명뿐이었다.

고르바초프는 그날 저녁 체르냐예프의 자택으로 전화를 걸었다. 체르냐예프의 회고에 따르면 고르바초프는 이렇게 말했다. "우리는 조국의 평판을 떨어뜨리고 국민들에게 굴욕을 안겨줬습니다." 고르바초프는 자신도 사임했어야 하는 건지 궁금해했다. 그러고는 이런 말을 덧붙였다.

"하지만 좋아요. 적어도 이 나라 사람들과 서구에서는 권력이 어디에 있는지 알 겁니다. 정치 지도부, 곧 정치국의 수중에 있다는 걸 말입니다. 군이 고르바초프에 반대한다거나 그가 군을 두려워한다거나 조만간 군이 그를 축출할 거라는 뒷말은 이제 끝나겠지요."[34]

1987년 6월 12일 레이건은 유럽의 동서 분단을 상징하는 베를린 브란덴부르크 문 앞에 서서 고르바초프를 향한 연설을 했다. "우리는 개혁과 개방이라는 새로운 정책에 관해 모스크바로부터 많은 소식을 듣고 있습니다. 이 소식은 소비에트 국가에서 심대한 변화가 시작된다는 뜻입니까? 아니면 서구에 그릇된 희망을 불러일으키거나 소비에트 국가를 바꾸지 않은 채 강화하려는 상징적인 제스처입니까?"

"고르바초프 서기장님, 평화를 추구한다면—소련과 동유럽의 번영을 추구한다면—그리고 자유화를 추구한다면 이곳으로, 이 문으로 오십시오. 고르바초프 씨, 이 문을 여세요. 고르바초프 씨, 이 장벽을 무너뜨리세요."

자유와 번영 그리고 이 둘의 연관성에 대한 확고한 믿음으로 가득 찬 레이건의 고전적인 연설이었다. 레이건이 회고록에서 술회한 바에 따르면 그는 베를린 장벽을 보았을 때 진심에서 우러난 분노의 목소리로 연설을 했다고 한다. 하지만 고르바초프는 여전히 레이건이나 그의 언어 구사를 전적으로 이해하지 못했다. 그는 며칠 뒤 체르냐예프에게 전화를 걸었다. "그이는 우리가 미끼를 덥석 물기를 바라면서 도발하고 있습니다. 소련의 위협을 되받아치려고 노리면서 말이지요. 만약 내가 레이건처럼 매주 인터뷰를 한다면, 나는 그가 지난 8년 동안 몰두한 일을 잊어버렸다고 말할 겁니다."[35]

고르바초프가 무기 경쟁에서 퇴각하자 군뿐 아니라 유명 국방 연구소와 설계국에서도 혼란이 일어났다. 이제 그들은 프로그램을 계속하기 위해 새로운 근거를 찾을 필요가 있었다. 그리고 미사일 방어망이라는 레이건의 꿈은 여전히 그들 일부를 미궁에 빠뜨리고 당황스럽게 만들고 있었다. 카타예프의 회고에 따르면 파이오니어를 만든 미사일 설계자 알렉산드르 나디라제는 8월에 전전긍긍하는 내용의 편지를 중앙위원회에 보냈다. 레이건이 전략방위구상을 처음 발표하고 4년 뒤, 나디라제는 자신이 진실을 알아냈다고 선언했다. 그것은 우주 공간을 이용해 핵탄두를 지구로 되쏘기 위한 계획이었던 것이다! 이건 선제공격보다도 더 나쁜 일이었다. 그는 미사일 방어 계획이 "소련에 즉각 핵 공격을 가할 수 있는 새로운 가능성을 미국에 제공하는 공격용 핵무기"임을 폭로해야 한다고 말했다. 또 자신이 연구한 결과 "보통보다 작은 '우주–지구Space-Earth' 미사일에 0.1~0.15메가톤의 핵을 장전할 수 있고, 고체 연료 로켓 엔진을 사용하면—초속 약 4~5킬로미터로—30초 만에 지구에 도달하게 될 것"이라는 사실이 드러났다고 주장했다. "발사 명령을 내리는 순간부터 로켓이 지구에 날아오는 시간은 불과 1~2분이 될 것이다." 나디라제는 레이건의 프로그램이 배치되면 소련은 미국의 우주 위성들을 파괴해야 한다고 말했다. 폴리우스와 스키프는 생명을 다했는지 몰라도 미사일 설계자들의 희망은 계속 타올랐다.[36]

9월 초, 열린 사고를 지닌 물리학자 벨리호프는 소련군의 비밀주의에 다시 한 번 강타를 날렸다.

세미팔라틴스크 기지 주변에 지진 감지 관측소를 세운 미국의 과학자 토머스 B. 코크런은 하원의원 세 명과 보좌관 몇 명, 뉴욕타임스 기자 한 명과 함께 돌아다니면서 이 장비를 보여주었다. 모스크바에 잠깐 들렀을 때, 벨리호프는 오후 6시쯤 소비에츠카야호텔에 있던 코크런에게 전화를 걸어 자정까지 공항에 시찰단을 데려다주겠다고 말했다. 벨리호프는 이미 레이건 행정부가 조약 위반이라고 지적해서 논란이 된 크라스노야르스크의 레이더를 그들에게 보여주기 위해 허락을 받은 상태였다.

　벨리호프는 중앙위원회가 2월에 거부한 일종의 글라스노스트 도박을 하고 있는 셈이었다. 시찰단은 오전 4시에 시베리아를 향해 출발해 늦은 오후에 레이더 기지에 도착했고, 헬리콥터를 타고 천천히 레이더 기지 전체를 돌면서 두 개의 거대한 콘크리트 구조물을 내려다보았다. 하나는 송신기였고 다른 하나는 수신기였다. 거의 30층 건물 높이의 수신기는 기다랗게 기운 면이 동북쪽을 향해 있었다. 두 구조물 모두 미완성이었는데 수신기의 레이더 면은 일부가 주름진 금속판으로 덮여 있는 것처럼 보였다. 처음에 소련인들은 미국인들이 구조물 내부로 들어갈 수 없다고 말했다. 대형 흰색 천막에서 돼지 구이와 과일에 보드카로 건배를 하며 식사를 한 뒤 미국인들은 다시 한 번 안에 들어가보자고 간청했고, 소련인들도 태도가 누그러졌다. 미국인들은 이 계획이 완성되려면 몇 년이 더 걸릴 테고, 지금은 빈껍데기에 빈 방뿐 전자 기기는 하나도 없다는 사실을 발견했다. 방문자들은 겉으로 보이는 모습으로 판단할 때 레이건 행정부가 주장한 것과 달리 이곳은 전투 관리 시스템이 아니라고 결론을 내렸다. 우선 전투 관리 시스템이 되려면 핵폭발에도 견딜 만큼 견고해야 하는데 이 구조물은 전혀 그렇지 않았다. 또한 소련인들이 주장하는 것과 달리 인공위성 탐지나 추적용도 아닌 것처럼 보였다.[37] 방문자들은 비록 확신할 수는 없었지만 아마 조기 경보 레이더가 잘못된 방향으로 놓여 있는 것이라고 추측했다. 레이더는 탄도탄요격미사일 제한협정에서 요구한 것처럼 바깥쪽을 향하고 있지 않았다. 가장 주목할 만한 점은 미국 하원의원들이 극비 장소를 직접 살펴보았다는 사실이다. 시찰단이 1,000장이 넘는 사진을 찍고 한 시간 동안 비디오 촬영을 했는데도 아무도 간섭하려고 하지 않았다. 벨리호프의 열린 태도는 미국의 선전과 소련의 거짓말을 모두 약화시켰다. 뉴욕 주 출신의 민주당 하원의원으로 시찰단을 이끈 톰 다우니는 "그것은 군부 글라스노스트의 시작이었다"고 말했다. 하원의원들은 보고서에서 이곳이 전투 관리 레이더 기지일 가능성은 "극히 낮다"고 말했다. 하지만 다우니를 비롯한 사람들이 이렇게 이례적으로 직접 현장을 목격했음에도 레이건 행정부의 견해를 바꾸지는 못했다.

모스크바의 소련 최고위 지도부는 크라스노야르스크를 어떻게 처리할지 당황스러워하고 있었다. 그들은 레이더가 조약 위반임을 알았지만 인정하지 않고 있었다. 또한 그들은 레이건의 주장(전투 관리용)뿐만 아니라 자신들의 공개적인 설명(인공위성 탐지 및 추적용)도 사실이 아님을 알고 있었다. 10월 23일, 고르바초프는 슐츠에게 1년 동안 레이더 기지 건설을 중단할 것이라고 말했다. 슐츠는 미국은 해체 이외의 어떤 조치도 받아들일 생각이 없다고 대꾸했다. 그로부터 한 달 뒤인 11월 21일, 빅 파이브 각료들은 소련이 레이더 기지를 포기하는 대가로 미국에 일정한 양보를 요구하는 압력을 계속 가해야 한다고 제안하는 내부 보고서를 작성했다. 레이더 기지 전체를 해체하는 가능성도 이미 내부적으로 논의 중이었다. 하지만 보고서에 레이더가 조약 위반임을 인정하자는 제안은 없었다.[38]

슐츠가 10월에 모스크바에서 고르바초프를 만났을 때 소련 지도자는 거침없어 보였고, 두 사람의 대화에서는 전에 비해 더 많은 독설이 오고갔다. 슐츠는 중거리 핵무기에 관한 조약에 서명할 정상회담 날짜를 이끌어내는 데 실패했다. 그는 회고록에서 당시 고르바초프가 힘든 시기를 겪은 것처럼 보였다고 썼다.[39] 고르바초프는 슐츠가 도착하기 전 며칠 동안 커다란 위기를 겪었다. 정치국에서 공개적인 비판이 터져나온 것이다. 10월 21일, 옐친은 중앙위원회 전체회의에서 성급하게 준비한 짧은 연설을 통해 개혁이 지나치게 느리게 진행되고 있고 고르바초프가 스탈린처럼 "개인숭배"에 따른 찬사를 즐기고 있다고 불만을 토로했다. 옐친은 그 자리에서 정치국에서 사임했다. 강당에 모인 사람들은 그의 연설과 사임에 깜짝 놀랐다. 고르바초프는 개혁의 속도를 높이라는 옐친의 요구와 이에 저항하는 정치국원 예고르 리가초프 사이에서 압박에 시달렸다.[40] 고르바초프는 슐츠가 모스크바를 떠나고 며칠 뒤에야 정상회담 날짜에 동의했다. 레이건은 일기에 "소련인들이 눈을 깜박거렸다"고 썼다.

워싱턴과 모스크바 사이에 크게 벌어진 오해의 심연은 여전했다. 1987년에 벌어진 모든 일—새로운 군사 교의, 루스트 사건과 그 여파, 오카 미사일 포기 선언, 소련판 스타워즈의 실패, 중거리 핵무기 폐기 달성—에도 불구하고 국방정보국은 의회에 보낸 보고서에서 이렇게 언급했다. "모든 증거를 살펴볼 때 소련의 군사 정책은 계속 이어지고 있다."[41]

고르바초프가 미국에 도착하기 2주 전, 게이츠 중앙정보국 부국장은 레이건에게 보고서를 하나 전달했다. 무기 경쟁을 뒤집으려는 고르바초프의 시도의 본질을 파악하지 못하고 그가 추구하는 목표와 동기를 오해한 내용이었다. 게이츠는 "소련군은 여전히 이례적으로 광범위한 영역에서 현대화와 무기 연구 개발에 몰두하고 있다"면서 방향을 바꾸려는 고르바초프의 시도를 조금도 인정하지 않았다. "그들은 여전히 무기 생산을 조금도 줄이고 있지 않습니다. 게다가 그들은 레이저나 소련판 전략방위구상 같은 신형 무기에 관한 연구에 계속 박차를 가하고 있습니다." 사실 소련판 전략방위구상은 비틀거리고 있었고 구축될 리가 만무했다. 게이츠는 소련에서 비록 "거대한 변화가 진행 중"이긴 하지만 "지금이든

데드핸드

장래에든 소련의 국내 통치나 해외에서 추구하는 원칙적인 목표에서 근본적인 변화를 탐지하기는 어렵다"고 결론지었다. 그러고는 정상회담으로 흥분한 가운데서도 "냉정하게—심지어 음침하게—소련 체제의 변함없는 성격을 직시하고 앞으로도 오랫동안 경쟁과 투쟁이 계속될 것임을 인식할 필요가 있다"고 대통령에게 조언했다.[42]

하지만 12월에 워싱턴에서 열린 정상회담은 음침하기는커녕 활기가 넘쳤다. 고르바초프는 코네티컷애비뉴에서 리무진을 멈춰세우고는 감격한 행인들과 악수하는 장면을 보여주기도 했다. 레이건과 고르바초프는 백악관 이스트룸에서 열린 조인식에서 활기찬 표정으로 악수를 나누며 중거리핵전력조약Intermediate-range Nuclear Forces Treaty에 서명했다. 이 조약으로 소련의 파이오니어 미사일 1,846기와 미국의 퍼싱II 미사일 846기가 폐기될 예정이었다. 핵 시대 역사상 처음으로 소련과 미국이 한 종류의 무기 전체를 없애고 엄격한 입증 절차를 밟기로 합의한 것이다. 이 조약으로 핵 위협이 완전히 사라진 것은 아니었지만 몽상가 레이건과 급진주의자 고르바초프는 적절한 시점에 핵 폐기론자로 만남으로써 가장 구체적인 공동의 성과를 이끌어낼 수 있었다. 레이건은 조약 서명에 앞서 한 발언에서 이렇게 말했다. "우리는 '신뢰하면서도 확인하라'는 러시아의 옛 격언의 지혜에 귀를 기울였습니다."

고르바초프가 말했다. "당신은 만날 때마다 그 말을 하는군요."

레이건이 웃으며 대꾸했다. "좋아하는 말이거든요."

13

세균, 가스, 기밀

모스크바 남쪽 숲이 우거진 오볼렌스크에서 미생물학자 이고르 도마라드스키는 죽음의 병균을 찾는 연구에 더욱 심혈을 기울였다. 그는 유전공학 실험을 수행하면서 디프테리아 유전자를 페스트나 툴라레미아 병균과 결합해 잡종 병원균을 만들려고 시도했다. 그는 결과물을 군에 제출했다. 그리고 다시는 그에 관한 소식을 듣지 못했다. 그는 항생제에 내성이 있는 툴라레미아 변종을 만들기 위해 애썼다. 이 질병은 무기로 사용해서 일단 확산되면 치료가 어려울 것이었다. 그는 독성을 유지하는 두 개의 변종도 만들었는데, 항생제에 대한 내성에는 한계가 있었다. 끊임없는 도전의 연속이었다—높은 내성과 충분한 독성을 동시에 갖춘 결과물을 만들어내지는 못했다. 내성을 높이면 독성이 줄어들었다. 한 변종을 원숭이에게 시험했지만 만족스러운 결과가 나오지 않았다. 도마라드스키는 방향을 잃었고 달이 갈수록 연구소장인 니콜라이 우라코프와 갈등이 심해졌다. 우라코프는 도마라드스키가 지도하는 학생 한 명이 박사 학위를 받는 것을 가로막았고, 도마라드스키의 급여에 의문을 제기했으며, 서류 작업을 잔뜩 맡기고 프로트비노의 상쾌한 아파트에서 오볼렌스크의 어두운 숲으로 집을 옮기라고 고집을 부렸다. 어느 날 도마라드스키는 대담한 조치를 취했다. 정치국에 우라코프에 관해 불만을 제기하는 편지를 보낸 것이다. 편지는 내부 조사로 이어졌지만 결국 갈등만 더 커졌다. 마침내 도마라드스키는 모스크바의 다른 자리로 옮겨달라고 요청했다. 결국 생물학무기 개발 프로그램을 출범시키는 데 많은 기여를 한 그는 1987년 여름 오볼렌스크를 떠났고 다시는 돌아가지 않았다.

도마라드스키는 유전자 변형 병균에 관한 자신의 연구가 충분하지 못했다고 생각했다. 툴라레미아 병균에 대한 탐색은 미봉책이라는 생각이 들었다. 이 병균은 전염성이 없었고 군은 널리 퍼뜨릴 수 있는 독성과 위험성이 더 센 병원균을 원했다. 그는 전체적으로 볼 때, 그 자신도 합류했던 1975년 모스크바에서의 부처 간 협의회에서 "처음 추구했던 신세대 생물학무기의 개발 성과는 아직 미약하다"고 말했다. "지금까지의 성과로 볼 때 희망을 가질 수도 없고 재료를 엄청나게 투자할 수도 없다고 말해야 마땅하다. 사실상 주목할 만한 아무 결과물도 만들어내지 못했다……."[1]

도마라드스키의 결론은 성급한 생각이었다. 그가 떠나자 다른 이들이 죽음의 병균을 만드는 탐구를 이어받았다.

도마라드스키가 오볼렌스크에서 일한 마지막 해에 새로운 과학자가 한 명 그곳에 왔다. 세르게이 포포프는 콜초보에서 유전공학을 연구한 젊고 총명한 연구자로 면역 체계가 스스로를 공격하게 만드는 방법에 몰두하고 있었다. 그가 오볼렌스크에 도착했을 때, 위험한 병원균을 연구하기 위한 새로운 건물이 숲에 지어지고 있었다. 포포프는 버림받은 사람처럼 쓸쓸한 모습으로 현관을 어슬렁거리는 도마라드스키를 본 적이 있다고 술회했다. 두 사람이 대화를 나눈 적은 없었다. 포포프는 자신이 도마라드스키의 후임으로 생물학무기에 사용할 유전자 변형 병균에 대한 강화된 연구의 책임자로 왔다고 믿었다. 그는 1986년 콜초보를 떠나오며 자신의 '구조체construct', 곧 게놈에 삽입할 DNA 조각을 다른 과학자들에게 넘겨주었다. 그리고 오볼렌스크에 도착하자마자 바이러스 대신 세균을 사용해서 초기 발견을 확장할 방도를 모색하기 시작했다. 그는 "오볼렌스크에서는 새롭게 개선된 구조체를 받았다. 내가 맡은 임무는 콜초보에서 시작한 연구를 계속하는 것이었다"고 회고했다. 원인도 알 수 없고 막을 수 없는 방식으로 죽음을 유발하는 색다른 특징을 지닌 새로운 병균을 만들어내는 것이 목표였다.

포포프에게 오볼렌스크의 생활 방식은 콜초보와는 다른 반가운 변화로 보였다. 그는 모스크바에서 한 시간 거리에 불과한 이곳에서 북쪽으로 차를 몰고 가서 콜초보에서는 듣지도 보지도 못한 식품과 상품을 가득 싣고 왔다. 하지만 일터에서는 자신을 좋아하지 않는 우라코프의 방해에 맞닥뜨렸다. "우라코프는 내가 거기서 일하는 걸 원하지 않았다. 나를 왜 반기겠는가? 문제가 뭔지 그가 따라잡지 못하고 있으며 연구소에서 미생물학의 발전이 더디다는 게 중론이었다. 역시나 도마라드스키도 목표를 달성하는 데 실패했고, 비오프레파라트는 새로운 사람을 임명해 문제를 해결하기로 결정했다. 그러니 생각해보라. 군 장성이 이런 말을 들었을 때 어땠을지. 그는 처음부터 나를 반대했다! 하지만 비오프레파라트가 밀어붙였다."

그 뒤 몇 해 동안 포포프는 상상할 수 있는 가장 위험한 생물학 작용제를 만들어내려고 노력했다. 그는 천연두 바이러스를 연구한 경험을 활용해 희생자를 속이는 병균을 만들려고 했다. 유전공학을 활용해서 치명

데드핸드

적인 원투 펀치를 만들어낼 수 있을 것이라고 기대했다. 우선 1단계에서 질병을 유발하고 회복기를 거친 다음 2단계에서 예상치 못한 치명타를 날리는 시도를 한 것이다. 생명의 가장 작은 구조물을 조작해서 인류가 아는 치료법으로 막지 못하는 병원균을 만들겠다는 생각은 정말로 사악한 구상이었다. 그 혼자 이 구상을 만들어낸 것은 아니었다. 이것은 소비에트 국가의 의도적인 정책이었다.

포포프가 취한 방법은 병원균 안에 병원균을 만드는 것이었다. 그 중 두 번째 병원균이 치명적인 공격을 가하게 된다. 그는 우라코프에게 각기 다른 다섯 가지 미생물을 매개체, 곧 질병의 첫 번째 단계로 시도하려고 한다고 말했다. 각 병균은 연구소의 다른 그룹에서 관리하고 있었기 때문에 포포프는 그들 모두와 협력해야 했다. 주로 말이 걸리는 전염병인 마비저를 유발하는 '부르크홀데리아 말레이Burkholderia mallei', 열대기후에서 유행하는 전염병인 유비저를 유발하는 '부르크홀데리아 프세우도말레이Burkholderia pseudomallei', 페스트를 유발하는 '예르시니아 페스티스', 탄저병을 유발하는 '바실루스 안트라시스' 그리고 레지오넬라증, 일명 재향군인병을 일으키는 '레지오넬라Legionella'가 그 다섯이었다. 포포프가 연구의 중심에 있었지만 다른 수천 명이 참여했다. 소련 여러 대학에서 최고의 두뇌를 지닌 대학원생들이 오볼렌스크에 채용되었다. 신축 건물에 시설이 속속 갖춰졌고 층마다 각기 다른 병원균들에 관한 연구가 시작되었다. 포포프는 매개체로 쓸모가 있는지를 알아보기 위해 모든 징후를 자세히 조사했다. 탄저병은 별 효과가 없었고 페스트는 충분하지 않았다. 결국 포포프는 레지오넬라균만이 성공적이라는 사실을 발견했다. 필요한 양은 많지 않았다. 레지오넬라 세포 몇 개만으로도 치사량으로 충분했다. 하지만 기술적인 장애물이 있었다. 실험에 충분한 레지오넬라균을 배양하는 게 쉽지 않았고 무기화한다고 해도 대량 생산이 무척 어려워 보였다.

포포프는 두 번째 단계를 위해 콜초보에서 얻은 교훈과 발견으로 다시 고개를 돌렸다. 첫 번째 단계를 맡을 레지오넬라균에 신체가 자신의 신경계를 공격하게 만드는 유전 물질을 삽입했다. 신경은 자극을 전달하도록 도와주는 신경수초로 덮여 있다. 포포프의 계획은 인체의 면역 체계가 신경수초를 파괴하게 만드는 것이었다. 그러면 마비가 일어나고 결국 사망하게 된다. 새롭게 유전자를 조작한 병원균이 움직이면 희생자는 먼저 폐렴의 일종인 재향군인병에 걸린다. 포포프는 이렇게 설명한다. "감염자 중 일부는 사망하고 일부는 완전히 회복된다. 그렇지만 회복된 사람도 2주일 안에 마비가 심해져서 사망한다." 마비와 사망은 신경수초가 파괴된 결과다. 사실상 신체가 자신의 신경계를 파괴하는 것이다. "신체는 스스로 치유하려고 애를 쓰는데, 오히려 반대의 작용을 하게 되는 원리다."

"일종의 기만이다. 첫 번째 단계의 질병은 사라지거나 결코 급성질환이 되지 않는다. 약간 기침이 나거나 아무 증상도 없어서 자각하지 못할지도 모른다. 그렇게 2주일 뒤면 병이 거의 치료 불가능하게 되고, 사실상 아무런 치료법이 없게 된다." 포포프의 말이다.

이 구상을 완성하는 데는 몇 년이 걸렸다. 하지만 결과가 너무나도 끔찍했기 때문에 시험 중에 기니피그에 작용한 모습을 본 포포프는 오히려 그 상황이 실제인지 의심을 할 지경이 되었다.[2]

카자흐스탄의 황량한 스텝 지대에 있는 스테프노고르스크에 대규모 신축 공장이 들어섰다. 새로 일자리를 구한 노동자들이 모여들었다. 탄저균 공장 책임자인 켄 알리베크의 회고에 따르면 1986년 무렵 알리베크 자신이 900명의 노동자를 감독했고, 소련은 "이제까지 만들어진 것 가운데 가장 효과적인 탄저균 무기"를 만들어냈다. 그는 열렬한 속도로 연구에 매달려 밤이고 낮이고 연구실에서만 살았다고 술회했다. "우리 발효조에서 세균이 증식하는 걸 보면서 이 세균들이 수백만 명의 목숨을 앗아갈 수 있다고 생각하면 이따금 오싹해졌다. 하지만 우리 연구실의 은밀한 문화 때문에 내 생각도 바뀐 상태였다."

불안하고 위태로운 환경 때문에 사상자가 많이 났다. 매주 사고가 발생했다. 알리베크는 언젠가 기술자 한 명이 탄저병에 감염된 적이 있다고 회고했다. 남자의 목이 부풀어오르기 시작하면서 호흡이 가빠졌다. 항생제는 아무 효과가 없었다. 며칠이 지나자 살릴 가능성이 전혀 없어 보였다. 마지막 순간에 남자에게 탄저 면역 혈청을 대량 주사해서 목숨을 구했다. 알리베크는 회고록에서 이렇게 술회했다. "기술자가 가까스로 살아나는 걸 보자 우리가 만든 신무기의 위력이 실감 났다. 우리가 만든 분말과 액상 탄저 제재는 전에 스베르들롭스크에서 개발한 것보다 세 배 강력했다."

알리베크의 설명에 따르면 1987년 보즈로즈데니예 섬에서 탄저균을 실험했다. 실험이 성공을 거두자 8년 전에 사고가 났던 스베르들롭스크의 오래된 시설은 이제 쓸모가 없었다. 스테프노고르스크에 새로 지은 대규모 공장이 훨씬 좋았기 때문이다. 그는 이렇게 말했다. "우리 공장은 탱크나 트럭, 자동차나 코카콜라를 생산하는 것만큼이나 확실하고 효율적인 공정으로 하루 2톤의 탄저균을 생산할 수 있었다…… 세계에서 첫 번째로 산업적인 규모의 생물학무기 공장을 만들어냈고, 소련은 세계에서 으뜸가는—그리고 유일한—생물학무기 초강대국이 되었다."[3]

하지만 모든 게 알리베크의 주장처럼 효율적이지는 않았다. 포포프는 스테프노고르스크가 "엄청난 문제들"을 겪었다고 회고했다. "(한 예로) 책임자들은 술꾼들이었고 자신들이 하는 일에 큰 관심을 기울이지 않았다. 당국의 유일한 요구 사항은 탄저균이 살상력이 있어야 한다는 것이었다. 확인을 위해 탄저균을 만들면 동물 실험을 했다. 미생물학의 관점에서 보자면 그들은 더러운 일을 하는 셈이었다. 하지만 결과를 보면, 시설은 생산성이 매우 떨어졌고 결과물은 종종 초라한 수준이었다 ─때로는 좋았지만 때로는 탄저균이 전혀 만들어지지 않았다. 탄저균 세포는 우리가 파지 용균phage lysis이라고 부르는 공정에 들어가 용해된 다." 여기에는 세균을 공격하는 바이러스가 쓰인다. "따라서 이 거대한 발효조에서 탄저균이 살아남지 못하는 일이 다반사였다. 비오프레파라트 사람들은 종종 이 점에 관해 불평했다. 그들은 우리에게 알리베크의 문제를 도와줄 수 있는지 물었다…… 그들은 이 문제를 해결할 수 없었다. 그들은 구성 요소의 생식 능력이 부족한 게 이유라고 생각했다."

그렇다 하더라도 더 큰 목표는 달성했다고 알리베크는 회고했다. "우리는 스테프노고르스크를 통해 역사상 어느 나라도 따라오지 못할 거대한 규모의 생물학전을 벌일 능력을 보여주었다. 우리는 생물학전 과학 분야에서 지난 4년 동안 2차 대전 이후 40년보다 많은 진보를 이루었다."

알리베크는 1987년 9월 모스크바로 승진 발령되었다. 그리고 불과 몇 달 뒤 비오프레파라트 본부에서 첫 번째 주요 임무를 부여받았다. 새로운 천연두 무기 개발을 감독하는 일이었다. 그는 어느 날 오후 자신이 '생물학무기 개발 5개년 계획'이라고 이름 붙인 극비 문서를 읽었다. 고르바초프가 1986년 2월에 서명한 문서였다. 그의 말에 따르면 문서에는 1986년부터 1990년까지 어떤 종류의 무기와 어떤 시스템을 각각 언제 실험할지에 관한 내용이 몇 줄 들어 있었다. 계획 중에서 특히 알리베크의 눈에 띈 것은 콜초보에서 천연두를 만들기 위한 630리터짜리 바이러스 반응기를 만드는 비용에 관한 내용이었다. 그는 회고록에서 이렇게 말했다. "우리 군 지도자들은 생물학무기 제조 중에서 어렵다고 손꼽히는 분야―바이러스를 전쟁 무기로 변형시키는 계획―에 집중하기로 결정한 상태였다." 그리고 이런 말을 덧붙였다. "고르바초프의 5개년 계획―그리고 1980년대 말에 이르러 10억 달러를 넘어서게 된 그의 풍부한 예산 지원―덕분에 우리는 서구의 기술을 따라잡고 더 나아가 능가할 수 있었다."[4]

알리베크가 벡터를 방문했을 때 천연두 프로젝트는 이제 막 순조롭게 출발하고 있었다. 그의 회고를 들어보자. "벡터가 이뤄낸 으뜸가는 성과는 고르바초프의 명령으로 승인된 값비싼 신형 바이러스 반응기였다. 모스크바의 한 연구소에서 설계한…… 이 반응기는 이 종류로는 세계 최초였다. 높이가 1.5미터에 두꺼운 스테인리스강 내벽으로 에워싸여 있었다. 아래에 있는 교반기가 마치 세탁기에 집어넣은 옷을 휘젓듯 내부의 혼합물을 계속 휘저었다. 여러 방향으로 나 있는 관들로 폐기물과 무기로 사용할 물질이 빠져나왔다. 과학자들은 볼록한 윗부분에 달린 창으로 항상 바이러스 배양 상태를 관찰할 수 있었다."

포포프 역시 생물학무기 개발을 위한 5개년 계획을 알았고 이것이 최고위층에서 승인한 것이라고 확신했다. "우리는 중앙위원회가 이 모든 상황의 배후에 있음을 조금도 의심하지 않았다. 전혀 의심의 여지가 없었다." 포포프도 모스크바에서 장기 프로그램을 설명한 서류철의 극비 문서를 읽은 적이 있었다. "실수로 그 문서를 챙겨 비오프레파라트 사무실 복도를 지나 걷고 있는데 사람들이 나를 쫓아온 일이 기억난다. 극비 문서였기 때문이다. 서류 가방도 아니고 내 서류철에 문서가 끼워져 있었다. 서류철에 끼운 채로 받았던 것이었다. 그 문서는 특별히 정해진 책상 위에서만 보아야 했는데 어떻게 그런 일이 벌어졌는지 모르겠다. 아마 화장실이나 어딘가에 갈 때 딸려온 것 같다." 경비원들은 그를 잡아세우고는 책상으로 돌려보냈다.

군축을 위한 고르바초프의 모든 노력―군과 유력한 설계자들을 밀어붙이려는 결단, 자본주의와 사회주의 두 진영이 냉혹한 투쟁을 벌인다는 교의를 포기하려는 의지, 핵무기의 파괴력과 위험에서 벗어난 세상을 만들겠다는 웅변―속에는 설명되지 않는 간극이 하나 있었다. 고르바초프와 레이건의 협조가 정점에 달했던 바로 그 순간에도 비밀 연구소에서는 생물학무기의 개발 노력이 전속력으로 이루어지고 있었다는 것이다. 크렘린에서조차 '특별한 문제들에 관한 연구'라는 모호한 이름으로 거론되면서 말이다. 고르바초프는 핵무기를 혐오했고 화학무기를 폐기하겠다는 의지를 선언했다. 과연 그는 병원균도 두려워했을까?

한 가지 핵심적인 의문은 고르바초프가 이 프로그램에 관해 얼마나 많이 알고 있었는가 하는 점이다. 기록을 살펴보면 정치국의 일부 성원들은 오볼렌스크와 벡터에서 어떤 끔찍한 것을 만들고 있는지 아주 자세하게 알고 있었다. 군산복합체를 담당하는 정치국원으로 카타예프의 상관인 레프 자이코프는 확실히 그러했다. 고르바초프도 서기장이 된 1985년이나 어쩌면 그 이전부터 이 프로그램을 알고 있었음이 분명하다. 카타예프의 자료에 있는 한 문서에는 1986년 11월 18일자로 된 생물학무기에 관한 중앙위원회 결의안의 목록이 들어 있다. 사실상 정치국의 지시를 담은 이 문서를 고르바초프가 몰랐을 리 없다. 세 정보원―탄저균 공장을 지은 알리베크, 콜초보와 오볼렌스크 모두에서 일한 포포프, 체제 내에서 정보에 정통한 연구소장을 역임하고 나중에 영국으로 망명한 블라디미르 파세추니크―은 고르바초프와 정치국이 1980년대 말에 계속 이 프로그램에 관한 보고를 받았다고 주장한다. 알리베크는 고르바초프가 서명한 특정한 5개년 계획 문서를 보았다고 주장한다. 고르바초프의 가장 가까운 측근으로 손꼽히는 체르냐예프 또한 한 인터뷰에서 소련이 생물학무기 금지 조약을 위반하는 사실을 고르바초프가 알고 있었다고 확인해준 바 있다. 체르냐예프는 고르바초프가 생물학무기 개발 프로그램의 종식을 원했지만 군이 그를 현혹시켰다고 주장했다. 군이 그에게 폐쇄하겠다고 약속해놓고 실제로는 계속 진행했다는 것이다.[5] 체르냐예프는 회고록에서 이렇게 썼다. "심지어 고르바초프도 군산복합체의 활동에 관해 충분히 알지 못했다."

고르바초프가 국가보안위원회로부터 어떤 정보를 받았는지도 아직 밝혀진 것이 없다. 1969년에 미국이 공격용 생물학무기를 포기했음에도 소련의 프로그램에 속한 과학자들은 여러 해 동안 국가보안위원회로부터 미국에도 공격용 세균전 프로그램이 존재한다는 말을 들었다고 주장한 바 있다. 미국은 그냥 잘 감추고 있을 뿐이라는 것이었다.

만약 고르바초프가 소련의 프로그램에 관해 알았다면, 그리고 미사일 무기 경쟁을 완화하려는 결심이 그토록 확고했다면, 그는 도대체 왜 시험관 무기에 대해서는 경쟁 완화를 위한 확고한 행동을 취하지 않은 것일까? 그는 글라스노스트를 표방하면서—가령 스탈린의 대대적인 탄압을 인정하는 등—과거에 소련이 저지른 많은 악행들을 폭로 했는데, 왜 자신이 집권하기 한참 전에 시작된 위험한 세균전 개발 노력에 대해서는 폭로하거나 저지하지 못한 걸까? 쉽게 답하기 어려운 질문들이다.

한 가지 설명을 해보자면 생물학무기 개발 프로그램이 워낙 확고한 지반 위에 서 있었기 때문에 당장에 그 문제를 걸고 넘어지는 것은 불가능하다고 판단했거나 적어도 전략상의 이유로 조금 기다렸다가 나중에 제대로 해결하려고 했다는 것이다. 다른 사례에서도 살펴볼 수 있듯이 고르바초프가 군사 문제와 관련하여 방침을 변경하고 과거의 오류와 극심한 비밀주의를 뒤집는 데는 몇 년이 걸렸다.

또한 고르바초프 자신이 생물학무기 제국을 관리하는 이들의 권력에 도전할 능력이 없다고 생각했을 수도 있다. 체르노빌의 경험과도 관련이 있을 것이다—이 사건을 통해 고르바초프는 핵 사제 집단과 대결하는 게 얼마나 어려운지 실감했으며 분명 생물학무기 과학자들과 장성들도 그만큼 어려운 상대라고 판단했을 수 있다. 어쩌면 단순하게 마지막 2년 동안 권력이 점차 약해지면서 새로운 권력 투쟁에 나설 의지나 능력이 부족했을 수도 있다. 체르냐예프는 "그는 자신의 통제력을 어떻게 발휘해야 할지 몰랐다"고 말했다. 소련의 광범위한 위반 사실을 전면적으로 인정하면 고르바초프 자신과 '새로운 사고'의 대중적인 이미지가 전 세계적으로 손상될지 모른다는 두려움 때문에 인정을 꺼렸을지도 모른다. 이런 파괴적인 폭로의 영향에 어떻게 대처할지 몰랐기 때문에 아예 이 주제 자체를 피했을 수도 있다.

고르바초프가 아무 행동도 하지 않은 데 대해 소련 관료들이 제시한 한 가지 이유는 그가 생물학무기를 일종의 군사적인 자산으로 보았을 거라는 것이다. 방위 분야에서 다른 단점을 보완하기 위해 예비로 남겨둔 자산 말이다. 하지만 고르바초프가 병원균의 전략적 가치나 군사적 가치를 인식해서 이것을 유지했다고 보기는 힘들다. 그는 분명 단호하게 전쟁의 위협을 완화하려고 했지 이 위협에 상응할 만한 위력이나 위험성을 지닌 새로운 무기를 구축하려고 하지는 않았다.

그렇다 하더라도 고르바초프가 글라스노스트에 전념하고 핵 분야에서 군축을 위해 막대한 노력을 기울인 점을 감안할 때 왜 위험한 생물학무기 개발 프로그램을 중단하기 위해 더 많은 노력을 기울이지 않았는가 하는 점은 여전히 수수께끼로 남는다. 고르바초프가 변화와 개방을 추진한 모든 시기 동안 소련은 계속해서 비오프레파라트와 그 산하의 모든 프로그램을 은폐했다.

실상을 감추기 위해 소련 당국이 가장 공들인 일은 소련 생물학무기 개발 프로그램에서 벌어진 최악의 재앙인 1979년의 스베르들롭스크 탄저균 유출 사건과 관련된 것이었다. 소련은 1980년대 내내 이 사건이 오염된 고기 같은 자연적인 원인 때문에 발생했다고 그럴듯하게 이유를 둘러대면서 자세한 내용을 날조했다. 소련 관리들은 전 세계에 이런 거짓말을 퍼뜨렸다. 그들은 여러 국제회의에서 다른 과학자들과 자기 자신들에게 거짓말을 했다. 1980년에 중앙정보국의 요청을 받아 스베르들롭스크 사고에 관한 초기 보고를 접하고 어리둥절해한 하버드의 저명한 분자생물학자 매튜 메젤슨도 그들에게 속은 셈이었다.

메젤슨은 1980년대 내내 처음 정보 보고서를 검토하면서 품었던 질문들에 대한 답을 찾기 위해 노력했다. 1983년 스베르들롭스크 원정 조사단을 조직하려고 한 시도는 그해에 대한항공 격추 사고가 일어나면서 무산되었다. 그는 1986년 소련 보건부 관리들로부터 모스크바를 방문하라는 초청을 받았다. 이 방문에서 메젤슨은 소련 고위 보건 관리들을 몇 명 만났다. 유출 사고 당시 오염된 고기가 탄저병 발발의 원인이라는 이야기를 퍼뜨린 보건부 차관 표트르 부르가소프도 그중 한 명이었다. 부르가소프는 아마 더 많은 사실을 알고 있었을 것이다. 그는 1950년대 이래 소련의 생물학무기 개발 프로그램에 관여했고 1958년부터 1963년까지 스베르들롭스크 시설에서 일을 했다. 1986년 8월 27~30일 모스크바에서 메젤슨과 만난 부르가소프는 오염된 고기가 원인이라는 설명을 되풀이하면서 오염된 뼈로 된 사료를 소에게 먹여 전염병이 발발했다는 말을 덧붙였다. 메젤슨은 모스크바 보트킨병원 내에 자리한 중앙대학원의 전염병학과장인 블라디미르 니키포로프와 스베르들롭스크 전염병 발발 당시 그곳에 있었던 모스크바의 전염병 전문가 올가 얌폴스카야도 만났다. 니키포로프는 1979년에 용감하게 스베르들롭스크의 병리학자들에게 부검 결과를 숨기고 보존하라고 말한 정중한 과학자였다. 하지만 지금은 공식적인 설명을 내놓고 있었다. 니키포로프는 메젤슨에게 부검 사진 14장을 슬라이드로 보여주면서 이 사진들을 보면 오염된 고기를 섭취해서 탄저병에 걸렸다는 주장이 사실이라는 게 드러난다고 주장했다. 그러면서 희생자들의 폐를 보면 "손상과 출혈 흔적이 없다"고 주장했다. 8월 29일 모스크바를 떠나기 전에 메젤슨은 미국대사관 대사대리에게 자신이 의문을 품고 검토해온 문제들에 대한 판단을 말해주었다. 그간 소련 관리들은 희생자들이 장 탄저병으로 사망했다고 주장했었다. 메젤슨은 이 이야기가 사실인지 알 도리는 없지만 "앞뒤가 맞는 것처럼 보인다"고 말했다.[6]

1986년 9월, 소련 관리들은 제네바에서 열린 생물학무기금지협약 2차 평가회의에서 똑같은 허위 설명을 내놓았다. 소련 관리들은 서구에서 소련이 뭔가를 숨긴다는 의심이 커지고 있다고 고르바초프에게 경고하는 브리핑을 준비했다. 그럼에도 이 회의와 그 뒤로도 은폐 시도는 계속되었다.[7] 1986년 10월 10~12일, 미국 국립과학아카데미 산하 국제안보군축위원회 위원장이던 록펠러대학교의 총장 조슈아 레더버그가 모스크바를 방문했다. 레더버그는 선구적인 미생물학자로 세균도 일종의 유성생식을 하며 따라서 세균에게도 고등 유기체와 유사한 유전 메커니즘이 존재한다는 발견으로 1953년 노벨상을 받았다. 레더버그는 제대로 살균하지 않은 골분 보충 사료를 먹은 소에서 나온 오염된 고기와 자연 상태에서 감염된 사체에서 나온 고기 때문에 탄저균이 퍼졌다는 이야기를 들었다. 메젤슨과 마찬가지로 레더버그도 속아 넘어갔다. 레더버그는 훗날 이렇게 말했다. "내가 개인적으로 내린 결론은 전염병에 관한 소련의 설명이 표면상 그럴듯하고 내적 일관성이 있다는 것이었다." 소련의 설명은 "사실일 가능성이 높았다".[8]

1986년 11월 18일, 모스크바의 중앙위원회와 각료회의는 국방부에서 제안한 조치를 승인했다. 생물학무기의 비밀 제조법과 제조 공장을 군에서 다른 곳으로 이전한다는 내용이었다. 특히 이 조치에서는 1992년까지—향후 6년 동안—"국방부 소유의 장소에 있는 생물학무기 제조법과 생산 시설"을 모두 없앨 것을 요구했다. 이는 향후 6년 동안 국방부가 제조법과 생산 시설을 은폐가 용이한 비오프레파라트 단지로 이전한다는 뜻으로 보인다. 이미 스베르들롭스크의 탄저균 시설을 스테프노고르스크로 이전하는 비슷한 조치가 취해진 적이 있었다. 문서에 따르면 이전 이유는 "국제적으로 검증을 받는 조건에서 공개적으로 연구를 한다"는 목표를 충족하기 위해서였다. 이 말은 국제 사찰단이 촉각을 곤두세우던 시기에 소련 지도자들이 이 프로그램을 계속 유지하기를—그리고 잘 숨기기를—원했다는 사실을 보여주는 일종의 암호다. 정치국원들이 이끄는 중앙위원회에서 이러한 중요 의제에 대해 조치를 취할 때, 이것은 분명 고르바초프의 관심을 끌었을 것이다.[9]

1987년 모스크바의 비오프레파라트와 군 최고위층에 새로운 걱정거리가 생겨났다. 비밀 유지를 위한 온갖 노력에도 불구하고 에두아르트 셰바르드나제 외무장관이 화학무기 조약 검증에 관해 연설을 하면서 비오프레파라트와 군이 관리하는 제국의 문이 강제로 열릴 수도 있게 된 것이다. 고르바초프의 글라스노스트 시기 동안 소련 외교관들은 몇 차례 교섭 과정에서 군축 조약 이행을 검증하기 위해 더 철저한 사찰도 허용할 수 있다는 의지를 표명한 바 있다. 자신들이 거짓말을 하고 있지 않다는 걸 보여주기 위해서였다. 이런 새로운 개방적 태도야말로 1987년 8월 6일 제네바 군축 회담에서 셰바르드나제가 한 연설의 기본 정신이었다. 그해 봄 고르바초프는 소련이 화학무기 제조를 중단할 것이라고 발표한 바 있었다. 이제 셰바르드나제는 한 발 더 나아가 "거부권 없는 의무적 강제 사찰의 원칙"을 지지하겠다고 약속했다. 그러면서 이것은 소련이 "성실하고 효과적인 검증"을 책임지겠다는 "명확한 의사 표명"이라고 말했다. 미국은 오랫동안 소련이 여러 조약을 위반한다고 비난하면서 효과적인 검증을 요구하고 있었다. 이런 태도야말로 레이건이 자주 들먹이던 '신뢰하면서도 확인하라'는 러시아 속담의 정수였다. 셰바르드나제의 제안은 화학무기에 관한 것이었지만 모스크바에 있던 소련의 생물학전 전문가들은 이 제안이 자신들에게도 쉽게 적용될 수 있다는 것을 깨달았다. 사찰이 예상치 못하게 방향을 틀 수 있었다. 만약 서구가 의심되는 시설—이를테면 오볼렌스크나 콜초보나 스테프노고르스크 같은 곳들—을 들여다보려고 하면 어떤 핑계로 거절할 수 있을까? 셰바르드나제의 참모로 제네바 연설문을 작성한 니키타 스미도비치는 생물학무기 책임자들은 화학무기 사찰을 계기로 자신들의 은밀한 세계도 위협받을 것임을 깨달았다고 말한다. 스미도비치의 말에 따르면 그들은 사찰단이 "어디든 갈 수 있다면 아마 우리 쪽에도 올 것이고, 따라서 대비를 할 필요가 있다"는 결론을 내렸다.[10]

1987년 10월 2일, 중앙위원회와 각료회의는 예상되는 국제 사찰에 대한 대비 태세를 서두르라는 지시를 내렸다. 목표는 공개가 아니라 정반대였다. 제조법과 공장을 더 안전한 장소로 옮겨서 비밀 세균전 프로그램을 계속하라는 것이었다. 그것도 더 속도를 높여서 말이다.[11]

스베르들롭스크와 관련된 거짓말은 1988년 10월 10~17일 대담한 차원으로 올라섰다. 부르가소프와 니키포로프 그리고 소련 보건 당국의 3인자인 블라디미르 세르기예프가 오염된 고기와 골분에 관한 추론이 담긴 발표문을 가지고 미국을 찾은 것이다. 메젤슨은 소련 관리들이 미국 과학자들의 전문적인 질문 공세에 시달릴 것이라는 기대 속에 방문을 조직했다고 말했다. 소련인들은 세 차례에 걸쳐 저명한 청중들을 상대로 거짓 설명을 늘어놓았다. 워싱턴의 국립과학아카데미, 볼티모어의 존스홉킨스 위생공중보건대학, 매사추세츠 주 케임브리지의 미국예술과학아카데미에서 발표를 한 것이다. 부르가소프는 "우리가 볼 때는 감염된 고기가 원인이라는 게 분명했다"고 주장했다. "에어로졸일 수도 있다는 생각은 전혀 가능하지 않습니다." 그는 19호 기지에서 탄저균이 유출되었을 가능성을 일축했다. 그러고는 "인구 밀집 지역 한가운데서 매우 위험한 병원균에 관한 연구를 한다는 건 상상도 못할 일"이라고 말했다. 실제로 바로 그런 일이 있었다는 것을 뻔히 알면서도 말이다. 역시 진실을 알고 있던 니키포로프는 부검 슬라이드를 보여주면서 설명을 했다. 장에 검은 상처가 크게 있는데, 이것을 보면 흡입이 아니라 오염된 고기 때문임을 알 수 있다는 말이었다. 소련 관리들은 세 차례에 걸쳐 민간과 정부의 의학자와 군축 전문가들 총 200여 명을 상대로 거짓 설명을 늘어놓았다. 그 후 메젤슨은 소련인들의 발표를 요약하면서 소련 쪽의 설명이 "그럴듯하고, 또 예전에 소련뿐만 아니라 미국을 비롯한 다른 곳에서 인간과 동물에 발생한 탄저병의 사례와도 일치한다"는 걸 발견했다고 말했다. 하지만 메젤슨은 여전히 미국의 과학자 그룹을 스베르들롭스크에 보내기를 희망했다.[12]

스테프노고르스크에 탄저병 공장을 건설하고 이제는 모스크바의 비오프레파라트 본부에서 일하고 있던 알리베크는 국제 사찰 가능성을 둘러싼 긴장을 감지했다. 그는 회고록에서 이렇게 말했다. "일단 지식이 있는 외국 과학자들이 우리 시설 한 곳에 발을 들여놓으면 비밀이 누설될 게 분명했다." 알리베크는 1988년 비오프레파라트의 제1부소장으로 임명되면서 증거를 감추는 책임을 맡았다. 얼마 지나지 않아 이 임무 때문에 다른 일을 못할 지경이 되었다. 모스크바응용생화학연구소에 기만 계획을 위한 특별 대책반이 꾸려졌다. 연구소의 이름 자체부터 기만이었다. 알리베크의 말을 들어보자. "이 연구소는 생화학과 아무 관계가 없었다. 연구소의 역할은 우리 연구실에서 사용할 장비를 설계하고 제조하는 것이었다." 대책반은 비오프레파라트의 활동에 관한 거짓 설명, 일명 '전설'을 날조하고 '민간' 부문의 연구라는 걸 입증하는 비용으로, 즉 질병을 막기 위한 의약품이나 살충제를 만드는 곳이라고 둘러대는 비용으로 40만 달러에 해당하는 금액을 받았다.

"그렇지만 우리 중 일부는 외국의 사찰단원들이 우리의 책략을 꿰뚫어볼까봐 걱정했다." 알리베크의 말에 따르면 1988년에 이르러 비오프레파라트는 사찰단의 질문에 어떻게 답변할지에 관해 직원들에게 지침을 내려보냈다. "노동자들은 예상 가능한 모든 질문—이 방은 어떤 용도입니까? 이 장비는 왜 여기 있습니까?—에 대해 준비된 답변을 암기해야 했다."

"나로서는 우리의 천연두 프로젝트가 가장 큰 걱정거리였다. 혹시라도 외국 사찰단이 제대로 된 장비를 가지고 시베리아의 벡터 기지에 오면 그 자리에서 곧바로 천연두의 흔적을 찾아낼 수 있었다." 소련이 주도적인 역할을 했던 전 세계적인 천연두 근절 노력의 일환으로 남아 있는 천연두 변종은 원래 두 저장소에만 보관하기로 되어 있었다. 하나는 미국에 있었고 다른 하나는 모스크바에 있는 보건부의 이바놉스키연구소 Ivanovsky Institute였다. 소련은 세계보건기구에 이와 같이 약속한 바 있었다. 하지만 몇 년 뒤 소련이 약속을 어겼다는 것이 전 세계에 드러났다.[13]

1988년, 외국의 사찰을 걱정한 소련군 당국은 사고 이후 스베르들롭스크에서 다른 곳으로 옮긴 다량의 탄저균 포자를 폐기하라고 지시했다. 이 '바실루스 안트라시스'는 시베리아 이르쿠츠크 근처의 지마 시에 저장되어 있었다. 탄저균을 폐기하라는 지시가 내려오자 관계자들은 250리터 스테인리스 용기에 나뉘어 담겨 있던 수백 톤이 넘는 탄저균 용액을 열차와 배로 보로즈데니예 섬까지 옮겼다. 그곳에서 용액에 과산화수소와 포름산을 섞은 뒤 지하에 11개의 무덤을 만들어 매장했다. 1.2미터에서 1.8미터 깊이로 판 무덤 바닥에는 아무것도 깔지 않았다. 탄저균이 땅속으로 잘 스며들게 하기 위해서였다. 탄저균 포자는 그렇게 땅속에 묻혔다. 하지만 전부 다 죽지는 않았다. 일부는 그 뒤로도 오랫동안 살아남았다.[14]

모스크바에서 동쪽으로 1,600킬로미터 떨어진 산업 도시 첼랴빈스크 너머의 평지에 뭐라고 설명하기 힘든 직사각형 모양의 시설이 있었다. 가로가 1.6킬로미터에 육박하고 세로는 1.6킬로미터가 넘는 이 시설은 거의 남북축에 정확하게 맞춰 자리 잡고 있었고, 나무판으로 낮게 지은 창고와 주름 철판을 댄 지붕이 반듯하게 줄을 이루는 가운데 주변에는 나무가 둘러싸고 철로가 가로지르고 있었다. 창고 안에는 85밀리미터 포탄부터 크기가 더 큰 스커드 미사일용 탄두까지 각종 발사체를 보관하는 받침이 켜켜이 쌓여 있었다. 선반의 모습은 흡사 캄캄한 지하실에 수많은 와인 병이 쌓여 있는 것 같았다. 시베리아 서부 시추치예 시 근처에 있는 이 외딴 시설 한곳에 사린sarin*, 소만soman** 그리고 신경가스 VX와 유사한 소련제 신경가스 등 각종 신경 작용제 5,447톤을 가득 채운

---

* 유기인화합물이며 흡입 시 반수치사량 추정치가 100밀리그램으로 맹독성 신경가스이다.
** G계열 독가스(사린, 타분, 소만) 중 가장 독성이 강한 신경가스이다.

190만 개의 발사체가 있었다. 모두 합하면 소련 화학무기 보유고의 13.6 퍼센트에 해당하는 양이었다.[15] 이 발사체들은 미국과 영국, 소련이 엄청난 양의 화학무기를 비축한 채 제네바에서 10~20년 동안 소득 없이 화학무기 제한 교섭을 질질 끌던 그늘진 무기 경쟁의 시대가 남긴 유산이었다. 고르바초프는 군축 추진 초기부터 이 화학무기들의 폐기를 원했다.

화학무기의 살상력은 어마어마한 수준이다. 미국의 신경 작용제 VX는 10밀리그램 이하—피부에 떨어뜨리는 액체 한 방울—로도 성인 남성을 15분 안에 사망하게 할 수 있다. 이런 작용제 1리터에는 이론상으로 100만 명을 죽일 수 있는 치사량이 들어 있다.[16] 이런 신경 작용제에는 평화적 목적 같은 건 없다—오로지 죽음의 작용제일 뿐이다. 저술가 조녀선 터커는 이 작용제들을 폐나 피부를 통해 인체로 들어가 신경계를 공격하는 무색무취의 액체라고 설명한다. 희생자는 쓰러지고 경련을 일으키다가 의식을 잃으며 호흡중추가 억제되고 호흡근이 마비되어 몇 분 안에 질식사한다.

소련은 최소 4만 톤에 달하는 화학 작용제를 쌓아놓고 있었고 미국은 3만 1,000톤을 보유하고 있었다. 고르바초프는 생물학무기에 관해서는 침묵했지만 화학무기에 관해서는 공개적으로 폐기를 주장했다. 그는 1987년 4월 13일 프라하에서 소련이 화학무기 제조를 중단할 것이라고 발표했다. 그러고는 화학물질을 제조하고 군수품에 채워넣는 공장들의 가동을 중단시켰다.

제네바에서 기습 사찰에 관한 연설을 하고 얼마 뒤, 셰바르드나제는 모스크바에서 동남쪽으로 900킬로미터 떨어진 볼가 강 연안의 시하니에 있는 극비 화학무기 실험 시설에 외국 참관인들을 초청했다. 셰바르드나제는 "신뢰 분위기를 구축하고" 싶다고 말했다. 1987년 10월 3~4일, 언론인 55명과 45개국의 전문가 110명으로 이루어진 대표단이 비행기 네

대에 나눠 타고 도착했다. 시설을 찾은 대표단은 새로 깐 콘크리트 슬래브 위에서 수류탄, 로켓탄과 포탄, 2.7미터 길이의 스커드 미사일용 화학 탄두 등의 발사체와 컨테이너 19개를 보았다.[17] 이 방문은 고르바초프가 추진하는 글라스노스트의 또 다른 징표로 보였다. 군축 회담에 나온 소련 대표 유리 나자르킨은 "우리는 숨길 게 아무것도 없다"고 선언했다.[18] 하지만 그 말은 완전한 진실은 아니었다. 콘크리트 받침대 위에 늘어선 사람들은 소련 과학자들이 미국을 따라잡기 위해 필사적으로 개발하고 있던 신형 화학무기까지는 그곳에서 볼 수 없었던 것이다.

1980년대까지 미국과 소련은 모두 폭발과 동시에 확산되는 하나의 작용제를 담은 화학무기를 만들었다. 이것은 단일 성분 화학무기라고 불렸다. 하지만 이 작용제는 시간이 지나면 효력이 떨어지는 경향이 있었다. 미국은 1969년 화학 작용제 생산을 중단했다. 비축 무기에서 잠재적인 위험성이 발견되었기 때문이다. 1985년 미국 의회는 오래된 화학무기의 폐기를 승인하는 한편 이른바 이원 성분 화학무기라는 신형 무기의 제조를 허가했다. 각각 안정된 두 성분으로 분리되어 있다가 포탄이나 폭탄 안에서 마지막 순간에 결합하여 독성 혼합물로 바뀌는 것이다. 이것은 쉽지 않은 기술이지만 이원 성분 무기는 저장 수명이 더 길다는 장점이 있었다. 레이건은 고르바초프와 정상회담을 한 직후인 1987년 12월 신형 이원 성분 무기 제조를 승인했다. 그는 일기에 이렇게 적었다. "이렇게 하면 소련인들도 우리와 함께 화학전을 포기하는 쪽으로 가겠지."[19] 소련도 이미—비밀리에—똑같은 무기를 서둘러 개발하는 중이었다. 소련은 1970년대에 이원 성분 무기를 실험했는데 성공적인 모델을 내놓는 데는 실패했다. 뒤이어 1980년대에는 또 다른 탐색에 착수했다. 이 새로운 시도의 한 부분은 비료나 살충제로 사용되는 평범한 화학물질을 가지고 이원 성분 무기를 만드는 것이었다. 이 물질들에는 '노비초크

novichok', 곧 '신참' 세대 작용제라는 이름이 붙었다.

빌 미르자야노프는 이 치명적인 신경 작용제들의 잠재력을 직접 목격한 사람이었다. 그는 모스크바에 있는 화학무기 연구 본부에서 여러 해 동안 일을 했다. 1987년 5월, 친구인 경험 많은 군 화학자 안드레이 젤레즈냐코프가 사고를 당했다. 그는 완성품을 검사하는 일을 전문으로 하는 테스트 엔지니어였다. 당시 그는 노비초크 세대의 하나인 이원 성분 무기를 테스트 중이었다. 미르자야노프의 말에 따르면 흄후드 아래에 화학 반응기가 하나 있었고, 물질을 분광기로 옮기는 유리관이 하나 있었다. 분광기가 너무 커서 흄후드 아래에 놓을 수 없었기 때문이다. 실험실에는 천장에 통풍 장치가 있었지만 후드로 안전을 확보하지 않은 상태였다.

어쩌다가 유리관이 깨졌고 유독 물질이 대기 중으로 유출되었다. 젤레즈냐코프는 재빨리 새는 곳을 막았지만 이미 너무 늦은 상태였다. 곧바로 충격이 느껴졌다―동공이 축소되었다. 훗날 그는 그때의 기억을 떠올렸다. "눈앞에 고리들이 보이더군요―붉은색과 오렌지색이었습니다. 머릿속에서는 종소리가 울렸어요. 숨이 막혔고요. 거기다가 공포감이 더해졌습니다―당장이라도 무슨 일이 생길 것만 같았지요. 나는 자리에 앉아서 친구들에게 말했습니다. 아무래도 그거에 '중독'된 것 같아. 사람들이 나를 실험실에서 끌어내―나는 그래도 움직일 수 있었습니다―소장에게 데려갔습니다. 소장이 나를 보더니 말했지요. '차 한 잔 마시게. 별일 없을 거야.' 차를 마시자마자 게워냈습니다."

그는 계속해서 말을 이었다. "사람들이 나를 의무실로 데려가서 해독제를 놔주었습니다. 조금 나아진 것 같았습니다. 소장이 말하더군요. '집에 가서 누워서 좀 쉬게. 내일 보자고.' 동행할 사람을 붙여줘서 버스 정거장 몇 개 거리를 걸어갔습니다. 일리치광장 근처의 교회를 지나고 있었는데, 갑자기 교회가 번쩍 빛나더니 폭삭 무너졌습니다. 그다음은 기억이 안 납니다."

동행자가 젤레즈냐코프를 질질 끌다시피해서 의무실로 다시 데리고 왔다. 사람들은 앰뷸런스를 불러 그를 병원에 보냈는데, 병원에 동행한 국가보안위원회 요원들은 의사들에게 그가 오염된 소시지를 먹고 식중독에 걸렸다고 말했다. 요원들은 의사들에게 이 환자에 관해 논의하지 않겠다는 서약서에 서명하게 했다. 18일 동안 집중 치료를 한 끝에 의사들은 가까스로 그의 생명을 살렸다.

입원 치료가 끝날 무렵 젤레즈냐코프는 연금을 받고 침묵을 지키라는 말을 들었다. 그는 오랫동안 양팔의 만성 무기력증, 독성 간염, 간질, 심한 우울증, 집중력 저하 등의 후유증을 앓았다. 원래 쾌활한 사람이었고 재능 있는 목각사로 이름을 날렸지만 그는 사고를 당한 뒤로 일을 하거나 창의력을 발휘하지 못했다. 젤레즈냐코프는 사고 5년 뒤에 사망했다.[20]

노비초크가 이빨을 드러낸 것이었다.

잃어버린 1년

레이건이 고르바초프와 마지막으로 환호성을 지른 때는 따뜻한 봄날인 1988년 5월 31일이었다. 네 번째 정상회담의 3차 전원회의를 마친 뒤 두 사람은 라일락 향이 바람에 나부끼는 거리로 나와 크렘린과 붉은광장 주변을 걸어서 돌았다. 참모진과 언론인들이 뒤를 따랐다. 일행은 크렘린 중심부의 광장에 서 있는, 1586년부터 있었다고 하는 39톤짜리 대포 근처에 멈춰섰다. 소련을 여전히 악의 제국이라고 생각하느냐는 질문을 받은 레이건은 "아니오"라고 대답했다. 놀란 기자들이 그 이유를 물었다. 레이건은 잠시 숨을 고르고는 한쪽으로 고개를 기울였다. "여러분은 다른 시기, 다른 시대에 관해 이야기하고 있습니다."

레이건의 냉전이 종언을 고하는 순간이었다. 수십 년 동안 서로 반목하다가 처음 소련을 방문했을 때, 레이건과 고르바초프는 어떤 핵무기 관련 조약에도 서명하지 않았다. 전략 무기를 대폭 감축할 수 있는 기회는 날아갔고 이제 8개월 남은 레이건의 임기 안에는 더 이상 무기를 없애지 못할 것이었다.[1] 하지만 두 사람은 오후의 태양 아래 20분 동안 붉은광장의 자갈을 밟으면서 생생하고도 상징적인 방식으로 초강대국 간의 경쟁을 잠재우기 시작했다. 밝은색 정장 차림의 고르바초프가 어두운 정장을 입은 레이건을 안내하며 성 바실리 성당의 양파 모양 돔들과 굼^{GUM} 백화점, 국립역사박물관, 레닌 묘 등을 보여주었다. 어느 순간 레이건과 고르바초프는 서로의 허리에 팔을 둘렀다. 사진을 찍으려고 포즈를 취하는 관광객들 같았다. 레이건이 입을 열었다. "우리가 결정한 것은 서로에 관해서가 아니라 서로를 향해 말하자는 겁니다. 이건 잘되고 있지요."

같은 날 레이건은 모스크바국립대학교에서 학생들을 상대로 그의 재임 중 으뜸으로 손꼽히는 감동적인 연설을 했다. 그는 강당에서 레닌의 커다란 흰색 흉상 아래 서서 연설을 했는데, 뒤에는 볼셰비키 혁명을 묘사하는 벽화가 펼쳐져 있었다. 레이건은 민주주의, 자본주의, 자유 등의 주제를 분명히 표현했다. 그의 반공주의에 활기를 불어넣은 개념들이었다. 그러면서 바야흐로 세계가 "유혈 사태나 충돌 없이 지구를 조용히 휩쓰는" 새로운 혁명의 출발점에 서 있다고 선언했다. 레이건은 이것이 바로 "정보 혁명"이라면서 컴퓨터 칩의 위력을 설명했고 "이 혁명이 미치는 효과는 평화적이지만 우리의 세계를 근본적으로 뒤바꾸고, 낡은 가정들을 산산이 깨뜨리며, 우리의 삶을 개조할 것"이라고 역설했다. 그는 자유와 기업가 정신과 반대 의견에 대한 존중을 찬양했다. 그리고 보리스 파스테르나크의 말을 인용하면서 학생들에게 "무장하지 않아도 강력한, 진실의 저항할 수 없는 힘"을 옹호했다. 레이건은 변화를 향한 고르바초프의 노력을 지지하면서 핵무기를 폐기하겠다는 자신의 목표를 새롭게 밝혔다. 그해 5월의 날들은 그와 고르바초프의 이례적인 동반자 관계가 정점에 다다른 때였다.

메인 주 케네벙크포트의 집에서 이 광경을 지켜보고 있던 조지 부시 부통령은 레이건처럼 열광하지 않았다. 부시는 그해에 레이건의 후계자가 되기 위해 민주당의 자유주의자인 매사추세츠 주지사 마이클 듀카키스를 상대로 선거 운동을 벌이고 있었다. 부시는 성격 자체가 굉장히 신중한 사람이었다. 그가 지침으로 삼는 원칙은 청지기 노릇―고풍적인 의미의 공공 봉사―에 충실하고 실수를 피하자는 것이었다. 그는 모스크바에서 진행되는 변화가 진짜인지 의심을 품었고 붉은광장에서 벌어지는 광경에 거북해했다. 그는 몇 주 뒤 샌프란시스코에서 노던캘리포니아 세계문제위원회World Affairs Council of Northern California를 상대로 연설하면서 이런 불확실성을 표명했다. "우리는 변화가 제공하는 기회를 잡기 위해 대담해야 할 필요가 있지만 그와 동시에 어느 석학이 말한 이른바 '고질화된 갈등'에 대비해야 합니다." 부시는 확실히 마음을 정하지 못한 상태였다. 그는 미래보다 과거에 관해 더 확신했다. 그는 "냉전은 끝나지 않았습니다"라고 선언했다.[2]

그 뒤 몇 달 동안 벌어진 일을 보면 그의 생각이 얼마나 그릇된 것이었는지가 적나라하게 드러난다. 고르바초프는 근본적인 변화를 향해 힘차게 나아갔다. 소련의 지도자는 1988년 5월 15일 아프가니스탄에서 군대가 철수를 시작할 것이라고 발표했고, 실제로 군대가 철수했다. 크렘린에서 이루어지는 개인적인 단위의 대화에서는 냉전이 이미 역사의 쓰레기통 속으로 내동댕이쳐지고 있었다. 가령 한때 강경파 중에서도 가장 강경파였던 그로미코는 6월 20일―부시가 냉전은 끝나지 않았다고 말하기 9일 전―정치국 회의에서 새로운 사고를 강력하게 표명하면서 수십 년 동안 벌어진 무기 경쟁은 몰지각한 일이었다고 선언했다. 회의록에 따르면 그는 다음과 같이 말했다. "그래서 우리는 점점 더 많은 핵무기를 만들었습니다. 이건 우리의 잘못된 입장이었습니다. 터무니없이 잘

　　　　　　　　　　　데드핸드

못된 것이었습니다. 그리고 이 책임은 전적으로 정치 지도부에게 있습니다. 이런 장난감을 만드는 데 수백억을 쏟아부었습니다." "우리는" 이런 낭비를 막을 만큼 "현명하지 못했습니다".[3]

가을에 이르러 고르바초프는 이제까지 자신이 내놓은 것 가운데 가장 대담한 제안을 준비하고 있었다. 유엔 연설을 통해 유럽에서 소련군을 대규모로 철수시킨다고 발표할 계획을 세운 것이다. 그는 10월 31일 소수의 대외 정책 보좌관들과 만난 자리에서 윈스턴 처칠의 유명한 연설을 상기시켰다. 처칠은 1946년 3월 미주리 주 풀턴에서 한 '평화의 원동력Sinews of Peace' 연설을 통해 소련이 "중부와 동부 유럽의 유서 깊은 나라들의 모든 수도"에 대해 통제의 끈을 조임에 따라 "유럽 대륙 전체에 철의 장막이 드리워졌다"고 경고한 바 있었다. 고르바초프는 자신이 품은 야심은 이 시대를 끝장내는 것이라고 단언했다. "전반적으로 이번 연설은 반反풀턴 연설, 그러니까 풀턴을 거스르는 연설이 되어야 합니다."

11월 3일, 고르바초프는 정치국 회의가 끝난 뒤 더 많은 고위 관료들에게 자신의 계획을 털어놓았다. 체르냐예프는 당시 고르바초프가 "확실히 불안해했다"고 회고했다. 고르바초프는 군의 반발을 불러일으키지 않으려고 조심스럽게 유도했다. 일방적인 철군 계획의 상세한 면모까지는 전부 밝히지 않았다. 그는 아흐로메예프가 초안을 작성한 새로운 군사 교의에서 필요한 것보다 현재 소련군의 규모가 훨씬 크다고 지적했다. 이런 점을 공개적으로 인정하기는 어려울 터였다. "만약 우리의 실상이 어떤지, 즉 우리가 군사적인 요구에 미국보다 두 배나 많은 지출을 한다는 사실과 그 지출 비용의 수준을 밝히면 우리의 새로운 사고와 새로운 대외 정책은 모두 지옥에 떨어질 겁니다. 세계 어느 나라도 우리만큼 무기에 대한 1인당 지출이 많지 않습니다. 우리가 아무 대가도 없이 무기를 퍼주고 있는 몇몇 개발도상국을 제외하면 말입니다."[4]

12월 7일 유엔에서 고르바초프가 한 연설은 소련이 냉전에서 퇴각한다는 사실을 알리는 이정표였다. 고르바초프는 소련 대외 정책의 기둥이었던 "군사력에 대한 일면적인 의존"을 비난하면서 동유럽에 주둔한 6개 전차사단을 포함한 50만 명의 병력을 일방적으로 감축하겠다고 발표했다. 이 정도 규모의 일방적인 철군을 감행한다는 것은 과거와 철저하게 단절하는 행동이었다. 고르바초프는 소련은 이제 더 이상 동유럽 나라들을 손아귀에 쥐고 있지 않겠다고 말했다. 또 다른 깜짝 놀랄 만한 태도 변화였다. "선택의 자유는 보편적인 원리입니다. 이 원리에는 예외가 없습니다."

연설 이후 고르바초프는 거버너스 섬Governor's Island에서 레이건과 송별 오찬을 하기 위해 여객선에 올라탔다. 얼마 전에 대통령에 당선된 부시도 오찬에 합류했다. 레이건은 대통령직 막바지에도 원기가 왕성했는데, 그날 모임은 "엄청난 성공"이었고 고르바초프는 "전에 만난 어느 때보다도 훌륭한 태도를 보였다"고 일기에 적었다. "그는 우리를 더 나은 세상을 만드는 동반자로 여기는 것처럼 말했다."[5] 하지만 레이건은 고르바초프의 주목할 만한 연설에 관해 자세한 이야기는 하지 않았고, 두 사람은 가장 숙원이던 목표, 곧 장거리 핵무기를 폐기한다는 목표를 실현하지 못한 채 헤어졌다. 레이캬비크에서 거의 손에 쥘 뻔했던 성공의 기회는 결국 사라졌다. 장거리 핵무기를 50퍼센트 감축한다는 희망은 협상 과정에서 수렁에 빠진 채 나오지 못했다.[6]

거버너스 섬 회동에서 부시 당선인은 레이건에게 무례를 범하지 않으려고 침묵을 지켰다.[7] 고르바초프는 주저하는 분위기를 감지했다. 그는 모스크바로 돌아오자마자 정치국에 이렇게 말했다. "부시가 아주 신중한 정치인이라는 점을 고려해야 합니다." 미국캐나다연구소 소장으로 소련의 대표적인 미국 전문가인 게오르기 아르바토프는 더 퉁명스러웠다. 고르바초프는 정치국원들에게 아르바토프의 평가 내용을 들려주었다. "(미국이) 갑자기 반응을 떠보기 위한 제안을 했다. 우리는 아직 준비가 되지 않았으니 기다려보자. 대체로 미국은 꾸물거릴 것이다. 미국은 우리의 선도적인 제안으로 만든 파도가 가라앉기를 원한다."[8]

부시는 레이건과 달리 핵무기의 폐기를 바라지 않았다. 그는 고르바초프와 조기에 정상회담을 하지 않기로 결정했다. 부시가 취임하고 이틀 뒤 국가안보보좌관인 브렌트 스코크로프트는 "나는 냉전이 끝나지 않았다고 생각한다"고 말했다.[9] 1989년 1월에 취임한 부시는 한 달도 안 되어 일련의 대외 정책들을 재검토하라고 지시했다. 몇 달 동안 시간만 허비하고 별다른 성과는 없었던 대소련 정책도 그중 하나였다. 부시의 가까운 친구로 신임 국무장관에 임명된 제임스 A. 베이커 3세는 "결국 우리가 받아본 결과물은 허튼소리였다"고 말했다.[10] 부시 역시 고르바초프가 역동적으로 변화를 추진하는 것을 보았지만 그는 대체로 이런 노력을 기회가 아니라 미국과 경쟁하려는 위협으로 해석했다. 부시는 3월 13일 한 친구에게 보낸 편지에서 이렇게 말했다. "고르바초프 씨가 영원히 세계 여론을 지배하는 일은 결코 없을 거요."[11]

오랜 세월이 흐른 뒤 베이커가 회고한 바에 따르면, 부시가 1989년 초에 잠시 머뭇거린 주된 이유는 대외 정책에 자기 나름의 각인을 남기기 위해서였으며 소련과 대화 속도를 늦추면 공화당 우파를 진정시키는 데 도움이 되기 때문이었다. 베이커는 이런 요구 때문에 잠시 소련과 대화를 중단한 것이지 고르바초프나 모스크바의 상황에 대한 대응 때문에 그런 것은 아니라고 말했다. 행정부는 이내 고르바초프를 "시험한다"는 구상을 내놓았다. 그에게 다소 무리한 요구를 하기로 한 것이다.[12]

4월 29일, 딕 체니 국방장관은 텔레비전에 나와 고르바초프가 "결국 실패할 것"이라고 예언했다.[13] 스코크로프트도 부시에게 힘을 실어주었다. 그는 고르바초프가 약간의 이익을 얻기 위해 미국을 또 다른 데탕트 시기로 끌어들이려고 한다고 걱정했기 때문에 무척 신중한 태도를 보였다. 많은 사람들이 1970년대가 되풀이될지도 모른다고 느꼈다. 훗날 스코크로프트는 "자라 보고 놀란 가슴 솥뚜껑 보고 놀란 격이었다"고 말했다.[14]

셰바르드나제는 5월 10일 베이커가 모스크바를 방문했을 때 고르바초프가 유럽에 배치된 모든 종류의 전술 핵무기, 곧 단거리 핵무기의 폐기를 원한다고 말했다. 셰바르드나제는 베이커에게 이 문제를 "회피하지 말라"고 경고했다. 하루 뒤, 고르바초프는 동유럽에서 일방적으로 500개의 탄두를 철수시키겠다고 발표하고는 만약 미국이 비슷한 조치를 취한다면 훨씬 더 많은 탄두를 철수시키겠다고 약속했다. 하지만 베이커는 정치적인 책략이라며 이 제안을 무시했다.[15] 5월 16일 말린 피츠워터 백악관 대변인은 기자회견에서 고르바초프가 흡사 "드럭스토어 카우보이"처럼 군축 제안을 남발하고 있다고 말했다. 지키지도 못할 약속을 하는 사람을 일컫는 속어 표현까지 동원한 것이다.[16]

7월 20일, 모스크바의 미국대사 잭 F. 매틀록 2세는 고르바초프의 새로운 사고를 설계한 주역 중 한 명인 알렉산드르 야코블레프를 만났다. 야코블레프는 미국에게 교섭 속도를 높이자고 애원하면서 목소리에 힘을 주었다. "이제 단 하나의 위험만이 남았습니다—핵무기 말입니다." 하지만 매틀록은 핵무기를 폐기하겠다는 레이건의 꿈은 이제 검토 대상이 아니라고 대답했다. "레이건은 핵무기를 일소할 수 있다고 믿었습니다. 부시는 핵무기를 최소한으로 줄일 필요가 있지만 완전히 일소해서는 안 된다고 생각합니다. 부시는 핵무기가 없으면 전쟁 발발 위험이 더 커질 것이라고 믿습니다."[17]

부시가 시간을 끈 반면 군축에 대한 고르바초프의 야심은 어느 때보다도 강했다. 카타예프의 문서에는 1989년 군축과 방위 문제에 관한 정치국의 업무 계획—1월 초에 시작해서 이듬해까지 이어지는 수십 가지 지침과 그에 관한 빡빡한 마감 시한들—이 들어 있다. 이 계획을 보면 크렘린이 얼마나 활발하게 여러 전선에서 움직이려고 했는지가 여실히 드러난다. 10쪽 분량의 목록에는 전술 핵무기 또는 단거리 핵무기를 감축하려는 새로운 구상, 화학무기 폐기, 한때 기밀이었던 소련의 군사 지출에 관한 자료 공개, 전 지구적 우주 기구 창설, 소비에트권 다른 국가들에 대한 해외 원조 축소, 민간 부문을 위한 과학기술 장려, 군산복합체 규모 축소 등이 들어 있었다. 목록에는 방위 전환, 곧 군수 생산을 민간재 생산으로 전환하는 과정을 활성화하는 것을 목표로 여러 부처와 기관에 내리는 지침도 들어 있었다. 물자 부족과 경제적인 곤경으로 비틀거리는 사회에 더 나은 생활 수준을 창출하기 위해서였다.[18]

카타예프는 1989년 1월에 중앙위원회의 승인을 받기 위해 다섯 쪽짜리 지시 사항 초안을 작성했다. 소련이 보유한 무기를 대폭 감축하는 이유를 정리한 것이었다. 이 문서는 당시 고르바초프가 군사 지출을 대폭 삭감하려고 시도했다는 것을 보여주는 또 다른 유력한 증거이다. 이 지시 사항에 따르면 국방비 삭감의 목표는 "국민 경제의 발전을 가속화하기 위한" 자원을 풀어놓고 소련 국민들의 가장 시급한 일상적인 요구를 충족시키는 것이었다.[19] 카타예프 문서에 있는 또 다른 서류를 보면 소련의 군사 지출이 1989년에 정점에 다다랐다가 그때부터 가파르게 줄어들기 시작했음을 알 수 있다.[20] 소련군은 약속한 대로 2월 15일 아프가니스탄에서 철수했다. 그날 제40군의 사령관 보리스 그로모프 중장은 소련군 가운데 마지막으로 테르메즈에서 아무다리야 강에 놓인 다리를 건너 돌아왔다.

1988년 말에서 1989년 초, 그러니까 부시가 취임하던 바로 그때 고르바초프는 지도자로서 권력의 정점에 달했을 것이다. 그때 주도권을 잡고 전략 무기의 50퍼센트를 감축하고 더 나아가 전술 핵무기 같은 다른 무기 체계도 감축했다면 더없이 좋았을 것이다. 그리고 전략 무기 감축 조약을 체결하기도 이때가 더 용이했다고 할 수 있다. 왜냐하면 부시는 앞서 오랫동안 논쟁의 대상이 된, 탄도미사일 방어라는 레이건의 원대한 꿈에 현혹되지 않았기 때문이다. 그러나 부시는 망설였다.

그리고 모스크바에서는 이내 고르바초프가 기동할 여지가 줄어들기 시작했다. 그가 풀어놓은 자유와 개방 세력들이 그를 압도하기 시작하면서 갖가지 장애물과 공공연한 저항을 만들어내고 있었다. 국내에서는 새로운 민주주의 세력들이 등장했고, 동유럽에서는 변화의 물결이 파죽지세로 퍼져나갔으며, 소련을 이루는 여러 공화국에서는 오랜 민족주의의 꿈들이 다시 깨어나고 있었다. 3월 26일, 새로운 입법부인 인민대표회의를 구성하기 위해 볼셰비키 혁명 이래 처음으로 상대적으로 자유로운 선거가 치러졌다. 투표 결과 레닌그라드의 공산당 지도부가 쫓겨나고, 발트 3국에서는 친독립 정당들이 승리했으며, 급진 개혁파인 옐친이 모스크바에서 승리를 거두었다. 기존 공산당은 대패했다. 5월 25일부터 6월 9일까지 새로운 입법부가 처음 회동했을 때, 고르바초프는 회의 진행을 텔레비전으로 방영하도록 지시했다. 사람들은 직장에서 퇴근해 방송을 보았다. 표현의 자유의 신기원이 열리고 있었다. 나라 전체가 토론에 시선을 집중했다. 한 가지 결과는 고르바초프와 당, 국가보안위원회, 군이 공개적이고 때로는 통렬한 비판의 몰매를 맞았다는 사실이다. 자유의 바이러스가 빠르게 퍼져나가는 것 같았다.

중국에서는 고르바초프가 방문한 5월을 계기로 톈안먼 광장에서 진행되던 민주주의를 위한 학생 시위가 한층 더 격렬해졌다. 그로부터 몇 주일 뒤 학생 시위는 대량 학살로 진압되었다. 동유럽 전역에서도 소요가 확산되었다. 특히 헝가리와 폴란드가 두드러졌는데, 폴란드에서는 연대노동조합Solidarity 운동이 지하에서 수면 위로 올라와 의회 선거에서 승리했다. 7월 7일, 고르바초프는 바르샤바조약기구 지도자들에게 소련은 변화라는 거대한 흐름을 저지한다거나 그러기 위해 개입하지 않을 것이며 각국은 자유롭게 자신들의 길을 갈 수 있다고 확언했다. 같은 주에 아흐로메예프는 고르바초프의 보좌관이라는 새로운 자격으로 미국의 여러 군사 시설을 둘러보면서 세간의 이목을 집중시켰다. 이 과정에서 아흐로메예프와 미국 합참의장 윌리엄 크로 제독은 무기 경쟁을 어떻게 종식할 것인가를 놓고 공개적인 토론을 벌였다.[21] 부시는 7월에 폴란드와 헝가리를 방문해 변화의 급류를 직접 목격했다.[22] 체르냐예프는 일기에서 이 몇 달 동안 펼쳐진 광란과 극적인 상황 전개를 포착했다. "고르바초프를 둘러싼 모든 것들이 돌이킬 수 없는 '해체' 과정의 고삐를 풀어놓았다. 전에는 무기 경쟁이나 전쟁 공포에 의해 억제되거나 은폐된 흐름이었다." 그는 동유럽의 사회주의는 "사라지고" 있고, 계획경제는 "최후의 시간을 보내고 있고", 이데올로기는 "이제 더는 존재하지 않고", 소련 제국은 "산산이 무너지고 있고", 공산당은 "혼란에 빠진 상태이고", "혼돈이 벌어지고 있다"고 적었다.[23]

셰바르드나제는 9월에 회담을 위해 베이커와 함께 장관 전용 공군기를 타고 와이오밍 주 잭슨홀로 갔다. 그는 비행기 안에서 오랜 시간을 대화하면서 베이커에게 고르바초프가 국내에서 직면한 문제들이 시급하다는 점을 납득시켰다. 특히 해체의 힘들이 공화국들을 중심부로부터 바깥으로 끌어당기고 있었다. 사실 그해 봄까지만 해도 베이커는 고르바초프가 처한 상황이 그렇게 불안정한지를, 그리고 기회의 창이 닫히고 있다는 사실을 깨닫지 못했다. "우리 중앙정보국은 상황 변화에 한참 뒤처져 있었다." 베이커는 그해 여름에야 최초의 징후들이 보였고 마침내 9월

잭슨홀로 향하는 비행기 안에서 그것이 어떤 것인지 "실제로 분명해졌다"고 회고했다.[24] 베이커와 셰바르드나제의 와이오밍 회담에서 나온 구체적인 성과 하나는 화학무기 비축량에 관한 자료를 교환하기로 합의한 것이다. 하지만 소련은 새로운 이원 성분 무기, 곧 노비초크 세대에 관한 비밀 연구는 공개하지 않았다.

체르냐예프는 1989년을 "잃어버린 1년"이라고 지칭했다. 이 해는 또한 붕괴의 발단이기도 했다. 바야흐로 거대한 초강대국이 산산이 허물어지기 시작했다. 그것이 있던 땅에는 핵무기와 화학무기, 생물학무기가 널브러져 있었다.

소련에서 당국이 힘을 잃으면서 군에서 가장 삼엄한 경계를 유지해오던 성채에서 각종 비밀이 유출되었다. 진보적인 물리학자이자 고르바초프의 보좌관인 벨리호프는 또 다른 글라스노스트 투어를 주도하며 몸소 몇 가지 비밀을 폭로했다. 그는 7월에 천연자원보호협의회의 코크런이 이끄는 미국인 과학자 그룹을 흑해로 데려가 해군 선박 위에서 핵탄두를 장착한 소련 순항 미사일과 관련된 검증 실험을 수행했다.[25] 미국인들이 소련 무기에 그렇게 가까이 접근한 것은 드문 일이었다. 문제는 방사선 검출기로 핵탄두의 존재나 부재 여부를 밝힐 수 있는가 하는 것이었다. 일부 이론적인 연구가 수행된 적이 있었지만 이 실험은 실제 무기에 대해 방사선 검출기를 점검할 수 있는 기회가 되었다. 이것은 중요한 문제였다. 왜냐하면 해상 발사 순항 미사일을 효과적으로 확인할 수 있는지를 둘러싸고 당시 많은 논쟁이 있었기 때문이다. 미국은 해군의 순항 미사일에 탑재된 핵탄두를 확인하는 건 불가능하다고 주장하면서 이 무기는 전략 무기에 관한 협상에서 배제할 것을 고집했다. 소련은 해군 순항 미사일의 핵탄두를 포함시키기(그리고 제한하기)를 원했다. 이 분야에

데드핸드

서는 미국이 우위를 누렸기 때문이다. 벨리호프는 1986년 코크런을 세미팔라틴스크의 비밀 핵무기 시험장으로 데려가고 1987년에 다시 크라스노야르스크 레이더 기지를 보여준 것처럼 무기 경쟁의 위험을 줄일 수 있다는 기대 속에 비밀주의의 장막에 구멍을 내고 싶었다. 이번에는 국가보안위원회가 벨리호프를 저지하려고 했지만 고르바초프가 그들을 눌렀다.[26]

햇빛이 쨍쨍했던 1989년 7월 5일, 한 무리의 소련 과학자들과 합류한 미국인들이 흑해의 얄타에 정박한 전장 610피트(185.9미터)의 소련 순양함 슬라바호에 방사선 검출기를 실었다. 그때 순양함에는 나토에서 '샌드박스Sandbox'라고 암호명을 붙인 SS-N-12 핵무장 순항 미사일 한 발이 실려 있었다. 이물(선수) 외부 우현의 발사 장치에 탑재된 상태였다. 소련인들은 워낙 미국인들의 방문에 신경을 썼기 때문에 몇 주일 동안 예행연습을 해두었다. 그들은 미국인들이 탄두 설계에 관해 너무 많은 정보를 얻을까봐 걱정이었다. 바다는 푸른빛으로 반짝였고 야구모자에 티셔츠 차림의 코크런은 동료들과 함께 방사선을 측정하기 위해 시험 장비를 미사일 관에 집어넣느라 애를 썼다. 시험 전날 저녁, 소련인들은 계획에 따라 미국인들에게 매우 짧은 판독 내용만을 줄 수 있다고 고집했지만 코크런은 더 긴 판독 내용과 많은 데이터를 받았다. 소련 과학자들 역시 그들 나름대로 시험을 수행했다. 글라스노스트가 빛을 발한 이례적인 이 순간에 해치가 열리고 미국인들은 덮개 바로 안쪽에 숨어 있는 어두컴컴하고 위협적인 순항 미사일의 앞부분을 촬영했다.[27]

벨리호프는 과학자들이 7월 7일 모스크바로 돌아오자마자 또 다른 비밀 시설을 보여주기 위해 그들을 공항으로 끌고 갔다. 과학자들은 1,368킬로미터 거리를 날아서 키시팀 시 근처의 첼랴빈스크-40으로 갔다. 스탈린 시대에 지어진 핵 시설인 이곳의 원자로들에서는 한때 핵무기에 사용할 플루토늄이 대량 생산되었다. 이 시설은 극비 장소였지만 벨리호프가 도착하자 문이 활짝 열렸다. 벨리호프는 이렇게 회고했다. "미국을 파괴하기 위해 존재했던 도시에 외국인들이 방문한 건 처음 있는 일이었다."[28] 1980년대 초부터 벨리호프와 알고 지낸 프린스턴대학교의 본 히펠 교수는 벨리호프가 미국인들에게 플루토늄 원자로를 폐쇄하는 모습을 보여주기를 바랐다고 말했다. 고르바초프가 예전에 한 약속을 지키고 싶어했던 것이다. 본 히펠의 말이다. 시설을 둘러본 뒤 "우리는 이 호수의 한가운데에 있는 섬에서 동화 같은 저녁 식사를 대접받았다. 자작나무 아래서 흰색 식탁보를 씌운 기다란 식탁 위에 은식기들이 놓여 있었다". 첼랴빈스크-40의 책임자인 73세의 보리스 브로호비치는 벌거벗고 호수에 뛰어들었다. 몇몇 미국인들이 그 뒤를 따랐다. 호수에서 멀지 않은 곳이 30여 년 전에 참사가 일어난 현장이었다. 당시 저장 탱크가 폭발해서 2,000만 퀴리의 방사능이 함유된 폐기물 70~80톤이 인근 지역으로 날아갔다. 체르노빌 사고와 거의 맞먹는 양의 장수명 핵분열 생성물long-lived fission product*이 유출되었고 수천 제곱킬로미터가 오염되었다. 1957년 9월 29일 벌어진 이 사고는 수십 년 동안 알려지지 않다가 소련이 붕괴된 뒤에 드러났다.

벨리호프의 글라스노스트 투어의 마지막 종착지는 가장 대담한 장소였다. 벨리호프가 중앙위원회에 제안했다가 거부당했던 곳으로 바로 사리샤간 레이저 무기 실험장이었다. 이곳은 레이건 행정부가 "위성 요격용으로 사용될 수 있"고 미사일 방어용으로 이용될지도 모른다고 주장한 시설이었다. 이 시설은 하늘 위로 레이저 빔을 발사하는 『소련의 군사력』에 실린 바로 그 불길한 삽화의 주인공이었다. 당시 소련 지도부는 미

---

* 핵분열로 생성된 물질 가운데 반감기가 긴 셀레늄이나 테크네튬 등을 말한다.

데드핸드

국의 주장이 사실이 아님을 알고 있었지만 현실을 인정할 수도 없어 당혹스러워했다. 벨리호프는 7월 8일 미국인들이 직접 현장을 확인할 수 있게 했다. 본 히펠은 미국의 주장이 크게 과장된 것이었음을 금세 깨달았다. 그는 현장에서 살펴본 레이저에 관해 "그것은 일종의 유물"이었다고 말했다. 서구에서 쉽게 구입할 수 있는 산업용 레이저와 똑같은 물건이었다. 레이건 행정부가 상상 속에서 만들어낸 전쟁 기계의 모습은 전혀 찾아볼 수 없었다. "이 친구들은 버려진 상태였습니다. 군산복합체의 후미진 벽지였지요. 예전 시대의 물건이었습니다. 정말 애처롭더군요." 한 '컴퓨터'는 트랜지스터 기판들을 철사로 묶은 것이었다—퍼스널컴퓨터 시대 이전에 만들어진 물건이었다. 본 히펠은 회고했다. "그들은 레이저를 위성에 쏠 수 있는지를 알아보려 했습니다. 하지만 성공과는 거리가 멀었습니다."[29]

벨리호프의 공개 캠페인은 1989년에 가장 놀라운 성공을 거두었다. 마침내 소련 지도부가 크라스노야르스크의 레이더가 탄도탄요격미사일 제한협정에 어긋난다는 사실을 인정한 것이다. 1987년 카타예프가 내부 '스프랍카(정보)'에서 솔직하게 지적한 것처럼 말이다. 셰바르드나제는 소련 입법부를 상대로 한 연설에서 조약 위반을 인정하면서 이렇게 주장했다. "국가 지도부가 이 기지에 관한 모든 사실과 역사를 파악하는 데 조금 시간이 걸렸습니다." 미심쩍은 주장이었다. 셰바르드나제는 이미 2년 전에 이 문제를 정리한 문서에 서명한 바 있었기 때문이다. 하지만 대체적인 요점은 분명했다. 고르바초프가 조약 위반 사실을 털어놓을 것이었다.[30]

벨리호프가 주창한 글라스노스트는 비오프레파라트로까지 확대되지 않았다. 1989년 7월 27일, 생물학무기의 대가들이 군산복합체를 감독하는 정치국원 레프 자이코프의 집무실에 모였다. 카타예프 문서에 있는 여러 회의록과 손 글씨로 쓴 메모를 살펴보면 회의는 오후 6시 30분에 시작되었고 자이코프 외에도 16명의 관리가 참석했다. 회의는 정치국의 '위원단', 그러니까 소련 지배 집단의 공식적인 고위급 위원회였고, 고르바초프 본인은 참석하지 않았지만 논의 내용을 알았을 것이 분명하다. 참석자들의 면면을 보면 비오프레파라트의 책임자 유리 칼리닌, 생물학무기를 감독하는 군의 제15위원회 책임자 발렌틴 옙스티그네예프, 외무장관 셰바르드나제, 국가보안위원회 의장 블라디미르 크류츠코프와 정치국원 자리를 유지한 그의 후임자 빅토르 체브리코프, 참모본부장 미하일 모이세예프 등이 있었다. 아흐로메예프는 원래 참석자 명단에 있었지만 이름이 삭제되었다.[31]

첫 번째 의제는 '특수한 문제들에 관한 연구 조직을 현대화하는 조치들에 관하여'라는 제목으로 목록에 올라 있었다. '특수한 문제들'이란 말은 생물학무기를 완곡하게 표현한 것이었다. 관리들은 이번에도 국제 사찰단이 오는지와 불법 연구를 은폐할 방법에 관해 걱정했다. 회의의 목표는 주요 정책 지침이 될 중앙위원회 결의안을 마련하는 것이었다.

카타예프의 회의 메모는 단편적이며 메모를 보아도 몇 가지 질문은 답이 나오지 않는다. 하지만 이 메모들은 불법적인 세균전 프로그램에 관해 고위급에서 어떤 논의가 있었는지를 엿보는 창문 구실을 한다—극비로 남겨진 사항을 그들이 우왕좌왕 논의하고 있었다는 것을 보여주는 놀라운 증거이다.

칼리닌이 회의를 시작하며 생물학무기는 저렴하다고 말을 꺼냈다.

카타예프는 다음과 같이 표시해두었다.

데드핸드

개당	재래식	2,000 doll.
	핵	800 doll.
	화학	60 doll.
	생물	1 doll.

단위는 언급되어 있지 않지만 분명 달러였다. 비재래식 무기 확산 방지 분야의 전문가들은 여러 해 동안 이와 같은 문제를 걱정하고 있었다―생물학무기는 가난한 사람의 원자폭탄이 될 수 있었기 때문이다.

카타예프가 손으로 쓴 메모에 따르면, 계속해서 칼리닌은 미국이 생물학무기 연구 장소를 은폐하고 있다고 불만을 토로했다.

그다음에 칼리닌은 참석자들에게 국제 무기 사찰에 대한 준비 상태에 관해 보고했다. 일부 시설은 민간 의학 연구센터로 보일 수 있게 변경하는 중이었다. 카타예프의 메모에 따르면 칼리닌은 무기 개발 프로그램을 시사할 만한 어떤 사소한 증거라도 제거해야 한다고 말했다. 카타예프는 이렇게 적었다. "현재 우리는 포자를 발견할 수 없다. 하지만 아마 주머니 속에는 있을 것이다."

만약 사찰단이 오면 "이 시설은 백신을 제조하는 곳"이라고 설명하겠다고 칼리닌은 말했다.

칼리닌은 두 곳을 추가로 정리하기 위해 18개월이 필요하다며 허가를 해달라는 표정을 지어 보였다.

제네바 연설을 통해 불시에 사찰을 한다는 구상을 지지한 바 있는 셰바르드나제가 불쑥 끼어들었다. 카타예프의 메모에 따르면 그는 "위반입니까, 아닙니까?" 하고 따져 물었다. "전설(거짓 설명)을 꾸며내는 목적이 뭡니까…… 1년 안에 협정이 체결될 겁니다. 그러면 어떤 사업이든 검증을 받게 될 겁니다." 검증 조치로서 불시 사찰 조항이 포함될 화학무기 조약이나 국제 협정을 가리키는 말이었다. 협상가들이 한창 조약 내용을 만들고 있는 중이었다.

자이코프는 왜 칼리닌이 18개월을 필요로 하는지 물었다. 좀 더 일찍 준비할 수는 없을까?

칼리닌은 "비밀 설계"에 관해 뭔가 말을 했다. 시설의 진짜 용도를 감추기 위해 더 많은 시간이 필요하다는 암시였다. 카타예프는 어떤 시설을 논의하는지 구체적으로 밝히지 않은 채 불가해한 내용의 메모를 했다. "모든 조리법을 파기한다. 비축량은 정리한다…… 장비는 다용도이므로 남겨둔다. 의약품 제조에 사용한다. 당분간 장비를 보존할 것이다."

자이코프는 또한 장비의 철거를 원했다. 그는 문서들도 걱정되어 파기하기를 원했다. 어느 순간 그는 모든 문서를 3개월 안에 "정리"하자고 제안했다. 카타예프는 셰바르드나제의 말을 인용하면서 다시 불가해한 메모를 적었다. "우리가 위반하는 것과 위반하지 않는 것."

카타예프 문서의 여러 기록에 따르면, 자이코프의 집무실에서 회의를 하고 2개월 남짓 지났을 때 중앙위원회는 향후에 있을지 모르는 사찰을 염두에 두고 은폐 작업을 확대할 것을 주문하는 내용의 결의안을 내놓았다. 지시 사항의 골자는 "특수 용도 생산물의 제조와 관련된" 장소들에서 모든 서류를 회수하고 이 장소들을 위장하는 새로운 수단을 고안하고 백신 같은 방어용 생물학 작용제를 제조하는 것처럼 보일 수 있도록 시설을 현대화하라는 것이었다. 결의안에 따르면 "군사 생물학 분야에서 달성한 대등한 수준"을 유지하는 게 목표였다.[32]

미국과 영국의 극소수 정보 관리들로 이루어진 그룹이 생물학무기에 관해 연구했다. 그들은 주로 기술 전문가였고 정보와 정책 중심의 집단에서 소수였다. 정보기관에서는 엄청나게 많은 직원들이 핵무기와 전략 무기 그리고 소련 경제 같은 주제들에 관해 연구했다. 심지어 중앙정보국에는 소련의 상점에서 판매하는 캔 제품을 모니터하는 일만 담당하는 상근 분석가도 있었다. 세균전 전문가들은 스스로 외톨이 집단이라고 느꼈다. 그들은 흔히 다른 사람들은 심각하게 여기지 않지만 그렇다고 절대적인 증거를 제시할 수도 없는 위험에 관해 경고했다. 영국 국방정보참모국에서 10년 동안 생물학무기에 관해 선임 전문가로 일한 크리스토퍼 데이비스는 생물학무기 제조 프로그램을 평가하는 경우에는 핵미사일 격납고 수를 세는 기존의 방식이 사실상 쓸모가 없다고 지적했다. 미사일과 하드웨어는 상공에서 탐지할 수 있지만 병원균의 경우는 그렇지 않았다. "어쨌든 건물은 건물이잖아요. 건물에 어떤 이상한 특징이 있을 수 있지만 엑스레이 같은 투시안이 없으면 그 건물이 어떤 기능을 하는지 결론을 내리기는 힘듭니다. 그 안에서 무슨 일을 하는지 알 수 없다는 게 핵심적인 문제지요. 첩보 용어로 하면 그건 아주 어려운 타깃입니다."[33]

생물학무기 전문가들이 제기하는 주장은 방위나 정보, 정책 담당 관리들의 깊은 회의론에 부딪혔다. 1989년 3월에 중앙정보국 군축 책임자가 된 더그 매키친은 이렇게 말했다. "워싱턴 내의 생물학무기 파벌은 워낙 종말론을 설파하는지라 그들 스스로 신뢰성을 떨어뜨리는 경향이 있었습니다. 이 파벌은 전적인 신뢰를 받은 적이 없어요. 여러 차례 증거도 없는 말을 했거든요." 매키친은 생물학무기가 전장에서 쓸모가 적을 것이며, 더군다나 핵 시대에는 아무도 일부러 이런 수고를 하지 않을 것이라는 자기 나름의 계산에 영향을 받았다.[34]

1989년 가을, 비오프레파라트의 부소장 켄 알리베크는 모스크바 남쪽 오볼렌스크를 방문한 일을 떠올렸다. 거대한 신축 건물의 1층에 있는 강당 안에서 연구소의 연례 활동 평가가 진행되었다. 알리베크는 회고했다. "서류 가방이나 가방을 회의실 안으로 가지고 들어갈 수 없었다. 메모를 할 수는 있었지만 회의가 끝날 때마다 보안 요원들이 메모를 수거해갔다. 메모를 다시 보려면 특별 허가를 받아야 했다."

끝에서 두 번째 연사는 콜초보와 오볼렌스크 모두에서 일한 적이 있는 젊은 연구자 세르게이 포포프였다. 포포프는 알리베크가 '본파이어'라고 이름 붙인 프로젝트에 관한 보고를 위해 강연용 탁자에 다가갔다.

"처음에는 관심을 보이는 사람이 거의 없었다. 본파이어에 관한 연구는 15년 정도 느릿느릿 진행되었고, 우리 대부분은 성과를 달성할 것이라는 희망을 포기한 상태였다."

하지만 포포프가 적당한 세균 숙주를 찾았다고 발표했을 때부터는 집중하게 되었다고 한다. 그것은 연속타 무기two-punch weapon였다. 한 병균은 매개물 노릇을 하고, 면역 체계에 대한 두 번째 공격이 치명적인 타격을 주는 방식이었다. 알리베크는 동물 실험을 지켜본 기억을 떠올렸다. 그는 회고록에서 대상 동물은 토끼였다고 말했는데, 나중에 포포프는 기니피그로 실험을 했다고 말했다. 실험실의 유리벽 뒤에 마음대로 움직이지 못하게 끈으로 판자에 여섯 마리를 묶고 각 기니피그에 송풍장치와 연결된 방독면 같은 기계 장치를 씌웠다. 기술자가 유리 반대편에서 관찰하며 버튼을 눌러 기니피그들에게 순차적으로 유전자 변경 병원균을 소량 분사했다. 실험이 끝나고 검사를 위해 기니피그들을 우리로 돌려보냈다. 모든 기니피그가 고열 같은 질병의 증상을 나타냈다. 한 실험에서는 몇 마리가 다른 질병의 징후도 보였다. 알리베크는 "동물들은 씰룩거리다가 가만히 누워 있었다. 하반신이 마비되어 있었다—신경수초 독소의 증거였다"고 회고했다.

포포프의 연속타 킬러 병균이 회의 참석자들에게 모습을 드러냈다.

알리베크는 이렇게 회고했다. "실험은 성공적이었다. 유전자 조작 병균 하나로 서로 다른 두 질병의 증상을 만들어냈고, 그중 하나는 추적할 수 없었다." 회의실은 침묵에 빠졌다. "우리는 모두 이 과학자가 이룩한 성과에 어떤 함의가 있는지를 알아챘다. 이제 막 새로운 종류의 무기를 발견한 것이다."[35]

포포프는 기니피그를 대상으로 연구하던 일을 생생하게 기억했다. 1989년에 이르러 오볼렌스크의 과학자들은 불확실성의 시기에 다다르게 되었다. 전에 비해 돈이 없었다. "실망과 도덕적 도전에 직면한 좌절의 시기였습니다. 당시 나는 나 자신에게만 전념했습니다. 나는 다시는 동물 실험에 관여하지 않겠다고 결심했어요. 기니피그를 대상으로 한 거대한 실험이 계기였습니다. 기니피그 몇 백 마리를 수용 시설에 가둬뒀습니다. 나와 동료들이 매일 보러 갔지요. 우주복을 입은 우리는 산 놈들에게 먹이를 주고 죽은 놈들을 꺼냈습니다. 실험이 어떻게 진행되는지를 보고 아주 충격을 받았습니다. 새로운 건 없었지만 불쾌한 일이었지요. 정말 불쾌했어요."

"동물들이 어떤 상태로 수용되어 있는지를 보니까 더는 참을 수 없었습니다. 우리는 동물들이 죽는 것을 보았습니다. 끔찍하게, 굶주리면서, 마비와 경련을 일으켰습니다. 생명에 대한 어떠한 인식도 없는 조건이었습니다. 병균 때문에 동물들은 반신 마비가 됐습니다. 이런 일에 더는 관여하고 싶지 않았어요."[36]

가장 결정적인 돌파구

블라디미르 파세추니크는 내성적이고 소심하고 점잖은 사람이었지만 화제가 과학으로 바뀌면 얼굴이 밝아졌다. 레닌그라드에서 연구소장을 하던 1980년대에 찍은 사진을 보면 코듀로이 재킷 차림으로 책상 위로 흘끗 올려다보는 그의 이마에 주름살이 보이고 머리는 벗겨져 있다. 탐구적인 눈매에 한 손에는 노트인지 잡지인지를 쥐고 있다. 1937년에 태어난 파세추니크는 나치가 스탈린그라드를 포위 공격할 때 양친을 모두 잃었다. 그는 온갖 장애를 극복하고 물리학을 공부했으며 레닌그라드 폴리테크닉대학을 수석으로 졸업했다. 마음속에 깊은 상처를 남긴 전쟁을 겪으며 그는 평화적인 목적을 위해 자신이 배운 과학을 활용하기로 결심했다. 졸업 뒤에는 레닌그라드 고분자화합물연구소의 연구원이 되었는데, 새로운 항생제를 만들어 암 같은 질병을 치료할 수 있는 기회를 가질 수 있다는 데 매력을 느꼈기 때문이다.[1] 1974년, 파세추니크를 가르쳤던 교수 중 한 명이 특수 임무를 맡을 젊은 연구자를 추천해달라는 요청을 받앉고, 파세추니크가 새로운 과학 연구 시설을 세우는 책임자로 선정되었다. 레닌그라드의 초고순도생물학제제연구소Institute of Ultra Pure Biological Preparations였다.[2] 전도유망한 기회인 것 같았다—새로운 연구소는 최고의 장비를 갖출 수 있는 자원이 있을 테고 가장 훌륭한 인재들을 끌어들일 수 있었다. 파세추니크는 이 일을 맡았고 그 뒤 몇 년 동안 유능하고 의지력도 강한 관리자로서 그 능력을 입증했다. 1981년에 이르러 연구소는 소련에서 가장 앞선 미생물학 시설로 손꼽히게 되었다. 하지만 연구소는 소련의 비밀 생물학무기 담당 기구인 비오프레파라트의 일부이기도 했다. 훗날 파세추니크가 사람들에게 밝힌 바에 따르면, 그가 애초에 믿었던 것처럼 이 연구가 방어용이 아니라 공격용 무기를 위한 것임을 깨달은 것은 바로 이 무렵이었다.

도마라드스키와 포포프가 병원균의 유전자 구조를 수정하려고 한 것과 달리 파세추니크가 맡은 임무는 좀 더 실용적인 성격이었다. 전투에서 사용할 수 있도록 병원균을 최적화하고 이 병원균을 만들기 위한, 효율성을 극대화한 생산 방식을 구축하는 것이었다. 탄저균이나 다른 병균을 전시에 배치하기 위해서는 대량으로 생산할 필요가 있었다. 또한 이 병균들을 안전하게 보존하고 공기 중에 산포되지 않도록 하고 효과적으로 살포할 수 있어야 했다. 파세추니크가 맡은 일은 효능이나 독성을 잃지 않은 채 무기로 이용할 수 있도록 병원균을 준비하고 생산하는 방법을 찾는 것이었다. 그는 치명적인 병균의 모형을 연구하면서 병원균을 농축하고 에어로졸로 만드는 데 필요한 복잡한 과정을 정복하려고 노력했다.[3]

소련의 생물학무기 제조자들은 복잡한 문제에 시달렸다. 에어로졸로 실전 배치하기 전에 우선 병원균을 적절한 '제제'에 혼합해야 한다. 각 세균마다 특정한 화학물질이나 기타 물질을 첨가해서 말이다. 제대로 혼합하면 저장 상태나 무기화한 상태에서 병원균의 독성이나 발병력이 유지된다. 하지만 제대로 혼합이 되지 않으면 병균이 죽거나 힘을 잃는다. 또한 병균 때문에 노즐이 막히거나 무기 안에서 병균이 덩어리가 져 무기가 효과를 잃을 수도 있고, 병균을 살포한 뒤에도 환경 때문에 무력화될 수 있다. 또 스테프노고르스크에서 파지 용균 박테리아가 탄저균 포자를 죽인 것처럼 다른 복잡한 문제 때문에 효과를 잃을 수도 있다. 게다가 희생자의 폐에 깊숙이 침투할 수 있도록 입자를 작게 만드는 것이 중요했다. 미국의 추정에 따르면 이상적인 크기는 1~5미크론이다. 1미크론은 1미터의 100만 분의 1이다. 입자가 이보다 더 크면 폐에 도달하기도 전에 기도 상부에서 걸러진다. 또한 입자가 클수록 대기 중에서 빠르게 가라앉는다. 하지만 비오프레파라트와 소련군은 최대 12미크론에 달하는 병균도 만들었다. 설령 폐까지 도달하지 않는다 하더라도 일단 기도 상부를 통해 신체에 들어가면 희생자를 감염시킨다는 사실을 알았기 때문이다.[4]

파세추니크가 만든 손꼽히는 발명품 중 하나는 강력한 공기 분사를 이용해서 건조 상태의 병균을 미세 분말로 만드는 '제분'기였다. 또한 파세추니크는 미세 캡슐화하는 새로운 방식을 개발했다—감염성 병균이 든 미립자를 자외선으로부터 보호하기 위해 폴리머polymer* 캡슐로 싸는 기술이었다. 파세추니크는 국방부 제15위원회 소속 장교들이 연구소를 방문할 때면 종종 그들과 동행했다. 포포프는 파세추니크가 앞줄에 앉아서 노트에 모든 내용을 적던 모습을 기억했다.

당시 비오프레파라트의 제1부소장이던 알리베크는 회고록에서 파세추니크와 레닌그라드의 연구소에서 프로젝트들을 검토하며 길고 지루한 하루를 보낸 일을 기억했다. "내가 야간열차를 타고 모스크바로 가야 해

---

* 고분자 화합물.

서 파세추니크가 기차역까지 태워다주는데, 그의 얼굴이 슬프고 우울해 보였다. 뭐 안 좋은 일이 있느냐고 물었다. 파세추니크 같은 사람에게 그런 개인적인 질문을 하는 건 위험한 짓이었다. 그는 나보다 열두 살이나 많은 고참 과학자 중 한 명이었고, 언제나 다소 멀리 떨어진 곳에 있는 사람이었다. 그가 화를 낼까봐 걱정이 되었다."

"솔직하게 말해도 될까요." 파세추니크가 대답했다. "말하자면 이런 겁니다. 나는 쉰한 살이고, 지금 내 인생에서 이상한 시기를 통과하고 있습니다. 내가 과연 원하던 꿈을 이뤘는지 모르겠습니다. 그런데 조만간 나는 은퇴해야 합니다." 알리베크는 비오프레파라트의 정년이 55세임을 알고 있었다. 그는 파세추니크의 어깨를 가볍게 치면서 걱정하지 말라고 말했다고 술회했다. "4년은 긴 시간입니다. 앞으로 4년이 당신 최고의 시기가 될 수도 있어요!"

알리베크의 말에 따르면 파세추니크는 희미한 미소를 지었다고 한다.[5]

하지만 이 대화를 통해서는 파세추니크가 얼마나 깊은 절망감에 빠졌는지 전혀 알 수 없다. 당시 파세추니크를 알았고 나중에 그와 이야기를 나눈 사람들은 그가 점차 무기 개발에 전념하는 자신의 연구를 정당화하는 데 어려움을 겪었다고 한다. 매년 군에서는 그에게 점점 벅찬 과제를 요구했다. 독성과 효능이 훨씬 더 큰 병균과 그것을 제조하는 더 거대한 생산 능력을 요구했기 때문이다.

파세추니크가 맡은 과제 중 가장 중요한 것은 항생제에 내성이 있는 페스트균의 모형을 만드는 연구였다. 모형이 제대로 기능하면 실제 '예르시니아 페스티스'에 쉽게 적용할 수 있었다. 암 치료제를 연구하겠다는 그의 꿈은 서서히 사라지고 있었다. 평화로운 목적을 위해 과학을 이용하겠다는 자신과의 약속은 불가능한 것이 되어버렸다. 그는 심각한 개인적인 위기에 빠졌다. 결국 덫에 갇혀버렸다고 느낀 파세추니크는 탈출을 계획하기 시작했다.

1989년 10월, 파세추니크는 실험 장비를 구입하기 위해 프랑스로 출장을 갔다. 알리베크는 출장을 승인하고는 그 사실을 잊어버렸다. 프랑스에서 머무르는 동안 파세추니크는 며칠 안에 비오프레파라트의 연구소장 전원이 모이는 긴급회의를 하니 귀국하라는 메시지를 받았다. 파세추니크는 함께 출장을 온 동료에게 먼저 귀국하라면서 자신은 다음 날 따라가겠다고 말했다. 모스크바에 혼자 돌아온 동료는 공항에서 기다리던 파세추니크의 부인을 발견했다—부인은 파세추니크가 비행기에 타지 않았다는 걸 알고 깜짝 놀랐다. 파리에서 파세추니크는 캐나다대사관으로 걸어가서 문을 두드리고는 자신은 소련의 비밀 생물학무기 실험실에서 일하는 과학자이며 망명하고 싶다는 뜻을 밝혔다. 캐나다 사람들은 그의 면전에서 문을 닫았다. 파세추니크는 절망감에 빠졌다. 미국이나 영국으로 가는 건 두려웠다. 두 나라는 그에게 다시 생물학무기를 연구하라고 강요할지 모른다고 생각했기 때문이다. 하지만 선택의 여지가 별로 없었다. 그는 마지못해 공중전화로 영국대사관에 전화를 걸어 다시 자신은 소련의 세균무기 전문가이며 망명을 원한다고 말했다.

영국 비밀정보국Secret Intelligence Service은 민첩하게 대응했다. 한 자동차가 파세추니크를 태웠다. 그는 곧 영국항공의 정기 왕복 항공기로 히드로 공항에 도착했고 잉글랜드 해안의 외딴 안전 가옥으로 옮겨졌다.[6]

1989년 10월 27일 날씨가 궂어 춥고 습한 런던의 금요일 오후. 업무 시간이 거의 끝나가고 이미 어둠이 내린 상태였다. 옥스퍼드와 런던대학교를 나온 영국 해군 의무감이자 국방정보참모국의 선임 생물학전 전문가인 크리스토퍼 데이비스는 당시 자신은 주말 휴일을 고대하고 있었다고 회상했다. 책상은 모두 정리했다. 규정대로 책상 위에는 서류 하나 없었고 서랍은 모두 잠갔다. 그런데 오후 5시쯤 전화가 울렸다. 상관인 브라이언 존스의 전화였다.

"크리스, 내 사무실로 좀 왔으면 좋겠네." 데이비스는 자기 사무실보다 별로 크지 않은 작은 사무실로 갔다. 존스가 한 쪽짜리 문서를 건넸다. 영국 비밀정보국, 일명 MI6에서 보낸 메시지였다. 소련 망명자가 영국에 도착했다는 설명과 그가 말한 내용을 간략하게 요약한 것이었다.

데이비스가 입을 열었다. "이런 제기랄." 그는 문서에 있는 "페스트"라는 단어에 시선을 고정했다. 그는 곧바로 이 사안의 중요성을 깨달았다. 그가 존스에게 말했다. "소련은 전략적 생물학무기를 개발하는 중입니다. 페스트는 전장 무기*가 아니에요!"[7]

월요일 아침, 모스크바에서 알리베크의 비서가 그의 사무실로 급히 들어왔다. 파세추니크의 연구소 부소장 니콜라이 프롤로프가 레닌그라드에서 전화를 걸어 알리베크와 당장 통화를 해야 한다고 재촉한 것이다. 알리베크의 회고에 따르면, 당시 그는 너무 일을 많이 해서 책상에 머리를 붙이고 잠을 자고 싶은 상태였다.

"문제가 생겼습니다." 프롤로프가 긴장한 목소리로 말했다. "파세추니크가 오지 않았어요."

알리베크는 안심하라고 대답하면서 파세추니크가 연구소장들이 모이는 회의에 조금 늦는다 해도 별 문제는 아니라고 말했다. "아니오! 아닙니다!" 프롤로프가 전화에 대고 거의 소리를 질렀다. "그가 프랑스에

---

* 전술 무기.

서 귀국하지 않았단 말입니다!"

알리베크의 회고에 따르면, 프롤로프는 흥분하여 말을 폭포수처럼 쏟아내면서 상황을 설명했다. 프랑스에서 파세추니크는 옷을 차려입은 채 침대에 누워 밤새 한잠도 자지 않다가 동료에게 자기는 두고 먼저 가라고 말했다. 동료가 공항으로 떠날 채비를 하자 파세추니크는 그를 끌어안고서 흔히 하는 "도 스비다니야$^{do\ svidaniya}$"라는 인사 대신 "프로샤이 ^{proshchai}"*라고 말했다.

알리베크는 "나는 긴장감에 가슴이 답답함을 느끼면서 그의 이야기에 귀를 기울였다"고 말했다. 그는 비오프레파라트 소장 칼리닌을 만나러 강당으로 내려갔다. 알리베크의 설명에 따르면, 파세추니크가 사라졌다는 말을 듣자 칼리닌은 가까운 친척이 죽었다는 소식을 접한 것 같은 표정이 되었다. 칼리닌의 얼굴이 창백해졌다. 그는 고르바초프에게 곧장 전화를 하겠다고 알리베크에게 말했다.[8]

파세추니크는 망명 후 며칠 동안 끊임없이 불안에 시달렸다. 가족을 소련에 남겨둔 상태였다. 그는 전범으로 재판에 회부되거나, 공개적으로 비난을 받거나, 다시 병원균 연구를 강요받거나, 소련으로 돌아가게 될까 겁이 났다. 그는 비오프레파라트에서 진행되는 연구에 관해 많은 것을 알고 있었고 영국이 어떤 반응을 보일지 무서웠다. 데이비스는 다음과 같이 회고했다. "옛날 해적들이 하듯이 눈을 가린 채 뱃전에서 밖으로 내민 판자 위를 걷는 것 같았을 게 분명합니다. 밑에 상어가 우글거리는지 아니면 무사히 해안까지 걸어갈 수 있는지 알지 못한 채 말이지요. 아마 그래서 그는 지금 하는 일을 더는 계속할 수 없다고 용감하게 결단을

---

* 둘 다 작별 인사로 "안녕히 가세요"라는 말이지만 '프로샤이'는 오랫동안 헤어질 때 쓴다.

데드핸드

내렸을 겁니다. 그건 이례적인 행동이었습니다."

이 사건은 '트렁케이트Truncate'라는 암호명이 붙여졌다. 데이비스가 MI6 사람 한 명과 함께 주요 심문자로 뽑혔고, 영국의 화학 생물학 방위 연구 시설인 포턴다운의 미생물학 과장인 데이비드 C. 켈리가 정기적으로 심문에 참여했다. 데이비스는 소련의 활동에 관해 오랫동안 머리를 썩인 소수 생물학무기 전문가 집단의 일원이었다. 면담을 할 때, 파세추니크는 항상 '마이클' 따위의 가명을 사용했지만 데이비스는 그의 진짜 신원을 알고 있었다. 그들은 영어로 대화를 했는데 간혹 파세추니크가 개코원숭이 같은 것을 설명하려고 애를 쓸 때는 통역을 불러야 했다. 파세추니크는 소련 체제에 관해 이야기하지 않을 때는 영국에 대해 궁금해했다. 가정생활과 사는 동네에 관해 질문을 했는데 가령 켈리의 집에 퍼스널컴퓨터를 있다는 말을 듣고는 놀라워했다.

데이비스와 동료가 파세추니크에게서 알아낸 사실은 몇 년 동안 축적한 단편적인 정보들을 모두 합한 것보다도 훨씬 흥미로웠다. "특별한 순간이었습니다. 정보 요원이라고 하더라도 이런 경우는 일생에 한 번밖에 없는 일이었지요. 어쩌면 평생 한 번도 경험하지 못할 테고요. 그런 특별한 순간 중 하나였습니다. 그가 오기 전에는 그처럼 유명한 망명 사건이 없었습니다. 그렇게 훌륭한 고위급 정보원도 없었고요." 그는 계속해서 이런 말을 덧붙였다. "블라디미르가 망명한 사실은 소련의 종말 전체와 냉전의 종식에서 핵심적인 사건 중 하나였습니다. 그건 우리가 목도한 가장 결정적인 돌파구였어요."

파세추니크가 그들에게 털어놓은 건 놀랄 만한 내용이었다. 소련은 전통적인 병원균을 무기화했을 뿐만 아니라 항생제에 내성이 있고 희생자의 방어 체계를 파괴하도록 고안된 새로운 병균을 만들어내려고 하고 있었다. 또한 소련인들은 세균전 담당자들이 피해를 입지 않도록 막아주는 백신을 연구하고 있었으며, 혹 있을지 모르는 공격을 발견하기 위해 탐지기를 개발하는 중이었다. 단거리 공격용 전장 무기에 집중하는 대규모 프로그램이 있었을 뿐만 아니라 페스트와 천연두에 중점을 둔 걸 보면 장거리 전략 무기에도 초점을 맞추고 있었다. 파세추니크는 소련인들이 치료제에 완벽하게 내성이 있는 새로운 생물학전용 병균을 만든다는 궁극적인 목표는 아직 달성하지 못했지만 여전히 연구를 진행 중이라고 털어놓았다.

파세추니크는 소련이 생물학무기 프로그램을 어떻게 감출지도 폭로했다. 절대로 발견할 수 없는 소형 이동식 실험실을 이용한다는 것이었다. 파세추니크는 비오프레파라트에 숨겨진, 사방으로 뻗어 있는 실험실과 생산 시설의 네트워크에 관해 말해주었다. 15년 동안 15억 루블이 넘는 돈이 투입되고 1만 명의 과학자와 지원 노동자가 고용되었다. 그는 도마라드스키가 일한 적이 있는 부처 간 과학기술협의회가 어떻게 군에서 나온 예산으로 세균전 개발 노력을 조정하고 관리하는지를 설명했다. 또 소련이 이 연구소들을 위해 허위 재정 계획 시스템을 만들어냈다고 폭로했다. 실제 군사용 생물학무기 연구를 은폐하기 위해 무해한 민간 생명과학 프로젝트를 연구하는 것처럼 위장했다는 것이었다.

처음에는 머뭇거렸지만 시간이 흐르면서 파세추니크는 자신감을 얻었고 그의 지식은 조용하고 정확한 방식으로 전달되었다. 존스는 "그는 매우 솔직한 정보원이었다"고 말했다. 데이비스에 따르면 파세추니크는 "그가 직접 파악한 내용이나 그가 아는 데이터의 결과로 알게 된 내용, 들은 내용, 다른 사람들과 이야기를 하면서 발견한 사실 등"을 분명하게 알고 있었다. "그는 결코 사실을 확대 해석하지 않았다."

정치국 위원단이 은폐 공작을 논의하기 위해 자이코프의 집무실에서 회동한 지 불과 3개월 뒤, 파세추니크는 영국에 앉아 크렘린의 가장 어두운 비밀을 책상 위에 펼쳐 보이고 있었다. 그가 제공한 정보 덕분에 영국은 소련이 자신들의 불법적인 활동을 감추기 위해 제시할 20가지 변명의 목록을 작성할 수 있었다. 영국의 정책 결정권자들은 파세추니크의 이야기를 통해 최근 수십 년 동안 그들이 의심하지 않았던 핵심적인 가정의 일부가 잘못된 것이었음을 깨닫기 시작했다.

금속공학으로 박사 학위를 받은 존스는 불과 2년 전 DI-53 부서의 책임자가 되었다. 이 부서는 영국 국방부를 위해 모든 출처에서 나온 핵무기, 화학무기, 생물학무기와 관련된 데이터를 분석하는 곳이었다. 중점적으로 다루는 분야는 대부분 핵무기 자료와 화학이었다. 존스는 자기 부서에 화학전과 생물학전을 전문으로 다루는 사람은 두 명뿐이었다고 기억했다. 그중 한 명이 데이비스였다.

영국은 1950년대 말에 생물학무기 개발 프로그램을 포기했다. 그리고 그때나 그 이후에나 핵심적인 가정은 핵무기가 가장 효과적인 억제 수단이라는 것이었다. 존스는 이렇게 말했다. "핵 역량을 확보한 바로 그해에 우리는 생물학무기 프로그램과 화학무기 프로그램을 중단했다. 우리로서는 핵무기로도 충분했다." 그러다 1970년대 초에 생물학무기금지협약이 조인되었다. 영국의 외교관들은 이 과정에서 주역 노릇을 했다. 존스가 덧붙여 말한 것처럼 이제 대부분의 사람들이 현대전에서는 생물학무기가 아무 쓸모가 없다고 생각했다. 존스는 회고했다. "생물학무기는 억제 수단이 아니었다. 방어용으로 사용하기도 어렵고, 이를테면 유용한 군사적 물질에 관한 서구의 인식에도 들어맞지 않았다." 닉슨이 1969년에 미국의 생물학무기 개발 프로그램을 폐쇄하기로 한 결정도 하나의 요소로 작용했다. 존스는 이런 말을 덧붙였다. "소련인들에게는 핵무기가 있었다―도대체 왜 그들에게 생물학무기가 필요했겠는가?"

영국은 만약 소련이 어떤 일을 하고 있다면 아마 독소를 방출하는 식으로 개선된 전장 화학무기나 생물학무기, 그러니까 일종의 하이브리드 화학-생물학무기를 만들려고 노력할 것이라고 가정했다. 그리고 영국은 소련이 전장의 근접 전투에서 상대 병력에게 이런 신형 무기를 사용할 것이라고 생각했다. 다시 존스는 말했다. "우리는 소련이 실제로 추구하는 것은 바로 이런 무기라고 생각했다."[9]

그러나 파세추니크를 심문하는 과정에서 영국인들의 사고는 전술무기에서 전략 무기에 이르기까지 한층 더 광범위한 스펙트럼으로 확대되었다. 소련의 프로그램은 서구가 상상하는 수준을 훌쩍 뛰어넘는 야심찬 것이었다. 파세추니크가 페스트를 유발하는 '예르시니아 페스티스' 같은 자신이 가장 잘 아는 병원균에 관해 설명을 시작한 순간부터 이 점은 분명히 드러났다. 파세추니크는 소련이 폐페스트의 생산, 저장, 에어로졸 살포, 항생제 내성 등 모든 방면에서 최적화된 완벽한 무기 병균을 만드는 데 가장 중점을 두었다고 말했다. 또 자신의 연구소가 일종의 슈퍼 페스트super-plague를 만들기 위해 페스트균 모형을 연구한 적이 있다고 말했다.

파세추니크가 누설한 내용 가운데 가장 소름끼치는 것 중의 하나는 소련군이 이미 페스트를 무기화했고 모종의 탄두에 이 균을 쏟아넣고 있으며 몇 달마다 재충전한다는 것이었다. 또 여기에 필요한 충분한 병균을 생산하기 위해 생산 용량을 늘리고 있으며 총 규모가 연간 2톤에 달한다는 것이었다. 그는 소련이 최근에도, 즉 1989년에도 아랄 해에 있는 보즈로즈데니예 섬에서 개코원숭이에게 페스트균을 시험했다고 폭로했다.

비밀이 누설될 때 페스트에 대한 언급은 특별히 중요했다. 데이비스는 이렇게 말했다. "전장에서 쓰려고 페스트를 고르지는 않습니다. 페스트를 선택한 건 상대 나라를 없애려고 하기 때문입니다. 그게 전부예요.

그런 이유 때문입니다."[10]

"페스트는 전염성이 높습니다. 14세기 유럽 인구의 3분의 1이 페스트로 사라진 사실을 유념하세요. 그것도 순식간에 말입니다. 폐페스트 증상이 나타나고 기껏해야 12~24시간 안에 치료를 받지 못하면 그다음에는 항생제를 투여하든 안 하든 사망합니다. 그걸로 끝입니다."

이것이 파세추니크가 전한 말이었다. 페스트 무기의 공격 대상은 무방비 상태의 주민이었다. 존스는 이렇게 말했다. "생각을 다시 가다듬어 보면 생물학무기를 대량 살상 무기라는 전통적인 용도로 되돌리는 것은 손쉬운 일이었다."

나중에 파세추니크는 영국인들에게 자신의 연구소가 에어로졸 살포 방식을 개발하는 임무를 붙들고 있었다고 말했다. 지상 60미터 높이로 나는 비행체에서 사용할 수 있도록 하기 위해서였다. 파세추니크는 살포 시스템만을 다뤘을 뿐 이 비행체 자체를 연구하지는 않았지만 영국인들은 60미터 높이로 나는 무기가 어떤 종류인지 쉽게 추측했다. 순항 미사일이었다. 고속으로 비행하는 저고도 순항 미사일은 현대 무기였고 레이더를 피해 낮게 나는 능력 때문에 공포의 대상이었다. 치명적인 생물학 작용제를 탑재한 순항 미사일은 잠수함에서 발사되어 목표물에서 다소 떨어진 곳에 병원균을 방출한 뒤 사라질 수 있었다. 파세추니크를 심문한 사람들은 이런 생각에 경악을 금치 못했다.

몇 개월에 걸쳐 대화를 하면서 전통적인 병원균뿐만 아니라 더 발전한 유전공학도 콜초보와 오볼렌스크에서 진행 중이라는 그림이 나타났다. 파세추니크의 연구소는 전문화된 역할만을 했지만 파세추니크는 항생제 내성을 높이려는 더 광범위한 노력에 관해서도 알고 있었다. 그는 영국인들에게 인체의 면역 체계를 속이기 위한 연구가 진행 중이라고 말해주었다. 연구가 어떤 부분에서 결실을 맺지 못했는지도 신중하게 설명했다. 그리고 개량된 페스트는 유전공학의 성과가 아니라 전통적인 유전적 선택 기법의 결과라고 지적했다. 또한 파세추니크는 튤라레미아의 유전자 조작—도마라드스키의 꿈—이 원래 목표였지만 실지 실험에서는 성공을 거두지 못했다고 말했다.[11]

파세추니크는 사모카트나야 거리의 비오프레파라트 본부에 있는 자신의 상관인 알리베크와 칼리닌을 비롯해서 체제 내의 인물들 면면에 대해서도 알고 있었다. 또 그는 키로프와 스베르들롭스크, 자고르스크에 있는 별도의 군 생물학전 시설에서 일하는 사람들의 이름과 임무도 알고 있었다. 스테프노고르스크에 있는 대규모 탄저균 공장에 관해서도 알고 있었다. 파세추니크의 정보 덕분에 소련이 이제까지 생물학무기금지협약을 위반하고 외부 세계를 기만했음이 확실하게 드러났다. 소련인들은 위장막을 겹겹이 두르고 자신들의 악행을 숨겨왔는데, 이제 파세추니크가 그것을 벗겨낸 것이다.

파세추니크가 폭로하고 얼마 뒤 영국 정보기관과 정책 집단 내에서 조용한 논쟁이 벌어졌다. 소력의 개혁가인 고르바초프와 셰바르드나제는 과연 시험관에 있는 위험한 병균들에 관해 알았을까? 파세추니크는 심문자들이 고르바초프에 관해 계속 질문을 던지자 당황했다. 그는 셰바르드나제가 알았다면 고르바초프도 **분명** 알았을 것이라고 말했다. 소련 체제는 그런 식으로 돌아가고 있었다. 그리고 파세추니크는 셰바르드나제가 1988년 고위급 회의에 몇 번 참석했다고 자신 있게 말했다. 데이비스의 평가도 이런 견해를 강하게 뒷받침했다.

만약 고르바초프가 알았다면 영국인들은 그에 관한 자신들의 판단에도 의문을 던져야 했다. 대처는 고르바초프가 함께 일할 수 있는 사람이라고 선언한 최초의 서구 지도자였다. 워싱턴에서 부시는 거의 1년을 망설인 끝에 고르바초프와 최초의 정상회담을 하기로 계획하고 있었다.

이 인간은 과연 함께 일을 할 수 있는 사람이었을까, 아니면 합의한 모든 조약을 위반하면서 인류가 알지 못한 가장 파괴적인 생물학무기를 만들어낸—그리고 지금도 만들고 있는—나라와 체제의 지도자였을까?

런던에서는 파세추니크에게서 얻은 정보를 합동정보위원회^{Joint} Intelligence Committee에 제출하기 위해 간단한 보고서가 작성되었다. 이 보고서를 가장 먼저 받는 사람은 언제나 여왕 폐하였다. 두 번째는 총리였는데, 당시 총리는 대처였다.

파세추니크가 아직 심문을 받고 있을 때인 1989년 11월 초, 베를린 장벽이 무너졌다. 그해 여름에는 헝가리가 오스트리아와 접한 국경을 개방했다. 동독인 수천 명이 부다페스트와 프라하에 있는 서독대사관으로 몰려들었다. 10월에는 고르바초프가 베를린을 방문해서 소련이 개입하지 않을 것이라는 신호를 보냈다. 1968년 소련의 체코슬로바키아 침공 이후 프라하를 방문했을 때 겪은 혹독한 경험과 가장 친한 친구인 믈리나르시와 나눈 자기 탐색적 대화에서 그가 이끌어낸 교훈이었다. 고르바초프는 베를린 방문 당시 저녁에 열린 횃불 의식에서 당에서 정선한 젊은 활동가들이 사열대에 있는 강경파 당 지도자 에리히 호네커를 외면한 채 자신을 향해 "페레스트로이카! 고르바초프! 우리를 도와주세요!" 하고 외치는 것을 보고 대경실색했다.[12] 고르바초프는 이제 변화의 횃불이 되어 자신이 지배하는 제국의 기둥들을 뒤흔들고 있었다. 11월 초, 동독의 새로운 정부는 대중적인 항의 시위에 동요되어 체코슬로바키아를 통해 서독으로 여행하는 것을 허용함으로써 수만 명의 사람들이 도로를 메우는 사태를 유발했다. 동독 정부는 서둘러서 새로운 여행 규칙을 작성했고 11월 10일 이 규칙을 발표할 계획이었지만 부주의로 인해 11월 9일 저녁 정부 기자회견에서 결정 사항을 큰 소리로 낭독하는 실수를 저질렀다.[13]

비자를 받은 동독인은 곧바로 국경 통과소를 통해 나라를 떠날 수 있음을 암시하는 모호한 내용이었다. 뉴스가 나가고 광란의 흥분 상태가 촉발되었다. 모든 여행 제한이 해제되고 있다는 소문이 퍼져나갔다. 수천 명의 사람들이 저녁에 베를린 장벽에 모여들었다. 아무 지시도 받은 것이 없었지만 경비대는 문을 열었고, 베를린 장벽이 세워진 이래 28년 만에 사람들은 통행 금지를 위반하며 장벽을 넘었다. 유럽의 오랜 분단이 끝이 났다.

워싱턴에서는 오후 3시 34분에 백악관 대통령 집무실로 기자들을 불러모았다. 부시는 초조한 듯 손으로 펜을 돌리고 있었다. 훗날 그는 당시 상황에 대해 거북하고 불편한 느낌이었다고 토로했다. 그는 어느 때보다 신중했지만 자신이 어떤 말을 해도 소련의 탄압을 야기할 수 있다는 점을 걱정했다. 톈안먼 광장 학살의 기억이 아직 생생한 때였다. CBS 뉴스의 레슬리 스탈이 입을 열었다. "이 사건은 거대한 동서 전쟁에서 우리 편이 거둔 커다란 승리인데, 대통령은 별로 의기양양해 보이지 않는군요. 문젯거리들을 생각하고 계신 것인지 궁금합니다."

부시가 대답했다. "나는 감정에 좌우되는 사람이 아닙니다."[14]

모스크바의 체르냐예프는 다음 날인 11월 10일 일기에 이렇게 적었다. "베를린 장벽이 무너졌다. 사회주의 체제의 역사에서 이 모든 시기가 끝이 났다."

장벽이 무너진 뒤 고르바초프에게 훨씬 더 위협적인 폭풍이 지평선에 모습을 드러냈다. 소련 경제가 1989년에 곤두박질을 친 것이다. 상품 부족 사태가 극심했고 곡물 위기와 원유 생산 저하도 동시에 나타났다. 고르바초프는 베를린 장벽이 무너진 날 열린 정치국 회의에서 동유럽이 아니라 소련의 해체 가능성에 정신을 몰두했다. 내부 공화국들이 분리 독립을 고려하기 시작했기 때문이다. 고르바초프가 정치국에 토로한 바

데드핸드

에 따르면, 발트해의 두 작은 공화국인 에스토니아와 라트비아의 지도자들은 그에게 "소련을 떠나는 것 말고 다른 길이 없는 것 같다"고 밝혔다.[15]

고르바초프와의 대화에 거의 1년을 보낸 부시는 이제 심각한 문제들이 한데 모인 상황에 직면했다. 독일, 아니 유럽의 미래가 손에 들어온 것 같았다. 그러나 고르바초프는 국내에서 점점 더 심각한 곤란에 빠져들고 있었고 군축 협상은 진전되지 않고 있었다. 부시와 고르바초프는 마침내 12월 2~3일 지중해의 몰타 섬에서 정상회담을 가졌다. 소련의 유람선 막심고리키호 선상에서 두 정상이 이야기를 나누는 동안 맹렬한 바람과 높은 파도가 항구에 몰아쳤다. 부시는 페레스트로이카에 대한 지지를 표명하며 고르바초프를 안심시켰지만, 한편으로 베를린 장벽이 무너졌을 때 자신이 했던 경고의 말에 대해서도 옹호했다. "나는 장벽 위로 뛰어올라갈 생각이 없습니다." 이 말은 원래 "장벽 위에서 춤을 춰서" 소련 지도자를 당혹스럽게 만들지는 않겠다는 자신의 유명한 경구를 어슬프게 비튼 것이었다. 고르바초프가 대답했다. "글쎄요. 장벽 위로 뛰어오르는 건 대통령이 할 만한 바람직한 행동은 아닌데요." 두 사람은 웃음을 터뜨렸다. 그들은 여덟 시간 동안 화학무기 금지에 대해서, 그리고 어떻게 하면 전략 핵무기에 관한 협상 속도를 높이고 유럽에 배치한 병력 규모를 줄일 수 있는지, 또한 중부 유럽에서 벌어진 혁명, 니카라과, 아프가니스탄, 소련 경제와 무역에 닥친 재앙 등에 관해 이야기를 나누었다. 생물학무기에 관해서는 한마디도 하지 않았다.[16]

1989년 말 파세추니크의 망명 사건은 이 사실을 아는 모스코바의 소수 관료 집단에게 충격파를 던졌다. 12월 6일 크렘린은 긴급 결정을 내렸다. 카타예프의 '스프랍카'에 따르면 비오프레파라트를 관장하는 의료산업부에 중앙위원회 결의안—사실상 정치국의 결정 사항—이 내려왔다. 외국의 사찰 가능성에 대비해 시설 준비를 서두르라는 것이었다. 이 지시에 따르면 1990년 7월 1일까지 모든 시설은 파세추니크의 망명에 따른 "바람직하지 않은 결과를 방지하기 위해" 준비를 갖춰야 했다.[17]

알리베크는 회고록에서 다음과 같이 술회했다. "우리는 파세추니크가 알지 못하는 것들이 많다는 사실을 위안으로 삼았다. 그는 직접 무기 생산에 관여한 적이 없었고, 그가 서구 정보기관들에게 말해줄 수 있는 내용의 대부분은 기껏해야 소문일 공산이 컸다. 다 우리의 내부 보안 체제 덕분이었다. 그렇다 하더라도 파세추니크의 심문자들은 오랫동안 감춰졌던 비밀을 알게 될 것이었다. 비오프레파라트의 실제 기능 말이다."[18]

파세추니크가 영국에 무기 생산에 관한 정보를 가져다준 게 아니라는 알리베크의 말은 옳았다. 하지만 파세추니크는 미생물학 연구소들을 방문해 그 활동을 기록하면서 오랜 시간을 보낸 사람이었다. 그의 기억은 날카로웠다.

1990년 초, 소련 체제 내부에서 스베르들롭스크 탄저병 발생에 관해 좀 더 솔직하게 밝히려는 조심스러운 시도가 있었지만 곧바로 산산조각이 났다.

이 무렵 고르바초프와 셰바르드나제는 군과 심각하게 대립하는 상태였다. 두 사람은 소련이 보유한 가장 현대적인 핵탄두와 미사일 수백 기를 폐기하는 교섭을 했고 군사 지출을 대폭 삭감했다. 소련군이 갑자기 황급하게 퇴각을 하면서 바르샤바조약기구도 해체되고 있었다. 이 모든 행동은 초군사화된 국가를 끝장내고 경제와 사회에 미치는 방위 부담을 완화하려는 고르바초프의 의도와 일치하는 것이었지만 군은 이를 무척이나 괴롭게 받아들였다. 특히나 셰바르드나제에게 분노했다.

1월 5일, 셰바르드나제의 부처가 생물학무기에 관해 약간의 공개를 강요하려고 했다. 외무부는 파세추니크가 망명한 상황에서 생물학무기에 관한 외부의 요구를 비껴가는 최선의 방법은 두 영역에서 미국과 데이터를 교환하자고 제안하는 것이라는 내용의 중앙위원회 결의안 초안을 배포했다. 생물학무기금지협약이 발효된 1975년 이전의 무기 연구와 그 이후에 생물학무기 개발이 어떻게 민간 용도로 전환되고 있는지에 관한 정보를 나누자는 것이었다. 또한 스베르들롭스크 탄저병 사고에 관해 구체적인 문제들이 제기되면 미국인들에게 "실제로 사고가 발생했고" 그에 대한 조사가 진행 중이며 결과가 나오면 미국에 알리겠다고 말해야 한다고 제안했다. 셰바르드나제의 군축 담당 부관인 빅토르 카르포프가 이 문서를 회람시켰다. 그는 비오프레파라트의 관리들(알리베크도 명단에 있었다)과 군(생물학무기를 다루는 제15위원회도 포함), 국가보안위원회, 보건부, 과학아카데미 등에 초안을 보냈다.

　　5일 뒤, 군이 폭발했다. 드미트리 야조프 국방장관은 초안을 받은 모든 사람에게 편지를 보냈다. 그는 편지에서 지금까지 군이 완전히 소외되었다고 불만을 토로했다. 야조프의 말에 따르면 군은 데이터를 교환하자는 제안이 "소련은 생물학무기를 생산하거나 비축량을 보유하고 있지 않다"고 한 이전의 발언들과 "정면으로 배치된다"는 사실을 정확히 간파하고 있었다. 다시 말해 외무부는 거짓말에 대한 창문을 열기를 제안한 것이다. 하지만 군은 거짓말이 새어나가기 전에 창문을 쾅 하고 닫기를 원했다.

　　야조프는 스베르들롭스크의 시설에서 "폭발이나 사고는 전혀 없었다"고 주장했다. 전염병은 정부 위원단이 당시에 결론을 내렸듯이 오염된 고기 때문에 유발된 것이었고 "현재로서는 이 결론의 정확성을 의심할 만한 새로운 정보나 상황이 전혀 존재하지 않는다"는 것이었다.

군은 너무나도 불안해서 카르포프에게 그가 배포한 결의안 초안 15부를 모두 회수할 것을 요구했다. 문서들은 군이 승리했음을 보여준다. 외무부 초안의 표현은 곧바로 바뀌었다. 카르포프는 다음 날인 1월 11일 수정된 지침을 발송했다.[19]

1989년 10월부터 1990년 1월과 2월까지 영국인들은 장시간 일하면서 파세추니크로부터 새로 입수한 산더미 같은 정보를 면밀히 조사했다. 그리고 미국과 자세한 내용을 공유하기 시작했다. 미국 중앙정보국 본부에서는 군축부장 더그 매키친이 런던에서 보낸 보고서 자료를 받았다. 아직 중앙정보국 내에서 공식 회람되지 않은 그 자료는 파세추니크를 심문한 내용을 요약한 것으로 소련이 전략 생물학무기를 구축하는 중이라는 결론을 담고 있었다. 노벨상을 수상한 미생물학자 조슈아 레더버그가 영국으로 가서 파세추니크를 면담했는데, 그는 천연두 프로그램에 관한 폭로 내용에 깜짝 놀라 파세추니크의 말이 진짜라는 확신을 품고 돌아왔다. 매키친은 중앙정보국 기술 팀들에게 위성을 이용해 시설과 기타 세부 내용의 위치를 파악해서 이 망명자의 말이 사실인지 확인하는 일을 도와달라고 요청했다.

영국의 정책 실무진과 마찬가지로 매키친도 오래전부터 핵무기를 보유한 소련이 굳이 세균무기를 만들려고 하지는 않을 것이라고 생각했다. "우리에게는 소련군의 병과 장교들이 일반적으로 생물학무기와 화학무기를 무기가 아니라 테러 수단으로 본다는 신뢰할 만한 정보가 있었습니다." 매키친의 말이다. "알다시피 전장에서는 이런 무기가 통하지 않습니다. 당신이라면 전장에 어떻게 생물학무기를 배치하겠습니까?" 그는 생물학무기가 도시에서는 대규모 사상자를 야기하겠지만 "곤충과 가스는 직업군인들이 사용하는 무기가 아니"라고 말했다. "그리고 우리에게는 소련군이 매우 전문적인 군대라는 많은 증거가 있었습니다. 생물학 무기를 SS-18에 탑재하는 문제에 대한 주된 반론 중 하나는 그건 시간 낭비라는 것이었죠. 하지만 현실은 예상과 달랐습니다."

매키친은 '비그룹ungroup'이라고 알려진 백악관의 핵심 군축 정책 결정권자 회의에 새로운 정보를 가져갔다. 부시의 백악관은 유출될 염려도 있고 군축을 둘러싸고 관료 집단에서 내분이 일어날까 걱정도 되어 극소수 집단 안에서 이 민감한 문제들을 다루기로 결정한 상태였다. 국가안전보장회의만이 아니라 국무부와 국방부, 중앙정보국, 합동참모본부, 군축청, 에너지부 등에서도 회의에 참석했다. 일반 보좌관들은 뒷자리에 배석할 수 없었으며, 회의 내용 유출은 일절 금지되었다. 이 그룹의 존재 자체를 극소수 사람들만이 알고 있었다. 그룹은 공식적으로는 존재하지 않았기 때문에 '비그룹'이라는 이름으로 불렸다.[20]

몰타 정상회담 이후 비그룹은 다뤄야 할 문제가 많았다. 유럽의 병력 감축, 화학무기 협상, 부시와 고르바초프가 워싱턴에서 정식 정상회담을 하기로 예정된 6월 초까지 새로운 전략 무기 조약에 도달해야 한다는 압박 등이었다. 2월의 어느 날, 정규 업무가 모두 마무리되었을 때 매키친은 모두에게 잠깐 기다리라고 했다. 그는 "다 된 밥에 재 뿌린 격"으로 굉장한 문제가 새로 생겼다고 말했다.

매키친의 이야기는 놀라웠다. 소련 출신의 한 고위 인사가 민간 조직인 비오프레파라트에 숨겨진 소련의 거대한 극비 생물학무기 개발 프로그램의 윤곽을 제공했다는 내용이었다. 비그룹 성원들에게는 언제 터질지 모르는 시한폭탄이나 다름없는 이야기였다. 고르바초프는 하루하루 더 깊이 가라앉고 있었다. 부시는 이미 미국의 외교를 1년 동안 중단시킨 상태였다. 매키친은 비그룹 성원들에게 망명자에 관해 이야기했다. "만약 그가 하는 말이 일부분이라도 사실로 확인된다면 이 문제를 해결하지 않고는 단 하나의 군축 협정도 할 수 없을 만큼 중대한 사태입니다." 매키친은 노스캐롤라이나 주 출신의 보수 성향 상원의원 제시 헬름스를 비롯한 의회의 강경파들이 이 소식을 빌미로 모스크바를 상대로 한 어떤 협정도 가로막을 것이라고 생각했다. 헬름스는 상원 외교관계위원회의 고위 공화당원으로 이미 고르바초프가 다른 조약들을 위반했다고 비난하고 있었다. 훗날 매키친은 이렇게 회고했다. "제시 헬름스가 그 소식을 손에 쥐고 자리에 앉아 있는 모습을 상상할 수 있겠습니까?" 그는 헬름스 상원의원이 이렇게 말할 것이라고 예측했다. "소련인들과는 거래를 할 수 없습니다. 그들은 거짓말쟁이에 사기꾼, 부랑자, 비열한 종자, 인간쓰레기들입니다—지금 제 손에 바로 그 목록이 있습니다." 매키친은 비그룹 성원들에게 영국 망명자의 말이 믿을 만하다면서 이렇게 말했다. "우리는 확인하고 또 확인해서 확실히 할 것입니다. 그가 우리에게 많은 자세한 정보를 주었기 때문에 몇 가지 확인을 할 수 있을 겁니다."[21]

부시는 소련이 오랫동안 비밀에 부친 것처럼 미국도 비오프레파라트 이야기를 공개하지 않기로 결정했다. 미국과 영국은 마침내 소련 생물학무기에 관해 전문가들이 확보할 수 없었던 확실한 증거를 손에 넣었지만 고르바초프에게 가해질 온갖 압력과 유럽에서 극적으로 펼쳐지는 사태 때문에 공개를 미뤘다. 비오프레파라트 문제를 공개할 경우 의회에서의 격론은 물론이고 당시 위기 관리 능력이 약화된 고르바초프와 셰바르드나제에게 심각한 타격을 입힐 수도 있었다. 국무부 정책기획실장이자 베이커 국무장관의 수석 보좌관이던 데니스 로스는 훗날 이렇게 회고했다. "당시 고르바초프와 셰바르드나제는 엄청난 압력에 시달리고 있었습니다. 우리는 과연 그들이 상황을 어느 정도까지 버텨낼지 궁금했지요. 그리고 우리는 (통일된) 독일을 나토에 가입시키려고 노력하는 중이었습니다. 나토에 들어온 독일은 다음 세대를 위한 전략적인 구조입니다. 독일은 어느 나라보다도 크니까요. 그런데 당신은 이 문제를 꺼낼 생각입니까? 당시에는 여러 상충하는 목적이 있었고, 우리는 선택을 해야 했습니다."[22] 2월 9일 베이커가 고르바초프를 만났지만 생물학무기에 관해서는 일언반구도 오가지 않았다. 매키친은 그해 봄에 중앙정보국이 소수 의원들에게만 개요를 설명하면서 최대한 비밀을 지키도록 당부했다고 말했다. 이야기는 유출되지 않았다.

알리베크는 회고록에서 비밀이 폭로되면 고르바초프가 그 자리에서 생물학무기 사업 전체를 포기해야 했을 것이라고 말했다. 하지만 그런 일은 벌어지지 않았다. "(부시의 결정 때문에) 우리에게는 예상치 못하게 숨 쉴 틈이 생겼다. 우리는 그 뒤로도 2년 동안 계속해서 신무기를 연구하고 개발했다."

1990년 봄이 되면, 고르바초프의 권력은 점점 썰물처럼 빠져나가고 있었다. 그의 통치에 반대하는 대규모 시위가 잇따랐고, 발트 공화국들은 독립은 선언했으며, 옐친이 러시아 의회 의장이 되었다. 고르바초프의 개혁이 낳은 입법부인 인민대표회의는 공산당의 정치권력 독점을 폐지했다. 고르바초프의 최측근 보좌관인 체르냐예프는 모든 게 의문투성이였다. "이 나라에서 무슨 일이 벌어지고 있는지 대단히 걱정이 되었다. 무엇보다도 고르바초프가 의도한 대로 되는 일이 하나도 없었고, 하물며 정말로 제대로 되는 일은 기대할 수 없었다."[23] 고르바초프는 개혁으로 조국을 구하려고 했지만 오히려 나라가 결딴나고 있었다. 4월 4~6일에 셰바르드나제가 워싱턴을 방문했을 때, 미국인들은 소련군이 민간인 국가 지도부를 상대로 거의 반란 상태에 있음을 간파했다. 어느 순간 셰바르드나제는 앞서 2월에 베이커에게 한, 순항 미사일에 관한 양보를 철회했다. 훗날 베이커는 이렇게 회고했다. "그 순간 머리에 정치적 총을 겨눈 외교관의 모습이 떠올랐다. 한 발짝이라도 앞으로 나가면 자살할 것만 같았다."[24]

당시 알리베크는 아직, 이를테면 민간 기업인 프로그레스의 인사로서 비오프레파라트 부소장으로 본부에서 일하고 있었다. 하지만 그 역시 생각이 바뀌어 얼마나 더 생물학무기 개발 프로그램을 은폐할 수 있을지 의문이 들었다. "여느 사람들처럼 나 역시 파세추니크에게 화가 났고, 그 때문에 우리의 안보가 위험에 처했다고 믿었다. 하지만 다른 사람들이 필사적으로 현 상태를 유지하려고 했다면 나는 방침을 바꾸는 것 말고는 달리 선택의 여지가 없다고 보았다." 그는 병원균 생산 라인을 잠시 멈추고 표본 변종과 연구 시설은 보존해야 한다고 생각했다. 실험실은 탄저균과 천연두를 대량 생산하는 공장보다 감추기가 쉬웠기 때문이다—백신을 만드는 곳이라고 설명할 수 있었다. "필요하다면 언제든 우리의 힘을 복구할 수 있었다. 저장실에 변종을 보유하는 한 언제든지 3~4개월이면 생산 시설을 전면 가동할 수 있었다."[25] 알리베크의 말에 따르면, 국가보안위원회 의장 블라디미르 크류츠코프는 고르바초프에게 보낸 보고서에서 파세추니크가 망명했기 때문에 "우리의 생물학무기 생산 라인을 정리해야 한다"고 권고했다. 또한 세균전 프로그램은 이제 서구가 모르는 비밀이 아니며 따라서 소련은 "재빨리 손을 떼고" 공장을 폐쇄해야 한다고 주장했다.[26]

그러나 체제는 생물학전 기구를 폐쇄하는 대신 위장을 강화하는 쪽을 택했다. 1990년 4월 25일 열린 정치국 회의에서는 생물무기에 관한 미국의 질문을 받아넘기기 위한 자세한 계획이 승인되었다. 좀 더 개방적인 태도를 보이면서 상호 방문을 제안하자는 게 주된 내용이었다. 그러나 강제적이고 공식적인 사찰이 아니라 미리 조정된 방문으로 형식을 제한하고, 그리하여 이미 깨끗하게 정리한 소련의 실험실을 선별해서 보여주는 대신 미국의 시설과 정보, 예를 들면 백신 같은 방어 연구에 관한 사항을 교환하자는 것이었다. 정치국에서 승인한 5쪽으로 된 '추가 지침'과 부록 세 개에 포함된 서면 계획에는 소련이 생물학무기에 관해 더 많은 "공개"와 "신뢰"의 확립을 진심으로 원한다는 주장도 들어 있었다. 한편 '신뢰를 강화하고 개방성을 확대하는 조처들'이라는 제목의 부록은 양쪽이 서명할 합의문 초안이었다. 하지만 이것은 모두 속임수였다. 진짜 의도는 비오프레파라트에 쏠리는 의심의 눈길을 벗어나려는 것이었다. 1979년 탄저병 사고에 관한 질문을 피하기 위해 또 다른 부록에서는 '스베르들롭스크 시설에 관한 정보 자료'를 제시했다. 이 3쪽짜리 문서에는 스베르들롭스크가 탄저균 백신을 연구하는 곳이었다는 주장이 들어 있었다. 1979년 사고나 공격용 생물학무기 연구에 관한 언급은 전혀 없었다.[27]

알리베크가 외무부의 군축 담당 관리인 카르포프에게 상호 방문에 관한 문서에 서명을 받아오는 일을 맡았다. "나는 정오의 모스크바 거리를 지나 스몰렌스카야 광장으로 향했다." 그 광장에서 외무부는 불쑥 솟아 있는 스탈린 시대의 전형적인 웨딩케이크 모양의 건물 중 하나를 차지하고 도시를 내려다보고 있었다.

"무장 경호원이 필요 없었다. 내 서류가방에는 국가 기밀 같은 게 없었기 때문이다. 거짓말이 담긴 가방일 뿐이었다."

카르포프가 서류를 읽더니 알리베크를 올려다보았다. "젊은 친구, 잘 알겠지만 자네 앞에는 고난에 찬 미래가 펼쳐지겠군."

알리베크는 회고록에서 이렇게 술회했다. "나는 뜻밖의 말에 당황했다." 그는 다른 사람들은 이미 문서에 서명을 했다고 항변했다. "저는 급사일 뿐입니다."

알리베크는 카르포프가 피곤한 듯 고개를 저었다고 당시의 기억을 떠올렸다.

"나는 자네가 누구인지, 무슨 일을 하는지 알아. 그리고 여기 쓰인 내용이 모두 거짓인 것도 알지." 카르포프가 서명을 했다.

알리베크는 병원균을 만드는 생산 공장 가운데 일부를 가동 중단하고 연구 실험실을 유지해야 한다고 상관인 칼리닌을 설득했다. 알리베크는 자신이 고르바초프가 서명할 명령서 초안을 작성했다고 회고했다. 딱 네 문단으로 된 초안이었다. 비오프레파라트가 공격용 생물학무기 기관으로서의 기능을 중단하고 독립적인 조직으로 바뀔 것이라는 내용이었다. 알리베크의 말에 따르면 그로부터 몇 주일 뒤인 5월 5일 명령서가 크렘린으로부터 돌아왔다. 칼리닌은 그에게 "취지는 충분히 이해했다"고 말했다. 하지만 고르바초프가 돌려보낸 문서를 보았을 때 그는 "멍해졌다"고 한다. "내가 작성한 문단이 모두 있었지만 끄트머리에 문단 하나가 추가되어 있었다. '장래에도 계속 제조와 개발을 할 수 있도록 모든 시설을 준비하는 데 필요한 업무를 조직하라'고 비오프레파라트에 지시하는 내용이었다."

알리베크가 회고록에서 설명한 것처럼 앞부분에서는 공격용 생물학전 조직으로서의 비오프레파라트 기능은 종식되었다. 그런데 뒷부분에서 이 기능이 부활했다.

알리베크가 항의했지만 칼리닌은 손사래를 치면서 그의 걱정을 일축했다. "이 문서로 모두가 자기가 하고 싶은 일을 할 수 있잖아."

알리베크는 고르바초프의 지시를 활용해 탄저균 공장인 스테프노고르스크에 메시지를 보내 자신이 많은 시간과 노력을 쏟아 만든 폭발

데드핸드

실험실을 폐기하라고 지시했다. 또한 벡터에서 일하는 산다흐치예프에게 일부 시설을 민간 용도로 전환하는 문제에 관해 이야기했다. 알리베크는 전환 과정을 감독하기 위해 몇 차례 시베리아를 찾았는데 이 과정은 1990년 말에 완료되었다. 하지만 알리베크의 말에 따르면 같은 시기에 산다흐치예프는 무기용 바이러스를 배양하는 새로운 시설을 지었다. "'체제' 주변에서 표리부동한 일이 진행되고 있었다. 내가 생산 라인을 폐쇄하는 동안 (비오프레파라트의 또 다른 관리는) 생물학무기 생산 공장을 이동식으로 배치하기 위한 새로운 궤도 차량을 승인하고 있었다."[28]

이제 파세추니크가 제공한 자세하고 엄청난 정보를 손에 넣은 미국과 영국은 소련인들과 조용하게 대결했다. 1990년 5월 14일, 모스크바에 있는 영국과 미국의 대사 로드릭 브레이스웨이트 경과 잭 F. 매틀록 2세는 공동으로 공식 항의를 제기했다. 그날 오후 두 사람은 고르바초프의 보좌관인 체르냐예프와 셰바르드나제의 부관인 알렉산드르 베스메르트니흐를 따로 만나 핵심 지도부에 항의의 뜻을 전달했다.

매틀록은 자신들이 항의를 제기했을 때 체르냐예프는 "전혀 논박하지 않았다"고 말했다. "그는 곧바로 세 가지 가능성이 있다고 말했습니다." 첫 번째는 정보가 부정확한 것일 가능성이었다. "물론 우리는 정확한 정보라고 확신한다고 말을 막았지요." 체르냐예프는 두 번째 경우의 수로 그런 프로그램이 존재하고 고르바초프도 그 사실을 알지만 자신에게 이야기하지 않았을지 모른다고 말했다. 세 번째는 그런 프로그램이 존재하지만 자신이나 고르바초프가 그것에 관해 알지 못할 수 있다고 말했다. 이에 대해 매틀록은 "고르바초프가 알았든 몰랐든 프로그램이 존재할 가능성이 있다는 체르냐예프의 답변"이 소련 관리로부터 "내가 접한 첫 번째 발언이었습니다"라고 술회했다.[29]

외무부에서는 베스메르트니흐가 자세한 메모를 남겼다. 그는 매틀록과 브레이스웨이트가 한 이야기, 곧 서구가 소련의 특정한 생물학무기 시설과 인력, 프로그램에 관한 "새로운 정보"를 입수했다는 이야기를 기록했다. 그의 메모에 따르면 두 사람은 이런 말을 덧붙였다. "우리는 소련이 생물학무기 분야에서 대규모 비밀 프로그램을 가동 중이며 연구 목적에 합당한 양을 훨씬 넘어서는 무기를 비축하고 있다는 것을 시사하는 근거를 가지고 있습니다."

두 대사는 이 문제를 둘러싸고 "공개적인 선동"을 벌이고 싶지는 않다고 주장했다. 브레이스웨이트는 베스메르트니흐에게 "공연한 소란을 더 일으키지 않고" 문제를 해결하라고 촉구했다. 매틀록도 현재 미국은 극비 통로를 통해서만 이 문제를 다루고 있으며 "가장 중요한 최고위급 협상을 앞두고 있는 상황에서 새로운 문제로 우리의 관계에 짐을 지우고 싶은 마음은 전혀 없다"고 말했다. 부시와 고르바초프가 워싱턴에서 열기로 한 정상회담이 불과 몇 주 앞으로 다가온 상태였다. 베스메르트니흐는 셰바르드나제에게 그들의 말을 전하겠다고 약속했다.[30]

크렘린은 미국과 영국의 공식 항의에 관심을 기울였다. 다음 날인 1990년 5월 15일, 자이코프는 고르바초프에게 타자기로 작성한 편지를 보냈다. 카타예프 문서에서 발견된 이 편지는 비오프레파라트 사기극의 전환점이 된 획기적인 사건이다. 이 편지를 보면 고르바초프가 또 다른 정치국원에게 생물학무기 연구에 관해 보고를 하라고 개인적으로 지시했음을 알 수 있다.

자이코프의 편지는 셰바르드나제에게도 전달되었다. 자이코프는 셰바르드나제에게 편지를 보낼 때 직접 서명한 짧은 메모를 겉봉에 붙여 "이 내용은 당신만 보십시오"라고 경고했다.[31]

자이코프는 고르바초프에게 이렇게 말했다. "서기장 님이 내린 지침에 따라 생물학무기에 관해 보고드립니다." 편지에서 생물학이라는 단어는 손 글씨로 반듯하게 쓰여 있다. 워낙에 민감한 문제라 타자수에게조차 보이고 싶지 않았던 게 분명했다.

자이코프는 생물학전 프로그램의 과거와 현재의 역사에서 매우 선별적인 부분에 대해서만 의견을 제시했다. 이 편지를 보면 소련 관료들이 세계뿐만 아니라 자국의 대통령을 비롯해 서로에게도 거짓말을 했음이 분명히 드러난다. 자이코프는 고르바초프에게 이렇게 말했다. "우리나라에서 생물학무기 개발은 1950년대에 키로프, 자고르스크, 스베르들롭스크 세 곳에 위치한 국방부 산하의 세 조직에서 시작되었습니다." 사실 소련은 일찍이 1920년대 말부터 생물학무기를 연구했다. 이제 자이코프는 스베르들롭스크를 비롯한 2차 대전 이후의 주요 시설 세 곳을 확인해준다.

계속해서 자이코프는 말을 이어갔다. "1971년 소련 의료산업부와 옛 소련 국가농산업위원회의 12개 조직이 이 연구에 결합했습니다. 1985년에 이르러 열두 가지 조합법과 그것들을 이용하기 위한 수단들이 개발되었습니다. 이 무기는 적당한 양을 생산하고 저장했으며 유효 수명(평균 6개월)이 지난 뒤에 폐기했습니다."[32]

자이코프의 설명은 유전자 조작 미생물을 향한 야심적인 탐구, 생산과 무기화, 비오프레파라트와 군이 세운 일련의 실험실과 공장 등을 제대로 다루지는 않았다. 자이코프는 계속해서 관련 조약의 역사를 검토하면서 이렇게 말했다. "(이 조약에는) 사찰을 받아들이도록 보장하는 효과적인 메커니즘이 전혀 없고 생물학무기와 방어 수단 개발의 차이에 관한 정확한 정의도 없습니다."

공격용 생물학무기와 방어용 무기를 가르는 경계선이 간혹 불분명했다는 자이코프의 말은 맞다. 하지만 소련인들은 단순히 선을 넘어선 정도가 아니라 의도적으로 국제조약에서 분명하게 금지하는 활동에 깊숙이 발을 들여놓은 것이었다. 자이코프는 고르바초프에게 소련의 위반 사실에 관해 알리지 않았다. 대신 그는 협정을 위반한 쪽이 있다면 그것은 서구라고 주장했다.

계속해서 자이코프는 지난 몇 년 동안 소련 고위급이 생물학무기에 관해 내린 결정 사항을 설명했다. 그가 고르바초프에게 말한 바에 따르면, 화학무기에 관한 세계적인 금지가 시행되면 그에 상응하는 사찰이 진행될 가능성이 있으며 그와 맞물려 1972년 체결된 생물학무기 금지 조약의 준수 여부를 살피는 사찰이 벌어질 "가능성"도 있었다. 이것이 사태의 추이를 지켜보며 소련 관리들이 내린 결론이었다. 자이코프는 고르바초프에게 파세추니크가 망명하기 몇 주 전인 1989년 10월 6일 중앙위원회에서 내린 결정을 상기시켰다. 결정은 "국제적인 의무에 위배되는 일이 없도록 **생물학무기**에 관한 모든 연구 역량을 방어용 수단을 개발하는 쪽으로 활용하라"는 것이었다. 하지만 자이코프가 고르바초프에게 말하지 않은 10월 6일의 결정에는 소련이 "군사 생물학" 분야에서 "대등한 지위를 유지"하려고 노력할 것이라는 내용도 있었다.

뒤이어 자이코프는 다음과 같이 말했다. "1988년에 특별한 조합법에 따른 비축량이 폐기되고 생산 시설에서 활성 물질 생산이 중단되었으며 특수한 가공 및 탄약 조립 장비가 해체되었습니다."[33] 그는 계속해서 고르바초프에게 사찰 가능성에 대비해 일부 시설을 정리하는 과정을 가속화하기로 한 예전의 고위급 결정을 상기시켰다.[34] 그는 세 연구소가 "현재 국제 사찰에 대비하는 중"이라고 말했다—포포프와 도마라드스키가 세균의 유전공학에 관해 연구하고 포포프가 기니피그의 죽는 모습을 본 오볼렌스크, 포포프가 유전자 변형 바이러스로 처음 실험을 한 콜초보,

다른 무엇보다도 파세추니크가 좀 더 효율적으로 병균을 생산하는 방법과 효력을 한층 향상시키는 방법을 탐구한 레닌그라드의 시설이 바로 그 세 곳이었다. 이 세 연구소가 비오프레파라트 프로그램의 중핵이었다.

자이코프는 편지에서 이렇게 말했다. "1989년 10월에 V. A. 파세추니크가 프랑스에서 망명한 뒤 서구 일부 진영에서 우리 나라가 1972년 협약을 제대로 준수하고 있는지에 대해 깊은 관심을 기울일 가능성이 있습니다.""(파세추니크는) 특수한 생물학 연구의 내용뿐만 아니라 이 연구와 관련된 기관들의 위치까지 알고 있었습니다."

그리고는 다음과 같은 말로 고르바초프를 안심시켰다. "하지만 파세추니크가 정보를 유출했다 할지라도 그는 한 분야의 전문가일 뿐이기 때문에 우리가 이룩한 과학기술의 성과가 모두 폭로되는 큰 피해는 생기지 않을 겁니다. 다만 우리가 생물학무기금지협약을 준수하는지에 관해 서구 각국이 의문을 제기하는 데 근거를 제공할 수는 있습니다." 자이코프는 고르바초프에게 소련이 유엔에 다음과 같은 내용을 제공해야 한다고 말했다.

생물학무기에 대한 방어 수단을 개발하는 시설을 비롯해 고위험 감염 물질을 취급하는 17개 시설의 이름과 위치의 완전한 목록을 주어야 합니다. 현재 미국은, 비록 일부 자료에 따르면 훨씬 많이 알아낸 것으로 나타나기는 하지만, 겨우 6개의 시설만 적발했을 뿐입니다.

사실 소련이 유엔에 밝힌 내용은 터무니없이 불완전한 수준이었다. 비밀 대량 생산 시설이나 소련 프로그램의 공격적인 성격을 일부 포함시키지 않은 것이다.

자이코프는 생물학 시설들에 대한 상호 방문에 관해 "문제가 제기되면 이 시설들의 활동을 둘러싼 우려를 완화하기 위해" 미국인들을 콜초보와 오볼렌스크 그리고 키로프의 오래된 군사 연구소로 초대할 수 있다는 말로 편지를 마무리했다. 이와 함께 소련은 미국 측 장소 세 곳을 방문하겠다고 요구해야 한다고 말했다.[35]

고르바초프가 자이코프의 편지에 어떤 반응을 보였는지는 알려진 바 없지만 그가 편지를 받은 뒤에 상황은 빠르게 진행되었다. 베이커 국무장관은 워싱턴에서 곧 열릴 정상회담의 준비를 위해 막 모스크바에 도착한 상태였다. 소련 수도에서 열린 정규 협의 과정에서 베이커는 생물학무기에 대해서는 얘기를 꺼내지 않았다. 하지만 5월 17일에는 달랐다. 셰바르드나제가 베이커에게 자고르스크로 관광을 가자고 권했다. 크렘린에서 동북쪽으로 70킬로미터 떨어진 유명한 러시아정교회 수도원이 있는 도시였다. 베이커는 함께 모스크바에 있던 매키친에게 미국이 아는 내용을 개략적으로 서술한 짧은 문서를 작성해달라고 요청했다. 그는 차 앞에 소련 국기와 미국 국기를 매달고 보좌진 없이 통역 두 명만 태운 셰바르드나제의 질 리무진을 타고 자고르스크로 가던 중에 생물학무기 문제를 꺼내며 셰바르드나제에게 그 문서를 건넸다. 베이커의 기억에 따르면 셰바르드나제는 현재 시제로 이렇게 말했다. "그 사람은 그럴 리가 없다고 생각하지만 확인은 해볼 겁니다." 로스 정책기획실장이 술회한 것처럼 이 문서를 작성한 건 베이커가 이 문제를 심각하게 받아들이고 있으며 그에 대한 대답을 원한다는 점을 셰바르드나제에게 확실히 밝히기 위해서였다.[36]

다음 날인 5월 18일, 영국 국방장관 톰 킹이 모스크바에서 소련 국방장관 드미트리 야조프와 공식 회담을 가졌다. 킹 또한 야조프에게 생물학무기를 거론하며 압박을 가했다. 야조프는 소련이 생물학무기를 개발하는 정책을 추구한다는 건 상상도 할 수 없는 일이라고 말했다. 그 자

데드핸드

리에 함께 있던 영국대사 브레이스웨이트는 당시 야조프의 태도가 아찔할 정도로 서툴렀다고 회고했다. "야조프는 참모에게 영국인들이 아마 '그 망명자'로부터 뭔가를 알게 되었나보다고 투덜거리며, 얼굴을 붉히면서도 덤덤하게 자신은 생물학무기에 관해 전혀 모른다고 잡아뗐다."[37]

베이커는 모스크바에서 고르바초프의 혁명이 좌초하는 광경을 목도했다. 핵군축에 관한 협상—레이캬비크에서 마무리하지 못한 과업—은 "아무 성과도 없이 느릿느릿 진행되었다". 베이커는 부시에게 편지를 보냈다. "경제 문제, 국민들의 불신, 장악력을 잃었다는 인식, 최고조에 오른 민족 문제, 독일에 관한 우려 등이 모두 고르바초프의 어깨를 짓누르고 있습니다." 베이커는 "고르바초프가 압박감을 느끼고 있다는 압도적인 인상을 받은 채" 모스크바를 떠났다. 독일은 "그에게 과부하로 작용했"고 "이제 군이 군축 문제를 도맡은 것처럼 보였"다.[38]

곤란에 처한 고르바초프는 1990년 5월 31일 정상회담을 위해 다시 워싱턴을 찾았다. 붉은광장에서 레이건과 쾌활한 분위기 속에서 산책을 한 뒤로 2년이 지난 때였다. 그리고 부시는 마침내 고르바초프를 진정한 개혁가라고 믿게 되었다. 그는 정상회담이 있기 몇 주 동안 고르바초프를 "대담한 개혁을 시작"하려고 하는 "엄청난 정치인"이자 "소련의 과감한 지도자"라고 불렀다. 하지만 때늦은 일이었다. 6월 2일 토요일, 부시와 고르바초프는 헬리콥터를 타고 캠프데이비드로 향했다. 메릴랜드 주 캐톡틴 산맥에 있는 58헥타르 규모의 대통령 별장이었다. 부시의 기억에 따르면 두 사람 곁에는 각자 서류가방을 든 군사 참모들이 동행했다. 핵전쟁이 벌어지는 경우에 곧바로 지휘소와 연결할 수 있는 가방이었다.

부시는 고르바초프에게 애스펀로지Aspen Lodge*에서 비공식 논의를 하자며 양복과 넥타이를 스웨터로 갈아입으라고 권했다. 수영장과 골프

코스, 퍼팅 그린이 내려다보이는 베란다의 유리 탁자에 앉아 가볍게 이야기를 하자는 것이었다. 고르바초프 옆에는 아흐로메예프와 셰바르드나제가 동석했고 부시 옆에는 베이커와 스코크로프트가 앉았다. 하늘은 맑고 산들바람이 나무를 스쳤다. 아프가니스탄을 비롯한 세계 곳곳의 지역 분쟁이 대화의 주요 주제였다.[39] 고르바초프는 그날 어느 때인가 부시가 자기를 옆으로 부르더니 아주 사적인 담소를 나누었다고 회고했다. "우리 둘과 내 통역관만이 있었다."

부시는 고르바초프에게 중앙정보국에서 보고받은 내용을 이야기했다. 소련이 생물학무기와 생산 시설 전부를 폐기하지 않았다는 이야기였다.

고르바초프의 회고를 들어보자. "부시가 말했다. '내 쪽의 정보기관 사람들은 **당신네가 생물학무기 전부를 폐기하지 않았다**고 나에게 보고합니다만.' 내가 말했다. '나는 당신을 믿는데, 당신은 왜 나를 믿지 않습니까?'"

부시: 그게 내가 보고받은 내용입니다.

고르바초프: 글쎄요, 당신은 생물학무기 전문가가 아닙니다. 나도 생물학무기 전문가가 아니지요. 우리 상호 검증을, 그러니까 생물학무기를 폐기했는지에 관한 상호 검증을 합시다. 당신네 사람들은 우리 무기 시설을 와서 보고, 우리 또한 당신네 시설이 어디 있는지 아니까 당신 나라로 올 겁니다. 서로 교환 방문을 합시다.

고르바초프는 자이코프가 제안한 것처럼 부시의 요구를 회피하려고 애를 쓰고 있었다.

고르바초프의 설명에 따르면 부시는 우선 미국이 소련 시설을 점검

---

* 캠프데이비드의 대통령 전용 숙소.

해야 한다고 제안하는 식으로 상호 검증 구상에 대응했다.[40]

몇 년 뒤 고르바초프는 비오프레파라트의 존재를 알았느냐고 직접 질문을 받았을 때 불편한 기색을 보였다. 그의 대답은 모호했다. "아니오, 나는 그 조직을 다룬 기억이 있다고 말하지 못하겠습니다. 하지만 의학 연구가 있었고 전염병 백신을 만들었습니다. 둘을 가르는 선, 그러니까 연구가 실제 생산과 생물학무기로 바뀌는 지점이 어디입니까? 지금도 여전히 논쟁이 존재합니다. 생물학무기를 없애려면 협력, 그러니까 일종의 국제적인 관계가 필요하니까요." 고르바초프는 서둘러 대화 주제를 바꾸었다.[41]

6월 8일 대처가 모스크바에서 고르바초프를 만났을 때 그녀 역시 그에게 따져 물었다. "소련이 생물학무기에 관한 연구를 수행하고 있다는 증거는 많이 있습니다." 대처의 회고에 따르면 "고르바초프는 단호하게 부정하면서도 조사해보겠다고 약속했다".[42]

1990년 7월, 베이커는 셰바르드나제에게 생물학무기에 관한 미국의 우려를 개략적으로 설명하는 또 다른 문서를 전달했다.[43] 한편 셰바르드나제는 그 전에 그에게 8월 초에 시베리아의 경치 좋은 곳에서 휴양도 할 겸 만나자고 초청한 바 있었다. 하지만 두 사람이 만나기 전에 셰바르드나제는 서구의 항의에 대한 답변을 준비할 필요가 있었다. 7월 27일에 이어 7월 30일에도 일군의 관리들이 모스크바의 자이코프 집무실에 모여 셰바르드나제가 베이커에게 답변하는 데 활용할 발언 요령 초안을 작성했다. 카타예프의 문서에서 발견된 발언 요령에 따르면 이 관리들은 계속 발뺌을 하기로 결정했다.[44]

8월 1일 베이커와 셰바르드나제는 대부분의 시간을 최대 수심이 1.6킬로미터나 되는 바이칼 호수에서 한가로이 뱃놀이와 낚시를 하며 보냈다. 군축 문제에 관해 논의할 때, 셰바르드나제는 자이코프의 집무실에서 작성한 문서를 길잡이로 삼았다. 넉넉한 행간에 깔끔하게 타이핑한 6쪽짜리 문서였다. 셰바르드나제는 미국과 영국의 불만을 "대단히 심각하게" 받아들인다고 엄숙하게 입장을 표명하며 논의를 시작했다. 그러고는 이렇게 말했다. "현재로서는 소련에서 생물학무기금지협약에 위배되는 어떤 활동도 진행되고 있지 않다고 말할 수 있습니다. 우리는 생물학무기가 전혀 없어요."

셰바르드나제는 "소련의 정치 지도부"가 협정 준수 여부를 계속 보고받았고 "이 국제 협정을 엄격하게 준수하기 위해 모든 조치를 취하라는" 지침에 더해 "특별한 결정을 내렸다"고 주장했다. 물론 실제 역사에서는 유죄를 입증하는 증거를 감추기 위한 결정이 내려졌다. 또한 셰바르드나제는 일종의 겉치레로서 소련은 이 협정을 위반하는 어떤 행동도 범죄로 규정하는 새로운 입법을 제정하려고 고려 중이라는 말을 했다—장래에 말이다.

셰바르드나제는 각본에 따라 베이커에게 약속했다. 소련은 언제든지 "미국 쪽이 문서에서 거명한 생물학 관련 시설 중 어느 곳이든 방문하도록" 허용하겠다는 말이었다. 그리고 미국 과학자들이 "소련 생물학 시설에서 연구하는" 것도 허용하겠다고 말했다. 문서에 쪽수가 매겨져 있지는 않았지만 마지막에 따로 첨부된 게 분명한 한 쪽을 보면, 셰바르드나제는 생물학무기 방어에 관해 양국 공동의 과학 연구 프로그램의 시행을 제안했다. 또한 베이커에게 그의 질의에 대한 소련의 답변을 담은 문서를 전달했다.

셰바르드나제는 1989년에 있었던 비오프레파라트를 감추기 위한 정리와 은폐 전략 논의를 알고 있었고 직접 이 논의에 참여까지 한 사람이었다. 그는 회고록에서 이 시기에 관해 넌지시 언급했다. "어느 편인가

　　　　　　　　　　　　　　　　데드핸드

하면, 짐*은 나의 정직성에 대해 어느 정도 의심을 품을 수 있었다. 이 지면에서 말하고 싶지 않은 유쾌하지 않은 이야기와 관련해서 말이다." 그리고 이런 말을 덧붙였다. "거짓말은 언제나 생산적이지 않다."[45]

한편 워싱턴의 중앙정보국에서는 소련을 응징하는 대신 그들의 방문 제안을 받아들이자는 결정이 내려졌다. 매키친은 이렇게 회고했다. "우리는 셰바르드나제에 관해 그가 거짓말을 하고 있지만 그들의 엉덩이를 걷어차지는 말자고 내심 결론을 내렸습니다. 미국 국가 안보를 위한 첫 번째 목표는 생물학무기를 폐기하고 현장 사찰을 확보하는 것이었습니다. 우리가 비난하면 아무 성과도 없이 서로 손가락질만 오가는 회담이 900번쯤도 열릴 거라는 걸 알았으니까요."[46] 그 뒤 몇 달 동안 베이커와 셰바르드나제는 철저하게 비밀을 유지하면서 소련의 생물학무기 관련 시설로 의심되는 곳을 첫 번째로 방문하는 문제를 심도 깊게 협의했다.[47] 하지만 다른 시급한 요구들도 다뤄야 할 게 많았다.

8월 2일, 베이커와 셰바르드나제의 비공식 회담이 진행되고 있을 때, 베이커의 대변인인 마거릿 터트와일러가 불쑥 끼어들어 이라크가 쿠웨이트를 침공했다는 메시지를 베이커에게 전달했다. 베이커는 셰바르드나제와 고르바초프에게 이라크에 대항하는 외교 연합의 결성을 목표로 앞으로 몇 달 동안 일치된 노력에 협조해달라고 요청했다. 고르바초프는 무력을 사용하는 것을 보고 싶지 않았고, 사담과 대화를 통해 쿠웨이트에서 물러나게 할 수 있다는 기대를 버리지 않았다. 하지만 11월 7일 베이커가 노보-오가료보에 있는 고르바초프의 공식 별장에 찾아왔을 때 그는 이렇게 말했다. "정말 중요한 건 우리가 협력한다는 사실입니다."[48]

---

* '제임스'의 애칭으로 베이커를 가리킨다.

눈코 뜰 새 없던 이 몇 달 동안 유럽의 병력 수준을 감축하는 조약이 체결되었고, 독일 통일에 관한 합의가 이루어졌으며, 고르바초프는 노벨 평화상을 받았다. 하지만 국내에서 고르바초프는 침몰했다. 그는 고집 센 공화국들을 묶어두기 위해 새로운 연방 조약을 만들어내려고 애썼지만 옐친은 공화국들에게 최대한 독립을 획득하라고 촉구했다. 체르냐예프는 다음과 같이 말했다. "고르바초프는 정말 어쩔 줄을 몰랐다. 내가 그를 본 이래로 그런 모습은 처음이었다. 그는 권력이 자신의 손에서 스르륵 빠져나가는 모습을 보고 있었다."[49] 셰바르드나제는 반동 세력, 특히 "견장 찬 이들"의 힘이 커지는 상황을 지켜보며 한편으로는 고르바초프가 자신과 함께 추구하던 민주 개혁이라는 대의를 포기하고 있다고 느꼈다. "내가 대통령에게 요구하고 원하고 기대한 유일한 점은 분명한 입장을 취하라는 것, 즉 우익 인사들을 저지하고 우리가 공동으로 추구하는 정책을 공공연하게 옹호하라는 것이었다. 하지만 내 기다림은 수포로 돌아갔다."

12월 20일 아침, 밤을 꼬박 새운 셰바르드나제는 사직서를 작성했다. 그러고는 트빌리시에 있는 딸에게 전화를 걸어 이야기를 하고 가까운 보좌관 두 명에게도 알렸다. 그리고 크렘린을 향해 집을 나섰다.[50] 셰바르드나제가 발언을 하자 인민대표회의는 충격 속에 침묵에 빠졌다. 셰바르드나제는 지원이 없었다고 통렬하게 불만을 토로했다. 개혁론자들이 뿔뿔이 흩어져 있었다는 것이다. 그는 경고했다. "독재가 다가오고 있습니다." 고르바초프는 근처에 앉아 셰바르드나제의 발언을 무표정한 얼굴로 듣고 있었다. 발언이 끝났을 때, 그는 이마를 붙잡은 채 서류에 시선을 고정시키고 있었다.[51]

1990년 가을, 소련의 또 다른 의생화학자가 헬싱키의 영국대사관에 망명을 신청했다. 소련 체제 내에서 한때 극비 정보를 다루는 권한을 갖고 있었고 오볼렌스크 연구소가 숲 속에 처음 세워지던 초창기에 그곳에서 일한 인물이었다. 나중에 그는 페스트 방역 시스템에서 일을 했다는 이력과 함께 그곳에서 어떻게 생물학무기용 병원균이 만들었겠는지를 영국인들에게 설명해주었다. 망명자가 제공한 정보는 파세추니크의 폭로를 뒷받침하는 내용이었다.[52]

1991년 1월 8일 월요일 이른 아침, 데이비스와 켈리는 뼈를 에는 듯한 추위 속에서 모스크바 거리에 서 있었다. 미국 대표 일곱 명과 영국 대표 다섯 명—생명공학, 미생물학, 바이러스학, 군축 검증, 소련 프로그램의 구조 등에 관한 전문가들—이 이제 막 생물학무기 시설로 의심되는 장소를 처음 방문하려고 나서는 길이었다. 원래 빈틈없고 근엄한 데이비스는 그날따라 약간 휘청거렸다. 한겨울 혹한의 날씨였고 그답지 않게 잠을 너무 많이 잔 상태였다. 영국과 미국의 공동 방문단은 극비리에 소련에 도착했다. 데이비스는 부인에게도 어디로, 왜 가는지 알리지 않았다. 낡은 노란색 버스 앞에 서서 데이비스는 처음으로 알리베크와 인사를 나누었다. 알리베크가 방문단을 안내하는 책임자였다. 담배를 문 알리베크는 갈색 모직 스웨터 차림인 반면 그를 제외한 소련 쪽 사람들은 모두 정장에 넥타이를 매고 있었다. 알리베크는 영어를 전혀 하지 못했고 전에 미국인이나 영국인을 만난 적도 없었다. 훗날 그는 서구인들이 "우리에 관해 많은 걸 알고" 또 어떤 이는 "비오프레파라트의 책임자인 칼리닌"은 왜 오지 않았느냐고 물어서 놀랐다고 기억했다. 알리베크는 거짓말로 둘러댔다. "유감스럽게도 칼리닌 씨는 무척 바쁩니다." 칼리닌은 자신의 이름을 거론도 하지 말라고 지시해두었다.[53]

버스가 크렘린 남쪽 56킬로미터 지점의 류부차니에 있는 면역학연구소를 향해 출발했다. 오볼렌스크 지원 업무를 하는 곳이었다. 버스는 눈보라 속에서 엉금엉금 기어갔는데, 데이비스는 갑자기 쾅 하는 큰 소리를 들었다. 온도가 낮아서 버스 앞유리가 박살난 것이다. 데이비스는 회고했다. "어처구니없이 지독한 상황이었지요. 우린 중요한 일을 할 계획이었고 그 첫째 날이었어요. 우리는 아직 예정된 장소에 도착도 못 했는데 버스의 속도를 늦춰야 했습니다. 계속 속도를 내다가는 모조리 찬바람에 얼어 죽을 것 같았거든요. 와들와들 떨면서 아마 시속 25킬로미터 정도로 달렸고 늦게 동사 일보 직전인 상태로 도착했습니다." 알리베크는 소련이 방문단에 대비해 몇 주 동안 준비한 전략은 최대한 모든 걸 숨기고 식사나 음료, 공식 연설 등으로 "가급적 많은 시간을 허비"하게 해 방문단이 사찰을 수행할 시간을 제한하는 것이었다고 말했다. 잠시 멈출 때마다 보드카와 코냑이 준비됐다. 포포프는 방문단이 오기 전에 "거대한 훈련 프로그램이 진행되었다"고 말했다. 모든 직원이 병원균에 대비한 방어 연구만을 하고 있다는 "거짓 설명"을 늘어놓는 법을 알아야 했기 때문이다. "모든 부서와 실험실에서 몇 차례 회의가 있었다." 첫 번째 방문은 쉽게 지나갔다—연구소에는 위험한 병원균이 전혀 없었다.

다음은 오볼렌스크였다. 도마라드스키와 포포프의 연구에서 중심적인 구실을 한 숲 속의 시설이었다. 방문단이 1월 10일 도착했을 때 데이비스는 수천 명이 그곳에서 일을 하는데도 홀이 섬뜩할 정도로 텅 비어 있음을 알아차렸다. 도마라드스키와 충돌했던 엄격한 소장인 우라코프가 긴 연설과 샌드위치와 음료로 방문단을 맞이했다. 서구인들이 빨리 일을 하자고 재촉하자 우라코프는 '예르시니아 페스티스'가 있는 층에 출입하고 싶으면 현장에서 9일 동안 검역을 받아야 한다고 경고했다. 방문단의 출입 요구를 저지하려는 심산이었다. 사실 알리베크가 앞선 주말에 오볼렌스크와 벡터를 완전히 소독하라는 지시를 내린 바 있었기 때문에 위험한 병원균에 노출될 가능성은 매우 낮았다. 그럼에도 우라코프의 위협은 통했고, 방문단은 그곳에 들어가겠다고 요청하지 않았다.[54]

서구인들은 30개가 넘는 건물로 이루어진 연구 단지 방문을 위해 나름의 행동 계획을 준비한 상태였다. 그들은 소규모 팀으로 인원을 나누었다. 데이비스는 대표단 가운데 가장 완벽한 지식으로 무장한 사람이었기 때문에 몇 군데에 동시에 관여해야 했다. 그는 한 팀과 같이 제1동으로 갔다. 입방체 모양의 현대식 대형 건물로 각 층마다 서로 다른 병원균을 전문으로 연구하는 곳이었다. 하지만 곧 단지 안의 오래된 구역을 방문한 다른 팀이 흥미로운 것을 발견했다며 그에게 와서 보라고 요청했다. 그는 소련에서 제공한 차를 타고 그쪽으로 갔다.

데이비스의 기억에 따르면, 우연히 화장실 문 같은 별 특징 없는 문이 방문단의 눈에 들어왔다고 한다. 문을 열자 샤워 겸 탈의실이 나왔고 더 들어가자 커다란 독립 구조의 육각형 철제 실험실이 들어 있는 천장 높은 방이 나왔다. 파세추니크가 말한 바로 그곳이었다. 이 실험실이 바로 생물 폭탄을 터뜨리고 한쪽 끝에 동물을 고정시킨 채 병원균에 노출시키는 곳이었다. 파세추니크는 병원균이 폭발 장치를 통해 방출된 뒤에도 여전히 효력을 유지하는지를 시험하는 용도로 이 시설이 쓰인다고 말한 바 있었다.

방문단은 실험실 안으로 들어갔다. 내부가 캄캄했다.

"불 좀 켤 수 있을까요, 보이지가 않네요." 데이비스가 요청하자 소련인들은 전구가 고장 났다고 대꾸했다.

데이비스는 신뢰하는 친구이자 부관인 해미시 킬립 소령이 들고 있던 작은 플래시를 건네받았다. 데이비스가 플래시를 켜려고 하자 같이 온 소련 관리 하나가 그의 손목을 잡으면서 막았다. 사용이 금지된 전자 장치라는 것이었다. 이러쿵저러쿵 설전이 오갔다. 데이비스는 소련 관리에게 자신은 소련 대통령이 공식적으로 인가한 방문단의 일원이라고 강하게 항의했다. "우리는 당신네가 초청한 손님입니다. 이런 식으로 행동하면 안 되지요!"

"나는 플래시를 놓으려 하지 않았고 그 사람은 나를 붙잡은 상태로 팽팽한 대결이 이어졌습니다. 긴장된 상태였지요. 그 사람들은 어쩔 줄 몰라했고, 나도 물러서려고 하지 않았습니다." 마침내 실험실 직원들의 태도가 누그러져 천장 등을 켤 수 있었다.[55] 데이비스는 철제 벽에서 최근에 닦은 흔적을 발견했다. 폭발물의 파편 흔적을 지우기 위한 것이었다. 하지만 더 가벼운 금속 재질의 복강판으로 된 것 같은 문을 살피자 데이비스의 눈에 숨기려 해도 숨길 수 없는 움푹 팬 곳이 들어왔다. 그가 물었다. 이건 뭔가요?

실험실 직원들은 문을 달 때 서툰 기술자가 망치로 잘못 때린 흔적이라고 둘러댔다. 데이비스의 말을 들어보자. "그 사람들도 자신들의 변명이 우스꽝스러운 헛소리라는 것을 우리가 안다는 걸 눈치 채고 있었습니다." 알리베크는 데이비스가 직설적으로 말했다고 기억했다. "당신들이 여기서 폭발물을 사용했잖아요." 데이비스는 실험실을 찾아낸 게 소련이 공격용 생물학무기 개발 프로그램을 진행한다는 사실을 보여주는 뜻밖의 수확이었다고 말했다. 파세추니크가 열심히 설명한 사실을 밝힌 것이다. "아주 으스스했습니다." 오볼렌스크에 있는 장비의 규모를 볼 때 미국과 영국의 전문가들은 단순한 백신이나 방어용 연구가 아니라 공격용 무기 연구가 진행 중이라는 것을 알 수 있었다. "이렇게 거대한 건물이 있고 많은 양을 만들고 있는 걸 보면 수상쩍게 여기는 게 당연한 일이지요."

다음 날인 1월 14일, 방문단은 벡터로 갔다. 포포프가 처음 유전공학 실험을 한 콜초보의 시설이었다. 한때 매달 새로운 인공 바이러스를 만들어내는 꿈을 꾸었던 의욕 넘치는 아르메니아계 애연가 산다흐치예프가 외국인들을 상대로 소련 면역학에서 최근 이룬 발전에 관해 지루한 연설을 시작했다. 하지만 이제 소련의 시간 끌기 전략을 눈치 챈 방문단은 그의 말을 잘랐다. 데이비스와 켈리는 실험실들을 직접 보기를 원했다. 알리베크는 회고했다. "거대한 철제 발효조들을 지나 그들을 데리고 가자 깜짝 놀라서 두 눈이 동그레지는 게 보였다. 서구의 제약 회사가 백신을 대량 생산하는 데 사용하는 것보다도 크기가 더 컸으니 그럴 만도 했다." 하지만 바이러스 연구를 진행 중인 가장 민감한 층들에는 들어가 볼 수 없었다.

어느 순간, 중간급 연구원 하나가 실험실에서 천연두를 연구하고 있다는 말을 켈리에게 흘렸다. 켈리는 그에게 방금 한 말을 다시 해달라고 통역자를 통해 조용히 이야기했다. 연구원은 같은 말을 세 번이나 반복했다. "대두창"이라고. 켈리는 할 말을 잃었다. 세계보건기구에서 천연두를 근절한 이래 공식적인 두 보관소 외에는 표본을 보관할 수 없었다. 애틀랜타의 질병통제센터와 모스크바의 보건부 시설인 이바놉스키바이러스학연구소가 그 두 곳이었다. 벡터는 천연두를 다루는 곳이 아니었고, 따라서 이곳은 천연두 바이러스를 보유해서는 안 되는 곳이었다. 켈리가 나중에 산다흐치예프 소장에게 따져 묻자, 소장은 공격용 연구가 진행되고 있는 사실을 부인하고는 더 이상 질문에 답하려고 하지 않았다.

알리베크는 벡터가 보유한 장비 가운데 으뜸가는 것이 630리터짜리 천연두 반응기라는 것을 알고 있었다. 1.5미터 높이의 반응기는 엄청난 양의 바이러스를 제조할 수 있었다. 방문단은 반응기를 비롯한 장비에 주목했다. 그중에는 그들이 여태 본 것 가운데 가장 첨단인 에어로졸 시험 장비도 있었다. 방문단은 공격용 무기 개발 프로그램 말고는 달리 설명할 도리가 없다는 결론을 내렸다.

마지막으로 방문한 레닌그라드의 연구소에서—파세추니크가 일했던—알리베크는 이제 긴장을 풀어도 되겠다고 생각했다. 나중에 그는 다음과 같이 말했다. "최악은 넘긴 상태였다. 파세추니크의 오래된 연구소에는 위협이 될 만한 게 아무것도 없었다. 아니, 나는 그렇게 생각했다." 혐의를 살 만한 장비는 모두 치우고 실험실마다 깨끗이 정리를 했다.

그런데 연구소를 돌던 방문단원 가운데 한 명이 위압적인 기계 앞에 멈춰서더니 "이게 뭐죠?"라고 물었다.

알리베크는 말했다. "나는 속으로 신음 소리를 토해냈다. 파세추니크가 쓰던 제트 기류 제분 장비를 까맣게 잊고 있었던 것이다. 다른 곳으로 옮기기에는 너무 무거운 물건이었다." 이 장비가 바로 강력한 바람으로 병균을 미세 분말로 만드는 기계였다. 연구소 직원 하나가 기계의 정체를 설명했다. "소금용입니다. 소금을 빻는 거예요."

그들은 또 인간의 기도 상부에 들러붙기 알맞은 크기로 미생물 에어로졸을 만드는 기계를 보았다. 그리고 파세추니크가 순항 미사일처럼 낮게 나는 비행체에서 병원균을 살포하기 위한 용도라며 경고한 장비도 보았다.

방문단이 떠난 뒤 알리베크는 의기양양한 기분이었다. 훗날 그는 서구인들이 의심을 하긴 했지만 "그들은 아무것도 입증하지 못했고 우리는 전혀 누설하지 않았다"고 회고했다.

방문단도 자신들이 비오프레파라트 전체를 살펴보지 못한 것을 알았다. 하지만 볼 만한 건 충분히 본 셈이었다. 그들은 보고서에 다음과 같이 기록했다. 프로그램의 전체 규모와 범위, 시설의 배치, 병원균 연구의 성격과 범위, 경비와 물리적인 보안 수준, 대규모 에어로졸 실험—이 모든 것을 볼 때 민간 용도에 필요한 수준을 훨씬 뛰어넘는 공격용 세균전 시도가 진행 중인 게 분명하다.

파세추니크는 그들에게 진실을 말했던 것이다.

데드핸드

16

위험하게 산 해

겨울이 한창인 1991년 초, 정치국에서 당과 국가를 구할 수 있는 젊고 활력 있는 기수로 선택받은 지 거의 6년이 흐른 시점에서 60번째 생일을 눈앞에 둔 고르바초프는 피로감을 느꼈다. 일당독재가 아닌 경쟁을 통해 진짜 정치를 만들어내려고 한 그의 시도는 잠재적인 경쟁자 보리스 옐친의 등장을 낳았다. 옐친은 고르바초프와 기존 권력 기구, 당에 반대하는 많은 이들을 결집시키며 부상했다. 그와 함께 소비에트연방 내에서 오랫동안 억눌렸던 민족들이 독립을 향한 열망을 품고 깨어나기 시작했다. 고르바초프가 전혀 예견하지 못한 사태였다.

고르바초프의 페레스트로이카는 결코 자유 시장을 향한 전면적인 시도가 아니었다—사회주의에 활기를 불어넣는다는 목표로 시작되어 나중에는 사회주의와 자본주의의 혼성물을 창조하는 것을 목표로 삼았다. 고르바초프는 자본주의적인 실험을 시도했고 최초의 개인 사업가들이 협동조합이라는 이름으로 자신들의 사업체를 설립할 수 있도록 허용했다. 하지만 물자 부족과 공급 중단, 경제적인 궁핍이 전국 곳곳으로 확산되었다. 원유 채굴이 급격하게 감소하는 동시에 유가가 하락하면서 경제가 큰 타격을 입었다. 외환 보유고는 거의 바닥이 났고 상업 신용도가 떨어진 탓에 수입이 거의 불가능했다. 정부는 밀가루를 배급했다. 고르바초프는 그해 봄 어느 날 유엔 안보리 회의에서 두세 달 안에 소련 정부가 더는 국민들을 먹여 살릴 수 없는 처지가 될 것이라고 발표했다.[1] 그 와중에 중앙계획경제에서 반걸음쯤 물러선 그의 어정쩡한 태도로 인해 그는 자유 시장을 향해 더욱 급진적인 도약을 하라는 요구에 맞닥뜨렸다. 옐친이 이런 요구를 옹호하는 선두 주자였다.

체르냐예프는 회고했다. "모스크바에는 2년 전에 소시지 배급 줄이 생길 때처럼 이미 빵 배급 줄이 늘어서 있었다. 나는 토요일에 차를 타고 모스크바 시내를 샅샅이 돌아다녔다. 빵집들은 문을 닫거나 텅 빈 상태였다—비유가 아니라 말 그대로 말이다!"[2] 3월 31일자 일기에는 이렇게 썼다. "모스크바 역사상 이런 일이 생긴 적이 있었나—가장 굶주리던 시기에도 말이다." 그러고는 이런 말을 덧붙였다. "확실히 그날부로 고르바초프의 이미지에는 아무것도 남아 있지 않았다."[3]

이 변화의 소용돌이 속에서 분개한 패자들이 저항하기 시작했다. 우선 군인이 포함되었다. 그들은 유럽에서 병사와 탱크가 퇴각하는 모습을 보며 치욕을 느꼈고 국내적으로도 거의 빈곤 상태에 내몰린 상황이었다. 권력 독점을 상실한 당 엘리트 집단과 붕괴 일보직전에 몰린 권력 구조와 국가의 수호자를 자처하는 국가보안위원회를 비롯한 보안 기관들도 저항의 주역이었다. 고르바초프는 시간을 벌려고 했다. 그는 페레스트로이카의 동맹자인 진보적 지식인들을 꽉 잡는 한편 환멸을 느끼는 보수파를 만족시키려고 노력했다. 하지만 둘 다 할 수는 없었고 결국 어느 쪽도 성공하지 못했다. 진보 세력은 고르바초프를 버리고 더 유망해 보이는 변화의 주역 옐친을 선택했다. 강경파는 고르바초프에게 무력을 사용하고 비상사태를 선포하여 소련의 오랜 전통 가운데서 통제권을 되찾으라고 재촉했다. 국가보안위원회와 군, 당을 주축으로 한 강경파는 조만간 일을 직접 처리할 태세였다.

앞서 몇 년 동안 고르바초프와 레이건은 과거와 용감하게 단절하면서 냉전 시대의 무기 경쟁이란 이름의 폭주 기관차의 속도를 늦출 수 있었다. 부시 역시 잠깐 주저하긴 했지만 고르바초프가 함께 일을 할 만한 사람이고 협상 파트너이며 거친 바다에서 없어서는 안 될 닻이라는 것을 깨달았다.

그런데 이 닻이 풀려버렸다. 고르바초프는 통제권을 상실했다.

1월 13일 일요일 이른 아침, 국가보안위원회의 최정예 특수 부대인 알파 그룹Alpha Group 대원이 이끄는 소련 탱크들이 리투아니아 빌뉴스의 텔레비전 방송탑에 모인 독립 찬성 시위대를 공격했다. 군대의 발포로 10여 명이 죽었고, 이 학살 사건은 우려와 혐오의 물결을 불러일으켰다. 이 공격은 고르바초프 주변의 강경파가 모스크바의 이름으로 은밀하게 지휘한 것이었다. 이렇게 되면 고르바초프도 일제 단속과 비상사태를 지시하는 것 말고 달리 선택의 여지가 없을 것이라는 기대 속에서 벌인 행동이었다. 공격이 벌어진 날 크렘린의 기록을 보면, 총격이 시작된 직후인 오후 7시 15분부터 다음 날 오전 2시 30분까지 강경파들이 고르바초프의 참모본부장인 발레리 볼딘의 집무실에 모여 있었음을 알 수 있다.[4]

빌뉴스 학살 다음 날 고르바초프는 의회에서 발언했는데, 폭력 사태가 끝나고 "사람들이 자신을 깨울 때"까지 그는 이 사태에 관해 전혀 알지 못했다고 주장했다. 그러면서 리투아니아의 독립 지도자들이 사태를 유발했다고 비난했다. 고르바초프의 언급은 핵심적인 질문, 곧 그가 최고사령관으로서 자국의 보안군을 장악하고 있었는지에 관해서는 답을 주지 않는다. 불편하지만 어느 쪽이든 가능한 일이었다. 고르바초프 편에 섰던 자유주의자들은 무력 사용에 경악하면서 당을 떠났다. 페레스트로이카의 으뜸가는 대변자로서 지식인들의 통렬한 공동 성명을 게재한 『모스크바뉴스』의 편집진도 전원 당을 떠났다. 체르냐예프는 1월 14일자 일기에 고르바초프의 의회 연설이 "산만하고 지엽적인 말만 가득한 무질서하고 혼란스러운 연설"이라고 적었다.[5]

고르바초프의 가장 충실한 보좌관이었을 체르냐예프는 말한다. "나는 완전히 절망에 빠졌다." 그는 사퇴의 뜻을 밝히는 편지를 쓰면서 고르바초프에게 다음과 같이 훈계했다. "당신은 무력으로만 지속할 수 있는 정책에 스스로를 옭아맸습니다. 그래서 당신 자신의 철학을 거스르게 되었습니다." 체르냐예프는 강경파가 "한심하고 부끄럽다"고 말했다. "그들은 당신의 신용을 해치고 중도파를 우스꽝스럽게 보이게 만듭니다. 그런데 당신은 그들의 논리를 따릅니다. 이 논리는 거리의 규칙이나 매한가지입니다—네가 나를 두들겨 팼으니…… 큰형님을 불러서 혼내주겠다는 거지요!"

"당신은 우리가 새로운 사고를 통해 얻은 가장 중요한 것, 곧 신뢰를 잃고 있습니다. 당신은 이제 무슨 일을 하든 다시는 신뢰받지 못할 겁니다." 체르냐예프는 "위대한 혁신가이자 페레스트로이카의 아버지"인 고르바초프와 자신의 동반자 관계에 관해 추억을 털어놓았다. 하지만 "이제는 그를 알아보거나 이해하지 못한다"고 말했다.[6]

하지만 체르냐예프는 고르바초프에게 편지를 전달하지 않았고 사퇴하지도 않았다. 그 뒤로 고르바초프는 강경파가 기대한 것과 달리 더는 탄압을 지시하지 않았다. 하지만 그는 체르냐예프의 말마따나, 이성과 협의에 대한 공개적인 호소로는 발트 3국의 연방 탈퇴를 막을 수 없다는 점을 깨닫지 못했다. 연방 탈퇴는 거의 피할 수 없었다.

미국과 영국의 생물학무기 방문단은 주말인 1월 19~20일에 처음 도착했을 때보다 한층 더 큰 우려를 안은 채 소련을 떠났다. 방문단은 1월 말과 2월에 워싱턴에서 모여 메모 내용을 검토하고 보고서를 작성했다. 3월 5일, 영국의 신임 총리 존 메이저는 모스크바에서 고르바초프와 단독 대담을 하던 중에 생물학전 프로그램에 관한 우려를 표명했다. 3월 25일, 미국 국무장관 베이커도 1월 방문에서 제기된 우려를 개략적으로 서술한 문서를 고르바초프에게 보내면서 다시 이 문제를 제기했다.[7] 하지만 메이저나 베이커나 공개적으로 이 문제를 거론하지는 않았다.

파세추니크가 처음 폭로했을 때 이 문제를 비밀로 한 이유는 고르바초프에게 문제가 생기는 사태를 피하자는 것이었다. 이제 고르바초프가 처한 상황은 훨씬 더 취약해져 있었다. 하지만 몇 년 동안 진행해온 새로운 전략 무기 조약은 마침내 완성을 향해 나아가고 있었다. 그런 상황에서 소련이 대규모 생물학무기 개발 프로그램을 보유하고 있고, 이전에 조약을 통해 한 약속을 뻔뻔하게 위반했다는 사실이 자세히 알려지면 미국 상원에서 전략 무기 조약이 비준될 가능성이 순식간에 사라지게 될 터였다.

4월 5일, 영국대사 브레이스웨이트가 체르냐예프를 만나러왔다. 이번에는 메이저 총리가 보내는 공식적인 문서를 손에 들고 있었다. 1월 방문단이 작성한 결과물에 바탕을 두고 발견 사실의 목록을 아주 정확하고 틀림없이 서술한 문서였다.[8] 5월 11일, 베스메르트니흐 외무장관은 베이커가 3월에 보낸 문서에 대한 답변을 내놓았는데, 모든 항목에 대해 계속 은폐를 시도했다.

5월 말, 이제 총리에서 물러난 마거릿 대처가 크렘린에 있는 고르바초프를 방문했다. 대처는 고르바초프와 저녁 식사를 마친 뒤 자국의 대사관저로 돌아갔다. 관저에는 브레이스웨이트와 함께 대처가 초청한 미국 대사 매틀록이 그녀를 기다리고 있었다. 대처는 식후 음료를 손에 든 채 브레이스웨이트의 서재에 있는 의자에 앉아 매틀록을 보며 이야기했다. "내 친구 조지에게 메시지를 전해주세요." 대통령에게 말을 전해달라는 이야기였다.

대처가 간곡하게 말했다. "우리는 미하일을 도와야 합니다. 물론 당신네 미국인들이 그 모든 일을 할 수도 없고 해서도 안 되겠지만, 조지는 쿠웨이트 침공 때 했던 것처럼 이 노력을 이끌어야 합니다." 매틀록은 대처가 잠시 숨을 고르고는 왜 그렇게 강하게 느끼는지를 설명했다고 회고했다. "불과 몇 년 전의 론*과 나였다면 이 나라에서 이미 생긴 결과를 얻기 위해서 어떤 대가라도 치렀을 겁니다." 대처는 부시가 7월에 런던에서 열리는 G7 정상회담에 고르바초프를 초청해서 서구의 대규모 원조를 제공하기를 원했다. 매틀록은 대답을 주저했다. 그는 소련 경제가 난장판인데 여기에 원조를 쏟아붓는 건 쓸데없는 낭비가 될지도 모른다고 말했다. 대처가 그를 노려보았다. "당신은 외교관처럼 말하는군요! 아무것도 안 하면서 변명거리나 찾고요. 왜 정치인처럼 생각하지 못합니까? 이 과정을 지지하는 정치적인 결단이 필요합니다. 이 과정에 모든 사람의 이해가 달려 있으니까요."

매틀록은 그날 밤 대처의 메시지를 부시에게 전달했다. 그러고는 일기에 이렇게 적었다. "내 생각에는 대처 여사의 말이 맞다."[9]

6월 17일, 빌뉴스 공격을 계획한 강경파의 일원인 총리 발렌틴 파블로프

---

* 로널드의 애칭으로 레이건을 가리킨다.

데드핸드

가 대통령에게만 부여된 비상 권력을 자신에게도 달라고 최고 소비에트에 요청했다. 고르바초프에게는 이런 말을 하지 않은 상태였다. 이것은 대담한 권력 강탈 행위였지만 고르바초프는 자신은 이 제안에 찬성하지 않았다는 성명을 발표하는 것으로 대응했을 뿐이다. 최고 소비에트 비공개회의에서는 폭풍우의 중심에 있는 다른 강경파 성원들—국가보안위원회 의장 블라디미르 크류츠코프, 국방장관 드미트리 야조프, 내무장관 보리스 푸고—이 파블로프의 움직임을 지지했다.

매틀록은 고르바초프의 소심한 모습에 놀랐다. 그는 왜 자신의 권력을 찬탈하려고 하는 피임명권자들을 해임하지 않았을까? 6월 20일, 매틀록은 가브릴 포포프와 커피를 마셨다. 포포프는 바로 얼마 전 점차 몸집을 불리는 민주화 운동의 어깨에 올라타서 모스크바 시장에 당선된 옐친의 가까운 동맹자였다. 대사관저인 스파소하우스의 도서실에 두 사람만 있게 되자 포포프는 종이 한 장을 꺼내 휘갈기고는 매틀록에게 건넸다. 고르지 않은 큰 글씨의 러시아어로 갈겨쓴 내용은 다음과 같았다.

고르바초프를 제거하기 위한 쿠데타가 조직되는 중입니다.

보리스 니콜라예비치*에게 소식을 전해야 합니다.

옐친은 당시 미국에 있었다.

매틀록은 같은 종이에 다음과 같이 적었다.

전보를 보내겠습니다. 배후에는 누가 있습니까?

포포프가 종이에 글을 적고는 다시 매틀록에게 찔러주었다.

파블로프, 크류츠코프, 야조프, 루카노프**

매틀록이 메모를 다 읽자 포포프는 그것을 다시 받아 조각조각 찢어

---

* 옐친.
** 1989~1991년 당시 최고 소비에트 의장이던 아나톨리 루카노프(Anatoly Lukyanov).

주머니에 챙겨넣었다.[10]

매틀록은 워싱턴의 부시에게 긴급 전보를 보냈다. 바로 그날 부시는 백악관에서 옐친과 만날 예정이었다. 몇 시간 만에 매틀록은 고르바초프에게 경고를 해주라는 지시를 받았다. 모스크바 시간으로 오후 8시 20분경, 그러니까 초저녁이지만 이 시기에는 아직 날이 환한 때, 매틀록은 고르바초프의 집무실에 도착했다. 체르냐예프가 옆에 있었다. 고르바초프가 "대사 동지!"라고 부르며 매틀록을 맞이하면서 아낌없는 칭찬을 퍼부었고, 그 때문에 매틀록은 마음이 불편해졌다. 매틀록은 고르바초프 집무실의 긴 탁자에 창문을 보면서 앉았고 고르바초프와 체르냐예프는 건너편에 앉았다.

매틀록이 입을 열었다. "대통령 님, 부시 대통령이 우리가 입수한 보고 내용을 당신께 알려드리라고 했습니다. 진위 여부는 확인하지 못했지만 대단히 불온한 내용입니다. 단순한 소문은 아니지만 확실한 정보라고 하긴 좀 그렇습니다. 현재 당신을 제거하려는 시도가 진행 중이고, 언제든, 심지어 이번 주에라도 사건이 일어날 수 있다는 것입니다."

매틀록은 정보 제공자의 이름은 밝히지 않았다. 그는 이 정보가 정보기관에서 나온 게 아니라는 뜻을 전달하려고 애썼지만 체르냐예프와 고르바초프는 정반대로 받아들이고 있었다. 체르냐예프는 메모장에 "미국 기관들"이 다음 날 쿠데타가 일어날 것이라는 경고를 전해주었다고 적었다.[11]

고르바초프와 체르냐예프는 누가 먼저랄 것도 없이 웃음을 지었다. 매틀록은 이윽고 고르바초프가 심각해졌다고 회고했다. "부시 대통령에게 내가 감동받았다고 전해주십시오. 나는 얼마 전부터 우리가 동반자라고 생각했는데, 이제 그가 행동으로 보여주었군요. 걱정해줘서 고맙다고 전해주세요. 그 사람은 친구라면 마땅히 해야 할 일을 한 겁니다. 하지만

데드핸드

걱정하지 말라고 해주세요. 나는 모든 상황을 장악하고 있습니다. 내일이면 알게 될 겁니다."

체르냐예프의 말에 따르면 고르바초프는 또 이런 말을 덧붙였다. "그런 일은 100퍼센트 안 생깁니다."[12]

매틀록의 이야기가 있은 뒤 고르바초프는 자기도 모르게 혼잣말을 했다. 상황이 불안정하다는 둥, 파블로프는 경험이 없고 또 그 주에 권력 강탈 시도가 실수라는 걸 깨달았다는 둥, 옐친이 점점 협조하고 있다는 둥, 곧 새로운 연방 조약이 체결되고 자신이 런던 정상회담에 참석하면 세계 경제로 한 발을 더 들여놓는 결과가 될 거라는 둥.

훗날 매틀록은 당시를 돌아보면서 고르바초프가 자신의 말을 잘못 해석해서 의회의 반동 세력이 문젯거리라는 이야기로 받아들였을지도 모른다고 말했다. 체르냐예프의 메모를 보면, 고르바초프가 매틀록의 이야기를 국가보안위원회의 크류츠코프나 군의 야조프가 아니라 의회 내 강경파를 언급하는 것으로 잘못 알아들은 것이 확인된다.

다음 날 파블로프의 권력 강탈 제안이 의회에서 거부되었다. 나중에 기자들에게 이야기를 하는 고르바초프의 옆에는 험상궂은 표정의 야조프와 푸고, 크류츠코프 등이 있었는데, 고프바초프는 함박웃음을 지으며 입을 열었다. "'쿠데타'는 끝났습니다."[13] 하지만 매틀록은 고르바초프에 관해 낙천적으로 생각하지 않았다. "그는 잃을 게 가장 많은 사람이었는데도 흡사 몽유병자처럼 주변 환경은 망각한 채 어슬렁거렸다." 사실 고르바초프는 다른 정보 제공자로부터도 비슷한 내용의 경고를 받은 터였다. 매틀록이 떠난 직후에 고르바초프는 체르냐예프에게 전날 특사 예브게니 프리마코프로부터도 언질을 받았다고 말했다.

"조심하십시오!" 전날 프리마코프는 힘주어 말했다. "당신은 국가보안위원회와 보안기관을 지나치게 신뢰하고 있습니다. 당신이 안전하다고 확신하십니까?"

체르냐예프의 설명에 따르면, 고르바초프는 다음과 같이 대꾸했다. "겁쟁이 같으니라고! 내가 말했지. '제냐*, 진정해요. 다른 사람은 몰라도 당신이 겁먹어서는 안 되지요.'"14

매틀록이 경고하고 이틀 밤이 지난 뒤 부시가 고르바초프에게 전화를 걸었다. 고르바초프는 쿠데타 가능성을 가볍게 일축했다.

"1,000퍼센트 불가능합니다."15

6월 21일, 발레리 야리니치는 나무 탁자 하나만 덩그러니 놓인 작은 방으로 들어갔다. 모스크바에 있는 소련의 유명 연구소인 세계경제국제관계연구소의 위층에 있는 회의실이었다. 야리니치는 전략로켓군에서 오래 복무한 통신 전문가였다. 그는 보복 핵 공격을 가하기 위한 반자동 시스템인 페리미터를 연구했다. 페리미터는 여전히 극비 사항이었다. 야리니치는 1985년 페리미터가 마침내 가동에 들어간 뒤 고르바초프 시절 동안 모스크바에 있는 참모본부 내의 싱크탱크에서 일했다. 그는 이곳에서 수학 모델에 입각해 훨씬 적은 핵무기로도 억제를 보장할 수 있다는 결론을 내렸다.

야리니치는 핵전력의 지휘 통제 문제에 관해 소련과 미국의 민간 전문가가 회동하는 자리에 초청 받았다. 몇 년 전만 해도 이런 만남이 이루어질 리 만무했지만 이제는 개방이 확대된 분위기 속에서 오랫동안 엄격하게 발설이 금지되었던 주제에 관해 이야기하는 것이 가능해졌다. 회의실에서 기다리는 사람은 핵 지휘 통제에 관한 미국의 으뜸가는 민간 전문가인 브루스 블레어였다. 블레어는 워싱턴의 주요 싱크탱크인 브루

---

* '예브게니'의 애칭.

킹스연구소의 선임연구원이었다. 블레어는 캐주얼 정장 차림으로 작은 노트를 들고 있었다. 그는 질문할 것이 많았다. 공군에서 복무했던 그는 1970년대 초에 미니트맨 미사일 발사 장교로 2년 동안 지하 격납고에서 교대 근무를 한 적이 있었다. 그 뒤로는 의회 기술평가국을 위해 미국의 핵무기 지휘 통제의 취약점에 관한 극비 연구를 수행했다. 브루킹스연구소에서는 미국 핵무기 체계를 다룬 『전략 지휘와 통제Strategic Command and Control』라는 책을 썼다. 블레어는 1987년부터 다음 책을 쓰기 위해 소련의 지휘 통제에 관한 실마리를 찾고 있었다. 미국에서는 소중한 정보 제공자들이 많았지만 소련에서는 진실을 알아내기가 이만저만 어려운 게 아니었다. 핵무기 지휘 통제에 관한 것이라면 무엇이든 극비 사항이었다. 그럭저럭 정보의 파편들을 모을 수는 있었지만 그것들은 좀처럼 큰 그림을 보여주지 않았다. 블레어는 나날이 좌절하면서도 담배 연기로 가득한 수많은 방에서 계속 인터뷰를 수행했다. 그리고 회의실에서 야리니치를 만났을 때, 블레어는 마침내 진짜 전문가와 연결되었다는 걸 깨달았다. 발사 시스템과 절차에 관해 자신처럼 깊은 지식을 가진 사람 말이다. 야리니치는 상관들이 아니라 자기를 위해서만 이야기하겠다는 뜻을 강조했다. 블레어는 노트에 적었다. "이 사람은 단독으로 극비 만남에 나왔다." 또한 야리니치가 참모본부의 작전전략연구센터 출신이며 지휘 통제 전문가라고 적었다. 하지만 블레어는 야리니치의 이름은 쓰지 않았다. 아무래도 너무 민감한 문제라고 생각했기 때문이다.

블레어는 소련의 군 장교들로부터 조금이라도 쓸모 있는 정보를 얻으려면 몇 시간이고 붙잡고 앉아서 대화를 해야 한다는 걸 알고 있었다. 하지만 야리니치는 놀라울 정도로 적극적이었다. 그는 "많은 일을 마음속에 담아둔 사람"처럼 보였다. 야리니치는 블레어에게 크렘린의 지도자는 미사일 공격 경보를 받으면 2~4분 안에 보복 결정을 내릴 수 있다고 털어놓았다. 소련 지도자는 이른바 '경보에 따른 발사', 다른 말로 오로지 경보에 입각해서만 핵미사일을 발사하는 위험한 상황 속에서 결정을 내려야 했다. 경보가 잘못된 것이라면 재앙과도 같은 결정이 될 수 있었다. 블레어는 꼼꼼하게 메모를 했다.

블레어는 미국의 정보 제공자들로부터 데드핸드라는 이름의 소련 시스템에 관해 들은 적이 있었다. 소련 지도부가 몰살되는 경우에 인간이 버튼을 누르지 않아도 보복 공격을 개시하는 컴퓨터 구동 기계 말이다. 블레어는 이에 관해 물었다. 야리니치는 소련 시스템에는 데드핸드 같은 건 없다고 대답했다. 블레어는 이 말을 노트에 적었다. 하지만 야리니치는 조심스럽게 블레어에게 다른 말도 해주었다. **자동** 데드핸드 시스템은 없지만 비슷한 종류의 **반자동** 시스템은 있다. 블레어는 그날 야리니치가 해준 이야기를 완전히 이해하지는 못했지만 몇 가지 자세한 내용을 따로 적어두었다. 아직 그는 이 점들을 하나의 선으로 연결하지 못했다.[16]

파세추니크가 망명하고 1년 반의 시간이 흐른 뒤였다. 미국과 영국은 비오프레파라트에 관해 고르바초프에게 거듭해서 구체적인 불만을 제기했다. 가장 가까운 사례는 6월 19일에 부시가 고르바초프에게 보낸 편지였다. 부시는 편지에서 소련이 대규모 생물학무기 개발 프로그램을 보유하고 있다고 거듭 주장하면서 다시 전문가 회의를 열자고 요구했다.[17] 고르바초프는 7월 초에 부시에게 답장을 보냈다. 그는 편지에서 서로 "솔직하게 대화하자"는 정신을 계속 지키겠다고 약속했다. 하지만 고르바초프는 좀처럼 앞으로 나오지 않았다. 오히려 소련의 은폐 공작 각본을 따랐다 ─무기 프로그램의 존재를 부인하고, 공개하겠다는 의지를 선언하고, 공격용과 방어용 생물학 연구의 구분선이 협소하다는 언급을 되풀이했다.

부시에게 편지를 보낸 직후 고르바초프는 대처가 권한 대로 런던에서 열린 서구 산업민주주의 국가 지도자 회의에 참석했다. 7월 17일, 고르바초프는 미국의 공식 대사관저로 사용되는 리전트파크의 저택인 윈필드하우스에서 부시와 만났다. 고르바초프는 부시에게 경제적인 지원을 호소했지만 부시는 소련이 준비가 되지 않았다고 생각했다.[18] 점심식사 후 부시와 고르바초프는 통역관과 보좌관만 배석한 가운데 앉아서 다시 생물학무기라는 곤란한 문제를 꺼내들었다. 체르냐예프의 말에 따르면 "고르바초프는 모든 비난을 단호하게 부인했다". 체르냐예프는 부시와 고르바초프 사이에 오간 말을 다음과 같이 기록해두었다.

부시: 미하일, 당신이 보낸 편지는 받았습니다. 무슨 일이 벌어지는 건지 모르겠군요. 우리가 상황을 잘못 해석하고 있거나 아니면 당신네 사람들이 뭔가를 잘못하거나 오해하고 있겠지요…… 우리 전문가들은 계속 우리에게 경고하고 있습니다…… 나로서는 이해하기 힘들군요.

고르바초프: 조지, 나는 알아냈습니다. 내가 장담컨대, 우리는 생물학무기를 만들고 있지 않습니다…… 이 문제에 관해 보고를 요구했어요. 보고서가 준비되어 있습니다. 야조프 국방장관을 비롯한 사람들이 서명한 보고서입니다. 내가 말씀드린 것은 이 보고서의 핵심, 그러니까 주요 결론입니다. 이것으로 마무리하면 어떨까요.

부시: 그렇게 합시다. 우리 쪽 사람들이 오해를 했거나 우리를 오도하고 있는 거라면, 문제가 될 겁니다. 하지만 분명하게 할 필요가 있어요. 아마 다시 전문가 회의를 여는 게 도움이 될 겁니다.

체르냐예프는 자신도 잘못 알고 있는 게 아닌지 걱정이 되었다고 말했다. "그리고 나는 고르바초프에게 전달한 메모에서 이 문제를 꺼냈다.

현재 상태를 정확히 알고 있는지, 그러니까 크라스노야르스크 레이더 기지나 몇몇 다른 경우처럼 잘못 알고 있는 게 아니라고 확신하는지 물었다." 고르바초프는 확신한다고 대꾸했다. "내가 안다니까요!"[19]

레이캬비크 회담 이후 거의 5년이 지나 미국과 소련은 마침내 가장 위험한 전략 핵무기를 감축하는 조약에 합의했다. 하지만 이 700쪽이 넘는 협정은 레이건과 고르바초프가 레이캬비크에서 구상한 것만큼 포괄적이지 않았다. 이 조약으로 두 초강대국은 모든 탄도미사일을 폐기하거나 핵탄두의 50퍼센트를 감축하는 대신 핵전력을 30퍼센트 감축한 수준으로 유지하게 되었다. 사실상 두 나라는 충분한 화력을 보유하기로 합의한 것이다. 조약이 체결된 뒤에도 두 나라는 전부 합쳐 1만 8,000개의 핵탄두를 보유할 수 있었다. 다만 몇 가지 주목할 만한 성과도 있었다. 이 협정으로 소련이 보유한 가장 큰 미사일이 대폭 감축되었다. SS-18 미사일의 수는 절반인 154개로 줄어들고 속임수를 막기 위해 엄격한 새로운 준수 조치가 부과될 예정이었다—열두 가지 유형의 현장 사찰도 그중 하나였다.[20]

부시와 고르바초프가 7월 31일 오후 크렘린의 상트블라디미르홀에서 협정에 서명할 때, 레이캬비크 정상회담을 침몰시킨 유일한 쟁점이었던 전략방위구상을 둘러싼 과거의 논쟁은 거의 흔적도 찾아볼 수 없었다. 고르바초프는 우주무기에 관해 그토록 오랫동안 큰 소리로 항의해왔지만 이제 언급조차 하지 않았다. 부시가 지나가는 말로 한 번 언급했을 뿐이다. 군산복합체는 고르바초프에게 소련판 스타워즈 체제를 구축하라고 촉구했었다. 하지만 고르바초프는 듣지 않았다. 또한 미국의 방어막을 압도할 수 있는 대규모 보복 미사일 전력—비대칭적 대응—을 구축하라는 재촉도 받았다. 하지만 그는 그렇게 하지 않았다. 고르바초프의 위대한 업적 중 하나는 바로 그가 하지 않은 일에 있었다.

훗날 전략방위구상 때문에 소련이 파산했다는 주장이 흔하게 제기되었다. 레이건의 구상 때문에 소련 지도자들이 겁에 질린 것은 사실이다—전략방위구상은 결코 제어할 수 없는 미국의 야심과 기술적 우위의 본질을 보여주는 상징적인 예였다. 하지만 결국 레이건은 스타워즈를 구축하지 않았다. 소련도 스타워즈를 구축하지 않았다. 고르바초프는 단호하게 우주무기 경쟁을 피했다. 물론 소련의 기술로는 엄두도 낼 수 없는 계획이었다. 소련판 '스타워즈'를 구축하려는 초기의 계획들은 결코 결실을 맺지 못했다. 소련 체제는 스스로 파산했고 1991년 말에 이르면 종말이 가까운 상태였다. 고르바초프와 부시가 전략 무기 조약에 서명한 시점에 소련 경제는 안으로 폭발하면서 군산복합체를 비롯한 모든 것들로부터 산소를 빨아들이고 있었다. 전설적인 설계국들과 방위산업 공장들은 현금이 동이 났고 점차 가동을 중단했다. 경제의 강력한 역류가 모든 것을 휩쓸어버렸다.

연례 휴가 전날인 8월 3일, 고르바초프는 체르냐예프에게 개인적이고 솔직한 생각을 털어놓았다. 체르냐예프는 그가 안락의자 팔걸이에 기대어 앉아 있던 모습을 기억한다. "이젠 정말 지쳤어요, 톨랴*. 그런데 내일, 휴가를 떠나기 직전에 정부 회의가 또 하나 있습니다. 농산물 수확, 교통, 부채, 통신, 현금 부족, 시장 붕괴 등등." 고르바초프가 덧붙여 말했다. "당신도 보다시피 모든 것이 형편없군요." 고르바초프는 7월 23일 옐친과 새로운 연방 조약에 합의한 것을 떠올리며 기분을 북돋웠다. 고르바초프와 옐친은 정부 고위급을 개편하면서 야조프 국방장관과 크류츠

---

* '아나톨리'의 애칭으로 체르냐예프를 가리킨다.

코프 국가보안위원회 의장을 비롯한 일부 강경파를 교체하는 문제를 논의했다. 고르바초프는 8월 20일 크렘린에서 진행되는 행사에서 새로운 연방 조약에 공식 서명할 예정이었다. "하지만 전반적으로 그는 여전히 어두운 분위기였다." 체르냐예프의 술회다.

"아, 톨랴, 모든 게 다 시시하고 천박하고 편협해졌습니다. 돌아가는 꼴을 보면 될 대로 되라지, 하는 말이 절로 나오지요. 그런데 누구한테 맡길까요? 난 정말 지쳤습니다."[21]

고르바초프는 체르냐예프와 함께 크림 반도의 포로스로 휴가를 떠났다. 그는 일요일인 8월 18일 점심 식사를 한 뒤 새로운 연방 조약에 관한 연설을 준비했다. 행사는 화요일에 진행될 예정이었고 그에 맞춰 그는 월요일에 모스크바로 돌아갈 예정이었다. 이 조약이 체결되면 소비에트연방의 각 공화국이 자원에 대한 통제권을 비롯해 광범위한 새로운 권한을 획득하면서 연방이 근본적으로 분권화될 터였다.

일요일, 강경파가 행동에 돌입했다.[22]

자랴Zarya('여명'이란 뜻)라는 암호명의 고르바초프의 휴양소 마당에는 당직 장교들이 소련 핵무기를 지휘하는 여행 가방을 든 채 서 있었다. 여행 가방은 체모단치크chemodanchik, 곧 '작은 여행 가방'이라고 불렸는데 공식적인 명칭은 체게트였다. 이 가방은 캅카스라는 특수 통신망에 연결되어 있어서 소련 지도자는 이 망을 통해 핵무기 발사 승인을 할 수 있었다. 암호문이 담긴 작은 손가방도 있었다. 1991년 당시 소련의 지휘 통제 시스템에서는 세 지도자—대통령, 국방장관, 참모본부장—가 발사 허가를 내려야 했다. 세 명 모두 체게트 가방을 가지고 다녔다. 발사 허가는 동시에 모스크바의 참모본부와 세 참모장, 곧 지상 발사 로켓군, 해군, 공군 참모장에게 전달된다. 그리고 일단 허가가 내려지면 실제 발사 명령은 참모본부에서 세 참모장에게 내린다. 따라서 고르바초프의 여행 가방은 핵무기 발사 버튼이 아니라 감독과 결정을 위한 통신 연결 중추였다. 극비 페리미터 시스템에도 스위치 옵션이 있었다. 핵 가방과 페리미터는 고르바초프가 취임한 직후 가동에 들어갔다. 아흐로메예프가 이 모든 현대화된 시스템의 가동과 준비 태세를 마련하는 데 핵심적인 구실을 했다. 하지만 고르바초프는 이 모든 장치를 경멸의 눈으로 바라보았다. 그는 핵전쟁이라는 구상을 혐오했다.

자랴 휴양소에서는 당직 장교 아홉 명이 세 명씩 조를 이루어 교대 근무를 했다. 고르바초프가 머무는 숙소에서 90미터 정도 떨어진 게스트하우스의 작은 방에는 조작 기사 두 명과 장교 한 명이 대기했다. 문은 언제나 닫혀 있었고 식사도 교대로 했다. 비번일 때는 휴양소에서 나와 몇 킬로미터 떨어진 외딴 군 숙소에서 잠을 잤다. 이 숙소에는 시내 전화만 한 대 있을 뿐 다른 통신 수단은 없었다.

일요일 오후 4시 30분, 고르바초프는 핵심 보좌관 중 한 명으로 근처 시설에 있던 게오르기 샤흐나자로프와 전화로 이틀 뒤에 할 연설에 관해 이야기를 나눴다.

오후 4시 32분, 핵 경계 지휘관인 블라디미르 키릴로프 중령은 장비에 모든 통신 연결이 끊겼다는 신호가 나타나자 소스라치게 놀랐다. 방에 있는 텔레비전도 꺼졌다. 유일하게 연결되는 선은 인근의 소도시 무흘라트카에 있는 정부 전화교환소와 연결된 무선 전화뿐이었다. 키릴로프는 그곳에 전화를 걸어 모스크바의 사령관들과 연결해달라고 요청했다. 그런데 연결이 안 된다고, 누구와도 통신이 되지 않는다는 답이 돌아왔다. 오후 4시 35분, 다른 당직 장교가 무흘라트카에 전화를 걸어 왜 모스크바와 연결이 되지 않는지 물었다. 상대방이 대답했다. "사고입니다."

체르냐예프는 당직 장교들과 같은 건물에, 그들과 10미터 떨어진 작은 방에서 에어컨을 튼 채 창문을 닫고 있었다. 보좌관 하나가 불쑥 들어오더니 모스크바에서 고위급 대표단이 예고도 없이 와서 고르바초프가 있는 건물로 들어가고 있다고 말했다. 보좌관이 말했다. "뭔가 이상한 일이 벌어지고 있습니다. 그들이 통신선을 차단한 걸 알고 계셨습니까?" 체르냐예프는 곧바로 모스크바로 전화를 걸었다. 책상 위에 있는 전화기 세 대—정부 교환소, 위성 라인, 휴양소 내부 일반 전화—가 모두 불통이었다.

오후 4시 40분, 키릴로프가 당직 장교실에서 불려나갔다. 그는 홀에서 소련 지상군 사령관인 발렌틴 바렌니코프 장군이 다른 사람 몇 명과 서 있는 걸 보았다. 바렌니코프가 통신 상태에 관해 물었다. 키릴로프는 통신선이 불통이라고 대답했다. "그래야지." 그러면서 바렌니코프는 앞으로 24시간 동안 계속 불통일 것이며 대통령도 그 사실을 안다고 덧붙였다.

키릴로프는 방으로 돌아와 계속 모스크바와 연락하려고 시도했다. 무홀라트카의 정부 교환소는 아예 전화를 받지도 않았다.

소련의 핵전력은 그들의 민간인 지휘관과 연결이 차단된 상태가 되었다.

오후 4시 40분, 고르바초프는 반바지에 스웨터 차림으로 서재에 있었다. 수석 경호원인 블라디미르 메드베데프가 불쑥 찾아와서는 모스크바에서 사람들이 왔는데 당장 만날 것을 요구한다고 말했다. 휴가 중에 손님을 초대하는 일이 거의 없는 고르바초프는 사람들이 어떻게 빽빽한 보안을 뚫고 왔는지 당혹스러워 했다. 메드베데프는 고르바초프에게 유리 플레하노프 중장이 그들을 들여보냈다고 말했다. 유리 플레하노프는 국가보안위원회 제9위원회 위원장으로 고르바초프의 경호 전반을 담당하고 있었다. 고르바초프는 책상 위에 있는 전화기를 하나씩 집어들었다─정부 전화, 위성 전화, 내부 전화, 시내 전화. 모두 불통이었다. 마지막으로 전략 핵전력과 연결된 빨간 전화를 들었다. 아무 소리도 없었다. 고르바초프는 베란다에서 신문을 보던 라이사를 발견하고 뭔가 일이 벌어졌으며 최악의 상황을 예상해야 한다고 말했다. 훗날 고르바초프는 라이사가 동요했지만 냉정을 유지했다고 술회했다. 그들은 가까운 침실로 들어가서 딸 이리나와 사위 아나톨리를 불러 사정을 설명해주었다. 다들 암살당하고 투옥되고 망명해야 했던 소련 지도자들의 끔찍한 역사를 알고 있었다. 고르바초프 이전의, 가장 최근의 개혁가 흐루쇼프는 강제로 물러났다. 고르바초프가 가족들에게 말했다. "당신이나 너희나 내가 어떤 공갈이나 위협에도 굴복하지 않을 테고, 내가 맡은 자리에서 물러나지 않으리란 걸 알아야 해."[23] 라이사가 입을 열었다. "결정을 내리는 건 당신 몫이에요. 나는 무슨 일이 생기든 당신 곁에 있을 거예요."

고르바초프가 계단을 통해 2층 서재로 올라가는데, 방문자들이 이미 작은 방으로 들어서는 모습이 보였다. 빌뉴스의 부대를 지휘했던 바렌니코프, 고르바초프가 신임하는 참모본부장 볼딘, 정치국원 올레크 셰닌, 군산복합체 담당의 당 비서 올레크 바클라노프 등이었다. 플레하노프도 그들과 함께 있었는데 고르바초프가 내쫓았다.

고르바초프가 따져 물었다. "누가 당신들을 보냈습니까?"

그들이 대답했다. "위원회입니다."

"어떤 위원회요?"

"국가 비상 상황에 대처하기 위해 위원회가 구성됐습니다."

"누가 그걸 만들었습니까?" 고르바초프가 대답을 재촉했다. "나는 위원회를 만든 적이 없고, 최고 소비에트가 만든 것도 아닙니다. 누가 만들었습니까?"

바클라노프는 나라가 파국으로 치닫고 있기 때문에 위원회를 구성했다고 말했다—이 위원회는 러시아어 약어로 GKChP라고 알려진 국가 비상사태위원회State Committee for the Emergency Situation라는 이름을 얻게 되었다. 바클라노프가 한마디 덧붙였다. "국가 비상사태 선언에 관한 포고령에 서명을 하셔야 합니다." 방문자들은 고르바초프에게 겐나디 야나예프 부통령에게 권한을 이양할 것을 요구했다. 바클라노프는 옐친이 체포되었다고 말했다가 이내 말을 바꿔 옐친이 체포될 예정이라고 말했다. 그러면서 넌지시 고르바초프의 건강이 심각하게 악화된 것 같다고 말했다. 바클라노프는 고르바초프에게 야조프 국방장관, 푸고 내무장관, 크류츠코프 국가보안위원회 의장, 파블로프 총리, 야나예프 등이 위원회 성원이라고 말했다. 그들 대부분은 1월에 있었던 빌뉴스 진압 때 볼딘의 집무실에 모인 사람들이었다. 고르바초프는 개인적인 배신감에 분노가 끓어올랐다. "내가 이 사람들을 전부 승진시켰어요—그런데 이제 나를 배신하고 있다 이 말이지!" 고르바초프는 어떤 문서에도 서명을 거부하고는 음모 세력의 대표들에게 지옥에나 떨어지라고 저주를 퍼부었다. 바렌니코프가 고르바초프에게 사임을 요구했다. 고르바초프는 그의 이름이 기억나지 않는 척하며 모욕을 주었다. "아, 맞다. 발렌틴 이바노비치던가요?"

고르바초프는 사임을 거부했다.

고르바초프 밑에서 오랫동안 참모본부장으로 일한 볼딘이 입을 열었다. "미하일 세르게예비치, 당신은 이 나라가 어떤 상태인지 모르시는군요." 고르바초프가 쏘아붙였다. "닥쳐, 비열한 놈! 네가 감히 어떻게 내 앞에서 나라 상태에 관해 훈계를 해!"[24]

그 뒤 3일 동안 고르바초프와 가족들은 사실상 휴양소에 갇힌 죄수 신세로 잠 못 이루는 고통의 시간을 보냈다. 고르바초프는 바클라노프

데드핸드

가 자기 건강에 관해 한 이야기가 자기를 독살할 수도 있다는 뜻으로 이해했다. 그 때문에 가족과 직원들은 외부 음식을 받지 않고 휴양소에 원래 있던 식품만 먹고 지냈다. 라이사가 안전을 살피는 책임을 맡았다. 고르바초프는 휴양소 이곳저곳을 공공연하게 산책했다. 자신이 건강하다는 걸 누구라도 볼 수 있게 하기 위해서였다. 차고와 출입구, 헬리콥터 이착륙장 등에 무장 경비원들이 출몰했다. 밖으로 나가는 길은 트럭들로 봉쇄되었다. 고르바초프 쪽 사람들은 소형 소니 트랜지스터라디오에 귀를 기울이다가 BBC 방송을 들었다. 모스크바의 쿠데타 세력이 발표하기를, 고르바초프는 병에 걸렸고 야나예프가 그의 직무를 대신한다는 것이었다. 고르바초프의 보안 요원들이 겨우 텔레비전 안테나를 만들었고 고르바초프 일행은 모스크바에서 열린 기자회견을 볼 수 있었다. 야나예프가 술에 취한 모습으로 기자회견장에 등장했다. 옐친이 국민들에게 쿠데타에 저항하라고 호소하는 모습도 보였다. 고르바초프는 이때를 이렇게 회고했다. "이 모든 일이 오래 지속되지 못할 게 분명했다―그들은 그냥 넘어가지 못할 것이었다." 고르바초프와 체르냐예프는 도청 장치가 없는 밖으로 나가 걸었다. 고르바초프는 쿠데타 음모자들을 "자살 요원들", "악당들"이라고 지칭했다. 고르바초프로서는 야조프와 크류츠코프가 자신을 배신했다는 사실을 믿기가 어려웠다.

월요일인 8월 19일, 체르냐예프는 고르바초프가 침대에 반쯤 누운채 노트에 뭔가를 적는 모습을 발견했다. 체르냐예프는 그 옆에 앉아 전날 벌어진 모든 사태에 대해 욕설을 퍼붓기 시작했다. 체르냐예프의 회고에 따르면 고르바초프는 서글픈 눈으로 그를 보더니 이렇게 말했다고 한다. "그래요, 좋게 끝나지 않을지도 모르지요. 하지만 당신도 알다시피 이 경우에 나는 옐친을 믿습니다. 그 사람은 그들에게 굴복하지 않을 테고, 타협도 안 할 겁니다. 하지만 그러면 결국 유혈 사태가 나겠지요."

그날 고르바초프와 체르냐예프, 라이사는 해변에 있는 작은 천막 구조물에서 은밀한 이야기를 나눴다. 그곳이라면 국가보안위원회의 도청 장치가 없을 거라고 생각했기 때문이다. 라이사가 노트에서 깨끗한 종이 몇 장을 찢어 연필과 함께 체르냐예프에게 주었다. 고르바초프가 외부 세계에 전달할 요구 사항을 불러주었다. 전화를 연결해줄 것, 모스크바로 돌아가 업무에 복귀할 있게 비행기를 돌려줄 것 등이었다. 한밤중에 그들은 무대의 막을 열었다. 고르바초프는 이리나와 아나톨리의 도움을 받아 쿠데타 세력을 비난하는 비디오를 촬영했다. 라이사는 일기에 이렇게 적었다. "우리한테 무슨 일이 생기든 국민들은 대통령*에게 어떤 운명이 닥쳤는지 진실을 알아야 한다." 그들은 비디오테이프를 분해한 다음 손톱가위로 테이프를 네 조각으로 잘랐다. 그러고는 조각마다 종이로 싸서 스카치테이프로 봉한 뒤 나중에 몰래 빼낼 수 있을 때까지 집 곳곳에 숨겨두었다. 그리고 비디오테이프는 분해한 흔적이 남지 않도록 다시 조립해두었다.

월요일 아침 8시 모스크바에서 핵 시스템을 관할하는 참모본부 부서 지휘관인 빅토르 볼디레프 대령은 상관들로부터 체모단치크, 곧 핵 가방과 당직 장교들을 모스크바로 데려오라는 지시를 받았다. 볼디레프는 지금은 그들과 통신할 방법이 없다고 대답했다. 전화선이 여전히 불통이었다.

오전 9시 포로스에서는 핵 가방을 담당하는 다음 교대조의 당직 장교들이 고르바초프가 있는 건물의 문 앞에 나타났다. 그들은 군 숙소에 고립되어 있었기 때문에 무슨 일이 벌어졌는지 전혀 모르는 상태였다. 문 앞에서 그들은 통행증이 이제 유효하지 않다는 통지를 받았다. 라디

---

* 고르바초프는 대통령이자 서기장이었다.

데드핸드

오에서 국가비상사태위원회의 방송이 흘러나오고 있었다. 한 시간 뒤 당직 장교들은 돌아가라는 말을 들었다.

결국 국가보안위원회의 도움을 받은 볼디레프가 포로스에 당도했다. 그는 당직 장교들에게 핵 가방을 가지고 모스크바로 돌아가라고 지시했다. 그날 오후 2시, 장교들은 장비들—대통령의 체게트와 암호문이 담긴 손가방 등—을 가지고 지프차에 올라 공항으로 이동했다. 그들은 고르바초프의 전용기를 타고 모스크바로 돌아갔다. 원래는 화요일에 있을 새로운 연방 조약 서명식 행사에 참석하기 위해 고르바초프가 타고 갈 비행기였다. 당직 장교들이 모스크바에 도착하자 참모본부 대표들이 와서 핵 가방을 받아갔다.[25]

옐친은 지난 6월에 소련 내 공화국들 가운데 가장 큰 러시아공화국 대통령에 당선되었다. 호전적이고 무쇠 같은 의지를 갖춘 옐친은 쿠데타 세력에 맞서 모스크바 시민들을 결집시켰다. 8월 19일 아침 옐친의 별장에서 그와 몇몇 지지자들은 저항 선언문을 작성했다. 그는 정장 안에 방탄조끼를 입고 시내로 달려갔다. 모스크바 강둑에 있는 '소련의 백악관'이라고 알려진 19층짜리 건물을 향해 탱크들이 몰려오고 있었다. 옐친의 집무실이 있는 곳이었다. 옐친은 백악관에서 나와 이 건물을 지키기 위해 달려온 수많은 사람들을 향해 걸어갔다. 언론인 마이클 돕스에 따르면 "결연한 표정으로 백악관 정면의 행사용 계단을 성큼성큼 내려오는 러시아 대통령의 우뚝한 모습을 보자 군중 사이에서 환호성이 일었다". 옐친은 타만스카야 사단Taman Division의 110호 탱크에 기어 올라갔다. "무력 사용은 절대 받아들일 수 없습니다." 옐친이 단언했다. "우리는 우리 동포들이 반란자들의 포학한 무법 행위가 승인되도록 방관하지 않을 것이라고 절대적으로 확신합니다. 반란자들은 수치심과 명예를 모두 내팽

개쳤습니다. 우리는 군부 인사들에게 호소합니다. 불의에 항거하는 시민으로서의 용기를 보여주기를, 그리고 반동적인 쿠데타를 단호히 거부하기를 호소합니다."[26]

8월 21일 수요일, 쿠데타 시도는 실패로 돌아갔다. 탱크와 병력이 모스크바 거리에서 행동을 벌일 준비를 갖췄지만 백악관을 공격하기로 되어 있던 국가보안위원회의 정예 특수 부대가 행동을 거부했다.

고르바초프는 핵 가방의 통제권을 잃었지만 군의 핵무기 지휘관들은 냉정을 유지했다. 공격 개시 명령권이 있는 세 명 중 적어도 한 명, 곧 공군의 예브게니 샤포시니코프 장군은 공개적으로 반란에 반대했다. 훗날 장군은 회고록에서 자신이 야조프 국방장관에게 다른 두 참모장, 곧 로켓군과 해군의 참모장들도 자신을 지지한다고 말했다고 술회했다. 필시 그들은 어릿광대 같은 쿠데타 세력이 어떤 지시를 내려도 따르지 않았을 것이다.[27] 핵 지휘 통제의 작동 과정에 정통한 야리니치는 쿠데타 시기 동안 국방부 안에 있었다. 그는 말했다. "군부 내의 굉장히 많은 인사들이 조국에 긍정적인 변화가 생기기를 기다리고 있었고, 변화에 공감하고 있었습니다. 그들은 공황 상태에 빠지지 않았습니다. 군은 이런 폭풍우 속에서 배를 흔들면 얼마나 위험한지 잘 알고 있었고, 배가 뒤집어지는 사태를 막으려고 최선을 다했습니다."[28]

체르냐예프는 고르바초프가 의기양양하게 모스크바로 돌아가는 동안 비행기 안에 흘렸던 행복감을 회고했다. 하지만 8월 22일 새벽 2시 고르바초프가 브누코보 공항에 도착하자 그간의 팽팽한 긴장감으로 인해 그의 가족 중에 희생자가 생겼음을 알 수 있었다. 포로스에서 보낸 마지막 날, 라이사가 가벼운 뇌졸중을 일으켰다. 공항에서는 이동하는 차 안에서 고르바초프의 딸 이리나가 신경쇠약을 겪어 좌석에 몸을 파묻고 괴롭게 흐느꼈다. 아나톨리가 부인을 위로하려고 애썼다.

고르바초프는 다음과 같이 단언했다. "나는 포로스에서 다른 나라로 돌아온 거고, 나 자신이 이제 완전히 다른 사람이야." 하지만 고르바초프는 이 3일 동안 나라가 얼마나 크게 바뀌었는지를 깨닫지 못했다. 옛 체제—그의 생애를 형성한 배경이자 그가 글라스노스트와 페레스트로이카로 이끈 당과 국가—는 이제 생명을 다한 상태였다. 고르바초프는 훗날 이런 사실을 인정했다. "당시에 나는 아직 비극이 어느 정도인지를 제대로 알지 못했습니다." 쿠데타의 충격과 가족들이 받았던 정신적 외상이 북받쳐 오르는지 그는 말까지 더듬었다. 고르바초프는 군중이 기다리고 있는 백악관으로 곧장 가지 않았다. 다음 날 열린 거대한 승리 시위에도 모습을 드러내지 않았다. 그는 사람들이 얼마나 변했는지, 옛 체제와 완전히 단절하기를 얼마나 절실히 원하는지 알지 못했다. 8월 22일 기자회견에서 고르바초프는 비록 당의 우두머리들이 배신하긴 했지만 공산당은 여전히 "진보 세력"이라고 말했다. 이틀 뒤, 옐친이 압력을 가하는 가운데 고르바초프는 당 서기장을 사임하고 중앙위원회 해산을 요구하며 뒤로 물러났다. 옐친은 소련 공산당의 모든 활동을 중단시켰다. 고르바초프는 여전히 대통령이었지만 쿠데타 시도를 전후로 공화국마다 독립을 주장하고 나섬에 따라 나라는 급속하게 해체되고 있었다.[29]

체르냐예프는 쿠데타 직후의 어느 날 올드스퀘어에 있는 중앙위원회 사무실에서 일하다가 구내 방송을 통해 즉시 건물에서 모두 나가라는 지시를 들었다. 그는 방송을 무시하고 몇 시간 동안 계속 일을 했다. 그러고는 방을 나서려고 문으로 다가가는 순간 밖에 군중이 모여 있는 걸 목격했다. 그는 안전을 위해 지하 터널을 통해 크렘린으로 피신했다. 수천 명이 환호하는 가운데 모스크바 시 정부가 중앙위원회 사무실을 접수했다. 당은 마지막 숨을 토해냈다.

세르게이 아흐로메예프는 낙담한 상태였다. 6년 전, 그는 중앙위원회 사무실에 도착해 고르바초프를 만나 그를 돕겠다고 약속했다. 그는 아프가니스탄에서 군대를 철수시키고, 군사 교의를 검토하고, 레이캬비크에서 협상을 하는 등 고르바초프와 동고동락하며 군축에 관한 많은 일을 해온 인물이었다. 그는 미리 쿠데타 시도를 알지는 못했지만 쿠데타가 시작되자 휴가지에서 모스크바로 돌아와 군이 백악관 공격을 준비하는 것을 도왔다. 아흐로메예프는 초기 쿠데타 음모 세력의 일원은 아니었지만 힘을 보탰다. 반란이 실패로 돌아가자 아흐로메예프는 크렘린의 자기 집무실에서 흰색 나일론 줄로 목을 매 자살했다. 그는 책상 위에 메모 하나를 남겼다.

내 조국이 죽어가고 내가 믿었던 모든 것들이 파괴되고 있는데 내가 목숨을 부지할 수는 없다. 내 나이로 보나 이제까지 산 인생으로 보나 나는 목숨을 버릴 권리가 있다. 나는 끝까지 싸웠다.[30]

3부

냉전의 위험한 유산

DEAD HAND

17

거대한 해체

쿠데타가 실패로 돌아간 다음 날, 미국 상원 군사위원회 위원장 샘 넌 상원의원은 모스크바 거리에서 가까스로 군중을 헤치며 길을 가고 있었다. 넌은 부다페스트 회의 참석 중에 미국캐나다연구소 부소장 안드레이 코코신으로부터 전화를 받고 모스크바로 날아온 참이었다. 두 사람은 오랫동안 알고 지낸 사이였는데, 넌은 코코신의 목소리를 듣고 비상사태라는 것을 분명하게 알아차렸다. 코코신은 넌이 당장 모스크바로 오기를 원했다. "(코코신은) 러시아에서 큰일이 벌어지고 있다고 말했다. 그는 **러시아**라는 말을 네 번이나 했다. 전에는 언제나 소련이라고 말했는데 말이다. 머릿속에서 뭔가 떠오르는 게 있었다." 모스크바에서 코코신은 넌을 비좁은 소형차에 태워 곧바로 백악관으로 향했다. 탱크를 막기 위해 석판과 건축 폐기물로 서둘러 쌓은 바리케이트의 흔적이 곳곳에 남은 거리에 옐친 지지자들이 모여 있었다. 코코신은 넌에게 러시아의 새로운 지도자들이라면서 몇 사람을 소개해주었다. 다음 날, 코코신은 넌을 데리고 소련 해체에 관한 의회 토론을 들으러갔다. 건물에서 나온 넌은 붐비는 사람들 사이를 뚫고 갔다. 열띠고 흥분된 분위기였다. 그는 "새로운 나라가 만들어지고 있었다"고 회고했다. 군중은 소리를 질렀다. "소련을 타도하자!"

넌은 계속해서 크렘린에 있는 고르바초프를 만나러갔다. 두 사람은 한 시간 정도 이야기를 나누었다. "그 사람은 동요하는 모습이었다. 대단한 경험을 한 게 분명했다. 우리는 소련에 무슨 일이 생길지에 관해 꽤 오래 이야기를 나누었다. 그는 여전히 소련이 계속 유지될 거라고 말했다. 그는 아직 대통령이었다." 넌은 핵무기 지휘 통제 문제를 꺼냈다. 그의 마음 한구석에는 여러 공화국에 흩어져 있는, 쉽게 이동이 가능한 소형 전술 핵무기에 관한 걱정이 도사리고 있었다. "(고르바초프는) 소련은 그대로 남을 것이며, 상황이 제대로 통제되고 있다고 나를 안심시켰다."

넌은 자리에서 일어나며 고르바초프 쪽을 보면서 물었다. "감금 상태일 때 지휘 통제권을 잃으셨습니까?"

고르바초프는 질문에 답하지 않았다.[1]

넌은 조지아 주 페리의 유력한 감리교도 집안에서 자랐다. 인구 1만 1,000명의 소농 지역이었다. 아버지는 변호사 겸 농부로 넌이 태어났을 당시 페리 시장이었고 주 의회와 교육위원회에서 일한 적도 있었다. 넌은 1962년 에모리대학교 법대를 졸업한 뒤 워싱턴에서 1년 동안 하원 군사위원회 직속 변호사로 일했고, 조지아로 돌아와 주 의회에서 일하던 중에 1972년 연방 상원에 출마했다. 그는 앞선 세대의 유력한 남부 민주당원들에게 많은 조언과 영향을 받았다. 칼 빈슨이나 존 스테니스 등을 비롯해 군의 든든한 보루인 보수주의자들이었다.[2] 넌은 상원에서 소련의 의도를 주의 깊게 경계하는 온건 보수파였다. 그는 레이건의 군사력 증강에 찬성표를 던졌지만 한편으로는 우발적인 핵전쟁의 위험성을 줄이기 위한 군축 협정의 옹호자였다. 그는 군축을 통해 "두 초강대국이 방아쇠에서 손가락을 떼야 한다"고 말한 적이 있다.[3]

넌는 쿠데타 이후 모스크바의 모습을 보면서 오래전 냉전의 일촉즉발 상황에 관한 개인적인 기억이 떠올랐다. 상원의원이 된 지 1년밖에 되지 않은 1974년, 넌은 벨기에 브뤼셀에 있는 나토 본부와 서독, 이탈리아의 미군 기지들을 둘러보았다.[4] 유럽에서 전쟁이 벌어지면 분단 독일이 첫 번째 전장이 될 게 분명했다. 소련의 전쟁 계획에 따르면, 소련은 동독과 체코슬로바키아에서 서독으로 60개 사단을 대규모로 진격시켜 13~15일 안에 독일-프랑스 국경까지 밀어붙인다는 전략을 갖고 있다.[5] 이 과정에서 나토의 전술 핵무기, 일명 전장 핵무기와 맞닥뜨릴 게 분명했다. 미국의 과학자와 기술자들은 이미 소형 미사일과 포탄에 장착할 수 있는 조그마한 핵탄두를 만들어 보유하고 있었다. 이 소형 핵무기의 화력은 대규모 군 병력의 대안이 되기에 충분한 수준이었다. 넌이 둘러보던 그때 이미 서구는 유럽 전역에 7,000개의 핵무기를 배치해놓은 상태였다. 미국 항공기와 미사일의 상당수가 비상사태 발생에 대비해 5분 경계 태세를 유지하고 있었다.

넌은 탄두와 포탄을 벙커에 감춰둔, 서독에 있는 미국의 전술 핵무기 기지에서 상대적으로 작은 장치들을 보았다. 그중에는 한두 명이 쉽게 운반할 수 있는 탄두도 있었다. 지휘관들은 모든 무기가 안전하다고 넌을 안심시켰다. 하지만 넌이 건물을 나서는데 병장 하나가 악수를 청했고, 넌의 손에 접힌 종이가 느껴졌다. 그는 슬그머니 그것을 주머니에 챙겨넣었다.

"넌 상원의원님, 오늘 일과 시간 뒤 6시쯤에 막사에서 저와 동료 위병 몇 명과 만나주십시오. 당신에게 전달할 매우 중요한 정보가 있습니다."

그날 밤, 넌과 전문위원 프랭크 설리번은 막사로 갔다. 훗날 넌은 그 병장과 "서너 명의 동료 병장들이 내게 끔찍한 이야기를 해주었다"고 술회했다. "베트남 이후 사기가 떨어진 군에 관한 이야기, 약물 남용에 관한 이야기, 알코올 남용에 관한 이야기, 미국 병사들이 실제로 약에 취한 채 전술 핵무기 경비를 선다는 이야기였다. 한 시간도 넘게 이런 이야기들이 술술 나왔다." 넌은 "엄청나게 충격을 받은 채" 그 자리를 떠났다.[6]

넌은 유럽에서 핵전쟁의 인계철선을 발견하는 게 얼마나 쉬운지도 목격했다. 그는 상원에 제출한 보고서에서 이렇게 말했다. "전쟁이 시작되자마자 전술 핵무기를 사용하게 될 것이고 그러면 아마도, 아니 상당히 높은 확률로 긴장의 고조 과정을 거쳐 전략 핵전쟁으로 사태가 비화할 위험이 있다." 넌의 기억에 따르면 나토의 브리핑 담당자들은 "필요해진 즉시" 그러나 "가급적 늦게" 핵무기의 사용을 바란다고 말했다. 넌은 그들이 **가급적 늦게**란 말을 충분히 강조하지 않는다고 느꼈다.

넌은 오랜 세월 동안 소형 전술 핵무기가 거대한 대륙간탄도미사일보다 위험성이 훨씬 더 크다고 우려했다. 베를린을 둘러싸고 작은 충돌이 벌어져 감당할 수 없게 되면 무슨 일이 벌어질까? 넌은 다음과 같이 말했다. "갑자기 쾅 하고 사태가 벌어지고 미국 대통령의 책상 위에 전장 핵무기를 사용할 수 있게 해달라는 요청이 들어온다. 나는 세상 어느 누구도 이런 일이 시작되면 어떤 사태가 벌어질지 알 수 없다고 확신했다. 자리에 앉아서 전 세계의 분석 자료를 모두 읽을 순 있겠지만 일단 전장 핵무기를 사용하기 시작하면 어느 누구도 그 결과가 어떻게 될지 알 수 없다." 넌은 1980년대에 우발적인 핵전쟁에 관한 그의 우려에 새로운 차원을 덧붙였다. 두 초강대국이 조기 경보 시스템상의 격차 때문에 대결로 치달을 수 있다는 것을 깨달은 것이다. 미사일 하나가 발사된다. 아마도 제3국의 잠수함이 그 역할을 맡을 것이다. 그 '발사'가 선제 타격용으로 오인된다. 그리고 아무도 무엇이 어떻게 시작되었는지 깨닫지 못한 채로 대규모 보복 공격이 개시된다. 넌은 미국 전략공군사령부에 잠수함에서 미사일이 발사되는 경우 어디서 발사한 것인지 신속하고 정확하게 탐지할 수 있는지 물었다. 전략공군사령부는 극비 연구를 진행한 뒤 넌에게 보고했다. 미국은 잠수함이 발사된 원점을 정확하게 추적할 수 있는 "상당한" 역량이 있는 반면 소련의 경보 시스템은 훨씬 열악하다는 것이었다. 이를테면 소련이 중국에서 발사된 미사일을 미국에서 발사한 것이라고 오판하면 끔찍한 상황이 벌어질 수 있었다.[7]

1991년 8월, 모스크바의 혼잡한 거리에서 핵무기의 위험에 관한 넌의 모든 경험과 지식과 공포가 한데 어우러져 치밀고 있었다. 소련 전역에 분산되어 있는 수천 개의 소형 원자폭탄을 누가 지킬까? 소련이 혼돈과 내전에 빠져든다면 어떤 일이 벌어질까? 핵무기의 지휘와 통제는 누구의 책임이었나? 베트남 이후 미군 병사들이 그랬던 것처럼 소련군의 사기가 떨어지면 어떻게 될까? "(미국으로 돌아오는 동안) 나는 두 가지를 확신했다. 첫째, 이제 소비에트 제국은 사라질 것이다. 둘째, 그들과 우리에게는 엄청나게 거대한 안보 문제가 생겼다."

여름휴가 막바지에 메인 주 워커스포인트에 있는, 대서양이 훤히 내다보이는 집안 저택의 발코니에 앉아 부시는 쿠데타가 어떤 결과로 이어질지 곰곰이 생각했다. 그는 9월 2일 오전에 가진 기자회견에서 비틀거리는 소련에 원조를 제공하기 위해 "미국의 국방력을 감축하지는" 않겠다고 말했다. 점심시간에는 혼자 발코니에 앉아 일기를 쓰며 47년 전 그날 2차 대전 중에 태평양 상공에서 격추됐던 일을 회고했다. 너무나도 많은 것이 변해 있었다. 그날 아침, 부시는 발트 3국의 독립을 인정했다.

부시는 요 며칠 동안 스코크로프트 국가안보보좌관과 함께 핵전쟁의 위험을 줄이기 위한 새로운 포괄적인 계획을 내놓는 것에 대해 논의했다.[8] 부시는 언제나 신중을 강조하고 성격 자체가 조심스러웠지만 이번에는 대담하게 행동했다. 3주 만에 미국의 지상과 해상 핵무기를 대대적으로 철수하기 시작했다. 지루한 협상이나 조약, 검증 조치도 없이 소련의 호혜적 행동을 기다리지도 않은 채 행동에 착수한 것이다. 역사학자 레이먼드 L. 가소프는 이것을 보고 "거꾸로 된 무기 경쟁", 곧 무기 감축 경쟁이라는 이름을 붙였다. 부시는 9월 27일 백악관에서 한 전국 텔레비전 연설에서 이렇게 말했다. "세계가 극적으로 빠르게 변화하고 있습니다. 어제의 잉크가 마르기도 전에 날마다 역사의 새로운 페이지가 작성되고 있습니다." 부시는 미국이 세계 곳곳에 있는 지상 발사 전장 핵무기(전술 핵무기)를 모두 폐기하고 함정에 있는 핵무기는 모두 철수시킬 것이며, 전략 폭격기의 초경계 태세를 낮추고, 450기의 대륙간탄도미사일의 즉시 대비 태세를 해제하고, 몇몇 핵무기 현대화 프로그램을 취소한다고 발표했다.[9] 발표 내용대로라면 핵 포탄 1,300개, 랜스 미사일 핵탄두 850개, 해군 핵무기 500개를 철수한다는 것이었다. 부시는 앞서 미국이 전략 무기 협상의 일부로 논의조차 거부했던 해상 무기를 단번에 철수시킨 셈이었다.

10월 5일, 고르바초프도 무기 감축 경쟁에 합류했다. 그는 지상 발사 전술 핵무기를 철수시키고 선박과 잠수함에서 전술 핵무기를 제거하며 전략 폭격기의 경계 태세를 해제하고 대륙간탄도미사일 503기를 전투태세에서 제거한다고 발표했다. 전 세계는 다시 한 번 번개 같은 속도로 무장해제가 실제로 이루어지는 모습을 목격했다. 중앙정보국은 보고서에서 고르바초프의 계획이 실행되면 사실상 소련 지상군의 핵전력이 사라질 것이라고 지적했다.[10] 불과 몇 주 전 부시와 고르바초프는 크렘린의 상트블라디미르홀에서 협상에 10년 가까이 걸리고 실행에 7년이 소요되는 전략 무기 조약에 서명한 바 있었다. 그런데 이제 두 사람은 단한 차례의 교섭도 없이 곧바로 행동에 나섰다. 아무 구속력도 없고 검증할 방법도 없었지만 냉전 시대의 무기 경쟁이 가장 자발적이고도 극적으로 역전되는 광경이었다.[11]

10월 21일, 부시는 스코크로프트 국가안보좌관에게 메모를 한 장건넸다. "이 문제를 논의해보세요. 지금도 군사보좌관이 내가 가는 곳마다 그 검은색 가방을 들고 따라다닐 필요가 있을까요?" 핵전쟁을 관리하기 위한 암호가 담긴 '축구공'에 관해 묻는 것이었다. 부시는 이제 군사보좌관이 핵 가방을 들고 그림자처럼 자기를 따라다닐 필요가 없다고 생각했다. 하지만 스코크로프트를 비롯한 이들은 아직 필요하다고 대통령을설득했다. 국무부가 새로 작성하여 베이커에게 건넨 정책 제안서에는 다음과 같은 내용이 담겨 있었다. "우리가 아는 소련은 이제 더는 존재하지 않는다. 지금 중요한 것은 소련의 붕괴가 이 시점부터 어떻게 진행될것인가 하는 점이다. 우리의 목표는 붕괴가 가급적 평화롭게 진행되도록만드는 것이어야 한다."[12]

그해 가을 소련에서 벌어진 사태들로부터 생겨난 안도와 승리감과새로운 가능성은 아무리 강조해도 지나치지 않다. 조지 케넌이 '긴 전문Long Telegram'으로 봉쇄라는 냉전 전략의 토대를 닦은 때로부터 45년이 흘러, 세계의 모습을 주조해온 길고도 소모적인 경쟁이 별다른 대재앙도없이 돌연 종언을 고하게 되었다. 오랫동안 고르바초프에 관해 심각한의구심을 표명했던 중앙정보국장 로버트 게이츠는 이렇게 말했다. "아무리 무자비한 현실주의자라도 세계가 변화했음을 보아야 합니다. 마침내공산주의가 패배했습니다."[13]

하지만 영화 《그날 이후》나 핵겨울 같은 공포스러운 미래를 깡그리잊을 수 있을 정도로 행복감에 도취된 이 시기에도 지평선 위로 위험이 그 모습을 드러냈다. 겹겹이 싸인 소련의 비밀주의의 장막은 여전히 위협을 가리고 있었고 축제 분위기 속에 그 위협은 더더욱 그늘 아래 방치되었다. 하지만 고르바초프가 전술 핵무기를 철수시키는 과정에서 이미 위협의 징후가 나타났다. 소련은 열차를 이용해 핵탄두를 새로운 저장소로 서둘러 옮겼는데, 굶주린 병력을 먹여 살리기도 힘들 정도로 약화된 소련군이 과연 핵탄두를 제대로 지킬 수 있을까? 수많은 권력 중추들—새로운 국가들로 떨어져나가는 공화국들—이 앞다퉈 경쟁하는 가운데 소련의 중앙집권화된 지휘 통제 체계가 그대로 유지될 수 있을까? 이런 질문들에 대한 답은 누구도 알지 못했다. 혼돈과 격변의 징후는 어디에나 있었다. 소련의 철도 차량은 상대적으로 조잡해서 정교한 경보 시스템이 없었다. 탄두를 열차에 싣기 전에 기폭 장치를 해제했지만 총탄이나 유산탄으로부터 탄두를 보호할 수 있는 장갑 외피는 전혀 없었다. 탄두 저장소는 가득 찼다. 때로는 열차가 중간에 완전히 멈춰서기도 했다. 해체한 무기에서 제거한 우라늄과 플루토늄을 보관할 용기도 턱없이 부족했다. 소련 체제에는 이런 위험 물질을 장기간 저장할 수 있는 제대로 된 안전한 저장소가 없었다. 그해 가을 워싱턴을 방문한 한 소련 관리는 탄두에서 제거한 플루토늄을 보관할 안전한 저장소를 짓기 위해 서구가 도와줘야 한다고 끈질기게 졸랐다. 핵폭발을 일으키는 데 필수적인 플루토늄 핏plutonium pit 수천 개가 가구 창고에 쌓인 수많은 상자들처럼 보관되어 있었다. 소련 관리는 다급하게 경고했다. "이 용기들이 창문 밖으로 빠져나올 지경입니다!"[14]

아무도 "거꾸로 된 무기 경쟁"을 할 준비가 되어 있지 않았다.

넌은 미국으로 돌아오면서 이제까지 목격한 상황에 관해 곰곰이 생각했다. 그는 소련이 붕괴되면서 이제 막 등장하는 신생 국가들—러시아를 비롯해—을 미국이 도와야 한다고 생각했다. "결국 핵무기 발사 장치에 얹은 몇 개의 손가락으로 모든 것이 끝날 수 있다"는 생각에서였다. 이러한 핵 시대의 악몽에 대해 아직 구체적인 행동을 구상하기는 쉽지 않았다. 위험은 다급해 보였지만 자세한 내용은 아직 파악할 수 없었다. 소련 체제에 정통한 미국의 전문가 중 한 명으로 워싱턴 브루킹스연구소의 연구자인 브루스 블레어는 모스크바에서 연구하는 동안 소련의 핵무기 지휘 통제에 관해 많은 핵심적인 질문을 던진 바 있다. 그는 옛 소련의 경직되고 집중된 통제 체제에 대해서는 믿을 만하다고 생각했지만 이 체제가 무너지는 경우에 어떤 일이 생길지에 관해서는 넌처럼 걱정하고 있었다.[15] 또 다른 정통한 전문가는 물리학 교수이자 하버드대학교 과학국제문제연구소Center for Science and International Affairs 소장인 애시턴 B. 카터였다. 그는 1980년대에 펜타곤에서 일을 했던 덕에 미국의 핵무기 지휘 통제 시스템이 얼마나 복잡한지 알고 있었다.[16] 카터는 핵무기를 단속하는 문제는 단순히 기술적인 게 아니라고 넌에게 말했다. "핵무기 관리 시스템은 그 시스템을 포괄하는 사회 시스템이 안정될 때만 안정을 유지합니다. 그리고 이 시스템은 단순한 기계 장치가 아니라 여러 사람과 기관, 표준적인 작동 절차 등 많은 요소들로 이루어지지요. 이 모든 게 사회혁명 한가운데에 휘말린다면 엄청난 문제가 생기게 됩니다."

샘 넌이 방금 전 모스크바 거리에서 목격한 게 바로 그런 사회혁명이었다.

넌은 미국으로 돌아오자마자 국회의사당을 가로질러 위스콘신 주 출신의 민주당 하원의원 레스 애스핀의 사무실로 갔다. 당시 애스핀은 하원 군사위원장이었다. 처음 의회에 진출했을 때만 해도 애스핀은 명성을 좇는 사람이자 펜타곤의 사치스런 지출을 폭로하는 데서 즐거움을 찾는 독불장군으로 이름을 날렸다. 나중에 그는 중도파로 돌아섰고 넌처럼 군과 국방 문제에서 영향력 있는 대변자가 되었다. 소련의 쿠데타 직후인 8월 28일, 애스핀은 군비 우선에서 민생 우선으로 극적인 전환을 하자고 제안했다. 2,900억 달러의 국방 예산 가운데 10억 달러를 소련 국민에 대한 인도주의적인 원조에 지출하자는 것이었다. 2주 뒤인 9월 12일, 애스핀은 『새로운 위협: 미래가 불확실한 소련의 핵무기A New Kind of Threat: Nuclear Weapons in an Uncertain Soviet Union』라는 백서를 발표했다. 이 글에서 그는 "공산주의가 지배한 70년을 보내고 처음 맞이한 자유의 겨울이 재앙이 되지 않도록" 미국이 보장해야 한다고 단언했다.

넌과 애스핀의 대화는 서로를 존중하는 분위기였고 처음에는 둘 다 눈썰미 있게 의견을 교환했다. 넌은 애스핀을 잘 달래서 입장을 바꾸게 할 생각이었다. 그는 러시아에서 가장 시급하게 필요로 하는 건 소련이 비축 무기를 해체하는 것을 돕는 일이라고 말했다. 두 사람은 애스핀의 구상대로 의약품 전달과 인도주의적인 원조를 위해 10억 달러를 제공하는 법안에 합의했고, 넌이 우선 과제로 제시한 비무장화와 탄두 폐기, 방위 공장의 민간용 전환 등을 위한 자금 제공에도 동의했다.[17]

하지만 넌과 애스핀은 둘 다 노련한 정치인이었음에도 국민들의 분위기만큼은 심각하게 오판했다.[18] 국내에서는 불황이 시작되고 있었고 유권자들은 해외에 관여하는 데 지친 상태였다. 11월 초, 펜실베이니아 연방 상원의원 선거에서 민주당의 해리스 워퍼드가 공화당의 딕 손버그에 역전승을 거두었다. "지금은 우리 국민들을 돌봐야 할 때"라는 성난 포퓰리즘 캠페인이 성공을 거둔 것이었다. 넌-애스핀 법안은 때를 잘못 만난 격이 되었다. 여론조사에 따르면 미국인들은 소련에 직접 원조를 하는 데 반대했다. 애스핀은 "바람의 방향이 바뀌는 걸 느낄 수 있었다"고 회고했다.[19]

넌은 "그것은 분명 대폭발이었다. 온건한 반대 같지 않았다"고 회고했다. 그는 크게 낙담했다. 그는 모스크바 거리에서 자기 두 눈으로 혼돈을 목격했고 핵 사고와 핵무기 확산의 가능성을 알고 있었다. 하지만 다른 워싱턴의 정치인들에게는 이런 위험이 안중에도 없는 것 같았다. 일부 상원의원들은 그에게 1분짜리 짧은 코멘트로는 입법을 지지해야 하는 이유를 설명할 수 없다면서 찬성표를 던지지 않겠다고 말했다. 넌은 11월 13일 상원 회의장에서 감동적인 연설로 무관심한 분위기를 돌파하려고 노력했다. 그는 전략 무기 조약이 체결된 뒤에도 러시아 바깥의 여러 공화국들을 비롯해 급속하게 해체되는 소련은 여전히 1만 5,000개의 탄두를 폐기해야 하며 도움을 필요로 한다고 목소리를 높였다. "유감스럽게도 이제 핵무기가 필요 없어졌다고 해서 그것들이 저절로 사라지는 것은 아닙니다." 소련은 저장소와 운송 수단, 해체 공장, 방사성 물질을 다룰 장비 등이 부족했다. 넌은 워싱턴을 방문한 소련의 원자력부 차관 빅토르 미하일로프로부터 이런 자세한 내용을 들어 알고 있었다.[20]

넌은 상원의원들에게 물었다. "지금 이 역사적인 시기에 우리는 우리에게 주어진 기회에 대해 제대로 인식하고 있습니까? 또한 우리가 핵 확산이라는 거대한 위험과 마주하고 있다는 사실을 잘 알고 있습니까? 아니면 수수방관하면서 이 나라에서 국민들이 듣고 싶어한다고 생각하는 말에만 영합하고 있습니까?"

"아무것도 하지 않는다면 어떤 결과가 생길까요?"

넌은 곳곳에 핵무기가 쌓여 있는 소련이 유고슬라비아처럼 내전에 빠진다면, 과연 동료 상원의원들이 그때는 어떤 식의 1분짜리 설명을 필요로 할지 궁금해했다. "1만 5,000개의 핵무기를 폐기하는 걸 돕는다고 소련의 군사적 위협이 감소하는 게 아니라면 왜 우리는 지난 30년 동안이 1만 5,000개의 무기를 걱정한 겁니까?" 그는 냉전 시기 동안 미국이 지출한 4조 달러에 비해 무기를 폐기하는 데 드는 10억 달러는 "수천, 수만 개의 소련 핵무기의 폐기를 돕는 비용으로는 그다지 큰 액수가 아닐 것”이라고 주장했다.

넌은 다음과 같이 선언했다. “우리에게는 전쟁 무기를 전례 없이 폐기할 수 있는 기회가 있습니다.” 그러면서 경고했다. “한 나라의 경제가 결딴나고 있고, 지금 당장은 핵무기를 폐기하려고 합니다. 하지만 앞으로 몇 달이나 몇 년 뒤에는 생각이 달라질지도 모르는데, 우리는 그 옆에서 잠이나 자고 있습니다. 말 그대로 잠 말입니다.”

“우리는 계속 수수방관할 겁니까?” 그리고 넌은 입법을 철회했다.[21]

이런 결정적인 순간에 대통령의 모습은 어디에도 보이지 않았다. 부시는 넌-애스핀 입법을 위해 정치적 위험을 무릅쓰려고 하지 않았다. 하지만 모스크바에서 온 몇 안 되는 영향력 있는 대변자들이 상원에서 변화를 일으켰다. 넌이 법안을 철회하고 몇 시간 뒤 고르바초프의 페레스트로이카를 설계한 주역인 알렉산드르 야코블레프가 초저녁에 국회의사당에서 열린 리셉션에서 상원의원들과 이야기를 하면서 비상사태의 심각성을 각인시켰다. 이틀 뒤 넌은 다시 입법 시도에 나섰다. 소련의 미국캐나다연구소의 고위 관리 두 명—모스크바에서 흰색 소형차를 끌고 와서 넌과 만난 안드레이 코코신과 세르게이 로고프—도 그때 워싱턴에 있었다. 이 연구소는 오래전부터 방위와 안보 문제에 관해 미국과 소련의 전문가들이 교류하는 장이었다. 넌은 두 사람을 조촐한 오찬에 초대했는데, 인디애나 주 출신의 상원의원으로 대외 문제에 관한 공화당의 주요 대변자인 리처드 루가도 데려왔다. 오찬 자리에서 코코신과 로고프는 시시각각으로 고르바초프의 손에서 권력이 빠져나가고 있으며 “최악의 시나리오”가 펼쳐지면 핵무기가 소련의 공화국들이 벌이는 권력 투쟁에 휘말릴 수 있다고 경고했다. 두 사람은 현재 소련은 일촉즉발의 위험한 상황이라면서 미국이 "정신을 차려야 한다"고 촉구했다. 루가는 언론인인 돈 오버도퍼에게 코코신, 로고프와 함께한 점심 식사 자리에서 "아주 놀라운 대화"를 나누었다고 말했다.[22]

11월 19일, 하버드대학교의 물리학자 애시턴 B. 카터가 브레인스토밍 회의를 위해 루가와 함께 넌의 사무실로 왔다. 소련 군산복합체를 조사한 적이 있는 스탠퍼드대학교의 윌리엄 J. 페리, 뉴욕 카네기재단의 데이비드 햄버그, 브루킹스연구소의 존 스타인브루너도 참석했다. 카터는 모스크바에서 매일 흘러나오는 언론 보도를 볼 때 소련의 붕괴는 분명한 현실이며 엄청난 안보 위협이라는 요지를 납득시켰다. 카터는 당시 다음과 같은 이야기를 했다고 회고했다. "이건 정말로 전례가 없는 일입니다. 핵 강대국이 해체된 적이 없었으니까요." 카터는 바로 전에 잠재적인 위험에 관한 연구서인 『소련의 핵분열: 해체되는 소련의 핵무기 통제 Soviet Nuclear Fission: Control of the Nuclear Arsenal in a Disintegrating Soviet Union』를 마무리했는데, 이 책은 넌을 비롯한 이들이 당시 직면한 끔찍한 딜레마를 생생하게 보여주었다. 책에서 카터는 핵무기에 관한 소련의 비밀주의 장막 뒤에 무엇이 숨어 있는지 정말 아무도 모른다고 지적했다. 하지만 "세 가지 주요한 위험"이 존재한다고 경고했다. 핵무기 통제권이 서로 다른 공화국들로 분산되는 위험, 무기나 부품이나 핵분열 물질이 "공인되지 않은 이들의 손에 들어갈" 가능성, 테러리스트나 다른 나라를 비롯한 외부 집단이 혼돈에 빠진 소련으로부터 "절도나 매매를 통해" 핵무기나 물질, 관련 지식을 입수하려고 할 가능성 등이 그것이었다. 넌이 악당 장군이 핵무기 발사 시스템을 장악하는 사태를 두려워했다면 카터는 "갖가지 동기, 그리고 망나니 장군부터 고집불통 과학자, 제멋대로인 사무원이나 관리인, 부사관에 이르기까지 온갖 부류의 사람"이 위협이라고 대답했다. 다음 날인 11월 20일, 루가는 의회 발언에서 즉각적인 입법 조치를 지지한다고 선언했다. 그러면서 나라가 "전략적 위험"에 직면한 상황에서 의회에서 "다투는" 분위기가 생긴 것을 비난했다. "핵무기는 그냥 사라지지 않습니다. 무력화하고, 해체하고, 폐기해야 합니다."

11월 21일 오전 8시 아침 식사 시간에 넌은 양당의 상원의원 열여섯 명을 상원 군사위원회 회의실로 불러모았다. 지난 몇 년 동안 수조 달러의 국방 예산이 승인된 바로 그 장소였다. 넌은 자리에 모인 사람들에게 모스크바에서 자신이 목격한 현실을 이야기하고 카터에게 마이크를 넘겼다. 카터는 메모도 없이 발표를 했다. 그는 핵무기 지휘 통제는 사회의 분쟁과 무관할 수 없다고 말했다. 카터는 당시 상원의원들에게 이렇게 말했다. "여러분이 당연하게 받아들이는 것처럼 모든 게 어떤 식으로든 잘 연결되어 있어서 아무 문제가 없는 그런 상황이 아닙니다."[23] 카터의 발표 내용이 워낙 명쾌했던 덕에 곧바로 효과가 나타났다. 루가가 설명을 덧붙인 것이 결정적인 구실을 했다. 며칠 만에 넌과 루가는 상원의 분위기를 뒤집었고, 결국 소련의 핵 위험에 대처하기 위해 5억 달러를 배정하는 새로운 법을 통과시키기 위한 표가 모였다. 이런 결과는 의회에서 대외 정책 리더십을 보여준 놀랍고 보기 드문 사례였다. 부시 행정부는 무관심했다. 국무부 정책기획실장 로스는 당시 행정부는 필요성은 인정하면서도 피곤하고 기진맥진한 상태였다고 회고했다. 당시는 걸프전과 중동 평화 회담을 치른 직후였고, 대대적인 계획에 다시 힘을 집중하기가 어려웠다. 특히 딕 체니 장관이 이끄는 국방부를 중심으로 냉전의 사고방식도 여전히 남아 있었다. 카터는 도널드 애투드 국방부 부장관에게 자신이 우려하는 점을 발표 방식으로 전달했던 것을 기억했다. "그의 입장은 아주 분명했습니다. 이 나라 사람들을 가난에 빠뜨리려고 50년 동안 노력해서 이제 겨우 성공을 거뒀는데, 지금 와서 돕자는 겁니까, 하는 식이었지요. 실제로 돈*은 자유낙하라는 표현을 썼습니다. 그는 소련인들이 자유낙하하기를 원했습니다. 그런데 나는 자유낙하는 안전하지 않다고 생각했어요. 그들 손에 핵무기가 있다는 점을 감안하면 그건 안전한 입장이 아니었지요."

백악관에서 부시와 만난 자리에서 넌과 루가는 대통령에게서 양면적인 태도를 보았다. 넌의 말을 들어보자. "대통령이 '아니오'라고 말하지 않은 걸로 기억한다. 그는 단지 이 구상 전체에 아주 냉정한 태도를 견지했다. 지금 생각해보니 그는 그 구상의 정치적 위험을 감지하고 있었다." 부시가 방관자적인 태도를 보인 반면 의회는 발 빠르게 움직였다. 상원은 넌-루가 법안을 86대8의 표결로 승인했다. 총액은 나중에 4억 달러로 줄어들었고 하원에서는 구두 투표로 통과되었다. 법안은 충분한 지지를 확보하기 위해 미국이 예산을 지출할 것을 요구하는 대신 행정부가 지출할 수 있다는 문구를 사용했다. 법안에 따르면 독자적인 예산이 아니라 다른 예산에서 전용할 수도 있었다.

신중한 성격의 국가안보보좌관 브렌트 스코크로프트는 여러 나라가 핵무기를 보유하게 될 가능성을 얕잡아 보았다. 소련이 단일한 위험의 원천이던 시기가 지난 지금 스코크로프트는 중앙의 지휘와 통제가 몇몇 소규모 핵 강국으로 분산된다면 별로 위협이 크지 않다고 생각했다.[24] 하지만 베이커 국무장관은 소련의 붕괴 이후 핵무기를 둘러싼 혼란이 벌어질 가능성에 관해 다른 이들보다 경계했다. 그는 회고했다. "나는 핵무기 보유국이 늘어나는 사태를 막기를 원했다. 더 많은 핵무기를 보유할수록 안정은 줄어들게 마련이다. 우발적인 발사 가능성 같은 위험도 커지고 파키스탄처럼 작은 나라가 인도에 화를 내면서 제멋대로 구는 일도 많아진다."[25]

---

* '도널드'의 애칭.

12월 1일, 우크라이나 유권자들은 독립에 관한 국민투표에 찬성했다. 그리고 12월 8일, 벨라루스의 브레스트 시 외곽에 있는 사냥 휴양지인 벨로베시스카야푸슈차에서 옐친과 우크라이나, 벨라루스의 지도자들이 소비에트연방의 해산을 선포하고 새로운 독립국가연합을 결성했다. 고르바초프에게는 알리지도 않은 채였다. 옐친이 고르바초프로부터 권력을 강탈하려는 결심을 확고히 함에 따라 중심의 붕괴가 더욱 빨라졌다. 모스크바로 돌아온 옐친은 군부에 구애하려는 노골적인 시도로 소련 국방부를 찾아갔다. 이에 대한 베이커의 말이다. "이런 움직임은 지정학의 관점에서 보면 악몽이었다. 크렘린의 두 헤비급 선수가 정치권력을 놓고 암투를 벌이면서 군에게 자기를 따르라고 호소하며 내전의 유령을 되살리고 있었다―핵무기도 그 소용돌이 속으로 휘말렸다." 상황이 워낙 혼란스러웠던 탓에 12월 12일 프린스턴에서 연설을 할 예정이던 베이커는 수명이 다해가는 소련을 뭐라고 지칭해야 할지도 결정하지 못할 지경이 되었다. 결국 그는 "러시아, 우크라이나, 여러 공화국, 기타 공동 정치체"라는 기묘한 표현을 쓰기로 했다. 베이커는 연설에서 이렇게 말했다. "냉전 시기 동안 전쟁이 벌어질 경우에 대비해 소련의 핵무기를 파괴하기 위한 미사일과 폭격기에 수조 달러를 썼다면, 이제 이 평화의 시기에는 불과 몇 백만 달러만으로도 핵무기를 실제로 폐기하고 통제하는 일을 도울 수 있습니다."[26] 같은 날 부시는 넌―루가 법안에 서명했다.

넌과 베이커를 비롯한 사람들이 두려워한 최악의 사태는 고삐 풀린 핵무기와 순식간에 돈벌이를 할 수 있는 기회, 허약한 국가 등이 한데 결합해서 일종의 '이윤을 위한 핵 확산proliferation-for-profit' 체제가 등장하는 것이었다. 모스크바 중심부의 옛 중앙위원회 건물 근처에 있는 쾌적한 거리인 바르바르카 15가에서 이런 가능성이 잠깐 현실화되었다. 1991년 인터내셔널체테크 사International Chetek Corporation가 그곳에서 임시변통이지만 사람들로 북적대는 방 하나짜리 사무실을 차렸다. 회사 이름은 남자chelovek, 기술tekhnologii, 자본kapital을 뜻하는 러시아어 단어에서 따온 것이었다. 자본은 아르자마스-16Arzamas-16을 비롯한 군산복합체의 몇몇 주요 기업들이 모았다. 아르자마스-16은 모스크바에서 동쪽으로 375킬로미터 떨어진 폐쇄된 도시 사로프에 있는 핵무기 설계 연구소로, 소련이 처음 핵무기를 개발하고 안드레이 사하로프가 수소폭탄을 연구한 곳이었다. 체테크 사는 특별한 서비스를 판매하려고 시도하고 있었다. 화학 독성 산업폐기물, 탄약, 핵 원자로 등을 지하 600미터에서 열핵 폭발로 소각, 폐기하는 지하 핵폭발을 상품으로 내놓은 것이다.[27]

이 회사는 소련 무기 과학자들이 자신들이 가진 지식을 사영화하려고 한 첫 번째 사례였다. 애연가인 원자력부 차관 빅토르 미하일로프는 1991년에 이 회사를 여러 차례 후원했는데 그는 소련 핵실험 프로그램에 오랫동안 몸담았던 인물로서 10월에 워싱턴을 방문해 안전한 핵탄두 저장소를 건설할 필요가 있다고 경고했다. 미국과 소련 모두 과거에는 평화적인 핵폭발―운하나 갱도 건설 등 전쟁 이외의 용도로 핵폭발을 활용하는 것―을 실행했지만 환경적 위험 등 여러 가지 이유로 결국 포기했다.[28] 소련이 마지막으로 평화적인 핵폭발을 실행한 것은 1988년이었다. 체테크가 놀라운 점은 핵폭발을 무기 연구소에서 판매용으로 내놓았다는 사실이다.

12월, 미국의 군축과 핵무기 전문가 그룹이 소련 전문가들과 탄두 검증과 해체에 관한 공동 워크숍을 열기 위해 모스크바에 도착했다. 첫날 밤, 미국 전문가들은 체테크가 옛 공산당 연수원에서 자신들을 위해 연회를 여는 걸 보고 깜짝 놀랐다. 사회자인 알렉세이 레오노프는 1970년대 아폴로―소유즈 공동 비행에 참여한 공군 중령이자 우주 유영을 한 소련의 첫 번째 우주비행사였다. 미하일로프도 아르자마스-16의 임직원들과 함께 참석했다. 미국 대표단 성원들은 연회장에 들어서자마자 작은 기념품과 보도자료가 담긴 비닐봉투를 받았다. 봉투 위쪽에는 민간 회사와 정부 부서의 이름이 나란히 인쇄되어 있었다. 미하일로프는 원자력부 차관 자격으로 참석했고 블라디미르 드미트리예프 체테크 회장도 참석했다. 보도자료는 수세적인 어조였지만—최근 몇 달 동안 체테크가 벌인 활동에 관한 언론 보도에 대응하는 내용이었다—이 자료를 통해 미국이 우려하는 최악의 상황을 일부 확인할 수 있었다. 보도자료에 따르면 체테크는 이미 핵폭발을 이용해 고독성 산업폐기물을 처리하기로 아르자마스와 계약을 체결한 상태였다. 그렇다면 핵폭발 장치, 곧 핵폭탄을 가지고 있단 말인가? 분명히 말하지만 체테크는 "핵폭발 장치나 그 부품, 관련 지식이 없었고, 현재도 갖고 있지 않으며, 입수할 수도 없다"고 밝혔다. 보도자료에 따르면 핵무기에 관한 "실제 연구"는 여전히 정부가 수행하고 있었다.[29]

미국인들은 연회장에 들어서자마자 무슨 일이 벌어지는지를 알 수 있었다. 연회에 참석한 천연자원보호협의회의 크리스토퍼 E. 페인은 훗날 이렇게 회고했다. "기존 국가 안보 체제를 구성하던 여러 요소들이 스스로를 민영화하고 사업에 진출하기 위해 책략을 쓰고 있었다. 보통 사업에 뛰어들 것이라고 생각하기 힘든 소비에트 국가의 구성 요소들이 실제로 사업에 나서고 있었고, 남아도는 핵무기를 비롯해 자신들이 보유한 어떤 자산이든 팔아서 돈을 벌려고 기를 썼다. 무기 연구소에서 우리가 만난 많은 사람들은 세상이 돌아가는 것과는 달리 묘한 방식으로 순진했다. 그들은 이런 거품 속에서 살면서 사업에 관해서는 전혀 몰랐다."

연회에 참석한 소련 관리 중에는 알렉산드르 체르니쇼프도 있었는데, 그는 미하일로프와 함께 오랫동안 소련 핵실험 분야에서 일한 인물이었다. 체르니쇼프는 아르자마스-16 사무실 책임자였지만 체테크 대표이사이기도 했다. 어디까지가 정부가 운영하는 핵무기 연구소이고 어디서부터 새로 출범한 민간 회사인지 구분하기가 힘들었다. 체르니쇼프는 미국인들에게 체테크의 명함을 건넸는데, 명함에는 아르자마스에서 맡은 직책도 씌어 있었다.

몇 주 뒤 『워싱턴포스트』의 프레드 하이어트가 모스크바의 체테크 사무실에 찾아가서 체르니쇼프와 인터뷰를 했다. 체르니쇼프는 폐쇄된 도시의 철조망 안에 오랫동안 감춰졌던 핵무기 관련 기구가 소련 경제의 붕괴로 역경에 처했다고 설명했다. "우리 연구소의 대표이사들은 식량을 구하러 지역 곳곳을 뛰어다니고 있고 모든 것이 물물교환의 대상입니다. 그렇다면 우리는 고기를 얻기 위해 폭탄을 건네야 할까요? 말도 안 됩니다."[30]

체테크의 홍보 문헌에 따르면 이 회사는 고객들을 끌어들여 폐기물 폭파 연구를 위한 자금을 조달할 계획이었다. 실제 폭발은 정부가 처리할 예정이었다. 첫 번째 시범은 1992년 노바야젬랴에서 진행하기로 되어 있었다. 노바야젬랴는 북극에 있는 소련의 핵무기 실험장이었다. 결국 체테크는 핵실험 금지가 여전히 시행 중이어서 시범을 진행하지는 못했지만 이 일은 절망 상태로 몰린 무기 과학자들이 사업에 진출하면 어떤 일이 생길 수 있는지를 보여주는 초기의 불길한 사례였다. 또한 이 일은 1990년대에 러시아에서 들불처럼 번질 현상을 보여주는 전조였다. 사적 이익을 위해 국가 자원과 전문 기술을 납치하듯이 전용轉用하는 현상 말이다.

1991년 가을에 소련 경제가 폭락했을 때 넌을 비롯한 사람들은 소련의 거대한 군산복합체를 민간 경제에 봉사하도록 바꿀 수 있는지 검토했다.

이 구상은 '방위 전환defense conversion'이라고 알려졌는데, 고르바초프는 한때 여기에 큰 기대를 품었다. 탱크 공장, 조선소, 미사일 설계국 등을 개조해서 냉장고, 세탁기, 컴퓨터를 대량 생산하려고 시도한 것이다. 고르바초프는 1988년 유엔 연설 이후 처음으로 전환을 추진하기 시작했다. 하지만 칼을 쳐서 보습을 만들기*가 쉽지 않다는 게 드러났다. 군과 방위 공장 복합체는 완강하게 저항했다. 소련 전투기 수석 엔진 설계자인 알렉산드르 사르키소프가 대표적인 예이다. "자, 세계 시장에서 현대식 전투기 1킬로그램당 가격은 2,000달러를 상회하는데 냄비 1킬로그램당 가격은 1달러에 불과하다." 그러면서 전투기를 냄비로 바꾸는 건 말도 안 되는 소리라고 꼬집었다. 일부 방위 공장은 조잡한 민간 물자를 만들었지만 나머지는 그냥 쪼그라들었다.[31]

결국 고르바초프는 시간이 부족했다. 1991년 말에 이르러 옐친 주변의 급진 개혁파는 자유 시장으로 훌쩍 나아가고 소비에트 국가를 폐기하기로 결심을 굳혔다. 10월 28일의 기념비적인 연설에서 옐친은 가격을 자유화하겠다고 말하면서 방위 기업을 전부 폐쇄하고 완전한 민간 용도로 전환하는 "철저한 전환"을 약속했다. 이제 막 모양을 갖춰가던 새로운 시장 체제는 '거꾸로 된 무기 경쟁'의 혼돈 속에 예측 불가능한 또 다른 요소를 던져넣었다. 문어발처럼 뻗은 군산복합체는 수십 년 동안 국가에 의존하면서 중앙으로부터 보조금을 받고 공산당의 보호를 누렸다. 공장 대표들은 가격이나 시장, 효율성 등을 걱정하지 않았다. 하지만 이제는 모든 것을 다시 생각해야 했다. 세탁기를 만들려면 어떻게 공장을 개조해야 하는가 하는 문제뿐 아니라 완전히 다르고 익숙하지 않은 경

---

* 이사야서 2장 4절의 구절. "그러면 그들은 칼을 쳐서 보습(쟁기의 날)을 만들고 창을 쳐서 낫을 만들리라. 한 민족이 다른 민족을 거슬러 칼을 쳐들지도 않고 다시는 전쟁을 배워 익히지도 않으리라."

데드핸드

제 체제 안에서 보조금이나 당의 대부들의 도움 없이 어떻게 목표를 달성해야 하는가 하는 문제도 고민해야 했다. 중앙정보국은 10월 초에 기밀 보고서를 작성했는데, 「소련의 방위산업: 폐허에 직면하다^{Soviet Defense Industry: Confronting Ruin}」라는 이 보고서의 제목은 온갖 의구심을 절묘하게 포착한 문구였다.[32]

외딴 산업 도시인 페름의 몹시 추운 어느 날, 윌리엄 F. 번스는 현실을 감지했다. 전도유망한 현실이 아니었다. 퇴역 육군 소장인 번스는 군축 협상가로 활동했고 나중에는 국무부 군축청장*을 지냈다.[33] 1991년 12월, 국립과학아카데미는 소련의 방위 공장들을 조사하고 전환 가능성을 평가하기 위해 번스를 파견했다. "이것이 비가역적인 변화인지 아니면 단지 일종의 부업인지를 파악하는 게 핵심 과제였다." 번스는 페름에 있는 허름한 옛 탄약 공장을 돌아보았다. 공장 관리자들은 자전거를 만들려고 시도하고 있었다. U자형 건물 안에는 천장에 흐릿한 전구가 걸려 있었고, 노동자들은 공장이 싸늘해서 겨울옷을 입고 손가락만 나온 장갑을 끼고 있었다. 203밀리미터 포탄을 운반하던 컨베이어 위에는 자전거 부품들이 움직이고 있었다.

훗날 번스가 술회한 것처럼 공장 관리자는 이 자전거들이 만들어지고 나면 그다음부터 어떻게 될지 아는 게 없었다. 번스 생각에는 그곳의 자전거들이 자기가 여덟 살이던 1940년에 타던 자전거와 비슷해 보였다. "관리자는 서구 기업가 행세를 하려고 했지만 그런 언어를 구사하지는 못했다."

번스는 관리자에게 자전거 가격은 얼마나 매길 거냐고 물었다. 관리

---

* 군축청은 1961년 국무부 군축국을 확대해서 설립한 연방 정부의 독립 기관이다. 지은이의 오기로 보인다.

자가 대답했다. "380루블이오."

"어떻게 그런 가격을 정하게 된 겁니까?"

관리자가 대답했다. "자본가식으로 했지요. 생산 비용을 합산했습니다. 임금을 합산하고 자전거 대수로 나눈 겁니다. 380루블이 나오더군요." 관리자는 흡족한 표정으로 웃었다고 번스는 회고했다.

"그러면, 투자는요?"

"투자요?" 관리자가 대꾸했다. "투자가 뭡니까?"

"이윤은요?" 번스가 물었다. "자본가식으로 사업을 운영하려고 한다면 이윤이 아주 중요한 건데요."

관리자가 되물었다. "이윤은 어떻게 계산합니까?"[34]

오볼렌스크에서는 세르게이 포포프가 풀이 죽은 채 사무실에 앉아 있었다. 오랜 세월 체제를 위해 최선을 다했건만 1991년에 이르러 정부 예산 지원은 바닥나고 있었다. 급여 지급이 늦어지거나 아예 돈 대신 인근 양계장에서 나오는 계란이나 설탕 같은 현물이 지급되었다. 비오프레파라트는 이제 나라 경제가 붕괴하는 상황과 무관할 수 없었다. 과학자들은 정부로부터 민간 연구로 전환하라는 말을 들었다.

포포프는 자기 연구소가 생물학무기 이외의 프로젝트들을 위한 구상을 몇 가지 내놓을 수 있어서 다행이라고 생각했다. 하지만 그는 그렇게 할 수 없는 다른 이들을 알고 있었다. 포포프는 당시의 기억을 털어놓았다. "탄저균이나 페스트의 무기화를 다뤄온 이들에게는 완전히 불가능한 요구였습니다. 당신이라면 실용적인 용도가 될 만한 것으로 무엇을 제안할 수 있겠습니까?" 포포프는 고르바초프의 개혁 조치로 생겨난 선구적인 소규모 협동조합식 사기업에 합류했다. 그들은 오볼렌스크의 시설을 이용해서 가축병 치료용 세균 분말을 개발했다. 페스트나 기타 병원균을 배양하는 대신 장내 세균을 길러 소와 닭의 사료 보충제로 팔았다. 경비가 전혀 들지 않았기 때문에 곧바로 이윤을 낼 수 있었다. 포포프는 바이러스에 대한 면역 반응을 강화하는 새로운 종류의 인터페론도 만들었다. "알고 보니 이게 훌륭한 닭 사료 첨가제가 될 수 있겠더군요. 닭은 심각한 바이러스성 전염병에 걸리기 쉬우니까요." 그들은 심지어 양계장 전체에 분사할 수 있는 에어로졸 조제를 만들기도 했다. 생물학무기에 이용한 기술을 그대로 적용한 것이었다. 포포프는 특허를 신청했다.

연구소마다 무기 연구가 슬럼 지대처럼 바뀌었다. 연구가 중단되지는 않았지만 과학자들이 생존을 위해 분투함에 따라 군을 위해 병균을 만드는 업무는 점점 등한시되었다. 포포프는 수지를 맞추려는 노력에 "거의 전적으로 몰두할 수밖에 없었다"고 말했다. "우리는 여전히 심각한 제한을 받고 있었습니다. 우리가 전에 한 일에 관해 누구에게도 말할 수 없었고 우리가 아는 비밀을 털어놓을 수도 없도록 되어 있었습니다. 하지만 전반적인 상황을 말하자면, 이제 아무도 그런 일에 개의치 않았습니다." 포포프와 그의 부인은 감자와 채소를 심고 숲에서 버섯과 고사리를 뜯었다. 어느 겨울 날, 늑대들이 연구소를 습격해서 생물학무기 실험용으로 키우던 토끼들을 죽였다. 늑대들은 토끼를 먹지는 않고 그냥 재미 삼아 죽이고는 피투성이 현장을 남긴 채 가버렸다. 포포프는 죽은 토끼를 모아서 가죽을 벗기고는 가족과 먹으려고 냉장고에 챙겨넣었다.

그러던 중에 닭 사료 사업이 망했다. "그냥 갑자기 망했습니다. 양계장들이 닭을 먹여살릴 수 없었거든요. 업자들에게 돈이 없기 때문에 닭 사료에 뭘 첨가한다는 건 아무 의미가 없었어요. 금융 위기 시기여서 현금 공급이 부족했고 아무도 다른 사람한테 값을 치르지 않았습니다. 은행 위기가 터져서 정직한 사업체는 살아남을 가능성이 전무했지요. 협동조합과 양계장이 파산한 건 지불할 수단이 전혀 없고 또 이윤을 낼 수단도 없었기 때문입니다.”

포포프와 그의 부인 타이샤는 절망했다. “나는 이제까지 온갖 노력을 기울였지만 아무 결실을 맺지 못했다는 것을 깨달았고, 나 자신의 미래가 암담했습니다.” 부인은 일곱 살과 열일곱 살인 두 딸이 걱정이었다. “아이들을 부양할 돈이 한 푼도 없다는 걸 깨달았지요. 겁이 났습니다. 세르게이에게 뭔가 해야 하지 않겠냐고 말했어요.”

12년 전 영국 케임브리지에서 6개월 동안 체류할 때 포포프는 미생물학자 마이클 게이트의 연구소에서 일했다. 1991년 여름 국제 학술회의에 참석하러 모스크바로 온 게이트는 포포프를 다시 만나 기뻤다. 포포프는 게이트를 보려고 모스크바까지 차를 몰고 갔고 가족들이 보고 싶어 한다고 그를 집으로 초대했다. 두 사람은 포포프의 흰색 지굴리^{Zhiguli} 차를 타고 1시간을 달려 오볼렌스크로 왔다. 연구소 주변의 출입 제한 구역으로 다가가면서 포포프는 게이트에게 검문소를 통과할 때 절대 한마디도 해서는 안 된다고 주의를 주었다. 아무도 그들을 제지하지 않았다. 두 사람은 연구소가 아니라 포포프의 아파트로 갔고, 그곳에서 게이트는 가족과 식사를 즐기면서 집에서 만든 브랜디를 맛보고 비틀스의 노래를 들었다. 게이트는 당시 포포프 부부가 돈이 다 떨어져간다고 사정 얘기를 하던 것을 기억했다. 타이샤는 눈물을 흘렸다. 부부는 게이트에게 세르게이가 영국에서 박사 후 과정 자리를 잡도록 도와달라고 했다. 게이트는 최대한 노력해보겠다고 약속했다. 그해 가을 게이트는 이제 “마지막 감자 자루 하나밖에 남지 않았다”는 세르게이의 편지를 받았다.[35]

알리베크는 마침내 미국을 직접 볼 기회를 얻었다. 영국과 미국 전문가들의 1월 소련 방문에 대한 답례로 미국을 방문하는 소련 대표단에 마지막 순간 포함된 것이다(데이비스와 켈리도 영국을 대표해서 왔다). 국가보안위원회는 오래전부터 미국이 비밀리에 세균전을 연구하고 있다고 주장했다. 이제 알리베크가 직접 점검할 수 있었다. 소련 대표단 열세 명은 1991년 12월 11일 워싱턴에 도착했다. 대표단에는 콜초보의 산다흐치예프 소장과 오볼렌스크의 우라코프 소장도 있었다. 두 사람은 소련 생물학무기 개발 프로그램에서 가장 중요한 두 연구소의 소장이었다.

첫 번째로 방문한 곳은 1969년 닉슨의 결정에 따라 생물학무기 연구를 중단한 메릴랜드 주 포트디트릭이었다. 알리베크의 회고를 들어보자. "우리는 닉슨이 발표한 내용을 전혀 믿지 않았다. 우리는 미국인들이 생물학무기 관련 활동을 더 철저하게 은폐하고 있을 뿐이라고 생각했다." 소련 대표단이 보기를 원한 첫 번째 건물에서는 흰옷을 입은 기술자들이 조개와 동물에서 뽑아낸 독소에 대한 해독제를 연구하고 있다고 설명했다. 알리베크는 그 사람들이 지나치게 친절하다고 생각했다. 그는 회고록에서 이렇게 썼다. "나는 표면 아래로 뚫고 들어가려는 기대를 버렸다." 다음으로 소련인들은 포트디트릭 구내에 있는 커다란 구조물을 조사해보겠다고 요청했다. 아이스크림콘을 뒤집은 모양의 구조물이었다. 버스를 타고 그곳까지 가서 열린 문을 통해 살펴보는데 회색 분말이 보였다. 그들은 미국인들에게 저게 뭐냐고 물었다.

"소금입니다." 겨울에 도로가 결빙될 때를 대비한 물질이라는 말이었다.

소련 대표단 중 한 명이 더미 위로 올라가 손가락으로 찍어 입에 갖다댔다. 그가 당혹스러운 표정으로 말했다. "소금인데요."

일행은 계속해서 다른 연구소로 이동했다. 탄저병 백신을 개발한다는 말을 들은 곳이었다. 알리베크의 회고를 들어보자. "소규모로 운영되는 걸로 봐서 그곳에서 무기를 생산한다는 건 확실히 불가능한 일이었다. 미국인들에게는 탄저균 전문가가 두 명뿐이었다. 반면 우리는 2,000

명이 있었다."

일행은 유타 주 솔트레이크시티로 갔다. 1969년 세균전 실험을 중단한 더그웨이실험기지를 보기 위해서였다. 알리베크의 말이다. "(도중에) 나는 잘 닦인 고속도로와 상품이 넘쳐나는 상점들, 평범한 미국인들이 사는 호사스러운 가정집들을 경이의 눈으로 바라보았다." 더그웨이에 있는 일부 건물은 소련의 실험장에서 사용하는 것과 비슷해 보였지만 알리베크 눈에는 "동물이나 동물 우리, 무기 실험 활동의 흔적조차 보이지 않았다".

계속해서 그들은 아칸소 주 파인블러프로 날아갔다. 미국이 한때 병원균을 비축해두다가 닉슨의 결정 이후 폐기한 곳이었다. 알리베크는 건물들 사이로 걸어가면서 시설이 지금은 오로지 민간 용도로만 쓰이고 있다는 걸 알아챘다. 둘째 날, 소련 대표단이 버스를 타고 다양한 구조물을 지나가는데 군 장교 한 명이 소리쳤다. "버스를 세워요! 버스를 세워!" 장교는 높다랗게 솟아 있는 금속 구조물을 가리키면서 목소리를 높였다. "저걸 점검해봐야겠습니다."

알리베크가 대꾸했다. "농담하지 마세요. 저건 급수탑이잖아요."

"내 생각은 다른데요." 장교가 말하면서 탑을 향해 달려갔다. 그러고는 꼭대기까지 기어 올라갔다. 알리베크의 귀에 미국인 몇이 끅끅거리며 웃음을 참는 소리가 들려왔다. 알리베크는 결론조로 말했다. "그 순간 우리의 탐사가 얼마나 황당한 일인지를 분명하게 깨달았다."

알리베크가 수년 동안 생각해온 대로 미국에는 생물학무기 개발 프로그램이 없었다. 알리베크는 다시 기억을 이어갔다. "충격적인 일이었다. 17년 동안 어떤 일에 몰두하면서 그게 중요한 일이라고 생각했는데 —갑자기 감쪽같이 속았다는 걸 깨달은 것이다! 17년 동안! 나는 정말 화가 났고 그때부터 체제를 혐오하기 시작했다." 알리베크는 미국 방문

데드핸드

보고서에 미국에서 생물학무기 관련 증거를 찾았다는 내용을 쓰라는 지시를 받았다. 사실과는 정반대의 내용으로 말이다. 그 순간 그는 비오프레파라트를 그만두기로 마음을 굳혔다. 그는 12월 25일 모스크바로 돌아갔다. 그리고 그가 미국에서 가져온 선물을 한아름 안고 아파트 복도로 들어서는 순간 그의 아내가 고르바초프에 관한 놀라운 소식을 말해주었다.[36]

고르바초프는 소련을 하나로 묶어두려고 분투했지만 성공하지 못했다. 베이커는 고르바초프, 옐친과 회담을 하기 위해 12월 16일 모스크바에 도착한 직후 옐친이 소련 외무부와 내무부를 사실상 장악하는 포고령에 이미 서명했다는 사실을 알게 되었다. 옐친은 자신의 우위를 과시하기 위해 비상한 노력을 기울여 베이커와의 회담 장소를 크렘린의 상트예카테리나홀로 잡았다. 이곳은 전에 베이커가 종종 고르바초프와 회담을 했던 금으로 장식된 방이었다.[37] 새로운 국가연합의 국방장관인 예브게니 샤포시니코프가 옐친의 옆에 있었다. 베이커는 고르바초프의 최후가 멀지 않았음을 깨달았다. 훗날 그는 "정말 서글픈 마음이 들었다"고 회고했다.[38]

베이커와 옐친은 회담 막바지에 핵무기 지휘 통제에 관한 이야기를 나누려고 둘만 남았다. 옐친은 베이커에게 시스템이 어떻게 돌아가는지를 설명해주었다. 사실상 자신과 모든 핵무기를 통제하는 전략군 사령관인 샤포시니코프만이 서류 가방, 곧 체게트를 가지고 있다는 것이었다. 핵무기를 보유한 다른 세 공화국인 우크라이나, 벨라루스, 카자흐스탄에는 직통 전화인 '핫라인'은 있지만 핵 가방은 없었다. 옐친은 고르바초프가 아직 가방을 가지고 있지만 12월 말까지 회수하겠다고 했다. 옐친은 이 시스템이 "공조가 아닌 자문" 방식이라고 말했다.

베이커가 기록한 메모에 따르면 옐친은 다른 공화국의 지도자들은 핵 지휘 통제가 어떻게 작동하는지 모른다고 했다. "그들은 직통 전화에 만족할 겁니다." 그리고 일단 러시아가 모든 핵무기를 자국 영토로 회수하면 직통 전화도 철수시킬 예정이었다. 베이커는 메모에 다음과 같이 적었다.

"지금으로서는 전화 다섯 대―가방 두 개, 러시아 대통령만 발사 가능―국방장관 단독으로는 불가능."

나중에 샤포시니코프와 개인적으로 회동한 자리에서 베이커는 핵무기 지휘 통제 상황을 다시 한 번 점검해달라고 요청했다. 샤포시니코프는 옐친이 베이커에게 한 말을 확인해주었다.

베이커가 물었다. "오늘 누가 당신에게 지시를 내립니까?"

"고르바초프입니다." 샤포시니코프가 대답했다. 그는 미래에 관해서는 생각하려고 하지 않았다.

하지만 베이커는 걱정스러웠다. 노트 맨 위에 적어둔 글귀가 있었다. "누가 샤포시니코프에게 지시를 내릴까?"[39]

12월 25일 오후 5시경, 고르바초프는 부시에게 전화를 걸었다. 당시 부시는 캠프데이비드에서 가족과 함께 크리스마스 아침을 축하하고 있었다. 소련 대통령은 자신이 사임할 예정이며 최고사령관의 자리에서 물러나고 핵무기 사용 권한을 옐친에게 양도할 것이라고 말했다. "모든 상황이 엄격하게 통제될 거라는 점은 장담합니다. 연락이 두절되는 일은 없을 겁니다. 당신은 아주 조용하게 크리스마스 저녁을 보낼 수 있습니다."[40]

오후 6시 55분, 고르바초프는 크렘린의 방송 스튜디오인 4호실로 들어섰다. 방송국 카메라와 조명으로 발 디딜 틈이 없었다. 그의 손에는 사임 연설문을 담은 서류 가방과 군 최고사령관 역할을 그만둔다는 포고령이 들려 있었다. 고르바초프는 작은 탁자에 포고령 문서를 올려놓고 대변인인 안드레이 그라초프에게 펜을 달라고 부탁했다. 그는 펜이 잘 나오는지 흰 종이에 끼적거려보고는 좀 더 부드러운 펜을 달라고 했다. CNN 방송팀 팀장이 그라초프의 어깨 너머로 손을 뻗어 자기 펜을 고르바초프에게 건넸다. 고르바초프는 과장된 몸짓으로 문서에 서명하고는 곧바로 방송을 시작했다.

짧은 연설이었지만 그의 길고도 비범한 여정을 고스란히 반영하는 내용이었다. 고르바초프는 1985년 취임했을 때 이토록 풍부한 자원을 지닌 나라가, 하느님이 내려준 온갖 천연자원과 인재가 넘쳐나는 나라가 선진국에 비해 이렇게 가난하게 사는 건 참으로 부끄러운 일이라고 생각했다고 말했다. 그는 소련의 지휘 체계와 이데올로기를 탓하고 "무기 경쟁의 끔찍한 부담"에 책임을 돌렸다. 그는 소련 국민들의 "인내심이 한계에 다다랐다"고 말했다. "부분적인 개혁을 하려는 모든 시도는—이런 시도가 많긴 했지만—결국 차례차례 실패로 돌아갔습니다. 나라는 미래를 잃어가고 있었습니다. 언제까지고 이렇게 살 수는 없었습니다. 모든 것이 철저하게 바뀌어야 했습니다."

연설을 마친 뒤 고르바초프는 집무실로 돌아갔다. 샤포시니코프가 핵무기 지휘 암호와 통신 장비가 든 가방을 지닌 당직 장교들과 함께 그를 기다리고 있었다. 앞서 옐친은 체게트를 가지러 고르바초프의 집무실로 오겠다고 했다. 하지만 고르바초프 연설의 어떤 부분 때문에 기분이 상한 옐친은 마음을 바꾸었다. 그러고는 고르바초프의 집무실이 아닌 중간 지점인 상트예카테리나홀에서 만나자고 제안했다. 고르바초프는 우스꽝스러운 힘겨루기라는 생각에 샤포시니코프와 당직 장교들에게 핵 가방을 주어 보내기로 마음을 바꾸었다. 훗날 고르바초프는 이렇게 회고했다. "그들이 새로운 상관을 찾아서 복도로 사라졌다."[41]

연설이 끝난 뒤 낫과 망치가 그려진 소련 국기가 내려지고 러시아의 삼색기가 크렘린에 내걸렸다.

소련의 붕괴는 실패한 이데올로기와 초군사화, 경직된 중앙 통제로 점철된 70년 세월의 종말이었다. 그리고 많은 것을 남겼다. 지상 발사 대륙간탄도미사일용 핵탄두 6,623개와 해상 발사 미사일용 핵탄두 2,760개, 항공기용 핵폭탄 822개, 순항 미사일에 배치된 탄두 150개 그리고 차량 기지와 열차, 창고 등에 흩어져 있는 전술 핵탄두 1만 5,000개.[42] 또한 한 방울만으로도 사람을 죽일 수 있는 치명적인 신경가스를 채운 포탄 수백만 개를 비롯해 적어도 4만 톤의 화학무기를 남겼다. 그리고 보즈로즈데니예 섬에 매장되어 있는 몇 톤의 탄저균 포자, 최대 20미터톤으로 추정되는 무기용 천연두 그리고 오볼렌스크와 콜초보에 배양 균주로 감춰둔, 세계가 알지 못하는 각종 병원균을 남겼다. 또 이런 기밀을 알고 있는 수십 만 명의 노동자를 남겼다. 이 사람들은 이제 쓰디쓴 낙담 속에 살고 있었고 어떤 이들은 마지막 감자 한 자루밖에 남지 않은 상태였다.

데드핸드

18
과학자들

1991년 12월 29일 텔레비전 연설에서 보리스 옐친은 완전히 새로운 나라를 통치하겠다고 약속했다. "지금 우리는 신기루와 환상을 내팽개치고 있습니다. 우리는 우리 삶의 군사화를 벗어던지고 있으며 전 세계를 상대로 끊임없이 계속해온 전쟁 준비뿐만 아니라 그 밖에도 많은 것들을 중단하고 있습니다." 옐친은 소련으로부터 물려받은 냉혹한 유산을 설명했다. 황폐화된 농토와 "심각하게 병든" 경제, 끝 모르게 치솟는 대외 부채 등이 그것이었다.[1]

옐친은 역사를 상대로 도박을 걸면서 실패한 사회주의에서 시장 경제로 급격하게 도약하려고 했다. 가격을 자유화하고 어마어마하게 축적된 국유 자산을 개인의 소유로 돌리는 게 대표적인 조치였다. 옐친은 러시아가 정상 국가가 되고 세계 시장에 다가가며, 노후 공장을 현대화하고 생활 수준을 향상시키는 유일한 길은 이것뿐이라고 믿었다. 하지만 그 과정에서 어지럽고 냉혹한 혼란이 있었다. 올리가르히oligarch라는 이름으로 알려진 소수 거물들이 부자가 된 반면 수많은 노동자들은 임금을 받더라도 몇 달씩 늦게 받거나 양말이나 피클 같은 현물로 받았다. 새로운 자본주의는 주식 시장, 민간 은행, 값비싼 레스토랑, 고급 승용차, 번쩍이는 신축 사무용 건물 등의 외양을 갖춰나갔지만—현대식 산업 기반을 창출하고 법의 지배와 시민사회, 다양한 경제 등을 구축하는—더 심대한 변화는 끔찍하게 고통스러운 과정이었고 처음부터 생겨나지도 않았다. 이 시기의 슬픈 현실을 보면 많은 사람들이 새로운 세상에 적응하지 못하고 어쩔 줄을 몰라했다. 문어발처럼 뻗어 있던 소련 방위복합체에 속한 무기 과학자와 노동자들도 그런 이들이었다.

옐친은 의도적으로 군산복합체를 위축시켰다. 그는 과거의 국방 기구가 소련을 파멸로 이끈 초군사화의 유물이라고 보았다. 그는 노후한 기관과 공장을 평화로운 목적으로 전환하거나 새로운 자본주의 아래 쓸모 있게 활용할 수 있다고 생각하지 않았다. 옐친과 그의 팀은 소비에트 체제를 깡그리 밀어버리고 새로운 체제를 건설하기로 결정했다. 이런 접근법을 채택한 데는 여러 이유가 있었지만 가장 중요한 이유는 옐친은 그가 건설하려는 새로운 체제보다 무너뜨리려는 체제에 대해 훨씬 더 확고한 견해를 갖고 있었기 때문이다. 그는 자기가 직접 겪어서 아는 오만한 국가를 제거하려고 했다. 하지만 현대적인 자유 시장 민주주의를 건설하기 위한 어떤 모델이 있는 것은 아니었고 단지 본능만 있었다. 새로운 체제를 건설하는 일은 거대한 과제였다. 옐친의 전기 작가인 리온 애런이 지적한 것처럼 옐친이 일으킨 첫 번째 혁명은 당과 소비에트 제국에 대항해 이루어졌고, 두 과업에 대한 대중의 지지도 커다란 물결을 이루었다. 이제 옐친에게는 "썩어가는 독성 찌꺼기로 숨이 막히는 '명령 경제'의 얕은 여울과 악취가 나는 물"만이 남게 되었다.[2]

1992년 2월 14일, 시베리아 서부의 숲을 가로질러 달리는 차 안에서 미국 국무장관 제임스 A. 베이커 3세는 깜짝 놀랄 정도로 인상적인 광경을 목도했다. 저 멀리 흰 눈과 얼어붙은 호수들, 자작나무 숲과 동화책에 나오는 트로이카—말 세 마리가 끄는 썰매—가 보였다. 그는 검문소 몇 곳과 철조망 울타리를 지나 소련 핵폭탄 제조자들의 성채에 도착했다. 전연방기술물리연구소, 일명 첼랴빈스크-70Chelyabinsk-70은 소련의 양대 핵무기 설계 연구소 중 하나로 어떤 소련 지도에도 나와 있지 않은 극비 시설이었다. 첼랴빈스크-70은 1955년에 세워졌으며 아르자마스-16에 설립된 최초의 소련 핵무기 설계국과 경쟁 관계였다. 첼랴빈스크-70에서 일하는 과학자들이 핵탄두의 소형화를 개척한 결과 소련은 소형 폭발물을 거대한 대륙간탄도미사일의 앞부분에 장착하거나 유럽 전장에 배치된 대포로 발사할 수 있을 만큼 작은 포탄에 채워넣을 수 있었다.[3] 사람들은 두 연구소를 뉴멕시코 주의 로스앨러모스국립연구소와 캘리포니아 주의 로렌스리버모어국립연구소에 비교했다.

베이커가 첼랴빈스크-70에 있는 80층 정도 높이의 본관에 차를 멈추자 기술자와 과학자 수백 명이 창문마다 달라붙어 소리를 지르고 손을 흔들었다. 베이커는 사람들의 환호에 깜짝 놀랐다. "약간 과장하면 마치 화성에서 귀환한 사람이 된 것 같은 느낌이었다. 이 남녀들은 낯선 호기심의 대상을 자기들 두 눈으로 직접 봐야겠다는 기세였다." 초라하고 허술한 시설 자체는 또 다른 충격이었다. 리버모어와 로스앨러모스가 슈퍼컴퓨터로 가득 차 있었다면 이곳은 컴퓨터 모니터 자체가 눈에 띄지 않았다. 베이커는 사람들의 호위를 받으며 연구소 선임 과학자 25명을 만나러 작은 강당으로 가서 먼지투성이 칠판을 뒤로 하고 앉았다. 1950년대 프린스턴대학교의 학부 강의실이 떠올랐다. 베이커가 앞에 앉은 과학자들에게 입을 열었다. "피차 마찬가지겠지만 우리도 여러분 못지않게 놀라고 있습니다." 훗날 그는 회고록에서 다음과 같이 이야기했다. "나는 자리에 앉으면서 바로 이 사람들이 냉전을 규정지은 무기를 설계한 이들이고, 이제 서구는 그들의 미래를 보장하는 데 어떻게 도움을 줄 수 있는지를 논의하고 있다는 생각이 들었다."

과학자와 기술자들은 생활 수준이 날로 나빠지고 있다고 솔직히 털어놓았다. 한때 배타적인 엘리트 집단이었던 이 사람들은 이제 고난에 빠진 채 철조망을 넘어 도움을 구하고 있었다. 칠판 옆 탁자 끝에 서 있던 과학 담당 소장 예브게니 아브로린은 정부 보조금이 축소되면서 연구소가 "견디기 어려운 괴로운 상황"에 직면했다고 말했다. 그는 과학자들이 거저 주는 지원금을 바라는 게 아니라고 말했다. 그들이 원하는 것은 생산적이고 도전적인 일이었다. 과학자들은 어마어마한 지식과 장비의 보고를 갖고 있었고 사회에 돌려줄 게 많이 있다고 생각했다. 부소장인 블라디슬라프 니키틴은 최고 과학자들이 받는 급여가 한 달에 고작 1,500루블, 공식 환율로 하면 15달러라고 말했다. 첼랴빈스크-70에는 1만 6,000명이 일하고 있었는데 9,000명 정도가 기술자고 나머지 7,000명이 과학자와 공학자였다. 아브로린은 "우리가 아이디어가 부족한 건 아니"라면서 베이커에게 서구 투자자들이 생기면 그들이 생산할 수 있는 상품 목록을 장황하게 소개했다. 인조 다이아몬드, 광섬유, 식품 조사食品 照射*, 핵의학 등이 대표적인 예였다. 하지만 그들에게는 투자자가 없었고 투자자와 연결할 방도도 없었다. 아브로린은 아직 이메일도 없었다. 그는 베이커에게 자신이 방금 읽던 문서를 건네면서 급하게 영어로 번역하느라 엉성하다고 사과했다.[4]

베이커는 그들에게 희망을 포기하지 말라고 호소했다. "지금 당장

---

* 야채, 과일 등에 감마선을 쬐는 식품 보존 기술.

은 여러분이 국내에서 선택할 수 있는 폭이 제한되고, 또 무법적인 정권과 테러리스트들이 여러분이 처한 상황을 악용해서 새로운 전쟁 무기를 만들도록 여러분을 움직일 수 있다는 것을 압니다." 물리학자와 공학자들이 작은 노트에 끼적거리는 동안 베이커는 한마디를 덧붙였다. "일각에서는 두뇌 유출을 들먹입니다. 하지만 저는 두뇌 확보 해법, 그러니까 여러분을 평화 업무에 투입하는 해법에 관해 말해야 한다고 생각합니다. 이 나라에서 개혁을 가속화하고 민주주의를 건설하기 위해, 당신네 민족이 앞으로 수십 년 동안 더 나은 삶을 살도록 돕기 위해서 말입니다." 베이커는 서구에서 그들의 과학과 기술 연구를 지원하기 위해 국제 기금으로 새로운 연구소를 설립할 계획이라고 설명했다.

베이커의 방문은 당시 점점 더 심각해지던 위기, 이후로도 오랫동안 지속되는 위기의 징후를 보여주는 일화였다. 모스크바에서 동쪽으로 1,800킬로미터 떨어진 첼랴빈스크-70이 소련 군산복합체의 상징이었다면 재앙의 잠재력은 우리가 상상할 수 있는 것보다 더 컸다. 대량 살상 무기를 만들 수 있는 지식을 가진 과학자들에게 먹을거리와 의약품이 없었던 것이다.[5]

앤 M. 해링턴은 1991년 8월의 쿠데타 시도 직후 가족과 함께 모스크바에 도착했다. 남편은 미국대사관 정치 부서의 외무 직원이었고, 국무부는 배우자에게 더 많은 기회를 제공하는 새로운 프로그램을 시작하고 있었다. 배우자에게 분석가 직위를 부여한 것이다. 해링턴은 도움이 되고 싶은 마음에 모스크바 대사관의 과학 기술 분석가가 되었다. 그녀가 일하는 사무실은 지하에 위치한 데다 창문도 없는 부속 건물이라 끔찍한 수준이었다. 얼마 전 대사관 본관에서 화재가 난 뒤로는 타고 젖은 문서가 담긴 자루들이 근처에 쌓여 있었다. 좀처럼 탄내가 가시질 않았다. 해링턴은 톱질 작업대 두 개에 상판을 얹어 만든 책상에서 일했다. 그녀는 '두뇌 유출' 문제를 추적했다. 아무도 이 문제에 관심을 보이지 않았기 때문이다. "내가 손을 번쩍 들고, 할 수 있다고 말했다." 해링턴은 소련이 붕괴한 직후의 몇 주 동안 서구의 다른 나라 대사관에 있는 과학 고문들을 만나본 뒤 워싱턴에 전문을 보냈다. "두뇌 유출은 이로운가, 해로운가?" 계속해서 그녀는 다음과 같이 썼다.

서구 각국은 러시아가 최고의 과학자들을 잃는 상황을 우려해야 하는가? 어쨌든 우리 모두는 74년 동안 소비에트 체제와 싸웠는데, 왜 그들이 위협을 재건할 수 있는 능력을 유지하게 놔두어야 하는가? 러시아가 안정을 찾으려면 이 나라의 과학 역량을 박탈하는 것은 건설적인 방안이 아니라는 점에는 다들 동의했다. 또한 핵 비확산이 가장 중요한 문제라는 점에도 동의가 모아졌다. 식물학자들이 러시아를 떠나는 건 사실 아무도 걱정하지 않는다. 소련의 과학은 대단히 구획화되어 있었으며, 실질적인 위협이 되는 지식을 가진 비교적 소수의 과학자들에 대해서는 엄격한 통제가 존재했다.[6]

그런데 이런 '엄격한 통제'가 과연 앞으로도 유지될까? 이 문제가 어느 정도의 수준인지를 평가하기란 정말로 어려운 일이었다. 수천, 수만 명의 개인이 있고, 서구에서는 그들이 맡은 직무가 무엇이고 그들이 일하는 연구소가 어떤 곳인지 막연하게 알 뿐인 데다 국경은 뻥뻥 뚫려 있고 이루 헤아릴 수 없는 유혹이 존재했기 때문이다. 고도로 숙련된 폭탄 제조자 몇 명만 유출되어도 재앙으로 이어질 수 있었다. 소련의 핵 과학자들이 리비아나 이라크로 이동한다는 보도가 잇따라 나왔다. 걸프 전쟁이 벌어진 지 불과 1년 뒤의 시점이었고 이라크의 사담 후세인 대통령은 여전히 핵무기 제조 지식을 보유하려고 애를 쓰고 있었다. 핵폭탄 제조자 한 명이 바그다드로 간다는 생각만으로도 현실적인 우려가 일었다.[7] 이란 또한 핵무기를 욕심내고 있었다. 해링턴은 러시아인들이 쉽게 카자흐스탄이나 몰도바를 여행할 수 있고 그러면서도 전혀 남들 눈에 띄지 않을 수 있다는 사실을 잘 알고 있었다. "어디로든 갔다가 다시 돌아올 수 있는데, 머리 좋은 사람은 어떻게 할까요? 우리는 사람들이 아무도 모르게 돌아다닐 수 있다는 사실을 아주 잘 알고 있었습니다." 게다가 러시아인들이 국외로 나가는 것만이 유일한 핵 확산 위협은 아니었다. 러시아를 방문한 외부자들에게 관련 지식을 팔 수도 있었다. 폭탄이나 미사일 설계자들이 해외에서 온 열정적인 '학생들'을 상대로 '강연'하거나 사업적인 거래를 함으로써 자신들이 가진 지식을 나라 밖으로 유출할 수 있었다. 이런 유출은 어떤 식으로든 위장할 수 있었고 비밀경찰은 이제 모든 국민을 감시하는 일을 그만둔 상태였다. 모든 주요 방위 공장과 설계국에는 '체제the regime'라고 알려진 소련의 내부 보안 사무실이 있었지만 그곳의 요원들 역시 필사적으로 생존에 매달리는 처지라 오히려 종종 과학자들의 거래를 열심히 도왔다. 정보에 입각한 한 추정치에 따르면 6만 명의 핵심 인력이 대량 살상 무기와 발사 시스템을 개발 설계했다고 한다. 그중 절반 정도가 항공 우주 산업에서 직무를 배웠고 2만 명이 핵무기, 1만 명이 화학 생물학전에 종사했다. 아마 이 사람들 가운데 절반 정도가 모스크바 주변에 있는 여러 연구소에 있었을 것이다. 그 가운데 얼마나 많은 수가 제멋대로 뛰는 무기 개발자로 변신할지 아무도 알 수 없었고, 어떻게 하면 신속하게 그들과 연락을 할 수 있으며 어떤 식으로 그들을 저지할지 알지 못했다.[8]

1992년 2월 17일, 베이커와 옐친은 크렘린에서 세 시간 동안 회담을 한 끝에 국제과학기술센터International Science and Technology Center를 설립해서 무기 과학자들이 민간 프로젝트로 이전하는 과정을 도울 계획이라고 발표했다. 미국은 2,500만 달러를 지원하기로 약속했다.[9] 독일 또한 유럽연합을 통해 원조를 추진하겠다고 제안했다. 절망적인 곤경에 빠진 러시아 과학자들의 상황을 감안하면 한 달에 15달러로 연명하는 그들에게 이 돈을 나눠주면 당장 효과가 생겼을 것이다. 하지만 센터를 조직하고 출범시키는 과정은 사람들이 기대한 것보다 훨씬 더 어려웠다. 소련 법률이 여전히 효력을 발휘했고, 소련 시대의 관료들이 버젓이 사무실을 지키고 있었으며, 무기 과학자들은 아직도 냉전 시대의 비밀주의와 불신의 장막에 싸여 있었다. 미국 정부는 러시아의 폭탄 설계자들에게 돈을 나눠주는 일을 시작도 하지 못했다. 국무부는 관료 사회의 온갖 장애물을 헤쳐나가기 위해 모스크바 주재 대사관에 조정자가 필요했다. 해링턴이 이 일을 맡았다.

해링턴은 1992년 수도 주변의 연구소들을 방문하면서 새로운 과학센터를 설립하기 위한 사무 공간을 찾던 중 전구가 몇 개 없는 어두컴컴한 복도를 발견하고 마루 사이의 틈새 주변으로 조심스럽게 발을 내딛었다. 모스크바 남쪽 트로이츠크에 있는 핵 연구소를 돌아보던 중이었다. 벨리호프가 한때 선구적인 레이저 연구를 수행한 곳이었다. 연구소장이 개탄하듯 말했다. "사람은 많습니다. 돈이 하나도 없을 뿐이지요." 결국 과학센터 사무실은 이곳 펄스법과학연구소Scientific Research Institute of Pulse Technique에 문을 열었다.[10] 과학센터는 1992년까지 지원금을 줄 준비를 마치지 못했고 1993년에도 준비가 되지 않았지만 해링턴은 실행 계획 및 각종 번거로운 절차와 분투하면서 자신을 만나러온 무기 개발자들의 한탄에 참을성 있게 귀를 기울였다. "사람들이 찾아와서는 연구실의 상황이며, 가족을 부양하기 위한 악전고투며, 앞으로 무엇을 해야 할지에 관한 고민이며 가슴속에 담아둔 온갖 이야기를 쏟아냈습니다. 한 과학자, 러시아의 저명한 과학자가 기억이 납니다. 어떤 프로젝트를 논의하러왔는데 일찍 회의를 중단해야 했어요. 그달 월급으로 진공청소기를 몇 개 받았는데 가족이 먹을 식품을 구하기 위해 이 청소기들을 팔 방법을 알아봐야 했거든요. 정장에 넥타이 차림으로 그러고 있더라니까요."

또 한번은 해링턴을 비롯한 미국인들이 한 정예 항공우주 연구소를 찾아갔는데, 이 건물 저 건물 돌아보다가 녹슨 고철 토막과 커다란 관과 원판 같은 게 가득한 공터에 다다랐다. 공학자들이 흥분해서 설명한 내용에 따르면, 걸프 전쟁 당시 그들은 쿠웨이트의 유전이 불에 타는 걸 보고 화재를 진압할 방법을 고안했다고 한다. 거대한 금속 원판—프리스비 원반 같은—을 비행기로 사막에 떨어뜨려 지하 송유관을 우그러뜨리는 방법이었다. 그들은 여러 차례 실패한 끝에 마침내 작동에 성공하고 무척 자랑스러워했지만 이 아이디어를 시장에 내놓기도 전에 전쟁이 끝나버렸다. 해링턴은 자신과 동료들이 놀란 표정으로 서로 쳐다보기만 했다고 회고했다. 그녀는 속으로 이렇게 생각했다. '세상에 이 사람들은 자신들이 가진 지적 능력으로 무엇을 해야 할지도 전혀 모르는구나. 이 사람들은 아무런 지휘도 받지 못하고 있다. 수천 시간 동안 송유관을 우그러뜨린다는 이런 말도 안 되는 계획을 궁리하고 있었다니.'[11]

1994년 3월에 이르러 국제과학기술센터가 자금 지원 프로젝트를 시작했을 때에도 과학자들의 전망은 여전히 밝지 않았다. 1차 지원금 지급 대상은 확산 위험이 가장 큰 이들이었다. 핵무기와 미사일 관련 과학자와 공학자들 말이다.[12] 유체역학 전문가인 빅토르 비신스키도 그중 하나였다. 그가 연구소 과장으로 있는 모스크바의 중앙공기유체역학연구소는 순항 미사일 풍동風洞 실험을 수행하는 세계적인 연구소였다. 비신스키는 새로운 러시아 경제에서 성공하기 위해 열심히 노력했다. 그러면서 자기 팀을 위해 연구를 상업적으로 응용하는 길을 모색했다. 그는 회고했다. "엄청난 자유를 얻었다는 느낌, 영감과 탐색을 할 때라는 생각이 들었다. 굉장한 시기였다." 그들은 풍동에서 순항 미사일을 실험하는 방법을 알고 있었기 때문에 풍동을 이용해 목재를 건조하자는 아이디어를 내놓았다. 하지만 이 방법을 팔 수는 없었다. 그들은 계속해서 자신들이 사용하던 수학 모델을 이용해 강이 범람하는 진행 과정을 예측하는 건 어떻겠냐고 제안했다. 이 아이디어도 판로를 찾지 못했다. 이내 사람들은 아무것도 할 수 없음을 깨달았다. 비신스키는 과학센터에 의지했고 동료 전문가들은 민간 공항에서 항공기들이 일으키는 후와류^{vortex wakes}를 연구하겠다는 제안서를 작성했다. 과학센터가 지원하는 폭넓은 응용을 갖춘 프로젝트였다. 비신스키는 "나는 러시아에 남고 싶었다"고 말했다. 하지만 다른 이들은 나라를 떠나거나 가장 높은 값에 자신들이 가진 지식을 팔고 싶어한다는 걸 알았다. 그는 연구소 내에 이란과 연결이 되는 이들을 알고 있었다. "그렇게 하지 못한 유일한 이유는 양심의 가책이었다. 누군가 어떤 것을 팔기로 마음을 먹더라도 그게 문제가 될 거라고는 생각하지 않았다."[13]

핵 확산은 음지의 사업이었다. 1990년대 초 내내 죽어가는 군산복합체의 사체를 쪼아 먹으려고 외국에서 독수리들이 날아들었다.[14] 이례적인 예로, 북한은 한때 한 미사일 설계국 전원을 채용하려고 시도하기도 했다. 첼랴빈스크 근처의 미아스 시에 있는 V. P. 마케예프 설계국이 평양을 방문해달라는 초청을 받았다. 이 설계국은 잠수함 발사 미사일을 설계하는 곳이었는데 군의 주문이 끊긴 상태였다. 북한은 중개인을 통해 설계자와 채용하면서 민간 위성을 우주로 보내기 위한 로켓 제작을 맡기겠다고 말했다. 그중 한 명인 유리 베사라보프가 『모스크바뉴스』에 밝힌 바에 따르면, 그는 인근 목장에서 일하는 노동자보다도 수입이 적은데 북한에서는 한 달에 1,200달러를 주겠다고 제안했다. 12월에 20명 정도

되는 설계자들과 가족들이 모스크바 국제공항에서 출국을 준비하다 러시아 당국의 제지를 받고 집으로 돌아갔다. 몇 년 뒤, 은퇴한 연방 보안 요원이 인터뷰에서 밝힌 것처럼 "그것은 미사일 기술을 빼내려는 북한의 시도를 알아챈 첫 번째 사례였다". 보안 요원의 말에 따르면 북한은 미사일 앞부분부터 엔진까지 모든 부분에서 도움을 줄 수 있는 전문가 한 명을 영입했다.[15]

페르시아 만에서 숙적 관계인 이란과 이라크를 위해 일하는 요원들도 과학자와 군사 기술을 찾으려고 옛 소련을 샅샅이 뒤졌다. 모스크바의 이란대사관에서는 무기 기술을 탐색하고 입수하기 위해 특별 사무실을 개설했다. 이란인들은 미사일과 로켓 기술을 가르치는 유명한 학교인 모스크바항공대학Moscow Aviation Institute에 접근했다. 이 대학 교수인 바딤 보로베이는 학과장이자 공학자로서 노동자 같은 굵은 팔뚝에 단단한 주먹과 대머리가 인상적인 인물이었다. 그는 액체 연료 로켓 엔진을 만드는 방법에 관한 교과서의 공저자이기도 했다. 어느 날부터인가 그의 강의실에 이란 출신 대학원생들이 나타나기 시작했다. 그들은 로켓 공학을 공부하겠다고 등록했다. 그러고는 보로베이에게 테헤란에 강의를 하러오라고 재촉했다. 1990년대에 러시아의 로켓 과학자들이 대대적으로 이란으로 옮겨가는 지하철도 조직의 시작이었다. 보로베이는 맨 처음 간 사람들 중 하나였다. 보로베이에 따르면, 이란은 완전히 독립적으로 과학자들을 관리하기 때문에 과학자들에게 곤란한 일은 생기지 않을 거라고 자랑했다고 한다. 하지만 호텔과 레스토랑에서 과학자들끼리 자주 마주쳤다. 어느 날은 러시아에서 손꼽히는 미사일 유도 전문가를 발견하고, 또 어느 날은 우크라이나 출신의 저명한 미사일 공학자를 만나는 식이었다. 다들 로켓 기술에 관한 강연을 한다는 구실로 테헤란에 온 사람들이었다. 보로베이도 강연을 하기는 했지만 미사일 청사진을 검토하고 설계도에서 결함을 찾아달라는 요청을 받는 일도 많았다. 보로베이는 1996년을 시작으로 모든 경비를 받아가며 테헤란을 열 차례 방문했다. 강연 한 번에 50달러를 받았는데, 러시아에서 한 달에 100달러를 받은 것과 비교하면 큰 액수였다. 보로베이는 지하철도가 약간 서커스 같았다고 한다. 이란인들은 옛 소련으로부터 과학자와 공학자를 너무 많이 데리고 와서 처치가 곤란할 지경이었다. 또한 로켓을 만드는 데 절대적으로 필요한 원료와 기술이 부족했기 때문에 미사일 제작에서 발전이 더뎠다. 보로베이는 "온통 혼란스러웠다"고 회고했다.[16]

이 시기에 러시아는 물을 부으면 줄줄 새는 체 같았다. 유엔의 무기 거래 금지를 무시한 채 더 정확한 장거리 미사일을 만드는 데 몰두하던 이라크는 32세의 팔레스타인-요르단 출신 협잡꾼이자 중개인인 위암 가르비예를 모스크바로 파견했다.[17] 가르비예는 비밀 군사 연구소들을 손쉽게 출입하면서 여러 종류의 미사일 제품과 기술, 용역 등에 대한 거래에 서명했다. 가르비예가 거둔 가장 큰 성공은 1995년에 전략 무기 제한 조약에 따라 러시아의 SS-N-18 잠수함 발사 대륙간탄도미사일에서 빼낸 자이로스코프와 미사일 유도 부품을 매입한 일이었다. 가르비예는 그중 열 개를 바그다드에 샘플로 보냈고 800개 정도를 포장해서 모스크바의 주요 국제공항인 셰레메티예보로 가져갔다. 자이로스코프는 로열요르단항공의 두 비행편으로 러시아에서 암만으로 보내졌다. 그중 절반은 그곳에서 다시 바그다드로 운송되었다.[18]

1996년 10월 30일 수요일 저녁, 블라디미르 네차이는 첼랴빈스크-70의 건물 3층에 있는 사무실로 돌아왔다. 그는 문을 잠갔다. 각진 턱에 브이넥 스웨터와 스포츠코트 차림을 한 그는 연구소가 설립되고 4년 뒤인 1959년부터 일해왔던 이론물리학자로 30년 뒤에는 소장이 되었다. 그리고 올해는 베이커가 연구소를 방문한 지 4년째 되는 해였다.

내부의 분위기는 어두웠고 상황은 암울했다. 네차이는 핵무기 설계자들에게 급여를 지급하고 연구소를 계속 유지하기 위해 필사적으로 돈을 구한 과정을 자세하게 정리한 노트를 책상에 보관해두었다. 1996년 9월 9일, 네차이는 러시아 총리 빅토르 체르노미르딘에게 호소하는 편지를 썼다. "현재 연구소의 상태는 파멸 지경입니다." 정부는 연구소가 이미 수행한 연구에 대해 2,300만 달러 상당의 액수를 지불하지 않았는데, 그중 700만 달러는 5월 이래 지급되지 않은 급여였다. 연구소는 설비를 비롯한 필요한 물건 때문에 3,600만 달러의 빚을 지고 있었다. 네차이가 쓴 것처럼 핵폭탄 제조자들은 정부 주문을 수행하거나 평화적인 용도로 프로젝트를 전환할 수 없었다. 장거리 전화선은 요금을 내지 못해 끊어진 상태였다. 자녀가 있는 직원들은 아이들의 기본적인 학교 준비물도 사주지 못했다. "식료품을 살 돈도 모자랍니다.""(일부 소형 아파트에서는) 외상으로 빵을 배급하기 위한 명단이 내걸려 있는데, 업체는 모든 사람에게 빵을 제공할 수 있는 형편이 아닙니다."[19]

네차이는 체르노미르딘에게 자신이 모든 문제를 직접 처리하고 있다고 알렸다. 그로서는 한때 나라에서 가장 명성을 날리던 연구소에서 벌어지고 있는 사태를 도저히 눈 뜨고 볼 수 없었다. 그는 도박이라도 하듯 민간 은행에서 돈을 빌리기 시작했다. 연구소는 460만 달러를 대출받았지만 제때 상환할 수 없었다. 첼랴빈스크-70에 처음 왔을 때부터 네차이와 알고 지낸 보리스 무라시킨은 체르노미르딘 총리가 네차이의 호소에 아무 대답도 하지 않았다고 말했다. 10월 3일, 무라시킨을 비롯한 러시아 핵 단지 직원들은 모스크바의 재무부 앞에서 체불 임금에 항의하는 시위에 참여했다. 플래카드에 구호가 적혀 있었다. "러시아 핵 연구소에 돈을 지급하라!" "핵무기를 우습게 보지 마라!" 재무부는 얼마 뒤에 체불 임금을 일부 지급하는 데 동의했지만 10월 말까지 약속한 액수보다 훨씬 적은 금액만 찔끔찔끔 지급했다. 네차이는 무라시킨에게 자신도 시위에 공감하지만 소장이라는 지위 때문에 노동자들의 거리 시위에 합류할 수는 없다고 말했다.

그 수요일 밤, 네차이는 사무실 옆에 있는 작은 서재로 갔다. 의자 몇 개와 티 테이블, 텔레비전이 있는 곳이었다. 그는 이제 더는 자기 눈으로 연구소 직원들을 볼 수 없으며 부담을 견디기 힘들다고 적었다. 네차이가 쓴 유서의 마지막 말은 금요일에 묻어달라는 것이었다.

펜을 내려놓은 네차이는 권총으로 자살했다.

이틀 뒤 차분한 분위기 속에서 장례식이 열렸다. 사람들은 네차이를 위해 기도했다. 러시아 민주주의의 개척 세력 중 하나로 많은 과학자와 전문직을 아우른 야블로코당^{Yabloko Party}*의 당수 그리고리 야블린스키는 기차역 대기실같이 생긴 카페테리아에 추도객이 모인 일을 기억했다. 핵방패 설계자들을 진두지휘한 인물의 장례식에 정부 관리는 한 명도 오지 않았고 전문 하나, 화환 한 개 보내지 않았다. 테이블 위에는 건포도와 견과로 만든 전통적인 장례식 음식인 쿠티야^{kutiya}뿐만 아니라 삶은 감자와 블린^{blin}** 그리고 1인당 보드카 반 잔씩이 놓여 있었다. 과학자들은 어려운 상황과 소장을 잃은 상실감 속에 쓰라린 가슴을 부여안고 나직하게 이야기를 나누었다. 야블린스키는 당시 과학자들이 "다른 사람이라면 다른 길을 갈 수도 있었겠지요"라고 한 말을 떠올렸다. "모두들 그게 무슨 뜻인지 알고 있었다. '다른 길'이 무엇인지 다들 분명하게 알았다. 어쨌든 그들은 핵 과학자들이었다. 그들은 물었다. 모스크바는 정말 핵무

---

* 1993년 창건된 러시아의 군소 자유주의 정당. 자유 확대, 서구와의 통합 확대, 유럽연합 가입, 미국과의 관계 개선 등을 주로 내세웠다.
** 러시아식 팬케이크의 일종.

데드핸드

기를 손에 쥔 사람들을 이 지경으로 몰아가는 게 얼마나 위험한지 몰랐
을까?"

잇따른 폭로

새로운 러시아가 발을 내딛는 시기에 사람들은 두려움 없이 과거의 거짓과 허위 정보에 맞서 일어섰다. 그들은 양심과 호기심과 결단으로 가득 찬 행동을 통해 무기 경쟁의 비밀을 폭로하기 시작했다. 고르바초프가 역사의 '공백'을 메우면서 스탈린의 대대적인 억압에 관한 진실을 인정하기 시작했을 때, 이것은 우연한 발견의 과정이었고 그러한 과거사는 대개 대중의 관심을 끌지 못했다. 하지만 1990년대 초에 모습을 드러낸 이야기들은 그야말로 귀를 의심할 놀라운 내용이었다. 사람들은 핵 원자로 해상 투기, 신종 신경가스 칵테일, 핵 공격을 당하는 경우에 보복하기 위한 신비스러운 기계 장치 등에 관해 이야기를 들었고 놀라움에 입을 다물지 못했다.

어느 누구도 자기 생애에서 보리라고 예상하지 못한 흥미진진한 순간들이었다. 로스앨러모스국립연구소 소장 시그프리드 S. 헤커는 1992년 2월 말 첫 번째 소련 방문을 위해 아르자마스−16으로 날아갔다.[1] 활주로에 착륙하자 작달막한 노인 하나가 다가왔다. 이고르 쿠르차토프 밑에서 소련 최초의 원자폭탄을 설계하고 후에 아르자마스-16에서 초대 과학 담당 소장에 오른 유리 하리톤이었다. 하리톤은 손을 내밀며 입을 열었다. "40년 동안 이 순간을 기다렸습니다."

그날 밤 만찬에서 하리톤은 소련의 원자폭탄 초창기에 관해 주목할 만한 강연을 했다. 오랜 세월 공포에 의해 지켜지고 지하 묘지에 감춰졌던 냉전의 가장 깊숙한 비밀이 이제 연회 테이블 위로 흘러나오고 있었다. 하리톤은 2차 대전 전에 케임브리지대학교 캐번디시연구소에서 공부하면서 배운 영국식 억양의 영어로 물리학자들이 어떻게 핵무기를 설계하고 제작했는지에 관한 자세한 이야기를 늘어놓았다. 그는 자신들이 어떻게 설계 연구를 해나갔는지 설명하면서 그들의 연구가 진행되는 동안 한편에서는 미국에서 훔쳐온 청사진을 금고 안에 보관해두었다고 회고했다. 스파이 클라우스 푹스가 전해준 청사진이었다. 하리톤은 소련 과학자들이 미국의 폭탄에 비해 무게가 절반이면서도 파괴력은 두 배인 장치를 설계했다고 주장했다. 헤커는 바로 맞은편에 앉아 있던 하리톤에게 왜 당신들이 만든 설계도 대신 미국 것을 사용했냐고 물었다. 하리톤은 스탈린의 무자비한 보안 책임자인 라브렌티 베리야가 소련의 핵무기 프로그램을 운영한 사실을 상기시켰다. "우리가 당신네 설계도를 시험한 까닭은 당신네 것이 제대로 작동한다는 걸 알았기 때문입니다—우리는 목숨을 부지하고 싶었거든요."[2]

다음 날 아침, 헤커는 옛 비밀 도시의 잿빛 아파트 건물들 사이로 조깅을 나섰다. 그는 미국과 러시아의 무기 과학자들이 자신들의 이야기와 경험을 나눈 과정에 감탄했다. 또 한편으로 지금은 이렇게 별생각 없이 이야기를 나누지만 그럴 수 없었던 냉전 시기 동안에는 자세한 내막을 알기 위해 첩보에 얼마나 많은 돈을 쏟아부었을까 궁금증이 일었다. 헤커는 회상했다. "우리는 진심으로 환영을 받았습니다. 그 자리에 앉아서 러시아인들이 자신들의 핵무기 개발 프로그램에 관해 설명하는 걸 듣고 있자니 믿어지지가 않더군요. 실제 부품을 어떻게 조립했는지, 물리학에서 전산 능력에 이르기까지 편안하게 들었거든요."

러시아 과학자들은 헤커에게 우리는 서로 동등한 과학자라고 생각하며 그런 토대 위에서 과학적 협력에 참여하고 싶다고 말했다. 헤커는 그들이 처한 경제적 곤경을 해결해주지는 못했지만 소련 무기 개발자들과 중요한 연락망을 구축하고 연구소 간 공동 프로젝트의 계획, 냉전 시기의 불신을 극복하는 조기 연결망 등을 마련했다.

소련은 1959년부터 1992년까지 북극해에 핵폐기물과 원자로를 투기했다. 잠수함 원자로 열두 기를 내다버렸는데, 그중 여섯 기에는 연료도 들어 있었다. 모두 소련이 해양에 폐기물 투기를 금지한 국제조약에 서명한 뒤에 벌어진 일이었다.[3] 러시아 최북단 콜라 반도의 최대 도시 무르만스크의 방사선 기술자 알렉산드르 졸로트코프*가 없었더라면—졸로트코프는 또한 모스크바 의회인 인민대표회의에서 무르만스크 주를 대표했다—소련의 핵폐기물 투기 사실은 영원히 비밀로 남았을지도 모른다. 콜라 반도에서 얼음이 덮이지 않은 암석 해안에는 소련의 북부함대가 정박해 있었다. 잠수함 120척을 포함해 소련 해군이 보유한 핵동력 함선의 3분의 2가 북부함대 소속이었다.

1987년 환경 단체 그린피스는 해상 무기 경쟁에 항의하기 위해 '핵 없는 바다Nuclear Free Seas' 캠페인에 착수했다. 그린피스 활동가들은 무르만스크에서 졸로트코프와 만나 함께 항해를 하자고 권했다. 그린피스 배

---

* 안드레이 졸로트코프(Andrei Zolotkov)의 오기로 보인다.

데드핸드

에 탄 졸로트코프는 국제원자력기구International Atomic Energy Agency, IAEA에서 나온 보고서를 하나 읽었다. 소련은 해양에 핵폐기물을 투기한 적이 없고 지금이나 앞으로도 그럴 생각이 없다고 선언하는 내용이었다. "정말로 놀라운 이야기였다. 오랜 기간 동안 핵폐기물 투기가 계속해서 이루어져왔다는 것을 내가 확실히 알고 있었기 때문이다."

졸로트코프는 1974년 무르만스크해운Murmansk Shipping Company에 취직한 직후 핵폐기물 투기에 관여했다. 이 회사는 북극해에서 핵동력 쇄빙선을 운영하는 곳이었다. 졸로트코프는 보조 정비선인 렙세호 선상에서 액체 핵폐기물을 바렌츠 해에 투기했다. 나중에 그는 원자력 쇄빙선인 레닌호와 아르티카호에서도 일을 했고, 그린피스 팀과 만났을 때는 쇄빙선을 지원하는 이만드라호에서 일하고 있었다.

국회의원인 졸로트코프는 진실을 캐기 위한 질문을 할 수 있었다. 그는 바렌츠 해와 카라 해에서 방사성 폐기물을 투기하라는 비밀 지시와 지침이 있었고, 해운 회사에 속한 어느 누구도 굳이 폐기물을 감시하거나 통제하려고 하지 않았다는 것을 알게 되었다. 또한 방사성 폐기물 투기 기록이 렙세호에 보관되어 있다는 것을 알아냈다. 그는 해상 투기가 이루어진 바다의 좌표와 폐기물 용기 수, 폐기물의 양을 담은 지도와 작은 도표를 작성했다.

그린피스는 졸로트코프에게 모스크바에서 준비 중인 세미나에서 발언을 해달라고 요청했다. 그린피스 활동가인 존 스프레인지는 졸로트코프가 그 정도로 대담한 행동에 나설지 확신하지 못했다고 회고했다. 이제까지 쌓아온 경력이 하루아침에 무너질 수 있을 뿐만 아니라 체포되거나 더 나쁜 일이 생길 수도 있었다. 졸로트코프가 검토한 모든 문서는 극비 표시가 되어 있었다—커다란 위험을 무릅쓰는 일이었다. 세미나 전날 밤, 졸로트코프와 그린피스 사람들은 모스크바의 한 아파트 주방에 모여 보드카를 잔뜩 마셨다. 졸로트코프는 망설였다. 기밀을 공표하는 일이 많이 걱정이 되었다. 하지만 다음 날인 1991년 9월 23일, 그는 기대를 저버리지 않았다. 그린피스가 빌린 좁다랗고 긴 회의실에서 열린 세미나는 언론인과 환경운동가, 적잖은 수의 군과 방위 관계자들로 가득 찼다. 졸로트코프는 참석자들에게 1964년부터 1986년까지 폐기물 투기가 이루어진 항구와 해양 지역이 담긴 지도를 보여주었다. 간혹 폐기물 통이 수면 위로 떠오르면 노동자들이 총으로 구멍을 냈다는 사실도 폭로했다. 구멍이 난 통은 무방비 상태로 가라앉았다. 졸로트코프는 오랜 세월 동안 무분별한 폐기물 투기를 감춰온 비밀주의에 반대하는 목소리를 높였다. "체르노빌의 경험을 통해 우리는 진실을 숨기려는 시도는 결국 실패로 돌아갈 수밖에 없음을 알게 됐습니다."[4]

옐친은 알렉세이 야블로코프가 이끄는 조사위원단을 임명했다. 야블로코프는 저명한 환경운동가로 옐친의 보좌관이 된 사람이었다. 위원단은 공식 기록을 샅샅이 훑어본 뒤 수십 년 동안 폐기물 투기가 이루어진 사실을 확인했고, 카라 해의 노바야젬랴 섬에 있는 얕은 만에 내버린 원자로의 노심들이 가장 위험하다는 사실을 알아냈다. 25년 동안 투기 지역에 대한 모니터링이 전혀 이루어지지 않은 상태였다.[5] 위원단 성원들은 보고서가 마무리되자 '극비'라는 딱지를 붙여 깊숙이 넣어두고 곧 잊어버렸다. 예전의 관행대로 말이다. 야블로코프는 옐친에게 호소했다. "말씀드렸다시피, 모든 데이터를 공개합시다. 이건 러시아의 잘못이 아닙니다. 이건 소련 특유의 더러운 관행이며 지금이야말로 '우리 손은 깨끗하다, 우리는 이제 이런 일을 하지 않겠다'라고 말할 때입니다." 옐친은 그의 말에 동의했다. 보고서는 1993년 공개되었다. 야블로코프는 군이 격분했다고 회고했다.

그로부터 얼마 뒤, 그린피스 캠페인의 연구 책임자인 조시 핸들러는 야블로코프의 사무실에 들러 보고서를 하나 얻을 수 있는지 물었다. 야블로코프는 물론이라고 답했다—그런데 그에게는 복사기가 없었다.

당신이 다섯 부만 복사해주면 안 될까요? 야블로코프가 부탁했다.[6]

1992년 3월 1일 금요일, 몇 달 전 페름에서 자전거 공장을 조사했던 퇴역 육군 소장 윌리엄 번스는 펜실베이니아 주 칼라일에 있는 자택에서 전화를 한 통 받았다. 당시 그는 육군대학원에서 교편을 잡고 있었다. 전화를 건 국무부 사람은 번스에게 모든 일에서 당장 손을 떼고, 러시아의 핵무기 해체를 돕는 미국의 노력이 지금 불안정한 상태이니 그 책임을 맡아달라고 요청했다. 며칠 안으로 모스크바로 가야 한다는 이야기였다.

번스는 흔쾌히 동의했지만 결코 만만한 일이 아니었다. 러시아는 수많은 핵탄두를 처리할 재정 지원을 원했지만 군과 관료 사회, 기존 핵무기 관련 집단 전체에 걸쳐 의심과 반감의 기류가 강하게 흐르고 있었다. 이 부문의 관리들은 수십 년 동안 비밀주의적인 소비에트 국가를 위해 일하면서 제약을 내면화하고 있었다. 논의가 핵무기에 관한 가장 기본적인 세부 사항—얼마나 많은 핵무기를 얼마나 신속하게 해체해야 하는가 같은 문제—으로 흐를 때마다 러시아인들은 입을 굳게 다물었다.[7] 1992년 1월, 한 미국 관리는 8일 동안 회담을 한 끝에 국무부와 백악관에 전문을 보냈다. "러시아는 해체 시설이 어디에 있는지, 지금까지 얼마나 해체했는지에 관해 우리에게 말하려고 하지 않았다. 그들은 이 공장들에 아무 문제가 없고 전혀 도움이 필요하지 않다고 말했다." 이 관리는 러시아 속담을 인용했다. "곰은 아직 숲 속에 어슬렁거리고 있는데 가죽을 어떻게 나눌까를 이야기한다."[8]

번스는 국무부에서 러시아가 지원을 필요로 하는 지역들에 관한 설명이 담긴 일곱 개의 짧은 보고서를 건네받았다. 한 보고서에 따르면, 러시아는 핵탄두를 수송하는 데 필요한 안전한 철도 차량 100대를 원했다. 소련은 과거에 언제나 철도를 이용해서 핵탄두를 운송했는데, 주변 공화국들로부터 러시아로 탄두를 옮기게 됨에 따라 이제 더 많은 철도 차량이 필요했다. 미국은 25대의 예비 안전 차량을 보유하고 있었지만 러시아 철도에서도 이 차량을 움직일 수 있는지, 또 얼마나 속도를 낼 수 있는지는 아무도 알지 못했다. 러시아는 7월 1일까지 다른 공화국들로부터 전술 핵탄두를 모두 철수시키겠다고 약속한 바 있었다. 남은 시간이 얼마 없었다.[9]

번스는 모스크바에 도착하자마자 불신의 벽에 부딪혔다. 테이블 맞은편에는 세르게이 A. 젤렌초프 중장이 앉아 있었다. 핵무기를 관리하는 국방부 제12위원회를 지휘하는 인물이었다. 젤렌초프는 번스에게 이제까지 미국인들이 러시아 무기를 정탐하고 비밀을 캐러온 것으로 생각했다고 털어놓았다. 번스는 장군이 전에 했던 말을 기억했다. "당신네가 원하는 거라곤 빨리 가서 우리 물건을 보는 것뿐이지요. 나는 당신네가 정말로 우리를 도우려고 하는지 잘 모르겠소이다." 사실 젤렌초프의 의심도 일부는 맞았다. 64명으로 구성된 미국 대표단에는 정보기관에서 온 인사도 상당수 있었다. 러시아 측에도 정보기관 사람들이 끼어 있었다. 번스는 당시의 기억을 되짚었다. "우리는 2주 반 동안 회담을 했지만 아무 결론도 내리지 못했다."

번스는 불신의 벽을 깨려는 시도로 1992년 4월 28일부터 5월 1일까지 러시아 대표단이 뉴멕시코 주 앨버커키에 있는 샌디아국립연구소 Sandia National Laboratory를 방문하는 일정을 마련했다. 러시아 방문단은 두 차례의 브리핑을 받았다. 1966년 스페인 상공에서 B-52가 핵폭탄 네 개를 분실한 사건 같은 핵무기 비상사태에 미국이 이제까지 어떻게 대응했는지를 보여주는 내용이었다. 번스의 말을 들어보자. "우리가 이제까지 저지른 실수를 솔직하게 털어놓자 그들은 정말로 당황한 모습이었다. 바로 이런 게 교훈이 되었다."[10] 젤렌초프의 태도도 부드러워졌다. 러시아인들은 미국인들의 의욕적인 모습과 그와 상반되는 자국민들의 의기소침한 모습에 큰 인상을 받았다.[11]

그로부터 몇 주 뒤, 번스는 미국 철도 전문가들을 모스크바로 데려가 러시아 국방부가 감독하는 가운데 러시아의 핵무기 운반용 철도 차량을 점검하게 했다. 미국 전문가들이 모스크바 외곽의 외딴 측선側線에 도착하자 대검을 장착한 총을 치켜든 채 핵무기 운송 차량인 VG-124 모델을 에워싼 보병 1개 소대가 그들을 맞이했다. 군인들이 미국인들에게 소리쳤다. 한 걸음도 접근하지 마시오! 번스는 전화를 걸었고, 다음 날 미국인들이 다시 왔을 때 군인들은 총을 내리고 있었다. 전문가들은 철도 차량을 살펴보았다. 차량 내부 곳곳에 취약한 부분이 있었다. 인화성 단열재에 불이 붙으면 무기에 피해가 가고, 폭탄을 올려놓는 이동식 받침대도 느슨해지기 쉬웠다. 또 철도 차량에는 구조적인 보강이 전혀 없어 외부의 공격에 대한 방비가 전혀 되어 있지 않았다. 탄두를 운반하는 차량은 사실상 약간의 개조만 한 지붕 달린 화물차 수준이었고 통신 장비도 원시적인 것뿐이었다. 번스는 미국의 철도 차량을 가져다 쓰기에는 개조에 시간이 너무 오래 걸릴 것을 깨달았다. 미국은 모스크바의 승인을 받아 러시아 핵무기 운송 차량 한 대를 바퀴를 뺀 채 인계받은 뒤 상트페테르부르크에서 휴스턴까지 배로 운송했다. 거기서부터는 육로로 뉴멕시코 주 샌디아국립연구소로 보냈다. 그곳에서 미국 전문가들은 안전성을 높이기 위해 철도 차량을 개조한 뒤 다시 러시아로 돌려보냈다.

번스가 불신의 벽에 부딪히고 핵무기를 둘러싼 비밀이 극심했다는 점을 감안하면 이 일은 또 한 번의 이례적인 협력의 순간이었다.[12]

빌 미르자야노프는 동료 안드레이 젤레즈냐코프가 1987년 모스크바의 화학무기 연구소에서 사고로 신경가스에 중독되어 고통받는 모습을 직접 목격한 적이 있다. 미르자야노프는 오랜 세월 연구소에서 일했다. 소련과 러시아는 높은 담장 뒤에서 비밀리에 노비초크, 곧 '신참'이라는 이름으로 알려진 새로운 이원 성분 신경가스를 개발하고 시험했다. 이원 성분 무기는 치명적이지 않은 두 화학물질이 마지막 순간에 하나로 결합해서 치명적인 작용제로 변하는 무기였다.

미르자야노프는 여러 차례 화학무기를 폐기하겠다고 거드름을 피우는 연설을 들은 적이 있다. 고르바초프는 1987년 4월 소련은 이제 화학무기를 생산하지 않겠다고 약속했다. 1992년 1월에는 신임 러시아 대통령인 옐친이 당시 제네바에서 협상 중이던 화학무기 금지 국제조약을 지지하겠다고 약속했다.[13]

하지만 미르자야노프는 소련이—그리고 그 뒤를 이은 러시아가— 새로운 이원 성분 무기에 관한 연구를 결코 포기한 적이 없다는 사실을 알고 있었다. 그는 어느 날 모스크바 연구소 복도에 새로 걸린 포스터를 보면서 이 사실을 깨달았다. 포스터에는 과학자들이 농업용 '살충제'를 발명했다면서 그 화학 공식이 소개되어 있었다. 미르자야노프는 곧바로 그것이 다른 것—노비초크 작용제—의 공식임을 알아챘다. 살충제란 말은 거짓 설명이었다. 미르자야노프는 무장 해제에 관한 온갖 약속과 달리 신세대 화학무기를 평범한 산업 및 농업 시설에 은폐하려는 계획이 존재한다는 것을 깨달았다. 크렘린은 이런 식으로 화학무기 금지 국제조약에 서명하면서도 준비 완료 상태로 무기를 감춰둘 수 있었다. 미르자야노프는 이 사실을 세계에 알려야겠다고 결심했다.[14]

말랐지만 단단한 체격에 이야기를 할 때 손짓을 하는 버릇이 있는 미르자야노프는 1965년 모스크바 열성가고속도로Highway of the Enthusiasts*

에 자리한 유기화학기술국립과학연구소State Scientific Research Institute of Organic Chemistry and Technology에 자리를 얻었다. 그는 혼합물을 분리하는 실험 기법인 크로마토그래피 전문가였고, 자연물에서 화학물질의 미세한 흔적을 추적하는 기술자가 되었다.

미르자야노프는 그곳에서 오랫동안 일하면서 화학무기가 과연 군사적으로 유용한 것인지에 관해 깊은 의구심을 품게 되었다. 그러던 중 쉰 살이 된 1985년 대외 기술 방첩 부서의 책임자라는 민감한 직책을 맡게 되었다. 숨길 수 없는 유출에 대비해 모든 시설의 물과 공기를 점검하고 외국 첩자로부터 시설을 보호하는 일을 책임지는 자리였다. 이 일은 반체제적인 성향이 있던 미르자야노프에게는 어울리지 않았지만 그는 기술적인 측면에만 집중하려고 했다. 따라서 새로운 장비를 구입할 현금 자원이 부족해지기 쉬웠다. 미르자야노프는 직책 때문에 노비초크 작용제의 비밀에 대해 이야기를 들을 수 있었다. 직접 실지 실험을 보기도 했다. 또 과학 협의회에 참여했기 때문에 보고서 더미를 읽을 수도 있었다.

고르바초프가 일으킨 혁명이 상황을 장악함에 따라 미르자야노프도 민주주의를 요구하는 시위에 점점 휘말려 들어갔다. 그는 특히 급진적인 변화를 요구하는 옐친의 호소에 매료되었다. "나는 초창기부터 거리로 나갔다." 그는 1990년 5월 4일 공산당을 탈당했고 민주주의 운동에 한층 더 적극적으로 참여했다. 결국 그는 방첩 직위에서 쫓겨났다.

노비초크 사기극에 관한 미르자야노프의 분노는 결국 1991년 4월에 폭발했다. 연구소장 빅토르 페트루닌과 시하니의 화학무기 실험장 책임자였던 아나톨리 쿤체비치 장군의 레닌상 수상을 축하하는 연회가 열린

---

* 모스크바와 블라디미르, 니즈니노브고로드를 잇는 블라디미르고속도로의 모스크바 구간에 붙은 명칭. 19세기까지 시베리아 유형 길과 연결되는 악명 높은 도로였기 때문에 러시아혁명 이후 이름이 바뀌었다.

다는 소식이 들렸기 때문이다. 이원 성분 화학무기를 만들어낸 공로로 주는 상이었다—소련이 화학무기 생산을 중단하겠다고 약속한 지 한참 뒤의 일이었다.[15]

미르자야노프는 옐친의 존재가 점점 두드러지고 1991년 권력을 장악함에 따라 화학무기와 관련해서도 새로운 방향 전환이 이루어질 것이라고 기대했다. 그는 매일 신문을 뒤적거렸다. 하지만 화학무기에 관해서는 일언반구도 없었다. 그는 연구소가 여전히 운영되고 있다는 걸 알았다. 그는 "괴로운 부담감 때문에 끙끙 앓았다. 화학무기 경쟁이라는 범죄 행위에 가담했다는 개인적인 책임감을 느꼈기 때문이다". 그리고 "공개적으로 발언을 하겠다고 마음먹었다".

그는 어느 날 밤 집에 앉아 타자기로 글을 하나 작성했다. 화학무기 사업 전반에 대한 비판을 쏟아내는 내용이었다. 다음 날 그는 모스크바에서 인기 있는 주간지 『쿠란티Kuranty』의 편집장을 찾아갔고, 글은 1991년 10월 10일자에 게재되었다. 미르자야노프는 글에 '반전Inversion'이라는 제목을 붙였다. 어떤 화학물질이 화학식에 변화도 없이 눈에 띄지 않게 한 형태에서 다른 형태로 바뀌는 과정을 가리키는 말이었다. 화학무기 제작을 계속하기로 결심한 장군들의 이중성을 비꼬는 은유적인 제목이었다.

미르자야노프는 글에서 화학무기 개발 책임자들이 "최신식 화학무기를 개발하느라 분주하며 생태적으로 안전하지 않은 지역에 있는 노출된 실험장에서 이 무기를 시험하고 있다"는 사실을 폭로했다. 노비초크라는 이름은 밝히지 않았지만 사실상 비밀을 누설한 셈이었다. 그는 장군들이 이런 악행을 감추려고 한다는 점도 암시했다. "문제는 왜 우리가 다시 서구를 오도하고 있는가 하는 점이다."

미르자야노프는 자신의 글이 "진심에서 우러난 호소"라고 말했지만 대중의 반응은 거의 없었다. 미르자야노프는 사람들이 힘든 겨울을 나기 위한 생존에 몰두하고 있음을 알았다. 연구소 안에서는 그의 상관들이 격분했다. 그들은 1992년 1월 5일 미르자야노프를 해고했다. 얼마 지나지 않아 미르자야노프는 모스크바의 야외 시장에서 운동화와 청바지를 팔아 생계를 해결하려고 분투하게 되었다. "박사 학위가 있는 교수가 하기에는 썩 좋은 일이 아니었다."

하지만 그는 노비초크 작용제에 관해 잊을 수가 없었다. 그는 다시 목소리를 높이기로 결심하고 새로운 글을 썼다. 이 글은 1992년 9월 16일 진보 성향의 타블로이드판 주간지인 『모스크바뉴스』에 실렸다.[16] 「독성 정책A Poisoned Policy」이라는 제목으로 대서특필된 이 글에는 열성가고속도로 옆에 있는 연구소 행정 건물 사진도 실려 있었다. 전에 공개된 적이 없는 곳이었다. 미르자야노프는 노비초크 세대 무기의 어두운 비밀에 관해 더 많은 사실을 폭로했다. 이 연구소에서 미국의 VX가스보다 더 치명적인 "새로운 독성 작용제"를 개발했다는 것이었다. 이 새로운 작용제에 피해를 입으면 "사실상 치료가 불가능"했다. 그는 이 독성 작용제가 최신 이원 성분 무기의 근간이며, 얼마 전인 1992년 1사분기에도 우즈베키스탄에서 새로운 이원 성분 작용제의 실지 실험이 있었다고 폭로했다─옐친이 약속한 1월 이후의 일이었다.

미르자야노프의 말에 따르면 장군들은 화학무기를 폐기하기는커녕 새로운 무기를 개발하고 있었다. 그는 러시아 국민들이 "화학무기를 개발한 이들에게 그 무기의 폐기를 맡길 하등의 이유가 없다"고 주장했다. 고르바초프와 옐친이 서구에 한 약속과 정반대로 연구는 계속되고 있었다. 과연 누구의 책임이었을까?

미르자야노프는 1992년 10월 22일 세 가지 국가 기밀을 누설한 혐의로 체포되었다. VX가스보다 치명적인 신종 독성 작용제, 이원 성분 무기 개발, 최근의 실지 실험 등이 그가 누설한 기밀이었다. 그리고 10월 30일 기소되었다. 미르자야노프는 무죄를 주장했지만 투옥되었고 재판이 길어지는 와중에 석방되었다.[17]

1993년 1월 13일, 파리에서 화학무기의 개발과 생산, 저장, 사용을 금지하는 국제조약이 조인되었다―러시아도 조인국 중 하나였다.[18]

재판 과정에서 미르자야노프와 변호인은 극비 문서를 비롯한 수사 기록을 볼 수 있었다. 미르자야노프는 직접 정성스럽게 문서를 복사하고 메모를 집으로 가져와 타이핑을 했다. 그는 일종의 예방책으로 문서 일부를 팩스로 게일 콜비에게 보냈다. 콜비는 뉴저지 주 프린스턴의 환경 운동가로 서구에서 미르자야노프를 위한 지원 활동을 조직하는 인물이었다.[19] 어느 날, 검사들이 노비초크 5호의 개발, 제조, 실지 실험용 인도 과정을 설명한 문서 하나를 기록에 집어넣었다. 미르자야노프는 이 문서를 복사했다. 문서에 따르면 실지 실험은 1991~1992년으로 예정되어 있었다. 고르바초프와 옐친이 화학무기 제조를 중단하겠다고 약속한 지 한참 뒤의 일이었다.

사건은 미르자야노프가 두 차례 수감되고 난 1994년에야 기각되었다.[20] 미르자야노프는 커다란 위험을 무릅쓰고 장군들의 이중성과 노비초크 세대의 화학무기 개발을 용감하게 폭로했던 것이다.

브루킹스연구소의 연구원 브루스 블레어는 1993년 초 두 번째 저서인 『우발적 핵전쟁의 논리The Logic of Accidental Nuclear War』를 출간했다. 모스크바에서 한 연구가 드디어 성과를 낸 것이다―소련의 핵무기 지휘 통제 시스템에 관한 자세한 설명을 쓸 수 있었던 덕이다. 하지만 한 가지 작은 세부 내용을 빼먹었다. 그는 모스크바에서 정보원들로부터 소련이 특별한 지휘 로켓 시스템을 만들었다는 말을 들은 적이 있었다. 핵 공격이 벌어지는 경우에 지휘 로켓이 나라를 가로질러 날아가며 대륙간탄도미사일에 발사 명령을 내리는 시스템이었다. 그런데 30개 정도의 샘플을 가지고 이 지휘 로켓의 실지 실험에 관한 미국의 데이터를 살펴보았는데, 지휘 로켓들이 날아갈 때 아무 일도 없었던 것처럼 보였다. 지시가 내려졌을 텐데 대형 대륙간탄도미사일이 한 기도 격납고에서 모습을 드러내지 않았다. 블레어는 책 78쪽에 소련인들이 말한 내용에 대한 증거를 확인할 수 없었다고 썼다.

하지만 그는 여전히 궁금했다. 발사 지시가 이행되지 않는다면 이 로켓의 용도는 과연 무엇일까?[21]

블레어는 거의 2년 전에 모스크바에서 만난 적이 있는 핵무기 지휘통제 전문가 발레리 야리니치에게 새 책을 한 권 보냈다. 당시 블레어는 야리니치의 풍부한 지식에 깊은 인상을 받았고, 혹시라도 해가 될까봐 그의 이름은 기록해두지 않았다. 야리니치는 블레어에게 지휘 로켓에 관한 실마리를 주었지만 블레어는 그 정보를 제대로 이해하지 못했다.

블레어는 책이 출간되자 야리니치를 워싱턴으로 초청했다.[22] 야리니치는 정보 공개의 힘을 굳게 믿었다. 그는 행간 여백이 거의 없이 빽빽하게 타이핑된 문서 하나를 들고 워싱턴을 찾았다. 1993년 2월 24일자로 된 문서였다. 한 쪽 맨 위에는 「예비 지휘 로켓 시스템Reserve commanding rockets system」이라는 제목이 적혀 있었다. 블레어의 눈에 제목 아래에 있는 반 쪽 크기의 손으로 그린 '그림 1'이 들어왔다. 그림에는 '비상 로켓 지휘 시스템Emergency Rocket Command System'이라고 표기가 되어 있었다. 공중에 있는 위성과 격납고, 잠수함, 지휘센터, 전략 폭격기 등에 있는 미사일이 보였다. 블레어는 그림의 뜻을 파악하려고 애를 썼다. 도대체 이게 무슨 뜻이지?

그림 아래에는 반 쪽에 걸친 글이 있었다. 내용을 읽어나가자 서서히 의미가 파악되었다. 전에 야리니치가 러시아 시스템에는 **자동** '데드핸드'는 없고 그와 비슷한 **반자동** 시스템이 있다고 한 말이 기억났다.

타이핑한 페이지에 그것이 있었다. '최후의 날 장치'가.

1984년에 직접 이 시스템을 연구한 야리니치는 무척 신중했기 때문에 시스템의 기술적인 데이터나 수치, 위치 등에 관한 기록을 남기지 않았고, 문서에 페리미터라는 실제 명칭도 사용하지 않았다. 대신 그는 전반적인 원리를 대략적으로 설명해두는 방식을 취했다. 블레어는 문서를 꼼꼼하게 검토했다. 핵 공격을 당한다고 판단하면 '고위 당국'에서 어떻게 스위치를 전환하는지에 관한 개략적인 설명이 있었다. 이런 식으로 '인가 확인'이 되는 것이었다. 그러면 당직 장교들이 강화 콘크리트 구체인 '샤리크', 곧 깊숙한 지하 벙커로 달려간다. 미리 인가 확인이 주어지고, 핵 공격이 지면을 강타하는 진동 증거가 확인되고, 모든 통신이 두절되면, 벙커 안에 있는 당직 장교들은 지휘 로켓을 발사할 수 있다. 이렇게 지시를 받은 지휘 로켓들은 국토를 가로질러 날아가면서 대륙간탄도미사일에 '발사' 신호를 보낸다. 그러면 대형 미사일들이 속속 발사되어 보복 임무를 수행한다.

1993년 5월, 블레어는 모스크바에서 다시 야리니치를 찾았다. 이번에도 야리니치는 행간 여백이 거의 없는 11쪽으로 된 블레어 책에 대한 서평을 건네주었다. 깊이 있는 글로 야리니치는 마지막 부분에서 책에서 발견한 몇 가지 오류를 지적했다. 블레어는 그 덕분에 78쪽의 수수께끼를 해결할 수 있었다. 야리니치는 지휘 로켓 시험 비행에서 거대한 대륙간탄도미사일이 발사되지 않은 이유를 설명해주었다. 미국이 지켜보고 있는 걸 소련인들이 알고 있었던 것이다. 그래서 소련은 미국을 속이고 페리미터를 감추기 위해 40분에서 24시간까지 기다리면서 발사를 연기했다.

블레어는 그의 말을 받아적었다. 그는 집으로 돌아와서 정보원들에게 전화를 걸어 소련의 발사 실험에 관한 미국 측 자료를 다시 확인했다. 그는 특히 레이건이 당선된 직후인 1984년 11월 13일의 실험에 관심이 있었다.

확실히 야리니치의 말이 맞았다. 지휘 로켓이 발사되고 정확히 40분 뒤에 거대한 미사일들이 하늘로 날아올랐다.

야리니치는 페리미터가 긍정적인 구실을 한다고 믿었다. 페리미터가 켜져 있으면 크렘린의 지도자들이 느끼는 압박감이 줄어들어 첫 경보를 받자마자 성급하게 위험한 발사 결정을 내리는 실수는 하지 않을 것이었다. 참고 기다릴 수 있었다. 그렇다면 충동적으로 끔찍한 실수를 저지르는 일을 피하는 데 도움이 된다. 하지만 블레어는 생각이 달랐다. 그는 자신의 경험을 통해 미국의 지휘 통제 시스템에서는 사람이 가장 중요한 방화벽이라는 사실을 알고 있었다. 미국에서는 사람이 기계를 다스린다. 하지만 소련은 몇 명을 제외하고 모든 사람을 제거하는 것을 통해 '최후의 날 장치'를 구축한 것처럼 보였다. 블레어는 이 장치 때문에 발사 명령이 극소수의 손에 집중되고 거의 대부분의 절차가 자동화된 사실이 불안했다.

블레어는 1993년 10월 8일자 『뉴욕타임스』 기명 칼럼에서 이 놀라운 시스템을 폭로했다. 「러시아의 최후의 날 장치Russia's Doomsday Machine」라는 제목의 칼럼에서 그는 "핵 공격으로 소련이 말살된 뒤 소련 지도부의 죽은 손dead hand이 경련을 일으켜 대규모 반격을 가한다는 환상적인 계획"에 관해 설명했다.

"그렇다. 이 최후의 날 장치는 지금도 존재한다."

세계 각지로부터 블레어에게 전화가 쇄도했다. 그리고 다음 날 소련 전략 무기 전담 국가정보담당관으로 정보기관 내에서 소련의 미사일과 폭격기, 잠수함 등을 추적하는 최고 책임자인 래리 거슈윈이 블레어를 찾아왔다. 거슈윈은 블레어가 밝혀낸 사실에 큰 관심을 보였다. 미국 정보기관은 이 수수께끼에 관한 몇 가지 단편적인 정보를 알고 있었지만 '최후의 날 장치'의 지휘 통제 부분을 파악하지는 못한 상태였다.

블레어는 그 점들을 연결한 것이다.[23]

데드핸드

20

옐친의 약속

옐친은 러시아 대통령이 된 뒤 소련 생물학무기에 관한 진실을 개인적으로 신속하게 인정했다. 1992년 1월 20일, 옐친은 모스크바에서 영국 외무장관 더글러스 허드와 만났다. 영국대사 로드릭 브레이스웨이트가 회담 중에 허드에게 메모 하나를 전달했는데, 옐친에게 세균전에 관해 물어보라는 내용이었다. 브레이스웨이트는 거의 2년 동안 세균전 프로그램에 관한 답변을 요구하고 있었다. 하지만 소련은 발뺌으로 일관했다. 브레이스웨이트는 이번에는 옐친이 "놀라운" 이야기를 털어놓았다고 회고했다.

옐친이 허드에게 말했다. "나는 소련의 생물학무기 개발 프로그램의 전모를 알고 있습니다."

조직 담당자들은 단순한 방어용 연구라고 주장하지만 여전히 연구가 진행 중입니다. 그들은 광신자들이라 자발적으로 중단하지는 않을 겁니다. 나 자신이 그 사람들을 알고, 이름도 알고, 그들이 연구를 진행하는 연구소들의 주소도 압니다. 연구소들을 폐쇄하고, 프로그램 책임자를 은퇴시키고, 다른 사람들은 유용한 발명품을 만드는 연구를 하게 할 겁니다. 1년에 우유 1만 리터를 생산하는 암소 같은 것 말입니다. 이 연구소들이 실제로 연구를 중단했다는 것을 내가 직접 확인하고 나서 국제 사찰을 요청할 겁니다.

옐친이 혐오감을 표명하며 말했다. "이 사람들은 암소에 다리 하나가 더 나게 만들 수도 있어요."

브레이스웨이트는 "깜짝 놀랐다"고 회고했다. "그저 고맙다는 말밖에 달리 할 말이 없었다."[1]

1월 29일 모스크바에서 옐친과 만난 베이커 국무장관도 마찬가지로 깊은 인상을 받았다. 옐친은 전략 무기를 한층 감축하겠다고 제안함으로써 '거꾸로 된 무기 경쟁'에서 다시 한 번 커다란 도약을 했다. 베이커의 회고를 들어보자. "이제까지 봐온 것과는 다른 모습의 옐친이었다. 과거에 옐친은 종종 모호하고 다소 입심만 좋은 사람처럼 보였지만 이제는 꽤나 기술적인 문제에 관해서도 메모 없이 길게 이야기를 했다." 옐친은 소련에 생물학무기 개발 프로그램이 존재해온 사실을 인정하면서 "한 달 안에" 이 프로그램을 해체하겠다고 약속했다. 1월 30일 런던에서 만난 존 메이저 영국 총리와 2월 1일 캠프데이비드에서 만난 부시 대통령에게도 같은 약속을 되풀이했다. 옐친은 캠프데이비드에서 61번째 생일을 자축하며 이렇게 말했다. "이제 새로운 내용이 작성되고 냉전과 관련된 과거의 것들은 모두 지워졌습니다." 옐친이나 부시나 생물학무기에 관해서는 공개적으로 한마디도 하지 않았지만 당시 옐친의 보좌관이던 역사학자 드미트리 볼코고노프는 기자들에게 캠프데이비드 정상회담에서 두 사람이 이 문제를 논의했다고 전했다. 전략 무기를 대폭 감축한다는 뉴스와 다른 분야에서도 협력을 약속한 뉴스가 헤드라인을 장식한 탓에 이 소식은 크게 다뤄지진 않았지만 그래도 그날 뉴스 해설에서 언급은 되었다. 볼코고노프의 말에 따르면, 옐친은 "다수의 연구소와 이 문제를 다루는 여러 프로그램이 이미 폐쇄되었"고 "1992년부터는 생물학무기 프로그램에 전혀 예산이 배당되지 않을 것"이라고 단언했다.[2]

한때 오볼렌스크의 벡터에서 대단히 야심적인 유전공학 실험을 수행했던 세르게이 포포프는 이제 절망적인 경제 상황에 처하게 되었다. 그는 자기 지식을 파는 데는 관심이 없었고 다만 곤경에서 벗어나고 싶을 뿐이었다. "연구소가 와해되기 시작하자 사람들은 실험실 선반에 있는 걸 모조리 내다팔기 시작했습니다. 결국 거의 텅 빈 실험실만 남게 되었지요. 가지고 있던 모든 것, 시약, 장비 등등 모든 걸 팔아치웠어요."

케임브리지에서 만난 친구 마이클 게이트가 영국의 박사 후 연구원 지원서를 보내주었다. 포포프는 모든 서류 작업을 꼼꼼하게 마무리했다. 이력서에는 오볼렌스크에서 다른 무엇보다도 '병원균 미생물학'을 연구했다고 밝히면서 그 이상은 말하지 않았다. 그는 자신을 "유전자 재조합 단백질에 관한" 연구를 수행한 "과장"이라고 소개했다. 무기용 병원균의 유전자 재조합을 연구했다는 이야기는 하지 않았다. 포포프는 오블렌스크에서 우편을 발송하면 국가보안위원회가 중간에 가로챌지도 모른다는 걱정에 모스크바까지 차를 몰고 가 중앙우체국에서 지원서를 보냈다. 당국의 주목을 끌지 않으리라는 계산에서 한 행동이었다. 지원서는 무사히 도착했고, 게이트는 답장을 보냈다—왕립학회Royal Society에서 지원금을 주기로 결정했다는 소식이었다.

포포프는 잠깐이라도 해외여행을 하려면 국가보안위원회의 허가를 받아야 했다. 그는 오블렌스크 소장 우라코프에게 영국 왕립학회로부터 지원금을 받았고 사업 거래가 가능한지 "연줄을 만들어보고자" 영국에 가려고 한다고 말했다. 포포프는 우라코프가 자기 아들을 러시아 밖으로 보내고 싶어한다는 걸 알고 있었다. 포포프가 아들 문제를 돕겠다고 약속하자 소장은 거절하지 않았다. 우라코프는 사무실을 찾아온 국가보안위원회 요원을 바라보았다. 그러고는 물었다. 그 사람을 보내도 될까요?

국가보안위원회 요원은 고개를 끄덕였다. 그들은 포포프에게 여행에 필요한 문서를 건넸다.[3]

켄 알리베크는 1991년 12월의 미국 방문에서 놀라운 현실을 목격한 뒤 군을 그만두기로 결심했다. 알리베크의 여행 보고서에 비오프레파라트의 부소장인 칼리닌이 작성한 10쪽짜리 미국 방문 '요약본'이 첨부된 게 결정타였다. 칼리닌은 요약본에서 이번 방문으로 "미국이 공격용 생물학무기 프로그램을 계속 진행하고 있다는 사실이 입증되었다"는 거짓 주장을 펼쳤다. 이제 알리베크는 소련이 붕괴하고 미국이 생물학무기 개발 프로그램을 진행하지 않는다는 사실이 드러난 뒤에도 장군들이 공격용 무기 연구를 계속하려고 한다는 사실을 깨달았다. 알리베크는 1992년 1월 13일자로 작성한 사직서를 칼리닌에게 제출했다.

알리베크는 칼리닌에게 다음과 같이 말했다. "나는 소련이라고 불리는 나라에 살았습니다. 이 나라에 충성을 바쳤습니다. 이제 이 나라는 존재하지 않습니다. 그러니 저는 자유롭습니다." 칼리닌은 화를 냈고 두 사람은 언쟁을 벌였다. 칼리닌은 알리베크를 배신자라고 비난했다. 알리베크는 칼리닌의 사무실에서 성큼성큼 걸어나왔다고 당시 기억을 떠올렸다. 연구소 건물은 조용했다. 그는 인사과로 가서 배지를 반납했다. 그러고는 자기 사무실을 정리했고 다시는 칼리닌을 만나지 못했다.[4]

옐친은 부시에게 소련의 생물학무기 개발 프로그램의 존재에 관한 진실을 이야기했지만 모스크바의 장군들은 진실의 전모를 밝히려고 하지 않았다. 옐친도 말로는 모든 것을 털어놓았지만 그 뒤에 보인 행동은 전혀 달랐다.

1992년 2월 캠프데이비드에서 정상회담을 마치고 돌아온 옐친은 화학무기와 생물학무기의 무장 해제를 감독하는 정부 위원단을 임명했다. 어떤 이유에서인지 모르지만 옐친은 보수파 출신 두 장군에게 책임을 맡겼다. 전 생애를 화학무기에 바친 퇴역 중장 아나톨리 쿤체비치가 의장으로 임명되었고 국방부 제15위원회—생물학전위원회—위원장 발렌틴 옙스티그네예프가 부의장으로 임명되었다. 쿤체비치는 10년 동안 시하니 화학무기 시설의 책임자였다. 시하니는 1987년에 기자들과 국제 전문가들에게 화학무기를 공개한 실험장이었다. 옙스티그네예프는 군 생물학무기 개발 프로그램을 직접 책임졌다. 비오프레파라트의 연구소들에서 병원균을 받아 무기로 전환하는 프로그램이었다. 옐친은 과거의 인물들에게 미래를 맡긴 셈이었다.

옐친은 혁명가이자 포퓰리스트였다. 그는 화려하고 극적인 과시를 즐겼지만 통치의 고된 일은 다른 사람들에게 맡겼다. 1992년 4월 4일 모스크바에서 미국과 영국 대사를 접견하며 그는 자신만만하고 느긋한 태도를 보였다. 브레이스웨이트 영국대사는 그날 회담에서 나온 생물학무기에 관한 이야기를 일기에 기록해두었다.

옐친은 1월에 총리에게 한 약속을 확실히 지키겠다고 말했다. 그는 이미 책임자 장군을 퇴역시켰고 생산 시설과 생물학무기 실험장을 폐쇄하고 과학자들을 재교육시킬 예정이라고 말했다. 나는 2년 전부터 지난 정부에 권고했지만 아무 일도 일어나지 않았다고 말했다. 아마 고르바초프는 정치적인 문제를 다루기가 힘들었을 것이다. 옐친은 미소를 지으며 자신은 장군들과 많은 문제가 있지만 장군들은 그에게 대항하지 못한다고 말했다.[5]

그런데 얼마 지나지 않아 장군들이 옐친에게 반기를 들었다. 러시아는 중요한 기한을 앞두고 있었다. 1992년 4월 15일까지 과거에 진행한 공격용 생물학무기 개발 프로그램에 관해 유엔에 공개해야 했던 것이다. 1972년 생물학무기금지협약을 조인한 모든 당사국—소련 포함—은 일종의 '신뢰 구축 조치'로서 이날까지 종합적인 신고를 하기로 합의한 바 있었다.[6] 기한을 불과 4일 앞두고 옐친은 대통령령 390호에 서명했다. 1972년 조약에 위배되는 생물학무기 관련 연구를 법으로 금지하는 내용이었다. 계속해서 옐친은 위원단에게 한 달 안에 "협약의 틀 안에서 개방성과 신뢰, 국제적 협력의 확대를 강화하기 위한" 조치를 준비하라고 지시했다.[7] 하지만 러시아는 과거 활동에 관한 신고서를 유엔에 제출하는 기한을 넘겼다. 4월 22일, 영국의 한 외교관이 외무부로 소환되어 러시아의 신고서 초안 사본을 제출했다. 초안을 본 브레이스웨이트는 1946년부터 1992년 3월까지 공격용 생물학무기 개발 프로그램이 존재했음을 인정하는 내용에 흡족해했다. 브레이스웨이트는 일기에 이렇게 적었다. "이 프로그램은 현재 대통령령으로 폐쇄되었고 현장은 사찰에 개방될 것이다. 적어도 우리가 기대한 만큼의 성과이다." 그와 동시에 브레이스웨이트는 런던과 워싱턴의 전문가들이 "세세한 부분에서 허점을 발견하게 될 것"이라고 걱정했다.[8]

신고서 초안은 온통 결함투성이였다. 비오프레파라트나 스베르들롭스크 탄저병 발생, 병원균 유전자 재조합에 관해서는 일언반구도 없었다. 장군들이 모든 사실을 공개하겠다는 옐친의 약속을 뒤집은 것이다.[9]

데드핸드

5월 5일, 브레이스웨이트와 미국 외교관 제임스 콜린스는 러시아 외무부에 개인적인 항의의 뜻을 전했다. 5월 7일, 브레이스웨이트는 다시 크렘린의 한 관리에게 생물학무기에 관한 답변을 재촉했다. 브레이스웨이트의 일기에 따르면, 이 관리는 생물학무기 프로그램의 "심각한 비밀주의 관행과 이 프로그램을 지속하는 데 기득권을 가진 이들과 관련된 수많은 '광신자들' 때문에" 옐친이 곤욕을 치르고 있다는 것을 인정했다.[10]

5월 27일, 옐친은 대량 부수를 발행하는 『콤소몰스카야프라우다 Komsomolskaya Pravda』와 한 인터뷰에서 다시 한 번 공개를 시도했다. 인터뷰어는 옐친이 스베르들롭스크에서 생물학무기를 개발 중인 사실을 알고 있었지만 최근에야 공개적으로 이 사실을 언급한다고 말했다. 그 이유는 무엇입니까? 옐친이 대답했다. "첫째, 아무도 내게 이 문제에 관해 묻지 않았습니다. 그리고 둘째로, 이 프로그램이 진행 중이라는 걸 알았을 때 나는 안드로포프를 찾아갔고…… 탄저병이 발생했을 때, 공식적인 결론은 개* 때문에 옮았다는 것이었습니다. 물론 나중에 국가보안위원회는 우리 군에서 추진한 개발이 원인이라고 인정했지만요."[11]

옐친의 간단한 대답—우리 군에서 추진한 개발이 원인이다—은 소련이나 러시아가 1979년 전염병의 원인이 군이었다는 것을 공식적으로 최대한 인정한 것과 같은 수준의 발언이었다.

6월 17일 워싱턴의 상하 양원 합동회의에 모습을 드러낸 옐친은 다시 한 번 대담하고 솔직한 발언을 했다. "우리는 이제 더는 거짓말을 하지 않기로 굳게 결심했습니다." 옐친의 선언에 박수갈채가 이어졌다. "이제는 거짓말을 하지 않을 겁니다—다시는 안 할 겁니다." 옐친은 '생

---

* 소련의 공식 발표는 '오염된 고기 때문'이라는 것이었다. '개' 때문이라는 옐친의 답변은 그만큼 그가 무신경하게 둘러댄다는 것을 의미한다.

물학무기 실험'에 관해서도 속이지 않겠다고 말했다.[12] 정상회담을 마친 뒤 옐친과 부시는 전략 핵무기 대폭 삭감에 관한 합의 내용도 발표했다.

하지만 옐친이 '더는 거짓말을 하지 않겠다'고 약속하던 순간에도 속임수는 계속되고 있었다. 봄에서 초여름으로 넘어가던 시기에 파세추니크 연구소의 젊은 과학자가 영국인들에게 입을 열기 시작하자 다시 급격한 동요가 찾아왔다. 이 과학자에게는 '템플 포춘Temple Fortune'이라는 암호명이 붙었다. 영국인들은 이 과학자가 옐친이 생물학무기 프로그램을 폐쇄하겠다고 약속한 뒤에도 이 프로그램이 계속 진행되었다고 설명하자 깜짝 놀랐다. 망명 과학자의 말에 따르면, 파세추니크가 지휘하는 오래된 시설, 곧 옛 레닌그라드, 현 상트페테르부르크의 초고순도생물학제제연구소에서는 항생제에 내성이 있는 페스트균인 '예르시니아 페스티스' 개발을 계속하고 있었다. 또한 모든 연구와 개발이 봄에 완료되었고 대규모로 세균을 생산하기 위한 준비가 진행 중이라고 했다. 공장은 라흐타의 연구소에서 북쪽으로 3킬로미터 정도 떨어진 곳에 있었다. 망명 과학자는 러시아가 이 공장을 민간 의약품을 생산하는 곳으로 꾸미고 있다고 말했다. 이번에도 역시 옐친이 상황을 장악하지 못했다는 사실이 드러났다.

러시아가 생물학무기에 관해 정직하게 밝히는지 여부가 중요한 이유는 과거에 국제조약을 위반한 전력이 있을 뿐만 아니라 냉전의 유산을 정리하기 위한 넌-루가 법안의 미래를 위해서도 필요하기 때문이었다. 러시아가 생물학무기 조약을 위반하고 있다는 것이 드러난다면 이 법의 조항에 따라 넌-루가 법안의 재정 지원을 받을 수 없었다. 이미 러시아에 대한 재정 지원이 진행되고 있었지만 조약 위반 사실이 드러나면 비판자들이 이 사실을 빌미 삼아 지원을 중단할 것이었다.

6월에 영국과 미국의 관리들과 연 회담에서 러시아는 유엔 신고서 초안으로 작성한 서로 다른 세 문서를 내놓았다. 옐친이 생물학무기 조

데드핸드

약 이행 책임자로 임명한 쿤체비치 장군은 신고서가 모든 법적 요건을 갖추었다고 주장했다. 하지만 세 종류의 초안 모두 허점투성이였다. 미국 관리들이 보기에 러시아인들은 둘로 갈라진 게 분명했다. 옐친은 세균무기와 엮이고 싶은 생각이 전혀 없었지만 유력한 장군들은 소련 시절에 그랬던 것처럼 자신들의 제국을 성공적으로 보호했다.[13]

8월 25일 런던 회담에서 영국 외무장관 더글러스 허드와 미국 국무장관 직무대행 로렌스 이글버거는 러시아 외무장관 안드레이 코지레프에게 생물학무기에 관해 다시 한 번 개인적으로 강력한 항의의 뜻을 표명했다. 부드러운 어조가 특징인 직업 외교관 코지레프는 옐친과 같은 이상을 추구했다. 항의에 직면한 그는 미국과 영국의 관리들을 모스크바로 초청했다. 그들이 생물학무기 관련 증거를 펼쳐보이면 옐친이 장군들을 누르는 데 도움이 될 것이라고 기대했기 때문이다. 미국 역시 고위급 사절단이 가면 비밀의 문이 열리리라 기대하며 초청을 수락했다. 경험 많은 외교관인 국무차관 프랭크 위스너가 미국 대표단을 이끌었다. 1992년 9월 10일 소련 외무부에 도착한 위스너의 손에는 넉넉한 줄 간격으로 꼼꼼하게 작성한 10쪽짜리 요약본이 들려 있었다. 서구가 이제까지 생물학무기에 관해 모스크바에 제시한 가장 직접적이고 강력한 항의 문서였다. 위스너가 러시아인들에게 이제까지 파악한 내용을 말하기 시작하자 회의실에는 팽팽한 긴장과 주저의 분위기가 흘렀다. 쿤체비치는 참석하지 않았다. 대신 그의 부관이자 군 생물학전위원회 위원장인 옙스티그네예프가 그 자리에 있었다.

위스너는 비오프레파라트의 대규모 운영, 오볼렌스크와 콜초보에서 진행된 유전공학 연구, 병원균을 발사용 무기로 만드는 과정에서 파세추니크의 연구소가 행한 결정적인 연결 고리 역할 등을 정확하게 알고 있었다. 그러면서 탄저균 공장인 스테프노고르스크를 비롯한 거대한 제조 공장들이 언제든 가동을 개시할 준비가 되어 있다고 지적했다―그중 어느 것도 신고서 초안에는 등장하지 않았다. 위스너는 페스트 치료 연구소들이 비밀리에 공격용 무기 개발 프로그램을 돕는 역할을 했다는 것을 확인했다. 그리고 스베르들롭스크 탄저병 발발에 관한 공식 설명이 거짓이라고 러시아인들을 몰아세웠다.

계속해서 위스너는 요약본 8쪽에서 극적인 방향 전환을 하며 '템플포춘'이라는 정보 제공자에게서 얻은 정보를 언급했다―"지난 해 내내", 그러니까 옐친이 집권한 몇 달 동안 생물학무기에 관한 연구가 계속 진행되었다는 정보였다.

우리는 상트페테르부르크의 전前연방초고순도생물학제제연구소가 공격용 페스트의 변종―저온과 고온 및 열여섯 가지 항생제에 내성을 갖도록 개발된 변종―을 대규모로 생산하는 데 필요한 연구를 확대하기 위해 라흐타에 시설을 세우고 장비와 인력을 충원하고 있다는 이야기를 들었습니다.

또한 위스너는 1991년 1월 미국과 영국의 합동 팀이 처음 소련을 방문했을 때 초고순도연구소에서 세균전 관련 활동을 어떻게 은폐했는지에 대해 이제 미국은 정확히 파악했다고 밝혔다. 그러면서 유죄를 드러내는 정보를 파기하고, 페스트균의 흔적을 제거하기 위해 모든 실험실을 청소하고, 연구 진행 상황을 아는 직원들은 멀리 보내고, 모든 대화를 감청하기 위해 마이크를 설치한 사실을 안다고 말했다. 이 방문 이후에도 연구소는 페스트균 개량을 계속했다. 위스너는 말하기를, 미국은 "우리가 제공받은 정보에 따르면 올해 봄까지 연구와 개발이 완료되고 대규모 생산 적합성 문제가 해결된다는 사실"을 알고 있었다. 여기에 극도로 긴

데드핸드

급한 사항이라는 설명이 더해졌다. 위스너는 러시아가 슈퍼페스트 무기를 제조할 준비를 하고 있다고 비난했다.

위스너의 손에 들린 요약본의 세부 내용에는 소련 생물학무기 개발 프로그램과 관련된 도시, 각종 프로그램, 연구소, 병균 등에 대한 정보가 모두 담겨 있었다. 위스너는 이런 접근이 닫힌 문을 조용히 밀어 여는 계기가 되기를 기대했다. 하지만 러시아인들은 꿈쩍도 하지 않았다. 그들은 무표정한 얼굴로 발표를 듣고는 자신들에게는 생물학무기가 없다고 주장했다. 군 생물학무기 개발 프로그램 책임자인 옙스티그네예프 장군도 고집불통의 러시아인들 중 하나였다. 위스너의 기억에 따르면 "그들은 얼굴을 마주하고서도 조금도 양보하지 않았다". 누구 하나 러시아가 작성한 유엔 신고서가 불완전하다는 사실을 인정하지 않았다. 스베르들롭스크 사고 얘기를 꺼내자 옙스티그네예프는 또다시 예전의 은폐 시도를 고수했다. 그는 오염된 고기 때문에 사고가 생겼을 것이라면서 19호 기지에서 탄저병이 발생한 게 아니라고 우겼다. 또한 비오프레파라트는 공격용 세균전과 아무 관계가 없다고 말했다.[14]

다음 날, 위스너와 러시아인들은 러시아, 미국, 영국이 다시 사찰을 진행한다는 합의에 도달했다. 이른바 3자 합의Trilateral Agreement였다. 러시아는 이번에도 역시 상호 사찰을 고집했다. 미국이나 영국이 아니라 러시아가 조약을 위반했는데도 말이다. 이번에도 러시아 장군들은 과거와 마찬가지로 시간을 벌었다. 1991년에 이미 한 차례 사찰이 진행되었지만 이 과정에서 러시아가 전모를 밝히지 않는다는 서구의 의심은 더욱 커졌다.

만약 위스너의 고발이 널리 알려졌더라면 러시아는 즉시 모든 시설을 폐쇄해야 한다는 요구가 전 세계에서 빗발쳤을지도 모른다. 하지만 위스너는 공개적인 대결보다는 조용한 외교를 신봉했다. "우리는 원하는 모든 성과를 얻을 것이라고 믿지 않은 채 여기 왔고 시간이 흐르면서 절반의 성과를 얻었다. 공개적으로 망신과 충격을 주고, 대결을 강요한다고 해서 성과를 얻을 수 있는 건 아니다. 러시아의 내부 모순을 활용하면서 자극하고 조금씩 밀어붙이는 게 더 나은 전략이었다."

1992년 9월 14일 모스크바에서 열린 기자회견에서 3자 합의의 정체가 드러났다. 3국은 공동 성명에서 생물학무기금지협약을 "충실히 이행하겠다는 약속을 재확인"하면서 "군에서 생물학무기를 결코 보유해서는 안 된다는 합의를 공표했다". 러시아는 이미 "공격용 연구를 중단하고" 예산을 삭감하고 시설을 폐쇄하는 등 "협약 이행에 관한 우려를 불식하기" 위한 조치를 취했다고 밝혔다. 또한 성명에는 옐친이 "미국과 영국의 우려 표명에 대한 응답으로" 상트페테르부르크의 초고순도연구소를 "점검"하도록 지시했다는 내용도 있었다.

러시아는 기자회견에서 모든 게 문제가 없다고 주장했다. 러시아 쪽 회담 대표인 그리고리 베르데니코프 외무차관은 옐친이 대통령령을 내린 뒤로 "이 나라에서는 협약에 위배되는 일체의 활동이 진행되지 않고 있다"고 말했다. 옙스티그네예프는 파세추니크의 연구소에서 전염병 연구를 수행했다는 의혹 제기를 무시해버렸다. 그러면서 이 연구소는 "닭 전염병을 예방하기 위한 백신"을 만드는 곳이라고 주장했다.

새로운 러시아는 아직 완전히 개방적이지 않았고, 위스너는 대표단의 방문이 완전한 성공작은 아니었음을 깨달았다고 말했다. "러시아인들은 '아하! 우리가 졌습니다! 협약을 충실히 이행할 겁니다'라고 말하지 않았다." 사실 공적인 회담뿐만 아니라 사적인 만남에서도 러시아인들은 미국인들에게 거듭해서 거짓말을 했다.

소련의 붕괴를 계기로 하버드대학교의 미생물학자 매튜 메젤슨은 스베르들롭스크 탄저병 유행에 관해 심도 있는 조사를 할 기회가 생겼다. 메젤슨은 1980년 이 사고에 관해 중앙정보국에 자문을 해주었고, 1986년에는 조사를 위해 모스크바를 방문했으며, 1988년에는 소련 관리들을 미국에 초청했다. 오염된 고기가 원인이라는 그들의 주장을 확인하기 위해서였다. 하지만 메젤슨은 전염병 발생 현장에는 한 번도 가보지 못했다.

1991년 가을, 스베르들롭스크의 지방의원 라리사 미슈스티나는 옐친에게 새로운 조사를 진행할 것을 요구했다. 미슈스티나는 사망자들의 유족을 대변했는데, 그녀의 말에 따르면, 유족들은 사망자 1인당 50루블밖에 받지 못했고 군은 사망자들에 대한 어떤 책임도 계속 거부하고 있었다. 미슈스티나는 옐친에게 보낸 편지에서 이렇게 말했다. "저와 마찬가지로 당신도 70명의 죽음이 세균무기의 유출로 인한 결과라는 사실을 알고 있다고 생각합니다." 미슈스티나의 호소에 이어 1991년 12월 6일에는 옐친이 생태와 보건에 관한 자문역으로 임명한 저명한 환경운동가 알렉세이 야블로코프가 당시 상황에 관한 '스프랍카(정보)'를 작성했다. 그는 계속해서 옐친에게 별도의 편지를 보내 공식적인 사건 설명에서는 군의 역할에 관한 진실이 은폐됐다고 지적했다. 야블로코프의 말에 따르면 전염병은 의심할 나위 없이 19호 기지와 관련된 것이었다. 야블로코프는 그해 몇 달 전에 국가보안위원회가 주요 공식 문서를 파기한 사실도 알아냈다고 말했다.[15]

야블로코프가 관심을 나타냈다는 소식을 들은 메젤슨은 1992년 1월 22일 편지를 보내 조사를 하게 되면 자신도 돕고 싶다고 제안했다. 야블로코프는 2월 5일 보낸 답장에서 "이렇게 많은 시간이 흘렀는데" 스베르들롭스크에서 일어난 일에 관한 "과학적인 증거를 찾을 수 있을지" 의문이라고 대답했다. 메젤슨은 다시 한 번 재촉했다. 그러자 야블로코프는 3월 23일 보낸 편지에서 이 사건은 "러시아가 밝히고 싶어하지 않는 비밀"이라고 언급했다. 스베르들롭스크에 조사하러 오더라도 "소문 몇 가지를 듣고 무덤 64곳을 방문할 수 있을 뿐"이라는 말이었다. 그럼에도 야블로코프는 메젤슨이 스베르들롭스크를 방문할 수 있도록 준비하면서 소개장도 여럿 써주었다.

메젤슨이 이끄는 조사단에는 의료사회학자 진 길러민을 비롯한 전문가들이 두루 포진했다.[16] 조사단은 1992년 6월 도시—지금은 예카테린부르크라는 옛 이름을 되찾았다—에 도착했다. 일행은 1979년 그린베르크와 아브라모바가 숨겨둔 희생자들의 슬라이드 사진과 샘플을 조사할 수 있었다. 당시 두 병리학자는 환자 42명에게서 보존한 물질을 바탕으로 쓴 과학 논문에서 "이 환자들은 탄저균이 포함된 에어로졸을 흡입해서 사망했다"고 결론지었다.[17]

조사단은 몇 가지 중요한 사실을 발견했다. 지방의원 미슈스티나는 국가보안위원회로부터 전염병으로 사망한 64명의 명단을 입수했고 전염병에서 살아남은 11명의 소재를 파악할 수 있었다. 길러민은 우랄국립대학교에 있는 동료들의 도움을 받아 희생자들의 친척과 친구들을 인터뷰했다. 그리고 그들이 병균에 노출된 지역의 거리를 걷고, 묘지의 비석들을 살펴보고, 의료 기록을 조사했다. 길러민과 메젤슨은 이 데이터를 활용해 탄저병 희생자들이 전염병 발생 당시 거주하고 일하던 장소를 지도로 그렸다. 그들은 기상 자료를 활용해 1979년 4월 2일 월요일의 풍향도 지도에 기입했다. 결과는 인상적이었다. 당시 탄저병에 걸린 사람들의 대부분은 19호 기지에서 바람이 부는 쪽의 좁은 지역, 그러니까 남쪽으로 4킬로미터 뻗은 지역에서 거주하거나 일하거나 군대의 주간 예비 수업에 참석한 이들이었다. 그리고 48킬로미터 떨어진 지역에서 양과 소가 탄저병으로 죽었다.

메젤슨은 10여 년 전 중앙정보국으로부터 처음 자문 요청을 받았을

데드핸드

때 의문 사항을 노트에 적어두었다. "기지 및 초기 발병 환자들이 노출된 것으로 추정되는 여러 장소와 일치하는 타원형 지역 안에 얼마나 많은 사람들이 있었을까? 그중 얼마나 많은 수가 병에 걸렸나? 병에 걸린 사람들은 어디에 거주하고 어디서 일했나?"

이제 답을 찾았다. 사람들은 타원형 안에 있었다. 희생자들은 연기 기둥 아래 있었다. 메젤슨과 길러민을 비롯한 조사단은 19호 기지 안에 들어가거나 정확한 전염병 발생 이유를 확인하지 못했지만 미국 정부가 오랜 세월에 걸쳐 소련과 러시아 지도자들에게 공식적으로 외교적인 항의를 하면서도 뚫지 못했던 비밀주의의 장막을 벗겨냈다. 그들은 탄저균 포자가 19호 기지의 군사 시설에서 나왔다는 확실한 증거를 찾아냈다.[18]

알리베크는 비오프레파라트를 떠난 뒤 모스크바에 있는 한 카자흐스탄 은행에서 얼마간 대표로 일했다. 하지만 보안기관이 자신의 일거수일투족을 감시한다고 느꼈다. "얼마 지나지 않아 전화를 걸 때마다 딸각하고 치직거리는 소리가 들리기 시작했다."

1992년 9월, 알리베크는 미국으로 도망치기로 결심했다. 그는 전년에 사찰단으로 미국을 방문한 동안 알게 된 미국 국방부 관리와 연락을 취했다. 그리고 9월 그는 가족과 러시아를 떠나 제3국을 통해 미국으로 망명했다. 고전적인 의미의 망명은 아니었다. 소련은 이미 붕괴했고 러시아는 아직 부활 첫해를 보내고 있었기 때문이다. 하지만 알리베크가 미국에 도착한 사건은 미국 정보기관에게는 일대 쾌거였다. 그는 세상에 모습을 드러낸 비오프레파라트의 최고위 관리였다.[19]

불과 1~2주일 뒤, 세르게이 포포프도 러시아를 떠났다. 포포프는 비행기 표를 사기 전에 월급을 루블에서 달러로 바꾸었다. 그의 손에는 고작 4달러가 쥐어졌다. 그는 저축한 돈으로 비행기 표를 샀다. 그가 런던 히드로 공항에 도착했을 때 그를 기다리는 정보 요원은 한 명도 없었다. 정보 요원들은 일부러 그와 접촉하려 하지 않았다. 10월 1일, 포포프는 케임브리지대학교 분자생물학연구소에서 6개월짜리 박사 후 객원 연구원을 맡았다. 마이클 게이트가 선임 연구원으로 일하는 곳이었다. "작은 여행 가방 하나 말고는 거의 빈손이었다." 그가 돈이 없다는 사실을 알게 된 연구소 측에서는 소액 대출을 해주었다. 포포프는 회고했다. "나는 그들에게 전에 내가 무슨 일을 했는지 말할 수 없었다. 그럴 생각도 없었다." 포포프는 파세추니크가 망명한 사실을 알았지만 자신은 망명자 노릇을 하고 싶지 않았다. "망명을 해서 비밀을 누설한다는 생각은 해본 적이 없었다. 내가 원한 건 새로운 삶을 시작하고 과거에 대해서는 입을 닫는 것이었다."

11월에 3자 합의의 첫 번째 결과물인 새로운 사찰이 진행되었다. 상트페테르부르크에 있는 초고순도생물학제제연구소가 대상이었다. 파세추니크가 소장을 지낸 곳이자 러시아인들이 슈퍼세균을 제조하기 위해 규모를 확장하는 게 아닌지 미국과 영국이 우려하는 연구소였다. 화학무기와 생물학무기를 담당하는 옐친의 핵심 인사인 쿤체비치는 러시아 측 '조사위원단'을 구성했다. 조사위원단은 1992년 11월 18일부터 21일까지 연구소에서 회동했다. 미국과 영국의 조사단도 초청되었지만 그중 한 명이 술회한 것처럼 그들은 이내 조사 과정 전체가 "우스꽝스러운 짬짜미"임을 간파했다. 비오프레파라트와 보건부, 국방부 등에서 직접 고른 러시아 참가자들은 대부분 가만히 보고 듣기만 했다. 그들은 진실을 캐기는커녕 대변인처럼 행세했다. 그러고는 생물학무기 연구가 진행되고 있지 않다고 발표했다. 연구소장은 과거에도 그런 연구를 한 적이 없다고 말했다. 파세추니크가 과거에 이곳에서 생물학무기 연구를 개척하고, 또

이 연구에 관해 영국인들에게 말한 사실에 비춰보면 우스운 변명이었다. 연구소를 찾은 조사단에는 크리스토퍼 데이비스도 있었다. 파세추니크를 심문한 주요 담당자 중 한 명이었다. 영국의 미생물학자 데이비드 C. 켈리가 나중에 회고한 것처럼 러시아 조사위원들보다는 "오히려 미국과 영국의 조사위원들이 실제적인 질문을 던졌다".

1991년에 알리베크가 어설픈 은폐 공작을 시도했을 때와 마찬가지로 연구소를 구성하는 세 건물이 다시 11월 방문 조사에 포함되었다. 미국과 영국의 조사위원들은—이번에는 러시아 위원단과 동행했다—또다시 커다란 동력 에어로졸 실험실을 발견했다. 생물학무기 연구가 이루어졌음을 부인할 수 없는 명백한 흔적이었다. 일행은 실험실의 용도가 무엇이냐고 물었다. 여러 답변이 있었지만 앞뒤가 맞지 않았다. 일행은 파세추니크가 사용하던 제분기도 보았다. 무기에 사용하는 병원균을 손상시키지 않은 채 특별한 크기의 입자를 생산하기 위한 장비였다. 이 장비도 달리 설명할 방법이 없었다. '점검'은 끝이 났고 러시아인들은 아무것도 인정하지 않았다. 하지만 러시아인들이 부인할수록 미국과 영국 관리들은—옐친의 중단 지시와 무관하게—지금도 무기 연구가 진행되고 있다고 더욱더 의심할 수밖에 없었다.[20]

3자 합의 검증 과정은 시간만 질질 끌었다. 다음 단계의 사찰 방문은 1993년 10월에 진행되었다. 미국과 영국의 전문가 팀은 모스크바 동쪽 98킬로미터 거리에 있는 포크로프의 전연방동물바이러스학연구소를 찾았다. 켈리도 팀의 일원이었다. 그는 포크로프를 보자 소련—지금은 러시아—의 대규모 생물학무기 개발 프로그램이 수면 바로 아래에 숨어 있다는 의심을 다시 강하게 품게 되었다. 러시아 관리들은 포크로프에서 백신을 제조하고 있다고 주장했지만 켈리는 생물학전 활동이 진행 중이라는 부인할 수 없는 징후를 보았다. "핵무기용 강화 벙커와 수천 개의 알을 부화시키는 부화기가 있었다. 이건 천연두 바이러스를 배양하기 위한 기본 방법이다." 켈리는 포크로프의 시설이 백신 생산에 필요한 것보다 훨씬 많은 생산 능력을 보유하고 있음을 간파했고, 강화 벙커 역시 이 시설이 전시에 동원되기 위해 설계된 것임을 보여주는 명백한 증거라고 생각했다. 하지만 러시아인들은 백신 제조 시설이라는 설명을 계속 늘어놓으면서 과거에 관한 질문에는 회피로 일관했다. 그들은 포크로프의 자매 공장을 방문하고 싶다는 조사단의 요청도 거부했다.[21]

1993년 말에 이르러 미국과 영국의 정보 분석가들은 옐친의 지시에도 아랑곳하지 않고 연구소 등 하부 단위에서는 생물학무기 프로그램이 여전히 진행 중이라는 우려를 품게 되었다. 한 비밀 정보 보고서에서는 옐친이 대통령령에도 불구하고 이 시설들에서 생물학무기 연구가 계속해서 진행되고 있다고 불만을 토로한 사실을 거론했다. 한편 1993년에는 알리베크도 미국 정보기관들의 심문을 받고 있었다.

그해 가을 미국은 여러 정보 자료를 종합한 극비 국가정보평가서에서 당시 상황—그리고 증거—에 대한 개관을 작성했다.

국가정보평가서가 미국 정부 내에 배포된 직후 올드리치 에임스도 그것을 손에 넣었다. 에임스는 여전히 중앙정보국 내에서 러시아를 위해 스파이 활동을 하고 있었다. 에임스가 러시아인들과 마지막으로 회동한 것은 1993년 11월 1일 콜롬비아 보고타에서였다. 한 정보원에 따르면, 그는 이때 아니면 그 직후에 국가정보평가서를 러시아인들에게 전달했다. 미국이 모스크바의 생물학무기 개발 프로그램에 관해 구체적인 위치를 포함해서 이제까지 파악한 내용이 담긴 보고서가 러시아의 손에 들어간 것이다. 만약 러시아가 세균전 개발 시도를 최대한 확실하게 감추려고 한다면 도움의 손길이 생긴 셈이었다. 에임스는 미국이 파악한 **모든 내용**을 러시아에 전달했다.

그 뒤로 오랫동안 러시아의 연구소를 조사하는 일은 없었다. 3자 합의에 따른 사찰 절차는 1994년 좌초되었다. 러시아가 미국의 거대 제약회사인 화이자^{Pfizer} 사의 시설을 두 차례 방문하겠다고 요구했기 때문이다. 화이자는 내켜지 않았지만 결국 백악관의 압력을 받은 뒤 동의했다. 러시아는 인디애나 주 비고의 공장도 방문하겠다고 요구했다. 2차 대전이 끝난 뒤 미국이 탄저균을 발효하고 폭탄에 채우는 대규모 생산시설을 건설한 곳이었다. 하지만 당시는 방치된 상태였고, 켈리의 말을 빌리자면 "고고학적인 증거를 보면 제작 연대가 1940년대임이 분명했" 던 곳이었다. 3자 합의 사찰 절차는 결국 중단되었다.

1994년 4월 7일, 옐친은 돌연 쿤체비치 장군을 경질했다. 2년 전에 화학무기와 생물학무기에 관한 위원회 수장으로 그가 직접 임명한 인물이었다. 크렘린 홍보실은 쿤체비치가 "과거에 직무와 관련된 심각한 위반"을 했기 때문에 경질되었다고 밝혔다. 당시에는 자세한 내용이 공개되지 않았다. 하지만 이듬해 쿤체비치가 극우 민족주의자인 블라디미르 지리놉스키의 당 후보로 하원인 국가두마 의원에 출마했을 때 그 전모가 밝혀졌다. 러시아 관리들은 그가 신경가스 원료 물질 770킬로그램을 시리아에 불법적으로 인도하는 데 관여하고 더 많은 양을 선적하는 계획을 세운 혐의로 조사를 받는 중이라고 밝혔다. 하지만 쿤체비치는 러시아에서 기소되지 않았다. 그는 자신이 국내 정치의 희생양이라고 주장했다. 하지만 미국은 이 혐의가 충분히 심각하다고 판단하고 시리아의 화학무기 개발 프로그램에 "의도적으로 물질적인 지원을 제공한" 쿤체비치에 대해 제재를 가했다.[22]

　냉전의 무기를 방비해야 하는 내부자가 세계 곳곳에 이 무기를 확산시킨 당사자였던 것이다.

21

사파이어 프로젝트

미국은 소련이 내부에서부터 파열된 뒤 옛 소련의 구석구석 열한 곳에 대사관을 새로 열었다. 젊은 세대의 외교관들이 외딴 전진기지에서 근무하는 어려운 자리를 자원하고 나섰다. 앤디 웨버도 그중 한 명이었다. 어느 날 장거리 비행 중이던 웨버는 『월스트리트저널』을 읽던 중 1면 기사에 눈이 쏠렸다. 「파리가 지루한 외교관들을 위한 곳, 카자흐스탄 Kazakhstan Is Made for Diplomats Who Find Paris a Bore」이라는 제목의 기사였다. 기사에 등장하는 윌리엄 코트니 대사는 카자흐스탄의 수도 알마티의 더러운 호텔에서 일하는데, 전화 상태가 좋지 않아 워싱턴과 통화를 하지 못하는 일이 다반사였다. 전화를 걸 때마다 교환원은 "미국은 통화중입니다"라고 말하곤 했다. 기사는 흥미진진한 모험담 같았고, 웨버는 그런 기회를 붙잡고 싶었다. 이미 중동과 유럽 근무를 경험한 그는 국무부에 다음 근무지로 카자흐스탄을 배정받을 수 있는지 문의했다. 국무부는 곧바로 그를 카자흐스탄에 배정했다. 웨버는 러시아어 교육을 받은 뒤 1993

년 7월 카자흐스탄 대사관의 정치-군사 담당관을 맡았다. 초원, 호수, 숲, 산이 조화를 이룬 카자흐스탄의 광경은 숨 막히게 아름다웠다. 하지만 알마티는 황량했다. 아파트 건물에서는 전등도 없는 냄새 나는 복도를 지나다녔고 시장에 가면 연금 생활자들이 절망적인 얼굴로 진공관 하나를 팔려고 서 있었다.[1]

웨버는 톈산 산맥 기슭에 새로 지은 스위스 농가를 닮은 집을 얻었다. 커다란 벽난로와 칸막이벽과 사우나실이 있는 집이었다. 카자흐 관리들을 만날 일이 있을 때는 집으로 초대해서 점심이나 저녁 식사를 대접했다. 그의 집에는 요리사와 경비원이 몇 명 있었고, 어느 것 하나 쉽게 얻을 수 없는 때에는 자동차 수리공이자 만능 해결사인 슬라바에게 의지했다. 슬라바는 열성적인 사냥꾼이기도 해서 웨버는 그에게서 한적한 황야에서 꿩, 큰사슴, 엘크 등을 몰래 추적하는 법을 배웠다. 어느 날 웨버가 귀가하고 얼마 지나지 않아 슬라바가 와서 말했다. "누가 만나고 싶어하는데요." 웨버는 누군지 몰라도 조용히 만나기를 원한다는 걸 알아챘다.

거리 모퉁이에서 웨버를 태운 차는 한 아파트 건물로 가더니 한 회사 앞에 내려주었다. 사냥용 라이플총과 조준경, 야간 투시 장비를 판매하는 회사였다. 웨버는 그곳에서 활달한 성격의 전직 소련 해군 잠수함장 비탈리 메테를 만났다. 가죽 재킷 차림에 숱 많은 머리를 각진 얼굴 뒤로 빗어넘긴 메테는 자신만만한 분위기를 풍겼다. 그의 옆에는 코르바토르 대령이라고 소개한 총알처럼 반질거리는 머리의 덩치 큰 남자와 무척 매력적인 금발 여자가 서 있었다. 웨버는 작은 방의 의자에 앉았다. 대령이 방을 나갔고 곧이어 금발 여자도 나갔다.

둘만 남게 되자 메테의 표정이 진지해졌다. 그는 우라늄을 미국 정부에 판매할 수 있는지 그 가능성을 타진해보고 싶다는 말을 꺼냈다.

메테는 어떤 성질의 우라늄인지에 관해서는 말을 흐린 채 다만 울바금속공장에 보관되어 있다고만 했다. 카자흐스탄 동북부에 있는 우스티카메노고르스크Ust-Kamenogorsk*라는 지저분한 도시에서 원자로 연료를 만드는 거대한 산업 단지였다. 메테는 공장장이었다. 웨버는 그의 말을 들으면서 궁금증이 일었지만 교육받은 대로 서두르지 않았다. 그는 경험 많은 외무 관료인 코트니 대사와 이야기를 해야겠다고 생각했다. 아무래도 소련 군산복합체에 관해 뭔가 알고 있을 것이기 때문이었다. 그날 밤, 웨버와 코트니는 메테를 만나러 알마티의 여관으로 차를 몰고 갔다. 코트니가 메테에게 팔려는 물질에 관해 몇 가지를 물었지만 메테는 "우라늄"이라는 말만 했다.

그러고는 웨버에게 고개를 돌리며 말했다. 같이 사냥이나 하러 갑시다.

옛 소련 공화국들 가운데 두 번째로 큰 나라인 카자흐스탄은 냉전 시절 무기 실험장이자 저장소로서 고통을 겪었다. 소련은 외딴 스텝 지대 곳곳에 핵무기와 화학무기, 생물학무기를 위한 실험장과 공장을 세웠다. 가장 대표적인 곳이 동북부에 있는 세미팔라틴스크였다. 1949년부터 1989년까지 이곳에서 456회의 핵폭발 실험이 이루어졌다. 공중 폭발 86회, 지표면 폭발 30회, 지하 터널과 공동空洞 폭발이 340회였다.[2] 오염 때문에 주민들이 중독되었다.[3] 1956년 폭발에서는 낙진이 발생해 우스티카메노고르스크 상공까지 날아왔다. 북부의 스테프노고르스크에서도 과거 알리베크가 지휘하던 거대한 공장에서 탄저균을 무기로 만들었다. 북부의 이르티시 강 연안인 파블로다르에 지어진 세 번째 시설은 평소에는 민간용 화학물을 생산하다가 전쟁 동원 시에는 필요하면 무기를 만드는

---

* 지금은 카자흐 이름인 외스케멘(Öskemen)으로 불린다.

겸용 공장이었다.[4] 더 멀리 서쪽에서는 튜라탐Tyuratam(나중에 바이코누르Baikonur로 이름이 바뀌었다)에 있는 제5과학연구실험장의 소련 우주 단지에서 미사일을 발사했다. 그리고 서남쪽의 아랄 해에서는 보즈로즈데니예 섬에 소련 생물학무기 실험장이 건설되었다. 소련이 붕괴했을 때 카자흐스탄은 1기당 열 개의 탄두를 장착한 SS-18 대륙간탄도미사일 104기를 비롯해서 세계에서 네 번째로 많은 핵무기를 물려받았다.[5]

천연자원이 풍부한 카자흐스탄에서 가장 큰 보물은 70조 입방피트의 천연가스와 164억 배럴의 석유 매장량이었다. 하지만 저술가 마사 브릴 올콧이 지적한 것처럼 이처럼 풍부한 자원에도 불구하고 신생 국가 카자흐스탄은 응집력 있는 국가적 정체성이 없는 허약한 국가였다. 역사와 지리 때문에 불구가 되고, 제국이 붕괴한 결과로 갑작스럽게 생겨난 국가였기 때문이다.[6] 인구의 약 37퍼센트를 차지하는 러시아인은 북부에 집중되어 있었고, 40퍼센트는 카자흐인, 그리고 거의 100개에 가까운 종족과 민족이 있었다. 소련 시절에는 러시아인이 엘리트 집단이었지만 소련이 붕괴된 뒤로는 많은 러시아인이 몰락했다. 신생 국가를 통치한 누르술탄 나자르바예프는 철강 노동자 출신으로 고르바초프가 카자흐스탄공화국 공산당 지도자로 지명한 인물이었다. 카자흐계인 나자르바예프는 소련이 무너진 뒤 점차 중앙아시아식 군주로 변신하면서 권위주의와 석유 자원, 정실 자본주의를 혼합했다. 이제 나자르바예프는 나라의 경관을 망치는 골칫거리 무기들을 없애버리고 싶어했다. 그에게는 우스티카메노고르스크에 있는 우라늄이 아무 쓸모도 없었다.[7]

첫 만남으로부터 몇 주 뒤 웨버는 사냥 여행을 하러 다시 메테와 만났다. 일행은 지프 차로 몇 시간을 달려 카자흐스탄 동부의 알타이 산맥에 있는 베이스캠프로 갔다. 러시아와 중국 국경 근처인 이곳은 사냥하기에 딱 알맞은 장소였다. 웨버는 러시아인들과 한증탕인 바냐banya를 즐기고, 돼지비계 구이를 씹어 먹고, 이른 아침의 추위에 오들오들 떨었다. 그는 러시아어로 이야기를 나누고 함께 사냥을 하며 그들의 신뢰를 얻었다. 큰사슴도 한 마리 잡았다. 그는 우라늄에 관해서는 아무것도 묻지 않았다. 사냥 여행이 끝나고 도시로 돌아오는 길에 메테가 웨버에게 우스티카메노고르스크의 공장을 보여주겠다고 했다. 그들은 거대한 공장 주변으로 웨버를 데리고 갔다. 담장으로 둘러싸인 공장은 어두컴컴하고 음울한 분위기를 풍겼다. 공장의 노동자들은 러시아 핵 발전소에서 사용하는 연료를 만들고 있었다. 번성하는 것 같지는 않았지만 그렇다고 굶주리는 모습도 아니었다. 도시 전체가 '리틀 러시아'처럼 보였다―웨버의 눈에는 카자흐인이 한 명도 보이지 않았다. 웨버는 그곳을 떠나기 직전에 우라늄에 관해 조용히 물었다. "비밀이 아니라면 고농축 우라늄이 있는지 말씀해주실 수 있습니까?" 고농축 우라늄은 핵무기에 사용할 수 있다. 메테는 여전히 답을 피했다.

옛 소련에는 고농축 우라늄과 플루토늄이 넘쳐났다. 러시아 원자력 장관 빅토르 미하일로프는 1993년 여름 러시아가 전에 생각한 것보다 훨씬 많은 고농축 우라늄을 쌓아놓고 있다고 밝혔다. 1,200미터톤에 달하는 규모였다.[8] 러시아 바깥의 다른 옛 소련 공화국들의 경우는 저장량이 별로 알려지지 않았지만 이란과 이라크가 핵폭탄을 제조하기 위한 원료물질을 찾아다니고 있다는 우려가 컸다. 펜타곤의 핵 위협 감축 정책 책임자였던 제프 스타는 훗날 이렇게 회고했다. "우리는 이란이 구매 대리인들을 중앙아시아와 캅카스 전역에 파견한 사실을 알고 있었다."

이와 동시에 옛 소련 영토 전역에 사기와 협잡이 넘쳐났다―진짜든 가짜든 간에 미그 전투기나 미사일 유도 시스템, 핵분열 물질 등을 팔겠다고 나서는 사람이 한둘이 아니었다. 노다지를 캐려는 열풍이 워낙 대단해서 누가 진짜 제안을 하는 것인지 알아내기가 보통 어려운 게 아니었다. 웨버는 농축 우라늄을 발견했다고 보고했을 때 처음 접한 반응에 대한 기억을 떠올렸다. "많은 사람들이 사기라고 생각했다."

웨버는 다시 메테를 찾아갔다. "이봐요, 우리가 이 일을 진지하게 받아들이려면 농축도가 어느 정도인지, 얼마나 많은 양이 있는지 우리한테 말해줘야 합니다."

1993년 12월, 웨버는 눈코 뜰 새 없이 바빴다. 앨 고어 부통령이 그 달 중순에 카자흐스탄을 방문했다. 분주한 와중에 수리공 슬라바가 웨버를 찾아와서 말했다. "코르바토르 대령이 만나자고 합니다." 웨버는 바로 그러자고 대답했다. 어느 눈 오는 날, 웨버는 몇 달 전에 메테와 코르바토르를 처음 만났던 작은 사무실을 다시 찾았다.

코르바토르가 입을 열었다. "앤디, 당신과 이야기하고 싶소이다. 좀 걷지요."

두 사람은 눈이 내려 사방이 흐릿한 아파트 단지의 안마당을 걸었다. 코르바토르가 먼저 이야기를 꺼냈다. "앤디, 비탈리가 당신에게 전하는 말이 있습니다. 당신 질문에 대한 대답이오."

코르바토르는 웨버에게 쪽지를 한 장 내밀었다. 웨버는 쪽지를 펼쳤다. 종이에는 다음과 같이 적혀 있었다.

우라늄235
90퍼센트
600킬로그램

웨버의 계산에 따르면 600킬로그램이면 고농축 우라늄 1,322파운드이고 핵폭탄 스물네 개를 만들 수 있는 양이었다. 웨버는 종이를 접어 주머니에 넣고는 코르바토르에게 말했다. "정말 고맙습니다. 메테에게도 고맙다고 전해주세요. 이건 아주 중요한 일입니다."

웨버는 워싱턴에 전문을 보냈고, 몇몇 사람만 전문을 보았다. 그리고 며칠 동안 웨버는 고어 부통령의 방문에만 힘을 쏟았다. 고어가 12월 14일 카자흐스탄을 떠난 직후 대사관 통신 담당자가 한밤중에 웨버의 잠을 깨웠다. 워싱턴에서 심야 전문이 도착했는데 즉시 보았으면 한다는 것이었다. 웨버는 차를 몰고 대사관으로 갔다. 전문에는 우라늄에 관해 수많은 질문이 있었다. 메테의 동기는 무엇인가? 워싱턴 당국은 웨버가 입수한 정보가 확실한 것인지 확인을 원했다. 웨버는 최대한 성실하게 질문에 답했다.

한 달 정도 아무 일도 없이 지나갔다. 국무부는 웨버의 답변에 별다른 반응을 보이지 않다가 1994년 1월의 어느 날 백악관 회의에서 뒤늦게 이 문제를 꺼내들었다. 1991년에 넌−루가 법안을 작성하는 데 일조하고 지금은 국방부 차관보로 일하는 애시턴 B. 카터가 이 문제를 검토해보겠다고 나섰다. 회의 직후 카터는 스타를 집무실로 불러들였다. "당신이 할 일은 팀을 꾸려서 이 물질을 카자흐스탄에서 가져오는 겁니다. 필요한 게 있으면 뭐든 말해요." 카터는 한 달 안에 우라늄을 가져오라고 말했다. 스타는 신속하게 극비 '타이거 팀tiger team'*을 꾸렸다. 여러 기관에서 행동 지향적인 관리들을 모아 특별 팀을 구성한 것이다.[9]

1994년 2월 14일, 나자르바예프가 빌 클린턴 대통령을 만나러 처음 미국을 방문했다. 클린턴은 백악관 공식 행사에서 나자르바예프를 "커다란 용기와 선견지명과 지도력"을 지닌 지도자라고 치켜세우면서 미국의 카자흐스탄 원조를 3억 1,100만 달러로 세 배 증액하겠다고 발표했다. 공식 발언에서는 클린턴이나 나자르바예프 그리고 그날 기자들에게 브

---

* 미국 국방부에서 국제 문제를 전담하는 특별 팀을 가리키는 관용적인 표현.

리핑을 한 관리 어느 누구도 '우라늄'이라는 단어를 입에 올리지 않았다. 하지만 나자르바예프가 백악관 길 건너편에 있는 영빈관인 블레어하우스에 있을 때 웨버와 코트니가 조용히 그를 찾아왔다. 두 사람은 나자르바예프에게 미국이 전문가를 파견해서 우스티카메노고르스크에 있는 우라늄 성분을 확인할 수 있느냐고 물었다. 나자르바예프는 그러라고 하면서 다만 비밀로 해두어야 한다고 고집했다.[10]

스타가 구성한 타이거 팀은 카자흐스탄 공장의 상태를 확실히 알지 못했다. 스타의 말을 빌리자면 그들에게는 신속하게 "목표물을 발견"하고 그 안에 무엇이 저장되어 있으며 얼마나 취약한지를 정확히 파악할 수 있는 사람이 필요했다. 샘플이나 사진을 입수할 수 있는지 확실하지 않았기 때문에 모든 걸 다 파악할 수 있는 사람, 그러니까 금속과 금속 용기에 정통한 사람이 있어야 했다. 그 일은 테네시 주 오크리지국립연구소 국가안보계획실National Security Programs Office에 소속된 엘우드 기프트의 몫이었다. 화학-핵 기술자인 기프트는 우라늄 농축을 비롯한 핵연료 사이클의 모든 과정에 경험이 있었다.

기프트는 3월 1일 눈보라가 몰아치는 가운데 카자흐스탄에 도착해 며칠 동안 웨버의 집에서 꼼짝도 하지 못했다. 날씨가 개자 그들은 An-12 터보프롭 수송기를 타고 우스티카메노고르스크로 향했다. 카자흐스탄 정부는 그들의 신원을 감추기 위해 가명으로 비행기 표를 구입했다. 하지만 연료가 부족해 이륙 10분 만에 다시 귀항하는 일이 벌어졌다─연료 탱크가 거의 비어 있어서 조종사가 군 비행장에서 연료를 얻으려고 알아보았다. 기프트와 웨버의 눈에 활주로에 서 있는 낡은 소련제 전투기들이 들어왔다. 한 시간이 흘렀을까, 다시 비행기가 이륙하고 860킬로미터 떨어진 북쪽을 향해 날아갔다.

이때쯤이면 웨버는 메테에 관해 더 많은 것을 알고 있었다. 공장장인 메테는 우스티카메노고르스크에서 가장 유력한 사람이었다. 웨버가 보기에 그는 카리스마 있고 용감하고 지적인 사람이었다. 한마디로 과거 소련 관료와는 정반대의 인물이었다. 첫째 날 아침 웨버와 기프트가 우라늄 샘플을 추출하겠다고 말하자 메테는 나자르바예프 대통령의 승인을 받았음을 알고 협조하겠다고 했다. 그러면서 우라늄이 그곳에 오게 된 전후 사정을 이야기해주었다. 과거 소련은 소형 공격용 잠수함을 설계, 제작했다. 나토는 프로젝트 705Project 705라는 이름의 이 잠수함에 알파Alfa라는 암호명을 붙였다. 이 잠수함은 매끄러운 디자인과 티타늄 선체, 비교적 적은 수의 승무원 등이 특징이었다. 프로젝트 705에서 가장 미래파적인 부분은 핵동력 장치였다. 이 장치는 특이하게 액상 납-비스무트lead-bismuth 합금을 이용해 원자로에서 발생하는 열을 감소시켰다. 잠수함은 1970년대 말에 완성되었다. 하지만 원자로가 말썽을 일으켜—납-비스무트 합금은 화씨 275도(섭씨 135도)에서 용해 상태로 보관해야 했다—설계자들은 급히 새로운 원자로를 만들어야 했다. 메테의 공장에 있는 우라늄은 그 새로운 원자로에 쓸 연료를 만드는 데 사용할 예정이었다. 하지만 1980년대 말에 프로젝트 705가 완전히 폐기되면서 메테가 고농축 우라늄을 떠안게 된 것이다.[11]

일행이 우라늄이 저장된 건물에 다가갈 때 문을 걸어 잠근 자물쇠가 웨버의 눈에 들어왔다. 나중에 웨버는 이 자물쇠를 가리켜 남북전쟁 시대에 쓰던 맹꽁이자물쇠 같다고 설명했다. 문이 열리자 콘크리트 벽에 더러운 바닥과 높은 창문이 인상적인 커다란 방이 나타났다. 벽돌로 된 무릎 높이의 단이 끝에서 끝까지 뻗어 있었다. 단 위에는 합판이 깔려 있었고 합판 위에 3미터 정도 간격으로 철제 양동이와 양철통이 있었다. 연쇄반응이 일어나지 않도록 고농축 우라늄이 담긴 용기들을 서로 떨어뜨려놓은 것이었다. 용기마다 내용물과 양이 적힌 작은 금속제 인식표가 붙어 있었다. 웨버와 기프트는 공장 기술자들과 함께 무작위로 용기 몇 개를 골라 넓지 않은 실험 구역으로 가져갔다. 그들은 일단 인식표가 정확한지 확인하기 위해 무게를 쟀다. 한 통에는 우라늄 막대들이 포일에 싸여 있었다. 피크닉용 아이스박스에 아이스팩을 잔뜩 넣어둔 것 같은 모양이었다. 다른 용기에서도 막대 모양의 덩어리를 꺼냈는데, 웨버가 들어보더니 우라늄 무게가 꽤 묵직하다면서 놀라워했다. 기프트는 조각 하나를 떼어 샘플로 가져가고 싶어했다. 그는 한 기술자에게 나무 손잡이가 있는 망치와 끌을 달라고 했는데, 덩어리가 도무지 깨지지 않았다.

웨버는 다른 노동자와 자리를 떴다. 표본으로 가져갈 수 있도록 줄로 깎아내는 걸 구경할 셈이었다. 기술자들은 처음에는 우라늄을 밀폐 투명 용기에 넣은 채 다뤘는데, 그중 한 명이 우라늄을 꺼내고는 방 한가운데 있는 테이블에 올려놓았다. 기술자가 우라늄 밑에 종이를 한 장 밀어넣고는 덩어리에 줄질을 하기 시작했다. 아이들이 갖고 노는 폭죽처럼 불꽃이 튀었다.

웨버의 회고를 들어보자. "내 눈이 휘둥그레졌습니다. 바로 내 손에 이 금속 덩어리가 있었으니까요. 폭탄을 만드는 물질이라는 걸 압니다. 이 우라늄 금속 말고 다른 건 필요 없어요―모양만 제대로 만들면 바로 폭탄이 됩니다. 다른 가공이 필요하지 않아요. 이건 순수한 금속 형태의 90퍼센트나 91퍼센트 농도의 농축 우라늄235입니다. 이걸 가지고 수십 개의 핵무기를 만들 수 있다고 생각한 기억이 납니다. 이 물질로 쉽게 만들 수 있어요. 정말 별 게 아닙니다. 그건 금속 조각에 불과했어요. 이 양동이들을 보고 있자니 이런 평범한 물건이 어떻게 그토록 가공할 위력과 살상력을 발휘하는지 궁금증이 일었어요. 그러니 그가 줄질을 시작하고 불꽃이 튈 때 내 머릿속에 무슨 생각이 스쳤는지 상상이 가시죠? 이 폭탄 물질을 어떻게 해야 하나, 하는 생각이 절로 떠올랐습니다."

기프트는 방의 반대편에서 다른 샘플을 다루고 있었다. 그가 불꽃을 보았을 때 웨버가 말했다. "엘우드! 불꽃이 튀어요!" 기프트는 사람들이 우라늄을 밀폐 투명 용기에서 꺼낸 걸 몰랐지만 쳐다보지 않았다. "걱정하지 마세요. 그냥 정상적인 산화 과정입니다."

기프트는 공장에서 고농축 우라늄 샘플 여덟 개를 모았다. 기프트와 웨버가 그곳에 머무르는 동안 샘플의 네 개 중 일부를 떼어내 산에 용해해서 질량 분석기로 분석했는데, 90퍼센트 농축 우라늄으로 확인되었다. 기프트는 용해한 샘플 세 개와 원래 샘플 여덟 개를 추가로 분석하기 위해 가져갔다.[12]

기프트는 공장 안에 있는 동안 셔츠 주머니에 소형 방사선량계를 갖고 있었다. 그와 웨버는 독성과 발암성이 강한 베릴륨이 포함된 먼지로부터 스스로를 보호하기 위해 안면 마스크를 썼다. 웨버는 자신들은 안전하다고 편안하게 생각했다―방사선량계에서 전혀 경보가 울리지 않았기 때문이다. 메테는 이 우라늄이 재처리한 게 아니라 천연 원료에서 만든 것이어서 비록 고농축이라고 할지라도 현재 상태로는 방사능이 강하지 않다고 그들을 안심시켰다. 웨버는 샘플 채취를 마무리한 뒤 가벼운 마음으로 기프트에게 주머니에 있는 소형 방사선량계를 꺼내 메테에게 보여주라고 했다. 그런데 기프트가 계측기를 꺼내 확인해보니 스위치가 꺼져 있었다. 스위치 켜는 것을 깜박 잊었던 것이다. 웨버는 그때의 기억을 떠올렸다. "아차, 싶었습니다." 기프트는 샘플 열한 개를 넣은 유리병을 서류 가방 속의 보호 쿠션 구멍에 잘 끼우고 가방을 닫았다. 일행이 우라늄 창고에서 걸어나오는데, 서류 가방을 들고 있던 기프트가 갑자기 얼음판에서 미끄러지면서 꽈당 하고 넘어졌다. 웨버와 메테는 그를 일으켜 세우면서 서로를 쳐다봤다. 웨버의 회고를 들어보자. "처음에 우리는 똑같은 반응을 보였습니다. 세상에, 샘플 어떡하지!" 기프트와 샘플 모두 안전했다. 알마티로 돌아온 일행은 대사에게 우라늄이 고농축 상태임을 확인했다고 이야기했다. 코트니는 곧바로 워싱턴에 전문을 보내면서 문에 옛날 자물쇠를 채워놓았더라는 이야기를 전했다. 웨버의 회고처럼 전문을 받은 "워싱턴은 큰 충격을 받았다". 워싱턴에 있던 스타는 이 전문을 계기로 "핵 확산 위협의 가능성이 심각하다는 사실이 확인되었다"고 말했다.

웨버는 해야 할 일은 한 가지뿐이라고 생각했다. "마음속으로 아주 쉽게 결정을 내렸습니다. 최대한 신속하게 이 물건을 사서 미국으로 보내자는 것이었지요." 이란이 사들일 위험도 있다는 것을 알고 있었다. 나중에 이 공장에서 나무 상자에 베릴륨을 실어 수송 준비를 한 사실이 드러났다. 베릴륨은 원자폭탄에서 중성자 반사체로 쓰인다. 상자 옆면에는 배송지 주소가 찍혀 있었다. 이란의 테헤란이었다. 단지 서류상의 결함 때문에 화물이 발송되지 않았을 뿐이었다.[13]

기프트는 민간 항공기로 샘플을 가지고 갈 수 없었다—워싱턴에서 온 지시에는 그렇게 하는 것은 너무 위험하다는 말이 있었다. 웨버는 금고 안에 샘플을 넣고 다음 지시를 기다렸다. 얼마 지나지 않아 대사관의 정기 물품 보급 항공편으로 상자 세 개가 웨버 앞으로 도착했다. 웨버는 샘플이 담긴 기프트의 서류 가방을 지프에 싣고 C-130 수송기를 맞이하러 나갔다. 웨버는 상자 두 개를 먼저 열어 조심스럽게 샘플을 집어넣고 본국까지 운송되도록 다시 봉했다. 그리고 세 번째 상자를 열었다. 장갑과 방사선량계, 방호복이 들어 있었다. 앞의 두 상자에 샘플을 넣을 때 착용해야 하는 것들이었다.

미국에 도착한 샘플을 분석한 결과 90퍼센트 농축 우라늄인 것으로 확인되었다. 타이거 팀은 본격적인 활동에 들어갔고 스타는 모든 가능한 방도를 검토했다. 첫 번째 안은 손 놓고 가만히 있는 것이었지만 이 안은 곧바로 폐기되었다. 두 번째 안은 현지에서 우라늄을 안전하게 지키는 것이었다. 이 안 역시 기각되었다. 몇 년 안에 이 공장이나 카자흐스탄에 무슨 일이 생길지 아무도 알지 못했기 때문이다. 세 번째 안은 우라늄을 러시아에 인계하는 것이었다. 이 문제를 놓고 열띤 논쟁이 벌어졌다. 펜타곤 대표들은 러시아와는 아무 일도 하지 않기를 원했다. 반면 국무부 사람들은 러시아에 선의를 보여주고 핵 확산 방지에 관한 주장을 펼칠 기회라고 생각했다. 모스크바에 몇 가지 간단한 질의를 보냈다. 러시아는 질의에 아무 답도 하지 않았다. 재차 질의를 하자, 당연한 얘기지만, 미국이 몇 백만 달러를 지불하면 좋겠다는 답이 돌아왔다. 내부 토론을 좀 더 거친 뒤, 고어 부통령이 빅토르 체르노미르딘 러시아 총리와의 6월 회담 때 이 문제를 제기하는 것으로 결정을 내렸다. 고어는 몇 가지 논의할 사항을 가지고 회담에 임했다. 그중 하나가 미국이 카자흐스탄에서 우라늄을 반출할 것이라는 문의가 아닌 통지의 내용이었다. 모두들 숨을 죽였지만 체르노미르딘은 이의를 제기하지 않았다. 사실 회담이 있기 전 나자르바예프는 옐친에게 전화를 걸었고, 옐친은 러시아가 간섭하지 않겠다고 했다. 타이거 팀은 여름 내내 다른 어려운 문제들과 씨름했다. 카자흐스탄에 얼마를 지불해야 하는지, 오크리지에 우라늄을 반입하는 데 대해 환경 영향 평가를 어떻게 준비해야 하는지 등등 산적한 문제가 많았다. 그들은 성공적인 임무 수행을 위해 모든 세부 사항을 꼼꼼히 검토했다. 하지만 알마티에서 워싱턴의 대응을 기다리던 웨버는 조치가 지연되자 실망했다. "이란은 폭탄 하나 만들 우라늄에도 10억 달러를 내놓았을 텐데, 우리는 수십 개의 폭탄에 해당하는 양을 놓고 논의만 하고 있었으니 우스꽝스러운 일이었지요."

1994년 초에 이르면, 핵의 악몽을 막으려는 분투에서 진전의 징후들이 보였다. 러시아는 동유럽과 옛 소련의 외딴 공화국들에서 전술 핵무기를 철수하는 데 그럭저럭 성공했다. 탄두를 운반하는 철도 차량도 개량되었다. 우크라이나, 벨라루스, 카자흐스탄은 전략 핵무기를 포기하는 방향으로 움직이고 있었다. 미국은 러시아로부터 고농축 우라늄 500톤을 매입해서 원자로 연료로 섞어쓴다는 계획을 발표했다. 클린턴 대통령은 재임 첫해에 넌-루가 입법의 설계자 몇 명을 고위 정책직에 임명했다. 레스 애스핀은 첫 번째 국방장관에 임명되었다. 스탠퍼드대학교의 교수 윌리엄 페리는 국방부 부장관으로 임명되었고 1994년 2월 장관이 되었다. 카터는 국제안보 정책 담당 국방차관보로 임명되어 넌-루가 입법을 감독했다.[14] 러시아에서는 1993년 10월에 강경파와 격렬한 대결이 벌어진 뒤 옐친이 새로운 헌법을 제정해 광범위한 권한을 손에 넣고 입법부도 새로 선출했다.

하지만 앤디 웨버가 카자흐스탄의 한 공장에서 봤던 것과 비슷한 광경이 러시아 전역에 존재했다. 모스크바 주재 미국대사관의 환경 과학기술 담당관인 케네스 J. 페어팩스는 1993년 7월 핵 발전소의 안전성 향상에 관한 연구를 위해 러시아에 왔다. 페어팩스는 이내 러시아의 핵 관련 기관들이 나라 전체와 마찬가지로 악화의 징후를 보이고 있다는 점을 간파했다. 몇몇 곳의 상황은 최악이었다. 러시아는 이들을 민간 시설로 간주했지만 실제로는 무기로 사용할 수 있는 많은 양의 우라늄과 플루토늄을 보유하고 있었다. 거의 무방비 상태로 이 물질들이 방치되어 있었기 때문에 누구라도 가로챌 수 있었다. 페어팩스는 모스크바에서 국무부로 잇달아 충격적인 전문을 보내 자신이 목격한 현실을 설명했다.

페어팩스는 유지 보수 노동자에서부터 세계 일류 과학자에 이르기까지 원자력 부문의 거의 모든 종사자가 곤경에 처했다고 보고했다. 그는 개인적으로 핵 과학자들을 미국 기업과 연결해주기 위해 노력을 쏟았다. "나는 자신이 할 수 있는 일, 정말로 자신이 가진 가장 뛰어난 재능을 보여줄 수 있는 과학자들을 확보하려고 노력했다." 그는 계속해서 이 과학자들이 가진 기술에 대해 돈을 지불할 수 있는 미국 기업들을 찾았다. "거창한 프로그램이나 예산 같은 건 없었다. 그저 롤로덱스 명함정리기 한 대와 사업 재능뿐이었다." 초기의 시도가 몇 차례 성공을 거두자 한 달에 고작 7달러를 받던 과학자들은 3,000~4,000달러를 벌어들였다. 이 과학자들은 동료들에게 말을 전하고 새로운 이들을 소개했고, 페어팩스는 곧 러시아 곳곳에 있는 예전의 비밀 핵 도시들에서 환영받는 방문자가 되었다. 심지어 핵 제국의 신경중추인 모스크바 미나톰Minatom* 본부에 드나들 수 있는 보안 출입증도 받았다. 그는 러시아 외무부 관리들이 입구의 보안 데스크에서 붙잡혀 좌절하는 동안 자신은 태평하게 그곳에 들어간 적이 한두 번이 아니라고 기억했다.

페어팩스는 핵 과학자들에게 일자리를 찾아주는 동안 일부 핵 물질의 보안 수준이 이따금 "기절초풍할 정도로 형편없는" 것을 눈치 채기 시작했다고 회고했다. 그가 모스크바에서 처음 찾은 곳 중 하나는 벨리호프가 이끄는 유명한 핵 연구 시설인 쿠르차토프연구소였다. 어느 날 현장에 나가 원자로 연구 시설을 둘러보는데 사람들이 그에게 116호 건물을 보여주었다. 고농축 우라늄을 동력원으로 삼는 연구용 원자로가 있는 건물이었다. 무성한 나무와 잡목이 건물 주변을 에워싸고 있었다. "말 그대로 나무문을 밀랍으로 봉하고 줄을 걸쳐두었다. 누구든지 밀랍 봉인을 잡아 뜯어 열면 되는 것이었다." 쿠르차토프연구소의 노동자들은 그 안에서 커다랗고 육중한 와셔** 모양의 고농축 우라늄을 꺼냈다. 페어팩

---

* 소련 원자력부의 약칭. 소련이 붕괴한 뒤인 1992년 러시아 원자력부로 바뀌었다가 2004년 로스아톰으로 명칭이 바뀌고, 2007년 국영 기업으로 변신했다.
** 볼트와 너트 사이에 끼우는 납작한 고리 모양의 금속 부품.

스는 그중 몇 개를 집었다. 고농축 우라늄을 손에 쥐어본 건 그때가 처음이었다.

페어팩스는 여러 연구소의 기술자와 과학자, 보안 관련 인사들—그중에는 핵무기 경비를 책임지는 국방부 제12위원회에 소속된 이들도 있었다—로부터 "온갖 무시무시한 정보"를 들었다. 페어팩스는 구멍 난 담장, 제대로 된 재고 목록도 없이 각종 물질만 채워놓은 저장실, 한 번도 대조 확인한 적이 없는 물품 선적 및 수령 관련 서류 더미 등 자신이 직접 목격한 상황을 설명하는 전문을 작성했다.

수천 킬로미터 떨어진 곳곳의 연구소와 창고 수백 곳에 핵분열 물질이 흩어져 있었고 대부분 덩어리와 알갱이, 가루 형태로 양철통과 양동이에 담겨 있었다. 물품 보관 대장에 제대로 기입되어 있지 않거나 아예 보관 관련 자료 자체가 없었다. 페어팩스는 무기용으로 사용할 수 있지만 민간용이나 기초과학 연구용으로 보관하는 고농축 우라늄과 플루토늄의 보안이 가장 취약하다고 전문에 적었다. 탄두 조립용으로 사용되지 않기 때문에 방비가 더 허술할 수밖에 없었다. 아마추어 도둑이 쉽게 따고 들어갈 수 있는 저장실과 창고에 무기로 사용할 수 있는 다량의 물질이 저장되어 있었다. 쇠창살 없는 창문에 열린 사물함, 자물쇠가 하나뿐인 문, 밀랍 봉인된 통과 정교한 모니터나 기타 장비가 전혀 없는 보안 시스템 등 허점투성이였다.

소련 시절에 핵 보안 체계는 닫힌 담장과 폐쇄된 국경, 폐쇄된 사회 등뿐 아니라 전 국민의 일거수일투족을 감시하고 협박하는 비밀경찰에 의존했다. 물질의 무게를 확인하거나 이동할 때면 손으로 장부를 작성해서 대조했다. 혹 물질이 없어지면 장부에서 지워버리면 그만이었다. 아무도 말썽에 휘말리고 싶어하지 않았기 때문이다. 그리고 공장마다 일부러 핵 물질의 일부를 장부에서 누락시키곤 했다. 예상치 못하게 부족한

사태가 생기면 메우기 위해서였다.[15]

쿠르차토프연구소에서 일하는, 러시아에서 손꼽히는 과학자 중 한 명은 1994년 3월 이곳을 찾은 미국 관리들에게 러시아 연구소들의 실상을 털어놓았다. 많은 시설들에서 보관 중인 폭탄급 물질을 전수 조사한 적이 없기 때문에 얼마나 잃어버렸는지도 알지 못한다는 것이었다.[16] 테러리스트든 무법 국가든 폭탄을 만드는 데 있어 가장 큰 어려움 중 하나는 충분한 핵분열 물질을 입수하는 것이었다. 페어팩스의 전문에 따르면 이제 옛 소련의 일부 지역은 쇼핑객들이 통로를 오가며 쇼핑을 즐기는, 농축 우라늄과 플루토늄을 완비한 일종의 대형 마트로 변모하고 있는 게 분명했다.

쿠르차토프에서 브리핑이 있던 달에 상트페테르부르크에서 무기로 사용 가능한 고농축 우라늄 3킬로그램을 판매하려던 세 남자가 체포되었다. 한 시설에서 특대형 실험용 장갑에 물질을 넣어 몰래 빼낸 것이었다. 이와는 별도로 해군 장교 두 명과 경비원 두 명이 콜라 반도에 있는 핵연료 저장 시설에서 쇠지레로 자물쇠를 따고 핵연료 집합체* 두 개를 훔쳐 버려진 건물로 도망쳤다. 그들은 그곳에서 쇠톱으로 하나를 열었다 —그리고 핵심 물질인 우라늄을 뽑아냈다.[17]

페어팩스의 정보원들 대부분은 분명 공식 통로 바깥에서 활동하고 그와 이야기를 하면서 위험을 무릅썼다. 하지만 페어팩스는 그들 중 어느 누구도 스파이나 반역자라고 생각하지 않았다. 그들은 대부분 과학자나 경찰, 심지어 국가보안위원회 요원이었고 핵의 위험성을 잘 알고 있었다. 페어팩스의 회고에 따르면, 국방부 제12위원회의 한 장교는 소련을 지키기 위해 평생을 바쳐 핵무기를 연구했으며 러시아의 결함을 알

---

* 연료봉 다발을 묶어 보호 장치를 통해 하나의 집합체로 묶은 것.

려줌으로써 여전히 나라의 안전을 지킨다는 말로 자신의 동기를 설명했다.[18]

페어팩스가 보낸 전문이 워싱턴에 도착했을 때, 매튜 번은 이 전문을 읽으며 흠뻑 빠져들었다. 나중에 그가 말한 것처럼 "정말로 믿어지지 않는 내용이었다". 그는 백악관 과학기술정책실 직원이었다. 백악관을 비롯한 워싱턴 여러 곳에 전문이 배포되었지만 모든 사람이 경고 신호를 알아본 것은 아니었다. 하지만 번은 정말로 어안이 벙벙했다. 전문 내용에다 1994년에 벌어진 일련의 핵 물질 밀매매 사건을 결합해보면 비상사태가 임박했음이 분명했고 자신은 이 모든 상황의 최선두에 서 있었다.

매튜 번의 아버지인 조지 번은 군축과 핵 확산 금지 분야의 선구자로서 1968년 핵 확산금지조약 교섭에 조력하고 군축청의 초대 법무 자문위원을 지낸 인물이었다. 매튜는 MIT를 졸업하고 1980년대에 워싱턴에서 아버지의 뒤를 그대로 따랐다. 그리고 잡지 『오늘의 군축Arms Control Today』의 편집장이 되었다. 그는 소련이 붕괴하던 바로 그때 국립과학아카데미에서 새로운 자리를 맡았다. 해체된 냉전 시대의 핵무기에서 나온 잉여 플루토늄의 위험성에 관한 심층 연구를 지휘하는 자리였다. 번은 플루토늄만 위험한 게 아니라 훨씬 많이 나도는 고농축 우라늄도 위험하다는 결론에 다다랐다. 그는 연구를 확장했고, 두 권짜리 보고서에서 실제적인 수준까지 모든 우라늄과 플루토늄을 핵탄두와 마찬가지로 안전하게 보관해야 한다고 권고했다.[19]

연구 프로젝트가 마무리된 1994년 1월, 프린스턴대학교의 물리학자 프랭크 본 히펠이 번을 백악관으로 불러들였다. '시민과학자citizen-scientist'를 자임하는 본 히펠은 클린턴 행정부에 결합해서 백악관 과학기술정책실에서 일하고 있었다. 번은 자신이 군축에 영향을 미칠 수 있는 일이 별로 없다고 생각했기 때문에 본 히펠과 함께 옛 소련에서 우라늄과 플루토늄이 유출되는 것을 막기 위해 모든 노력을 기울이기로 결심했다.

백악관에 들어가서 처음 얼마 동안은 실망스러웠다. 정부는 빙하처럼 느릿느릿 움직였다. 당시 계획은 핵분열 물질을 안전하게 보관하는 방법을 보여주기 위해 몇 년에 걸쳐 러시아에서 한두 개의 시범 프로젝트를 진행해 러시아 전문가들이 경험을 통해 배우게 하자는 것이었다. 시범 프로젝트는 확산 위험이 전혀 없는 저농축 우라늄 시설을 대상으로 한 것이었다. 번은 조바심 때문에 거의 소리를 질렀다. "우리한테는 몇 년이란 시간이 **없습니다**. **지금 당장 도둑질이 벌어지고 있다고요!**" 미국 정부는 으레 그렇듯이 내부의 격렬한 예산 전쟁과 영역 다툼에 휘말려 있었다. 핵 물질 관련 정책은 국방부 담당인가, 에너지부 담당인가? 러시아의 연구소들과 독자적인 연결망을 구축하면서 어느 정도 성과를 거두고 있는 로스앨러모스 같은 국립 연구소의 경우는 어떻게 해야 하나? 논란거리가 한둘이 아니었다.

설상가상으로 양쪽 모두에 냉전 시대부터 이어진 의심이 깊숙이 자리 잡고 있었다. 러시아는 미국인들이 고농축 우라늄이나 플루토늄을 다루는 시설에 접근하는 것을 계속 거부했다. 러시아와 미국은 오래된 습관을 떨쳐버리지 못했다. 페어팩스의 회고를 들어보자. "군축의 관점에서 이 문제에 접근하는 한—20년 동안 교섭을 하면서 모든 걸 호혜적이고 쌍무적으로 다루려고 하는 한—어떤 일도 할 수 없는 상황에 놓이게 된다." 페어팩스는 급진적으로 당장 협력해야 한다고 제안했다. 악당의 손에 핵폭탄이 들어가면 양쪽 모두 피해를 볼 것이기 때문이었다. "내 태도는 이런 식이었다. 울타리를 치면 우리가 좀 안전해질까요? 그럼 울타리를 칩시다." 워싱턴에서는 번이 비슷한 생각으로 이른바 '응급처치' 계획을 내놓았다. 우선 러시아에 가장 취약하거나 파손된 시설을 5~10

개 확인해달라고 요청하여 서둘러 이 시설들의 보안을 개선하고, 그다음으로 취약한 시설을 확인해서 보수에 착수하는 식으로 단계적으로 나아가자는 것이었다. 하지만 러시아의 답변은 '어림도 없다'였다. 번의 말에 따르면 "그들은 전혀 관심이 없었다". 주된 장애물은 미하일로프가 다스리는 핵 제국인 미나톰, 곧 에너지부였다.[20]

1994년 5월 10일, 슈투트가르트 근처의 소도시 텡엔-빅스에서 사업가인 아돌프 애클레의 집을 수색하던 경찰이 차고에서 56.3그램의 가루가 담긴 실린더를 발견했다. 시험해보니 그중 약 10퍼센트가 대단히 순도가 높은 플루토늄이었다. 애클레는 체포되어 수감되었고, 플루토늄의 출처는 확인되지 않았다. 같은 해 8월 10일, 이번에는 뮌헨의 프란츠 요제프 슈트라우스 공항의 바이에른 사법경찰이 모스크바에서 도착한 루프트한자 항공기에서 나온 검은 여행 가방 하나를 압수했다. 가방 안에는 혼합 산화물 핵연료 560그램이 담긴 실린더가 있었다. 연료에는 순도 87.6퍼센트의 플루토늄239가 363.4그램 포함되어 있었다. 또한 여행 가방에는 비방사성 리튬6 201그램이 담긴 비닐봉투도 들어 있었다. 리튬6은 핵무기 부품으로 쓰이는 트리튬을 만드는 데 필요한 금속 성분이었다. 바이에른 당국은 여행 가방 주인으로 추정되는 후스티니아노 토레스 베니테스와 스페인인 두 명을 체포했다. 그중 한 명은 공항으로 베니테스를 마중 나온 사람이었다. 이 검거는 바이에른 경찰과 독일 연방정보부가 꾸민 함정 수사의 정점이었고, 러시아의 핵분열 물질에 관한 사고에 커다란 영향을 미쳤다. 심각한 유출이 벌어지고 있다는 것이 확인된 것처럼 보였다. 번은 "1994년 내내 이 물질에 관해 걱정하느라 정신이 없었다"고 회고했다.[21] 페어팩스는 모스크바에서 워싱턴으로 보낸 전문을 통해 러시아의 핵 시설 네 곳이 이 물질의 출처인 것 같으니 "잘 살펴보라"고

이야기했다.[22]

뮌헨 검거 사건 한 달 뒤, 페어팩스는 본 히펠을 차에 태우고 쿠르차 토프연구소로 갔다. 이번에도 그들은 116호 건물을 찾았다. 쿠르차토프의 직원들이 와서 모양으로 압축한 고농축 우라늄 70킬로그램 중 일부를 납작한 상자에 쏟았다. 본 히펠은 고농축 우라늄을 고등학교 사물함처럼 생긴 함에 보관해둔 모습을 목격했다. 본 히펠은 "하도 어이가 없어서 말이 나오지 않았다." 동작 감지기나 안전장치 같은 건 찾아볼 수 없었다. 누구라도 마음만 먹으면 우라늄을 들고 유유히 빠져나갈 수 있었다.

10월에 본 히펠은 첼랴빈스크 근처 마야크를 다시 찾았다. 5년 전 벨리호프의 글라스노스트 투어를 통해 방문한 곳이었다. 이 시설은 뮌헨에서 압수한 물질의 출처로 페어팩스가 꼽은 명단에 있는 곳이었다. 본 히펠은 이 방문에서 전에는 보지 못한 142호 건물로 안내를 받았다. 1940년대에 처음 지어진 단층 창고였다. 한 명뿐인 내무부 소속 경비원이 열쇠를 갖고 있었다. 건물 안에는 1만 250개의 용기가 보관되어 있었는데 각각이 일반 커피포트 크기였다. 용기마다 산화플루토늄 2.5킬로그램이 들어 있었다. 용기들이 바닥에 길게 파 놓은 도랑을 따라 줄줄이 늘어서 있었다. 누출을 막기 위해 용기가 이중으로 봉인되어 있었지만 방사능 때문에 창고가 너무 더워 직원들은 매주 잠깐 동안만 안에 들어갈 수 있었다. 게다가 건물 자체가 절도의 손쉬운 표적이었다. 보안 카메라 같은 건전혀 없었다. 환기구는 탈출 경로로 안성맞춤이었다. 본 히펠은 방문 이후 이렇게 썼다. "(이 건물은) 침입에 대한 방비가 허술하다. 벽에 창문과 문이 많고 지붕은 가벼운 재질이다. 봉인 철사를 자르고 20킬로그램짜리 덮개를 열면 내부에 보관된 플루토늄 용기를 꺼낼 수 있을 정도로 쉽게 접근할 수 있다. 봉인도 쉽게 뜯을 수 있는 납 재질이다. 경비원들은 무전기가 없다……." 용기들을 도랑에 보관한 뒤에는 "용기가 제자리에 있는지를 점검하는 재고 조사가 한 번도 없었다". 본 히펠의 계산에 따르면 이 창고에 있는 플루토늄만 가지고도 핵폭탄 수천 개를 만들 수 있었다.

1994년 가을에 이르러 옛 소련 전역에 핵분열 물질이 넘쳐난다는 사실이 분명해졌지만 미국은 아직 별다른 행동을 취하지 않았다. 본 히펠은 메모에 이렇게 적었다. "수십 개 시설과 무기로 사용할 수 있는 수백 톤의 물질"이 위험에 처해 있는데도 "러시아 측으로부터 협력을 얻는 과정은 너무나도 느리다".[23]

몇 달에 걸친 준비 끝에 10월에 이르러 카자흐스탄의 우라늄을 제거하기 위한 비밀 작전 준비가 거의 마무리되었다. 눈 내리는 겨울이 다가오고 있었다. 웨버의 말을 들어보자. "나는 이 일을 진행시키기 위해 계속 압박을 가했다. 이 지역에는 겨울이 빨리 온다는 사실을 잘 알고 있었기 때문이다. 첫눈이 오기 전에 일을 마무리하지 않으면 엉망진창이 될 게 뻔했다." 미국인들로 구성된 소규모 그룹이 여름에 아무도 모르게 우스티카메노고르스크로 들어갔다. C5 갤럭시 대형 수송기가 공항 활주로를 이용할 수 있는지를 점검하고 울바 공장 창고 안에 있는 용기들을 살펴보기 위해서였다. 오크리지의 Y-12 실험실에는 이동식 처리 시설을 설치했다. 이 임무를 위해 남자 스물아홉 명과 여자 두 명으로 이루어진 팀이 구성되었다. 처음 공장을 방문한 엘우드 기프트도 팀의 일원이었다. 10월 7일, 클린턴 대통령이 공중 수송을 승인하는 비밀 대통령령에 서명했고 오크리지에서 최종 브리핑이 실시되었다. 다음 날, 세계에서 내로라하는 크기의 C5 항공기 세 대가 팀과 처리 설비를 태우고 델라웨어 주 도버공군기지를 이륙했다. 비행기는 터키로 날아가서 잠시 시간을 지체한 뒤 우스티카메노고르스크로 향했다. 웨버는 작은 공항의 관제탑에서 그들을 기다리고 있었다. 웨버의 회고를 들어보자. "직접 겪어보지 않고서는 믿기 힘든 냉전 이후의 기묘한 경험이었다. 하지만 나는 관제탑에 있었고 여기에는 영어를 쓰는 사람이 아무도 없었다. 그들이 말했다. '앤디, 비행기들과 이야기해서 유도할 수 있습니까?'" C5 수송기가 착륙하려면 활주로 길이가 1,800미터가 필요했는데, 한 조종사의 말처럼 C5 수송기들은 우스티카메노고르스크에 있는 2,400미터 길이의 울퉁불퉁한 활주로에 "마치 날뛰는 야생마"처럼 착륙했다. 수송기 세 대는 사람과 짐을 내려놓은 뒤 다음을 기약하고 다른 기지들로 날아갔다.

울바 공장에 도착한 타이거 팀은 고된 작업을 시작했다. 오크리지연구소 소속의 스물다섯 명과 통신 기술자 한 명, 의사 한 명, 러시아어 통역자 셋을 포함한 군인 네 명이었다. 날마다 해도 뜨기 전에 호텔에서 나와 어두워진 뒤에야 돌아갔다. 하루에 열두 시간씩 일을 하면서 미국으로 안전하게 수송하기 위한 특수 용기에 우라늄을 포장했다. 포장해야 할 물질은 총 2,200킬로그램이었다. 그중 600킬로그램 정도가 고농축 우라늄이었다. 창고에는 우라늄을 함유한 각기 다른 물질이 총 일곱 가지였다. 대부분 베릴륨이 포함되어 있었다.[24] 타이거 팀은 창고에서 모두 합쳐 1,032개의 용기를 찾아냈는데, 용기를 하나씩 처리 방법대로 개봉해서 검사한 뒤 수송을 위해 쿼트(1쿼트는 약 1.14리터) 크기의 깡통에 재포장해야 했다. 그리고 이 깡통들을 수송기에 싣기 위해 448개의 운송용기—내부에 거품을 채운 55갤런(약 208리터)짜리 드럼통—에 집어넣었다. 울바 공장에서 손으로 작성한 기록과 대조하기 위해 깡통을 하나하나 공들여서 점검해야 했다. 결국 미국인들은 창고에 있는 깡통 몇 개에 인식표가 없는 걸 발견했다. 우라늄 중 일부는 재포장이 용이하도록 물을 제거하기 위해 특수 오븐에서 가열을 해야 했다. 이 모든 과정을 정밀하고 끈기 있게 그러면서도 비밀리에 해야 했다. 말이 새어나가면 모든 노력이 수포로 돌아갈지도 모를 일이었다. 워싱턴에서 타이거 팀은

데드핸드

거짓 설명을 꾸며두었다—발각되면 카자흐스탄이 국제원자력기구에 제출할 신고서 작성을 돕고 있었다고 말할 계획이었다. 작업 환경은 스트레스로 가득했다. 팀원들 대부분이 미국을 벗어난 적이 없는 이들이었다. 일부는 향수병에 시달리다가 결국 참지 못하고 규정에 어긋나게 현지 전화로 집에 전화를 걸었다. 카자흐스탄의 특수 부대 병사들은 공장에서 멀리 떨어져 그들을 계속 주시했다. 공장 안에 있는 미국인들을 보호하기 위해서였다.

11월 11일, 작업이 마무리되어 드럼통 448개를 트럭에 실었다. 타이거 팀은 추수감사절 전에 귀국하려고 했지만 겨울 날씨가 찾아들었다. 공군이 애초에 받은 지시는 C5 수송기 다섯 대로 우라늄과 타이거 팀을 철수시키는 것이었다. 하지만 적절한 때가 됐을 때 수송기는 세 대밖에 준비되지 않았다. 기계 문제와 기상 악화 때문에 준비가 지연된 것이다. 마침내 11월 18일 비행기 한 대가 터키에서 카자흐스탄으로 출발했다. 비행기가 하늘을 날던 오전 3시, 울바 공장에서 공항으로 우라늄이 운송되었다. 웨버가 맨 앞의 보안 차량에 타고 있었다. 소련 시대의 볼가^{Volga} 승용차였다. 웨버의 말을 들어보자. "온통 빙판길이었다. 트럭들이 사방으로 미끄러지는 와중에 나는 생각했다. 고농축 우라늄을 실은 트럭 한 대가 다리에서 강물로 빠졌고 최선을 다해 트럭을 찾고 있다는 따위의 보고를 워싱턴에 하고 싶진 않았다. 하지만 어쨌든 기적적으로 안전하게 공항까지 갈 수 있었다."

비행기에 짐을 싣는 데 세 시간이 걸렸다. 하지만 문제가 또 있었다. 이륙하기 전에 우선 활주로의 눈을 치워야 했다. 한 조종사는 비행장에 진눈깨비와 우박과 비가 번갈아 내리고 있었다고 기억했다. 제설 장치라곤 눈을 씻고 봐도 없었다. 공항 노동자들이 뒤에 제트엔진을 실은 트럭을 한 대 몰고 왔다. 노동자들은 엔진에 시동을 걸어 강풍으로 활주로를 정리했다. C5 갤럭시 수송기가 하늘 위로 날아올랐다. 다음 날 C5 수송기 두 대가 나머지 우라늄과 장비와 타이거 팀을 싣고 공항을 떠났다. 철저하게 비밀리에 진행된 이 거대한 수송 작전은 몇 차례 공중 급유를 한 끝에 24시간을 날아 도버에 도착했다. C5 수송기 역사상 최장거리 비행이었다. 지상에 도착한 즉시 핵 물질을 보호하는 특수 장치를 한 아무 특징도 없는 트럭들에 우라늄을 옮겨 싣고 차량마다 각기 다른 경로를 통해 오크리지로 운반했다.

웨버는 마지막 비행기가 이륙할 때까지 활주로에 남았다.

11월 23일 수요일 아침 워싱턴에서 열린 기자회견에서 사파이어 프로젝트의 전모가 공개되자 센세이션이 일었다. 국방장관 윌리엄 페리는 이 작전을 가리켜 "이를테면 다른 수단에 의한 국방"이라고 말했다. "우리는 이 폭탄급 핵 물질을 잠재적인 암거래상이나 테러리스트, 새로운 핵무기 보유 정권의 손으로부터 영원히 떼어놓았습니다."[25] 사파이어 프로젝트를 진행한 사람들은 상상력과 대담성으로 얼마나 큰일을 할 수 있는지를 보여주었다. 미국은 협력 의사가 있는 다른 나라에 가서 위험한 물질을 제거하고 그 값을 치렀다.[26] 하지만 훨씬 더 많은 우라늄과 플루토늄을 보관하고 있고 의심도 더 많이 받는 러시아 안에서도 똑같은 방법을 쓸 수는 없었다. C5 수송기가 모스크바에 착륙해 쿠르차토프연구소 116호 건물에서 핵 물질을 가져오는 모습은 상상하기 힘들었다.

미국 정부는 해외 핵 관련 상황을 연구하기 위해 오랫동안 여러 기관을 아우르는 비밀 정보위원회를 운영하고 있었다. 1994년 말 공동원자력정보위원회는 러시아의 핵 물질 관련 상황이 어느 정도 위기인지에 관한 보고서를 마련했다. 극비 보고서는 다음과 같은 결론을 내렸다. 옛 소련에서 고농축 우라늄이나 플루토늄을 보관하고 있는 시설 가운데 단 한 곳도 서구의 기준에 부합하는 적절한 안전장치는 없었다. 단 한 곳도.

백악관 과학기술정책실에서 번은 자신이 "최고위층으로부터 10단계 밑에서 아무런 권한 없이" 일하고 있다고 느꼈다. 그가 내놓은 응급처치 아이디어는 씨알도 먹히지 않았다. 1994년 말, 클린턴은 보좌관들의 조언에 따라 핵 관련 밀거래와 느슨하게 관리되는 핵분열 물질에 관한 행동계획을 요구했다. 이 일은 대통령 직속 과학기술자문위원회의 몫이었다. 당시 캘리포니아대학교 버클리 캠퍼스 교수였던 존 홀드런이 조사를 총지휘하게 되었다. 번은 책임자로 임명되었다. 1995년 3월에 완성된 보고서는 기밀로 분류되었는데, 여러 곳에서 동시에 대응할 것을 요구하는 내용이었다. 조사에서 확인된 바에 따르면 옛 소련 내에서 대략 100곳이 무기로 사용할 수 있는 핵 물질을 상당량 취급하고 있었다.[27] 번과 홀드런은 자신들의 주장을 설득하기 위해 대통령 집무실에서 클린턴 대통령과 고어 부통령에게 브리핑을 할 수 있게 해달라고 계속해서 요구해 결국 승낙을 얻어냈다.

두 사람은 전날 밤 2시까지 브리핑 준비를 했다. 오클라호마시티 연방청사 건물 폭파 사건이 벌어진 지 불과 몇 주 뒤인 1995년 5월 1일, 두 사람은 클린턴과 고어에게 핵분열 물질 관련 비상 상황이야말로 미국이 직면한 심각한 국가 안보 문제 중 하나라고 말했다. 홀드런은 클린턴에게 심각한 간극에 관해 설명했다. 흩어져 있는 우라늄과 플루토늄의 양에 관해 러시아 기관들이 얼마나 파악도 못하고 정확한 기록도 없는지를, 건물과 담장, 경계 부대의 연계 상태는 얼마나 취약한지를, 그러므로 테러리스트들이 얼마나 쉽게 우라늄이나 플루토늄을 가방이나 양동이에 챙겨서 나올 수 있는지 등 그 위험성들에 관해 이야기했다. 홀드런은 현명하게도 모스크바 남쪽 오브닌스크에 있는 핵발전과 엔지니어링 연구소에서 사용하던 연료 펠릿에서 나온 빈 껍데기를 챙겨왔다. 그는 그걸 테이블에 올려놓고는 클린턴에게 우라늄이나 플루토늄이 가득한 이런 펠릿이 8만 개가량 있으며, 어느 하나 일련번호가 붙어 있지 않다고 말했다. 연구소에는 누군가가 주머니에 펠릿 하나를 챙겨가는 것을 막기 위한 모니터도 없었다. 번은 자신이 모은 5센티미터 두께의 기사 클리핑 묶음을 탁자 위에 쿵 하고 올려놓았다. 「핵 테러 팝니다Nuclear Terror for Sale」라는 표제가 붙은 『타임』 표지도 눈에 띄었다. 발표 막바지에 두 사람은 클린턴에게 그림을 하나 보여주었다. 오클라호마시티에서 사용된 폭탄이 펜실베이니아 애비뉴에서 터지면 백악관이 어떻게 되는지를 나타낸 그림이었다—겉에만 약간 피해가 있었다. 계속해서 만약 그 폭탄이 1킬로톤의 핵 '불발탄fizzle'이라면 어떻게 될지를 보여주었다. 이 경우에 백악관은 폭탄 구멍 가장자리에 있었다.

클린턴은 보안이 취약하다는 사실을 깨달았다고 말했다. 하지만 정작 러시아는 자신들이 무엇을 도난당했는지도 모르는 상황이라는 점을 클린턴은 전혀 알지 못했다.[28]

클린턴이 브리핑을 받고 난 몇 주 뒤, 미국 에너지부 대표단이 우크라이나에 도착했다. 젊은 물자 보급 보조원인 에릭 엥글링도 대표단의 일원이었다. 엥글링은 불과 1년 전에 에너지부에 취직해서 보안 심사가 필요한 국가안보 핵비확산 담당실에서 행정 잡무를 맡고 있었다. 전에 정부 도서관에서 일한 덕에 적절한 자격증도 있었다. 그는 옛 소련에서 핵분열 물질 관련 비상 상황에 대처하기 위해 분투하는 관리들을 위한 비자 처리, 전문 송수신, 기타 잡무 등을 도왔다. 그의 회고에 따르면, 어느 날 한 고위 정책 결정권자가 자기 사무실에 와서 자리에 앉았다. 당시 엥글링은 스물아홉 살이었다. 그는 호방한 성격과 직설적인 말투에 자신들이 밝혀내고 있는 핵 문제에 관해 더 많은 걸 알고 싶어하는 젊은이였다. 고위 정책 결정권자가 말했다. "이 문제는 워낙 방대해서 자네 손자 대에도 다 처리하지 못할 거야."[29]

　6월에 엥글링은 우크라이나로 가는 대표단에 동행하면서 옛 소련을 처음 방문했다. 대표단은 한때 으뜸가는 연구소였던 하르키프물리기술 연구소로 갔다. 엥글링은 미로 같은 복도와 계단을 오르내리다가 어느 문을 열고 들어갔다. "그리고 우리는 그 문으로 들어갔는데 방에 들어가 보니 고농축 우라늄 75킬로그램이 바닥에 널려 있었습니다. **바닥에요!** 선 반에도 있었습니다. 그들이 실험을 하던 실험실 한 곳에 대형 화물용 엘 리베이터가 있었습니다. 온갖 형태의 우라늄이 있었어요. 금속관에도 있 고 상자에도 있고요. 우리는 다들 허탈한 의문이 들었습니다. 뭐지? 왜 당 신네들이 이걸 갖고 있는 거지?" 우라늄은 무방비 상태였다. "계단 몇 개 를 올라가니 주차장이더군요. 핵 물질을 이런 곳에 보관해두는데, 주차장 하고 문 사이에 아무것도 없어요. 뒷문에서 불과 17미터 거리에 있었던 겁니다. 그냥 슬쩍 걸어와서 가지고 가면 되는 겁니다. 밖으로요."[30]

22

악과 직접 대면하다

1995년 6월 2일 햇살 좋은 여름날, 흰색과 파란색이 섞인 전세 제트기 야크 40^{Yak-40}이 카자흐스탄 북부의 외딴 도시 스테프노고르스크로 하강해 콘크리트 슬래브로 된 울퉁불퉁한 활주로에 착륙했다. 카자흐스탄항공의 이름이 새겨진 비행기에는 앤디 웨버와 미국에서 온 생물학무기 전문가 조사단이 타고 있었다. 14킬로미터 정도 떨어진 곳에 1980년대에 알리베크가 세운 탄저균 공장이 있었다. 서구인 가운데 이 비밀 공장에 발을 들여놓은 이는 한 명도 없었다. 전쟁이 벌어지는 경우에 탄저균을 발효시켜서 갈색의 걸쭉한 현탁액으로 처리해 건조한 뒤 가루로 만들어 —몇 톤 단위로—폭탄에 채우는 현장이었다.

웨버가 스테프노고르스크로 날아간 것은 몇 달에 걸친 세심한 준비의 정점이었다. 웨버가 맡은 임무는 비오프레파라트의 비밀 제국으로 들어가는 새로운 통로를 찾는 것이었다. 러시아는 생물학무기 개발 프로그램을 뚫고 들어가려는 미국과 영국 관리들의 시도를 계속 가로막았고,

1993년 말에 올드리치 에임스가 미국 국가정보평가서를 러시아인들에게 전달한 뒤에는 이런 시도가 한층 더 어려워졌다. 게다가 러시아의 장군들은 모든 것을 공개하겠다는 옐친의 약속을 번번이 뒤집었다.

하지만 이제는 다른 기회가 있었다. 스테프노고르스크에는 거대한 탄저균 처리 기계가 고스란히 남아 있었고, 웨버가 안으로 들어갈 수 있다면 이곳은 소련 생물학무기 개발사의 전모를 밝히는 열쇠가 될 수 있었다.

웨버는 사파이어 프로젝트가 끝난 뒤부터 이 임무를 위한 기초 작업에 착수했다. 1994년 11월, 웨버는 탄저병과 야토병을 비롯하여 스테프노고르스크에서 맞닥뜨릴지 모르는 잠재적인 병원균에 대비해 각종 예방주사를 맞았다. 그리고 전문가 조사단이 세 시설을 방문할 수 있도록 허가해달라고 카자흐스탄 정부에 요청했다. 동북쪽 러시아 국경 근처의 파블로다르에 있는 화학무기 공장과 역시 북쪽에 있는 스테프노고르스크의 생물학무기 공장, 그리고 우즈베키스탄 극서부에서 카자흐스탄과 국경을 이루는 아랄 해 보즈로즈데니예 섬의 세균전 병균 실험장이 그 세 곳이었다. 거대한 규모를 자랑하는 이 생산 공장들은 시간이 멈춘 듯 장비는 장기 보존 상태거나 녹이 슬고 있었고 여전히 러시아인들이 현관과 실험실을 감시하고 있었다. 그들은 소련이 붕괴한 뒤에도 관리자로 남겨진 이들이었다.

웨버는 우스티카메노고르스크에서 고농축 우라늄을 발견할 당시 작은 쪽지에 적힌 비밀 정보를 좇았을 뿐이었다. 이번에는 알리베크 덕분에 훨씬 더 많은 정보가 있었다. 알리베크는 1년 넘게 버지니아 북부의 사무용 건물 2층에 있는 회의실에서 매일 미국 정보기관과 군 기관의 심문을 받았다. 알리베크는 문어발처럼 뻗은 비오프레파라트와 군 세균전 복합체의 전모를 설명했다. 시설, 병원균, 역사, 과학자, 소장, 구조, 이제까지 이룩한 성취와 목표 등 모든 것을 털어놓은 것이다. 파세추니크가 런던에서 영국인들에게 똑같은 정보를 주기는 했지만 알리베크는 더 높은 직책의 인물이었다.

미국인들은 아직 많은 사실을 알지 못했다—감춰진 역사뿐만 아니라 옐친이 약속한 바대로 러시아가 소련 생물학무기 개발 프로그램을 실제로 폐쇄하고 있는지 같은 시급한 문제들도 파악이 되지 않았다. 전에 오볼렌스크와 벡터, 기타 시설들을 방문하려는 시도는 모두 은폐 공작 때문에 좌절되었다. 3자 합의는 진퇴양난에 빠졌다. 미국인들은 사실을 알고 싶었다. 어떤 병원균과 연구소가 여전히 확산 위협을 제기하는 것일까?[1]

알리베크는 비오프레파라트의 각종 연구소와 공장에 관한 새로운 정보로 가득한 금맥을 제공했다. 그는 1980년대에 자신이 지휘한 스테프노고르스크에 관해 많은 사실을 알고 있었다. 시설의 구획, 건물의 수효, 송유관, 공정, 기계류, 발효조, 벙커 등 거의 모든 정보가 그의 입에서 나왔다. 알리베크 덕분에 웨버는 로드맵을 손에 넣었다.[2]

1995년 5월 말 웨버는 카자흐스탄 정부에 마지막 호소를 했다. 그리고 마침내 정식 허가를 받았다. 미국의 조사단이 곧바로 날아와서 웨버에게 합류했다. 웨버는 여정의 첫 단계로 파블로다르로 향했다. 방치된 화학무기 공장이 있는 곳이었다. 자유로운 출입을 보장하고 협조하겠다는 약속을 받은 상태였다. "그들은 내게 모든 것을 보여주었다." 책임 엔지니어는 파블로다르가 전시 동원 공장이며 모스크바에서 지시가 내려지면 몇 주일 안에 폭탄에 사용할 사린과 소만을 제조할 수 있도록 설계되었다고 설명했다. 하지만 공장의 모습을 보니 몇 년 동안 버려진 상태였다. 웨버는 "폐허 같은 곳이었다"고 기억했다.

6월 2일 금요일, 일행은 계속해서 파블로다르에서 서쪽으로 420킬로미터 떨어진 스테프노고르스크를 향해 출발했다. 스테프노고르스크 공장은—카자흐스탄 정부의 누군가로부터—미국 대표단이 방문할 예정이니 공항으로 마중을 나가라는 통보를 받았다. 대통령실에서 나온 보안 관리가 웨버와 동행했다. 웨버가 그곳을 방문할 권한이 있는지에 대해 문제 제기가 있을 경우를 대비한 조치였다. 웨버가 비행기에서 내리자마자 골치 아픈 문제가 생겼다.

　"잘 생각해봐요. 이건 전세 비행기고, 여기는 스테프노고르스크입니다. 이제 공항은 운영되지 않고, 이곳으로 날아오는 비행기도 많지 않았어요. 사람들이 곧장 우리 비행기로 다가왔습니다." 처음 만난 사람은 공장장인 겐나디 레표시킨이었다. 소련 육군 대령이었던 레표시킨은 1984년 알리베크의 부관으로 처음 스테프노고르스크에 왔고, 1987년 알리베크가 모스크바로 가면서 그의 자리를 이어받았다. 그는 웨버보다 작은 키에 검은 머리를 뒤로 빗어넘기고 두꺼운 안경을 쓰고 있었다. 레표시킨은 보안 요원을 데리고 왔는데, 그는 웨버의 손가락을 부러뜨릴 듯이 악수를 했다. 레표시킨은 분명한 태도를 보였다.

　"당신은 우리 도시에서 환영받지 못합니다." 레표시킨이 웨버에게 말했다. "떠나시오!"[3]

　웨버는 카자흐스탄 정부의 초청을 받고 온 것이라고 힘주어 말했다. 레표시킨은 그럼 서류를 보자고 했다. 웨버에게는 챙겨온 서류가 없었다. 몇 차례 밀고 당기기가 이어진 끝에 레표시킨은 웨버와 조사단이 시내로 들어가 게스트하우스에 가는 것을 허용했다—하지만 공장에는 들어가지 못하게 했다.

　그들은 시장 집무실에서 다시 만났다. 웨버의 기억에 따르면 러시아인들은 자신들의 설비를 카자흐스탄의 권한이 아니라 모스크바의 위성 시설로 여기고 있었다. 웨버의 회고를 들어보자. "브레즈네프 시대의 러시아에 들어간 셈이었습니다. 시간 여행을 통해 과거로 돌아간 겁니다." 웨버는 공장을 방문해야 한다고 강하게 주장하면서 나자르바예프 대통령이 승인했다고 말했다. 하지만 "젠나디를 비롯한 현지인들은" 카자흐스탄 대통령에 관해서는 아랑곳하지 않았다. 웨버는 알마티에 있는 코트니 대사에게 전화를 걸었다. "서류가 좀 필요한데요. 그게 없으면 이번 방문이 무산될 것 같습니다."

도시에 하나뿐인 팩스는 시장실에 있었고, 몇 시간 뒤 카자흐스탄의 과학신기술부 장관 블라디미르 시콜니크로부터 편지 한 통이 도착했다. 시콜니크 장관은 사파이어 프로젝트 시기에 원자력 책임자였던 인물이다. 시콜니크는 레표시킨에게 모든 시설을 방문자들에게 공개하라고 촉구했다. "서류로 승인을 받고 나니까 아무 소리도 안 하더군요. 마음에 들어하진 않았지만 우리를 막을 순 없었지요."

다음 날 아침, 웨버와 조사단은 차를 타고 게스트하우스에서 공장으로 갔다. 먼저 레표시킨의 사무실로 가서 그의 브리핑을 들었다. 레표시킨은 공장에서 백신을 만들었다고 이야기했다. 웨버는 그가 거짓말을 하고 있다는 것을 알았다. 그리고 이 순간 웨버와 레표시킨 모두 서로 간에 오가는 큰 소리보다 더 많은 걸 알고 있었다. 레표시킨은 알리베크가 미국으로 간 사실을 알고 있었다. 그리고 웨버는 알리베크가 심문 과정에서 이야기한 탄저균 공장에 관한 자세한 내용을 알고 있었다. 웨버는 이 공장이 과거에 어떤 용도였는지에 관해 자신이 생각하는 내용을 간단하게 이야기했다.

레표시킨의 보안 담당 부하 직원인 유리 루포프가 갑자기 소리를 질렀다. "다 거짓말이오! 이건 백신 생산 공장입니다! 그게 전부요. 우리는 생물학무기와는 전혀 무관합니다."

데드핸드

이 순간 레표시킨의 태도가 바뀌었다. "여기서 이야기를 끝냅시다. 전부 다 보여드릴 테니 당신들이 알아서 판단하시오."

6월 3일 토요일, 웨버와 조사단은 외부에서 단지를 살펴보는 것으로 조사를 시작했다. 한 건물 꼭대기에는 러시아어로 '프로그레스Progress'라는 단어가 빙 둘러 적혀 있었다. 생물학무기 공장의 간판 노릇을 하는 민간 기업의 이름이었다. 지프에서 내린 일행의 눈에 흙으로 쌓은 언덕에 깊숙이 들어앉은 벙커들이 보였다. 두꺼운 콘크리트 벽이 인상적이었다. 건물과 건물 사이에 세운 콘크리트 기둥 꼭대기로 파이프가 구불구불 이어져 있었다. 벙커들 뒤로는 크레인 한 대와 철로가 있었는데 이곳은 전쟁이 일어날 경우 탄저균을 기차에 싣는 장소였다. 한쪽 편에는 피뢰기들이 겹겹이 쌓여 있었다—무기 생산을 했다는 또 다른 명백한 증거였다. 첫날 조사가 끝났다. 하지만 여전히 많은 수수께끼가 남아 있었다. 그날 저녁 9시, 조사단은 제1생산 공장 지하실의 지도를 펼쳐보며 아직 보지 못한 방들에 무엇이 있을까 생각했다.

둘째 날인 1995년 6월 4일 일요일, 조사단은 다시 공장을 찾아 안쪽 깊숙한 곳을 샅샅이 살펴보았다. 대부분의 장비가 장기 보관 중이었지만 보존 상태는 나쁘지 않았다. 파이프와 밸브 손잡이는 파란색, 녹색, 빨간색 등 색깔별로 분류되어 있었다. 저장 탱크들은 텅 빈 상태였다. 하지만 몇 킬로미터 길이의 관과 선으로 연결되어 있었다. 단지 전체가 다시 활기를 찾기를 기다리고 있는 것 같았다. 도로는 움푹 파인 구멍투성이였고, 사방에 쓰레기가 흩어져 있었다. 한 건물 앞에는 양들이 여물통에 담긴 먹이를 먹고 있었다. 스텝 지대를 가로질러 세찬 바람이 불어왔다.

웨버는 이제까지 목격한 모습으로 보건대 알리베크가 설명한 내용이 조사단이 발견한 모든 상황과 일치한다는 사실을 깨달았다. 무엇보다 중요한 성과 중 하나는 제1연구소인 600호 건물에서 발견한 것이었다. 조사단은 알리베크가 스테인리스강으로 된 거대한 에어로졸 실험실이 있었다고 기억한 받침대를 찾아냈다. 탄저균이나 마르부르크 바이러스, 에볼라 바이러스 같은 가장 위험한 병균들을 원숭이를 비롯한 동물에 시험하는 장소였다. 천장이 높은 홀은 공공기관에 흔히 쓰는 녹회색으로 칠해져 있었는데, 주변을 둘러싼 파이프와 선을 제외하고는 섬뜩할 정도로 텅 빈 상태였다. 파이프와 선은 원래 한가운데 있던 거대한 구형의 실험실에서 분리되어 있었다. 머리 위로 어렴풋이 크레인이 보였다—스테인리스강 덩어리를 들어올리기 위한 것일까? 조사단은 받침대 한가운데서 배수구를 발견했다. 웨버와 조사단은 샘플을 채취하려고 조심스럽게 면봉으로 훔쳐냈다. 계속해서 걸쇠가 달린 여행용 애완견 우리를 발견했다. 플라스틱으로 된 그 우리 위에는 손잡이가 달려 있었다. 그런데 실제로는 여행용이 아니었다. 정면에 칼로 구멍을 냈고 구멍 밖으로 V자 모양의 지지대 두 개가 비어져나와 있었다. 생물학무기 실험을 하는 동안 개의 머리를 묶어놓는 곳이었다.

조사단은 211호 건물을 샅샅이 뒤졌다. 세균을 기르는 배양액을 만드는 시설로 연간 3,000미터톤을 생산할 수 있는 규모였다. 조사단은 병균을 무기화하기 위한 2미터 두께의 강화 콘크리트 벽으로 된 지하 벙커도 점검했다. 벙커 안에는 병균을 저장하기 위한 압축기와 냉장 시설 그리고 병원균을 폭탄에 채우고 밀봉하는 용도의 특수한 작업 라인이 있었다. 231호 건물도 면봉으로 조사했다. 탄저균을 건조하고 가루로 만든 다음 폭탄에 채우는 곳이었다. 겉으로 보기에는 한 번도 가동한 적이 없는 것 같았다.

가장 중요한 발견은 주요 생산 시설인 221호 건물이었다. 여러 층으로 된 건물 내부는 옛날 SF영화에 나오는 장면 같았다. 갖가지 관과 탱

데드핸드

크, 밸브, 코일, 전선 등이 가득 차 있었다. 대부분은 가동되지 않은 채 그냥 자리만 차지하고 있었다. 건물 안에는 위험한 병원균을 다루기 위한 완벽한 밀폐 시설이 있었다. 이 시설은 3일 생산 주기로 1.5톤의 세균을 만들 수 있었다. 221호 건물에서 위층으로 배양액을 펌프로 끌어올려 소형 발효조에 탄저균을 집어넣는다. 일정 기간 동안 배양을 한 뒤 소형 발효조의 내용물을 아래로 보내 열 개의 대형 발효조에 모은다. 발효조는 각기 4층 높이였다. 추가로 발효를 한 뒤 혼합물을 원심분리기에 넣고 돌려 배양액과 폐기물을 제거한다. 계속해서 펌프를 이용해 세균 현탁액을 231호 건물로 보내 건조와 제분 작업을 하고 다시 벙커로 보내 탄약에 채우거나 보관한다. 완성된 무기는 수송을 위해 대기하고 있는 철도 차량에 적재한다.

무엇보다도 놀라운 시설은 대형 발효조였다. 웨버는 이런 발효조의 존재를 목격한 사실을 일생에서 가장 충격적인 경험으로 꼽았다.

"이곳은 전시 동원령이 떨어지면 300미터톤의 탄저균을 생산해서 무기―미국을 겨냥한―에 탑재할 수 있는 공장입니다. 1930년대에서 튀어나온 공장 같은 모습이었지요. 첨단 기술 같은 건 전혀 찾아볼 수 없었습니다. 우라늄 덩어리를 처음 손에 쥐어본 때와 비슷했습니다. 그냥 금속 같았거든요. 1930년대 영화에 나오는 것과 닮은 거대한 저장 탱크였습니다. 하지만 우리는 이 발효조가 엄청난 수의 인구를 쓸어버릴 능력이 있다는 것을 알았습니다. 최첨단의 정교한 기술 같은 게 없어도 이런 무시무시한 무기를 대량으로 만들 수 있다고 생각하니 정말 겁이 나더군요."

웨버는 221호 건물에서 2만 리터 크기의 발효조 중 하나에 올라가 플래시로 안을 비춰보았다. 이 탱크는 특수 강철 재질에 내부는 수지가 입혀져 있었다. 중앙에 있는 봉에 날개바퀴가 붙어 있는 게 보였다. 탄저균 포자를 섞는 용도였다. 어두워서 4층 깊이의 아래쪽은 보이지 않았지만 한눈에 보아도 엄청난 크기였다. 안에서 뒤섞이는 수천억, 수조 개의 탄저균 포자는 한 나라의 인구 전체를 말살할 만한 양이었다. 말수가 적고 침착하고 신중한 웨버였지만 등골을 따라 서늘한 공포감이 치솟았다. "내 평생 그 어떤 날보다도 이날 두 가지를 확실히 알게 됐습니다. 첫째는 생물학무기에 관해서입니다. 생물학무기에 관해 많은 자료를 읽고 강의를 들었지만 실물로 본 건 이게 처음이었지요. 그리고 두 번째는 소련에 관해서입니다. 그 전에는 레이건이 말하는 '악의 제국' 같은 걸 믿지 않았어요. 나는 자유주의적인 동부의 대학에서 성장한 사람입니다. 코넬을 다녔어요. 그런데 현실은 이런 상황이었지요. 악과 직접 대면한 겁니다."4

일요일에 레표시킨은 웨버와 조사단을 공장 소유의 별장으로 초대해서 마무리 연회를 열었다. 실레티 강변에 있는 A자 모양의 아담한 별장이었다. 오후 햇살이 좋아서 사람들은 낚시와 수영을 즐기고 시시 케밥과 생선 수프를 먹었다. 레표시킨은 사람들마다 보드카를 따라주었다. 사람들은 갈대와 강물 위에 반짝이는 밝은 햇살 아래 야구 모자를 쓰고 있었다. 레표시킨이 연회를 시작하는 인사말을 했다. "이제 공식 회담은 끝났습니다." 웨버의 회고를 들어보자. "그이의 말뜻은 이제 당신네한테 말할 수 있다는 거였지요. '이제 진실을 말해줄 수 있다. 이제까지 우리가 한 모든 말은 각본의 일부였다'는 말 말입니다."

레표시킨은 계속해서 스테프노고르스크의 전모를 이야기해주었다. 웨버의 말마따나 "그들은 모든 과거사, 모든 용도를 솔직히 털어놓았다". 탄저균 공장은 1979년 스베르들롭스크 사건 이후 지어졌다. 전쟁 동원령이 떨어지고 3주 안에 생물학전을 치를 수 있는 능력을 확보한다는 게 공장의 설립 목표였다. 파세추니크와 알리베크의 말이 맞았다. 소련과 러시아의 장군과 외교관들은 거짓말을 한 것이었다. 웨버가 기억하는 것처럼 이 사람들은 불과 이틀 전에도 그의 면전에서 공장에서 백신을 만든다고 거짓말을 했다.

사람들은 강둑에서 보드카를 마시며 하나로 뭉쳤다. 러시아인들은 체제 내에서 직접 겪은 경험을 솔직히 털어놓았다. 웨버는 그들이 한 이야기를 기억했다. "당시에는 이게 나쁜 일인지도 몰랐습니다. 우리는 그게 불법이라는 사실도 몰랐습니다. 생물학무기금지협약이라는 게 있다는 것도 몰랐지요. 우리는 그저 조국을 지키고 있다고 생각했습니다. 이제 우리는 그게 나쁜 일이라는 것을 충분히 알고 있고, 남은 생애 동안 힘을 합쳐서 건설적인 일을 하고 싶습니다." 레표시킨은 소련이 붕괴되면서 4년 전에 스테프노고르스크의 모든 업무가 중단되었다고 말했다. 그 뒤로는 모스크바에서 공식적으로 아무것도 오지 않았다. 그들 스스로 민간 제품 생산으로 전환하기 위해 어설프게 여러 시도를 했을 뿐이었다. 레표시킨은 언젠가는 성공하리라고 기대했다.

웨버는 말했다. "그들은 우리에게 마음속 깊은 말을 쏟아냈습니다. 이 사람들이 이제까지 증오의 대상이라고 배운 미국인을 만난 것, 반대편에 서 있던 상대방을 만나서 실제로는 그들을 좋아한다는 것을 깨닫게 된 건 정말로 커다란 사건입니다. 카자흐스탄의 스테프노고르스크는 세계에서 가장 고립된 지역이었습니다. 최대한 생명체와는 거리가 먼 목적을 위해 카자흐스탄 한가운데 만들어진 열악하고 작고 고립된 인위적인 군사 도시였으니까요. 이 사람들은 그 전까지 우리를 주적이라고 생각했습니다. 그런데 갑자기 우리가 나타났고, 머리에 뿔도 달리지 않은 우리와 흥겹게 논 겁니다. 우리가 그들의 농담에 웃음을 터뜨리고 그들이 우리의 농담에 배꼽을 잡은 거지요."

웨버는 비밀주의를 돌파하는 데 성공했다. 이번 여행을 계기로 전쟁이 벌어질 경우 비오프레파라트와 소련군이 세균무기를 미터톤 단위로 생산할 구상이었다는 증거가 드러났다. 과거에 소련은 생물학무기 및 독성무기 금지 협약을 심각하게 위반했다. 웨버는 또한 탄저균 공장이 비록 가동은 하지 않을지언정 고스란히 남아 있는 것을 목격했다. 발효조는 여전히 그 자리에 있었고, 장기 보관 상태였지만 언제라도 가동할 수 있었다. "우리는 그날 막바지에 이르러 조사단이 접근도 못하는 거의 완전한 실패를 목전에 뒀다가 기대했던 수준을 훌쩍 뛰어넘는 성공을 거뒀다는 흥분에 들떴습니다."

웨버는 레표시킨에게 다음 날 보즈로즈데니예 섬으로 가는데 같이 가면 어떻겠느냐고 물었다. 오래전부터 세균무기를 실험한 장소였다. 웨버는 레표시킨을 안내자로 데리고 가면 유용할 것이라고 생각했다. 이 섬은 소련 세균전 프로그램의 핵심에 자리하고 있었다. 레표시킨은 기꺼이 동의했다. 그들은 아침에 야크 40 비행기를 타고 함께 출발했다. 웨버는 격자무늬의 노타이셔츠를 입고 창문 쪽 자리에 앉았다. 스포츠코트에 청백적색의 성조기 무늬 타이를 맨 레표시킨이 옆자리에 앉았다. 두 사람은 협력을 다짐하며 건배를 했다. 웨버의 다른 한 손에는 작은 성조기가 들려 있었다.

보즈로즈데니예 섬에서 가장 가까운 도시인 아랄까지는 고정익 제트기로 갈 수 없었기 때문에 조사단은 전세기인 야크 40으로 동쪽에 있는 도시인 키질오르다까지 갔다. 웨버는 그곳에서 구급대로부터 소련제 Mi-8 헬리콥터를 8,000달러에 빌려 실험장까지 날아갔다. 웨버는 헬기 조종사에게 10달러짜리 뭉치를 즉석에서 지불했다. 레표시킨이 웨버의 결단과 자금력에 놀라며 말했다. "당신 정말 카우보이구먼!" 웨버가 대꾸했

데드핸드

다. "아니오, 겐나디. 당신이 카우보이요."

들것과 응급 의료 장비를 갖춘 헬기에 올라탄 일행은 서쪽으로 367 킬로미터 떨어진 아랄까지 날아갔다. 한때 이 도시는 1971년에 천연두가 발생한 아랄 해의 가장자리에 있는 고기잡이 항구였다. 그 뒤로 아랄 해의 수위가 엄청난 속도로 줄어들어 이제 아랄 시에서 가장 가까운 해안선은 48킬로미터나 떨어진 곳에 있었다.

소련이 붕괴한 뒤 보즈로즈데니예 섬은 신생 독립국 우즈베키스탄의 영토에 속하게 되었다. 웨버는 실험장에 들어가려면 우즈베키스탄 정부의 승인이 필요하다는 사실을 깨달았다. 웨버와 조사단은 우선 아랄에 있는 덥고 초라한 호텔에서 하룻밤을 보냈다. 웨버는 여기저기 전화를 돌렸다. 몇 시간이 걸리는 고역이었다. 웨버는 실험장을 지원하던 옛 군사 시설도 방문했다. 지금은 나환자 수용소로 사용되고 있었다.

마침내 일행이 탄 헬기가 이륙했다. 적십자 표지가 선명한 청색과 흰색으로 된 헬기의 굉음이 대기를 가르자 귀가 먹먹할 정도였다. 흰색 티셔츠 차림의 레표시킨은 홀로 앉아서 헬기 유리창 밖을 응시했다. 아래로 보이는 섬은 마치 달 표면처럼 움직이는 생명체의 흔적조차 보이지 않았다. 그나마 식물 군락 때문에 황량한 회갈색을 띄었다. 햇빛과 열기에 하얗게 빛이 바랜 채 낮게 엎드린 건물들이 모여 있는 곳이 실험장 본부였지만 사람이 거주하는 흔적은 전혀 없었다. 사람 하나, 차 한 대 보이지 않았다. 웨버는 현장에 누가 남아 있는지 알지 못했다—러시아 군대가 아직 경비를 서고 있는 걸까? 우즈베키스탄 국경수비대가 있을까? 일행은 확인을 하려고 헬기로 천천히 한 바퀴 돌아보았다. 아무도 없었다. 헬기는 본부와 주거용 건물들 근처에 착륙했다. 건물들마다 창문이 깨져 있었다. 헬기 엔진이 멈추자 웨버의 귀에 개 짖는 소리가 멀리서 들려왔다. "완전히 버려진 곳이었습니다. 영화 《혹성탈출》에 나오는 곳 같앉지요."

일행은 헬기에서 내려 건물들을 향해 걸어갔다. 버려진 녹슨 트럭이 바퀴도 사라진 채 마지막으로 멈춘 곳에 서 있었다. 누군가 인도에서 빛바랜 공산당 선전 책자를 주워들었다. 일행이 본 첫 번째 건물에는 문에 병원 표지판이 걸려 있었다. 끼익 소리가 나는 문을 열고 들어가니 황량한 방들뿐이었다. 집기도 없고 페인트가 벗겨지고 있었다. 도마뱀들이 풀밭으로 재빠르게 도망쳤다. 일행은 다시 헬기를 타고 잠시 비행해 연구소 구역에 내렸다. 숨 막히는 열기 속에서 미국인들은 흰색 방호복을 챙겨입었다. 오랫동안 병원균과 함께 일을 한 레표시킨은 미국인들이 지나치게 조심한다고 생각하며 옷을 갈아입지 않았다.

일행은 이 건물들에서 과거의 흔적을 발견했다. 한 저장실에는 방독면 수백 개가 나뒹굴고 있었다. 다른 방에는 플라스크와 세균 배양용 페트리 접시가 잔뜩 쌓여 있었다. 위험한 병원균을 다루는 밀폐 투명 용기도 발견했다. 웨버는 실험실의 일부 장비들이 조심스럽게 장기 보관되어 있는 걸 보고 놀랐다. 장비에는 러시아어로 '보관 중'이라고 쓰인 플래카드가 걸려 있었다. 그런데 무엇 때문에 장기 보관하고 있는 것일까? 웨버는 궁금했다. 언젠가 다시 올 계획이었던 것일까?

과거에 레표시킨은 보즈로즈데니예 섬에서 열일곱 번의 여름을 보내면서 소련의 생물학전용 병균 실험을 도왔고, 따라서 알리베크보다도 더 많은 것을 알고 있었다. 이 시험장은 세균전을 담당하는 군의 제15위원회가 운영하던 곳이었다. 과학자들은 막사에 살면서 가족을 포함한 누구에게도 자신이 어디서 일하는지를 말하지 못했다. 알리베크는 회고록에서 그때의 기억을 털어놓았다. "사막 스텝 지대에서 불어오는 바람이 열기를 식혀주는 유일한 위안거리였다. 새 한 마리 없었고 사방에 흙먼지가 날려서 옷, 머리, 눈으로 사정없이 파고들었다. 흙먼지는 동물 우리와 음식과 과학자들의 노트에도 내려앉았다."

알리베크는 계속 기억을 더듬었다. "우리는 소련에서 가장 운 좋은 주민은 보즈로즈데니예 섬에 수용된 원숭이들이라고 말하곤 했다. 원숭이들은 오렌지, 사과, 바나나, 그 밖에도 소련 시민들은 구경도 하기 힘든 온갖 신선한 과일을 먹었다."

웨버가 실험실을 따라 걷는 지금 원숭이들은 사라지고 남은 것은 우리뿐이었다―사람이 들어가서 서 있을 수 있을 만큼 큰 우리 하나를 포함해서 수백 개의 우리가 있었다. 웨버는 원숭이들을 대상으로 생물학무기 병균의 증상을 기록하는 데 사용한 서류 양식 용지 다발을 발견했다. 왼쪽 페이지에는 핵심적인 점검 사항이 담긴 영장류의 개략적인 설명이 있었고 오른쪽에는 이 사항들을 통해 수집한 데이터를 나열하는 빈칸이 있었다. 양식 용지 맨 위에는 '작성한 문서는 극비임'이라는 글귀가 있었다.

웨버와 조사단은 방호복 차림으로 실험실에 있던 필터 두 개를 샘플로 챙기면서 걸러진 병원균이 필터에 남아 있을 수도 있다는 기대를 품었다. 바람에 노출된 실험장에는 야외 실험을 위해 동물을 매달아둔 기둥들이 쓸쓸하게 서 있었다.

알리베크가 미국인들에게 말한 바에 따르면, 스베르들롭스크에서 제거한 탄저균을 시베리아 이르쿠츠크 근처의 지마 시에 저장했다가 1988년 보즈로즈데니예 섬에 파묻었는데, 정확한 위치는 그도 알지 못했다. 웨버와 조사단은 탄저균을 묻었을 것으로 추정되는 연구소 근처의 땅과 격자 모양 실험장에서 토양 샘플을 채취했다. 그날은 탄저균을 발견하지 못했다. 탄저균은 나중에 이곳을 찾은 다른 조사단이 발견했다. 분홍색 분말은 근처에 아무 표시도 없는 무덤 11기에 묻혀 있었다. 하지만 비바람에 퇴색된 건물과 버려진 영장류 우리를 발견하고, 샘플을 채취하고 사진을 찍으면서 섬을 돌아다닌 웨버는 다시 한 번 소련의 거짓

말을 샅샅이 파헤쳤다.

웨버와 레표시킨은 함께 섬을 빠져나왔다. 두 사람은 활주로에서 사진을 찍으며 엄지손가락을 치켜세웠다. 웨버는 알마티에 머물 곳이 없는 레표시킨을 산속의 게스트하우스로 초대했다. 공교롭게도 그때 워싱턴에서 온 관리들을 위해 미국대사관에서 리셉션이 열렸다. 넌-루가 입법의 설계자인 카터 국방차관보와 사파이어 프로젝트를 위해 '타이거 팀'을 이끈 펜타곤 위협감소국 국장 스타도 그 자리에 있었다. 그들은 레표시킨과 처음 만났다. 레표시킨은 소련 시절의 과거와 결별한 모습이었다. 그는 미국 관리들을 만나는 데 열심이었다. 그들은 나무 그늘이 좋은 대사관 안마당에서 이야기를 나누었다. 레표시킨은 미국인들에게 한 가지 요청할 것이 있었다. 스테프노고르스크를 깨끗이 정리해 평화적인 용도로 전환하는 데 도움을 받고 싶었다. 카터가 말했다. "우리가 돕겠다고 약속하겠습니다."

웨버는 러시아에서 이란인들의 발자국을 발견했다—이란이 세균에 손을 뻗치고 있었다.

1997년, 외국에서 돌아온 웨버는 펜타곤에서 위협 감소 협력Cooperative Threat Reduction이라고 알려진 넌-루가 프로그램의 일을 하고 있었다. 그는 러시아에 있는 생물학무기의 위험에 대처하기 위한 새로운 접근법을 모색하는 중이었다. 1997년 6월, 그는 처음 러시아를 방문해 모스크바에서 동쪽으로 805킬로미터 떨어진 키로프까지 열네 시간 기차를 탔다. 미국 전문가 몇 명과 함께 학술회의에 참석하기 위해서였다. 그는 운 좋게도 오볼렌스크와 벡터에서 온 연구자들을 만났다. 두 곳은 비오프레파라트의 세균과 바이러스 연구의 중심지였다. 어느 날 늦은 오후 공식 회의가 끝난 뒤 오볼렌스크에서 소규모로 온 과학자들이 러시아 전통 사우나

데드핸드

인 바냐를 하면서 맥주나 마시자고 웨버를 초대했다. 한증탕에서 과학자들과 둘러앉은 웨버는 러시아어 실력과 생물학무기와 병원균에 관한 지식을 활용해 개인적인 연줄을 만들었다. 메테나 레표시킨과 친해질 때와 같은 방식이었다. 웨버는 한증탕에서 이야기를 나누면서 오볼렌스크와 벡터의 과학자들이 얼마 전 당국이 공식 후원한 테헤란의 러시아 무역박람회에 참가했다는 사실을 알게 되었다. 또 그 직후에 이란인들이 러시아의 여러 연구소에 나타났다는 말도 들었다. 과학자들의 말에 따르면 이란인들은 일종의 초보적인 영향력 요원agent of influence*들이었고, 러시아인들은 그들을 불쾌하게 생각했다. 웨버는 바냐에서 비공식적으로 나눈 대화를 통해 이란이 생물학무기의 노하우를 입수하려고 한다는 사실을 깨달았다. 테헤란을 다녀온 오볼렌스크의 한 고참 과학자와 나눈 이야기는 정말로 충격적이었다. "이란인들은 약품에 관해 말하는데, 그들의 관심사가 생물학무기 생산용으로 활용할 수 있는 이중 용도의 장비라는 건 분명합니다." 과학자는 이란인들이 테헤란에서 강의를 해달라면서 보수로 수천 달러를 제시했다고 말했다. 그는 지갑에서 명함을 꺼냈다. 이란인들이 그에게 준 명함이었다. 웨버는 명함을 보자마자 이름과 사무실을 알아보았다. 러시아의 무기를 입수하려고 시도하는 군과 정보기관의 위장 조직이었다.

몇 주 뒤, 웨버는 레프 산다흐치예프를 만났다. 단단한 체격에 열성적인 성격의 애연가인 벡터 소장은 과거에 생물학무기를 위한 인공 바이러스를 만드는 일을 추진한 주역이었다. 산다흐치예프는 처음으로 워싱턴을 방문한 길이었다. 웨버는 그를 한 시간 거리의 메릴랜드 주 포트디

---

* 정보기관의 정식 요원은 아니지만 자신의 지위를 활용해서 상대 국가의 여론이나 정책 결정에 영향을 미치는 개인이나 단체를 가리키는 정보기관의 표현.

트릭으로 데려갔다. 한때 미국 생물학전 개발의 본거지였지만 지금은 위험한 병원균에 대한 방어 연구의 본부였다. 산다흐치예프는 차 안에서 이란인들이 벡터에 와서 기술과 노하우를 입수하려고 한 사실을 웨버에게 밝혔다. 웨버는 산다흐치예프가 미국과 협력할 생각이 있다는 것을 알아챘다. 러시아의 시스템을 개방해서 공동 프로젝트를 진행할 의사가 있었던 것이다. 또한 웨버는 벡터의 상황이 점점 절망적으로 악화되어 급여가 체불되고 보조금이 고갈되었음을 간파했다.

웨버와 산다흐치예프는 1997년 10월 부다페스트에서 열린 나토 회의에서 다시 만났다. 이번에는 호텔방에서 이란을 놓고 끝장 토론을 벌였다. 산다흐치예프는 그 와중에도 소시지를 먹고 보드카를 마셨다. 산다흐치예프는 궁금해했다. 왜 미국인들은 이란을 그렇게 두려워하는가? 웨버가 대답했다. "당신이 이해해야 합니다. 그들은 우리 대사관과 외교관들을 444일 동안 인질로 잡고 있었습니다!" 산다흐치예프는 어리둥절한 표정을 지었다. 언제 그런 일이 있었지요? 웨버는 1979년에 일어난 일이라고 말해주었다. 산다흐치예프가 진지한 어조로 웨버에게 이야기했다. 시베리아의 연구소에서 고립된 생활을 했기 때문에 이란 인질 사건에 관해서는 들어본 적이 없다는 것이었다. 웨버는 이 이야기야말로 소련 시절에 생물학전의 세계가 얼마나 폐쇄적이었는지를 극명하게 보여주는 사례라고 생각했다. 얼마나 빈틈이 없었으면 인질 사건 뉴스조차 접하지 못했을까. 웨버는 산다흐치예프에게 이란과 협력하는 일을 중단하라고 애원했다. 산다흐치예프는 이란이 제안한 거액을 포기하는 게 내키지 않았지만 한편으로 보면 이란인들은 아주 불쾌한 파트너였다—선불로 하겠다고 약속해놓고 대금 지불이 늦는 일이 예사였고 끊임없이 값을 깎으려고 했다. 웨버와 산다흐치예프는 몇 시간 동안 주거니 받거니 대화를 나눴다. 웨버는 산다흐치예프가 솔직하게 이야기한다는 걸 알았고, 그 덕에 웨버는 벡터에서 있었던 연구 외에도 자고르스크의 군사 연구소에 대두창 바이러스가 대량으로 별도 저장되어 있다는 것을 알게 되었다. 나중에 두 사람은 부다페스트의 오래된 성당의 고해실을 지나치게 되었는데 산다흐치예프가 웨버를 보며 러시아어로 농담을 했다. "앤디, 저기 들어갑시다. 생물학무기에 관해 내가 저지른 죄를 모두 고백해야겠어!"

워싱턴으로 돌아온 웨버는 대응 방법을 찾았다. 이란인들보다 더 높은 값을 산다흐치예프에게 제시할 방법 말이다. 하지만 당시만 해도 넌-루가 프로그램은 주로 핵 물질과 전략 무기에 국한되었고 미국 정부, 특히 정보기관들에서는 생물학무기의 확산을 저지하기 위해 이 프로그램을 활용하는 데 대한 반대가 엄청났다. 오랫동안 소련과 러시아가 세균전에 관해 거짓말을 늘어놓은 전력 때문에 워싱턴에는 깊은 불신이 쌓여 있었다. 그런 상황에 대해 웨버는 이렇게 회고했다. "위험하고 나쁜 인간들이 우리가 제공한 자금을 오용할지 모른다는 실질적인 두려움이 있었다." 1997년 말의 어느 날, 백악관에서 열린 회의에서 웨버가 촉구한 대로 벡터 문제에 관여하기로 결정이 내려졌다. 웨버는 회의가 끝난 뒤 앤 M. 해링턴과 함께 국무부로 걸어갔다. 모스크바에서 국제과학기술센터의 설립을 도왔던 해링턴은 지금은 국무부에서 비확산 문제를 연구하고 있었다. 해링턴은 벡터의 과학자들을 도와야 한다는 웨버의 뜻에 공감했다. 그녀는 이 과학자들이 겪고 있는 경제적인 곤경에 대해 잘 알고 있었다. 몇 년 전 국제과학기술센터가 벡터와 오볼렌스크에서 지원금 수혜 후보자들을 위해 워크숍을 열었을 때 오볼렌스크의 과학자들은 몇 달 동안이나 급여를 받지 못한 상태라고 고백했다. 많은 이들이 집에 죽치고 앉아 채소를 기르거나 가족을 부양할 다른 방법을 찾고 있었다. 오볼렌스크는 최저 임금을 지급하기 위한 돈벌이의 일환으로 양조장과 남성 정장 조립 라인을 만들었다고 자랑했고, 보드카 증류소를 열 계획을 짜고 있었다. 해링턴은 궁지에 몰린 세균전 과학자들에게도 핵 기술자들의 경우처럼 많은 관심을 기울여야 한다고 생각했다.[5]

사무실에 도착한 웨버와 해링턴은 모험이겠지만 개별적으로 산다흐치예프에게 도움의 손길을 뻗치기로 결심했다. 대사관, 전문, 정부 부처 등 통상적인 관료 사회의 통로를 거치지 않기로 한 것이다. 두 사람은 해링턴 사무실의 컴퓨터로 산다흐치예프에게 보내는 이메일을 작성했다. 짧고 모호하지만 좀 더 긴밀한 협력을 제안하면서 웨버가 벡터를 방문할 수 있는지를 묻는 내용이었다. 어떤 결과가 나타날지는 알 수 없었다. 해링턴이 웨버에게 물었다. "이 일이 실패로 돌아가면 다른 일자리가 있나요?"

하지만 도박은 성공작이었다. 산다흐치예프는 초청장이 담긴 답장을 보냈다. 웨버는 몇 차례 벡터를 방문했고, 그중 한 번은 6호 건물과 6A호 건물도 살펴볼 수 있었다. 예전에 천연두 연구가 진행된 곳이자 산다흐치예프가 과거에 영국과 미국 방문단에게 거짓말을 한 곳이었다. 이번에는 건물을 자세히 살펴보고 사진도 찍을 수 있었다. 웨버는 그때의 기억을 떠올렸다. "건물은 버려진 게 분명했다. 층마다 쓰레기가 가득했고 장비는 끔찍한 상태였다."

웨버는 국제안보 정책 담당 국방차관보 직무대행인 프랭크 밀러를 찾아갔다. 밀러는 오랫동안 위협 감소 문제를 담당한 공무원이었다. 웨버가 이야기를 꺼냈다. "제가 판단하기로는 벡터와 이란의 연결 고리를 끊을 수 있습니다. 벡터는 약간의 협력과 투자도 절실한 상황입니다." 밀러는 비용이 얼마나 필요한지 물었다. 웨버가 대답했다. "300만 달러요." 밀러는 일에 착수했고 결국 예산을 마련했다. 그들은 테헤란의 수상쩍은 요원들과 거래를 줄이도록 산다흐치예프를 설득했다.

한 해 한 해가 가고 옛 소련을 방문할 때마다 미국인들은 냉전이 남긴 위험한 유산이 애초에 생각한 수준을 훨씬 뛰어넘는 규모라는 사실을 점점 더 분명히 깨달았다. 소련이 붕괴하고 몇 년이 지난 1990년대 말에도 플라스크에 담긴 병원균과 무방비 상태의 핵분열 물질, 일거리 없이 빈둥거리는 무기 과학자들과 노는 공장들이 여전히 새롭게 발견되고 있었다.

웨버는 카자흐스탄 알마티에 있는 페스트연구소Anti-plague Institute의 경비가 허술한 건물에서 빈 콩조림 캔에 들어 있는 페스트균이 담긴 시험관 한 묶음을 발견하기도 했다. 1997년 우즈베키스탄의 타슈켄트에서는 웨버와 한 미국 관리가 국제과학기술센터에서 일할 무기 전문가들을 찾고 있었다. 두 사람은 우즈베키스탄 과학아카데미에서 일군의 연구소장들을 모아놓고 소련 무기 개발 프로그램에서 일한 적이 있는 이들에게 지원금을 제공할 계획이라고 이야기했다. 그 자리에 있던 사람들 중에 자신이 지원금을 받을 자격이 있다고 생각한 이는 얼마나 될까? 소장들이 하나둘씩 일어섰다. 웨버는 그중에서 한 연구소 소장을 만났다. 소련 시절에 미국의 밀 공급 전체를 절멸시키기 위한 식물 병원균을 연구한 주역이었다. 소장은 웨버를 초대했고, 웨버는 이 연구소에서 핵전쟁의 참화 **이후**에 작물을 재배하는 법도 연구한 사실을 알고 놀랐다. 웨버는 미국이 검토해야 할 위험한 병원균의 새로운 목록을 가지고 워싱턴으로 돌아왔다.[6]

1998년, 웨버는 모스크바에 있는 분자진단치료연구소Research Center for Molecular Diagnostics and Therapy와 교류를 시작했다. 소련 시절에 위험한 병원균을 연구한 이 연구소는 1990년대에 어려운 상황에 처해 있었다. 연구소의 한 과학자는 웨버에게 얼마 전 테헤란의 박사 후 연구자로부터 이메일을 받은 사실을 털어놓았다. 연구소에 와서 일하고 싶다는 내용이었다. 웨버는 답장을 보내지 말라고 말했다. 그는 몇 주 안에 형편이 어려운 연구자 몇 명이 민간 프로젝트를 시작하기 위해 국제과학기술센터로부터 지원금을 받도록 주선했다.

그 뒤 몇 년 동안 비오프레파라트의 비밀이 속속 드러났다. 1998년, 알리베크는 회고록을 펴내 세균전 체제에서 승승장구했던 자신의 경력을 털어놓았다. 2000년 5월, 오볼렌스크의 연구소장 니콜라이 우라코프는 국제과학기술센터와 공동 주관으로 회의를 개최했다. 이례적인 이날, 언론인들은 제1동의 여러 구역을 훑어보았다. 세르게이 포포프와 이고르 도마라드스키가 유전공학을 연구한 건물이었다. 우라코프는 이제 연구소가 소련 시절에 받던 정부 예산 지원금의 1퍼센트밖에 받지 못한다고 불만을 토로했다─나머지는 그들 스스로 벌어야 했다. 한때 생물학무기용 세균을 개발하는 최대 규모 시설의 소장이었던 우라코프는 새로운 과제를 발표했다. "우리는 인류를 질병으로부터 보호해야 합니다."[7]

경험을 거듭할수록 웨버는 과학자들과 관계를 굳히는 일이 관건임을 깨달았다. 과학자들의 긍지와 쓸모 있는 연구를 하고 싶다는 바람을 존중하고 신뢰를 쌓는 것이 무엇보다 중요했다. 각국 정부와 여러 협정도 나름의 용도가 있었지만 과학자들이 우리와 눈을 마주 보고 직접 말할 수 있을 때가 진정한 성공의 시작이었다. 바냐에서 나눴던 대화는 경이적인 성과를 보였다.

웨버를 비롯해서 위협을 완화하기 위해 옛 소련으로 간 많은 서구인들이 이해하지 못하는, 좌절을 안겨주는 일도 있었다. 성공담을 기록하고, 새로 세운 담장과 지급한 지원금의 총계를 낼 수 있었지만 그들의 손가락 사이로 빠져나간 것이 얼마나 많은지는 추측만 할 수 있었다. 위협감소 활동이란 원래 그런 일이었다. 이 활동은 언제나 위험하고 굉장히 도전적이고 완벽한 성공을 거두었다고 장담할 수 있는 가능성은 전혀 없

데드핸드

었다. 무언가를 예방하려는 노력에서 가장 중요하고 무시무시한 측정 기준은 바로 실패였다.

1985년 11월 19일 제네바에서 미하일 고르바초프가 로널드 레이건과 처음 악수를 했을 때 두 초강대국은 약 6,000개의 핵탄두를 쌓아놓고 있었다. 무기 경쟁이 정점에 다다른 상태였다. 고르바초프는 20여 년 뒤 그때를 회고했다. "우리는 교섭을 진행할 건물 앞에서 서로를 바라보았습니다. 첫 번째 만남이었지요. 어쨌든 우리는 서로 손을 내밀어 악수를 했고 대화를 시작했습니다. 그는 영어로 말하고 나는 러시아어로 말하니 그나 나나 한마디도 알아듣지 못했지요. 하지만 대화가 이어진다는 느낌이 있었어요. 눈으로도 대화가 된다고요." 정상회담을 마무리하고 핵전쟁에서는 누구도 승리할 수 없으며 절대 그런 전쟁이 벌어져서는 안 된다는 성명을 발표하면서 두 정상이 다시 악수를 나눴을 때, 고르바초프는 깜짝 놀랐다. 고르바초프가 내게 말했다. "이게 무슨 말인지 짐작이 되십니까? 우리가 이제까지 해온 모든 일이 실수였다는 말입니다."

"우리 두 사람은 어느 누구보다도 우리가 가진 무기들이 어떤 것인지 잘 알고 있었습니다. 게다가 정말로 산더미처럼 많은 핵무기였습니다. 정치적 결정이 아니라 어떤 기술적 결함 때문에 전쟁이 벌어질 수 있었어요." 고르바초프는 모스크바 집무실에 거위 조각상을 놓아두었다고 했다. 조기 경보 레이더가 한때 잠깐이나마 거위 떼를 날아오는 미사일로 오인한 사실을 기억하기 위해서였다.

레이캬비크에서 고르바초프와 레이건은 모든 핵무기를 폐기하는 방향으로 과거 어느 누구보다도 성큼 걸음을 내딛었다. 하지만 한 세대가 지난 지금도 여전히 레이캬비크에서 한 위대한 약속은 지켜지지 않았다. '절대 무기'는 여전히 우리 곁에 있다. 핵탄두의 총 수효는 3분의 2 정도로 줄어들었지만 여전히 수천 개가 발사 태세를 유지하고 있다. 미국은 전략 핵탄두 약 2,200개와 소형 전술 핵무기 500개를 대기 상태로 갖추고 있다. 또 탄두 2,500개를 예비로 보관 중이며 4,200개가 해체를 기다리고 있다. 러시아는 전략무기에 탑재한 탄두 3,113개, 전술 탄두 2,079개를 여전히 보유 중이며 보관하거나 해체 대기 중인 것도 8,800개 이상이다. 모두 합치면 2만 3,000개가 넘는 핵탄두가 있는 셈이다.

냉전이 끝난 이래 세계는 극적으로 바뀌었다. 비정형적이고 불분명한 위협—파탄 국가failed states, 테러리즘, 핵·생물학·화학무기 확산—은 점점 더 불길하게 커진다. 핵무기는 탈레반 같은 민병대나 최근 몇 년 동안 뉴욕, 워싱턴, 런던, 마드리드, 뭄바이 등을 공격한 세력 같은 테러리스트들을 저지하는 데는 효과가 없을 것이다. 테러리스트들과 민병대는 더 강력한 적을 놀라게 하고 피해를 주려고 한다. 이제까지 그들은 재래식 무기—폭탄, 수류탄, 돌격소총, 공중 납치한 항공기—를 사용했지만 더 강력한 대량 살상 무기를 입수하기를 원한다. 열성으로 똘똘 뭉친 그들은 핵무기에 겁먹지 않으며 죽음의 공포에도 아랑곳하지 않는다. 탄저균이나 신경가스가 담긴 플라스틱 손가방을 든 자살 테러리스트 한 명은

데드핸드

핵미사일로 공격할 수 있는 대상이 아니다. 그리고 경험 많은 두 적국인 크렘린과 백악관의 지도자들에게는 핵무기가 믿을 만한 억제 수단이었지만, 만약 어느 한쪽이 검증되지 않고 소심한 신경과민 상태가 된다면 핵무기가 억제 수단으로 제대로 기능하지 못할 것이다.

소련이 붕괴한 뒤 미국은 핵태세검토보고서Nuclear Posture Review라는 공식 연구를 통해 핵무기 정책과 배치를 두 차례 재검토했다. 그리고 1994년과 2002년의 두 차례 검토 보고서 모두에서 냉전 이후 세계가 바뀌었다는 것을 인정했다. 하지만 보고서에 이은 근본적인 변화는 나타나지 않았다. 주된 이유는 미래에 대한 두려움 때문이었다. 핵무기는 불확실성에 대한 '방지책'으로 필요했다. 처음에는 옛 소련에서 벌어진 혼란이 불확실성의 주된 이유였고 나중에는 다른 나라나 테러 집단이 핵무기를 손에 넣을 가능성이 불확실성의 원인이었다.

하지만 지난 전쟁의 무기는 새로운 위협에 대한 방지책으로는 허술해 보인다. 2007년, 핵 시대의 원로 정치인 네 명이 "핵의 위협에서 벗어난 세계"를 만들기 위해 행동에 나서자는 호소문을 발표했다. 1987~1994년 상원 군사위원회 위원장 샘 넌, 1982~1989년 국무장관 조지 슐츠, 1973~1977년 국무장관 헨리 키신저, 1994~1997년 국방장관 윌리엄 J. 페리가 그 주인공이다. 고르바초프도 곧바로 호소에 동참했다. 모두 핵무기를 통한 공포의 균형에 관한 결정에 깊숙하게 관여한 인물들이었다. 이제 그들의 말에 귀를 기울일 때가 되었다.[1]

그들이 권고한 사항 중 하나는 냉전의 유산으로 남은 단거리 전장(전술) 핵무기를 폐기하자는 것이다. 미국은 이런 무기를 500개 배치해놓고 있으며 그중 200개가 유럽에 있다. 원래는 바르샤바조약기구의 침공을 억제하기 위해 배치한 것이었다. 이제 바르샤바조약기구는 과거사가 되었다. 1991년 부시-고르바초프의 폐기 구상 이후 동유럽과 옛 소련의 공화국들에서 제거한 전술 핵무기 수천 개가 러시아에서 어떻게 처분되었는지는 거의 알려진 바가 없다. 어떤 조약에서도 다룬 적이 없으니 검증 체제도 전혀 없는데, 하나라도 분실하면 재앙이 일어날 수 있다.[2]

다음 단계는 나머지 전략 핵무기의 발사 준비 태세를 해제하는 것이다. 1983년 스타니슬라프 페트로프 중령이 허위 경보에 맞닥뜨렸을 때 그는 불과 몇 분 안에 발사 결정을 내려야 했다. 오늘날 러시아는 과거의 소련과 달리 이데올로기적으로나 군사적으로나 더 이상 위협이 아니다. 또한 미국도 러시아에 이런 위협을 제기하지 않는다. 미국인들은 1990년대에 러시아가 자본주의로 도약하는 과정을 돕기 위해 많은 시간과 노력을 투자했다—과연 우리가 설계를 도운 모스크바의 주식 시장을 우리 미사일이 겨누고 있어야 할까? 브루스 블레어의 추정에 따르면 미국과 러시아가 보유한 전체 무기의 3분의 1 정도가 발사 준비 태세를 유지하고 있다. 미국의 중부 평원에 있는 미니트맨 미사일의 발사 암호를 실행하고 발사를 하는 데는 1~2분이 걸리며, 잠수함 기반 미사일을 발사하는 데는 12분 정도가 걸린다. 양국이 이 시간 동안 발사할 수 있는 화력을 모두 합하면 고출력 핵탄두 2,654개, 히로시마 핵폭탄 10만 개에 해당한다. 끔찍한 실수를 예방하기 위해 미사일의 경보를 해제하고 몇 시간이나 며칠 또는 몇 주 동안 발사를 의도적으로 지연시키는 장치를 만드는 조처를 취하는 것은 어렵지 않다. 러시아 역시 반자동 핵 보복 지휘 시스템인 페리미터를 해제하고 폐쇄하는 게 현명할 것이다. '최후의 날 장치'는 옛 시대의 유물일 뿐이다.[3]

미국과 러시아는 이런 조치를 취한 뒤에 전 세계에 있는 핵무기를 모두 확실하게 폐기한다는 목표를 향해 걸음을 내딛을 수 있다—새로운 동반자 관계를 형성하는 것이 이상적일 것이다. 미국과 러시아는 전 세계 핵탄두의 95퍼센트를 보유하고 있다. 조지 W. 부시(아들 부시) 대통령과 블라디미르 푸틴 대통령이 서명한 2002년 모스크바조약^{Moscow Treaty}에서는 2012년까지 양국이 각각 "작전 배치한" 탄두의 수를 1,700~2,200개로 줄일 것을 요구했다. 이 정도 수준은 어느 나라에게도 근본적인 감축이 되지 않을 수치다. 오늘날의 세계에서는 양쪽에 핵탄두 수천 개가 있다고 해도 소수의 탄두보다 억제력이나 안전성이 수천 배가 되지는 않는다. 무기를 제거하려는 대대적인 노력이야말로 냉전을 묻어버리는 알맞은 방법일 것이다. 포괄적핵실험금지조약^{Comprehensive Test Ban Treaty}의 비준과 더불어 핵무기와 핵분열 물질의 확산을 막으려는 단호한 노력도 마찬가지이다. 우리는 원자무기에 관한 초기의 선구적인 사상가인 버나드 브로디의 지혜를 기억해야 한다. 그는 원자무기는 "전쟁 기구에 장착된 참으로 대단한 무력"이라고 말했다. 이제 전쟁은 끝났다. 이 기구를 폐기할 때는 이미 오래전에 지났다.

1992년, 상원의 넌과 루가 의원은 역사를 상대로 도박을 걸었다. 당시만 해도 회의론자들은 옛 소련이 스스로 고통에 압도당하게, 그냥 '자유낙하'하게 내버려두는 것이 최선이라고 이야기했다. 넌과 루가는 여기에 동의하지 않았다. 두 사람은 러시아를 비롯한 옛 소련 공화국들이 과거로부터 물려받은 최악의 유산에 맞서 싸우는 것을 도왔다. 이런 투자는 엄청난 배당금을 안겨주었다. 그 뒤 몇 년 동안 카자흐스탄과 벨라루스와 우크라이나는 핵무기를 완전히 포기했다. 모두 합쳐 핵탄두 7,514개, 대륙간탄도미사일 752기, 잠수함 31척이 해체되었다.[4] 각종 군축 조약이 그 내용을 밝히고 요구했다면 넌-루가 입법은 해체를 현실로 만드는 자원을 제공했다.

1990년대 중반에 핵분열 물질을 무방비 상태로 보관하던 많은 시설에서 보안이 향상되었다. 2008년에 이르기까지 무기로 사용 가능한 핵 물질이 보관된 옛 소련의 건물 가운데 70퍼센트가 보안을 강화했다. 하지만 우라늄과 플루토늄은 여전히 200개가 넘는 장소에 흩어져 있었다.[5] 사파이어 프로젝트 이후로도 추가로 옛 소비에트권 곳곳에 있는 19개 연구용 원자로와 민감한 시설에서 조용하게 고농축 우라늄이 제거되었다.[6] 베이커 국무장관이 첼랴빈스크-70을 방문한 뒤 출범한 국제과학기술센터는 14년여에 걸쳐 지원금을 제공해서 무기 제조에 관여한 과학자와 기술자 약 7,000명이 한 차례 이상 혜택을 받았다.[7] 스테프노고르스크의 탄저균 공장은 221호 건물의 거대한 발효조들까지 포함해서 철거되었다. 보즈로즈데니예 섬에서는 탄저균을 묻은 무덤 11기의 위치를 찾아냈다. 젖은 찰흙 같은 분홍색 물질을 파내 병원균을 중화했다.[8] 러시아 남부 국경 근처의 스텝 지대에는 인근 창고에 저장되어 있는 사린을 비롯한 엄청난 양의 화학무기 비축분을 폐기하기 위해 10억 달러짜리 공장이 건설되었다. 미국은 오조르스크 시의 마야크화학기업Mayak Chemical Combine 에 러시아의 잉여 핵분열 물질을 보관하기 위해 3억 900만 달러의 비용을 들여 거대한 강화 저장실을 지었다. 7미터 두께의 벽으로 지어진 핵분열물질저장시설Fissile Material Storage Facility은 소련 붕괴 이후 극명해진 요구에 대한 해결책이었다—우라늄과 플루토늄을 지키기 위한 포트녹스Fort Knox*였다.

러시아처럼 소란스러운 나라가 부유하고 강한 라이벌이 내민 손을 선뜻 잡기란 결코 쉬운 일이 아니며 실제로도 그랬다. 소련이 붕괴되고 몇 년 동안 의심과 지연, 오해와 실수가 허다하게 많았다.[9] 하지만 소련 군산복합체의 규모가 어마어마하고, 위험한 무기와 물질들이 여러 곳에 산재해 있다는 사실을 감안할 때 전반적으로 넌-루가 프로그램의 도박

---

* 켄터키 주 북부 루이빌 근처에 있는 군용지로 연방 금괴 저장소가 있다.

데드핸드

은 성공을 거두었다. 두 사람의 선견지명과 결단 덕분에 세계는 더 안전해졌다. 이 도박은 비용도 많이 들지 않았다. 넌-루가 프로그램의 전체적인 측면을 합한 연간 비용은 14억 달러였는데 5,300억 달러인 국방부 예산과 비교하면 헐값이었다.[10]

12월의 어느 춥고 눈 오는 날, 소련 시절에 스베르들롭스크라 불린 도시 예카테린부르크의 한 공동묘지에서 나는 커다란 소나무와 자작나무 숲 한가운데서 한 무더기의 무덤을 발견했다. 몇몇 묘석에는 시든 장미꽃이 놓여 있었지만 나머지 무덤은 아무도 돌본 흔적이 없었다. 무덤들의 공통점은 사망 시기가 1979년 4월과 5월이라는 사실이었다. 탄저병 창궐의 희생자들이었다. 무덤 주인들의 이름은 냉전의 잊힌 전장이 남긴 기록이었다. 안드레이 코멜스키흐는 4월 13일 사망할 당시 67세였다. 그에게는 손주들이 있었다. 묘석에는 "당신은 언제나 우리 마음속에 있습니다. 당신의 아내와 자녀, 손자와 손녀들 씀"이라는 글귀가 새겨져 있었다. 안드레이나 다른 희생자들이나 1979년의 그 끔찍한 몇 주 동안 자신들이 왜 죽는지 알지 못했다. 옐친이 간단하게 한 문장으로 언급한 것 말고는 소련이나 러시아나 생물학무기 사고가 왜, 어떻게 발생했는지에 관해 아무것도 인정하지 않았다. 유가족들에게든 세계를 향해서든 말이다.

2005년 2월 10일, 나는 모스크바 사모카트나야 거리 4a번지에 있는, 한때 비공개였던 비오프레파라트 건물에 허가를 받고 들어갔다. 켄 알리베크가 제1부소장으로 일하던 바로 그 건물이었다. 나는 발렌틴 옙스티그네예프와의 인터뷰를 위해 2층으로 올라갔다. 옙스티그네예프는 한때 세균전을 감독한 국방부 제15위원회를 이끈 퇴역 중장이었다. 그는 과거에 비오프레파라트 활동을 은폐하는 데 관여한 보수파의 일원이었다. 이제 현대식 사무실에서 정장을 차려 입은 그는 명함을 내밀었다. 민영화되어 민간 기업이 된 비오프레파라트의 제1총무이사가 그의 직함이었다. 나는 테이블 위에서 신생 기업 비오프레파라트에 관한 번쩍이는 소책자를 집어들었다. 약품 제조와 의약 기술 개발에 전념하는 회사의 성격을 보여주는 시험관, 주사기, 알약 등의 사진이 담겨 있었다. 과거의 병원균에 관해서는 일언반구도 없었다.

옙스티그네예프에게 1979년 스베르들롭스크의 탄저병 창궐에 관해 묻자 그는 오염된 고기 때문에 병이 퍼졌다는 이야기를 되풀이했다. 그러고는 넌지시 소련 외부의 파괴 활동이나 테러리스트들 때문에 생긴 일이라고 말했다. 과거에 소련군이 유포한 바 있는 또 다른 허위 정보였다.[11]

스베르들롭스크 사건의 전모를 밝히는 일이야말로 비오프레파라트의 끔찍하고 은밀한 역사를 바로잡는 첫걸음이 될 것이다.

진실은 중요하다. 허위는 세균 전사들의 도구이다. 과거에 소련이 생물학무기 개발 프로그램을 민간 연구라고 숨긴 것과 마찬가지로 오늘날에도 어느 나라든 위험한 세균전 프로그램을 같은 방식으로 위장할 수 있다. 2001년 미국에서 일어난 탄저균 편지 공격, 2003년 중증급성호흡기증후군Severe Acute Respiratory Syndrome, SARS 창궐 사례에서 보듯이 생명과학 분야의 극적인 발전 등을 계기로 생물학 작용제의 파괴적인 성격이 극명하게 드러났다. 미국 국립과학아카데미는 2009년 보고서에서 이제는 상대적으로 큰 흔적을 남기는 오볼렌스크 같은 폐쇄 도시들이 없어도 불법적인 생물학무기 개발 프로그램을 진행할 수 있다고 결론지었다. 이제 누구든지 식별 가능한 특징을 전혀 남기지 않고 바이러스 같은 위험한 병원균을 확산시킬 수 있다. 생물학무기 개발자나 테러리스트는 위성 정찰로 추적할 수 없는 대학이나 상업 연구소 안에서 안전한 작업 공간을 꾸릴 수 있다. 블라디미르 파세추니크가 양심의 명령을 따라 소련의 악행을 폭로한 예에서 알 수 있는 것처럼 사람이 가장 중요한 열쇠이다. 장래에 이런 위험을 탐지하기 위해서는 앤디 웨버가 노력한 것처럼 인적 접촉과 네트워크, 투명한 공개와 협력, 연계를 쌓기 위한 수고스러운 노력이 필요할 것이다.

1990년대에 러시아는 취약하고 절망적인 모습이었지만 2000년을 시작으로 풍부한 석유 자원이 급증함에 따라 새로운 독립 의식이 타올랐다. 또한 푸틴 대통령은 러시아를 새로운 권위주의 시기로 이끌었는데, 이 시기 동안 외부인에 대한 적대감이 커졌다. 푸틴 치하에서 러시아는 점차 생물학무기 확산에 관해 서구와 협력을 중단했다. 러시아 관리들은 자국에는 공격용 생물학무기 개발 프로그램이 없기 때문에 협력할 필요가 없다고 주장했다. 하지만 러시아는 소련 시대의 습관으로 돌아가고 있는 것처럼 보인다. 푸틴의 보안 기관들은 과학자들 중에서 스파이 용의자들을 잡아들였고, 결국 서구와 진행하는 여러 공동 프로젝트가 찬바람을 맞았다.

러시아는 오랫동안 군사 생물학 연구 시설 세 곳을 공개하는 것을 거부했다. 소련이 오볼렌스크와 벡터에서 개발한 세균과 바이러스를 가지고 탄두와 폭탄을 제조하는 기술이 어느 단계에 이르렀는지는 지금까지도 알려지지 않았다. 과연 소련 과학자들은 항생제에 내성이 있는 슈퍼세균을 만들어냈을까? 그들은 탄저균 포자를 살포할 수 있는 순항 미사일을 만들었을까? 천연두를 탑재한 대륙간탄도미사일용 탄두는? 이것들을 만들어냈다면 소련은 1972년에 서명한 국제조약을 위반한 것이며, 따라서 자세한 내용을 밝혀야 하는 것일까?[12] 한때 세균전 프로그램에 기여한 러시아의 여러 전염병 연구소와 부서들은 여전히 서구와 협력의 문을 걸어 잠그고 있다. 러시아가 주장하는 것처럼 무기가 없고 공격용 프로그램이 없다면 닫힌 문 뒤에는 무엇이 있을까? 군 연구소들에는 어떤 무기화 공식들이 남아 있을까? 그리고 가장 중요한 점으로, 셔츠 주머니에 넣어 다닐 수 있는 병원균을 만드는 지식을 가진 과학자들은 어떻게 되었을까?

이 과학자들은 현재 어떤 연구를 하고 있을까?

소련이 붕괴한 뒤 신생 러시아가 허약하고 취약하다는 사실이 별로 걱정거리가 아니라면, 1990년대에 또 다른 예기치 않은 충격이 나타났다. 테러리스트들과 광신적인 종교 집단이 대량 살상 무기를 입수하려고 한 것이다. 집단 테러를 저지르려는 이들은 정부나 군대 같은 자원이나 산업 기반은 없었지만 극적인 방식으로 대규모 살상을 하려는 야망을 불태웠다. 물론 테러리즘은 새로운 현상이 아니지만 냉전 시대의 무기고를 손에 넣은 테러리스트들은 괴멸적인 파괴를 가하게 될 것이다.

1995년, 옴진리교 신자들이 도쿄 지하철의 세 개 노선에서 치명적인 신경가스인 사린을 살포해 사망자 열두 명과 1,000명이 넘는 부상자가 발생하고 엄청난 공황 상태가 야기되었다. 옴진리교는 기술적인 문제와 정보 누설, 사고에 시달렸다. 하지만 도쿄 지하철 공격 사건을 계기로 소량의 위험 물질만으로도 어떤 일이 벌어질 수 있는지가 드러났다. 도쿄 사건은 사린 4.5킬로그램이 낳은 참사였다. 이와 대조적으로 러시아의 서부 시베리아 슈추추예 시 인근 외딴 기지에는 지금도 신경가스 5,447미터톤을 채운 발사체 190만 개가 남아 있다.[13]

전하는 바에 따르면 오사마 빈 라덴은 도쿄 지하철 참사와 그에 따른 혼란에 깊은 인상을 받았다고 한다. 1998년, 알카에다 지도자들은 '응고된 우유'라는 뜻의 아랍어인 자바디Zabadi라는 암호명으로 화학무기와 생물학무기를 개발하려는 진지한 시도에 착수했다. 훗날 카불에서 알카에다 지도부가 사용하던 컴퓨터에 저장된 문서들이 입수되면서 그 자세한 내용이 드러났다. 카이로의 외과의사 출신으로 그해에 자신이 이집트에서 이끌던 급진 조직 이슬람지하드Islamic Jihad를 알카에다와 통합한 아이만 자와히리는 "이 무기들의 살상력이 핵무기에 못지않다"고 언급했다.[14] 1999년, 자와히리는 파키스탄 과학자를 한 명 영입해서 칸다하르에 소규모 생물학무기 연구소를 차렸다. 나중에 이 연구는 말레이시아인에게 인계되었다. 9·11 납치범들을 알고 있으며 그들을 도와준 적이 있는 야지드 수파트였다. 젊은 시절 캘리포니아에서 생물학과 화학을 공부한 수파트는 칸다하르 연구소에서 몇 달 동안 탄저균 배양을 시도했다. 조지 테닛 전 중앙정보국장은 탄저균 개발 시도와 비행기를 납치해 건물에 충돌시키려는 음모가 동시에 진행되었다고 말했다.[15] 테닛의 판단으로는 빈 라덴이 가장 원한 것은 핵무기였다. 한때 중앙정보국은 자세한 내용은 밝혀지지 않았지만 빈 라덴이 러시아의 핵 장치 세 개를 구입하려고 교섭 중이라는 보고를 미친 듯이 추적했다. 테닛을 말한다. "그들은 승용차, 트럭, 기차, 비행기 등을 폭파시키면 신문 헤드라인을 장식한다는 걸 확실히 알고 있다. 하지만 만약 버섯구름을 만들어낼 수 있다면 그들은 역사를 만들게 될 것이다…… 냉전의 가장 어두운 시절에도 우리는 소련인들이 우리와 마찬가지로 죽음을 원치 않는다는 사실에 의존할 수 있었다. 하지만 테러리스트들의 경우는 사정이 다르다."[16]

실제로 작동하는 핵폭탄을 만들기는 어렵지만 실험실에서 병원균을 배양하는 것은 상대적으로 쉽다. 2008년 미국 의회의 한 위원회에서는 테러리스트들이 상당한 양의 생물학 작용제를 에어로졸 형태로 무기화하고 살포하는 것은 어렵겠지만 그들을 위해 이런 일을 할 만한 사람을 찾는 것은 그렇게 어렵지 않을 것이라는 결론을 내렸다. 위원회의 말을 들어보자. "다시 말해, 질병을 대량 살상 무기로 활용하기 위해서는 매우 높은 수준의 지식이 필요하다는 점을 감안하면, 미국은 테러리스트가 생물학자가 되는 일은 걱정할 필요가 없는 대신 생물학자가 테러리스트로 변신하는 일에는 훨씬 더 많은 관심을 기울여야 한다."[17]

대량 살상 도구는 어느 때보다도 널리 흩어져 있고 확실하지 않다. 옛 소련의 무기들을 안전하게 방비하는 일이 여전히 미완의 사업인 지금 우리가 사는 세계는 비오프레파라트를 훌쩍 뛰어넘는 새로운 위험들에 직면해 있다. 누구든 감춰진 차고의 발효조에서 만든—어떤 특징도 찾기 힘든—병원균이 담긴 플라스크로 사회 전체를 위협할 수 있다.

무기 경쟁의 '데드핸드'는 아직 살아 있다.

데드핸드

나는 로널드 레이건이 대통령으로 재임하는 동안에는 『워싱턴포스트』 백악관 통신원으로 일하고, 그 뒤 1990년대에는 모스크바에서 지국장을 지내는 행운을 누렸다. 이 책은 당시의 경험에 바탕을 둔 것이며 덧붙여 수많은 친구와 동료들, 정보 제공자와 관계자들의 도움 덕분에 빛을 볼 수 있었다. 그들은 내게 통찰력을 빌려주었고 각종 회고와 자료를 기꺼이 제공해주었다. 그들 모두에게 감사한다.

　레이건에 관한 나의 통찰은 파란 만장했던 8년의 재임 기간 동안 그를 직접 지켜봤던 경험과 몇 차례의 인터뷰를 통해 끄집어낸 것이며, 레이건 본인의 회고록과 비공개 일기가 출간되면서 그를 한층 더 풍부하게 이해할 수 있었다. 미하일 고르바초프는 이 책을 위해 두 차례의 인터뷰에 응해주었고 그의 회고록과 광범위한 저술, 공개 발언도 많은 도움이 되었다. 아나톨리 체르냐예프는 자신의 개인적인 기억을 내게 말해주었다. 그의 일기는 페레스트로이카와 글라스노스트 시기에 관한 가장 소중한 설명이라고 해도 과언이 아니다.

파벨 포드빅은 러시아의 무기 시스템에 관한 지식을 아낌없이 나눠주고 카타예프 문서를 해독하는 일을 도와주었다. 스베틀라나 사브란스카야는 정확하고 끈기 있게 냉전 시기의 회고담과 문서를 헤쳐나가는 길잡이 노릇을 해주었다. 초고를 보고 통찰력 있는 논평을 해준 브루스 블레어, 크리스토퍼 J. 데이비스, 밀턴 라이턴버그, 토머스 C. 리드, 미하일 치프킨, 앤디 웨버, 발레리 야리니치, 레이('레이먼드'의 애칭) 질린스카스 등에게도 감사한다.

할아버지인 비탈리 카타예프의 문서를 살펴보는 일을 도와준 크세니아 코스트로바에게 큰 빚을 졌다. 소련이 붕괴한 뒤 카타예프는 변화에 적응하려고 노력하면서 민간 기업을 설립했다. 큰 성공을 거두지는 못했지만 꿈은 버리지 않았다. 그가 내놓은 눈부신 구상 중 하나는 남아도는 대륙간탄도미사일을 좌초한 선원들과 어부, 등산가 등을 돕는 데 활용하자는 것이다. 미사일을 이용해 구조 용품을 낙하산에 묶어 떨어뜨리자는 것이었다. 카타예프는 '비타 프로젝트Project Vita'라고 이름 붙인 이 야심 찬 계획에 관한 도표와 궤적을 그렸지만 그의 꿈은 실현되지 않았다. 그는 2001년 세상을 떠났다. 그의 문서는 스탠퍼드대학교 후버연구소의 도서관과 문서보관소에서 보관 중이다.

마샤 리프먼은 오랫동안 러시아에 관한 안내자였으며 초고를 읽고 소중한 논평을 해주었다. 이리나 마카로바와 블라디미르 알렉산드로프, 세르게이 벨랴코프에게도 감사한다.

『워싱턴포스트』에서는 캐서린 그레이엄과 도널드 그레이엄의 신임에 큰 빚을 졌다. 두 사람은 벤저민 C. 브래들리와 레너드 다우니 2세의 지휘 아래 창의적이고 역동적인 뉴스 편집실을 만들었다. 『워싱턴포스트』의 유능한 네 동료, 곧 릭 앳킨슨, 스티브 콜, 마이클 돕스, 글렌 프랭

클은 이 책에 관해 소중한 논평을 해주었을 뿐만 아니라 여러 해 동안 영감을 주었다. 또한 로버트 G. 카이저와 필립 베넷은 함께 일한 오랜 세월 내내 이 책뿐만 아니라 다른 여러 기획에서도 변함없는 우정과 격려를 안겨주었다.

루 캐넌은 레이건 시대에 내 동료이자 선생이었다. 로라 블루멘펠드, 잭슨 딜, 데이비드 핑클, 피터 핀, 메리 루 포이, 마이클 게틀러, 짐 호글런드, 돈 오버도퍼, 키스 리치버그, 줄리 테이트, 진 소프, 조비 워릭, 스콧 윌슨 등 『워싱턴포스트』의 동료들에게도 감사한다. 레베카 데이비스에게는 정말 갖가지 방식으로 신세를 졌다. 카티아 홈과 케이트 애그뉴, 테리사 쇼어 등에게도 감사한다.

로버트 먼로는 화학무기 폐기에 관해 내가 흡수할 수 있는 수준을 훌쩍 넘어선 지식을 나눠주었다. 오랜 시간 나눈 대화에 대해 정말로 감사한다. 조사를 도와준 앨릭스 레밍턴, 조시 점브런, 로버트 토머슨, 안나 마스테로바 등에게 감사한다. 메리언 워릭과 애비게일 크림은 인터뷰를 문서로 정리해주었다.

토머스 S. 블랜턴과 워싱턴의 국가안보문서보관소National Security Archive는 핵심적인 역사적 문서와 분석을 제공하는 중요한 공헌을 해주었다. 문서보관소에 있는 자신의 문서 수집물을 볼 수 있게 해준 앤 헤싱 칸에게도 고맙다는 말을 하고 싶다.

옥스퍼드대학교 세인트앤터니칼리지의 아치 브라운은 몇 년간 안내자이자 선생님으로서 나를 길러주었다.

켄 알리베크, 마틴 앤더슨, 제임스 A. 베이커 3세, 로드릭 브레이스웨이트, 매튜 번, 조셉 시린시오니, 토머스 B. 코크런, 딕 콤스, 이고르 도마라드스키, 시드니 드렐, 에릭 엥글링, 케네스 J. 페어팩스, 앤디 피셔, 크리스치아 프릴런드, 올레크 고르디옙스키, 타티아나 그레먀코바,

진 길러민, 케이시 그윈, 조시 핸들러, 앤 M. 해링턴, 로라 홀게이트, 리처드 루가, 매튜 메젤슨, 빌 미르자야노프, 케네스 A. 마이어스 3세, 샘넌, 블라디미르 오를로프, 세르게이 포포프, 시어도어 A. 포스톨, 에이미 스미스, 마거릿 터트와일러, 예브게니 벨리호프, 프랭크 본 히펠, 로렌스 라이트 등도 소중한 공헌을 해주었다.

2004년 스탠퍼드대학교 후버연구소에서 미디어 연구 지원자에 선정되어 연구를 위한 시간을 낼 수 있었다. 연구소에 감사한다. 후버연구소의 도서관과 문서 보관소에서는 캐럴 레드넘, 라라 소로카, 헤더 와그너, 브래드 바우어 등에게 전문가다운 도움을 받았다.

런던 킹스칼리지의 리델하트군사문서보관센터Liddell Hart Centre for Military Archives에서 일하는 캐럴라인 램과 캐서린 히건에게 감사하며 로널드레이건대통령도서관의 리사 존스에게도 고맙다는 말을 하고 싶다. 큐Kew에 있는 영국 국가기록물보관소와 메릴랜드 주 칼리지파크에 있는 미국 국가기록물보관소에서 조사한 작업도 많은 도움이 되었다.

지칠 줄 모르는 열정으로 논평을 해준 에스더 뉴버그에게 마음속 깊은 감사의 뜻을 표하고 싶다. 더블데이출판사의 빌 토머스는 이 책의 기획에 생명을 불어넣었다. 크리스틴 푸폴로는 처음 나눈 대화에서부터 현명한 조언을 해준 사려 깊고 의욕을 북돋우는 편집자였다. 스테파니 보원에게도 고맙다는 말을 하고 싶다.

집요한 조사자이자 숙련된 번역자인 나탈리아 알렉산드로바의 헌신적인 노력이 없었다면 이 책을 쓰지 못했을 것이다. 나탈리아는 후버연구소와 영국 국가기록물보관소 그리고 그 밖의 다른 곳에서도 문서 증거를 수집하는 일을 도운 훌륭한 동료였다. 그녀의 결단력과 헌신성에 마음속 깊은 감사를 표한다.

초고 전체를 여러 차례 읽어준 아내 캐럴과 두 아들 대니얼과 벤저민

그리고 이 책을 헌정하는 두 분 부모님께 굽이굽이 긴 길을 함께 걸으며
애정으로 지지해준 데 대해 가슴에서 우러나는 감사의 뜻을 표한다.

주요 약어

DNSA   디지털국가안보문서보관소(Digital National Security Archive),
http://nsarchive.chadwyck.com.

EBB   국가안보문서보관소 전자 브리핑 책자(Electronic Briefing Book of the National Security Archive).

FOIA   정보공개법(Freedom of Information Act).

FBIS   외국 방송 정보 서비스(Foreign Broadcast Information Service).

Katayev   스탠퍼드대학교 후버연구소 도서관과 문서보관소에 있는 비탈리 카타예프의 문서와 지은이가 소장한 문서.

NIE   국가정보평가서(National Intelligence Estimate).

TNSA   국가안보문서보관소(The National Security Archive),
http://www2.gwu.edu/~nsarchiv/

RRPL   로널드레이건대통령도서관(Ronald Reagan Presidential Library).

프롤로그

1   Margarita Ilyenko와의 인터뷰 (1998년 11월 30일). 로자 가지예바의 말은 세르게이 파르페노프(Sergei Parfenov)가 *Rodina*, no. 5, Oct. 24, 1990에서 인용한 것이다.

2   Matthew Meselson, Jeanne Guillemin, Martin Hugh-Jones, Alexander Langmuir, Ilona Popova, Alexis Shelokov, Olga Yampolskaya, "The Sverdlovsk Anthrax Outbreak of 1979," *Science*, 1994, vol. 266, 1202~1208쪽; Jeanne Guillemin, *Anthrax: The Investigation of a Deadly Outbreak* (Berkeley: University of California Press, 1999); Ken Alibek, with Stephen Handelman, *Biohazard: The Chilling True Story of the Largest Covert Biological Weapons Program in the World—Told from Inside by the Man Who Ran It* (New York: Random House, 1999), 7장.

3   Theodore J. Cieslak and Edward M. Eitzen, Jr., "Clinical and Epidemiologic Principles of Anthrax," in *Emerging Infectious Diseases*, vol. 5, no. 4, July–Aug. 1999, 552쪽.

4   알리베크(Ken Alibek)는 필터를 교체하지 않아 이런 사고가 생겼다는 말을 들었지만 이 설명은 확인된 바가 없다. Alibek, 73~74쪽. 알리베크는 3월 30일 금요일에 방출 사고가 발생했다고 말했다. 바람의 방향을 감안할 때 4월 2일 월요일이 더 개연성이 있어 보인다. 알리베크는 지은이에게 월요일일 수도 있다고 말했다.

5   어린이들은 실내, 즉 학교에 있었거나 성인과 다른 면역 체계 반응을 보였거나 성인에 비해 대기 중의 탄저균에 덜 취약했을 것이다.

6   Lev M. Grinberg 및 Faina A. Abramova와의 인터뷰 (1998년 11월 30일). 아브라모바의 설명은 *Rodina*에도 실렸다.

7   Guillemin, 14쪽.

8   Vladlen Krayev와의 인터뷰 (1998년 11월). 나중에야 잠복기가 훨씬 더 길 수 있다는 사실이 밝혀졌다.

9   전염병이 발발하고 몇 달 뒤 국가보안위원회(KGB)는 자료를 찾기 위해 40호 병원을 수색했다. 아브라모바는 선반 높은 곳에 분류 표시를 붙이지 않은 샘플을 숨겨두었다. 국가보안위원회는 이 샘플을 발견하지 못했다.

10 Petrov와의 인터뷰 (1999년 1월, 2006년 1월 22일, 2007년 5월 29일).

11 Pavel Podvig, "History and the Current Status of the Russian Early Warning System," *Science and Global Security*, October 2002, 21~60쪽.

12 Podvig, 31쪽.

서론

1   Bernard Brodie, ed., *The Absolute Weapon: Atomic Power and the World Order* (New York: Harcourt Brace and Co., 1946).

2   Albert Carnesale, Paul Doty, Stanley Hoffmann, Samuel P. Huntington, Joseph S. Nye Jr., and Scott D. Sagan, *Living with Nuclear Weapons* (New York: Bantam Books, 1983), 31~32쪽.

3   Admiral G. P. Nanos, "Strategic Systems Update," *Submarine Review*, April 1997, 12~17쪽. 나노스는 또 다른 해군 장성의 말을 인용한 것이지만 이 말이 "타당한 이야기이며 비밀이 아니"라고 확인해주었다. "The Capabilities of Trident Against Russian Silo-based Missiles: Implications for START III and Beyond," George N. Lewis, Theodore A. Postol, Massachusetts Institute of Technology, Feb. 2–6, 1998을 보라.

4   David Alan Rosenberg, "The Origins of Overkill, Nuclear Weapons and American Strategy, 1945–1960," in *Strategy and Nuclear Deterrence*, Princeton University

Press, 1984, 113~181쪽. 또한 William Burr, ed., "The Creation of SIOP−62: More Evidence on the Origins of Overkill," EBB No. 130, doc. 23, "Note by the Secretaries to the Joint Chiefs of Staff on Strategic Target Planning," Jan. 27, 1961도 보라.

5   McGeorge Bundy, *Danger and Survival: Choices About the Bomb in the First Fifty Years* (New York: Random House, 1988), 354쪽.

6   "History of the Joint Strategic Target Planning Staff: Preparation of SIOP−63," January 1964. "New Evidence on the Origins of Overkill," TNSA EBB No. 236, doc. 2. 또한 McNamara commencement address at the University of Michigan, June 16도 보라. 맥나마라는 위성을 통한 첩보 수집 역량이 향상되면서 미국이 소련 미사일 기지, 잠수함 정박항, 방공 시설 등의 군사 시설을 망라한 광범위한 지도를 처음 손에 넣었다는 사실에 영향을 받았는지도 모른다. Desmond Ball and Jeffery Richelson, eds., *Strategic Nuclear Targeting* (Ithaca: Cornell University Press, 1986), 65쪽. 또한 Alfred Goldberg, "A Brief Survey of the Evolution of Ideas about Counterforce," Rand Corp., Memorandum RM−5431−PR, October 1957, rev. March 1981, 9쪽. DNSA, No. NH00041도 보라.

7   Alain C. Enthoven and K. Wayne Smith, *How Much Is Enough?: Shaping the Defense Program, 1961-1969* (New York: Harper & Row, 1971), rev. ed. (Santa Monica: RAND Corp., 2005), 67쪽과 207쪽.

8   '매드'라는 약어는 허드슨연구소(Hudson Institute)의 도널드 G. 브레넌(Donald G. Brennan)이 '상호 확증 파괴' 개념이 어리석은 생각이라는 것을 드러내기 위해 만들어낸 말이다. 미사일 방어 주창자로서 브레넌은 상호 취약성에서 벗어나는 출구를 찾을 것을 주장했다. "Strategic Alternatives," *New York Times*, May 24, 1971, 31쪽과 May 25, 1971, 39쪽을 보라.

9   Arnold L. Horelick and Myron Rush, "Deception in Soviet Strategic Missile Claims, 1957−1962," RAND Corp., May 1963. DNSA NH00762.

10   유럽은 예외였다. 소련은 유럽에서 어떤 전쟁이 벌어지든 초기에는 전술 핵 공격이 가능하다는 것을 알았고 선제 핵 공격을 계획했다. Vojtech Mastny and Malcolm Byrne, eds., *A Cardboard Castle: An Inside History of the Warsaw Pact, 1955-1991* (Budapest: Central European University Press, 2005), 406~412쪽을 보라.

11   John Hines, Ellis M. Mishulovich, John F. Shull, *Soviet Intentions 1965-1985*, BDM Federal Inc., for Office of Secretary of Defense, Sept. 22, 1995에서는 소련 관계자들과의 인터뷰를 토대 삼아 소련의 사고를 훌륭하게 개괄한 내용을 볼 수 있다. Vol. I, *An Analytical Comparison of U.S.-Soviet Assessments During the Cold War*를 보라. 또한 Aleksander Savelyev and Nikolay Detinov, *The Big Five: Arms Control Decision-making in the Soviet Union* (Westport, Conn.: Praeger, 1995), 1~13쪽도 보라.

12   경쟁의 최종 결과는 켈디시가 바라던 대로 강화 격납고로 바꾸고 보복 태세에 의존하는 쪽

으로 귀결되었다. Hines, Vol. II, 85쪽; Savelyev, 18~19쪽; Vitaly Katayev, 미간행 회고록 *Some Facts from History and Geometry*, 지은이 소장본으로 Pavel Podvig와 지은이가 나눈 대화 (2009년 3월 27일); Podvig, ed., *Russian Strategic Nuclear Forces* (Cambridge: MIT Press, 2001).

13 이 계획에는 여전히 대병력 구상이 포함되었다. 첫 번째 임무에서는 비축 무기의 58퍼센트를 사용해서 소련 병력을 타격한다. 이와 대조적으로 세 번째 임무—도시와 산업 목표물—에서는 무기의 11퍼센트 정도만을 사용한다. "The Nixon Administration, the SIOP, and the Search for Limited Nuclear Options, 1969-1974," TNSA EBB No. 173, doc. 3을 보라.

14 닉슨에 관한 키신저의 발언은 TNSA EBB 173, doc. 22를 보라. H. R. Haldeman, *The Haldeman Diaries* (New York: G. P. Putnam's Sons, 1994), 55쪽. 키신저는 대규모 공격 위협은 설득력이 없다며 제한적인 핵전쟁 옵션을 만들자고 밀어붙였다. 1974년 1월 17일, 닉슨은 제242호 국가안보결정제안서(National Security Decision Memorandum 242)에 서명했다. "광범위한" 핵전쟁 공격 옵션에 대한 희망이 내재된 이 기밀 명령은 키신저의 촉구에 따른 결과물이었다. TNSA EBB 173 and Burr, "The Nixon Administration, the 'Horror Strategy,' and the Search for Limited Nuclear Options, 1969-1972," *Journal of Cold War Studies*, vol. 7, no. 3, Summer 2005, 34~78쪽 등을 보라.

15 Hines, vol. II, p. 27.

16 이 조약으로 미국과 소련은 각각 두 곳에 100개의 발사 장치만을 보유하게 되었다. 1974년에는 미사일 방어망을 한 곳씩만 보유하기로 결정했다. 미국은 노스다코타 미사일 기지 주변에 방어망을 건설했다가 나중에 해체했다. 소련은 모스크바 주변에 건설했다.

17 Lawrence Freedman, *The Evolution of Nuclear Strategy* (New York: St. Martin's Press, 1981), 363쪽. Kissinger press conference, July 3, 1974.

18 Nitze, "Assuring Strategic Stability in an Era of Détente," *Foreign Affairs*, January 1976, vol. 54, no. 2.

19 하인스(John Hines)는 소련 관계자들에게 A팀-B팀 실험의 핵심적인 결론에 관해 물었다. 그는 소련이 우위를 추구한 것은 맞지만, 미국이 소련의 의도를 공세적인 것으로 과대평가했다는 사실을 알게 되었다(Hines, 68~71쪽). B팀의 보고서에 관해서는 "Intelligence Community Experiment in Competitive Analysis: Soviet Strategic Objectives, An Alternative View: Report of Team 'B'," December 1976, DNSA SE00501을 보라. 파이프스(Richard Pipes)는 나중에 B팀의 결론이 소련의 역사와 사고방식에 관한 더 깊은 통찰에 바탕을 둔 것이었다고 주장했다. Richard Pipes, *VIXI: Memoirs of a Non-Belonger* (New Haven: Yale University Press, 2003), 137쪽을 보라. A팀에 관해서는 "Soviet Forces for Strategic Nuclear Conflict through the Mid-1980s," NIE 11-3/8-76, Dec. 21, 1976, Vol. 1, Key Judgments and Summary, 3쪽을 보라. 또한 Anne Hessing Cahn, *Killing*

Détente (University Park: Pennsylvania State University Press, 1998); Cahn, "Team B: The Trillion Dollar Experiment," *Bulletin of the Atomic Scientists*, April 1993, vol. 49, no. 3, 22~27쪽 등도 보라. B팀이 틀렸다는 증거에 관해서는 Raymond L. Garthoff, "Estimating Soviet Military Intentions and Capabilities," 5장 in Gerald K. Haines and Robert E. Leggett, eds., *Watching the Bear: Essays on CIA's Analysis of the Soviet Union* (Washington, D.C.: Center for the Study of Intelligence, Central Intelligence Agency, 2003) 을 보라. 1970년대 말부터 1980년대 초까지 다수의 매파 인사가 미국의 지상 기반 미사일의 '취약점(window of vulnerability)'에 관해 경고했다. 니츠와 파이프스 그리고 마침내 레이건까지도 지지한 이런 논증에서는 소련이 더 많이 보유한 미사일로 미국의 미니트맨 미사일 전력(1,000기)과 타이탄(Titan) 미사일(44기)을 전부 쓸어버릴 수 있다고 주장했다. 그러나 SS-18은 미국이 생각하는 것보다 정확도가 떨어졌을 것이다. 예를 들어 국가정보평가서 11-3/8-78호(NIE 11-3/8-78)에서는 1978년에 소련이 미국 미사일 격납고에 공격을 개시하면 일대일 공격의 경우 미국의 격납고 기반 미사일 중 600기만이 잔존 가능하고, 2대1 공격의 경우에는 겨우 400기만이 잔존 가능할 것이라고 추정했다. 하지만 파벨 포드빅(Pavel Podvig)이 카타예프(Vitaly Katayev)의 비행 시험 데이터를 이용해서 추정한 바로는 미국이 보유한 격납고 기반 미사일 1,054기 중 890기가 일대일 공격에서 잔존 가능하고, 소련이 격납고마다 두 개의 탄두를 날리는 경우에는 800기가 잔존할 수 있었다. Podvig, "The Window of Vulnerability that Wasn't: Soviet Military Buildup in the 1970s," *International Security*, Vol. 3, No. 1, Summer, 2008. 당시 중앙정보국장이던 부시는 나중에 의회에 출석해서 두 팀이 다음과 같은 결론에 도달했다고 말했다. "1. A팀의 결론은 대륙간탄도미사일의 정확도에 관한 추정으로, 이 추정은 1980년 무렵까지 미니트맨에 심각한 위협이 되지 않는다. 2. B팀의 정확도 추정은 이런 위협이 훨씬 빨리 현실화할 수 있음을 의미한다." "DCI Congressional Briefing," January 1977, Anne Cahn collection, TNSA를 보라. 시험이 끝난 뒤 A팀은 소련이 이론, 실험 도구의 품질, 미사일 정확도에 필요한 유도 장비 같은 정밀 기구의 대량 생산에서 미국에 한참 뒤처져 있다고 지적했다. "Summary of Intelligence Community ("A Team") Briefing to PFIAB on Soviet ICBM Accuracy," Cahn collection, TNSA를 보라. 이 문서에는 날짜가 표시되어 있지 않지만 브리핑은 1976년 12월에 진행되었다. 하인스는 미국과 소련의 전문가들이 미사일 격납고의 취약성을 판단하는 과정에서 핵폭발에 관한 서로 다른 가정을 사용했다고 지적했다(Hines, 70쪽). 미사일 정확도는 '원형 공산 오차(circular error probability, CEP)'—탄두들 중 반이 떨어지는 원의 반경—로 측정한다. 소련이 1974년 다탄두각개목표재돌입탄도탄 미사일을 처음 배치하기 시작했을 때 미국 정보 당국에서는 이 미사일의 원형 공산 오차가 470미터를 넘는다는 게 중론이었다. B팀은 소련 미사일이 훨씬 더 정확해질 수 있다고 지적하면서 이런 추정치에 이의를 제기했다. 그러나 소련의 비행 시험 데이터에 따르면 1세대 SS-18 미사일의 원형 공산 오차는 700미터였고, SS-17과 SS-19는 각각 700미터와 650미터였

다. 1980년대에 가동된 차세대 미사일은 정확도가 개선되었다. Katayev, Hoover를 참고해서 이런 결론을 내리도록 도움을 준 파벨 포드빅에게 감사한다.

20　Soviet Forces for Strategic Nuclear Conflict Through the Mid-1980s, NIE 11-3/8-76, Dec. 21, 1976, Vol. 1, Key Judgments and Summary, 3쪽.

21　예일대학교 법학 교수인 유진 V. 로스토(Eugene V. Rostow)가 위원장이었다. 니츠와 파이프스를 비롯한 위원회 성원 수십 명이 결국 레이건 행정부에서 공직에 임명되었다. Charles Tyroller II, ed., *Alerting America: The Papers of the Committee on the Present Danger* (Washington: Pergamon-Brassey's, 1984).

22　1977년 1월 28일 대통령을 대피시키는 훈련이 실패로 돌아가자 브레진스키(Zbigniew Brzezinski)는 지휘 통제 체계상의 약점에 관해 우려했다. Brzezinski, *Power and Principle: Memoirs of the National Security Advisor, 1977-1981* (New York: Farrar, Straus, & Giroux, 1983), 14~15쪽. 브레진스키는 당시 백악관 국가안전보장회의(NSC) 간부이던 윌리엄 E. 오돔(William E. Odom) 장군에게 핵무기의 지휘 통제 체계를 검토하도록 요청했다. 그 결과, 체계에 여러 약점이 있음이 밝혀졌다. 두 차례에 걸쳐 내려진 대통령령은 이 검토에서 나온 결과물이다. Odom interview, Feb. 3, 2006; Odom, "The Origins and Design of Presidential Decision-59: A Memoir," in Henry D. Sokolski, ed., *Getting Mad: Nuclear Mutual Assured Destruction, Its Origins and Practice* (Carlisle, Pa.: U.S. Army War College, 2004). 소련 지도부를 공격 목표로 정한 일에 관해서는 Hines, vol. 2, 118쪽을 보라. 국방장관실 총괄평가국(Office of Net Assessment)의 앤드루 W. 마셜(Andrew W. Marshall) 국장은 하인스에게 이렇게 말했다. "대통령령 59호는 핵 교전이 벌어질 경우 소련 지도부도 몰살을 면하지 못할 것임을 각인시켜 억제를 강화하는 방안으로 고안된 것입니다. 소련의 정책 결정권자들에게 전쟁과 핵무기 사용의 위험을 어느 정도 각인시키고 몸소 깨닫게 하는 게 목적이었습니다."

1부/인류 최후의 날 무기

1. 벼랑 끝에서

1　www.cheyennemountain.af.mil을 보라.

2　모로는 훗날 나사(NASA)의 여러 연구 프로그램을 장려했다. Kiron K. Skinner, Annelise Anderson and Martin Anderson, eds., *Reagan: A Life in Letters* (New York: Free Press, 2003), 107쪽을 보라.

3　Martin Anderson, *Revolution: The Reagan Legacy* (New York: Harcourt Brace Jovanovich, 1988), 80~83쪽.

4　레이건의 라디오 연설 "Miscellaneous 1" (1979년 5월 29일), *Reagan in His Own Hand:*

The Writings of Ronald Reagan that Reveal His Revolutionary Vision for America, Kiron K. Skinner, Annelise Anderson, Martin Anderson, eds. (New York: Free Press, 2001), 104쪽. 이 조약은 6월 18일 빈에서 카터와 브레즈네프에 의해 조인되었다.

5   1979년 8월에 작성한 "Policy Memorandum No. 3,"의 초안, 지은이 소장본. 앤더슨은 과거에 레이건이 1972년 탄도탄요격미사일제한협정으로 미사일 방어를 제한하기로 한 닉슨 대통령의 결정에 동의하지 않은 사실을 알고 있었다. 당시 레이건은 이렇게 말했다. "우리는 그 협정으로 아무것도 얻지 못했다." "Defense IV," Sept. 11, 1979, *Reagan in His Own Hand*. Anderson interview, Sept. 10, 2008을 보라.

6   레이건은 회고록에서 다음과 같이 말했다. "인류와 우리 행성의 생존을 보장하는 것보다 더 중요한 건 아무것도 없었다. 핵무기는 40년 동안 세계에 공포의 그림자를 드리워왔다. 소련에 대한 우리의 태도—그리고 우리에 대한 소련의 태도—는 '상호 확증 파괴'라는 정책, 곧 '매드' 정책과 그 광기에 바탕을 두고 있었다. 그것은 내가 들어본 것 중 가장 미친 짓이었다. 간단히 말해 양쪽은 언제든 상대방을 말살할 수 있는 충분한 핵무기를 보유하고 있어야 했다. 한쪽이 공격을 하더라도 다른 한쪽이 몇 분 안에 상대를 절멸시킬 수 있어야 하기 때문이다. 우리는 버튼 하나만 누르면 망각의 늪으로 사라질 운명이었다." Ronald Reagan, *An American Life* (New York: Simon & Schuster, 1990), 13쪽.

7   Ronald Reagan, *The Reagan Diaries* (New York: HarperCollins, 2007), June 7, 1981.

8   Martin Anderson의 프레젠테이션 (2006년 10월 11일), Hoover Institution, Stanford University, "Implications of the Reykjavik Summit on Its Twentieth Anniversary" 지은이와 나눈 대화 (2008년 9월 10일).

9   Tony Thomas, *The Films of Ronald Reagan* (Secaucus, N.J.: Citadel Press, 1980), 98~99쪽.

10 Laurence W. Beilenson, *The Treaty Trap: A History of the Performance of Political Treaties by the United States and European Nations* (Washington, D.C.: Public Affairs Press, 1969), 212, 219~221쪽.

11 당시 지은이는 나이트리더(Knight-Ridder) 신문의 기자로서 레이건의 선거 운동을 취재했는데, 그의 핵무기 폐기론은 전혀 알아채지 못했다. 레이건이 그전부터 자신의 생각을 표출해왔음에도 말이다. Reagan's 1963 speech text, "Are Liberals Really Liberal?" in *Reagan in His Own Hand*; Reagan's address to the 1976 Republican National Convention, Anderson, 69~71쪽 등을 보라.

12 Reagan, "Peace: Restoring the Margin of Safety," 1980년 8월 18일 시카고에서 열린 해외파병참전군인회 총회 연설.

13 David Hoffman, "Reagan's Lure Is His Optimism," *Detroit Free Press*, Summer 1980.

14 Reagan, *An American Life*, 267쪽.

15 Anatoly Dobrynin, *In Confidence: Moscow's Ambassador to America's Six Cold War Presidents* (New York: Times Books, 1995), 484쪽.

16   Lou Cannon, *Ronald Reagan: The Role of a Lifetime* (New York: Simon & Schuster, 1991), 299~301쪽. 레이건의 4월 23일자 일기에는 그가 친필로 쓴 편지의 '초고'라고 말하는 판본이 하나 들어 있다. 짧은 편지이다. *An American Life*, 272~273쪽에는 친필 편지의 확대판이 수록되어 있다. 국무부를 비롯한 관계자들이 수정한 내용을 반영한 것으로 보인다.

17   James A. Baker III, *"Work Hard, Study ... And Keep Out of Politics!"* (New York: G. P. Putnam's Sons, 2006), 163쪽.

18   Reagan, *An American Life*, 273쪽.

19   Thomas C. Reed, *At the Abyss: An Insider's History of the Cold War* (New York: Ballantine Books, 2004), 266~270쪽.

20   Gus Weiss, "The Farewell Dossier," *Studies in Intelligence*, Center for the Study of Intelligence, Central Intelligence Agency, vol. 39. no. 5, 1996.

21   펠턴은 1980년 1월 15일 소련인들과 처음 접촉할 때부터 이 프로그램에 관한 정보를 자진해서 제공했으며 10월에 2만 달러를 받았다. 1983년에는 1만 5,000달러를 추가로 받았다. 펠턴은 1985년에 체포되어 1986년 스파이 혐의로 유죄 선고를 받았다. *United States of America v. Ronald William Pelton*, Indictment, U.S. District Court for the District of Maryland, Dec. 20, 1985, case no HM−850621을 보라.

22   Sherry Sontag and Christopher Drew, *Blind Man's Bluff: The Untold Story of American Submarine Espionage* (New York: PublicAffairs, 1998), 230쪽.

23   Christopher Andrew and Oleg Gordievsky, *KGB: The Inside Story* (New York: HarperCollins, 1990), 583쪽.

24   Thomas Reed가 지은이와 나눈 대화 (2006년 11월 21일).

25   Richard Halloran, "Pentagon Draws up First Strategy for Fighting a Long Nuclear War," *New York Times*, May 30, 1982, 1쪽.

26   Charles Mohr, "Preserving U.S. Command After Nuclear Attack," *New York Times*, June 28, 1982, 18쪽.

27   Thomas Reed와의 인터뷰 (2004년 12월 4일).

28   John Lewis Gaddis, *Strategies of Containment: A Critical Appraisal of American National Security Policy During the Cold War*, rev. ed. (Oxford: Oxford University Press, 2005), 354쪽.

29   Reed, 236쪽.

30   Gaddis, 354쪽.

31   Reagan diary, March 26, 1982.

32   국가안보결정지침 제32호는 1982년 5월 20일자로 되어 있다. 그런데 다음번 대통령 지침인 국가안보결정지침 제33호는 1주일 전인 5월 14일자로 되어 있다. 리드에 따르면, 클라

크는 새로운 접근법을 설명하는 공개 연설일인 5월 21일 하루 전에 백악관 문서 체계에 이를 포함시켰다고 한다.

33 레이건은 곤란을 겪고 있다는 것을 인정했다. 그는 다음과 같이 말했다. "왜 소련인들과 자리를 잡고 앉아서 대화를 시작하지 않느냐고 쉽게 말을 하는 일부 언론인들은 이 문제가 얼마나 복잡한지를 알아야 한다." Reagan diary, April 21, 1982.

34 Reagan, *An American Life*, 553쪽. Dobrynin, 502~503쪽을 보라. 그 전인 1981년 11월, 레이건은 유럽에 배치된 중거리 핵전력과 관련해 또 다른 무기 제한안을 공개했다. 소련이 파이오니어 미사일을 폐기하면 미국도 퍼싱 II와 지상 발사 순항 미사일 배치를 중단하겠다는 레이건의 '제로 옵션(zero option)'이었다. 이 제안은 당시에는 불공평한 듯 보였지만 후에 중거리 핵무기를 완전히 제거하는 1987년 조약의 기본 틀이 되었다.

35 Reagan diary, May 24, 1982.

36 Carl Bernstein, "The Holy Alliance," *Time magazine*, Feb. 24, 1992, 28~35쪽.

37 George Weigel, *Witness to Hope: The Biography of Pope John Paul II* (New York: HarperCollins, 1991), 441쪽과 905쪽의 주석 13.

38 Steven R. Weisman, "Reagan, in Berlin, Bids Soviet Work for a Safe Europe," *New York Times*, June 12, 1982, 1쪽; Edmund Morris, *Dutch: A Memoir of Ronald Reagan* (New York: Random House, 1999), 461쪽.

39 George Shultz, *Turmoil and Triumph: My Years as Secretary of State* (New York: Charles Scribner's Sons, 1993), 5쪽.

40 이것은 1979년 연구 기술 담당 국방차관 윌리엄 J. 페리(William J. Perry)가 하원 군사위원회에서 내렸던 평가이다. *Strategic Command, Control and Communications: Alternative Approaches for Modernization*, Congressional Budget Office, October 1981도 보라.

41 Thomas Reed가 지은이와 나눈 대화 (2006년 11월 21일).

42 NSDD 55. http://www.fas.org/irp/offdocs/nsdd/index.html.

43 James Mann, *Rise of the Vulcans: The History of Bush's War Cabinet* (New York: Viking, 2004)([국역] 제임스 만 지음, 정인석·권택기 옮김, 『불칸집단의 패권형성사』, 박영률출판사, 2005), 9장.

44 Reagan diary, Nov. 13, 1982. Dobrynin, 511~512쪽.

45 "Report of the President's Commission on Strategic Forces," April 1983, 4쪽.

46 12월에 의회는 배치 문제를 해결할 때까지 예산 투입을 줄이겠다고 표결했지만 MX 미사일을 완전히 폐기하지는 않았다.

47 Donald R. Baucom, *The Origins of SDI: 1944-1983* (Lawrence, Kansas: University Press of Kansas), 184쪽. 보컴은 미국 전략방위구상기구(Strategic Defense Initiative Organization)의 책임 역사학자였다.

48   Bob Sims와의 인터뷰 (1985년 2월 26일).

49   Skinner, 430~432쪽. 이 글은 1931년 5월 7일자로 되어 있다.

50   Anderson, 후버연구소 프리젠테이션.

51   손으로 쓴 주석에는 이 연설문이 "1962년경에 쓰였다"고 되어 있지만 문서 관리자들은
      1963년일 것으로 판단한다. Skinner, 438~442쪽을 보라.

52   이 자리에 있던 사람은 벤데트슨과 이른바 사설 고문단의 두 성원, 곧 당시 교황청 주
      재 미국 대사였던 윌리엄 A. 윌슨(William A. Wilson)과 조셉 쿠어스(Joseph Coors)였다.
      "Daily Diary of President Ronald Reagan," Jan. 8, 1992, RRPL. 그레이엄은 제외되었다.
      Baucom, 7장을 보라. 백악관 회동 직후인 1982년 초, 이 그룹은 어떤 전술을 택할 것인
      가 하는 문제를 놓고 갈라지기 시작했다. 벤데트슨은 조용히 활동하려고 한 반면 그레이엄
      은 공개적으로 활동하기로 결정하고 「하이프론티어: 새로운 국가 전략(High Frontier: A New
      National Strategy)」이라는 논문을 발표했다. 이 175쪽짜리 논문에는 우주정거장과 현존하거
      나 가까운 장래에 확보될 기술의 활용 방안이 담겨 있었다. 한편 다른 부분에서도 균열이
      진행되고 있었는데, 그레이엄은 비핵 방어를 구상한 반면 물리학자 에드워드 텔러(Edward
      Teller)는 핵 펌프 레이저(nuclear-pumped laser) 개발을 추진했다. 보컴에 따르면, 그해 나머
      지 시기 동안 벤데트슨은 백악관이 자신의 1월 8일자 메모에 입각해 행동하게 하려고 계
      속 노력했다. 백악관의 한 과학 담당 위원회도 이 구상을 연구하고 있었다. 그해 말, 벤데
      트슨은 레이건의 연방 교서 연설에 전략 방위를 승인하는 내용의 문구를 삽입하자며 직접
      그 내용을 써서 백악관에 보내기까지 했다. Baucom, 169~170쪽. 이 시기에 관한 또 다
      른 설명으로는 다음의 책을 보라. William J. Broad, *Teller's War: The Top Secret Story
      Behind the Star Wars Deception* (New York: Simon & Schuster, 1992) 114~115쪽.

53   당시 회동에 배석한 백악관 관리 레이 폴락(Ray Pollack)의 말을 인용한 것. Broad, 118쪽.

54   Edward Teller with Judith Shoolery, *Memoirs: A Twentieth-Century Journey in
      Science and Politics* (Cambridge: Perseus Publishing, 2001), 530쪽.

55   Reagan diary, Sept. 14, 1982. 텔러는 자신의 구상을 "핵폭발로 추진하는" 레이저라고 설
      명했다. 그 후 1980년대에 텔러는 비핵 접근법을 지지했다. Teller, 528, 535~536쪽.

56   Anderson, 97쪽과 인터뷰 (2008년 11월 10일). "The Schedule of President Ronald
      Reagan," Wednesday, Dec. 22, 1982, courtesy Annelise and Martin Anderson.

57   1983년 4월 6일, 브렌트 스코크로프트(Brent Scowcraft)가 이끄는 위원회는 미국이 MX 미사
      일 100기를 기존의 미니트맨 격납고에 배치하고 장기적으로 차세대 소형 단일 탄두 미사일
      을 제작하는 쪽으로 나아가야 한다고 권고했다. 위원단은 "취약점"은 "밀집 배치"나 격납고
      용 탄도탄요격미사일 설치 같은 값비싼 계획을 정당화할 만큼 충분히 심각한 문제가 아니
      라고 말했다. "Report of the President's Commission," 17쪽을 보라. 의회는 결국 1985년
      5월 MX 미사일 50기의 격납고 배치를 승인했다.

58   보컴의 자세한 설명 외에 Cannon, 327~333쪽; Hedrick Smith, *The Power Game* (New

York: Random House, 1988), 596~616쪽; Frances Fitzgerald, *Way Out There in the Blue: Reagan, Star Wars and the End of the Cold War* (New York: Simon & Schuster, 2000), 5장; Morris, 471쪽; Robert C. McFarlane, with Zofia Smardz, *Special Trust* (New York: Cadell & Davies, 1994), 229~230쪽; Frederick H. Hartmann, *Naval Renaissance: The U.S. Navy in the 1980s* (Annapolis: Naval Institute Press, 1990), 14장 등도 보라.

59 McFarlane, 226~229쪽.

60 Reagan diary, Feb. 11, 1983.

61 Reagan diary, Feb. 15, 1983.

62 Jack F. Matlock, Jr., *Reagan and Gorbachev: How the Cold War Ended* (New York: Random House, 2004), 55쪽; Shultz, 165쪽.

63 Gordievsky, interview, Aug. 29, 2005; Oleg Gordievsky, *Next Stop Execution: The Autobiography of Oleg Gordievsky* (London: Macmillan, 1995).

64 Andrew and Gordievsky, 589쪽.

65 Reagan, *An American Life*, 570쪽.

66 Reagan, *An American Life*, 569쪽.

67 맥팔레인은 레이건에게 의회나 동맹국들과 협의해야 한다고 두 차례 충고했지만 레이건은 이를 받아들이지 않았다. *Special Trust*, 230~231쪽.

68 "U.S. Relations with the USSR," NSDD 75, Jan. 17, 1983. 하버드대학교 교수로 B팀을 이 끌었던 파이프스는 당시 백악관 국가안전보장회의 간부로서 지침 초안을 작성했다. 회고 록에서 파이프스는 소련 체제에 변화를 유도하는 게 목표였다고 말했다. Pipes, 188~208 쪽. 레이먼드 L. 가소프(Raymond L. Garthoff)는 이 지침이 일종의 타협책이었으며, "지침의 주된 취지는…… 실용적이고 지정학적이었다"고 말했다. Garthoff, *The Great Transition* (Washington, D.C.: Brookings Institution, 1994), 33쪽.

69 맥팔레인은 2004년 2월 19일 슐츠에게 보낸 편지에서 레이건이 집권한 이래 "자그마치 네 차례의 예산 편성에서" 전략 방위를 우선에 두지 않았다고 회고했다. 맥팔레인이 인용을 허락한 편지에서.

70 Cannon, 331쪽.

71 슐츠는 기술이 제대로 준비되었는지 의심했고 합동참모본부의 전문적 능력을 의심했다. 그는 레이건에게 이 안은 "우리의 전략 교의에 혁명적인 변화를 초래하는 것"이라고 말했 다. Shultz, 250쪽.

72 Reagan diary, March 22, 1983.

73 대통령의 대 국민 연설 (1983년 3월 23일).

2. 기동 훈련

1   Dmitri Volkogonov, *Autopsy for an Empire: The Seven Leaders Who Built the Soviet Regime* (New York: Free Press, 1998), 361쪽.

2   1982년 7월 16일, 미국 측 협상 대표인 니츠는 소련 측 대표와 '비공식 회담'에서 해결책을 도출해내려고 노력했지만 소련인들은 그의 제안을 받아들이지 않았다. Nitze, *From Hiroshima to Glasnost: At the Center of Decision, A Memoir* (New York: Grove Weidenfeld, 1989), 376~389쪽.

3   Aleksander Savelyev and Nikolay Detinov, *The Big Five: Arms Control Decision-making in the Soviet Union* (Westport, Conn.: Praeger, 1995), 57쪽. Oleg Golubev, et al., *Rossiskaya Systema Protivoraketnoi Oboroniy*(소련의 미사일 방어 시스템) (Moscow: Tekhnokonsalt, 1994), 67쪽도 보라.

4   "Meeting of the Politburo of the Central Committee of the Communist Party of the Soviet Union," May 31, 1983, *Communist Party of the Soviet Union on Trial*, Fond 89, Opis 42, Delo 53. Hoover, 14 pp.

5   "소련에 대한 핵 미사일 공격 준비를 밝히는 문제". Christopher Andrew and Oleg Gordievsky, *Comrade Kryuchkov's Instructions: Top Secret Files on KGB Foreign Operations, 1975-1985* (Stanford: Stanford University Press, 1991), 76쪽.

6   Gordievsky와의 인터뷰 (2005년 8월 29일).

7   Markus Wolf, *Man Without A Face: The Autobiography of Communism's Greatest Spymaster* (New York: PublicAffairs, 1999), 246~247쪽; Ben B. Fischer, "A Cold War Conundrum: The 1983 Soviet War Scare," Center for the Study of Intelligence, CIA, September 1997, 14~17쪽. 지하 벙커는 1993년 서독군에 의해 폐쇄되었다가 나중에 국가 유적으로 다시 개장되어 일반인의 관람이 허용되었다. http://www.bunker5001.com을 보라.

8   Volkogonov, 361쪽.

9   Yevgeny Chazov, *Health and Power* (Moscow: Novosti, 1992), 181~184쪽.

10 "The History of the USS Enterprise (CVN-65) in 1982," from Commanding officer, USS Enterprise, R. J. Kelly, to Chief of Naval Operations, March 28, 1983.

11 Pete Earley, *Family of Spies: Inside the John Walker Spy Ring* (New York: Bantam Books, 1988), 248쪽.

12 John F. Lehman Jr., *Command of the Seas: Building the 600 Ship Navy* (New York: Charles Scribner's Sons, 1988), 4장과 137쪽.

13 기밀 출처.

14 "The History of USS Enterprise (CVN-65) in 1983," Memorandum from J. J. Dantone to Chief of Naval Operations, April 23, 1984; "Command History for Calendar Year 1983,"

Memorandum from Commanding Officer, Carrier Airborne Early Warning Squadron 113, T. A. Chiprany, to Chief of Naval Operations, March 1, 1984. 왓킨스가 한 증언의 출처는 Seymour M. Hersh, *The Target Is Destroyed: What Really Happened to Flight 007 and What America Knew About It* (New York: Random House, 1986), 24쪽이다.

15 Hersh, 25~26쪽.

16 Andrei Illesh, "Secret of the Korean Boeing 747," *Izvestia*, January 24, 1991, 5쪽. 이 글은 필자인 언론인이 쓴 긴 연재물 중 일부이다.

17 휘트워스는 1982년 말 엔터프라이즈호에 승선하기 직전에 워커에게서 6만 달러를 받았다. 거의 10년에 걸쳐 휘트워스는 소련에 비밀 정보를 누설하는 대가로 33만 2,000달러를 받았다.

18 Howard Blum, *I Pledge Allegiance...: The True Story of the Walkers: An American Spy Family* (New York: Simon & Schuster, 1987), 299쪽.

19 Affidavit of Rear Admiral William O. Studeman, director of naval intelligence, in *United States of America, Plaintiff, vs. Jerry Alfred Whitworth, Defendant*, Criminal Case No. 85–0552 JPV, Aug. 25, 1986. 이 내용은 "Meeting the Espionage Challenge: A Review of United States Counterintelligence and Security Programs," Report of the Select Committee on Intelligence, United States Senate, 99th Congress, 2d Session, Report 99–522, Oct. 3, 1986의 부록 A에 실려 있다.

20 Affidavit of Studeman in *United States of America, Plaintiff, vs. John Anthony Walker, Jr., Defendant*, Criminal No. H–85–0309. 이 내용도 Robert W. Hunter, *Spy Hunter: Inside the FBI Investigation of the Walker Espionage Case* (Annapolis: Naval Institute Press, 1999), 222~234쪽의 부록 C에 실려 있다.

21 Christopher Andrew, *For the President's Eyes Only: Secret Intelligence and the American Presidency, from Washington to Bush* (New York: HarperCollins, 1995), 472쪽.

22 Don Oberdorfer, *From the Cold War to a New Era* (Baltimore: Johns Hopkins University Press, 1998)([국역] 돈 오버도퍼 지음, 문명호 옮김, 「역사를 바꾼 頂上들의 대도박」, 동아일보사, 1992), 37~38쪽.

23 United Press International, Aug. 30, 1983, "Presidential Fence Is Finished."

24 Politburo minutes, Aug. 4, 1983. Archive of the President of the Russian Federation, Volkogonov Collection, Reel 17, Container 25, on file at the National Security Archive, READD Record 9965.

25 Andrew and Gordievsky, *Comrade*, 82쪽.

26 Gordievsky와의 인터뷰 (2005년 8월 29일).

3. 전쟁 소동

1 이 설명은 국제민간항공기구(International Civil Aviation Organization)의 1983년 12월 2일, 1993년 5월 28일자 보고서와 안드레이 일레시(Andrei Illesh)의 오시포비치 인터뷰를 바탕으로 재구성한 것이다.

2 국제민간항공기구가 1993년 펴낸 보고서에는 이렇게 설명되어 있다. "RC-135와 KE007이 가까이 있었던 탓에 1983년의 혼동을 야기했고 단 한 대의 항공기가 지나간 경로로 기입되었다." 47~48쪽.

3 Seymour M. Hersh, *The Target Is Destroyed: What Really Happened to Flight 007 and What America Knew About It* (New York: Random House, 1986), 78쪽.

4 제러미 아이작스 프로덕션(Jeremy Isaacs Productions)이 CNN의 의뢰를 받아 제작해 1989~1999년 BBC2를 통해 방영한 24부작 텔레비전 다큐멘터리 〈냉전(The Cold War)〉에 포함된 1997년 8월 오시포비치 인터뷰에는 비행기가 흔들렸다는 사실이 언급되어 있다. Liddell Hart Center for Military Archives, Kings College, London, file no. 28/109.

5 Osipovich, *The Cold War* transcript.

6 Nancy Reagan with William Novak, *My Turn* (New York: Dell, 1989), 271쪽.

7 Hersh, 8장.

8 Cable "To All Diplomatic Posts," Sept. 5, 1983에는 "미국의 RC-135와 관련된 9월 5일자 [로렌스] 이글버거([Lawrence] Eagleburger) 차관의 배경 설명 문서가 담겼음."이라는 표현이 나와 있다. RRPL.

9 Douglas MacEachin과의 인터뷰 (2005년 7월 25일).

10 1987년 12월 29일, 국무부는 격추 사고 후 이것이 소련의 무능에 따른 사고였다는 것을 미국이 알았다는 내용의 정보 평가서를 발표했다. 리 해밀턴(Lee Hamilton) 하원의원은 1988년 1월 12일 기밀 해제된 이 평가서를 공개했다. 입법 담당 국무차관보인 J. 에드워드 폭스(J. Edward Fox)는 이렇게 말했다. "우리는 소련이 항공기가 영공을 침범한 이후 거의 대부분의 시간 동안 자신들이 미국 정찰기를 쫓고 있다고 생각했다는 결론을 사고 둘째 날(1983년 9월 2일) 내렸다."

11 Robert M. Gates, *From the Shadows: The Ultimate Insider's Story of Five Presidents and How They Won the Cold War* (New York: Simon & Schuster, 1996), 267~268쪽. George Shultz, *Turmoil and Triumph: My Years as Secretary of State* (New York: Charles Scribner's Sons, 1993), 364쪽도 보라.

12 Dmitri Volkogonov, *Autopsy for an Empire: The Seven Leaders Who Built the Soviet Regime* (New York: Free Press, 1998), 363쪽.

13 Anatoly Dobrynin, *In Confidence: Moscow's Ambassador to America's Six Cold War Presidents* (New York: Times Books, 1995), 537쪽.

14 TASS, Sept. 1, 1983, 17:17 in English, "Soviet Air Space Violated," FBIS, USSR

International Affairs, Northeast Asia, Sept. 1, 1983, C2쪽.

15 Meeting of the Politburo of the Central Committee of the Soviet Union, Sept. 2, 1983, courtesy Svetlana Savranskaya, TNSA.

16 Volkogonov, 365~366쪽.

17 "Provocateurs Cover Traces," TASS report in *Pravda*, Sept. 5, 1983, 5쪽; FBIS, Sept. 6, 1983, USSR International Affairs, Northeast Asia, C2~4쪽.

18 9월 5일, 레이건은 소련 국영 항공사인 아에로플로트(Aeroflot)에 제재를 가하는 내용의 국가안보결정지침 제102호에 서명했다. 그 결과 아에로플로트는 워싱턴과 뉴욕 사무소를 폐쇄했다. 소련이 공개적인 성명과 희생자 유가족에 대한 보상을 통해 책임을 인정하도록 강제하려는 조치였다. 레이건은 아에로플로트에 대한 기존의 제재를 유지하고 운송 조약을 갱신하지 않겠다는 점을 재확인했다.

19 Gates, 290쪽.

20 Volkogonov, 375쪽.

21 Yevgeny Chazov, *Health and Power* (Moscow: Novosti, 1992), 184쪽.

22 Christopher Andrew and Oleg Gordievsky, *Comrade Kryuchkov's Instructions: Top Secret Files on KGB Foreign Operations, 1975-1985* (Stanford: Stanford University Press, 1991), 594~595쪽.

23 Oleg Gordievsky, *Next Stop Execution: The Autobiography of Oleg Gordievsky* (London: Macmillan, 1995), 272쪽.

24 Andrew and Gordievsky, 594쪽.

25 Dobrynin, 537~538쪽.

26 Geoffrey Howe, *Conflict of Loyalty*, (New York: St. Martin's Press, 1994), 349~350쪽.

27 Margaret Thatcher, *The Downing Street Years* (New York: HarperCollins, 1993), 324쪽.

28 Thatcher, 451쪽.

29 Archie Brown, *The Gorbachev Factor* (Oxford: Oxford University Press, 1996), 77~78쪽.

30 Elizabeth Teague, "War Scare in the USSR," in *Soviet/East European Survey: Selected Research and Analysis from Radio Free Europe/Radio Liberty*, Vojtech Mastny, ed. (Durham: Duke University Press, 1985), 71~76쪽.

31 Dusko Doder, "Soviets Prepare People for Crisis in U.S. Ties," *Washington Post*, Oct. 30, 1983, A34쪽.

32 Savranskaya와의 인터뷰(2005년 5월 13일).

33 Reagan diary, Oct. 10, 1983.

34 Edmund Morris, *Dutch: A Memoir of Ronald Reagan* (New York: Random House, 1999), 498~499쪽.

35 "Memorandum of conversation," Oct. 11, 1983, RRPL. Jack F. Matlock, Jr., *Autopsy*

on an Empire: The American Ambassador's Account of the Collapse of the Soviet Union (New York: Random House, 1995), 83쪽도 보라.

36 Desmond Ball, "Development of the SIOP, 1960-1983," in *Strategic Nuclear Targeting*, 79~83쪽.

37 Reagan diary, Nov. 18, 1983.

38 Reagan, *An American Life*, 586쪽.

39 Report of the DOD Commission on Beirut International Airport Terrorist Act, Oct. 23, 1983, issued Dec. 20, 1983.

40 미군은 이 침공에 '긴박한 분노 작전(Operation Urgent Fury)'이라는 이름을 붙였고 백악관은 이 침공을 계기로 홍보에 박차를 가했지만 이것은 본질적으로 허약한 적을 상대로 한 소규모 작전이었다. 미군 18명이 사망하고 86명이 부상을 당했다.

41 게이츠는 케이시 중앙정보국장이 소련군의 여러 정보원들에게서 취합한 각기 다른 정보에 근거해, 12월 22일 핵전쟁에 대한 소련의 공포에 관해 레이건에게 브리핑을 했다고 기억했다. Gates, 272쪽.

42 McFarlane과의 인터뷰 (2005년 4월 25일). 게이츠는 다음과 같이 결론지었다. "(바르샤바)조약기구 지도부 내에서는 나토가 선제공격을 할 수 있다는 믿음이 이미 뿌리를 박은 상태였다." Gates, 272쪽.

43 Matlock, "Memorandum for Robert C. McFarlane," Oct. 28, 1983, RRPL, Matlock Files, Box 90888.

44 Andrew and Gordievsky, 600쪽.

45 McFarlane, interview, April 25, 2005.

46 Andrew and Gordievsky, *Comrade Kryuchkov's Instructions*, 85쪽.

47 Andrew and Gordievsky, 600쪽.

48 Shultz, 376쪽.

49 대통령이 안드로포프에게 보낸 서한의 초고 (1983년 12월 19일), RRPL, National Security Council files, Head of State, USSR, Andropov, Box 38.

50 Michael Getler, "Speech Is Less Combative; Positive Tone May Be Change of Tune," *Washington Post*, Jan. 17, 1984, 1쪽.

51 Fritz W. Ermarth, "Observations on the 'War Scare' of 1983 from an Intelligence Perch," Parallel History Project on NATO and the Warsaw Pact, November 6, 2003. www.php. isn.ethz.ch를 보라.

52 "Implications of Recent Soviet Military-Political Activities," Special National Intelligence Estimate SNIE 11-10-84/JX, May 18, 1984.

53 훗날 어마스가 밝힌 바에 따르면, 소련의 행동을 야기한 원인은 "군사 대결이 임박했다는 공포가 아니라 소련 경제와 기술의 취약성과 레이건의 정책 때문에 '상호 역관계'가 역사적

인 차원에서 자신들에게 불리하게 바뀌고 있다는 우려였다." Ermarth, "Observations"를 보라.

54 어마스는 미국 해군의 활동에 관한 자신의 지식에 결함이 있었음을 인정했다. "우리는 소련에 관한 정보는 많이 가지고 있었다. 하지만 우리가 이미 알고 있거나 진행 중이라고 의심하던, 소련에 잠재적으로 위협적인 미국의 활동에 관한 지식이 부족했기 때문에 소련 관련 정보를 제대로 평가하지 못했다. 이런 문제는 특히 국가적인 차원에서 정보 분야의 고전적인 난제이자 위험 요소가 된다. 정보와 국방 분야의 우리 지도자들은 특히 대결 상황에서 이 점을 극복하기 위해 노력해야 한다." Ermarth, "Observations."

55 Ermarth, interview, Feb. 20, 2006.

56 Gates, 273쪽.

57 이 검토서는 조지 H. W. 부시 대통령 재임 당시 대통령 직속 해외정보자문위원회에서 작성했다. 이 문서를 살펴볼 수 있었던 어마스에 따르면, 검토서는 1984년 특별국가정보평가서가 소련의 핵전쟁 공포를 충분히 심각하게 여기지 않았다고 결론지었다고 한다. Don Oberdorfer, *From the Cold War to a New Era* (Baltimore: Johns Hopkins University Press, 1998), 67쪽도 보라.

4. 세균의 악몽

1 Ken Alibek with Stephen Handelman, *Biohazard: The Chilling True Story of the Largest Covert Biological Weapons Program in the World—Told from Inside by the Man Who Ran It* (New York: Random House, 1999), 20쪽.

2 Igor V. Domaradsky and Wendy Orent, *Biowarrior: Inside the Soviet/Russian Biological Warfare Machine* (New York: Prometheus Books, 2003), 157쪽. 도마라드스키는 1995년 러시아어로 회고록(*Perevertish, Rasskaz 'Neudobnogo' Cheloveka*[변절자, 어느 '불편한' 사람의 이야기], Moscow, 1995)을 출간했다. 도마라드스키와 오렌트의 번역본에는 더 자세한 설명이 추가되어 있다.

3 Popov와의 인터뷰 (2005년 1월 21일, 3월 31일, 5월 16일(Taissia Popova와 함께), 2007년 2월 22일) 및 지은이와 나눈 대화.

4 당시 연구소에서 포포프를 지원한 마이클 게이트(Michael Gait)에 따르면, 1980년에 그가 한 연구는 "나를 비롯해 세계에서 몇 사람이 개발한 기계를 이용한 고체 합성이라는 새로운 화학적 방식을 활용해서" DNA의 짧은 부분들을 만드는 방법에 관한 것이었다. "이 짧은 부분은 전체적인 유전자 합성을 포함한 분자생물학의 여러 응용에서 활용되고 있었습니다. 소련에서는 정말로 이 기술을 원했기 때문에 세르게이를 보내서 배우게 했습니다." Gait가 지은이와 나눈 대화, (2008년 7월 8일).

5 다른 연구소는 소련 과학아카데미 산하의, 창립자의 이름을 딴 M. M. 셰미야킨 생물유기

화학 연구소(M. M. Shemyakin Institute of Bioorganic Chemistry)이다. 인터페론을 연구하던 시기에는 셰미야킨의 후계자인 유리 옵친니코프(Yuri Ovchinnikov)가 소장을 맡고 있었다. 옵친니코프는 비밀 생물학무기 개발 프로그램의 창설자이자 설계자가 되었다. 1992년 연구소는 M. M. 셰미야킨/Yu. A. 옵친니코프 생물유기화학 연구소로 명칭이 바뀌었다.

6   Center for Disease Control and Prevention, Department of Health and Human Services, "Smallpox Overview," Aug. 9, 2004.

7   Jonathan B. Tucker, *Scourge: The Once and Future Threat of Smallpox* (New York: Atlantic Monthly Press), 2001, 2~3쪽.

8   이 설명은 도마라드스키의 회고록 외에도 1999년 8월과 2004년 9월 6일에 그와 나눈 인터뷰에 바탕을 둔 것이다.

9   이 부분의 설명은 2000년 5월 24일 직접 방문해서 관찰한 내용과 직원들로부터 얻은 정보에 바탕을 둔 것이다.

10   소련 시절에 비밀 군사 연구소와 사무소는 보통 사서함 번호로 식별되었다.

11   Centers for Disease Control and Prevention, Department of Health and Human Services, "Consensus Statement: Tularemia as a Biological Weapon: Medical and Public Health Management," July 1, 2005, drawn from D. T. Dennis, T.V. Inglesby, D.A. Henderson, et al., *Journal of the American Medical Association*, June 6, 2001, vol. 285, no. 21: 2763~2773쪽.

12   Lisa Melton, "Drugs in Peril: How Do Antibiotics Work?" and "Bacteria Bite Back: How Do Bacteria Become Resistant to Antibiotics?"; Robert Bud, "The Medicine Chest: The History of Antibiotics," The Wellcome Trust, http://www.wellcome.ac.uk.

13   Alibek, 161쪽.

14   이 용어는 1950년대와 1960년대에 만들어진 다섯 개의 보건 문제 위원회에서 따온 것이다. 레이먼드 A. 질린스카스(Raymond A. Zilinskas)에 따르면 '프로블럼 No. 5'는 생물학무기를 비롯한 세균으로부터 국민을 방어하는 책임을 맡았다. 이 위원회는 모스크바에 있는 소련 의학아카데미 산하의 N. F. 가말레야 역학 미생물학 과학연구소(N. F. Gamaleya Scientific Research Institute of Epidemology and Microbiology)를 기반으로 활동했고 모든 연구는 극비였다. Zilinskas, "The Anti-Plague System and the Soviet Biological Warfare Program," *Critical Reviews in Microbiology*, vol. 32, 2006, 47~64쪽을 보라.

15   리센코에 관해서는 Valery N. Soyfer, *Lysenko and the Tragedy of Soviet Science* (New Brunswick, N.J.: Rutgers University Press, 1994), Leo and Rebecca Gruliow, trans.; Zhores Medvedev, *The Rise and Fall of T. D. Lysenko* (New York: Columbia University Press, 1969), I. Michael Lerner, trans.; Medvedev, *Soviet Science* (New York: W. W. Norton, 1978); David Joravsky, *The Lysenko Affair* (Cambridge: Harvard University Press, 1970) 등을 보라. 바빌로프에 관해서는 Peter Pringle, *The Murder of Nikolai Vavilov* (New York:

Simon & Schuster, 2008)([국역] 피터 프링글 지음, 서순승 옮김, 『20세기 최고의 식량학자, 바빌로프』, 아카이브, 2011)를 보라.

16 George W. Christopher, Theodore J. Cieslak, Julie A. Pavlin, and Edward M. Eitzen, Jr., "Biological Warfare: A Historical Perspective," in *Biological Weapons: Limiting the Threat*, Joshua Lederberg, ed., Belfer Center for Science and International Affairs (Cambridge, Mass: MIT Press, 1999), 18쪽. 더 자세한 내용은 *The Problem of Chemical and Biological Warfare*, Stockholm International Peace Research Institute, Vol. 1, "The Rise of CBW Weapons," 2장과 "Biological and Toxin Weapons: Research, Development and Use from the Middle Ages to 1945," SIPRI Chemical and Biological Warfare Studies, No. 18, Stockholm International Peace Research Institute, Erhard Geissler, John Ellis, Courtland Moon, eds. (Oxford: Oxford University Press, 1999)를 보라.

17 SIPRI, *The Problem of Chemical and Biological Warfare*, 2장, 128쪽.

18 미국 상원 외교관계위원회는 1926년 의정서에 우호적인 보고를 했지만 의정서에 반대하는 로비가 강력하게 벌어졌고 결국 상원 심의가 철회되었다. 심의에 필요한 3분의 2 득표를 얻지 못했기 때문이다. 의정서는 미국이 참여하지 않은 채 1928년 2월 8일 발표되었다. 미국은 1975년에 의정서를 비준했다. George Bunn, *Gas and Germ Warfare: International History and Present Status*, Proceedings of the National Academy of Sciences of the United States of America, January 1970, vol. 65, no. 1, 253~260쪽; U.S. Department of State, http://www.state.gov/t/ac/trt/4784.htm.

19 다음의 미국 보고서에는 "적이 이 교전 수단을 실제로 사용했다는 증거는 전혀 없다" 고 나와 있다. "Biological Warfare, Report to the Secretary of War by Mr. George W. Merck, Special Consultant for Biological Warfare," Jan. 3, 1946. 그러나 이 시기의 역사를 살펴보면 일본의 생물학무기 개발 프로그램이 맹렬하고 치명적이었음을 알 수 있다. Sheldon Harris, *Factories of Death: Japanese Biological Warfare, 1932-1945, and the American Cover-up* (New York: Routledge, 2002); Peter Williams and David Wallace, *Unit 731: Japan's Secret Biological Warfare in World War II* (New York: Free Press, 1989); Daniel Barenblatt, *A Plague upon Humanity: The Secret Genocide of Axis Japan's Germ Warfare Operation* (New York: HarperCollins, 2004); Hal Gold, *Unit 731 Testimony* (North Clarendon, Vt.: Tuttle Publishing, 1996) 등을 보라.

20 내전에 관해서는 Alibek, 32쪽을 보라. 1926년 소련 군대는 일반 전염병에 대한 백신과 혈청을 개발할 목적으로 모스크바 외곽 블라시하(Vlasikha)에 백신혈청연구소(Vaccine-Serum Laboratory)를 설립했다. 다음 연구에 따르면 이 연구소는 공격용 세균전에 관한 비밀 연구를 수행했다. Jonathan B. Tucker and Raymond A. Zilinskas, *The 1971 Smallpox Epidemic in Aralsk, Kazakhstan, and the Soviet Biological Warfare Program*, Occasional Paper No. 9, James Martin Center (Formerly the Center for Nonproliferation

Studies), 2002, 5쪽. 이 연구소는 1934년 생명공학연구소(Biotechnical Institute)로 이름이 바뀌었고 1937년에는 트베리(Tver) 주에 있는 고로도믈랴 섬(Gorodomlya Island)으로 이전했다. 이는 지은이가 질린스카스와 나눈 대화에서 확인한 내용이다. 소련군 문서고의 자료를 통해, 1937년 이 연구소가 중력 폭탄과 탄저병을 비롯한 공격용 세균전에 관한 연구를 진행했었다는 것을 알 수 있다. Russian State Military Archive, Fond 4, Opis 14, Delo 1856. 이 자료에 관해 알려준 미하일 치프킨(Mikhail Tsypkin)에게 감사한다.

21 "Soviet Russia, Bacteriological Warfare," January 17, 1927, CX 9767, a report from the British S.I.S., file WO 188/784, British National Archives. 보고서에 따르면 탄저균과 페스트, 뇌염 등의 실험도 계획되었다.

22 Alibek, 33~37쪽.

23 히르쉬의 보고서에는 1939년부터 1945년까지 소련의 활동 내역에 관한 자세한 정보가 담겨 있었다. 소련의 전쟁 포로를 심문한 내용과 독일 정보 문서철에서 가져온 자료에 바탕을 둔 정보들이었다. 그는 보고서에서 이 섬을 생물학무기 실험 장소로 지목했다. Wilson E. Lexow and Julian Hoptman, "The Enigma of Soviet BW," *Studies in Intelligence*, vol. 9, Spring 1965. Special National Intelligence Estimate, "Implications of Soviet Use of Chemical and Toxin Weapons for US Security Interests," SNIE 11−17−83, September 15, 1983, Annex B도 보라.

24 "Soviet Capabilities and Probable Courses of Action Through Mid‐1959," NIE 11−4−54, Sept. 14, 1954, 24쪽.

25 Lexow and Hoptman, "The Enigma."

26 "U.S. Army Activity in the U.S. Biological Warfare Programs," Feb. 24, 1977, Vol. 1. 1권은 공식적인 역사이다. 2권인 부록A는 전쟁장관에게 제출한 머크 보고서로서 1946년 1월 3일 전쟁 당시 생물학무기 개발 프로그램의 경과가 개괄적으로 서술되어 있다. Theodore Roseburg, *Peace or Pestilence* (New York: McGraw−Hill, 1949), 6~7쪽도 보라.

27 Milton Leitenberg, *The Problem of Biological Weapons* (Stockholm: National Defence College, 2004), 49~94쪽.

28 영국, 미국, 캐나다는 탄저균 집속탄(한 폭탄 안에 다수의 소형 폭탄이 들어 있는 무기. 파괴력과 확산성이 강해서 민간인 피해를 유발한다—옮긴이)을 개발하기 위한 공동 프로그램에 착수했다. 미국은 병원균 생산을 담당하고 캐나다는 실험을 위한 안전 시설을 제공할 예정이었다. 이 계획은 'N폭탄(N−bomb)' 프로젝트라고 명명되었다. 전쟁이 끝날 무렵 야외 시험을 통해 생물학무기 물질을 집속탄에 전술적으로 사용하는 게 가능하다는 것이 입증되었지만 미국 공장은 아직 생산을 시작하지 않았고 생물학전 사용을 승인받지도 못한 상태였다. 이와는 별도로 영국은 포턴다운(Porton Down. 영국 정부의 군사과학 연구 단지. 월트셔 주 솔즈베리 인근 포턴의 동북쪽에 있다—옮긴이)에서 단순한 가축 살상용 무기를 만들어냈다. 탄저균 포자를 섞은 아마씨 가루를 납작한 원통 모양으로 압축한 사료였다. 생산 라인에서 1942년부

터 1943년 4월까지 500만 개의 압축 사료가 만들어졌다. 원래 계획은 폭격기로 독일 들판에 압축 사료를 살포해 독일의 가축 생산을 무력화하는 것으로, 독일이 먼저 생물학무기를 사용하는 경우에 보복안으로 준비한 것이었다. 하지만 독일은 생물학무기를 사용하지 않았고 압축 사료는 고스란히 남았다가 전쟁 후에 폐기되었다. 기밀 출처. *Deadly Cultures*, eds. Mark Wheelis, Lajos Rózsa and Malcolm Dando (Cambridge, Mass.: Harvard University Press, 2006), 4쪽과 Brian Balmer, *Britain and Biological Warfare: Expert Advice and Science Policy, 1930–1965* (Hampshire and New York: Palgrave, 2001)도 보라.

29 Ed Regis, *The Biology of Doom: The History of America's Secret Germ Warfare Project* (New York: Henry Holt & Co., 1999), 71~74쪽.

30 U.S. Army history, 38쪽. Conrad C. Crane, "No Practical Capabilities: American Biological and Chemical Warfare Programs During the Korean War," *Perspectives in Biology and Medicine*, vol. 45, no. 2 (Spring 2002): 241~249쪽도 보라. 크레인은 이렇게 결론지었다. "전쟁이 끝났을 때 미국의 화학무기와 생물학무기 비축량은 전쟁이 개시될 때와 똑같은 수준이었다." 실제로 사용 가능한 생물학무기는 작물용 녹병균뿐이었다.

31 이 실험에는 툴라레미아 변종이 사용되었는데, 그것은 효과적인 항생제가 있었기 때문이다.

32 이 실험들은 U.S. Army study, Vol. II, Appendix IV, to Annex E, 표 1~6에 열거되어 있다.

33 Matthew Meselson, "Averting the Hostile Exploitation of Biotechnology," *CBW Conventions Bulletin*, June 2000, 16~19쪽. Jeanne Guillemin, *Biological Weapons: From the Invention of State-sponsored Programs to Contemporary Bioterrorism* (New York: Columbia University Press, 2005), 103~105쪽도 보라. 영국은 1948년부터 1955년까지 일부분은 미국의 지원을 받아 다섯 차례의 해상 실험을 했다. Balmer, *Britain and Biological Warfare*. www.fas.org/bwc도 보라.

34 Regis, 206쪽에는 단 하나의 무기로 2,400제곱킬로미터 넓이를 오염시킬 수 있었다는 실험의 최종 보고서 내용이 인용되어 있다. 영국의 연구에서도 선박이나 비행기, 차량 등을 이용해 표적에서 떨어진 곳에 살포하는 것이 2차 대전 당시 구상했던 탄약을 폭발시키는 것보다 더 유리하다는 점이 밝혀졌다.

35 영국의 실험 결과에 정통한 기밀 출처.

36 메젤슨은 청원 조직 과정에서 연구원인 밀턴 라이턴버그(Milton Leitenberg)의 도움을 받았는데, 그는 지은이와 나눈 대화에서 베트남 전쟁에서 생물학 작용제 사용에 반대했던 움직임이 이 청원의 기원이 되었다고 말했다. Donald F. Hornig, "Memorandum for the President," Dec. 8, 1966, LBJ Library, courtesy Meselson archive. 군의 반발에 관해서는 *Foreign Relations of the United States, 1964-1968*, Volume X: National Security Policy, Documents No. 173과 178을 보라.

37   Richard D. McCarthy, *The Ultimate Folly: War by Pestilence, Asphyxiation and Defoliation* (New York: Knopf, 1970), 109쪽.

38   NBC's *First Tuesday*, on Feb. 4, 1969.

39   Robert A. Wampler, ed., "Biowar: The Nixon Administration's Decision to End U.S. Biological Warfare Programs," TNSA EBB 58, doc. 1. *Foreign Relations of the United States, 1969–1976, Vol. E-2*, Documents on Arms Control, 1969–1972, Part 3: Chemical and Biological Warfare; Geneva Protocol; Biological Weapons Convention도 보라.

40   *Chemical and Bacteriological (Biological) Weapons and the Effects of Their Possible Use*, Report of the Secretary—General, the United Nations, Department of Political and Security Council Affairs, New York, 1969.

41   "Health Aspects of Chemical and Biological Weapons," Report of a WHO Group of Consultants, World Health Organization, Geneva, 1970; submitted to the Secretary—General of the United Nations, Nov. 28, 1969, 19쪽.

42   Jonathan B. Tucker, "A Farewell to Germs: The U.S. Renunciation of Biological and Toxin Warfare, 1969–1970," *International Security*, vol. 27, no. 1, Summer 2002, 107~148쪽. *Foreign Relations of the United States, 1969–1976*도 보라.

43   Kissinger Telephone Conversations, DNSA, Nov. 25, 1969, 12:30 P.M., and 6:30 P.M. National Archives, Richard Nixon Presidential Library and Museum, Henry A. Kissinger Telephone Conversation Transcripts (Telcons). Chronological File. Box 3. November 18–28, 1969.

44   H. R. Haldeman, *The Haldeman Diaries* (New York: G. P. Putnam's Sons, 1994), 111쪽.

45   William Safire, "On Language: Weapons of Mass Destruction," *The New York Times Magazine*, April 19, 1998, 22쪽.

46   Matthew Meselson, "The United States and the Geneva Protocol of 1925," September 1969, Meselson personal archive. Jeanne Guillemin, *Biological Weapons: From the Invention of State-sponsored Programs to Contemporary Bioterrorism* (New York: Columbia University Press, 2005), 123쪽. *BioEssays* 25:12, 2003, 1236~1246쪽도 보라.

47   백악관 과학보좌관 리 A. 두브리지(Lee A. DuBridge)는 대통령 직속 과학자문위원회에서 미국이 "모든 공격용 생물학무기를 포기하고, 공격용 생물학무기를 만들기 위한 물질의 조달을 완전히 중단하며, 기존 생물학무기 작용제 비축량을 파기하고 앞으로 절대 비축하지 말 것"을 권고했다고 말했다. TNSA EBB 58, doc. 5. "Averting the Hostile Exploitation of Biotechnology," *CBW Conventions Bulletin*, Quarterly Journal of the Harvard Sussex Program on CBW Armament and Arms Limitation, issue no. 48, June 2000, 16~19쪽도 보라.

48 "HAK Talking Points, Briefing for Congressional Leadership and Press," TNSA EBB 58, doc. 11.

49 Public Papers of the Presidents, 1969, 968~1970쪽.

50 Memorandum for the President, July 6, 1970, from Melvin Laird, Tab A, "Material to be destroyed (biological and toxin)," TNSA EBB 58, doc. 22.

51 Report to the National Security Council, U.S. Policy on Chemical and Biological Warfare and Agents, TNSA EBB 58, docs. 6a and 6.

52 *Foreign Relations,1969–1972, Vol. E-2*, "Minutes of NSC Meeting on Chemical Warfare and Biological Warfare, Nov. 18, 1969."

53 레이먼드 L. 가소프는 미국이 닉슨의 결정 이후에도 생물학무기 개발을 계속하고 있다는 허위 정보를 소련에 흘렸음을 시사했는데, 그의 주장은 지금까지도 입증되지 않았다. 가소프에 따르면 연방수사국(FBI)은 미국이 비밀리에 생물학무기 개발 프로그램을 수행하고 있다는 허위 정보를 소련에 흘렸다. Garthoff, "Polyakov's Run," *Bulletin of the Atomic Scientists*, vol. 56, no. 5, September/October 2000, 37쪽을 보라. 화학무기에 대해서는 허위 정보 공작이 있었다고 알려져 있다. 이 내용에 관해서는 David Wise, *Cassidy's Run: The Secret Spy War over Nerve Gas* (New York: Random House, 2000)를 보라. 생물학무기를 둘러싼 허위 정보 공작의 자세한 내용은 알려진 게 없다.

5. 탄저균 공장

1 Jonathan B. Tucker and Raymond A. Zilinskas, "The 1971 Smallpox Epidemic in Aralsk, Kazakhstan, and the Biological Warfare Program." 이 논문에는 다음의 글이 포함되어 있다. Alan P. Zelicoff, "An Epidemiological Analysis of the 1971 Smallpox Outbreak in Aralsk, Kazakhstan," Sandia National Laboratories, 12~21쪽.

2 부르가소프는 후에 스베르들롭스크 탄저병 유행이 오염된 고기 때문에 생긴 것이라고 거짓 설명을 했다. 하지만 이 경우에 그가 한 말은 검토할 만한 가치가 있어 보인다. 아마 당시 그는 진실을 알지 못했을 것이다.

3 Yevgenia Kvitko, "Smallpox, Another Useful Weapon," an interview with Pyotr Burgasov, *Moscow News*, no. 47, Nov. 21, 2001. 부르가소프의 발언에는 몇 가지 오류가 있다. 생존자가 없었다는 말은 사실이 아니다. 또한 이 섬에서 천연두 배합물을 '개발'한 것은 아니며 섬은 실험 장소였을 뿐이다.

4 영국은 1950년대에 생물무기 개발 프로그램을 종결했다. 1968년 8월 6일 영국이 한 선언에 관해서는 "The Problem of Chemical and Biological Warfare," SIPRI, Vol. 4, *CB Disarmament Negotiations, 1920–1970*, 255쪽을 보라. 이러한 사고에 관한 더 많은 통찰에 관해서는 "Cabinet, The Queen's Speech on the Opening of Parliament," Oct. 16,

1969, British National Archives, file FCO 66/297을 보라.

5   *Foreign Relations of the United States, 1969 - 1972*: Vol. E-2, *Documents on Arms Control*. 국무부는 다음과 같은 기록을 남겼다: National Archives, Nixon Presidential Materials, White House Tapes, with Kissinger, April 10, 1972, 12:44-1:06 P.M., Conversation No. 705 - 13, and with Connally, April 11, 1972, 3:06-5:05 P.M., Conversation No. 706 - 5. http://www.state.gov/r/pa/ho/frus/nixon/e2/83722.htm을 보라.

6   Domaradsky, *Biowarrior: Inside the Soviet/Russian Biological Warfare Machine* (New York: Prometheus Books, 2003), 120쪽.

7   James D. Watson, with Andrew Berry, *DNA: The Secret of Life* (New York: Knopf, 2003)([국역] 제임스 D. 왓슨·앤드루 베리 지음, 이한음 옮김, 『DNA: 생명의 비밀』, 까치글방, 2003), 4장.

8   Ken Alibek, with Stephen Handelman, *Biohazard: The Chilling True Story of the Largest Covert Weapons Program in the World—Told from Inside by the Man Who Ran It* (New York: Random House, 1999), 41쪽.

9   Joshua Lederberg, ed., *Biological Weapons: Limiting the Threat* (Cambridge, Mass.: Belfer Center for Science and International Affairs, 1999), "Germs as Arms: Basic Issues," 표 1.1, 4쪽.

10 공식 명칭은 '분자생물학과 유전학을 위한 부처 간 과학기술협의회(Interdepartmental Scientific-Technical Council for Molecular Biology and Genetics)'였다. 도마라드스키는 모스크바로 오기 전해인 1971년에 처음 이 일을 시작하라는 지시가 내려졌다고 말했다. 하지만 알리베크가 말한 날짜 등 다른 증거를 살펴보면 나중, 그러니까 1973~1974년에 결정이 내려진 것으로 보인다. 이 프로그램의 정확한 규모에 관해서는 추측이 엇갈린다. 카타예프의 한 문서에서는 주요 기관인 비오프레파라트에 30개 시설과 2만 5,000명의 직원이 있었다고 추정하지만 이 가운데 일부는 아마 합법적인 민간 프로젝트 작업을 하고 있었을 것이다. "Khim-Prom," Katayev, Hoover, 날짜 미상. Alibek, 43쪽에서는 비오프레파라트에 3만 명의 직원이 있었고, 한창때에는 총 6만 명이 생물학무기 개발 노력에 관여했다고 말한다.

11 Domaradsky, 151쪽. 공개 포고령은 1974년 4월 19일 발표되었다. 1974년 5월 21일에 별도로 내려진 비공개 포고령은 오볼렌스크에 미생물학 연구소를 설립한다는 내용이었고, 콜초보 연구소의 설립 포고령은 1974년 8월 2일에 내려졌다.

12 Alibek, 41쪽.

13 "Iz vystupleniya predstavitelya SSSR v Komitete po razoruzhenniu A. A. Roshchina 12 iyunia 1975g,"(군축 회담에 참석한 소련 대표의 발표에서), Katayev, Hoover.

14 William Beecher, "Soviets Feared Violating Germ Weapons Ban," *Boston Globe*, Sept.

28, 1975, 1쪽. 비처는 스베르들롭스크와 자고르스크, 오무트닌스크(Omutninsk) 등의 시설을 확인했다. 이 시설들은 비오프레파라트의 기밀 시설이 아니라 오래된 군 시스템의 일부였다.

15   Robert A. Wampler and Thomas S. Blanton, eds., "U.S. Intelligence on the Deadliest Modern Outbreak," TNSA, EBB No. 61, doc. 1. 1979년 10월 러시아 망명자 저널인 『포세프(Posev)』에 세균전 사고에 관한 기사가 실렸지만 전혀 상관이 없는 노보시비르스크를 사고 현장으로 지목했다.

16   Associated Press, March 21, 1980.

17   David K. Willis, "Soviets: U.S. Double-crossed Us on Germ Warfare Charges," *Christian Science Monitor*, March 28, 1980, 10쪽. 공개 성명이 발표되었을 때 윌리스는 다음과 같이 보도했다. "소련은 격분했다. 처음에 사적으로 접근해서는 세계에 공개했기 때문이다."

18   TNSA EBB No. 61, doc. 10. 윌리스는 3월 19~20일 사이에 소련의 공식 발표가 세 차례나 이루어졌다고 보도했다.

19   Jeanne Guillemin, *Anthrax: The Investigation of a Deadly Outbreak* (Berkeley: University of California Press, 1999), 8쪽. 이스라엘리얀은 이것이 날조였다는 것을 인정했다. Victor Israelyan, *On the Battlefields of the Cold War: A Soviet Ambassador's Confession* (University Park, Pa.: Pennsylvania State University Press, 2003), 315쪽.

20   Final Declaration of the First Review Conference, March 21, 1980.

21   TNSA EBB No. 61, doc. 10. 이 메시지는 부정확하게 작성된 것으로 보인다. 흡입 탄저병도 빠르게 확산될 수 있으며 오염된 고기가 원인이라고 해도 운송이나 저장 때문에 장기화할 수 있다. 하지만 중요한 점은 미국이 당시 흡입 탄저병이라고 믿었다는 사실이다.

22   Meselson, "Memorandum to files regarding Sverdlovsk," 1980, 7 pages, courtesy Meselson archive. Meselson, interview, Sept. 18, 2008. 메젤슨은 홉트먼과 단둘이 일했지만 그가 분석한 내용은 정부 연구 그룹에 제출되었다. 몇 달 동안 정보를 검토한 연구 그룹은 스베르들롭스크 시설에서 방출 사고가 있었고, 이 때문에 탄저균 포자가 유출되어 첫 번째 집단 사망이 생겼으며, 아마 그 뒤에 암시장에서 구입한 오염된 고기 때문에 두 번째 집단 사망이 야기된 것 같다고 결론 내렸다. Leslie H. Gelb, "Keeping an Eye on Russia," *The New York Times Magazine*, Nov. 29, 1981. Guillemin, 9쪽도 보라.

23   Alibek, 5장과 8장.

24   당시 그의 이름은 카나티얀 알리베코프(Kanatjan Alibekov)라는 이름이었다. 몇 년 뒤 미국에 도착하자마자 켄 알리베크로 이름을 바꾸었다.

25   Alibek, 53쪽.

26   알리베크는 소련이 1950년대에 키로프에서 발견한 탄저균 자연 변종의 암호명이 836이라고 말했다. Alibek와의 인터뷰 (2007년 6월 18일).

27   Roger Roffey, Kristina S. Westerdahl, *Conversion of Former Biological Weapons Facilities in Kazakhstan, A Visit to Stepnogorsk, July 2000*, Swedish Defense Research Agency, May 2001. Report No. FOI-R-0082-SE, based on a conference held in Stepnogorsk, July 24-26, 2000. Gulbarshyn Bozheyeva, Yerlan Kunakbayev and Dastan Yeleukenov, *Former Soviet Biological Weapons Facilities in Kazakhstan: Past, Present, and Future*, Occasional Paper No. 1, Center for Nonproliferation Studies, Monterey Institute of International Studies, June 1999.

28   알리베크는 소련의 전체적인 생산 능력이 연간 5,000톤이었다고 말하지만 실제 군이 동원하려고 계획했던 것은 그것보다 적었다. 쿠르간(Kurgan)의 한 공장에서 1,000톤을 생산할 수 있었고, 펜자(Penza)에서 500톤, 스테프노고르스크에서 300톤, 모두 합쳐 연간 1,800톤이었다.

6. 데드핸드

1   Mikhail Gorbachev, *Memoirs* (New York: Doubleday, 1996), 152쪽.

2   Angus Roxburgh, *The Second Russian Revolution* (London: BBC Books, 1991), 17쪽; Archie Brown, *The Gorbachev Factor* (Oxford: Oxford University Press, 1996), 67~68쪽. 볼스키의 설명에 따르면 안드로포프는 이런 삭제 행위에 불같이 화를 냈고 사람들은 고르바초프를 보내 그를 진정시켰다고 한다. 고르바초프는 회고록에서 체르넨코나 안드로포프나 볼스키 어느 누구도 이 문제에 관해 자신에게 이야기한 적이 없다고 주장했다.

3   Margaret Thatcher, *The Downing Street Years* (New York: HarperCollins, 1993), 458쪽.

4   Don Oberdorfer, *From the Cold War to a New Era* (Baltimore: Johns Hopkins University Press, 1998), 80쪽.

5   Gorbachev, 155쪽.

6   Anatoly Chernyaev, *My Six Years with Gorbachev* (University Park, Pa.: University of Pennsylvania Press, 2000), 8쪽.

7   Valery E. Yarynich, *C³: Nuclear Command, Control Cooperation* (Washington: Center for Defense Information, 2003), 140~141쪽; Yarynich interviews and correspondence, 1998-2009.

8   Yarynich, 142~145쪽.

9   Yarynich, 146쪽.

10   모스크바의 TV센터는 2008년 10월 10일 오랫동안 기밀로 남아 있던 암호명 '그로트'를 공개했다. GlobalSecurity.org도 보라. 국방정보센터(Center for Defense Information) 소장 브루스 블레어(Bruce Blair)는 2003년 5월 25일자 『워싱턴포스트』에서 러시아 사령관들이 초저주파(VLF) 무선 신호를 사용해 전략군과 통신할 수 있다고 말했다. "이 시설은 지도부에 대한

공격에 반자동으로 보복하기 위해 설계된 러시아의 '데드핸드' 통신망에서 중요한 연결 고리이다."

11 다음 책에 따르면 이 결정이 이뤄진 것은 1974년 8월 30일이었다. Yuzhnoye, S. N. Konyukhov, ed., "Prizvany vremenem: Rakety i kosmicheskiye apparaty konstruktorskogo buro 'Yuzhnoye'(시대에 복무하라는 요청을 받고: '유즈노예' 설계국의 미사일과 항공기)" (Dnepropetrovsk, Ukraine: ART-PRESS, 2004).

12 1982년 2월자 카타예프 문서 가운데 한 자료를 보면, 당시 이 시스템을 구축하는 중이었지만 아직 실험은 하지 않은 사실을 알 수 있다. 또한 카타예프 기록을 보면 1984년에 SS-17 미사일 6기가 '페리미터'로 배치되었음을 알 수 있다. Podvig, "The Window of Vulnerability That Wasn't," *International Security*, vol. 3, no. 1, Summer 2008을 보라.

13 완전 자동 보복 시스템 개발 계획의 존재를 확인해주는 다른 자료가 카타예프 문서에 있는 소련 내부 국방 문서에 들어 있다. Katayev, Hoover. 카타예프의 부서에서 일한 올레크 벨리야코프(Oleg Belyakov)는 1985년에 쓴 메모에서 "완전 자동화된 보복 공격 시스템을 만들어 위기의 순간에 (적에게 통고한 뒤) 최고 지휘부에서 작동한다는 제안"을 충분히 검토하지 않았다고 불만을 토로했다. "군사적으로나 정치적 관점에서나 무척 중요한데도 말이다." '슈퍼 프로젝트'에 관한 언급은 Katayev, *Some Facts*에서 인용한 것이다. 하인스는 미사일 건조, 설계, 시험 분야에서 30년 동안 일한 빅토르 M. 수리코프(Viktor M. Surikov)가 한 말을 인용한다. 수리코프는 자신의 팀이 '데드핸드'를 설계하고 중앙위원회의 승인을 받았지만 나중에 참모본부장 세르게이 아흐로메예프(Sergei Akhromeyev) 원수가 완전 자동 시스템을 거부했다고 말했다. Hines, et al., *Soviet Intentions 1965-1985*, BDM Federal Inc., vol. 2, 134~135쪽.

14 이 설명은 야리니치와의 인터뷰와 C^3, 156쪽; Korobushin interview, Hines, vol. 2, 107쪽; Bruce Blair, *Global Zero Alert for Nuclear Forces*, Brookings Occasional Papers (Washington: Brookings Institution, 1995), 43~56쪽 등을 바탕으로 한 것이다.

15 주적은 미국이었지만 서유럽이나 기타 목표물도 포함될 수 있었다. 중국은 상대적으로 소규모 핵전력을 보유했다.

16 야리니치는 『C^3』 170쪽에서 이 시험에 관해 자세히 설명한다. 발사 지연에 관한 설명은 지은이와의 인터뷰에서 밝힌 내용이다.

7. 미국의 새 아침

1 Reagan, *An American Life*, 589쪽.

2 매시는 소련 여행을 하기 전인 1984년 1월 17일 레이건과 처음 만났다. 그녀는 자신이 레이건의 두 번째 임기 동안 그와 스물두 번 만났고 그에게 "도베랴이 노 프로베랴이(Doveryai no proveryai)", 곧 "신뢰하면서도 확인하라"는 러시아 속담을 가르쳐주었다고 말했다.

http://www.suzannemassie.com을 보라. Deborah Hart Strober and Gerald S. Strober, *The Reagan Presidency: An Oral History of the Era* (Washington, D.C.: Brassey's, 2003), 222~228쪽도 보라. Reagan's diary, March 1, 1984.

3   Jack F. Matlock Jr., *Reagan and Gorbachev: How the Cold War Ended* (New York: Random House, 2004), 88쪽.

4   Reagan diary, March 2, 1984.

5   Reagan, *An American Life*, 594~597쪽.

6   Christopher Andrew and Oleg Gordievsky, *KGB: The Inside Story* (New York: HarperCollins, 1990), 602쪽.

7   Andrew and Gordievsky, 603~604쪽.

8   NSDD 119, Jan. 6, 1984. Christopher Simpson, *National Security Directives of the Reagan and Bush Administrations: The Declassified History of U.S. Political and Military Policy, 1981–1991* (Boulder: Westview Press, 1995), 374~378쪽.

9   Peter Grier, "The Short Happy Life of the Glick—Em," *Air Force magazine*, Journal of the Air Force Association, vol. 85, no. 7, July 2002.

10   Anatoly Chernyaev, *My Six Years with Gorbachev* (University Park, Pa.: University of Pennsylvania Press, 2000), 9쪽.

11   Herbert E. Meyer, vice chairman, National Intelligence Council, "What Should We Do About The Russians?" June 28, 1984, NIC 03770–84.

12   Matlock, 95쪽.

13   Reagan diary, April 9, 1984.

14   David Hoffman, "Chernenko 'Disappointed' White House," *Washington Post*, April 10, 1984, 9쪽.

15   Reagan, *An American Life*, 602쪽. SNIE 11–9–84, *Soviet Policy Toward the United States in 1984*, Aug. 9, 1984도 보라.

16   Seweryn Bialer, *The Soviet Paradox: External Expansion, Internal Decline* (New York: Knopf, 1986), 6장을 보라.

17   George Shultz, *Turmoil and Triumph: My Years as Secretary of State* (New York: Charles Scribner's Sons, 1993), 480쪽.

18   Shultz, 484쪽. 그로미코는 그 순간에 관해 도브리닌에게 서로 구호 몇 개를 주고받은 것 이상이었다고 설명했다. Anatoly Dobrynin, *In Confidence: Moscow's Ambassador to America's Six Cold War Presidents* (New York: Times Books, 1995), 556쪽.

19   Shultz, 484쪽; Andrei Gromyko, Harold Shukman, trans., *Memories* (London: Hutchison, 1989), 307쪽.

20   Don Oberdorfer, *From the Cold War to a New Era* (Baltimore: Johns Hopkins University

데드핸드

Press, 1998), 93쪽.

21　Steve Coll, *Ghost Wars* (New York: Penguin Books, 2004), 102쪽.

22　Andrew and Gordievsky, 604쪽.

23　Shultz, 477쪽. 안드로포프는 전해 대한항공 격추 사건 직전에 일방적인 우주무기 개발 중지 선언을 내놓았다.

24　Nigel Hey, *The Star Wars Enigma: Behind the Scenes of the Cold War Race for Missile Defense* (Dulles, Va.: Potomac Books, 2006), 136쪽.

25　『뉴욕타임스』는 1993년 8월 18일자에서 이 실험의 조작 여부에 관해 의문을 제기했다. 요격 미사일이 미니트맨을 쉽게 발견할 수 있도록 하기 위해 목표물을 가열하고 또 방향을 옆으로 돌려놓았기 때문에 완전히 공정한 실험은 아니었지만, 의회 회계감사원(GAO)은 실험이 조작되었다는 증거를 찾지 못했다. 또한 조사 결과 미국이 소련에게 위협을 안기기 위해 명중 여부와 상관없이 목표물이 폭발하도록 하는 기만 프로그램을 고안했다는 것이 드러났다. 하지만 1984년 6월 실험에서는 이 기만 프로그램을 사용하지 않았다. 처음 두 차례의 실험에서는 이 프로그램을 준비했지만 요격 미사일과 로켓이 너무 큰 차이로 빗나갔기 때문에 가짜 폭발을 일으키지 않았다. "Ballistic Missile Defense: Records Indicate Deception Program Did Not Affect 1984 Test Results," United States General Accounting Office, GAO/NSIAD-94-219, July 1994.

26　George Raine, "Creating Reagan's Image: S.F. Ad Man Riney Helped Secure Him a Second Term," *San Francisco Chronicle*, June 9, 2004, C1쪽.

27　Shultz, 478쪽.

2부/레이건과 고르바초프

8. 언제까지고 이렇게 살 수는 없어요

1　별다른 표시를 하지 않는 한 마거릿 대처의 회상 내용은 그녀의 회고록인 『다우닝 가에서 보낸 시절(The Downing Street Years)』(New York: HarperCollins, 1993) 452~453쪽과 459~463쪽에서 따온 것이다. 미하일 고르바초프의 회상 내용은 주로 영어로 된 『회고록(Memoirs)』과 러시아어로 된 두 권짜리 회고록 『삶과 개혁(Zhizn' i reformi)』(Moscow: Novosti, 1995)에서 인용했다. 앞서 언급한 것처럼 몇몇 경우에는 2006년에 고르바초프가 지은이와 한 인터뷰와 즈데네크 플리나르시(Zdeněk Mlynář)가 고르바초프와 한 인터뷰를 재구성한 책 『고르바초프와 나눈 대화(Conversations with Gorbachev)』(New York: Columbia University Press, 2002)에서 인용한 것이다. 라이사 고르바초프는 회고록 『나의 희망: 회고와 반성(I Hope: Reminiscences and Reflections)』(New York: HarperCollins, 1991) 125쪽에서 체르넨코의 허가에 관해 언급했다.

2   Geoffrey Howe, interview with BBC's "The Westminster Hour," May 2005.

3   Archie Brown, *The Gorbachev Factor* (Oxford: Oxford University Press, 1996), 77쪽.

4   Gordievsky와의 인터뷰 (2005년 8월 29일). *Next Stop*, 305~313쪽.

5   고르바초프는 방문 당시 영국의 한 관리에게 그가 처음 읽은 영국 현대 소설이 스노의 『권력의 회랑(Corridors of Power)』이라고 말했다. Archie Brown, *Seven Years that Changed the World: Perestroika in Perspective* (Oxford: Oxford University Press, 2007), 46쪽. *The Observer*, London, Dec. 23, 1984, 4쪽; "The Westminster Hour," BBC series *Power Eating*, by Anne Perkins, May 2005 등도 보라.

6   Geoffrey Howe, *Conflict of Loyalty* (New York: St. Martin's, 1994), 358~360쪽.

7   광고는 1984년 2월 22일자에 게재되었다. 고르바초프가 선전물로 활용한 첫 번째 면에는 네모 칸과 점이 있었다. 두 번째 면에는 "이것이 지구의 마지막 도표가 될까요?(COULD THIS BE EARTH'S LAST CHART?)"라고 질문을 던지는 굵은 글자체의 표제가 실렸다. 광고를 협찬한 이는 기업가인 해롤드 윌런스(Harold Willens)였는데, 그는 『트림탭 요인: 기업 중역들은 어떻게 핵무기 위기를 해결하는 데 도움이 될 수 있는가(The Trimtab Factor: How Business Executives Can Help Solve the Nuclear Weapons Crisis)』(New York: William Morrow and Co., Inc., 1984)에서 무기 경쟁을 저지하려는 희망을 설명한 바 있었다. 1982년 캘리포니아 양자 간 핵무기 동결 캠페인의 의장으로 활동한 윌런스는 태평양에서 해군으로 복무한 경험으로 인해 반핵 의견을 갖게 되었다. 2차 대전 당시 원폭 투하 몇 주 뒤에 히로시마와 나가사키를 방문하고 목격한 광경에 큰 충격을 받은 것이다. 윌런스는 여덟 살 때 부모와 함께 소련에서 탈출해서 로스앤젤레스에 정착했고, 이곳에서 기업가로 성공했다.

8   "Memorandum of Conversation," meeting with British Prime Minister Margaret Thatcher, Dec. 22, 1984, Camp David. http://www.margaretthatcher.org를 보라.

9   Gorbachev와의 인터뷰 (2006년 6월 30일).

10   1983년 12월 23일자 『사이언스(Science)』에 실린 두 논문에서 과학자들은 핵전쟁이 벌어지면 지구 환경과 생태에 파괴적인 영향이 미칠 것이라고 주장했다. 1984년 1월, 바티칸의 연구 그룹은 핵겨울을 설명하는 보고서를 발표했다. "Nuclear Winter: A Warning," Pontificiae Academiae Scientiarvm Docvmenta, 11, Jan. 23 - 25, 1984. 연구 그룹에 참여한 과학자 가운데는 나중에 고르바초프의 핵심 보좌관이 되는 예브게니 벨리호프(Yevgeny Velikhov)도 있었다.

11   Thatcher interview with John Cole, BBC, Dec. 17, 1984.

12   www.margaretthatcher.org를 보라.

13   Memorandum of conversation, Dec. 22, 1984.

14   고르바초프의 외할아버지는 자신의 가족이 일하던 땅을 혁명이 있은 후 정부로부터 받고 나서 볼셰비키 지지자가 되었다. 고르바초프의 말을 들어보자. "우리 가족의 역사를 말할 때마다 혁명이 우리 가족에게 땅을 주었다는 이야기는 끊임없이 되풀이되었다."

데드핸드

Conversations, 14쪽.

15 David Remnick, "Young Gorbachev," *Washington Post*, Dec. 1, 1989, B1쪽.

16 서구적인 의미에서 볼 때 소련은 법이 지배하는 국가가 아니었다. 그러나 법학부는 종종 외교, 보안 기관, 공산당 등에서 일할 인재를 키우는 곳으로 이용되었다.

17 Gorbachev and Mlynář, *Conversations*, 18쪽.

18 원래 제목은 『소련공산당사(볼셰비키), 단기 과정(History of the Communist Party of the Soviet Union (Bolsheviks), Short Course)』(1939)이다.

19 Brown, 39쪽.

20 소비에트 체제에서 법무관(procuracy)은 단순한 검사(prosecutor) 이상이다. 법무관실은 회계원의 회계 감사 기능도 담당했고 당을 감시하는 구실도 했다.

21 볼셰비키 혁명 이래로 공산당 지도부는 콤소몰을 통해 젊은이들의 반항을 억제하려고 노력했다. Steven L. Solnick, *Stealing the State: Control and Collapse in Soviet Institutions* (Cambridge: Harvard University Press, 1999)를 보라.

22 Raisa Gorbachev, 93~99쪽.

23 Gorbachev, *Conversations*, 38쪽.

24 Robert G. Kaiser, *Why Gorbachev Happened: His Triumphs and His Failure* (New York: Simon & Schuster, 1991), 41쪽.

25 *Time* magazine editors, *Mikhail S. Gorbachev: An Intimate Biography* (New York: Time Inc., 1998), 98쪽.

26 Brown, 45쪽.

27 Gorbachev, *Conversations*, 47쪽.

28 Gorbachev, *Conversations*, 42~43쪽.

29 고르바초프는 1978년 7월 17일 사망한 표도르 쿨라코프(Fedor Kulakov)의 자리를 이어받았다. 스타브로폴의 전직 제1서기였던 쿨라코프는 고르바초프의 조언자였다. 고르바초프는 붉은광장에서 쿨라코프의 추도 연설을 했다. 하지만 7월에 쿨라코프가 사망하고 11월에야 고르바초프가 승진한 걸 보면 그의 임명을 둘러싸고 내부 논쟁이 있었던 것으로 보인다.

30 Volkogonov, 446쪽. 볼코고노프는 고르바초프가 농업 담당 서기로 임명된 게 불운이었다고 지적한다. 농민들에게 재앙을 안겨준 스탈린의 캠페인으로까지 거슬러 올라가는 여러 농업 문제를 해결하기 위한 법령이 전혀 나오지 않았기 때문이다.

31 비(非)정통파 사상의 가장 중요한 원천은 시베리아의 노보시비르스크였다. 거리낌 없는 개혁파 경제학자 아벨 아간베기얀(Abel Aganbegyan)은 이곳에서 소련 경제에 관한 솔직하고 파괴적인 비판을 내놓았다. 동료인 사회학자 타티야나 자슬랍스카야(Tatyana Zaslavskaya)는 소련 경제의 구조 전체에 이의를 제기하는 획기적인 내부 문서를 작성했다. 1983년 노보시비르스크에서 열린 회의에서 이 문서 내용을 두고 토론이 이루어졌다. Tatyana Zaslavskaya, *The Second Socialist Revolution: An Alternative Soviet Strategy*

(Bloomington: Indiana University Press, 1990)를 보라.

32   Robert D. English, *Russia and the Idea of the West: Gorbachev, Intellectuals and the End of the Cold War* (New York: Columbia University Press, 2000), 172~173쪽.

33   *Narodnoye Khozyaistvo SSSR v 1983 g.*(1983년 소련의 농업) (Moscow: Finances and Statistics, 1984), 269쪽.

34   Henry Kreisler, "Conversation with Alexander Yakovlev," Nov. 21, 1996, Conversations with History, Institute of International Studies, University of California, Berkeley. English, 184쪽도 보라.

35   English, 190쪽.

36   Eduard Shevardnadze, *The Future Belongs to Freedom* (New York: Free Press, 1991), 23쪽과 37쪽.

37   Yegor Ligachev, *Inside Gorbachev's Kremlin* (New York: Pantheon Books, 1993), 58쪽.

38   Chernyaev diary, Feb. 26 and March 2, 1985.

39   Alexander Yakovlev, *Sumerki* (Moscow: Materik, 2003), 459~461쪽.

40   Brown, *Seven Years that Changed the World*, 32쪽.

41   March 11 comments from minutes of the Politburo meeting, the Library of Congress, Washington, D.C., Volkogonov Collection, Reel 17, Container 25.

42   Georgi Shakhnazarov, *Tsena Svobody: Reformatsiya Gorbacheva Glazami yevo Pomoshnika* (Moscow: Rossika-Zevs, 1993), 35~36쪽.

9. 스파이의 해

1   Robert M. Gates, *From the Shadows: The Ultimate Insider's Story of Five Presidents and How They Won the Cold War* (New York: Simon & Schuster, 1996), 329쪽.

2   Reagan diary, April 19, 1985. 레이건은 회고록에서 다음과 같이 인정했다. "내가 처음부터 미하일 고르바초프가 다른 유의 소련 지도자가 될 거라고 믿었다고는 말할 수 없다." Reagan, *An American Life* (New York: Simon & Schuster, 1990), 614쪽.

3   Reagan, *An American Life*, 615~616쪽.

4   Reagan diary, March 20, 1985. 레이건이 회고록에서 밝힌 바에 따르면, 그는 참모들에게 "소련인들을 대하는 데 여느 때만큼 강경해야" 하지만 자신과 고르바초프 사이에 "직접적인 대화 통로를 만들기 위해 열심히 일해야 한다"고 이야기했다. Reagan, *An American Life*, 615쪽.

5   매틀록에 따르면 니콜슨은 길을 잃고 제한 구역으로 들어갔다고 한다. "(소련은 미국에게) 소련 경비병이 아니라 니콜슨에게 책임을 지우기 위해 사실과 허구를 뒤섞은 설명을 제시했

다. 소련의 공식적인 설명에 따르면, 니콜슨은 분명하게 표시된 통행금지 구역에 들어왔고, 소련의 군사 시설을 불법적으로 촬영했으며, 발견된 뒤에도 경비병의 정지 명령에 따르지 않았다고 한다. 그리고 니콜슨이 멈추지 않고 달아나려고 했기 때문에 총에 맞았다는 것이다. 와인버거와 레이건은 이런 부정확한 설명을 듣고 총격이 의도적인 것이라고 확신하게 되었다." Matlock, *Reagan and Gorbachev*, 112~113쪽.

6 George Shultz, *Turmoil and Triumph: My Years as Secretary of State* (New York: Charles Scribner's Sons, 1993), 537쪽.

7 Reagan, *An American Life*, 617쪽.

8 레이건은 1985년 4월 30일 고르바초프에게 보낸 편지에서 니콜슨 사건 때문에 관계 개선 노력에 먹구름이 드리우고 있다고 말했다. Shultz, 537쪽.

9 게이츠가 보스턴 위원회에서 한 대외 관계에 관한 연설 (1984년 11월 28일).

10 Shultz, 507쪽.

11 "Gorbachev, the New Broom," Office of Soviet Analysis, Directorate of Intelligence, Central Intelligence Agency, 13 pp., June, 1985. 정보공개법(FOIA)에 따라 부분 편집한 후 지은이에게 공개했다.

12 Gates, 331~332쪽. 게이츠는 회고록에서 당시 케이시 국장이 쓴 표지 해설이 도가 지나쳤으며, 정보 분석에 "명백한 주장"을 덧붙인 것이었다고 말했다. "(케이시는) 균형 감각이나 객관성을 갖추려는 시늉도 하지 않았다." 그러나 게이츠는 "중앙정보국의 많은 사람들"이 소련의 동기와 전략에 관한 케이시의 평가에 동의했다고 말한다.

13 Anatoly Chernyaev, *My Six Years With Gorbachev* (University Park, Pa.: University of Pennsylvania Press, 2000), 25쪽.

14 Alexander Yakovlev, "On Reagan," State Archive of the Russian Federation, Moscow. Yakovlev Collection. Fond 10063, Opis 1, Delo 379. Translated by Svetlana Savranskaya.

15 Gorbachev, *Ponyat' Perestroiku* (Moscow: Alpina Bizness Books, 2006), 33쪽.

16 게이츠가 텍사스A&M대학교에서 한 연설 (1999년 11월 19일).

17 따로 출처를 밝힌 경우를 제외하면 에임스 사건에 관한 설명은 다음 글을 바탕으로 한 것이다. "An Assessment of the Aldrich H. Ames Espionage Case and Its Implications for U.S. Intelligence," Senate Select Committee on Intelligence, Nov. 1, 1994, parts 1 and 2.

18 당시 부주재관이던 빅토르 체르카신(Victor Cherkashin)에 따르면, 에임스의 편지에는 중앙정보국의 활동에 관한 정보가 담겨 있었고 주로 중동에 있는 소련 해군에 대해 미국이 수집한 첩보에 관한, 특별할 것 없어 보이는 "작은 묶음의" 문서들도 들어 있었다. Victor Cherkashin with Gregory Feifer, *Spy Handler: Memoir of a KGB Officer* (New York: Basic Books, 2005), 16쪽.

19 따로 출처를 밝힌 경우를 제외하면, 고르디옙스키의 행동에 관한 설명은 모두 Gordievsky,

*Next Stop*과 지은이의 인터뷰를 바탕으로 한 것이다.

20 Barry G. Royden, "Tolkachev, a Worthy Successor to Penkovsky," Center for the Study of Intelligence, CIA, Studies in Intelligence, vol. 47, no. 3. 또한 James L. Pavitt, deputy CIA director for operations, remarks to Foreign Policy Association, June 21, 2004도 보라.

21 Milt Bearden and James Risen, *The Main Enemy: The Inside Story of the CIA's Final Showdown with the KGB* (New York: Random House, 2003), 37쪽.

22 Bearden and Risen, 12쪽.

23 고르디옙스키는 『다음 정거장(Next Stop)』에서 탈출 과정을 설명한다. 데이비드 와이즈(David Wise)는 『밤에 움직이는 사람: 올드리치 에임스는 어떻게 460만 달러에 중앙정보국을 국가보안위원회에 팔았나(Nightmover: How Aldrich Ames Sold the CIA to the KGB for $4.6 Million)』(New York: HarperCollins, 1995)에서 탈출 과정에 관해 다른 이야기를 들려준다. 그는 특수 제작한 랜드로버 차량에 고르디옙스키를 숨겨 모스크바의 영국 대사관에서 핀란드까지 곧바로 이동시켰다는 중앙정보국 관리들의 말을 인용한다. 한편 고르디옙스키는 이 내용은 국가보안위원회가 서구 언론에 유출한 이야기라고 주장한다.

24 Wise, 135쪽에서는 유르첸코가 에임스에 관해 알지 못했을 가능성이 있다고 주장한다.

25 1981년 28세의 나이로 중앙정보국에 채용된 하워드는 소련에서 활동할 비밀 요원 후보로 훈련을 받았고 많은 기밀 정보를 알고 있었다. 그런데 모스크바로 출발해야 하는 일정이 정해졌는데도 몇 달 전부터 중앙정보국에서 연이어 실시한 거짓말 탐지기 시험을 통과하지 못했고, 결국 1983년 5월 중앙정보국에서 해고되었다. 그는 원한과 분노를 품고 중앙정보국이 보유한 소련 기밀 정보를 전부 챙겨서 본부를 나왔다. 1984년 말과 1985년 초, 하워드는 명백히 복수심 때문에 빈에서 국가보안위원회와 접선하면서 자신이 가진 지식을 팔기 시작했다. 어쩌면 영국의 이중 스파이에 관해서도 말했을지 모른다. 다른 스파이들과 중앙정보국이 첩보에 사용하는 가장 정교한 기술적 수단들에 관해서는 말한 것으로 여겨진다.

26 케이시에 관해서는 Gates, 363쪽을 보라. 하워드는 연방수사국의 검거망을 피해 해외로 피했다. David Wise, *The Spy Who Got Away* (New York: Random House, 1988) 24~26장을 보라.

27 국가보안위원회 지부 내에서 '라인X'는 과학 기술 첩보를, '라인PR'은 정치·경제·군사 전략 첩보와 적극적인 조치를 지칭했다. Appendix E, "The Organization of a KGB Residency," in Christopher Andrew and Vasili Mitrokhin, *The Mitrokhin Archive: The KGB in Europe and the West* (London: Allan Lane/The Penguin Press, 1999), 743쪽을 보라.

28 "Affidavit in support of criminal complaint, arrest warrant, and search warrants," *United States of America vs. Robert Philip Hanssen*, United States District Court for the Eastern District of Virginia, 20~21쪽. 국가보안위원회 '라인X'의 요원으로 1980년 10월부터 1985년 11월까지 워싱턴 주재 소련대사관에서 일한 마르티노프는 에임스에 의해 지목되어 나중에 처형되었다. 국가보안위원회 '라인PR'의 요원으로 관리로 1980년 6월부

터 1985년 1월까지 워싱턴 주재 소련대사관에서 일한 세르게이 모토린도 에임스에 의해 지목되어 처형되었다. 보리스 유진은 샌프란시스코에서 타스통신 통신원으로 위장한 채 활동하던 국가보안위원회 '라인PR'의 요원이었다(세르게이 모토린(Sergei Motorin)과 보리스 유진 (Boris Yuzhin)은 핸슨이 쓴 편지에 표기된 이름과 다르다—옮긴이). 유진은 에임스와 핸슨에 의해 이중 스파이로 지목되었다. 그는 1986년 12월 체포되어 후에 15년 징역형을 선고받았다. 1992년 일반사면으로 석방된 뒤 미국으로 이주했다.

29   그 여자는 소련 외교관과 결혼해서 몬트리올에 살고 있었다. 중앙정보국은 유르첸코를 그 곳으로 데려다주었지만 여자는 문을 두드린 그를 거절했다. 비어든의 기억에 따르면, 여자는 국가보안위원회 대령을 사랑한 거지 배반자를 사랑한 게 아니라고 퉁명스럽게 말하면서 그의 면전에서 문을 닫았다.

10. 칼과 방패

1   Vladimir Medvedev, *Chelovek za Spinoi* (Moscow: RUSSLIT, 1994), 208쪽.

2   체르냐예프의 일기는 초기의 상황 전개를 생생하게 살펴볼 수 있는 소중한 창을 제공한 다. 그는 1985년에는 중앙위원회 국제부 차장으로 일했으며 1986년 고르바초프의 보좌 관이 되었다. 체르냐예프 회고록의 영어판인 『고르바초프와 함께한 6년(My Six Years with Gorbachev)』에는 그의 일기 일부가 편집, 수록되어 있다. 1985~1988년 일기의 영어 번역은 TNSA에서 출간되었다. 날짜는 전체 일기에서 인용한 것이고, 쪽수는 단행본의 쪽수를 가리 킨다. 체르냐예프 일기를 참고하는 데 도움을 준 스베틀라나 사브란스카야에게 감사한다.

3   레닌그라드 방문은 5월 15일에 시작되었고 스몰니학원 연설은 이틀 뒤에 있었다. Serge Schmemann, "First 100 Days of Gorbachev: A New Start," *New York Times*, June 17, 1985, 1쪽.

4   Mikhail Gorbachev, *Memoirs* (Moscow: Novosti, 1995), 201쪽.

5   Chernyaev, 33쪽과 diary May 22, 1985.

6   Chernyaev, 29쪽과 diary April 11, 1985.

7   이 캠페인은 사회의 규율을 강화하려고 한 안드로포프의 유사하면서도 실패한 시도에 영 감을 받은 것이었다. 고르바초프가 초기에 추진한 경제 개혁은 나중에 시도한 급진적인 접 근법과 비교할 때 상대적으로 온건한 방식이었으며 실패로 끝났다.

8   Chernyaev diary, July 6, 1985.

9   Sergei Akhromeyev and Georgi M. Kornienko, *Glazami Marshala i Diplomata*(원수와 외교관의 눈으로) (Moscow: International Relations, 1992), 64쪽.

10   Clifford Gaddy, *The Price of the Past* (Washington, D.C.: Brookings Institution, 1996), 49쪽.

11   Akhromeyev, 34~35쪽. Thomas M. Nichols, *The Sacred Cause* (Ithaca: Cornell University Press, 1993), 134쪽을 보라.

12 Gorbachev, 203~205쪽.

13 Gorbachev, *Zhizn i Reformi,* (Moscow: Novosti, 1995), vol. 1, 207쪽. 고르바초프가 말하는 몰록은 인간의 희생을 요구하는 잔혹하면서도 이례적인 힘의 상징에 대한 문학적 은유이다.

14 Ksenia Kostrova와의 인터뷰 (2007년 8월). 크세니아는 카타예프의 손녀이다.

15 이 부분의 설명은 Katayev, Hoover와 지은이가 소장한 자료들에 바탕을 둔 것이다.

16 1986년에 작성된 미 중앙정보국의 추정치는 15~17퍼센트였다(이 추정치는 이전의 13~14퍼센트를 수정한 수치이다. 수치를 수정한 것은 1982년에 소련이 물가 계산을 다시 했기 때문이다).

17 Katayev, "Chto Takoe VPK(VPK는 무엇이었나)" 날짜 미상, 지은이 소장. 이 문서는 다음 책에서 카타예프가 쓴 장과 내용이 비슷하다. Vlad E. Genin ed., *The Anatomy of Russia Defense Conversion,* (Walnut Creek, Calif.: Vega Press, 2001), 52쪽.

18 Andrei Grachev, Gorbachev (Moscow: Vagrius, 2001), 178쪽. 고르바초프는 국방 부문을 활용해 침체된 소련 경제를 어떻게든 밀어올리겠다는 꿈을 키웠다. Gaddy, 55~56쪽.

19 Robert D. English, *Russia and the Idea of the West: Gorbachev, Intellectuals and the End of the Cold War* (New York: Columbia University Press, 2000), 193~228쪽.

20 Stephen F. Cohen and Katrina vanden Heuvel, *Voices of Glasnost: Interviews with Gorbachev's Reformers* (New York: W. W. Norton & Co., 1989), 157~173쪽을 보라.

21 Letter to Politburo of November 26, 1985, "On distortion of facts in reports and information coming to the CPSU Central Committee," State Archive of the Russian Federation, Fond 3, Opis 111, Delo 144, 39~41쪽, courtesy Svetlana Savranskaya.

22 Georgi Shakhnazarov, *Tsena Svobody: Reformatsiya Gorbacheva Glazami yevo Pomoshnika* (Moscow: Rossika-Zevs, 1993), 88쪽.

23 Steve Coll, *Ghost Wars* (New York: Penguin Books, 2004), 127쪽.

24 Chernyaev diary, June 20, 1985.

25 매틀록의 기억에 따르면, 이미 소련은 탄두가 세 개씩 탑재된 파이오니어 미사일 414기를 배치해놓은 반면, 그 시점에서 나토는 유럽의 중거리 미사일에 143개 탄두만을 배치한 상태였고, 그중 63기가 퍼싱II 미사일, 80기가 지상 발사 순항 미사일이었다. Matlock, *Reagan and Gorbachev,* 116쪽.

26 레이건이 고르바초프에게 보낸 편지 (1985년 4월 30일), RRPL.

27 Chernyaev diary, April 16, 1985.

28 이 해에 논쟁을 초래한 것은 레이건이 제안한 전략방위구상이 미사일 방어에 관한 1972년 조약의 엄격한 해석 안에 머무를 것인가, 아니면 행정부가 조약을 폭넓게 해석해서 연구를 진척시키려고 하는가 하는 문제였다. 10월 6일 맥팔레인은 이 조약에 따르면 새로운 시스템의 연구, 시험, 개발이 허용된다고 말했다—조약을 폭넓게 해석하기 위해 행정부의 기록을 남긴 것으로 보인다. 소련은 이 발언에 깜짝 놀랐고 미국의 동맹국들도 같은 반응을

보였다. George Shultz, *Turmoil and Triumph: My Years as Secretary of State* (New York: Charles Scribner's Sons, 1993), 579~582쪽. Frances Fitzgerald, *Way Out There in the Blue* (New York: Simon & Schuster, 2000), 290~300쪽에는 슐츠의 견해에 비판적인 설명이 나온다.

29 Shultz, 570~571쪽.

30 Anatoly Dobrynin, *In Confidence: Moscow's Ambassador to America's Six Cold War Presidents* (New York: Times Books, 1995), 573쪽.

31 Chernyaev diary, July 1, 1985.

32 English, 202쪽.

33 Minutes of the Politburo, June 29, 1985. Volkogonov Collection, Library of Congress, Reel 18. TNSA.

34 Chernyaev diary, June 15, 1985.

35 Andrew and Gordievsky, *Comrade Kryuchkov's Instructions: Top Secret Files on KGB Foreign Operations, 1975-1985* (Stanford: Stanford University Press, 1991), 107~115쪽.

36 달리 출처를 밝히지 않는 한 미사일 방어에 관한 카타예프의 언급은 다음의 날짜 미상의 논문에서 인용한 것이다. "Kakoi byla reaktzia v SSSR na zayavlenia R. Reagana o razvertyvanii rabot v CShA po SOI(미국의 전략방위구상 작업 배치에 관한 R. 레이건의 발표에 소련은 어떤 대응을 했나)," twelve pages, Katayev, Hoover.

37 Katayev. 이 내용을 확인하고 설명해준 파벨 포드빅에게 감사한다.

38 Konstantin Lantratov, "The Star Wars Which Never Was," January 1995. www.buran. ru/htm/str163.htm을 보라.

39 Roald Z. Sagdeev, *The Making of a Soviet Scientist* (New York: John Wiley & Sons, 1994), 273쪽.

40 Velikhov와의 인터뷰.

41 'IS'라고 불린 이 시스템은 1960년대에 개발되어 1970년대와 1980년대 초에 시험 단계를 거쳤지만 안드로포프가 1983년 일시 중단 선언을 하면서 실제 사용이 중단된 것으로 보인다. www.russianspaceweb.com/is.html을 보라.

42 루비 레이저는 (붉은 색의)가시부(visible region)에서 에너지를 방출한다.

43 P. V. Zarubin, "Academician Basov, high-powered lasers and the anti-missile defence problem," *Quantum Electronics*, No. 32, 2002, 1048~1064쪽.

44 벨리호프는 감마(Gamma)라는 이름의 유사한 프로젝트에 관해 설명했다. 그의 말로는 이 프로젝트는 제대로 시작하지도 못했다.

45 선언은 1982년 9월 24일 이루어졌다. 벨리호프는 또한 『그날 밤 이후······ 핵전쟁이 기후와 생명체에 미치는 영향(The Night After··· Climatic and Biological Consequences of a Nuclear

War)』(Moscow: Mir Publishers, 1985)의 편저자이기도 했다.

46 이 그룹의 명칭은 '핵 위협에 맞서 평화를 수호하기 위한 소련 과학자 위원회(Soviet Scientists' Committee for the Defense of Peace Against the Nuclear Threat)'이다.

47 벨리호프는 1983년 보고서가 기밀로 남아 있다고 말했다. 하지만 다음의 책에는 일부 내용이 실려 있다. Yevgeny Velikhov, Roald Sagdeev, Andrei Kokoshin, eds., *Weaponry in Space: The Dilemma of Security* (Moscow: Mir, 1986).

48 38개의 탄두 탑재를 보여주는 도표의 출처는 Katayev, Hoover이다. SS-18에 관한 다른 데이터의 출처는 Podvig, *Russian Strategic Nuclear Forces* (Cambridge: MIT Press, 2001), 218~219쪽이다. "Multiple (as in 'up top 38') warheads," http://russianforces.org를 보라. 비대칭적 대응에 관한 미국의 예상에 관해서는 "Possible Soviet Responses to the US Strategic Defense Initiative," NIC M 83-10017, Sept. 12, 1983, Director of Central Intelligence를 보라.

49 Gorbachev와의 인터뷰 (2006년 6월 30일).

50 Nichols, 133쪽.

51 Chernyaev diary, Sept. 1, 1985.

52 Reagan diary, Sept. 10, 1985.

53 Reagan diary, Oct. 22, 1985. 슐츠는 소련이 9월 27일에 한 제안은 구성 방식상 미국에 크게 불리하게 조작된 것이었다고 말했다. Shultz, 576~577쪽.

54 *Soviet Military Power*, April 1985, 55쪽.

55 Robert C. McFarlane, with Zofia Smardz, *Special Trust* (New York: Cadell & Davis, 1994), 307~308쪽. Matlock, 133쪽.

56 Reagan diary, Sept. 26, 1985.

57 Robert M. Gates, *From the Shadows: The Ultimate Insider's Story of Five Presidents and How They Won the Cold War* (New York: Simon & Schuster, 1996), 342쪽.

58 슐츠는 이런 견해에 동의하지 않았다. Shultz, 586쪽.

59 Gates, 343쪽. 소련의 예측도 아주 거창하지는 않았다. 도브리닌은 모스크바 역시 "정상회담에 큰 기대를 걸지 않았다"고 말했다. Dobrynin, 586쪽. 체르냐예프는 소련의 기조는 군축에 관한 기존의 입장에서 벗어나지 않는 것과 지역 분쟁에 대해 "흥분하지 않는 것", 그리고 "한마디로 말해 위협을 격화하거나 매파에게 힘을 실어주는 일이 없도록 레이건을 자극하지 않는 것"이었다고 기억한다. Chernyaev diary, Nov. 12, 1985. 고르바초프는 이런 지침을 벗어날 수 있는 여지가 있었고 실제로 그렇게 했다.

60 Gates, 343쪽. NIE 11-18-85, Nov. 1, 1985.

61 Reagan diary, Nov. 13, 1985.

62 Suzanne Massie, interview for the television documentary *The Cold War*, Sept. 2, 1997, Liddell Hart Center for Military Archives, Kings College, London.

63 Matlock, 150~154쪽; Jack F. Matlock, Jr., *Superpower Illusions* (New Haven: Yale University Press, 2010), 317쪽 주석 11.

64 Yegor Gaidar, "The Soviet Collapse: Grain and Oil," American Enterprise Institute for Public Policy Research, April 2007. Gaidar, *Collapse of an Empire: Lessons for Modern Russia* (Washington, D.C.: Brookings Institution Press, 2007)도 보라.

65 Shultz, 589~596쪽. McFarlane, 314~316쪽. 『워싱턴포스트』에 당시의 소련 방문 기사를 기고한 오버도퍼는 고르바초프가 양쪽이 "우주 공간의 군사화"를 중단하는 조건으로 기존 핵무기를 완전히 없앨 의지를 밝혔다고 말했다. Don Oberdorfer, *From the Cold War to a New Era* (Baltimore: Johns Hopkins University Press, 1998), 137쪽.

66 Reagan diary, Nov. 5, 1985.

67 Reagan diary, Nov. 6, 1985.

68 Reagan, *An American Life*, 632쪽.

69 Sagdeev, 268~269쪽.

70 Gates, 358쪽.

71 Matlock, 134~135쪽과 158쪽.

72 Oberdorfer, 143쪽.

73 Reagan, *An American Life*, 635쪽.

74 다른 출처를 밝히지 않는 한 정상회담에 관한 이 설명은 미국의 공식 속기록에 바탕을 둔 것이다.

75 Gorbachev, 406쪽.

76 Reagan diary, Nov. 19, 1985.

77 Reagan, *An American Life*, 636쪽.

78 Gorbachev, 408쪽.

79 도브리은 자신이 상호 방문에 대한 이 합의를 사전에 조용히 준비했다고 회고한다. Dobrynin, 589쪽. 레이건도 다시 만나는 자리를 구상한 바 있었다. Matlock, 153쪽.

80 Lou Cannon, *Ronald Reagan: The Role of a Lifetime* (New York: Simon & Schuster, 1991), 754쪽. 당시 백악관 대변인이던 래리 스피크스(Larry Speakes)는 이 말을 약간 다르게 표현했다. Larry Speakes, *Speaking Out: Inside the Reagan White House* (New York: Charles Scribner's Sons, 1988), 138쪽. 스피크스는 레이건이 "내 장담하는데, 두 나라의 강경론자들이 꿈틀거릴 겁니다" 하고 말했다고 썼다.

81 레이건은 1983년 11월 11일 일본 국회에서, 그리고 1984년 유엔 총회 연례 연설에서 이 말을 했다. 또한 레이건과 고르바초프는 제네바 정상회담에 앞서 서한을 교류하면서 이 말을 정상 성명 말미에 집어넣는 문제를 논의했다.

82 "Exchange of Televised Addresses by President Reagan and Soviet General Secretary Gorbachev," Public Papers of the Presidents, 1985 Pub. Papers 4, Jan. 1, 1986.

11. 레이캬비크로 가는 길

1   Nikolai Chervov, *Yaderny Krugovorot* [핵 연속체]] (Moscow: Olma-Press, 2001).

2   Valery Boldin, *Ten Years That Shook the World: The Gorbachev Era as Witnessed by His Chief of Staff* (New York: Basic Books, 1994), 115쪽.

3   아흐로메예프의 견해는 그가 게오르기 M. 코르니옌코와 함께 쓴 회고록에서 인용한 것이다. 아흐로메예프는 군축 제안을 위한 통상적인 부처간 채널을 통해 제안을 내놓지 않았다. 만약 그렇게 했더라면 필시 중간에 저지되었을 것이다. 이 제안은 분명히 뚜렷한 선전 가치가 있었고, 고르바초프도 최대한의 효과를 내기 위해 다가오는 당대회에 앞서 제안을 발표했다고 『회고록』에서 인정한 바 있다. 하지만 지은이는 아흐로메예프와 고르바초프가 또한 제안의 목표를 믿었고, 핵 위험이 실재한다고 느꼈다고 본다. 따라서 두 사람의 관점에서 보면, 이것은 과거에 흔히 그런 것과 달리 단순히 의미 없는 인위적인 선언이 아니었다.

4   이 계획에 관해서는 각기 다른 설명이 존재하지만 아흐로메예프의 설명이 가장 믿을 만하다. 고르바초프는 셰바르드나제를 임명한 직후 그와 이 계획에 관해 이야기를 나눈 적이 있다고 말했다. 사벨리예프(Aleksander G. Savelyev)와 데티노프(Nikolai N. Detinov) 또한 이것이 참모본부와 국방부에서 나온 계획이라고 말했다. 아흐로메예프는 자신이 외무부에서 코르니옌코 외무차관과 군에서 작성한 초안을 함께 보았다고 말했다. 지은이가 소장한 자료 중에는 1986년 1월 18일 모스크바에서 열린 기자회견에서 이 계획을 설명하는 데 사용한 컬러 차트 복사본이 있다. 차트 뒷면에는 아흐로메예프가 이 계획을 처음 만들고 편집했다는 내용이 손글씨로 씌어 있다. Katayev, Hoover.

5   고르바초프는 이미 소련 핵실험의 일방적인 중단을 선언했고, 1월 15일 선언을 활용해 핵실험 중단을 확대했다.

6   "Statement by M. S. Gorbachev, General Secretary of the CPSU Central Committee," *Izvestia*, Jan. 16, 1986, BBC Summary of World Broadcasts, Jan. 17, 1986. 『타임』은 1986년 1월 27일에 브레먀 방송에 관해 보도했다.

7   Anatoly Chernyaev, *My Six Years with Gorbachev* (University Park, Pa.: University of Pennsylvania Press, 2000), 45~46쪽과 diary, Jan. 18, 1986.

8   George Shultz, *Turmoil and Triumph: My Years as Secretary of State* (New york: Charles Scribner's Sons, 1993), 699~714쪽; Don Oberdorfer, *From the Cold War to a New Era* (Baltimore: Johns Hopkins University Press, 1998), 156~168쪽.

9   Jack F. Matlock Jr., *Reagan and Gorbachev*, 178쪽. David Hoffman and Walter Pincus, "President 'Grateful,' Aides Cautious on Soviet Arms Control Proposal," *Washington Post*, Jan. 17, 1986, A1쪽. David Pace, AP, Jan. 28, 1986, "Sen. Nunn Wary of Gorbachev Arms Proposal."

10   Reagan diary, Jan. 15, 1986.

11 Robert M. Gates, *From the Shadows: The Ultimate Insider's Story of Five Presidents and How They Won the Cold War* (New York: Simon & Schuster, 1996), 377쪽.

12 Reagan diary, Feb. 3, 1986.

13 전화는 1986년 1월 31일에 걸려 왔다. Chernyaev diary, Jan. 18 and Feb. 1, 1986.

14 로버트 D. 잉글리시는 체르냐예프의 『고르바초프와 보낸 6년(My Six Years with Gorbachev)』에 붙인 서문에서 그의 생애와 시대를 요약해 보여준다. 지은이는 또한 스베틀라나 사브란스카야로부터 추가적인 정보를 얻었다.

15 그들의 메모를 엮은 책자가 2006년에 출간되었다. *V Politburo TsK KPSS: Po Zapisyam Anatolia Chernyaeva, Vadima Medvedeva, Georgiya Shakhnazarova, 1985-1991* (Moscow: Alpine Business Books, 2006).

16 *Mikhail Gorbachev: Selected Speeches and Articles* (Moscow: Progress, 1987), 341쪽을 보라.

17 National Security Decision Directive 196, Nov. 1, 1985.

18 *V Politburo*, 32쪽.

19 *United States Nuclear Tests: July 1945 through September 1992*, Department of Energy, Washington, D.C., DOE/NV-209 (Rev. 14), Dec. 1994.

20 Chernyaev, 55~57쪽. 책에 수록되지 않은, 체르냐예프의 다른 메모에서 인용한 내용은 스베틀라나 사브란스카야에게서 받은 것이다.

21 Grigori Medvedev, *The Truth About Chernobyl* (Basic Books, 1991), Evelyn Rossiter, trans.; Piers Paul Read, Ablaze: *The Story of the Heroes and Victims of Chernobyl* (New York: Random House, 1993); Zhores Medvedev, *The Legacy of Chernobyl* (New York: W. W. Norton & Co., 1990). 유엔 체르노빌포럼 전문가그룹(United Nations Chernobyl Forum Experts Group)의 광범위한 연구도 보라. http://www.iaea.org/NewsCenter/Focus/ Chernobyl/에서 "Environmental Consequences of the Chernobyl Accident and Their Remediation: Twenty Years of Experience,"도 보라. 사고 원인에 관한 기술적 설명으로는 "INSAG-7: The Chernobyl Accident, Updating of INSAG-1," Safety Series No. 75-INSAG-7, IAEA Safety Series, International Atomic Energy Agency, Vienna, 1992를 보라.

22 Zhores Medvedev, 24쪽. 아카데미 회원이자 모스크바 쿠르차토프연구소 부소장으로 조기 대응팀에서 일한 발레리 레가소프(Valery Legasov)는 나중에 기사들의 녹음된 통화 내용을 들었다. 이 대화는 테이프에 녹음되었다. 사고 2년 뒤 레가소프는 자살했다. 테이프 녹취록은 그의 금고에서 발견되었다.

23 Grigori Medvedev, 74쪽.

24 "Urgent Report," A. N. Makukhin, First Deputy Director, Ministry of Energy and Electrification, April 26, 1986, No. 1789-2c, Volkogonov Collection, Library of

Congress, from Archive of the President of the Russian Federation, Reel 18, Container 27.

25 이 발언들은 사고 20주년에 나온 것이다. BBC News, April 24, 2006, http://news.bbc.co.uk/go/pr/fr/-/2/hi/europe/4918940.stm을 보라.

26 Chernyaev, 65쪽.

27 *V Politburo*, 41쪽.

28 Dmitri Volkogonov, *Autopsy for an Empire: The Seven Leaders Who Built the Soviet Regime* (New York: Free Press, 1998), 478쪽. 폴 리드(Paul Read)는 리가초프가 "가급적 말을 아낍시다"라고 주장했으며 의결 결과에도 리가초프의 견해가 크게 반영됐다고 전한다.

29 "Information about the accident at Chernobyl nuclear power station April 26, 1986," Fond 89, Hoover. 이 자료들에 관한 중요한 안내서로는 다음을 보라. Larissa Soroka, *Guide to the Microfilm Collection in the Hoover Institution Archives; Fond 89: Communist Party of the Soviet Union on Trial* (Stanford: Hoover Institution Press, 2001). 한 시간 뒤 이루어진 타스통신의 두 번째 발표에서는 이것이 소련에서는 처음으로 발생한 사고라면서 다른 나라에서 있었던 사고 사례들이 언급되었다. Read, 175쪽.

30 Volkogonov, 478~479쪽.

31 "Ot Sovieta Ministrov SSSR" [소련 각료회의로부터], Fond 89, Perechen 53, Delo 2, Hoover Institution.

32 나중에 나온 설명에서는 붉은 불빛의 정체가 불타는 노심이 아니라 폭발 중에 튀어나온 부품이었다고 주장한다. Alexander R. Sich, "Truth Was an Early Casualty," *Bulletin of the Atomic Scientists*, May/June 1996, 32~42쪽.

33 Michael Dobbs, *Down with Big Brother: The Fall of the Soviet Empire* (New York: Knopf, 1997), 160쪽.

34 Fond 89, Perechen 51, Delo 19, Hoover.

35 Reagan diary, April 30, 1986.

36 Fond 89, Perechen 53, Delo 6, Hoover. 이 보고서에는 고르바초프의 텔레비전 연설 이틀 후인 5월 16일에 배포되었다는 중앙위원회의 인장이 찍혀 있다. 2008년 이리나 마카로바(Irina Makarova)와의 인터뷰에서 구바레프는 고르바초프가 "무슨 일이 벌어지는지 전혀 모르는 것" 같았다고 말했다. 후에 구바레프는 희곡 《석관(Sarcophagus)》을 써서 이 사고가 원자로의 설계 문제가 아니라 기사들을 비롯한 인간의 실수로 인한 것이었다고 지적했다.

37 Chernyaev, 66쪽. *V Politburo*, 61~66쪽도 보라.

38 Tarasenko, interview, Feb. 3, 2005.

39 Eduard Shevardnadze, *The Future Belongs to Freedom* (New York: Free Press, 1991), 175~176쪽.

40 Sergei Akhromeyev and Georgi M. Kornienko, *Glazami Marshala i Diplomata* (Moscow: International Relations, 1992), 98~99쪽.

41 Mikhail S. Gorbachev, *Gody Trudnykh Reshenii*[어려운 결정을 내린 시기] (Moscow: Alfa-print, 1993), 46~55쪽.

42 "Chernobyl's Legacy: Health, Environmental and Socio-economic Impacts," the Chernobyl Forum, 2003 - 2005. 다른 추정치에서는 적어도 6,000명이 추가로 방사선 노출로 사망했으며, 아마 그 수가 훨씬 많을 것으로 본다. David R. Marples, "The Decade of Despair," *Bulletin of the Atomic Scientists*, May - June 1996, 22~31쪽.

43 Shultz, 724쪽.

44 Reagan diary, May 20, 1986.

45 Shultz, 716~717쪽.

46 Chernyaev, 83쪽. 이것은 텔러가 주창하고 있던 핵분열을 이용한 X레이 레이저를 언급한 것이었는데, 레이건은 핵 프로그램을 구상하지 않았다.

47 Reagan, *An American Life*, 661쪽. 소련도 유사한 실험을 간절히 하고 싶어했다.

48 *USSR Nuclear Weapons Tests and Peaceful Nuclear Explosions: 1949 through 1990, Ministry of the Russian Federation for Atomic Energy, Ministry of Defense of the Russian Federation*, Russian Federal Nuclear Center VNIIEF, 1996을 보라. 미국의 데이터는 *United States Nuclear Tests*에서 인용한 것이다.

49 Frank von Hippel, *Citizen Scientist: From the Environment to Dissent, a Leading Scientist Talks About the Future of the Planet* (New York: Touchstone, 1991). 두 사람의 브레인스토밍 사례의 하나는 체르노빌 사고 직후 며칠 만에 나왔다. 본 히펠은 벨리호프에게 주민들에게 요오드화칼륨 정제를 배급하라고 권고했다. 피폭된 사람들의 갑상선으로 방사성 요오드가 흡수되는 것을 막기 위한 조치였다. 벨리호프는 서둘러 크렘린에 이 제안을 내놓았다. 5월 1일, 대외무역부는 "필요한 양의 의약품을 해외에서 구입하는 계약을 시급히 체결하라"는 지시를 받았고, 보건부는 "접수된 매매 제안을 검토하라"는 지시를 받았다. Protocol No. 3, May 1, 1986, Fond 89, Perechen 51, Delo 19, Hoover. 결국 대대적인 공황 상태를 유발할지 모른다는 두려움 때문에 이 조언은 받아들여지지 않았다. Velikhov interview, 2004. 나중에 유엔에서 펴낸 보고서에 따르면, 갑상선으로 흡수된 방사선량이 "특히 당시 어린아이로 방사성 요오드 수치가 높은 우유를 마신 이들에게서 높았다"고 한다. "2002년까지 이 집단에서 4,000명 이상의 갑상선암 환자가 진단되었고, 이 갑상선암 환자의 대부분이 방사성 요오드 흡수 때문에 발병했을 가능성이 크다." "Chernobyl's Legacy," 7쪽을 보라.

50 Frank von Hippel, "Contributions of Arms Control Physicists to the End of the Cold War," *Physics and Society*, vol. 25, no. 2, April 1996, 1쪽과 9~10쪽. 이 회의는 1985년 9월 27~29일에 열린 닐스 보어(Niels Bohr) 탄생 100주년 기념 행사의 일부였다.

51 코크런의 말에 따르면, 검토된 세 제안 가운데 천연자원보호협의회의 제안이 수용된 것은 이 그룹이 발빠르게 움직일 수 있었기 때문이라고 한다. 5월 28일 벨리호프와 천연자원보호협의회 회장 에이드리언 드윈드(Adrian DeWind)가 협약에 서명했다. Cochran이 지은이와 나눈 대화 (2008년 7월 9일); von Hippel, *Citizen Scientist*, 91~92쪽.

52 코크런은 그에 앞서 콜로라도대학의 이론지진학자인 찰스 아샴보(Charles Archambeau)에게 지진학자들과 장비를 조직하는 일을 도와 달라고 요청했다. 아샴보는 샌디에이고 라호야 캘리포니아대학 산하 스크립스해양연구원의 지구물리학·행성물리학연구소(Institute of Geophysics and Planetary Physics)에서 일하는 존 버거(John Berger)를 발탁해 팀을 조직하는 일을 맡겼다. 소련과 미국의 시설에 연구 인력을 배치하고 필요한 장비를 확인해서 주문하는 팀이었다. 아샴보와 버거는 네바다대학의 제임스 N. 브룬(James N. Brune)을 비롯한 몇 사람을 선발했다.

53 Natural Resources Defense Council, "Nuclear Test Ban Verification Project," Status Report, November 1986; Thomas B. Cochran, *The NRDC/Soviet Academy of Sciences Joint Nuclear Test Ban Verification Project*, Physics and Global Security, vol. 16, no. 3, July 1987, 5~8쪽.

54 Cochran이 지은이와 나눈 대화 (2008년 7월 8일). 소련의 자료는 Katayev, Hoover에 있다.

55 중앙위원회가 승인한 것은 코크런과 그의 팀이 막 현장에 도착한 7월 9일이었다. Katayev, Hoover.

56 Chernyaev, 77~78쪽.

57 Gorbachev letter to Reagan, Sept. 15, 1986, RRPL.

58 Reagan diary, Sept. 19, 1986.

59 Chernyaev notes from the Politburo session, Sept. 22, 1986. *The Reykjavik File: Previously Secret Documents from U.S. and Soviet Archives on the 1986 Reagan-Gorbachev Summit*, TNSA EBB 203, doc. 3을 보라.

60 Chernyaev, 79~84쪽. David Holloway, "The Soviet Preparation for Reykjavik: Four Documents," in the conference report *Implications of the Reykjavik Summit on Its Twentieth Anniversary* (Stanford: Hoover Institution Press, 2007), 45~95쪽도 보라.

61 Chernyaev, 81쪽.

62 "Talking Points," three pp., John Poindexter to the President, no date, RRPL, document no. 9155, Box 90907, European and Soviet Affairs Directorate, NSC.

63 이 부분의 설명은 레이캬비크 논의에 관한 두 기록을 토대로 삼았다. 몇 가지 차이가 있기는 하지만 발언 내용의 요지에 관해서는 대체로 일치한다. 미국의 기록은 요약본으로, 국무부는 이 기록을 기밀 지정물에서 해제했다. TNSA, EBB No. 203을 보라. 소련의 기록은 발언을 그대로 받아쓴 형태로 좀 더 자세하며, 1993년에 『세계경제와 국제관계(Mirovaya Ekonomika I Mezhdurnarodnyye Otnosheniya)』라는 잡지에 네 차례에 걸쳐 게재되었고, 외국

방송정보서비스(FBIS)에 의해 영어로 번역되었다.

64 미국 팀은 니츠가 이끌었고, 소련 팀은 아흐로메예프가 지휘했다. Strobe Talbott, *The Master of the Game: Paul Nitze and the Nuclear Peace* (New York: Knopf, 1988), 317~322쪽을 보라.

65 Shultz, 763쪽.

66 Reagan, *An American Life*, 677쪽.

67 마지막 대화에 관한 설명은 슐츠의 회고에 따른 것으로, 레이건 역시 비슷하게 설명했다. 그렇지만 고르바초프는 레이건이 자기를 비난했다고 말했다. "처음부터 당신은 여기에서 나를 이런 상황에 빠뜨리려고 계획한 겁니다!" 고르바초프는 그 말에 "당신이 우주를 군사화하는 계획을 포기하면" 다시 안으로 들어가서 포괄적인 군축 문서에 서명할 준비가 되어 있다고 대꾸했다고 회고한다. 그러자 레이건은 "정말 유감입니다"라고 대답했다고 한다. Gorbachev, *Memoirs*, 419쪽.

68 Reagan diary, Oct. 12, 1986.

69 Gorbachev press conference, Oct. 14, 1986, BBC Summary of World Broadcasts, SU/8389/A1/1.

12. 무기여 잘 있거라

1 Svetlana Savranskaya and Thomas Blanton, eds., "The Reykjavik File," TNSA EBB 203, doc. 19.

2 TNSA EBB 203, doc. 21.

3 Anatoly Chernyaev, *My Six Years With Gorbachev* (University Park, Pa.: University of Pennsylvania Press, 2000), 87쪽.

4 고르바초프는 오래전부터 인위적으로 낮게 정해진 물가를 올릴 필요가 있었지만, 직접 나서서 물가를 올리지는 못했다. 물가 안정은 1950년대 말과 1960년대 초까지 거슬러 올라가는, 국민과 맺은 사회계약의 일부였다. Yegor Gaidar, *Collapse of an Empire: Lessons for Modern Russia* (Washington, D.C.: Brookings Institution, 2007), 122~139쪽.

5 Politburo instruction No. P34/I to the Ministry of Defense, Oct. 14, 1986, as referenced in an excerpt from Protocol No. 66 of the Politburo meeting, May 19, 1987. Katayev, Hoover.

6 Sergei Akhromeyev and Georgi M. Kornienko, *Glazami Marshala i Diplomata* (Moscow: International Relations, 1992), 124~126쪽.

7 Gorbachev broadcast on Soviet television, Oct. 22, 1982, BBC Summary of World Broadcasts, SU/8398/A1/1.

8 레이건은 10월 14일 백악관 대통령 집무실에서 한 텔레비전 연설에서 이렇게 말했다. "우리

는 1996년까지 지구상에서―소련과 미국의―모든 탄도미사일을 완전히 폐기하자고 제안했
습니다." 그는 또한 미사일 폐기와 더불어 다른 핵무기도 50퍼센트 감축하겠다고 설명했다.

9   Don Oberdorfer, *From the Cold War to a New Era* (Baltimore: Johns Hopkins University
     Press, 1998), 208쪽. 크로는 회고록에서 자신이 레이건에게 이 계획이 "분별없는" 일이라고
     말했다고 언급했지만, 자신의 발언을 직접 인용하지는 않는다. William J. Crowe Jr., *The
     Line of Fire: From Washington to the Gulf, the Politics and Battles of the New
     Military* (Simon & Schuster, 1993), 266~269쪽.

10   Reagan diary, Oct. 27, 1986.

11   TNSA EBB 203, doc. 23.

12   9월에 미국이 지원하는 아프가니스탄 반군에 어깨에 멘 채 발사하는 대공 무기 스팅어
     (Stinger)가 공급되면서 6년 전쟁은 전환점을 맞았다. 미국 의회는 1986회계연도에 비밀리에
     아프간 투사들에게 4억 7,000만 달러에 달하는 금액을 원조했고, 이듬해에는 6억 3000만
     달러로 원조액을 증액했다. Steve Coll, *Ghost Wars* (New York: Penguin Books, 2004), 149
     쪽과 151쪽.

13   Chernyaev, 95쪽.

14   전에는 2차 전략무기제한협정(SALT II)에서 정한 제한을 고수하던 레이건은 이제 제한을 포
     기하기로 결정했고, 미국은 1986년 11월 말에 이 결정을 실행에 옮겼다.

15   이 말은 니콜라이 오가르코프 원수를 거론한 것이다. 1984년 9월 오가르코프는 참모본부
     장에서 해임되었지만, 여전히 국방부에 남아 군대에 선진 기술을 제공할 필요성에 관해 거
     리낌 없이 발언하고 있었다.

16   미국이 레이더 문제를 처음 제기한 것은 1983년이었고, 게이츠는 이 내용을 되풀이한 것이
     었다.

17   William M. Welch, "Soviets Have Far Outspent U.S. on Nuclear Defense, CIA Says,"
     AP, Nov. 25, 1985. "정보"는 Katayev, Hoover에 포함되어 있다.

18   2월 15일 사하로프는 이렇게 말했다. "전략방위구상과는 무관하게 대륙간탄도미사일과 중
     거리 미사일 및 전장 미사일 대폭 감축, 그 밖에 다른 군축 협정을 교섭해야 합니다.……
     저는 전략방위구상에 관한 타협은 나중에 해도 된다고 생각합니다." Sakharov, *Moscow
     and Beyond* (New York: Knopf, 1991), 21쪽.

19   "The INF Treaty and the Washington Summit: 20 Years Later," TNSA EBB No. 238을 보
     라.

20   Podvig, *Russian Strategic Nuclear Forces* (Cambridge: MIT Press, 2001), 224~226쪽;
     Gorbachev, *Memoirs*, 443~444쪽.

21   카타예프의 설명은 그가 쓴 회고록과 장문의 논문인 「소련 정치―군사 문제에서 결정의 구
     조, 준비, 적용(Structure, Preparation and Application of Decisions in Political―Military Problems
     in the Soviet Union)」 및 민―군 관계에 관한 논문을 바탕으로 정리한 것이다.

22   Chernyaev, 103쪽 주석 4.

23   Margaret Thatcher, *The Downing Street Years* (New York: HarperCollins, 1993), 481~482 쪽.

24   Gorbachev, *Zhizn'i reformi*, vol. 2, 36~37쪽; George Shultz, *Turmoil and Triumph: My Years as Secretary of State* (New York: Charles Scribner's Sons, 1993), 890쪽.

25   오카 미사일의 사거리를 599킬로미터로 늘리려는 계획이 있었지만 실행되지는 않았다. Katayev.

26   TNSA, EBB 238.

27   고르바초프는 5월 19일에 승인했다. Katayev.

28   Yarynich가 지은이와 한 인터뷰.

29   이 설명은 다음 자료를 바탕으로 한 것이다. K. Lantratov, "Zvezdnie Voini, Kotorikh ne bylo" [존재한 적도 없는 스타워즈], www.buran.ru/htm/str163.htm. 추락 이틀 뒤인 5월 17일, 소콜로프 국방장관은 중앙위원회에 메시지를 보내 1985년에 고르바초프의 책상 위에 놓였던 SK-1000 명단뿐만 아니라 위성 요격 전투를 위한 새로운 프로그램들을 준비할 것이라고 알렸다. 정치국은 5월 19일에 4인 위원회에서 소콜로프의 메시지를 추가로 검토하겠다고 언급했다. 그렇지만 이 프로젝트들은 대부분 이루어지지 않았다. "On questions of perfecting the structure of the strategic nuclear forces of the USSR and counteracting the American program to create a multi-echelon system of anti-missile defense," a memo. Katayev, Hoover.

30   "On completed investigation of the criminal case against Rust," Central Committee memorandum, July 31, 1987, Hoover, Fond 89, Perechen 18, Delo 117; 덴마크 라디오(DR)에서 제작한 다큐멘터리, http://www.dr.dk/Tema/rust/english/index.html; Peter Finn, *Washington Post*, May 27, 2007, A20쪽; *The Observer,* Sunday, Oct. 27, 2002, interview by Carl Wilkinson.

31   *Pravda*, May 28, 1992; Michael Dobbs, *Down with Big Brother: The Fall of the Soviet Empire* (New York: Knopf, 1997), 180~181쪽.

32   Gorbachev, *Memoirs*, 232쪽.

33   Chernyaev, 119쪽.

34   Chernyaev, 119쪽. "On Violation of Soviet Airspace and Measures to Strengthen Leadership of USSR Armed Forces," Volkogonov Collection, Archive of the President of the Russian Federation, Reel 17, Container 25도 보라.

35   Chernyaev diary, June 15, 1987.

36   Katayev, Hoover.

37   코크런이 지은이에게 말해준 내용에 따르면, 무선 송신기 하우징의 중심 사이의 간격을 측정하면 단일 반파장과 송신기의 주파수를 계산할 수 있다고 한다. 이것은 주파수가 지나치

게 낮아서(파장이 지나치게 길어서) 전투 관리 레이더로는 적절하지 않다는 증거였다.

38 Cochran과의 인터뷰 (2004년 8월 19일, 2008년 2월 25일). 또한 코크런이 알려준 다음 자료들도 보라. "Preliminary Report to the Speaker of the House on Fact-Finding Trip to the Soviet Union"; "Memorandum," to Senator Edward M. Kennedy, from Christopher E. Paine, Sept. 9, 1987; "Chronology of Trip from Moscow to Krasnoyarsk Radar Site," Sept. 5, 1987. 타스통신은 고르바초프의 제안을 보도했다. 카타예프를 비롯한 소련 지도부에 관해서는 1987년 11월 21일 셰바르드나제, 자이코프, 체브리코프, 야조프, 도브리닌, 마슬류코프가 서명한 "Consideration of the question connected with problems of 'violations' of the ABM agreement"와 같은 날 작성한 중앙위원회 간부 보고서를 보라. William J. Broad, "Inside a Key Russian Radar Site: Tour Raises Questions on Treaty," *New York Times*, Sept. 7, 1987, A1쪽도 보라.

39 George Shultz, 1001쪽.

40 Leon Aron, *Yeltsin: A Revolutionary Life* (New York: St. Martin's Press, 2000), 200~206쪽. Archie Brown, *The Gorbachev Factor* (Oxford: Oxford University Press, 1996), 168쪽도 보라.

41 "Gorbachev: Soviet Economic Modernization and the Military," Defense Intelligence Agency, Defense Research Comment DRC-82-87, November 1987. 이 보고서는 1987년 9월 14일에 상하 양원 합동경제위원회에 제출되었다.

42 다음 글에는 게이츠가 메모에서 지적한 것과 동일한 논점이 여럿 담겨 있다. "Whither Gorbachev: Soviet Policy and Politics in the 1990s," NIE 11-18-87, November 1987. 이 평가는 급진적인 변화의 동학을 포착하지 못했다. TNSA EBB 238. 슐츠는 이렇게 말했다. "나는 심대하고 역사적인 변화가 진행 중임을 느꼈다. 소련은 좋든 싫든, 의식적으로든 무의식적으로든 간에 모퉁이를 돌고 있었다. 그들은 단순히 냉전의 2라운드를 위해 쉬고 있는 게 아니었다." Shultz, 1003쪽.

13. 세균, 가스, 비밀

1 Domaradsky and Wendy Orent, *Biowarrior* (New York: Prometheus Books, 2003), 233~250쪽.

2 Popov, interviews by author.

3 Ken Alibek, with Stephen Handelman, *Biohazard: The Chilling True Story of the Largest Covert Biological Weapons Program in the World—Told from Inside by the Man Who Ran It* (New York: Random House, 1999), 87~106쪽.

4 Alibek, 118쪽. 알리베크의 설명이 정확하다면, 고르바초프는 1986년 1월 연설에서 모든 핵무기와 화학무기를 폐기하자고 호소한 지 한 달 만에 이 문서에 서명한 셈이다. 이 문서

는 한 번도 공개된 적이 없다.

5 Chernyaev와의 인터뷰 (2005년 2월 4일). 체르냐예프는 이렇게 말했다. "고르바초프는 프로그램을 끝내는 데 찬성했습니다. 하지만 기만당하고 있었던 겁니다. 언제인지 기억나지는 않는데, 고르바초프는 이미 이 프로그램의 군사 부문을 폐쇄하고 있다는 보고를 받았습니다……. 셰바르드나제가 여러 번 이 프로그램에 관해 그에게 말했지요. '미하일 세르게예비치, 그 사람들이 우리한테 거짓말을 하는 겁니다.'" 누가 고르바초프에게 거짓말을 했느냐고 체르냐예프에게 묻자 그는 이렇게 대답했다. "체제를 상대한 무기 제조업자들이죠. 관련된 군인들과 과학자들 말입니다."

6 "Visit to Moscow of Professor Matthew Meselson," Moscow 14971, State Department cable to Washington, Aug. 29, 1986, courtesy Meselson archive. Jeanne Guillemin, *Anthrax: The Investigation of a Deadly Outbreak* (Berkeley: University of California Press, 1999), 18쪽도 보라. 국무부 전문에 따르면, 모스크바에 체류 중이던 메젤슨은 미국 관리들에게 소련 인사들에게 물어볼 질문이 있는지 물었다고 한다. 메젤슨은 관리들이 별다른 대답을 하지 않았다고 지은이에게 말해주었다. 소련 방문 이후인 9월 12일 워싱턴에서 메젤슨은 중앙정보국과 국무부, 국방부, 군축청(Arms Control and Disarmament Agency)의 관리들을 상대로 브리핑을 했다. 이 자리에서 그는 상한 고기에 관한 소련의 설명이 "앞뒤가 맞는 듯 보였다"는 말을 되풀이했다. 미국 관리들은 그의 말을 믿지 않았고, 그가 곤란한 질문을 던지지 않았다고 생각했다. TNSA EBB 61, doc. 27.

7 이 문서들은 대략 1986년 8월 1일자로 되어 있는, "빅 파이브"가 고르바초프에게 보낸 편지에 동봉되어 있다. Katayev. 평가회의는 1986년 9월 8~26일에 제네바에서 개최되었다. Israelyan, "Fighting Anthrax: A Cold Warrior's Confession," *Washington Quarterly* (Washington, D.C.: Center for Strategic and International Studies and Massachusetts Institute of Technology, 2002), Spring 2002, 17~19쪽. 또한 Remarks by Soviet Ambassador Israelyan, Summary Record of the 5th Meeting, BWC/CON./11/SR.5, Sept. 19, 1986; R. Jeffery Smith, "Soviets Offer Account of '79 Anthrax Outbreak," *Washington Post*, Oct. 9, 1986; Science, Oct 19, 1986 등도 보라.

8 "Anthrax Epidemic in Sverdlovsk 1979 and Soviet Compliance with the BW Disarmament Convention, CISAC-Moscow October 8, 1986," Joshua Lederberg papers, Box 116, Folder 1. 레더버그와 메젤슨은 9월에 만났고, 레더버그는 1986년 9월 12일에 메모를 하나 썼다. "Memorandum from Joshua Lederberg," Box 116, Folder 3. 이 메모에 따르면, 메젤슨은 스베르들롭스크에서 판매된 오염된 골분뿐만 아니라 도자기 공장에서 팔린 감염된 소 사체 때문에도 탄저균이 퍼졌다는 말을 들었다고 한다. 레더버그는 "…… 군은 전혀 관련되지 않았다"고 적었다. 이 메모를 작성하고 얼마 뒤, 레더버그는 윌리엄 케이시 중앙정보국장에게 전화를 걸어 메젤슨의 설명을 "진지하게" 받아들여야 한다고 말했다. Handwritten note to Meselson from Lederberg, Sept. 25, 1986. Box 115, Folder 13.

이와는 별도로 국방정보국은 1986년에 내놓은 보고서에서 다음과 같이 경고했다. "소련은 전장에서 작용제의 효용을 향상시키기 위해 공격용 생물학무기 개발 프로그램에 생명공학 분야의 신개발 요소를 빠르게 통합시키고 있다." "Soviet Biological Warfare Threat," Defense Intelligence Agency, 1986, report DST-1610F-057-86을 보라.

9   "특수한 문제들에 대한 작업 조직의 개선에 관하여"라는 제목의 날짜 미상의 정보 보고서. 1986년 이후의 생물학무기에 관한 전환점과 결정을 기록한 카타예프 문서 속에 있었다. Katayev, Hoover.

10   BBC Summary of World Broadcasts, Aug. 10, 1987, SU/8642/A1/1. Smidovich와의 인터뷰 (2008년 4월 23일). 1984년 조지 부시 부통령은 상대방이 요구하는 경우에 언제든 사찰을 하자고 제안했지만 당시 소련은 거부했다.

11   이 지시에 따라 "화학무기의 존재를 확인하기 위한 국제 검증"에 대비해 "생물학무기 관련 장소"를 은폐하는 시한이 3년 앞당겨졌다. 새로운 시한은 1989년 1월 1일이었다. 날짜 미상의 자료. Katayev, Hoover.

12   Matthew S. Meselson, "The Biological Weapons Convention and the Sverdlovsk Anthrax Outbreak of 1979," *Public Interest Report, Journal of the Federation of American Scientists*, vol. 41, no. 7, Sept. 1988, 1~6쪽. 이 논문은 메젤슨이 1986년의 자신의 모스크바 방문과 더불어 1988년에 있었던 소련 인사의 미국 방문을 설명한 내용이다. 메젤슨은 소련인들이 "스베르들롭스크 동남쪽 15킬로미터 거리에 있는 아라밀(Aramil)의 육류 가공 공장"에서 오염된 골분을 가축 사료 보충제로 사용한 자료를 확인했다고 보고했다. 이 이야기에 따르면, 아라밀의 공장에서는 골분을 만드는 과정에서 살균 처리와 고압 소독 절차를 따르지 않았고, 그에 따라 탄저균이 소들에게 확산되었고, 이 소들을 도축하면서 소비자에게도 확산되었다고 한다. 1991년 『월스트리트저널』 모스크바 지국장인 피터 검블(Peter Gumbel)은 아라밀을 포함해 스베르들롭스크를 세 차례 방문해서 탄저병 발생을 조사했다. 그는 "실제로 아라밀에는 육류 가공 공장 따위는 없다"고 전했다. 대신 그는 그곳에서 소규모 제분소를 발견했고, 제분소에서 골분을 만든 적이 없다는 책임자의 말을 인용했다. 기사에서 검블은 메젤슨이 "엉성하게 받아 적어서 이런 불일치가 생겼을 수도 있다"면서도 소련의 은폐 공작 가능성을 시사했다. "소련의 공식적인 설명은 불일치와 절반의 진실과 명백한 허위로 가득하다." Peter Gumbel, "Sverdlovsk—What Really Happened?—The Scientific Evidence: The Anthrax Mystery," *Wall Street Journal*, Oct. 21, 1991, A18쪽. 메젤슨은 지은이에게 아라밀에 관한 설명이 불일치하는 것은 자기가 받아쓰면서 혼동했기 때문이라고 말했다. 부르가소프에 관해서는 R. Jeffrey Smith, Philip J. Hilts, "Soviets Deny Lab Caused Anthrax Cases," *Washington Post*, April 13, 1988을 보라. 중앙정보국은 1988년 당시 미국을 방문한 소련인들의 설명을 믿지 않았다. 5월 12일 중앙정보국 정보본부(Directorate of Intelligence)는 극비 보고서를 발간했다. 대부분 편집된 내용이지만, 제목은 "스베르들롭스크 탄저병 사건에 관한 소련의 설명: 기만은 계

속된다(Soviet Explanation of Anthrax Incident at Sverdlovsk: The Deception Continues)"였다.

13 Alibek, 148쪽.

14 "Biological Weapons Proliferation Prevention Project Integration: 100% Final Submittal—Phase 0 Feasibility Study for Threat Reduction Activities at Vozrozhdeniya Island, Uzbekistan," Bechtel National Inc., August 31, 2001. 정보공개법에 따라 지은이에게 공개되었다, Defense Threat Reduction Agency; "Vozrozhdeniya Island (VI) Pathogenic Destruction Operations (VIPDO) Final Report," June 6, 2002. 정보공개법에 따라 지은이에게 공개되었다.

15 생물학무기는 병원균 같은 살아 있는 유기체로 만드는 반면, 화학무기는 살아 있는 유기체를 손상시키고 죽이는 비활성 물질로 만든다.

16 Tucker, 158쪽.

17 카타예프 문서에 있는 자료에 따르면, 무기의 대부분은 무척 오래된 것이었다고 한다.

18 John-Thor Dahlburg, "Soviets Lift Secrecy on Chemical Weapons Program," Associated Press, Oct. 4, 1987; Celestine Bohlen, "Soviets Allow Experts to Tour Chemical Weapons Facility," *Washington Post*, Oct. 5, 1987. 각종 화학무기에 관해서는 Katayev, Hoover를 보라.

19 Reagan diary, Dec. 18, 1987. 이 날짜 일기는 부분적으로 편집되었다.

20 Mirzayanov와 지은이의 인터뷰. Oleg Vishnyakov, "'I Was Making Binary Bombs,' This Man Is Talking After Five Years of Silence. He Was Poisoned by Chemical Weapons Made by His Own Hands," *Novoye Vremya*, no. 50, Dec. 1992, 46~48쪽과 49쪽. David Wise, *Cassidy's Run* (New York: Random House, 2000), 20장에도 설명이 나와 있다.

14. 잃어버린 1년

1 고르바초프는 모스크바 정상회담에서 전략 무기를 절반으로 감축하는 조약을 기대했지만, 미국은 미처 준비가 되어 있지 않았다. "Reagan, Gorbachev and Bush at Governor's Island," TNSA EBB No. 261.

2 부시가 백악관에 들어간 뒤 국가안보보좌관이 된 브렌트 스코크로프트는 고르바초프에 관해 무척 조심스러운 태도를 보였다. George Bush and Brent Scowcroft, *A World Transformed* (New York: Knopf, 1998), 12~13쪽.

3 "Session of the CPSU Politburo," June 20, 1988. *Masterpieces of History: Soviet Peaceful Withdrawal from Eastern Europe*, Svetlana Savranskaya, Thomas Blanton and Vlad Zubok, eds. (Budapest: Central European University Press, 2009), Doc. 26.

4 TNSA EBB 261을 보라. 셰바르드나제가 12월 27일에 열린 정치국 회의에서 말한 것처럼, 고르바초프는 군의 반발 가능성을 피하기 위해 드미트리 야조프 국방장관이 자리를 비운

일요일에 국방부에 승인을 위한 문서 업무를 맡겼다. 그날은 "동지들이 자리에 없었다". 당시의 언론 보도에 따르면, 아흐로메예프는 병력 감축에 항의하는 뜻으로 사임을 결심했다고 한다. 고르바초프는 회고록에서 이건 "말도 안 되는 짓"이라고 말했다. Gorbachev, Memoirs, 459쪽. 아흐로메예프는 사임 결정을 내린 것은 연설 전인 1988년 9월에 한 것이지만, 이미 환멸을 느끼고 있었다고 말했다. 하지만 그는 계속 고르바초프의 보좌관으로 일했다. Sergei Akhromeyev and Georgi M. Kornienko, *Glazami Marshala i Diplomata* (Moscow, International Relations, 1992), 213~215쪽.

5   Reagan diary, Dec. 7, 1988.

6   레이건의 유산을 평가하려면, 핵무기 폐기에 관한 그의 공공연한 꿈만이 아니라 대통령 재임 마지막까지도 전략 무기 감축 조약을 완성하지 못했다는 사실까지도 다루어야 한다. 어떤 이는 레이건이 만약 첫 번째 임기에 무기 감축 협상에 좀 더 관심이 있었더라면 두 번째 임기 마지막에 많은 성과를 보여줄 수 있었을 것이라고 주장한다. 그렇지만 지은이는 레이건이 첫 번째 임기 중에 군사력을 증강하고 소련에 도전한 것은 그 자신의 내적 한계에 따른 결과였다고 본다─선거 운동 중에 한 약속, 모스크바에 맞서고 싶다는 그의 의지, 그가 내세운 교섭 담당자의 시기와 전술에 관한 판단 등이 두루 작용한 것이다. 어쨌든 레이건으로서는 다른 결과를 내놓을 수 없었다.

7   부시는 이렇게 말했다. "나는 자세한 논의를 피하고 싶었기 때문에 레이건의 대소련 정책을 전반적으로 지속하겠다고 약속했다. 나는 고르바초프에게 새로운 팀을 구성할 생각이라고 말했다. 시간을 끌 의도는 전혀 없었지만, 나로서는 당연히 나 자신의 국가 안보 정책을 만들고 싶었다." Bush and Scowcroft, 7쪽.

8   *Masterpieces*, Gorbachev at Politburo, Dec. 27 – 28, 1988, doc. 34.

9   *This Week with David Brinkley*, ABC News, Jan. 22, 1989.

10 James A. Baker III, *The Politics of Diplomacy: Revolution, War and Peace, 1989-1992* (New York: G. P. Putnam's Sons, 1995), 68쪽.

11   Bush letter to Sadruddin Aga Khan, March 13, 1989, in Bush, *All the Best, George Bush*, 416쪽.

12 국무부 정책기획실장 데니스 로스(Dennis Ross)는 "시험"이 자신이 내놓은 구상이라고 말했다. "고르바초프가 진심이 아니라고 말하는 사람들에게 그럼 제안으로 시험을 해보자고 했습니다. 만약 그가 진심이라면 대응을 했을 테니까요." Ross, interview, June 2, 2008. 1989년 5월 텍사스A&M대학교에서 한 연설에서 부시는 정책 검토의 결과물을 공개했다. 이른바 "봉쇄를 넘어서"라는 접근법이었다. 그는 중요한 새로운 제안을 내놓지는 않았지만 "시험" 접근법의 전체적인 어조를 정리했다. 1989년 3월에 작성되어 9월에 대통령이 서명한 국가안보지침 23호(NSD 23)도 이런 내용을 문서화한 것이었다. 이 지침에는 다음과 같은 내용이 있다. "미국은 소련에게 단계별, 쟁점별, 기관별로 행동을 요구할 것이다.……"

13 체니는 CNN에서 이 발언을 했다. 그로부터 몇 주 뒤 베이커가 모스크바에 갔을 때 셰바르

데드핸드

드나제에게 처음 한 말은 다음과 같다. "우리는 페레스트로이카가 실패하는 걸 보고 싶지 않습니다." Baker, 73쪽.

14 William C. Wohlforth, ed., *Cold War Endgame: Oral History, Analysis, Debates* (University Park, Pa.: Pennsylvania State University Press, 2003), 26쪽. 같은 책에 수록된 글에는 1989년의 일시적인 대화 중단에 관한 분석이 담겨 있다. Darek H. Chollet and James M. Goldgeiger, "Once Burned, Twice Shy? The Pause of 1989," 141~173쪽. 이와 대조적으로, 2월에 모스크바에서 보낸, 사실을 밝히는 장문의 세 전문에서 매틀록은 변화가 어느 정도인지를 펼쳐 보였다. "요컨대 소련은 사실상 체제가 파산했음을 선언했고, 파산법 제11장(Chapter XI. 기업의 파산 보호 신청에 관한 미국의 법률 조항─옮긴이)의 보호를 받으려고 하는 기업과 마찬가지로 이제 사태를 되돌릴 여지가 없다." 매틀록은 "군사적 부담(The Military Burden)"에 관한 부분을 포함시켰는데, 이 글에서 국내 경제를 구하기 위해 군을 억제하려 한 고르바초프의 바람을 정확하게 포착했다. "The Soviet Union over the Next Four Years," Feb. 3, 1989. 이후에 보낸 전문들에서는 소련의 대외 정책과 미국과 소련의 관계를 다루었다. *Masterpieces*, docs. 42, 44, 46.

15 셰바르드나제의 경고는 기밀 출처에서 접한 내용이다. Baker, *Politics of Diplomacy*, 82~83쪽. 고르바초프의 제안은 확실히 유럽에 영향을 미치려는 책략이었지만 진심에서 우러난 제안이기도 했다. 미국은 동맹국들에게 유럽에 배치된 랜스(Lance) 단거리 핵탄두 미사일 88기를 현대화하라고 재촉하고 있었다. 1987년 중거리핵전력조약이 완성된 뒤, 비교적 사거리가 짧은 이 미사일이 소련이 재래식 공격을 가하는 경우에 나토가 동원할 수 있는 몇 안 되는 전장 핵무기(전술 핵무기─옮긴이)였다. (폭격기에 탑재하는 다른 무기도 수천 개 있었다.) 서독은 현대화를 주저했다. 전쟁에서 랜스 미사일을 사용하면 결국 자국 땅에 떨어질 가능성이 무척 높았기 때문이다. 베이커는 고르바초프가 랜스 미사일 현대화에 대한 지지를 약화시키고 있다고 생각했다. Wohlforth, *Cold War Endgame*, 32쪽; Michael R. Beschloss and Strobe Talbott, *At the Highest Levels: The Inside Story of the End of the Cold War* (Boston: Little, Brown, 1993), 67쪽. 베이커는 지은이와 한 인터뷰에서 고르바초프에 관해 이렇게 말했다. "그가 움직인 방식은 교묘한 장치의 일부분이었습니다. 우리를 유럽 동맹국들과 갈라놓기 위해 그렇게 한 겁니다." 베이커에게 다른 방식으로 대응할 수도 있었다고 생각하느냐고 묻자 그는 아니라고 대답했다. "그건 일방적인 조치였습니다. 우리가 받아들여야 하는 문제가 아니었지요." Baker, interview, Sept. 4, 2008. 카타예프의 문서를 보면 크렘린이 유럽의 정치 현실에 관해 잘 알고 있었음이 드러나며 또한 고르바초프가 전술 핵무기의 감축을 진지하게 고려했음을 알 수 있다. 이 문제는 1989년 군축을 위한 크렘린의 업무 계획에 포함되었다. 카타예프 문서에 있는 한 메모에서는 유럽에 배치된 이 무기는 위험하고 군사적으로 쓸모도 없다고 주장한다. 날짜가 적혀 있지 않은 이 메모의 말에 따르면, "빅 파이브"를 위한 전문가 그룹─카타예프는 이 사람들을 검토 그룹의 "민간" 전문가들이라고 설명했다─은 "단거리 지상 기반 핵무기는 모든 나라에서 억제

용 무기 중에 가장 불편하고 위험한 무기라고 본다." Katayev.

16 피츠워터는 금세 이 발언을 후회했다. Marlin Fitzwater, *Call the Briefing: Reagan and Bush, Sam and Helen: A Decade with Presidents and the Press* (New York: Times Books, 1995), 10장.

17 Masterpieces, July 20, 1989, doc. 73.

18 "Work Plan," a list of decisions and deadlines for 1989, Katayev.

19 "On reduction of the Armed Forces and spending of the Soviet Union on defense," January 1989, Katayev.

20 "Growth of Military Spending USSR and USA in 1980~1991," a chart, Katayev. 1월에 고르바초프는 1987년 대비 군사 지출을 14.2퍼센트 삭감하고 향후 2년 동안 무기 제조를 19.2퍼센트 감축하라고 지시했다. 이 도표에 따르면, 소련의 군사 지출은 1987년에 695억 루블, 1988년 730억 루블, 1989년 773억 루블, 1990년 710억 루블, 1991년 665억 루블이었다.

21 Akhromeyev, 204~205쪽.

22 Bush and Scowcroft, 130쪽. 부시는 아흐로메예프가 미국을 방문했을 때 그에게 정상회담을 제안하는 편지를 주었다. 셰바르드나제를 거치지 않고 고르바초프에게 전달하라는 것이었는데, 셰바르드나제는 이 사실을 알고 크게 분노했다.

23 Anatoly Chernyaev, *My Six Years with Gorbachev* (University Park, Pa.: University of Pennsylvania Press, 2000), 225~226쪽.

24 Baker와 지은이의 인터뷰 (2008년 9월 4일). Baker, *Politics of Diplomacy*, 144~152쪽을 보라. 부시 행정부는 고르바초프를 어떻게 평가할지를 둘러싸고 여전히 심각하게 분열된 상태였다. 10월 16일, 베이커는 뉴욕 외교정책협회(Foreign Policy Association)에서 정책 연설을 하면서 미국과 소련은 "서로 이익을 볼 수 있는 지점들"을 찾아야 한다고 말했다. 다음 날, 댄 퀘일(Dan Quayle) 부통령은 소련의 개혁을 돕는다는 생각을 거부하면서 "그들 스스로 개혁하게 하자"고 말했다. 그러자 베이커는 당시 국가안보부보좌관이던 게이츠가 할 예정이던 비관적인 연설을 못하게 막았다. Baker, 156~157쪽; Robert M. Gates, *From the Shadows: The Ultimate Insider's Story of Five Presidents and How They Won the Cold War* (New York: Simon & Schuster, 1996), 480쪽.

25 이 실험 여행의 기원은 벨리호프가 천연자원보호협의회의 코크런과 진행한 지진 감지에 관한 연구였다. 여기에 참여한 다른 과학자들은 메릴랜드대학의 스티브 페터(Steve Fetter), 매사추세츠 공과대학의 리 그로드진스(Lee Grodzins), 스탠퍼드선형가속기센터(Stanford Linear Accelerator Center)의 하비 린치(Harvey Lynch), 브룩헤이븐국립연구소(Brookhaven National Laboratory)의 마틴 주커(Martin Zucker) 등이었다. "Fact Sheet: The Black Sea Experiment," Natural Resources Defense Council, Washington, D.C. 프랭크 본 히펠은 옵저버로 참여했다. 다른 참가자들은 스탠퍼드대학 국제안보군축센터(Center for

International Security and Arms Control)의 조지 루이스(George Lewis), 프린스턴대학의 밸러리 토머스(Valerie Thomas), 정책연구소(Institute of Policy Studies)의 윌리엄 아킨(William Arkin), 방위예측(Defense Forecast)의 배리 블레크먼(Barry Blechman), 천연자원보호협의회의 사무국장 존 애덤스(John Adams), 천연자원보호협의회의 S. 제이콥 셰어(S. Jacob Scherr)와 로버트 S.(스탠) 노리스(Robert S.(Stan) Norris), 에드워드 케네디(Edward Kennedy) 상원의원의 보좌관인 크리스토퍼 E. 페인(Christopher E. Paine) 등이었다.

26 외무부 관리인 세르게이 코르투노프(Sergei Kortunov)의 말에 따르면, 국가보안위원회는 외국인들에게 탄두를 보여주는 데 불만을 품고 준비 회담에 그가 참여하는 것을 막으려고 했다고 한다. Kortunov와의 인터뷰 (2004년 8월 30일).

27 세 그룹의 실험이 수행되었다. Steve Fetter, et al., "Gamma-Ray Measurements of a Soviet Cruise-Missile Warhead," *Science*, vol. 248, May 18, 1990, 828~834쪽; Thomas B. Cochran, "Black Sea Experiment Only a Start," *Bulletin of the Atomic Scientists* (November 1989): 13~16쪽 등을 보라. 천연자원보호협의회의 로버트 S.(스탠) 노리스는 『소련의 핵무기(Soviet Nuclear Weapons)』라는 책을 배포했다. 당시 소련의 무기 시스템에 관해 소련 내에서 입수할 수 있는 것보다 더 공개적인 정보를 담은 433쪽짜리 책이었다. 지은이와 나눈 대화 (2008년 6월 19일).

28 Velikhov와의 인터뷰 (2004년 9월 2일).

29 Von Hippel, interview, Jan. 24 and June 1, 2004. Cochran, interview, Aug. 19, 2004도 보라.

30 셰바르드나제는 1987년 11월 21일자 문서에 서명한 "빅 파이브" 관료 중 하나였다. 연설은 1989년 10월 23일에 이루어졌다. 나중에 아흐로메예프는 회고록에서 1985년에 자신이 셰바르드나제에게 사실을 이야기했다고 말했다. 아흐로메예프는 군이 정치 지도부를 현혹시킨 게 아니라고 주장했다─사실 돈을 아끼기 위해 그릇된 장소에 기지를 건설하도록 지시한 것은 다름 아닌 정치 지도자들이었다. Akhromeyev, 255쪽.

31 Katayev, Hoover.

32 1989년 10월 6일에 이루어진 결정은 "특수한 문제들에 관한 연구 조직을 개선하는 데 관하여(On Improvement of Organization of Works on Special Problems)"라는 제목이 붙은 카타예프의 "스프랍카"에 기록되어 있다. 날짜 미상, Hoover. "대등한 수준"이라는 언급은 사실상 소련 체제가 구축한 수준을 유지하라는 의미이다. 미국은 공격용 생물학무기 제조 시설이 없었다.

33 Davis와의 인터뷰 (2005년 5월 19일, 8월 11일).

34 MacEachin과의 인터뷰 (2005년 7월 25일).

35 Ken Alibek with Stephen Handelman, *Biohazard: The Chilling True Story of the Largest Covert Biological Weapons Program in the World—Told from Inside by the Man Who Ran It* (New York: Random House, 1999), 153~164쪽. 알리베크는 매개물이

"예르시니아 프세우도투베르쿨로시스(Yersinia pseudotuberculosis)"였다고 말한 반면, 포포프는 "레지오넬라"였다고 말했다.

36   Popov와의 인터뷰 (2005년 3월 31일).

15. 가장 결정적인 돌파구

1   파세추니크는 이 시기에 방사화학물의 분리와 농축을 전공했다. 이 장의 설명에서는 출처를 밝힐 수 없는 자료에 의지했다. 출간된 설명으로는 James Adams, *The New Spies: Exploring the Frontiers of Espionage* (London: Hutchinson, 1994), 20장 "The Weapon of Special Designation"을 보라. 애덤스는 1993년 9월에 파세추니크를 인터뷰했다. Simon Cooper, "Life in the Pursuit of Death," *Seed,* issue 4, January-February 2003, 68쪽도 보라. 파세추니크는 뇌졸중으로 쓰러진 뒤 2001년 11월 21일에 잉글랜드 솔즈베리 Salisbury에서 세상을 떠났다.

2   소련 체제는 거대한 생산 기업을 만들고 그 내부에 생물학무기 연구소를 설치했다. 이 연구소의 경우에는 NPO 팜프리보(NPO Farmpribor)가 생산 조직이었고, 파세추니크는 이 회사의 사장이었다.

3   영국 국방정보참모국의 선임 생물학무기 전문가인 데이비스는 1999년에 한 논문에서 비오프레파라트의 활동 범위에 관한 자세한 설명을 제공했다. "Nuclear Blindness: An Overview of the Biological Weapons Programs of the Former Soviet Union and Iraq," *Emerging Infectious Diseases*, vol. 5, no. 4, July-August 1999, 509~512쪽.

4   U.S. Congress, Office of Technology Assessment, *Technologies Underlying Weapons of Mass Destruction* OTA-BP-ISC-115 (Washington, D.C.: U.S. Government Printing Office, December 1993), 96쪽. W. Seth Carus, *Bioterrorism and Biocrimes: The Illicit Use of Biological Agents Since 1900* (Amsterdam: Fredonia Books, 2002), 17쪽과 23쪽을 보라.

5   Ken Alibek with Stephen Handelman, *Biohazard: The Chilling True Story of the Largest Covert Biological Weapons Program in the World—Told from Inside by the Man Who Ran It* (New York: Random House, 1999), 139~140쪽.

6   Cooper, 105쪽; Adams, 20장, 270~283쪽.

7   Davis와의 인터뷰.

8   Alibek와의 인터뷰 (2007년 6월 18일)과 Alibek, 137쪽과 143쪽.

9   Jones이 『워싱턴포스트』의 Glenn Frankel과 한 인터뷰 (2004년 8월 10일).

10   알리베크도 이 사실을 확인했다. 그는 소련이 "페스트와 천연두를 전략 무기로 고려했다"고 지은이에게 말했다. 1992년에 데이비스는 소련이 대규모 전략 생물학무기 개발 프로그램을 진행하고 있음을 입증했다는 공로를 인정받아 엘리자베스 여왕으로부터 기사 작위를

받았다.

11 파세추니크는 소련의 연구를 세 가지 핵심 영역으로 설명했다. 각 병원균의 특성, 공격 대상의 감염 가능성, 사용자의 취약성이 그것이다. 소련은 생산 속도와 생존 가능한 산 미생물의 산출량을 향상시키고, 독성을 높이고, 항생제 내성을 키우고, 살포 순간과 이후에 세균의 생존 가능성을 극대화하고, 공격 대상 인간의 방어력을 떨어뜨리고, 백신을 접종해서 병원균을 발사하는 사람을 보호하고, 사용자에게 경고하는 탐지 시스템을 개선하려고 노력했다.

12 Gorbachev, *Memoirs*, 524쪽.

13 동독 국제프레스센터에서 귄터 샤보브스키(Guenter Schabowski)가 연 기자회견은 오후 7시 직전에 시작되었다. Cold War International History Project, translated by Howard Sargent.

14 25 Weekly Comp. Pres. Docs. 1712, Nov. 9, 1989. 부시는 고르바초프가 그날 자신에게 미국이 과도하게 반응하지 않았으면 좋겠다는 메시지를 보냈다고 말했다. George Bush and Brent Scowcroft, *A World Transformed* (New York: Knopf, 1998), 148~151쪽.

15 *Masterpieces*, 242쪽.

16 미국의 한 참석자는 생물학무기 문제는 정상회담을 위한 준비 문서에 포함되지 않았으며, 부시가 고르바초프에게 언급하지도 않았다고 지은이에게 말해 주었다.

17 "On Improvement of Organization of Works on Special Problems," Katayev, Hoover.

18 Alibek, 150쪽.

19 이 설명은 카타예프 문서의 자료들을 바탕으로 한 것이다. Katayev, Hoover. 야조프가 보낸 항의 서한도 그중 하나이다. "On the draft resolution of the Tsk KPSS 'On directives to the USSR delegation at the Soviet-American consultations on issues of banning bacteriological and toxin weapons,'" signed by Yazov January 10, 1990. 카르포프는 1990년 1월 11일에 V. F. 라자레프(V. F. Lazarev)에게 보낸 편지로 대응했고, 카타예프의 부서의 부국장인 N. 샤호프(N. Shakhov)가 서명한 별도의 "스프랍카"에는 스베르들롭스크 사고에 관한 공식적인 입장이 요약되어 있다.

20 매키친이 맡은 일은 비그룹을 위해 몇몇 기관에서 얻은 정보를 종합하고 각 그룹이 어떻게 다른지를 설명하며 비그룹이 필요로 할 때 각 기관으로부터 데이터를 얻어 오는 것이었다.

21 MacEachin과의 인터뷰 (2005년 7월 25일).

22 Ross와의 인터뷰 (2008년 6월 2일).

23 Anatoly Chernyaev, *My Six Years with Gorbachev* (University Park, Pa.: University of Pennsylvania Press, 2000), 244쪽.

24 James A. Baker III, *The Politics of Diplomacy: Revolution, War and Peace, 1989-1992* (New York: G. P. Putnam's Sons, 1995), 240쪽. 아흐로메예프는 셰바르드나제가 2월에 한 양보가 "단순히 그가 저지른 실수"였다고 말했다. Sergei Akhromeyev and Georgi M.

Kornienko, *Glazami Marshala i Diplomata* (Moscow, International Relations, 1992), 273쪽.

25 아흐로메예프도 자이코프의 집무실에서 생물학무기에 관해 논의한 회의에서 비슷한 생각
을 표명했다. 데이터는 분명하지 않지만, 카타예프가 메모를 했다. 사찰 가능성을 염두에
두고 생물학무기 시설을 대비하는 것이 주제였다. 카타예프가 메모한 바에 따르면, 아흐로
메예프는 "생산을 재개하려면 6개월에서 12개월이 필요하다"고 말했다. Katayev, Hoover.

26 Alibek, 177~178쪽.

27 과거의 위반 사실은 회피한다는 게 지침이었다. "Additional directives for the USSR
delegation to the Soviet American consultations on question of prohibition of
bacteriological and toxin weapons," Central Committee, 날짜 미상. 표지를 보면 1990년
4월 25일에 정치국이 승인했고, 비슷한 내용의 4월 2일자 지침을 확대한 것임을 알 수 있
다. Courtesy Svetlana Savranskaya.

28 Alibek, 189~191쪽.

29 Matlock가 지은이와 나눈 대화 (2008년 5월 27일).

30 "Memorandum of conversation between the U.S. ambassador to the USSR, J. Matlock,
and the British ambassador, R. Braithwaite," May 14, 1990, Katayev, Hoover. 브레이스
웨이트는 5월 14일 회동에 관한 일기 발췌 내용을 제공했다.

31 "To the President of the Union of Soviet Socialist Republics, Comrade M. S.
Gorbachev," May 15, 1990, Katayev, Hoover. 이 문서는, 파세추니크가 말한 것처럼, 이
시점에 이르면 고르바초프와 셰바르드나제가 공격용 생물학무기 개발 프로그램에 관해 알
고 있었다는 확고한 증거이다.

32 여기서 **처방전**이란 표현은 보통 생물학무기 조제법을 의미한다.

33 이 설명이 어디까지 진실인지는 알려지지 않았다. 1989년 여러 회의에서 카타예프가 손으
로 작성한 단편적인 메모들에는 해체에 관한 논의가 담겨 있어서 일부 내용이 확인된다. 하
지만 당시에 장비를 보존할 것인지를 놓고 여전히 논란이 있었다. 파세추니크의 심문 내용
을 비롯한 다른 증거들을 보면, 1989년에도 여전히 병원균의 시험과 제조, 무기화가 진행
되고 있었음이 드러난다.

34 앞선 두 결정은 파세추니크가 망명한 뒤인 1989년 12월 6일과 1990년 3월 16일에 내려졌
다.

35 자이코프가 확인한 두 곳은 1969년 이전 생물학무기 개발 프로그램에서 사용된 바 있었
다. 유타 주의 더그웨이실험기지와 아칸소 주의 파인블러프 저장 시설이 그곳이다. 그가
언급한 세 번째 장소는 캘리포니아 주 아미티빌(Amityville)에 있는 시터스코퍼레이션(Cetus
Corporation)이라는 민간 회사라고 설명되었는데, 발견된 적이 없다.

36 Baker와의 인터뷰 (2008년 9월 4일), MacEachin과의 인터뷰 (2005년 7월 25일), Ross와의 인
터뷰 (2008년 6월 2일). 셰바르드나제가 베이커와의 각료급 회담에 대해 준비한 공식 지침은
소련 측은 이 주제에 관해 신뢰를 강화하고 개방성을 확대하기를 원한다는 말을 반복하는

것이었다. Fond 89, perechen 10, Delo 61, Hoover를 보라. 베이커는 회고록인 『외교의 정치학』 248쪽에서 자고르스크 방문에 관해 설명했지만 생물학무기 문서에 관해서는 언급하지 않았다. 베이커는 또한 1998년 10월 13일 방영된 PBS 〈프론트라인(Frontline)〉의 다큐멘터리 《페스트 전쟁(Plague War)》의 인터뷰에서 자고르스크 여행에 관해 설명했다. www. pbs.org/wgbh/pages/frontline/shows/plague/interviews/baker.html을 보라.

37 Rodric Braithwaite, Across the Moscow River (New Haven: Yale, 2002), 141~143쪽.

38 Baker, 247쪽.

39 Raymond L. Garthoff, *The Great Transition* (Washington, D.C.: Brookings Institution, 1994), 425~428쪽; Beschloss and Talbott, 219~228쪽; Don Oberdorfer, *From the Cold War to a New Era* (Johns Hopkins University Press, 1998), 410~430쪽; Baker, 253쪽; Bush and Scowcroft, 283쪽 등을 보라.

40 매틀록의 말에 따르면, 처음에 "워싱턴의 관료 집단은 상호 방문 구상에 만족하지 않았다. 그들은 사실상 자신들은 위반을 하고 있고 우리는 아니라고 말했다. 도대체 왜 우리가 그들에게 우리가 하는 일을 보여줘야 하는가? 나는 상호 방문을 받아들여야 한다고 주장했다. 우리가 잃을 게 뭐가 있었을까?" Matlock이 지은이와 나눈 대화 (2008년 5월 27일).

41 Gorbachev와의 인터뷰 (2004년 6월 10일).

42 브레이스웨이트는 대처가 국방장관에 비해 생물학무기에 관해 "훨씬 더 직접적으로 고르바초프에게 따져 물었다"고 말한다. "고르바초프는 자신은 아무것도 알지 못한다고 주장하면서도 조사해보겠다고 약속했다. 런던과 워싱턴의 정보 분석가들은 대부분 여전히 고르바초프와 그의 전임자들 사이에 차이점이 별로 없다고 생각했으며, 또한 고르바초프가 당시 진행되는 상황을 완벽하게 알고 있고 장군들이 의도적으로 벌이는 사기극의 공범이라고 믿었다." Braithwaite, 141~143쪽. 다른 설명에 따르면, 대처는 만약 고르바초프가 협조하지 않으면, 파세추니크를 전 세계 텔레비전에 출연시키겠다고 으름장을 놓았다고 한다. Tom Mangold and Jeff Goldberg, *Plague Wars* (New York: St. Martin's Griffin, 1999), 111쪽.

43 베이커와 셰바르드나제는 7월 16~18일에 파리에서 만났다. 미국과 영국이 공동으로 준비한 이 문서에는 생물학무기금지협약을 위반한 소련의 대규모 세균전 프로그램에 관한 설명이 담겨 있었다. Katayev.

44 "Biological weapons," the Shevardnadze talking points, in draft and final form; agendas for the meetings of July 27 and 30, 1990. Katayev.

45 Eduard Shevardnadze, *The Future Belongs to Freedom* (New York: Free Press, 1991), 72쪽. 화학무기와 생물학무기 관련 정책을 담당한 셰바르드나제의 보좌관 니키타 스미도비치는 이 말이 그가 생물학무기에 관해 베이커에게 한 이야기에 관한 것이라고 말했다.

46 MacEachin과의 인터뷰 (2006년 2월 7일, 13일).

47 협의는 결국 1991년 1월 7~20일에 첫 번째 방문을 한다는 합의로 이어졌다.

48 Baker, 312쪽.

49 Chernyaev, 291쪽.

50 Shevardnadze, 197쪽과 212쪽.

51 Michael Dobbs, *Down with Big Brother: The Fall of the Soviet Empire* (New York: Knopf, 1997), 325쪽.

52 기밀 출처.

53 이 부분의 방문에 관한 설명은 어느 정도 기밀 출처에 바탕을 둔 것이다. Davis와의 인터뷰 (2005년 8월 11일), Alibek와의 인터뷰 (2007년 6월 18일), Alibek, *Biohazard*, 193~206쪽; Davis와 『프론트라인』의 인터뷰, "세균전(Plague War)"; David C. Kelly, "The Trilateral Agreement: Lessons for Biological Weapons Verification," Chapter 6 in *Verification Yearbook, 2002* (London: The Verification Research, Training and Information Center, 2002), 75~92쪽 등도 참조했다.

54 데이비스는 당시에 볼 건 충분히 보았고, 이 시점에서 방문단의 임무 전체를 위험에 빠뜨리고 싶지는 않았다고 말했다. Davis가 지은이와 나눈 대화 (2008년 11월 4일).

55 포포프는 데이비스를 저지한 남자가 나중에 그 행위에 대해 금전적인 보너스를 받았다고 말했다.

16. 위험하게 산 해

1 Yegor Gaidar, *Collapse of an Empire*, 201~219쪽을 보라.

2 Anatoly Chernyaev, *My Six Years with Gorbachev* (University Park, Pa.: University of Pennsylvania Press, 2000), 343쪽.

3 Chernyaev, *1991 g.: Dnyevnik Pomoshchnika Prezidenta SSSR* [1991: 어느 소련 대통령 보좌관의 일기]] (Moscow: Terra, 1997), 126쪽.

4 Valentin Stepankov and Yevgeny Lisov, Kremlyovskii Zagovor (Perm: Ural-Press, Ltd., 1993), 271쪽. Michael Dobbs, *Down with Big Brother: The Fall of the Soviet Empire* (New York: Knopf, 1997), 336~344쪽; Anatol Lieven, *The Baltic Revolution* (New Haven: Yale University Press, 1993) 등도 보라.

5 고르바초프는 자신은 빌뉴스 폭력 사태를 계획하지 않았다고 말했다. *Memoirs*, 651쪽.

6 Chernyaev, 320~323쪽.

7 베이커는 모스크바 대사관을 통해 고르바초프에게 문서 두 개를 보냈다. 3월 5일 회담과 베이커가 보낸 메시지는 4월 5일에 메이저가 고르바초프에게 보낸 편지에서 언급된다. Katayev, Hoover. "Biological Weapons," 날짜 미상, Katayev도 보라.

8 Katayev, Hoover.

9 Jack F. Matlock Jr., *Autopsy on an Empire: The American Ambassador's Account*

of the Collapse of the Soviet Union (New York: Random House, 1995), 537~539쪽.

10 Matlock, *Autopsy*, 539~541쪽.

11 Chernyaev, 352쪽. 매틀록은 또한 『고르바초프와 함께한 6년』에 쓴 서문에서 이 오해에 관해서도 자세한 이야기를 한다.

12 Chernyaev, 352쪽.

13 Beschloss and Talbott, *At the Highest Levels*, 400쪽.

14 체르냐예프는 자기 역시 고르바초프에게 모스크바 주변 군부대의 의심스러운 이동에 관한 소문을 전한 바 있다고 말했다. 체르냐예프는 고르바초프가 이런 징후에 "불쾌해했다"고 술회했다. 체르냐예프는 또 고르바초프가 크류츠코프, 야조프, 푸고 등이 최고 소비에트에서 한 연설에 격분했다고 말했다. Chernyaev, 354쪽.

15 이 설명은 Matlock, 539~546쪽과 Chernyaev, 352~353쪽에 바탕을 둔 것이다.

16 Blair, interview, Feb. 20, 2004; Yarynich, interview, April 20, 2003.

17 "On reply to the U.S. President on the question of biological weapons," July 4, 1991, Katayev, Hoover.

18 당시 "일괄 타결(grand bargain)" 구상이 퍼지고 있었다—대규모 원조를 하는 대가로 진정한 시장 개혁과 민주주의를 요구한다는 것이었다. 하지만 부시는 대규모 원조를 승인한 적이 없었고, 고르바초프는 절대 참된 시장 개혁에 착수하지 않았다. 고르바초프는 서구 지도자 그룹에 극적으로 원조를 호소하긴 했지만 정상회담에서 대규모 경제 원조를 확보하는 데는 실패했다.

19 Chernyaev, 358~359쪽.

20 "White House Fact Sheet on the Strategic Arms Reduction Treaty," Presidential Documents, Vol. 27, 1086쪽.

21 Chernyaev, 369쪽.

22 왜 하필 이때였을까? 새로운 연방 조약이 확실히 한 요소로 작용했다. 하지만 고르바초프는 또한 강경파가 그들을 교체하기로 옐친과 논의한 내용을 엿들었을 수도 있다고 말했다. 두 사람은 7월 말에 모스크바 외곽에 있는 노보-오가료보의 대통령 별장 방에서 이 이야기를 나누었는데, 이 방은 도청되는 곳이었다. Gorbachev, *Memoirs*, 643쪽.

23 Gorbachev, *The August Coup: The Truth and the Lessons* (New York: HarperCollins, 1991), 19쪽.

24 Chernyaev, *Diary of an Assistant*, 190쪽.

25 어떤 설명들에 따르면, 핵 가방의 암호가 지워져서 사용할 수 없는 상태였다고 한다. 하지만 정확히 어떤 상태였는지 알 수 없다.

26 Dobbs, 387~389쪽.

27 Yevgeny Shaposhnikov, *Vybor* (Moscow: Nezavisimoye Izdatelstvo, 1995), 44~45쪽.

28 Yarynich가 지은이와 나눈 대화 (2004년 8월).

29 훗날 고르바초프는 8월 27일에 집에 돌아와 보니 라이사가 눈물을 흘리고 있었다고 회고했다. 라이사는 남편이 여태까지 자기에게 보낸 편지를 모두 태워버렸다. 다시 쿠데타가 일어나서 누군가 이 편지들을 볼 것을 상상하니 태울 수밖에 없었다는 것이었다. Andrei S. Grachev, *Final Days* (Boulder: Westview Press, 1995), 171쪽.

30 Dobbs, 418~420쪽.

3부 / 냉전의 위험한 유산

17. 거대한 해체

1 Nunn과의 인터뷰 (2005년 3월 10일).

2 조지아 주 출신 연방 하원의원으로 수십 년 동안 하원 군사위원회 위원장을 지낸 빈슨은 넌의 외종조부였다. 미시시피 주 출신 연방 상원의원 스테니스는 당시 상원 군사위원회 위원장이었다. 넌에게 영향을 미친 또 다른 인물인 조지아 주 출신 연방 상원의원 리처드 러셀 (Richard Russell)도 상원 군사위원회 위원장을 지냈다. 러셀은 1971년에 세상을 떠났고 넌은 그의 뒤를 이어 연방 상원의원에 당선되었다.

3 Kenneth W. Thompson, ed., *Sam Nunn on Arms Control* (Lanham, Md.: University Press of America, 1987), 19쪽.

4 방문은 1974년 2월 4~17일에 이루어졌다. 넌은 상원 군사위원회의 프랭크 설리번(Frank Sullivan)과 동행했다. Nunn과의 인터뷰 (2005년 3월 10일), Sullivan과의 인터뷰 (2006년 1월 31일). 또한 Nunn, "Changing Threats in the Post-Cold War World," speech, Monterey Institute of International Studies, Monterey, Calif., Aug. 20, 1995; U.S. Senate, 93d Congress, 2d Session, April 2, 1974, "Policy, Troops and the NATO Alliance, Report of Senator Sam Nunn to the Committee on Armed Services, United States Senate." Courtesy of Manuscript, Archives and Rare Book Library, Robert W. Woodruff Library, Emory University, Atlanta, Ga 등도 보라.

5 David Miller, *The Cold War: A Military History* (New York: Thomas Dunne Books, St. Martin's Press, 1998), 360쪽.

6 넌은 베트남전 이후 널리 퍼진 패배 심리와 이것이 미군에 미친 효과를 보면서 소련군도 제국을 잃은 뒤 사기가 떨어질 것이라는 결론을 내리게 되었다고 내게 말했다. Nunn이 지은 이와 나눈 대화 (2008년 8월 26일). Nunn, "Vietnam Aid—The Painful Options," Report to the Senate Armed Services Committee, Feb. 12, 1975, 94th Congress, 1st Session을 보라.

7 1980년대 중반에 넌과 존 워너(John Warner) 상원의원(공화당-버지니아 주)은 비상사태가 발생하는 경우에 정보를 공유하기 위해 미국과 소련이 위험 감축 센터를 설립할 것을 제안했다. 1985년 레이건과 고르바초프는 제네바에서 1단계 구상을 받아들였고, 1987년 9월 15

일 미국과 소련은 워싱턴과 모스크바에 핵위험감축센터(Nuclear Risk Reduction Center)를 설치하는 협정에 서명했다. 또한 넌과 워너는 좀 더 야심적인 시도도 제안했지만 채택되지는 않았다. "Outline of nuclear risk reduction proposal," fact sheet, Undated; "Nuclear Risk Reduction Center," Cathy Gwin이 지은이와 나눈 대화 (2008년 7월 28일).

8   George Bush and Brent Scowcroft, *A World Transformed* (New York: Knopf, 1998), 539, 545~547쪽.

9   "Address to the Nation on Reducing United States and Soviet Nuclear Weapons," Presidential Documents, vol. 27, 1348쪽.

10   "Soviet Tactical Nuclear Forces and Gorbachev's Nuclear Pledges: Impact, Motivations, and Next Steps," Interagency Intelligence Memorandum, Director of Central Intelligence, November 1991.

11   천연자원보호협의회의 코크런은 소련 관리들을 설득해서 핵무기 철수를 검증하는 조치를 취하려고 했지만, 당시에 그들은 관심을 보이지 않았다. "Report on the Third International Workshop on Verified Storage and Destruction of Nuclear Warheads," NRDC, Dec. 16 - 20, 1991을 보라.

12   George Bush, *All the Best, George Bush: My Life in Letters and Other Writings* (New York: Touchstone, 1999), 539쪽. 국무부 비망록은 4일 후에 작성되었다. Baker, *The Politics of Diplomacy* (New York: G .P. Putnam's Sons, 1995), 558쪽.

13   Gates, prepared statement to the House Armed Services Committee, Defense Policy Panel, December 10, 1991, in *Preventing Chaos in the Former Soviet Union: The Debate on Providing Aid*, Report of the Committee on Armed Services, 102nd Congress, Second Session, Jan. 17, 1992, 166~188쪽.

14   모스크바에 주재하는 미국의 한 외교관은 소련 관리와 나눈 대화를 워싱턴에 전문으로 보냈다. 소련 관리는 소련에 "상당한 수의 탄두를 해체하면 나오게 될 엄청난 양의 무기급 물질을 보관할 적절한 저장 장소가 사실상 없다"고 말했다. "Russian views on destruction/storage of dismantled nuclear warheads," Moscow cable to the State Department, Jan. 14, 1992, 정보공개법에 따라 지은이에게 공개되었다. 플루토늄 핏에 관한 이야기는 당시 원자력부 차관이던 빅토르 미하일로프(Viktor Mikhailov)가 워싱턴을 방문하던 중인 1991년 10월에 프랭크 본 히펠에게 언급한 것이다. Von Hippel과의 인터뷰 (1991년 7월 31일). 안전한 저장소의 필요성이 제기된 것은 1991년 10월 18~19일 워싱턴에서 천연자원보호협의회와 미국과학자연맹이 주관한 비공식 워크숍과 1991년 12월 16~20일 키예프에서 열린 비공식 워크숍에서였으며, 소련은 두 회의에 모두 참가했다. 키예프 회의 중에 미하일로프는 회의 참석자들에게 철도 차량에 관해 언급했다.

15   Blair, testimony to the House Committee on Armed Services, July 31, 1991. 9월에 블레어는 소련 전략로켓군 사관학교 교수인 겐나디 파블로프 퇴역 대령의 워싱턴 방문을 주선

했다. 9월 24일 블레어와 파블로프는 상원 조사단 앞에서 공동으로 증언하면서 누가 핵 가방을 가지고 있는지, 쿠데타 시기 동안 고르바초프에게 무슨 일이 생겼는지, 그리고 소련의 핵무기 발사 절차가 어떤지 등에 관해 자세히 설명했다. U.S. Senate, 102d Congress, 1st Session, Sept. 24, 1991, "Command and Control of Soviet Nuclear Weapons: Dangers and Opportunities Arising from the August Revolution," Hearing before the Subcommittee on European Affairs, Committee on Foreign Relations.

16   Ashton B. Carter, John D. Steinbruner and Charles A. Zraket, *Managing Nuclear Operations* (Washington, D.C.: Brookings Institution, 1987)을 보라.

17   넌 상원의원의 보좌관으로 당시 애스핀과의 회동에 배석했던 딕 콤스(Dick Combs)와 2004년 11월 28일에 한 인터뷰.

18   이 제안은 상원과 하원의 회의에서 각각 승인받지도 않은 상태였는데 두 사람은 입법 작전의 일환으로 상하 양원 합동회의에서 느닷없이 제출하려고 했다.

19   Don Oberdorfer, "First Aid for Moscow: The Senate's Foreign Policy Rescue," *Washington Post*, Dec. 1, 1991, C2쪽.

20   1991년 10월 17~24일 워싱턴에서 미하일로프는 천연자원보호협의회가 검증 문제에 관련해 연 워크숍에 참석하고 국회의원들을 상대로 브리핑을 했다. NRDC, "Report on the Third International Workshop," 3쪽. Christopher Paine과의 인터뷰(2008년 7월 31일).

21   Nunn, "Soviet Defense Conversion and Demilitarization," *Congressional Record*, *Senate*, vol. 137, no. 167, 102nd Cong. 1st Sess., Nov. 13, 1991.

22   Lugar daily calendar, courtesy office of Senator Lugar.

23   Carter와의 인터뷰 (2005년 12월 14일).

24   Bush and Scowcroft, 543~544쪽.

25   Baker와의 인터뷰 (2008년 9월 4일).

26   Baker, *The Politics of Diplomacy*, 562~563쪽. "America and the Collapse of the Soviet Empire: What Has To Be Done," Secretary Baker, Princeton, Dec. 12, 1991, U.S. Department of State Dispatch, vol. 2, no. 50, 887~893쪽.

27   체테크는 1991년 4월에 캐나다 환경주의자들이 연 심포지엄에서 논란을 불러일으켰다. 미하일로프가 알렉산드르 체르니쇼프(Alexander Tchernyshev)와 함께 참석했다. John J. Fialka, "Soviet Concern Has Explosive Solution for Toxic Waste—Firm Pushes Nuclear Blasts as Cheap Way for Nations to Destroy the Materials," *Wall Street Journal*, Oct. 25, 1991. William E. Burrows and Robert Windrem, *Critical Mass* (New York: Simon & Schuster, 1994)도 보라. 아르자마스-16은 체테크의 주주 가운데 하나였다. Dmitri Bogdanovich, Vlast, No. 102, Jan. 13, 1992.

28   미국은 1961년부터 1973년까지 이런 핵폭발을 27회 실행했다. 소련은 1965년부터 1988년까지 124회 수행했다.

29   "Press Release, Ministry of Atomic Power and Industry, USSR, and International Joint
      Stock Company 'CHETEK,'" Dec. 11, 1991, in NRDC, "Report of the Third International
      Workshop," appendix F.

30   Mark Hibbs, "Soviet Firm to Offer Nuclear Explosives to Destroy Wastes," *Nucleonics
      Week*, Oct. 24, 1991, vol. 32, no. 43, 1쪽. Fred Hiatt, "Russian Nuclear Scientists Seek
      Business, Food," *Washington Post*, Jan. 18, 1992, A1쪽.

31   클리퍼드 G. 개디(Clifford G. Gaddy)는 소련 경제의 초군사화가 미친 영향에 관한 연구에
      서 다음과 같이 지적한다. "조잡한 냄비는 전환에 대한 방산복합체의 저항을 상징하는 물
      건이 되었다. 실제로 그들이 보낸 메시지는 이런 것이었다. '우리가 전환한다면, 우리 조건
      대로, 우리의 지위에 상응하는 방식으로 해야 한다. 그렇지 않다면 절대 전환하지 않겠다!'"
      Gaddy, *The Price of the Past: Russia's Struggle with the Legacy of a Militarized
      Economy* (Washington, D.C.: Brookings Institution Press, 1996), 65쪽.

32   "Soviet Defense Industry: Confronting Ruin," SOV 91-10042, October 1991.

33   번스는 육군에서 34년간 복무했고, 중거리핵전력조약 협상 과정에서 합동참모본부 대표단
      의 군 고위 참가자로 일했다. 1988~1989년에 군축청장을 지냈다.

34   Burns와의 인터뷰 (2004년 8월 12일).

35   Sergei Popov와 Taissia Popova와의 인터뷰 (2005년 5월 16일). Gait가 지은이와 나눈 대화
      (2008년 7월 7일).

36   Ken Alibek, *Biohazard: The Chilling True Story of the Largest Covert Weapons
      Program in the World—Told from the Inside by the Man Who Ran It* (New York:
      Random House, 1999), 226~240쪽. Alibek와의 인터뷰 (2007년 6월 18일).

37   David Hoffman, "Baker Witnesses an End, a Beginning; Visit Marked by Gorbachev's
      Humiliation, Ex-Republics' Rise," *Washington Post*, Dec. 21, 1991, A1쪽.

38   William C. Wohlforth, ed., *Cold War Endgame: Oral History, Analysis, Debates*
      (University Park, Pa.: Pennsylvania State University Press, 2003), 126쪽.

39   James A. Baker III, *The Politics of Diplomacy: Revolution, War and Peace, 1989-
      1992* (New York: G. P. Putnam's Sons, 1995), 572쪽과 575쪽. "JAB notes from 1-on-1
      mtg. w/B. Yeltsin during which command & control of nuclear weapons was
      discussed, 12/16/1993," courtesy Baker도 보라. 소련의 시스템에는 체게트 가방이 세 개
      있었는데, 대통령, 국방장관, 참모본부장이 하나씩 갖고 있었다. 하지만 베이커의 기록에
      따르면, 당시에는 옐친과 샤포시니코프, 고르바초프가 하나씩 갖고 있었던 것으로 보인다.

40   Gorbachev, *Memoirs*, 670쪽.

41   Andrei S. Grachev, *Final Days: The Inside Story of the Collapse of the Soviet
      Union* (Boulder: Westview Press, 1995), 189~190쪽.

42   Katayev, a chart, March 1991.

18. 과학자들

1 옐친의 대 국민 연설 (1991년 12월 29일). Central Television, BBC Summary of World Broadcasts.

2 Leon Aron, *Yeltsin: A Revolutionary Life* (New York: St. Martin's Press, 2000), 483쪽.

3 Vladimir Gubarev, *Chelyabinsk-70* (Moscow: Izdat, 1993); *Lev i Atom: Akademik L. P. Feoktistov: Aftoportpet ha fone vospominaniye*[아카데미 회원 레프 P. 페옥티스토프: 자화상과 회상] (Moscow: Voskresenye Press, 2003).

4 첼랴빈스크 연구소장 아브로린은 4월에 첫 번째 이메일을 보냈다. Cochran correspondence files, 1991-1992.

5 James A. Baker III, *The Politics of Diplomacy: Revolution, War and Peace, 1989-1992* (New York: G. P. Putnam's Sons, 1995), 614~616쪽. 이 설명은 지은이가 작성한 메모와 『워싱턴포스트』에 쓴 기사를 바탕으로 한 것이다. David E. Hoffman, "Atom Scientists at Ex-Soviet Lab Seek Help; Baker Hears Appeals on Tour of Arms Complex," Feb. 15, 1992, A1쪽; Thomas L. Friedman, "Ex-Soviet Atom Scientists Ask Baker for West's Help," *New York Times*, Feb. 15, 1992, 1쪽.

6 "Moscow Science Counselors Meeting," State Department cable, Jan. 31, 1992.

7 "Comprehensive Report of the Special Advisor to the DCI on Iraq's WMD," CIA, Sept. 30, 2004.

8 국제과학기술센터의 초대 소장을 맡은 글렌 E. 슈와이처(Glenn E. Schweitzer)는 이것이 가장 정확한 추정치라고 말했다. *Moscow DMZ* (Armonk, N.Y.: M. E. Sharpe, 1996), 103~104쪽.

9 그해 미국 국방 예산이 2950억 달러인 것과 비교하면 정말 적은 액수이다.

10 이 연구소는 지하 핵실험을 위한 진단과 측정 장비를 개발하는 곳이었다.

11 Anne M. Harrington과의 인터뷰 (2004년 7월 30일, 8월 11일).

12 2년 반 동안 지원 활동을 한 뒤인 1996년, 국제과학기술센터는 핵무기 과학자와 공학자 들이 지원금의 63퍼센트를 받고 미사일 전문가들이 16퍼센트를 받았다고 추산했다. ISTC brochure.

13 Victor Vyshinsky와의 인터뷰 (1998년 10월 13일).

14 "Statement of the Director of Central Intelligence Before the Senate Armed Services Committee," Jan. 22, 1992를 보라.

15 Andrei Kolesnikov, "Russian Scientists Accused of Wanting to Help North Korea Become a Nuclear Power," *Moscow News*, April 2, 1993. Evegni Tkachenko, TASS, Feb 10, 1993. 이 기사는 지역 신문인 『첼랴빈스키라보치(Chelyabinski Rabochi)』를 인용하는데, 이 신문은 북한이 미사일 전력을 현대화하기 위해 채용 공작을 벌였다는 지방 관리들의 말을 전한다. 2월 24일, 트카첸코는 베사라보프가 연구소에는 이제 업무가 없으며, 자신이 받는 급여는 한 달에 6달러에 해당하는 액수라고 말했다고 인용했다. 2004년 9월 1일 은퇴

762   데드핸드

한 연방 보안 요원과의 인터뷰에서.

16   Michael Dobbs, "Collapse of Soviet Union Proved Boon to Iranian Missile Program," *Washington Post*, Jan. 13, 2002, A19쪽; Dobbs와 Vorobei와의 인터뷰 (2001년 모스크바). 테헤란에 두 번째로 체류한 러시아 미사일 전문가의 매력적인 설명으로는 Yevgenia Albats, "Our Man in Tehran," *Novaya Gazeta*, No. 10, March 1998, 4~5를 보라. 이 미사일 전문가는 익명으로 등장했지만, 그가 설명하는 경험은 보로베이의 경험과 비슷하다.

17   가르비예는 고급 미사일 유도 시스템을 손에 넣을 계획이었다. 1994년 11월 가르비예는 "요르단" 사업가들로 변장한 이라크 대표단과 함께 소련 시대의 거대한 로켓 엔진 제조업체인 에네르고마시(Energomash)에 나타났다. 에네르고마시는 반세기에 걸쳐 약 60종의 엔진을 제작했지만, 소련이 붕괴된 뒤에는 일감이 거의 없었기 때문에 해외 주문에 절실하게 매달렸다. 가르비예는 "가르비예 사"의 명함을 내밀었다. 에네르고마시의 어느 누구도 사업가들의 여권이나 신원을 확인하지 않았다. 방문자들은 그들이 구입하고자 하는 로켓 엔진의 기술적 명세를 설명했고, 11월 18일에 에네르고마시의 간부 세 명과 매매 동의서에 서명했다. Victor Sigaev, deputy general director for external economic affairs, and Felix Evmenenko, chief of security for the department for information and international cooperation, NPO Energomash interview, December 1998. 그들은 거래가 전혀 진행되지 않아 엔진을 만들지 않았고, 나중에야 방문자들이 이라크에서 온 사람들임을 알았다고 말했다. 예브메넨코는 그들이 첫 번째 만남을 갖기 위해 러시아 정부로부터 사전 승인을 받았다고 말했다. 방문자들은 모든 거래가 정부의 공식 승인을 받아야 한다는 이야기를 듣고 두 번 다시 오지 않았다고 한다.

18   가르비예는 모스크바 북쪽 세르기예프포사트(Sergiev Posad)에 있는 화학·건설기계과학연구소(Scientific Research Institute of Chemical and Building Machinery)에서 자이로스코프를 사들였다. 가르비예는 자신이 설립한 간판회사를 이용해 연구소 부소장 세 명 및 대표 회계사와 자이로스코프를 비롯한 장비들의 매입을 협상했다. 그리고 모스크바에 소재한 마스로터(Mars Rotor) 회사에서 자이로스코프를 시험했다. Vladimir Orlov and William C. Potter, "The Mystery of the Sunken Gyros," *Bulletin of the Atomic Scientists*, November/December 1998, vol. 54, no. 6. "Ob ugolovnom dele nomer 43"[Re: 형사사건 제43호], a summary from the Federal Security Service of Russia, 1997, in Russian, 지은이 소장.

19   "To the Chairman of the Government of the Russian Federation, V. S. Chernomyrdin," letter from Nechai as well as union and city leaders, Sept. 6, 1996. 이 부분의 설명에서는 Boris Murashkin과의 인터뷰 (1996년 12월 3일)와 Chelyabinsk도 참고했다. "Pominki v Snezhinske"[스네진스크의 경야], Grigory Yavlinsky, *Obshchaya Gazeta*, Nov. 6-13, 1996; "Minatom Poobeshali Prioritetnoye Finansirovaniye"[원자력부, 긴급 재정 지원 약속], Atompressa, no. 35, vol. 227, October 1996, 3쪽; "Proshu Pokhronit Menya V Pyatnitzu"[나를 금요일에 묻어주시오], Vladislav Pisanov, *Trud*, Nov. 6-14, 1996;

"Russian Turmoil Reaches Nuclear Sanctum: Suicide of Lab Director in 'Closed City' Underscores Angst," David Hoffman, *Washington Post*, Dec. 22, 1996, A29쪽.

19. 잇따른 폭로

1   독일군에 징집된 오스트리아인이었던, 헤커의 아버지는 헤커가 태어나고 4개월 뒤에 소련 전선에서 실종되었다. 오스트리아에서 소년 시절을 보낸 헤커는 소련에 대해 좋지 않은 인상을 지닌 채 성장했다. 냉혹한 전쟁 경험담을 가지고 전선에서 돌아온 선생님들도 이런 인상에 톡톡히 기여했다. 헤커는 열세 살에 미국으로 이주했고, 케이스 공과대학에서 금속·재료공학 박사 학위를 받은 뒤 로스앨러모스에서 일했다. 그는 1986년에 연구소 소장에 올랐고, 소장이 됨과 거의 동시에 군축 논쟁에 휘말렸다. 1988년 헤커를 비롯한 미국 과학자들은 소련 과학자들과 공동으로 핵무기 검증 실험을 수행했다. 이 실험을 통해 미국인들은 핵실험 진단에 관한 소련 최고의 전문가인 빅토르 미하일로프와 처음 접촉하게 되었다. Hecker와의 인터뷰 (2008년 12월 9일).

2   "Russian-American Collaborations to Reduce the Nuclear Danger," *Los Alamos Science*, Los Alamos National Laboratory, no. 24, 1996, 1~93쪽; Steve Coll and David B. Ottaway, "Secret Visits Helped Define 3 Powers' Ties," *Washington Post*, April 11, 1995, A1쪽 등을 보라.

3   1972년 12월 29일에 작성된 '폐기물 및 기타 물질의 투기에 의한 해양 오염 방지를 위한 국제 협약(International Convention on the Prevention of Marine Pollution by Dumping of Wastes and Other Matter)'은 소련에서는 1976년에 발효되었다.

4   처음에 졸로트코프가 폐기물 투기를 폭로했고, 아르한겔스크(Arkhangelsk) 주를 대표하는 국회의원인 알렉산드르 예멜랴넨코프(Alexander Yemelyanenkov)가 1992년 2월에 『소베세드니크(Sobesednik)』 신문에 원자로 폐기를 폭로했다. Josh Handler와의 인터뷰 (2003년 12월 19일). Andrei Zolotkov, "On the Dumping of Radioactive Waste at Sea Near Novaya Zemlya," Greenpeace Nuclear Seas Campaign and Russian Information Agency, Monday, Sept. 23, 1991, Moscow. 지은이는 또한 다음의 사람들로부터 당시에 관한 설명을 들었다. Zolotkov, Oct. 13, 2008; Floriana Fossato, Aug. 6, 2008; John Sprange, Aug. 10, 2008; Dima Litvinov Aug. 6, 2008.

5   "Facts and Problems Related to Radioactive Waste Disposal in Seas Adjacent to the Territory of the Russian Federation," Office of the President of the Russian Federation, Moscow, 1993을 보라.

6   Yablokov와의 인터뷰 (1998년 6월 25일). 1992년 10월 24일 옐친은 위원단을 구성했다.

7   레지널드 바톨로뮤(Reginald Bartholomew) 국무차관이 의회에 밝힌 바에 따르면, 1991년 9월과 10월에 부시와 고르바초프가 일방적으로 철수한 뒤 모스크바와의 대화는 거의 진전

이 없었다. "Trip Report: A Visit to the Commonwealth of Independent States," Senate Armed Services Committee, 102nd Congress, 2nd Session, S Prt. 102-85, March 10, 1985.

8   "Next Steps on Safety, Security, and Dismantlement," 모스크바에서 국무부와 백악관으로 보낸 전문 (1992년 1월 24일). 2006년 9월 22일에 정보공개법(FOIA)에 따라 지은이에게 일부 내용이 공개되었다.

9   Burns와의 인터뷰 (2004년 8월 12일).

10   "Delegation on Nuclear Safety, Security and Dismantlement (SSD): Summary Report of Technical Exchanges in Albuquerque, April 28 - May 1, 1992," State Department cable.

11   익명을 요구한 참석자가 남긴 메모. 날짜 미상.

12   Keith Almquist가 지은이와 나눈 대화 (2008년 12월 14일, 2009년 1월 24일). 후에 샌디아국립연구소는 99개 차량을 개조하기 위한 재료를 조달해서 일반 운송 컨테이너에 담아 러시아의 트베리에 있는 철도 차량 공장에 보냈고, 뒤이어 공장과 개조 작업에 관한 계약을 맺었다. 개조 작업에는 단열재를 교체하고 이동식 받침대를 고정시키는 작업이 포함되었다. 샌디아는 경보 모니터 장비도 제공했다. 러시아의 오래된 철도 차량 중 일부는 나무로 만들어져 있었다. 미국은 화포 공격으로부터 탄두를 보호할 수 있는 장갑과 "특수 컨테이너"도 제공했다.

13   "President Boris Yeltsin's Statement on Arms Control," TASS, Jan. 29, 1992.

14   이 부분의 설명은 다음의 자료에 바탕을 둔 것이다. Mirzayanov와의 인터뷰 (2008년 7월 26일) Mirzayanov, Vyzov (Kazan, Dom Pechati, 2002), published in English as State Secrets: An Insider's Chronicle of the Russian Chemical Weapons Program (Denver: Outskirts Press, 2009); Mirzayanov, "Dismantling the Soviet/Russian Chemical Weapons Complex: An Insiders View," in Amy Smithson, ed., Chemical Weapons Disarmament in Russia: Problems and Prospects (Washington, D.C.: Stimson Center, October 1995), 21~34쪽.

15   미르자야노프는 원래 두 사람이 이원 성분 노비초크 작용제를 개발한 공로로 레닌상을 받았다고 생각했지만, 나중에 다른 이원 성분 무기를 개발한 공로로 상을 수상했다는 사실을 알게 되었다.

16   이 글은 미르자야노프와 레프 표도로프(Lev Fedorov)의 이름으로 발표되었다. 화학자인 표도로프는 1990년대에 화학무기 비축물의 저장과 폐기에 관심을 기울이는 화학안전협회(Association for Chemical Security)를 창설하고 이끌었다.

17   글을 공동으로 기고한 표도로프를 비롯한 언론인 몇 명도 조사를 받았지만 기소되지는 않았다.

18   '화학무기의 개발·생산·비축·사용 금지 및 폐기에 관한 협약(Convention on the Prohibition of the Development, Production, Stockpiling and Use of Chemical Weapons and on Their

Destruction(화학무기금지협약)'은 1992년 9월 3일 제네바에서 열린 군축 회담에서 채택되었다. 1993년 1월 13~15일에 파리에서 서명을 받기 시작해, 1997년 4월 29일에 발효되었다. 러시아와 미국 모두 이 조약을 비준했다.

19   미르자야노프는 전 세계에서 지지와 지원을 받았다. 과학자, 정치인, 인권 운동가 등이 그를 위해 모스크바 당국에 편지를 보냈다. 미르자야노프와 콜비는 나중에 결혼했다. 미르자야노프는 현재 미국에 살고 있다.

20   1994년 3월 11일, 법무장관은 사건을 종결시켰다. 화학무기 개발 프로그램에 환멸을 느낀 또 다른 베테랑인 블라디미르 우글레프(Vladimir Uglev)가 재판 과정에서 미르자야노프의 폭로 내용을 확인해주었다. 후에 우글레프는 이 사건을 기각하지 않으면 노비초크 작용제의 제조법을 공개하겠다고 을러댔다. Oleg Vishnyakov, "Interview with a Noose Around the Neck," *Novoye Vremya*, Moscow, no. 6, Feb. 1993, 40~41쪽, as translated in JPRS-UMA-92-022, June 29, 1993. Vladimir Uglev와의 인터뷰 (1998년 6월 10일). 우글레프는 제조법을 공개하겠다는 위협은 일종의 허세였다고 밝혔다. "과연 내가 공개를 할 수 있었을지 모르겠군요."

21   이 부분의 설명은 다음 자료에 바탕을 둔 것이다. Blair가 지은이와 한 인터뷰 (2004년 2월 20일, 3월 9일) *The Logic of Accidental Nuclear War* (Washington, D.C.: Brookings Institution Press, 1993); "The Russian C³I," a paper by Valery E. Yarynich, Feb. 24, 1993 and a copy of Yarynich's review, May 31, 1993, both courtesy of Blair and interviews with Yarynich.

22   야리니치는 핵무기 지휘·통제에 관해 공식 승인을 받은 내용을 이미 해외에서 두 차례 발표한 바 있었다. 1992년 4월 23~25일에 야리니치는 에스토니아에서 열린 회의에 참모본부를 대표해 참석했고, 1992년 11월 19~21일에는 스톡홀름에서 발표했다.

23   블레어의 기명 칼럼이 게재된 뒤, 야리니치도 글을 써서 실수로 발사하는 경우에 대비한 "안전장치"로서 페리미터의 역할을 강조했다. 또한 그는 핵무기 지휘·통제 시스템에 관해 더 많은 정보를 공개할 것을 호소했다. Valery E. Yarynich, "The Doomsday Machine's Safety Catch," *New York Times*, Feb. 1, 1994, A17쪽. 페리미터에 관한 러시아 전문가들의 글이 등장하기 시작했고, 야리니치는 저서를 출간해 더 자세히 설명했다. Valery E. Yarnich, *C³: Nuclear Command, Control, Cooperation* (Washington, D.C.: Center for Defense Information, 2003), 156~159쪽.

20. 옐친의 약속

1   Braithwaite, *Across the Moscow River* (New Haven: Yale, 2002), 142~143쪽. 브레이스웨이트의 일기 내용과 2008년 5월 19일에 지은이와 나눈 대화도 보라. 신원을 밝힐 수 없는 어떤 이는 지은이에게 옐친이 생물학무기 과학자들을 "엇나간 천재들"이라고 지칭한 사실

을 말해주었다.

2 James A. Baker III, *The Politics of Diplomacy: Revolution, War and Peace, 1989-1992* (New York: G.P. Putnam's Sons, 1995), 620쪽. 옐친은 베이커와 만난 그날 군축에 관한 장문의 성명을 발표하면서 러시아는 "1972년 생물학무기금지협약의 엄격한 시행에 찬성한다"고 선언했다. "President Boris Yeltsin's Statement on Arms Control," TASS, Jan. 29, 1992. Ann Devroy, R. Jeffrey Smith, "U.S., Russia Pledge New Partnership: Summits Planned in Washington, Moscow," *Washington Post*, Feb. 2, 1992, A1쪽도 보라.

3 Popov와의 인터뷰 (2005년 5월 16일); Gait가 지은이와 나눈 대화 (2008년 7월 7~8일).

4 Ken Alibek with Stephen Handelman, *Biohazard: The Chilling True Story of the Largest Covert Weapons Program in the World—Told From the Inside by the Man Who Ran It* (New York: Random House, 1999), 242~244쪽.

5 Braithwaite, journal entry.

6 1991년 9월 9~27일 제네바에서 열린 생물학무기금지협약 제3차 평가회의에서 소련을 포함한 당사국들은 "과거의 공격용 그리고/또는 방어용 생물학무기 연구와 개발 프로그램 관련 활동을 신고"하는 것을 비롯한 일련의 신뢰 구축 조치에 합의했으며, 늦어도 4월 15일까지 매년 전년도 활동에 관한 데이터를 유엔에 제출한다는 데 동의했다.

7 "Decree of the President of the Russian Federation from April 11, 1992, No. 390, On Providing Fulfillment of International Obligations in the Field of Biological Weapons."

8 브레이스웨이트는 일기에 자신이 어떤 반응을 보였는지 썼다. "나는 액면 그대로 받아들이는 게 올바른 대응이며, 총리가 옐친에게 그의 용감하고 단호한 행동을 축하하는 개인적인 메시지를 보내서 이런 생각을 충분히 강조해야 한다고 말했다. 그러면 러시아도 과거로 회귀하거나 오락가락하기가 힘들어질 것이다." Braithwaite, diary entry, April 23, 1992.

9 "Declaration of Past Activity Within the Framework of the Offensive and Defensive Programs of Biological Research and Development," 일명 "Form F." 옐친은 『이즈베스티야』와의 인터뷰에서 군이 생물학무기 개발 프로그램을 은폐하려 했다고 인정했다. 그는 캠프데이비드에서 부시와 나눈 대화를 이렇게 회고했다. "나는 그에게 확실한 협력을 보장할 수는 없다고 말했다. 분명 정치인들 사이에서 이런 태도는 받아들이기 힘들지만, 나는 이렇게 말했다. '부시 대통령, 우리는 아직 당신들을 속이고 있습니다. 우리는 세균무기를 폐기하겠다고 약속했습니다. 하지만 우리 전문가 중 일부는 내가 진실을 알지 못하게 온갖 노력을 기울였습니다. 쉽지는 않았지만 나는 그들을 물리쳤습니다. 그들을 현행범으로 잡은 겁니다.'" 옐친은 자세한 내용은 거의 밝히지 않았지만, 시험장 두 곳에서 전문가들이 탄저균 동물 실험을 한 사실을 알아냈다고 말했다. *Izvestia*, April 22, 1992.

10 해당 날짜들의 브레이스웨이트의 일기.

11 *Komsomolskaya Pravda*, May 27, 1992, 2쪽.

12 "Text of President Yeltsin's Address to US Congress," TASS, June 17, 1992.

13　지은이가 입수할 수 있었던 기록에 따르면, 세 초안은 6월 4일과 15일, 7월 28일에 주로 미국 군축청의 관리들과 논의되었다. R. Jeffrey Smith, "Russia Fails to Deter Germ Arms: U.S. and Britain Fear Program Continues in Violation of Treaty," *Washington Post*, Aug. 31, 1992, 1쪽도 보라.

14　Frank Wisner와의 인터뷰 (2008년 8월 21일). 위스너의 발표 요지에 관해서는 TNSA EBB No. 61 doc. 32를 보라. 이 부분의 설명에서 나는 신원을 밝힐 수 없는 신뢰할 만한 정보 제공자로부터도 도움을 받았다.

15　"A Deputy's Request," Larissa Mishustina, undated. Alexei Yablokov, letter to Yeltsin, Dec. 3, 1991. *Spravka*, signed by Yablokov, Dec. 6, 1991. All three documents courtesy Meselson archive. 야블로코프는 "스프랍카"와 옐친에게 보낸 편지 둘 다에서 1990년 12월 4일 소련 각료회의 지침에 따라 스베르들롭스크 사건에 관한 문서가 파기되었다고 말했다. No. 1244-167, "On Works of Special Problems."

16　길러민은 당시 보스턴칼리지 교수였고 후에 MIT의 국제연구센터(Center for International Studies)에 있는 안보연구프로그램(Security Studies Program)의 선임연구원이 되었다. 길러민의 책에는 이 조사단의 이야기가 자세히 나와 있다. 길러민과 메젤슨은 결혼했다.

17　메젤슨은 이 논문을 국립과학아카데미회보에 전달했고, 회보는 논문을 출간했다. Faina A. Abramova, Lev M. Grinberg, Olga V. Yampolskaya and David H. Walker, "Pathology of Inhalational Anthrax in 42 Cases from the Sverdlovsk Outbreak of 1979," PNAS, Vol. 90, March 1993, 2291~2294쪽.

18　Meselson, et al., *Science*, vol. 266, no. 5188, November 18, 1994.

19　Alibek, 244~256쪽.

20　출처를 밝힐 수 없는 정보와 David Kelly, "The Trilateral Agreement: Lessons for Biological Weapons Verification," Chapter 6 in *Verification Yearbook 2002* (London: Verification Research, Training and Information Center, December 2002).

21　Kelly interview with Joby Warrick of *Washington Post*, June 17, 2002. 워릭의 메모. 실제로 포크로프 공장은 전시 동원 체제가 되면 천연두를 비롯한 가축 전염병 세균을 만들기 위한 예비 공장이었다. 신원을 밝힐 수 없는 정보 제공자에 따르면, 이 공장에서는 1년에 천연두균 10톤을 생산할 수 있었다. Joby Warrick, "Russia's Poorly Guarded Past: Security Lacking at Facilities Used for Soviet Bioweapons Research," *Washington Post*, June 17, 2002, A1쪽.

22　Letter from President Clinton to Congress, Nov. 12, 1996. 1998년 7월 7일 국무부는 전 세계 공관에 보낸 언론 지침에서 다음과 같이 말했다. "1995년 11월 미국은 시리아의 화학무기 개발 프로그램에 의도적으로 물질적인 지원을 한 아나톨리 쿤체비치라는 이름의 러시아 시민에 대해 제재를 부과했다." State Department cable 122387, 정보공개법에 따라 지은이에게 공개되었다.

21. 사파이어 프로젝트

1   Gerald F. Seib, "Kazakhstan Is Made for Diplomats Who Find Paris a Bore—At Remote New Embassy, They Dodge Gunmen, Lecture on Economics," *Wall Street Journal Europe*, April 22, 1992, 1쪽. 이 부분의 설명은 다음의 자료를 바탕으로 재구성한 것이다. 웨버와의 인터뷰; 제프 스타(Jeff Starr)와의 인터뷰 (2008년 10월 22일); 엘우드 H. 기프트 (Elwood H. Gift)와 개인적으로 나눈 대화 (2006년 9월 21일); "Project Sapphire After Action Report," Defense Threat Reduction Agency, U.S. Department of Defense. 다음의 출간 자료들도 유용하다. William C. Potter, "Project Sapphire: U.S.-Kazakhstani Cooperation for Nonproliferation," in John M. Shields and William C. Potter, eds., *Dismantling the Cold War: U.S. and NIS Perspectives on the Nunn-Lugar Cooperative Threat Reduction Program*, CSIA Studies in International Security (Cambridge: MIT Press, 1997); John A. Tirpak, "Project Sapphire," *Air Force* magazine, Journal of the Air Force, vol. 78, no. 8, August 1995; Philipp C. Bleek, "Global Cleanout: An emerging approach to the civil nuclear material threat," Belfer Center for Science and International Affairs, John F. Kennedy School of Government, Harvard University, September 2004, available at www.nti.org.

2   Embassy of Kazakhstan and Nuclear Threat Initiative, Washington, D.C., *Kazakhstan's Nuclear Disarmament*, 2007, 80쪽 이하의 그림을 보라.

3   Martha Brill Olcott, *Kazakhstan: Unfulfilled Promise* (Washington, D.C.: Carnegie Endowment for International Peace, 2002), 204쪽.

4   Gulbarshyn Bozheyeva, "The Pavlodar Chemical Weapons Plant in Kazakhstan: History and Legacy," *Nonproliferation Review*, James Martin Center for Nonproliferation Studies, Monterey Institute of International Studies, Monterey, California, Summer 2000, 136~145쪽.

5   Embassy of Kazakhstan, 94쪽.

6   Olcott, 1장 "Introducing Kazakhstan."

7   나자르바예프는 처음에는 약간 주저했지만 모든 전략 무기를 러시아로 이동시키는 데 동의했고, 카자흐스탄은 1차 전략무기감축협정(START 1)과 핵 확산금지조약(Nuclear Non-Proliferation Treaty)을 비준했다.

8   코네티컷 주 스탬퍼드(Stamford)에 소재한 세계적인 핵연료 공급업체 뉴켐 사(Nukem Inc.)에서 발간하는 월간지 『뉴켐마켓리포트(Nukem Market Report)』가 미하일로프와 한 인터뷰. 이전에는 600톤 정도로 추정되었지만 확실하지 않은 점이 무척 많았다. 1995년에 올레크 부하린(Oleg Bukharin)은 러시아가 고농축 우라늄 1,300미터톤을 보유하고 있다고 독자적으로 계산했다. Bukharin, "Analysis of the Size and Quality of Uranium Inventories in Russia," *Science and Global Security*, vol. 6, 1996, 59~77쪽.

9   Jeff Starr와의 인터뷰 (2008년 8월 26일).

10   "The President's News Conference with President Nursultan Nazarbayev," Public Papers of the Presidents, 30 Weekly Comp. Pres. Doc. 289.

11   Norman Polmar and K. J. Moore, *Cold War Submarines: The Design and Construction of U.S. and Soviet Submarines* (Dulles, Va.: Brassey's, 2004), 140~146쪽. Gerhardt Thamm, "The ALFA SSN: Challenging Paradigms, Finding New Truths, 1969–79," *Studies in Intelligence*, vol. 52, no. 3, Central Intelligence Agency, Sept. 2008.

12   "Analysis of HEU Samples from the Ulba Metallurgical Plant," E. H. Gift, National Security Programs Office, Martin Marietta Energy Systems Inc., Oak Ridge, Tennessee, initially issued July 1994, revised May 1995.

13   기프트를 비롯한 이들은 상자에 "이란 테헤란"이라는 글자가 찍힌 것을 직접 보았고, 안에 든 게 베릴륨이지만 실제로 발송된 적은 없다는 이야기를 들었다고 한다.

14   Ashton B. Carter and William J. Perry, *Preventive Defense* (Washington, D.C.: Brookings Institution Press, 1999), 73쪽을 보라.

15   페어팩스는 탄두보다 오히려 이런 핵 물질이 훨씬 더 추적하기 어려운 경우가 많았다고 말했다. Fairfax와의 인터뷰 (2008년 9월 3일); 지은이와 나눈 대화 (2008년 9월 9일). 이제까지 도난당했다가 되찾은 고농축 우라늄이나 플루토늄은 거의 대부분 이런 식으로 장부에서 누락된 물질이었다. Matthew Bunn이 지은이와 나눈 대화 (2008년 10월 11일).

16   1994년 3월 24일에 제임스 굿바이(James Goodby) 대사가 이끄는 대표단과 만난 자리에서 모스크바의 쿠르차토프연구소 부소장이자 아카데미 회원인 니콜라이 포노마료프–스테프노이(Nikolai Ponomarev–Stepnoi)가 한 말이다. State Department cable Moscow 08594, 정보공개법에 따라 지은이에게 공개되었다.

17   장갑 이야기에 관해서는 "Status of U.S. Efforts to Improve Nuclear Material Controls in Newly Independent States," U.S. General Accounting Office, March 1996, report GAO/NSIAD/RCED–96–89, 25쪽을 보라. 해군의 사례에 관해서는 Mikhail Kulik, "Guba Andreeva: Another Nuclear Theft Has Been Detected," *Yaderny Kontrol*, no. 1, Spring 1996, Center for Policy Studies in Russia, 16~21쪽을 보라.

18   페어팩스는 핵분열 물질을 둘러싼 비상사태에 관한 전문으로 1994년에 국무부 해양·환경·과학국에서 환경, 과학, 기술에 관한 우수한 보고에 수여하는 상을 받았다. "Diversion of Nuclear Materials: Conflicting Russian Perspectives and Sensitivities," State Department cable, Moscow 19996, July 14, 1994도 보라.

19   *Management and Disposition of Excess Weapons Plutonium*, Committee on International Security and Arms Control, National Academy of Sciences (Washington, D.C.: National Academy Press, 1994).

20   Matthew Bunn과의 인터뷰 (2004년 10월 4일). 지은이와 나눈 대화 (2008년 8월 24일, 10월 11

일). 페어팩스와 번은 불신을 누그러뜨리는 한 가지 방법은 러시아인들을 미국으로 초청해서 시설을 보여주는 것이라고 생각했다.

21 Rensslaer W. Lee III, *Smuggling Armageddon: The Nuclear Black Market in the Former Soviet Union and Europe* (New York: St. Martin's Griffin, 1998) 89~103쪽.

22 State Department cable Moscow 024061, Aug. 23, 1994, 정보공개법에 따라 일부 공개되었다.

23 Von Hippel과의 인터뷰 (2004년 6월 1일). "My Draft Recommendations and Notes from Mayak Workshop," von Hippel files, Oct. 23, 1994. Von Hippel, "Next Steps in Material Protection, Control, and Accounting Cooperation," Nov. 15, 1994.

24 금속우라늄, 산화우라늄, 우라늄-베릴륨 합금봉, 산화우라늄-산화베릴륨봉, 우라늄-베릴륨 합금, 우라늄 오염 흑연, 연구소 폐기물 등이었다. Memorandum, Defense Nuclear Facilities Safety Board, Dec. 21, 1995. 베릴륨은 핵탄두를 만드는 재료이다.

25 "DoD News Briefing," Wednesday, Nov. 23, 1994. Office of the Assistant Secretary of Defense (Public Affairs), www.defenselink.mil.

26 미국은 핵 물질 값으로 약 2,700만 달러를 카자흐스탄에 지불했다. 약 300만 달러는 울바 공장에 지불되었는데, 웨버는 이 수표를 직접 메테에게 전달하는 특권을 누렸다.

27 Bunn이 지은이와 한 인터뷰. 홀드런은 나중에 대통령 직속 과학자문위원회의 조사 요약본을 공개 논문으로 내놓았다. John P. Holdren, "Reducing the Threat of Nuclear Theft in the Former Soviet Union: Outline of a Comprehensive Plan,", November 1995. 과학자문위원회 조사 논문의 제목은 "핵 물질의 보호, 관리, 용도 규명에 관한 미국/구소련 협력 프로그램"이다. "Cooperative U.S./Former Soviet Union Programs on Nuclear Materials Protection, Control and Accounting," classified S/Noforn, Office of Science and Technology Policy, Executive Office of the President, March 1995.

28 Bunn이 지은이와 나눈 대화 (2008년 8월 25일). Andrew and Leslie Cockburn, *One Point Safe: A True Story* (New York: Anchor, 1997), 11장도 보라. 브리핑을 받은 지 거의 4개월 뒤인 1995년 9월 28일, 클린턴은 대통령령PDD-41, "Further Reducing the Nuclear Threat."에 서명했다. 이 지시에 따라 국방부 대신 에너지부가 옛 소련에 있는 핵 물질의 방비에 대한 주요 책임을 맡게 되었다. 번은 대통령령 초안을 작성하는 것을 도왔지만, 대통령이 서명한 뒤에도 고위급의 지원이 부족해서 자신이 기대한 것만큼 큰 영향을 미치지는 못했다고 내게 말했다.

29 Engling과의 인터뷰 (2003년 9월 29일, 10월 13일).

30 고농축 우라늄은 퍄티하트키(Pyatikhatki) 교외에 있는 연구소 시설에 보관되어 있었다. Nuclear Threat Initiative, www.nit.org.

22. 악과 직접 대면하다

1 중앙정보국장 직무대행 윌리엄 스투드먼(William Studeman)에 따르면, 미국 정보기관들은 러시아 국방부가 생물학무기를 전쟁에 동원하기 위해 위험한 병원균 연구를 계속 지원하고 시설을 유지하기를 원한다고 믿었다. "Accuracy of Russia's Report on Chemical Weapons," FOIA, www.cia.gov를 보라. 이 문서는 1995년에 작성된 것으로 보인다.

2 Ken Alibek with Stephen Handelman, *Biohazard: The Chilling True Story of the Largest Covert Biological Weapons Program in the World—Told from Inside by the Man Who Ran It* (New York: Random House, 1999), 19장 257~269쪽을 보라.

3 Gennady Lepyoshkin과의 인터뷰 (2005년 3월 28일).

4 이 부분의 설명은 웨버와 레표시킨의 인터뷰 외에도 정보공개법에 따라 2005~2007년에 미국 국방위협감소국(Defense Threat Reduction Agency)에서 지은이에게 공개한 사진, 문서 49종, 동영상 9종을 바탕으로 재구성한 것이다. 이 자료들에는 소련 해체 이전과 이후의 스테프노고르스크의 모습이 담겨 있다. 다음의 자료들도 참고했다. Roger Roffey, Kristina S. Westerdahl, "Conversion of Former Biological Weapons Facilities in Kazakhstan, A Visit to Stepnogorsk," Swedish Defense Research Agency, FOI-R-0082-SE, May, 2001; Judith Miller, Stephen Engelberg and William Broad, *Germs: Biological Weapons and America' Secret War* (New York: Simon & Schuster, 2001)([국역] 주디스 밀러 외 지음, 김혜원 옮김, 『세균 전쟁』, 황금가지, 2002), 171~176쪽.

5 Anne M. Harrington, "Redirecting Biological Weapons Expertise: Realities and Opportunities in the Former Soviet Union," *Chemical Weapons Convention Bulletin*, no. 29, Sept. 1995, 2~5쪽. 이 부분의 설명은 해링턴과 나눈 인터뷰에도 바탕을 두고 있다.

6 웨버의 회고를 들어보자. "내가 특히 흥미를 느낀 것은 계획이었습니다. 그들은 핵무기로 우리를 공격하고 뒤이어 핵 공격에서 살아남은 이들을 죽이기 위해 생물학무기로 공격할 생각이었어요. 그리고 우리의 작물과 가축을 쓸어버려서 생존자들이 목숨을 부지할 수 있는 식량까지 없애려고 했습니다. 그들은 또한 핵교전 이후의 환경에서 작물을 재배하고 가축을 기를 계획도 짰습니다."

7 Nikolai Urakov의 발언과 지은이의 노트 (2000년 5월 24일).

에필로그

1 네 사람은 2007년 1월 4일자 『월스트리트저널』에 호소문을 발표했다. *Reykjavik Revisited: Steps Toward a World Free of Nuclear Weapons*, Shultz et al., eds. (Stanford: Hoover Institution Press, 2007)도 보라. 네 사람은 핵안보프로젝트(Nuclear Security Project)를 설립했다. www.nuclearsecurity.org를 보라. Hans M. Kristensen, Robert S.

Norris and Ivan Oelrich, *From Counterforce to Mutual Deterrence: A New Nuclear Policy on the Path Toward Eliminating Nuclear Weapons*, Occasional Paper No. 7, FAS and NRDC, April 2009도 보라.

2 탄두에 관한 데이터는 다음의 권위 있는 자료에서 가져온 것이다. Nuclear Notebook, by Robert S. Norris and Hans M. Kristensen, *Bulletin of the Atomic Scientists*, vol. 64, no. 1, March/April 2008, 50~53쪽, 58쪽과 vol. 64, no. 2, May/June 2008, 54~57쪽, 62쪽.

3 Bruce G. Blair, "De-alerting Strategic Forces," Ch. 2 in *Reykjavik Revisited*. 블레어는 미국과 러시아에서 각각 1,382개와 1,272개의 미사일이 고도 경계 태세를 유지하고 있었다고 추정한다. Blair, 57쪽.

4 "The Nunn-Lugar Scorecard," Sen. Richard Lugar, R-Ind., accessed at www.lugar.senate.gov.

5 Matthew Bunn, *Securing the Bomb*, Project on Managing the Atom, Belfer Center for Science and International Affairs, John F. Kennedy School of Government, Harvard University, commissioned by the Nuclear Threat Initiative, 2008, 90~93쪽.

6 Bunn, 51쪽.

7 Stephen Bourne, ISTC, 지은이와 나눈 대화 (2008년 12월 8일). 2008년 12월 현재 총 지원 액수는 8억 445만 달러이다. 모든 과학자가 계속 이 지원금을 받은 것은 아니지만, 지은이가 파악한 바로는 많은 무기 과학자와 기술자가 이 지원금을 생명줄로 삼아 생계를 유지했다.

8 "Vozrozhdeniya Island Pathogenic Destruction Operations (VIPDO) Final Report," Cooperative Threat Reduction Program, June 6, 2002, 정보공개법에 따라 국방위협감소국에서 지은이에게 공개했다. 탄저균에는 차아염소산칼슘을 뿌렸다.

9 유독성 액체 로켓 연료와 산화제를 상업 제품으로 가공하기 위해 미국이 9,550만 달러를 들여 지은 한 시설은 엄청난 실수로 손꼽힌다. 러시아인들은 돈을 다 쓰고는 연료를 우주 발사에 사용했다고 미국에 통고했다. Cooperative Threat Reduction Program Liquid Propellant Disposition Project (D-2002-154), Office of the Inspector General, Department of Defense, Sept. 30, 2002. 러시아가 핵분열물질 저장 시설을 다룬 방식도 당혹스러웠다. 이 시설은 플루토늄 100미터톤이나 고농축 우라늄 400톤을 다루기 위해 지어진 것이었는데, 러시아인들은 그중 6분의 1만, 그것도 플루토늄만 채워 넣었다. 그렇게 값비싼 현대식 시설을 비워두는 이유는 분명하지 않다. 미국과 러시아는 그곳에 저장된 물질에 관해 어느 정도 투명하게 공개하라는 미국 의회의 요구를 둘러싸고 갈등을 겪고 있다. Nunn과 Lugar가 시설을 방문한 뒤 지은이와 한 인터뷰 (2007년 8월 31일).

10 위협감소협력 프로그램은 2009회계연도의 국방부 예산 요구안의 0.07퍼센트에 불과했고, 에너지부 예산 요구안의 3.86퍼센트, 국무부 예산 요구안의 0.8퍼센트였다. Bunn, 116쪽

을 보라.

11 Valentin Yevstigneev와의 인터뷰 (2005년 2월 1일). 옙스티그네예프의 발언은 러시아 신문인 『네자비사마야 가제타(Nezavisamaya Gazeta)』(네자비시마야 가제타(Nezavisimaya Gazeta), 독립신문)의 오기이다—옮긴이) 2001년 5월 23일자에 실린 기사의 주장을 그대로 되풀이한 것이다. 화학무기를 관할하는 장군인 스타니슬라프 페트로프(Stanislav Petrov)가 기사의 공동 필자였다. 기사는 스베르들롭스크 탄저병 발발이 소련을 겨냥한 "전복 활동"의 결과라고 주장했다. Stanislav Petrov, et al., "Biologicheskaya Diversia Na Urale"[우랄 산맥의 생물학 파괴 활동], NG, May 23, 2001.

12 비공개 군사 시설은 다음과 같다. 군의 주요 생물학무기 시설로 키로프에 있는 러시아연방 국방부 산하 미생물학과학연구소(Scientific-Research Institute of Microbiology), 세르기예프포사트에 있는 국방부 산하 미생물학과학연구소의 바이러스학연구센터(Virology Center), 예카테린부르크에 있는 국방부 산하 미생물학과학연구소 군전염병학부(Department of Military Epidemiology)이다.

13 미국과 러시아는 1997년 화학무기금지협약(Chemical Weapons Convention)에 서명하면서 2012년까지 화학무기 비축분을 폐기하겠다고 약속했다. 여기서 언급하는 사린을 비롯한 화학무기는 슈추추예 인근에 미국의 지원으로 건설 중인 공장에서 폐기할 예정이다.

14 Alan Cullison and Andrew Higgins, "Files Found: A Computer in Kabul Yields a Chilling Array of al Qaeda Memos," Wall Street Journal, Dec. 31, 2001, 1쪽.

15 George Tenet, At the Center of the Storm: My Years at the CIA (New York: HarperCollins, 2007), 278~279쪽. 9/11 Commission report, 5장 151쪽도 보라. 수파트는 1987년에 캘리포니아 주립대학에서 화학 부전공으로 생물학 학위를 받았다. 9/11 Commission, 490쪽 주석 23.

16 Tenet, 279쪽.

17 World at Risk: The Report of the Commission on the Prevention of Weapons of Mass Destruction Proliferation and Terrorism, Bob Graham, chairman (New York: Vintage, 2008), 11쪽.

냉전은 자본주의와 사회주의 두 진영이 직접 무력을 사용해서 충돌하는 대신에 이데올로기적 투쟁을 벌였다는 의미로 "차가운 전쟁"이라는 이름이 붙었다는 건 상식으로 통한다. 하지만 이 책의 지은이인 데이비드 E. 호프먼은 체제 경쟁과 외교전, 그리고 경제와 문화 분야에 이르기까지 온갖 차원에서 벌어진 냉전의 배후에 주목한다. 그리고 초대형 미사일 전진 배치와 생물학무기 개발을 둘러싸고 "열전熱戰" 일보 직전까지 간 막후의 치열한 대결을 스릴 넘치는 필치로 그려낸다. 냉전의 무기 경쟁을 거치면서 미소 양국에서 군산복합체라는 괴물이 생겨났고, 이 괴물은 지구 행성과 인류 전체를 몇 차례 쓸어버리고도 남을 어마어마한 대량 살상 무기를 쌓아 올렸다. 무기 경쟁의 논리는 끝이 없었다. 한쪽이 사거리와 파괴력을 높인 개량 미사일을 배치하면, 다른 한쪽은 상대방의 무기를 압도하는 신형 미사일을 개발했다. 이런 악순환은 계속되었다. 어느 시점에 이르러 일단 핵전쟁이 벌어지면 양쪽 다 살아남지 못한다는 냉혹한 현실 속에서 "공포의 균형"이라는 아이러니한 상황이 생겼다. 하지만 아무리 공포의 균형이 이루어져도 무기 경쟁은 멈추지 않았다. 대륙간탄도미사일의 수효뿐만 아니라 미사일 하나에 탑재하는 탄두 수까지도 계속 늘어났고, 인체를 두 번 연속 공격하는 생물학무기와 생명체에 치명적인 작용을 하는 두 성분을 결합한 이른바 이원 성분 화학무기 등 무기의 진화와 증가는 계속되었다. 어느 한 순간 단 한 사람의 착오나 오해 때문에 인류가 절멸할 수도 있었다. 이 책의 제목인 "데드핸드"는 상대방의 핵미사일 선제공격으로 소련 지도부가 몰살당하는 경우에 반자동으로 보복 공격을 가하는 시스템, 이른바 "최후의 날 장치"의 명칭이다. 이 책에는 나오지 않지만 과연 미국판 데드핸드 같은 건 전혀 없었을까? 데드핸드는 냉전 시대 무기경쟁의 극한을 보여주는 한 예일 뿐이다. 실제로 소련이 몰락 직전까지 생물학무기 개발 프로그램을 계속한 것도 군사 논리상으로는 이해되지 않는다. 이미 지구 전체를 몇 차례 날려버릴 수 있는 핵무기를 쌓아놓았는데, 왜 생물학무기를 포기하지 않았을까?

1979년 탄저병이 유행한 스베르들롭스크의 긴박한 현장에서 출발한 이야기는 냉전 막바지의 결정적인 위기의 순간들로 독자를 안내한다. 베를린 위기나 쿠바 미사일 위기 말고도, 당시 우리는 미처 알지 못했지만 핵무기와 생물학무기, 화학무기를 둘러싸고 급박한 판단을 내려야 하는 비상사태가 몇 차례 있었다. 기술적인 오류나 관리 소홀로 인한 사고도 있었고, 서로를 절대악으로 간주하는 대결 속에서 어처구니없는 오해 때문에 핵미사일을 발사하기 일보 직전까지 간 일도 있었으며, 벼랑 끝에서 담력 대결을 벌이는 치킨게임도 여러 차례 있었다. 미국과 소련은 히로시마 핵폭탄의 100만 배가 넘는 파괴력을 쌓아놓은 채 으르렁거리며 대치했다. 1983년 대한항공 007편 격추 사고를 계기로 벌어진 전쟁 소동, 1986년 체르노빌 핵 발전소 사고, 소련과 미국에서 잇따라 대형 스파이 사건이 터지면서 "스파이의 해"라는 이름이 붙은 1985년의 첩보전, 그리고 소련이 붕괴하고 냉전이 끝난 뒤에야 그 전모가 일부 드러난 소련의 세균전 프로그램 등 이 책에 등장하는 몇몇 장면은 서스펜스 스릴러나 첩보영화, 묵시록적 과학소설 등을 방불케 한다. 그렇지만 이 모든 게 실제로 벌어진 일이고, 조금의 픽션이나 과장도 없다는 사실을 생각하면 모골이 송연해진다. 더군다나 소련이 붕괴하고 냉전이 끝난 뒤 소련의 구석진 공화국들에 온갖 무기들이 적절한 경비나 안전장치가 전혀 없이 노출되어 있었던 이야기를 듣고 있노라면 냉전 시대의 무기 경쟁이 과거사가 아니라 현재 진행형이라는 사실에 더욱 섬뜩해진다. "남북전쟁 시대에 쓰던 맹꽁이자물쇠"를 채워놓았던 고농축 우라늄은 앤디 웨버가 수거했지만, 다른 곳에 있던 수많은 무기들은 어떻게 되었을까? 정확한 위치나 수효가 밝혀지지 않은 수많은 화학무기와 단거리 미사일들은 모두 안전하게 폐기되었을까?

　이 책은 냉전 시대 무기 경쟁의 전개 과정과 역사를 체계적으로 서술한 교과서는 아니다. 오히려 지은이는 무기 경쟁의 몇몇 대표적인 현장과 사건을 극적으로 묘사해 보이면서 독자에게 충격을 주고 어처구니없는 냉전의 논리를 폭로하는 방식을 택한다. 그리고 당시 주인공으로 활약한 인간 개개인의 면면을 부각시킨다. 지은이가 보기에 냉전이 종식되는 과정은 무엇보다 레이건과 고르바초프의 영웅적이고도 끈질긴 대화의 과정이다. 고르바초프는 어설프게 개혁과 개방을 시도하다가 자기가 풀어놓은 변화의 힘에 우유부단하게 끌려다닌 이가 아니라 급변하는 상황 속에서도 단호하게 체제 변혁을 이끈 인물로 그려진다. 또한 냉전을 종식시키는 과정에서 레이건이 한 역할이나 그가 추구한 전략방위구상에 관한 후한 평가는 기존의 정설과는 조금 어긋난다. 레이건은 뼛속 깊이 반공주의자로서 소련과 무제한적인 무기 경쟁을 벌여 소련 경제를 파국으로 몰아넣었고 결국 냉전에서 승리할 수 있었다. 퍼싱 II 미사일의 대규모 배치와 전략방위구상 강행은 대표적인 예이다. 그런데 지은이는 이런 외면적인 평가보다는 레이건의 내면에 주목한다. 그리고 레이건의 일기와 주변인들의 회고를 바탕으로 그를 핵무기 폐기론자이자 평화를 위한 전략방위구상 주창자로 그린다.

카타예프 문서를 비롯해 새로 공개된 소련의 기밀문서를 통해 많은 비밀이 밝혀졌지만, 이 책에서도 규명하지 못한 질문들이 여전히 많이 있다. 고르바초프는 언제 생물학무기 개발 프로그램이 계속 진행 중임을 알았는지, 소련의 전술 핵무기는 어떻게 되었는지, 미국은 왜 소련이 붕괴한 뒤에도 국가미사일방어NMD라는 이름으로 전략방위구상을 계속 진행했는지, 4만 톤에 달한다는 소련의 잔여 화학무기는 과연 안전하게 폐기되었는지 등등. 냉전이 종식된 지도 20년이 넘었지만, 무기 경쟁의 여파는 아직도 현재진행형이다. 우리는 언제 다시 "악과 직접 대면할지" 모른다.

유강은

데드핸드

데드핸드

텍스트와 사진의 출처

기존에 간행된 자료와 미간행 자료를 수록할 수 있도록 허락해 준 다음 사람들에게 감사한다.

텍스트

Sir Rodric Braithwaite: Excerpts from Sir Rodric Braithwaite's unpublished diary.

HarperCollins Publishers Inc.: Excerpts from *The Ronald Reagan Diaries* by Ronald Reagan, edited by Douglas Brinkley, copyright © 2007 by The Ronald Reagan Presidential Library Foundation. Reprinted by permission of HarperCollins Publishers, Inc.

Ksenia Kostrovan and The Hoover Institution Archives: Excerpts from Vitaly Katayev's papers. Reprinted with permission of Ksenia Kostrovan and the Hoover Institution Archives, Stanford, Calif.

The National Security Archive: Excerpts from *The Diary of Anatoly Chernyaev*, translated by Anna Melyakova and Dr. Svetlana Savranskaya, editor of the English−language edition of the diary. Reprinted by permission of The National Security Archive.

Prometheus Books: Excerpts from *Biowarrior: Inside the Soviet/Russian Biological War Machine* by Igor Domaradskij and Wendy Orent. Reprinted by permission of Prometheus Books.

Random House, Inc.: Excerpts from Biohazard by Ken Alibek, copyright © 1999 by Ken Alibek. Reprinted by permission of RandomHouse, Inc.

사진

저작권이 표시되지 않은 사진에 대한 저작권은 지은이에게 있습니다.

p.382上左 © Sergei Popov
p.382上右 © Andy Weber

p.383上, 下左 © Ksenia Kostrova

p.383下右 © Ksenia Kostrova and the Hoover Institution Archives

p.384上 © Ronald Reagan Library

p.384下 © Ray Lustig/Washington Post

p.385上 © Reuters

p.385下左 © RIA Novosti

p.385下右 © Ksenia Kostrova and the Hoover Institution Archives

p.386上, 下 © Ronald Reagan Library

p.387上 © RIA Novosti

p.387下左, 下右 © Thomas B. Cochran

p.388上 © Dr. Svetlana Savranskaya and the National Security Archive

p.388下 © Valery Yarynich

p.389上 © TASS via Agence France-Presse

p.389下左, 下右 © AP Photo/Liu Heung Shing

p.390上左 © Raymond Zilinskas at the Moneterey Institute

p.390下© Ksenia Kostrova and the Hoover Institution Archives

p.391上 © Ray Lustig/Washington Post

p.391下左, 下右 © Andy Weber

p.392上 © George Bush Presidential Library and Museum

p.392下 © Christopher Davis

p.393上 © James A. Parcell/Washington Post

p.393中, 下 © Andy Weber

p.394上, 下 © Andy Weber

p.395上, 下 © Andy Weber

지은이 데이비드 E. 호프먼 David E. Hoffman

데이비드 E. 호프먼은 『워싱턴포스트』 편집위원이다. 로널드 레이건과 조지 H. W. 부시 대통령 재임 중에 백악관 담당 기자로 활동했으며, 계속해서 외교 통신원과 예루살렘 통신원을 지냈다. 1995년부터 2001년까지 모스크바 지국장을 역임했고, 그 뒤에는 국제 논설위원과 국제면 편집 부주간으로 일했다. 저서로 『올리가르히: 새로운 러시아의 부와 권력 The Oligarchs: Wealth and Power in the New Russia』이 있다. 현재 메릴랜드에 살고 있다.

옮긴이 유강은

국제문제 전문 번역가. 옮긴 책으로 『조지 케넌의 미국 외교 50년』, 『호모 인베스투스』, 『의혹을 팝니다』, 『새로운 전쟁과 낡은 전쟁』, 『미국민중사 1·2』, 『전쟁 대행 주식회사』, 『전쟁에 반대한다』 등이 있다.

데드핸드

레이건과 고르바초프, 그리고 인류 최후의 날 무기

발행일	2015년 5월 20일 (초판 1쇄)
지은이	데이비드 E. 호프먼
옮긴이	유강은
펴낸이	이지열
펴낸곳	미지북스
	서울시 마포구 상암동 2-120번지 201호 (우편번호 121-830)
	전화 070-7533-1848 팩스 02-713-1848
	mizibooks@naver.com
	출판 등록 2008년 2월 13일 제313-2008-000029호
책임 편집	김대수, 서재왕
출력	상지출력센터
인쇄	한영문화사
ISBN	978-89-94142-41-8 03900
값	33,000원

· 블로그 http://mizibooks.tistory.com
· 트위터 http://twitter.com/mizibooks
· 페이스북 http://facebook.com/pub.mizibooks